제5판

정책학원론

백 승 기

도서출판 대영문화사

제5판 머리말

제4판을 펴낸 지 4년 만에 다시 제5판을 선보이게 되었다. 무엇보다 그동안 보여준 독자들의 성원이 있었기에 개정 작업이 가능했다고 생각되어 이 지면을 빌어 독자들에게 깊은 감사를 드리며 부족한 부분은 계속 수정하고 보완할 것을 약속드린다.

이번 제5판 개정 작업에서는 정책학 전반에 걸친 이론 학습도 물론 중요하지만, 문제해결 능력을 강조하는 학문의 기본적 성격상 이들 개별 정책에 대한 계량적인 분석 방법의 학습도 필요하다는 점을 반영했다. PERT 사용 방법을 EXCEL 프로그램으로 일부 설명하고 있는데, 입문에 해당하는 소개 수준이므로 컴퓨터 프로그램 활용과 다소 거리가 있는 학생이더라도 큰 어려움 없이 이해할 수 있을 것으로 본다.

아울러 언급되었던 기존 정책 사례들은 내용을 보충 설명했는데, 이들 사례를 포함해 이번 개정에서 보완하거나 수정한 주요 부분은 다음과 같다.

제1장에서는 존엄사 부분을 보완하고 정책대상집단에서 '사회적 구성주의' 이론을 설명했다. 정책 사례로 들었던 '사행산업 전자카드 도입' 부분의 내용을 보충했다. 정보의 비대칭 부분을 보완했으며, '파생적 외부성'은 보충 설명했다. 정부실패의 원인에 있어 와이머와 바이닝(Weimer & Vining)의 설명을 소개했고, 책임운영기관 부분의 내용 설명을 보충했다. 신제도주의에서는 경로의존성 부분의 내용을 보충 설명했다.

제2장에서는 BPR을 보완했고, 수도권공장총량제에 대해 추가 설명했다. 기준인건비 제도를 추가했으며, 오픈 플랫폼에 대해서도 보충 설명했다.

제3장에서는 대통령의 권한을 보완했고, 국정조사 부분의 내용을 보충했다. 이익집단 부분을 보완했으며, 정책참여자 중 일반 개인 부분을 '김용균 사례'를 넣어 보충했다. 그리고 정책 사례로 언급했던 보육정책에서 최근 갈등을 빚고 있는 '돌봄교실'을 추가 설명했다.

제4장에서는 정책의제 설정의 접근 방법을 추가 설명했다.

제5장에서는 빅 데이터 분석을 추가로 삽입했다.

제6장에서는 정책 델파이 부분을 보완했고, 교차영향분석에 대한 내용을 보충했다.

제7장에서는 정치적 실현 가능성 부분을 보충 설명했다.

제8장에서는 정책정보 체계 구축을 보완했고, 정부 3.0에 대한 평가 부분도 보충했다.

제9장에서는 PERT 문제를 EXCEL로 풀이하는 방법을 소개하고 있다.

제10장에서는 불가능 정리를 보충 설명했고, 사이버네틱스 모형과 공공선택모형에 대해 보완 설명했다.

제11장에서는 나카무라와 스몰우드(Nakamura & Smallwood)의 집행모형을 보충 설명했고, 메틀랜드(R. E. Matland)의 통합모형을 추가로 설명했다.

제12장에서는 사례로 언급했던 '탄소 규제'에 대해 보충 설명했다.

제13장에서는 내부 타당성과 외부 타당성의 저해 요인과 제고 방안에 대해 추가 설명했으며, 노인장기요양보험제도에 대해 추가 설명했다.

제16장에서는 ACF 모형에 대해 보충 설명했다.

위의 내용들이 수정 보완되면서 책 분량이 지난번보다 다소 늘어나게 되었지만 과연 어느 정도로 알찬 연구물이 되었는지 이번에도 여전히 확신하기는 어렵다. 앞으로도 제반 여건이 허락하는 대로 체계적인 연구를 계속해서 이 책을 좀 더 충실한 것으로 만들어 가고자 한다. 독자 여러분의 아낌없는 질책을 진심으로 바라 마지않는다. 끝으로, 이 책 내용에 담긴 많은 부분의 토대가 되었던 수많은 선행 연구자들의 귀한 연구 업적에 고개 숙여 감사드리며, 또 코로나19로 인해 지금까지 겪어 보지 못했던 미증유(未曾有)의 어려운 출판 여건에 직면하면서도 이번 제5판의 발간을 흔쾌히 허락해 주신 대영문화사 임춘환 사장님과 출판사 여러분께 깊은 감사를 드리고자 한다.

2021년 1월

저자 씀

초판 머리말

이 책은 정책학 전반에 걸쳐 여러 분야에 관한 이론들을 쉽게 정리한 정책학원론의 성격을 지니고 있다. 정책학에 대한 학문적 관심은 최근에 와서 크게 늘어나고 있는데, 이전에는 정책학원론 정도가 학부 과정에 개설되었지만 지금은 정책분석, 정책평가 등으로 그 범위가 확대되고 있으며, 정책분석평가사나 행정관리사 자격증의 도입으로 정책학의 중요성은 더욱더 커지고 있다. 이러한 상황 변화에 맞춰 정책학은 이제 좀 더 전문화 · 세분화되어 정책분석론이나 정책평가론에서는 좀 더 전문적인 내용을 상세하게 언급해야 하겠지만, 정책학원론만은 너무 많지 않은 분량으로 학생들에게 쉽게 접근할 수 있는 것이 좋지 않을까 하는 생각을 평소에 해왔다. 현재 시중에 정책학원론으로 훌륭한 교재들이 많이 나와 있음에도 불구하고, 저자가 또 하나의 정책학원론 교재의 저술을 시작한 데는 분량이 많은 기존 교재들을 한 학기 내에 충실히 다 가르칠 수 없는 현실적 어려움이 크게 작용했다. 물론 분량을 줄인다는 것이 쉽지 않은 일이고 중요한 내용을 빠뜨리는 결과를 낳을 수도 있겠지만 일반적으로 중요하다고 인정되는 내용은 가능한 한 언급하려고 노력했다.

이 책에서는 정책에 대한 일반적인 이론적 토대를 설명한 후 정책 과정을 정책의제 설정, 정책 목표의 설정, 정책대안의 개발 및 비교 · 평가, 정책결정, 정책집행, 정책평가, 그리고 정책 변동의 순서로 살펴보고 있다. 이러한 이론적 설명과 함께 '수도권공장총량제', '의보통합정책', '쓰레기 종량제' 등 몇 가지 정책 사례를 삽입함으로써 독자들과 함께 생각해 보고 토론해 보려는 시도를 하고 있다. 아울러 정책분석 기법 부분에서는 단순히 정책분석 기법을 이론적으로 설명하는 데 그치지 않고, 컴퓨터 프로그램을 실제 활용하는 방법까지 비교적 상세히 설명하고 있어 학생들의 정책학 학습에 대한 흥미를 어느 정도 제고

할 수 있으리라고 여겨진다.

이 책에 부족한 점이 적지 않다고 판단되지만 강의용 교재로 적합한 수준이 될 수 있도록 계속해서 보완하고 수정해 나갈 것을 약속드린다. 이 책이 나오기까지 감사해야 할 분들이 많다. 감사의 말씀은 그분들의 이름을 제 마음 속에 귀중하게 담아 두고자 한다는 말로 대신하고자 한다. 끝으로, 어려운 출판 여건에서도 이 책의 출간을 흔쾌히 허락해 주신 대영문화사의 임춘환 사장님께 깊이 감사드린다.

2001년 8월

저자 씀

차 례

제5판 머리말 / 2
초판 머리말 / 4

제1장 정책학의 이론적 토대

제1절 정책학 연구의 기초 ········· 19
1. 정책연구의 필요성 / 19
2. 정책학의 성격과 연구 방법 / 21
3. 정책학의 발달 / 23

제2절 정책의 개념과 구성 요소 ········· 27
1. 정책의 개념 / 27
2. 정책의 구성 요소 / 28

제3절 정책의 유형 ········· 35
1. 의 의 / 35
2. 정책 유형의 분류 / 35

제4절 정책의 필요성 ········· 41
1. 시장실패 / 41
2. 정부개입 / 49
3. 정부실패 / 54

제5절 정책을 보는 관점 ········ 62
1. 엘리트론 / 62
2. 다원론 / 64
3. 무의사결정론 / 65
4. 조합주의이론 / 67
5. 정책네트워크 이론 / 68
6. 신제도주의 / 72

제2장 정치 체제와 정책환경

제1절 정치 체제와 정책 ········ 79
1. 정치 체제 / 79
2. 정치 체제와 환경의 일반적 관계 / 80
제2절 정책결정요인론 ········ 82
1. 전개 과정 / 82
2. 정책결정요인론의 작용 / 84
3. 정책결정요인론에 대한 비판 / 85
제3절 정책환경과 정책 ········ 86
1. 요 구 / 86
2. 지 지 / 87
제4절 정치 체제의 특성과 정책 ········ 88
1. 정책담당자의 특성 / 88
2. 분위기와 규범: 정치 이념과 행정문화 / 90
3. 정치 체제의 구조 / 96

제3장 정책 과정과 참여자

제1절 정책 과정의 단계 ········ 111
1. 정책 과정의 단계 / 111
제2절 정책 과정 참여자 ········ 113
1. 대통령 / 113
2. 의 회 / 116

3. 관료집단 / 121
4. 사법부 / 123
5. 이익집단 / 126
6. 정 당 / 130
7. NGO / 132
8. 언 론 / 136
9. 일반 개인 / 138

제 4 장 정책의제 설정

제1절 정책의제 설정의 의의와 중요성 ······ 143
1. 의 의 / 143
2. 중요성 / 144
제2절 정책의제 설정의 접근 방법 ······ 144
1. 정책문제의 객관적 구성 / 144
2. 정책문제의 주관적 구성 / 145
제3절 정책의제 설정 과정 ······ 145
1. 사회문제의 인지 / 145
2. 문제의 사회적 쟁점화 / 146
3. 쟁점의 공중의제화 / 146
4. 쟁점의 공식의제화 / 147
제4절 주도집단에 따른 정책의제 설정 과정 ······ 148
1. 내 용 / 148
2. 평 가 / 153
제5절 정책의제 설정을 좌우하는 요인 ······ 154
1. 주도집단 / 155
2. 정치적 요인 / 156
3. 문제의 특성 / 157
제6절 전략적 의제 설정을 위한 분석기법 ······ 158
1. 갭 분석 / 158
2. SWOT 분석 / 159

제5장 정책문제 정의와 목표 설정

제1절 정책분석의 의의와 절차 …… 165

1. 의 의 / 165
2. 정책분석의 절차 / 166

제2절 정책문제의 분석과 정의 …… 167

1. 의 의 / 167
2. 정책문제 분석의 유형과 의의 / 167
3. 정책문제의 분석기법 / 169
4. 정책문제의 정의 / 177

제3절 정책 목표의 설정 …… 180

1. 의 의 / 180
2. 바람직한 정책 목표의 요건 / 180
3. 정책 목표들 간의 관계와 우선순위 설정 / 181
4. 정책 목표의 구체화 / 183

제6장 정책대안의 탐색, 개발 및 결과 예측

제1절 대안의 탐색과 개발 …… 187

1. 의 의 / 187
2. 정책대안의 개발 방법 / 188

제2절 정책대안의 결과 예측 …… 195

1. 결과 예측의 의의 / 195
2. 예측 방법 / 198
3. 예측 방법의 선택 / 209

제7장 정책대안의 비교 · 평가 및 선택

제1절 비교 · 평가의 기준 …… 213

1. 공 익 / 214
2. 소망성 / 215
3. 실현 가능성 / 217

제2절 비교 · 평가의 방법 ······ 220
1. AHP법 / 220
2. 비용편익분석 / 222
3. 실현 가능성 평가 / 234

제3절 최종 대안의 선택 ······ 237
1. 의 의 / 237
2. 정책 논증의 의의와 구성 요소 / 238
3. 정책 논증의 전개 과정 실습 / 239

제8장 분석적 결정의 한계와 정책결정의 실제

제1절 합리적 · 분석적 정책결정의 한계 ······ 245
1. 정책결정자의 한계 / 245
2. 조직구조상의 제약 / 247
3. 환경적 제약 / 247
4. 분석 논리적 측면 / 248

제2절 현실에서의 정책결정 과정: 정치적 요인의 개입 ······ 249
1. 정치적 요인의 개입 / 249
2. 정치적 요인의 개입 사례 / 249

제3절 분석적 결정을 할 수 없는 상황에서의 정책결정 ······ 250
1. 위기 상황 / 251
2. 카오스이론 / 255

제4절 우리나라 행정부의 정책결정 과정 ······ 259
1. 정책결정의 일반적 과정: 품의제 / 259
2. 정책결정의 선진화: 정보기술의 활용 / 260
3. 정책결정의 법적 절차 / 268

제9장 정책분석 기법

제1절 선형계획법 ······ 281
1. 의 의 / 281
2. 절 차 / 282

3. 선형계획법 풀이 예제 / 282
4. 평 가 / 287

제2절 목적계획법 ··· 287
1. 의 의 / 287
2. 목적계획법의 특징과 장점 / 288
3. 풀이 절차 / 288
4. 적용 사례 / 289

제3절 PERT ··· 292
1. 의 의 / 292
2. PERT의 사용 절차 / 293
3. PERT의 적용 사례 / 294

제4절 게임이론 ··· 301
1. 게임이론의 기초 개념 / 301
2. 게임전략 / 303
3. 예제 풀이 / 307

제 10 장 정책결정의 이론모형

제1절 합리모형 ··· 311
1. 의 의 / 311
2. 기본 전제와 내용 / 311
3. 평 가 / 313

제2절 만족모형 ··· 315
1. 의 의 / 315
2. 내 용 / 316
3. 평 가 / 316

제3절 사이버네틱스 모형 ··· 317
1. 의 의 / 317
2. 내 용 / 318
3. 평 가 / 319

제4절 점증모형 ··· 319
1. 의 의 / 319

2. 내 용 / 320
3. 평 가 / 322

제5절 혼합탐사모형 ········· 324
1. 의 의 / 324
2. 내 용 / 325
3. 평 가 / 326

제6절 최적모형 ········· 327
1. 의 의 / 327
2. 내 용 / 327
3. 평 가 / 329

제7절 회사모형 ········· 330
1. 의 의 / 330
2. 내 용 / 330
3. 평 가 / 332

제8절 쓰레기통모형 ········· 332
1. 의 의 / 332
2. 내 용 / 333
3. 정책흐름모형: 쓰레기통모형의 확장 / 336
4. 평 가 / 339

제9절 앨리슨모형 ········· 340
1. 의 의 / 340
2. 내 용 / 340
3. 평 가 / 343

제10절 공공선택모형 ········· 344
1. 의 의 / 344
2. 전제 조건 / 345
3. 내 용 / 349
4. 평 가 / 349

제11장 정책집행 이론

제1절 정책집행의 기초 이론 ········ 355

1. 정책집행의 의의 / 355
2. 정책집행의 중요성 / 356
3. 정책집행의 유형 / 357

제2절 정책집행론의 전개 ········ 359

1. 고전적 정책집행론 / 359
2. 현대적 정책집행론 / 360

제3절 정책집행의 접근 방법 ········ 362

1. 하향적 접근 방법 / 362
2. 상향적 접근 방법 / 363
3. 통합모형 / 364

제4절 정책집행의 단계 ········ 368

1. 정책지침 작성 / 368
2. 자원의 동원과 배분 / 369
3. 실현 활동 / 370
4. 감 독 / 370

제12장 성공적 정책집행을 좌우하는 요인

제1절 정책집행의 성공과 실패 ········ 373

제2절 성공적 정책집행을 좌우하는 요인 ········ 374

1. 정책 자체 요인 / 375
2. 집행 체제 요인 / 377
3. 환경적 요인 / 378

제3절 정책집행상의 순응과 불응 ········ 380

1. 의 의 / 380
2. 순응의 주체와 유형 / 381
3. 불응의 발생 원인과 대책 / 381

제4절 일선 집행관료의 재량 ········ 384

1. 의 의 / 384
2. 재량권 부여의 필요성 / 386
3. 상황론적 집행 / 387

제13장 정책평가의 의의와 논리

제1절 정책평가의 의의와 유형 ······ 397
1. 정책평가의 의의 / 397
2. 정책평가의 유형 / 399

제2절 정책평가의 절차와 평가성 검토 ······ 401
1. 정책평가의 목적과 일반적 절차 / 401
2. 평가성 검토 / 402
3. 평가 방법의 결정과 자료의 수집 · 분석 / 402

제3절 정책평가의 논리 ······ 403
1. 정책평가와 인과 관계 / 403
2. 허위변수와 혼란변수 / 405
3. 타당성 / 406
4. 신뢰성 / 411
5. 타당성과 신뢰성의 관계 / 413

제14장 정책평가의 방법

제1절 정책평가와 실험 ······ 417

제2절 비실험적 방법 ······ 418
1. 기본 논리 / 418
2. 설계 방법 / 418
3. 비실험의 평가 / 420

제3절 진실험 ······ 420
1. 기본 논리 / 420
2. 설계 방법 / 421
3. 진실험의 한계 / 422
4. 진실험의 보완책 / 424

제4절 준실험 ········· 425

1. 기본 논리 / 425
2. 설계 방법 / 425
3. 준실험의 장점 / 426
4. 준실험의 약점 / 427
5. 보완 방법 / 428

제 15 장 우리나라의 정책평가제도

제1절 정책평가제도의 변천 ········· 435

1. 1단계(1962~1981년) / 435
2. 2단계(1982~1994년) / 436
3. 3단계(1995~2001년) / 437
4. 4단계(2001년~) / 437

제2절 심사평가제도의 내용 ········· 438

1. 의 의 / 438
2. 운영 체계 / 438
3. 심사평가의 유형 / 438
4. 평가 결과의 사후관리 / 439

제3절 기관평가제도 ········· 439

1. 의 의 / 439
2. 운 영 / 440
3. 평가 방법과 결과 처리 / 440
4. 성과와 한계 / 441

제4절 평가기본법의 제정 ········· 442

1. 제정 취지 / 442
2. 주요 내용 / 443
3. 평가기본법에 대한 평가 / 443

제5절 정부업무평가기본법의 시행 ········· 444

1. 기존 제도의 문제점 / 444
2. 개선 방향 / 445
3. 정부업무평가기본법의 시행 / 445

제16장 정책 변동

제1절 정책 변동의 의의 ········· 451

1. 유 형 / 452
2. 유형들 간의 상호 관계 / 454

제2절 정책 변동의 원인 ········· 455

1. 정책환경의 변화에 의한 투입의 변화 / 455
2. 정책의 오류와 집행조직의 약점 / 456
3. 정책 관련 집단 요인 / 457

제3절 합리적 정책 변동에 대한 저항과 극복 전략 ········· 457

1. 정책 변동의 합리적 관리의 필요성 / 457
2. 합리적 정책 변동에 대한 저항 / 457
3. 합리적 정책 변동에 대한 저항의 극복 전략 / 459

제4절 정책변동모형: ACF 모형 ········· 462

1. 개 요 / 462
2. ACF 모형의 구조 / 463

부 록 / 467

참고문헌 / 483

찾아보기 / 501

01 정책학의 이론적 토대

제 1 절 정책학 연구의 기초
제 2 절 정책의 개념과 구성 요소
제 3 절 정책의 유형
제 4 절 정책의 필요성
제 5 절 정책을 보는 관점

정책학원론
Theories of Policy Sciences

제1장

정책학원론

정책학의 이론적 토대

제1절 정책학 연구의 기초

1. 정책연구의 필요성

인류가 존재하고부터 어떤 형태로든 정책에 대한 연구가 있었지만, 현대 사회로 오면서 정부정책에 대한 연구의 필요성은 더욱 커지고 있다. 최근 우리는 잘못 설계되고 집행된 정부정책으로 인해 적지 않은 피해를 보고 있는데, 그 중 몇 가지 사례를 들어보면 국민의 귀중한 혈세가 소기의 성과도 거두지 못하고 낭비되고 만 시화호 사업, 그리고 수요 예측이 제대로 되지 못해 낭비를 초래했던 청주신공항 건설, 사실상 무용지물로 전락한 양양공항 건설[1] 등이 있다.

그런데 이러한 실패한 정부정책들은 사전에 철저한 준비 없이 진행되고 비용과 수요 예측이 제대로 되지 않은 상황에서 정책이 추진되어 결국 정책집행 과정에서 많은 시행착오가 일어난다. 그 이유를 자세히 들여다보면 정치가들이 자신의 재임 기간 중 가시적인 성과를 거두려고 성급하게 종합계획을 발표하는 데 있고, 더 나쁜 것은 그것을 통해 자신들의 사리사욕을 챙기려는 데 있다고 지적할 수 있다. 물론 여기에는 지역개

1 양양공항은 지난 3년 간 매년 100억 원이 넘는 적자를 기록했다. 최근 들어 코로나19 여파 속에서 전국 지방공항 가운데 유일하게 이용객이 증가하는 저력을 보이는데, 이러한 성장세가 계속 유지될지는 앞으로 지켜봐야 할 부분이다.

발이 부동산 가격을 상승시키며 돈벌이에 도움이 된다고 본 일반 유권자들의 편협한 경제주의도 주된 요인으로 작용했다고 볼 수 있다.

여기서 정부정책이 제대로 설계되고 추진되고 있는가, 만약 그렇지 않다면 어떤 과정에 문제가 있으며, 앞으로 더 나은 결과를 위해 어느 부분에 손을 대야 하는가 등을 함께 고민해야 할 것이다. 이러한 정책학습(policy learning)을 통해 정책의 실패를 초래했던 원인을 파악해 정책의 향후 성공 가능성을 극대화할 수 있을 것이다. 정책연구의 필요성이 여기 있는데, 특히 연구 주체가 과거처럼 특정 정책담당자에 국한되는 것이 아니고, 이제는 일반시민들도 자신의 이익을 침해당하지 않기 위해 정책연구에 대한 관심을 기울여야 할 것이다.

'민주주의 정책학'의 창시자로 불리는 라스웰(Harold D. Lasswell)은 「정책지향(The Policy Orientation)」이란 논문에서 정책연구의 필요성을 궁극적으로는 인간 존엄성의 실현과 확보에 두고, 현실적으로는 문제 해결을 위한 정책 과정의 합리화를 제고하는 지식의 제공에 있다고 보았는데(Lasswell, 1971: viii),[2] 여기서는 정책을 연구하는 이유로 크게 다음 두 가지로 나눠 보고자 한다.

하나는 학문적 목적이다. 처방적이고 실용적인 관점에서 문제 해결을 모색하는 데에 정책학의 연구 목적이 한정되는 것은 아니며, 좀 더 과학적이고 일반적인 정책이론의 정립이 주요 목적이다.

다른 하나는 실천적 목적이다. 문제 해결을 통해 인간의 존엄성을 충실히 구현하기 위해 정책 과정의 합리성을 제고하는 것이 필요한데, 이것을 이루려면 바람직한 정책결정, 성공적인 정책집행 및 타당성 있는 정책평가에 필요한 지식을 제공할 수 있어야 한다.

2 라스웰은 정책연구를 크게 두 가지 주제에 초점을 맞추고 있다. 하나는 '정책 과정에 대한 지식'이고, 다른 하나는 '정책 과정에 필요한 지식'이다. 전자는 정책이 어떻게 형성되어 결정되고 집행되어 정책 산출로 이어지는가에 대한 연구를 의미하며, 후자는 정책 형성, 결정, 집행 및 평가 과정에 도움이 되는 지식을 말한다. 정책의 예측, 평가를 위한 기법 등이 이에 해당한다.

2. 정책학의 성격과 연구 방법

1) 정책학의 성격

정책학이 어떠한 학문인가 하는 것을 한마디로 정의하기는 어렵다. 그러나 "정책학은 오랜 역사와 짧은 과거를 가졌다"(deLeon, 1994: 77)는 표현은 정책학의 성격을 쉽게 짐작케 한다. 지배자들을 위한 도구적 수단 제공으로서의 역사는 아주 길지만, 체계적이고 과학적인 연구를 통해 정책결정의 질을 향상시키려는 노력은 그렇게 많지 않았다는 말이다. 특히 드레온(Peter DeLeon)은 정책학은 학문적인 계보나 계통이 확립되어 있지 않기 때문에, 항상 '엄마 없는 아이' 같은 심정을 느끼게 된다고 말하기도 했다(DeLeon, 1988: v-vi; 이해영, 2004: 9 재인용).

이처럼 성격 규명에 어려움이 있어 여러 학자가 다양하게 정의하고 있기는 하지만, 여기서는 정책학을 "각종 사회문제의 해결을 위한 정책 과정에 관한 이론과 방법을 연구하는 문제 해결 중심적이고, 규범적 관점을 가지며 또 다학문적인 접근을 하는 학문"으로 정의하고자 하는데, 그 주요 내용을 살펴보면 아래와 같다.

(1) 문제 해결 중심적 성격

정책학은 현실 사회의 실제 문제 해결이라는 실천적 목표를 위해 사회문제에 대한 처방전을 제공하며, 이 처방전에 기재되고 결정된 내용의 집행에 의한 정책 효용을 기술하고 분석하는 응용사회과학이다.

(2) 다학문적 접근

현대 사회의 정책문제는 너무 복잡해 어떤 한 분야의 지식으로 해결하기에는 현실적인 어려움이 크다. 일례로, 의약분업만 해도 정책 조정에 대한 전문지식, 사회보장제도, 의약품의 특성 및 약학대학과 의과대학의 교육제도 등에 대한 이해가 필요하며, 경부고속철도의 경주 우회 노선에 대한 정책 입안에는 도시개발 정책뿐 아니라 문화적 측면을 알기 위해 역사학에 대한 깊이 있는 이해가 따라야 한다.[3]

---

3 이와 같은 종합 학문적 성격으로 인해 정책학의 학문적 위상과 가치문제, 즉 '정책학의 실체(identity)가 무엇인가'라고 하는 과제에 부딪치게 되기도 했다. 예를 들어, 혹자는 정책학이라고 주장하는 내용은 과거의 행정학을 새로 정비한 옷장에 넣어 둔 것과 같다는 비판을 가하고 있다(Eulau, 1977: 419; 이해영, 2004: 25 재인용).

(3) 규범적 관점의 학문

인간의 존엄성을 최고의 가치로 여기는 시각은 정책학 전반에 자리하고 있다. 따라서 인간의 존엄성 실현이라는 최고의 가치를 고려하지 않는 어떠한 정책대안도 실현되기 어려울 것이다. 정책분석에서 효과성이나 능률성뿐만 아니라 공평성이나 형평성 등을 중요한 가치로 포함시키는 것도 이러한 맥락에서 이해된다.

2) 연구 방법

(1) 경험적 · 실증적 연구 방법

과학적 연구 방법에 의한 법칙과 이론의 정립뿐만 아니라 정책에 관한 과거와 현재의 경험과 사실, 그리고 그러한 경험과 사실에 관한 기술적 묘사 등을 중심으로 연구하는 존재(Sein)에 관한 연구를 말한다. 간단히 말해, 정책 현상을 기술하고 설명하는 것으로 정의할 수 있다.

(2) 규범적 · 처방적 연구 방법

규범적 연구란 무엇이 옳고 무엇이 그른지에 관한 것을 연구하거나, 바람직한 가치판단을 추구하는 당위(Sollen)에 관한 연구를 말한다. 처방적 연구란 규범적 연구에 의해 목표가 설정되면 그 목표를 달성하기 위한 최선의 수단을 탐색 · 제시하는 연구 방법이다.

(3) 통합적 연구 방법

실증적 연구 방법과 탈실증적 연구 방법은 상호 연관성 속에서 발전을 도모할 필요가 있다. 전자에 의한 정책연구를 통해 얻은 문제에 대한 지식과 인과 관계는 문제 해결의 방향을 제시해 주고, 후자는 그 문제와 관련된 우리 사회에서 통용되는 일반적 가치 기준을 제공해 준다.

함께 생각할 정책 사례 1

존엄사

현행 우리나라 형법은 환자의 인공호흡기를 제거하는 것은 살인 혹은 살인방조죄로 규정하고 있다. 이에 대해 환자 가족 측은 무의미한 생명 유지 치료로 인한 환자 본인과 가족들의 고통을 덜고 사회적 비용도 줄여나가야 한다는 것이다. 서울 서부지방법원은 식물인간 상태의 70대 노모에게서 생명 연장 장치를 제거해 달라며, 자녀들이 낸 '연명치료행위 중지' 가처분 신청에 대해 기각 결정을 내린 바 있다. 하지만 대법원에 와서 존엄사를 인정하는 쪽으로 판결하고 있다.

그동안 대법원 전원합의체의 판시 사항 중 다수의견을 보면, 사망 단계에 이르렀을 경우에 대비해 미리 의료인에게 연명치료 중단 의사를 밝힌 경우, 평소 가치관이나 신념에 비춰 연명치료 중단을 선택했을 것으로 추정되는 경우 등에 대해 사실상의 '존엄사'를 허용한다(머니투데이, 2015.3.27).

이러한 경향을 반영하여 2018년 2월에 연명의료결정법이 제정되었고, 이 법에 따라 실제로 연명의료를 중단하거나 유보한 환자가 2018년 말 현재 4만 명이 넘은 것으로 나타났다. 이 수치는 한 해 사망자 10명 중 1명꼴로 존엄사를 선택했다는 것을 말해준다. 2019년 3월 28일 개정 존엄사법에 따르면, 연명의료 중단에 앞서 동의를 받아야 하는 가족의 범위가 '배우자 및 직계 존비속 전원'에서 '배우자와 1촌 이내 직계 존·비속(배우자, 부모, 자녀)으로 축소되어 절차가 간소화되었다. 이러한 상황 변화에 따라 존엄사의 수용 여부에 대한 여러분의 생각도 이전과 비교해 달라지고 있는가?

3. 정책학의 발달

1) 현대적 정책학의 등장

일반적으로 현대 정책학의 시작을 1951년에 라스웰이 「정책지향(Policy Orientation)」이라는 논문을 발표한 때로 보고 있다. 물론 정책학이 이때 처음으로 만들어진 것은 아니고, 우리 인류가 조직을 만들고 정부를 출범시킨 후 그 정부가 정책을 제대로 시행하는가에 대한 각종 분석, 연구, 비평 및 건의한 것을 공공정책에 대한 연구로 볼 때 그 기원은 상당히 오래되었다고 할 수 있다. 중국의 춘추전국 시대의 '모사(謀士)'가 말하자면 최초의 공공정책 전문가로 볼 수 있으며, 당시의 『책(策)』이나 『논(論)』 등을 공공정책에 관한 저술로 볼 수 있다. 우리나라에서도 정약용(丁若鏞)의『경세유표(經世遺表)』를 높은 수준의 정책연구로 들 수 있으나 현대적 의미의 정책이 체계적으로 연구되기 시작한 것은 1960년대 들어와서부터라고 할 수 있다.

현대적 정책학을 대표하는 라스웰은 정책학이 현실의 문제에 대처하는 데 급급할 것이 아니라 인간이 봉착하는 근본적인 문제를 해결해 인간의 존엄성을 실현하기 위한 지식의 개발을 중점적으로 다룰 것이므로, '민주주의 정책학(the policy sciences of democracy)'으로 불렸다(Lasswell, 1951: 15). 그러나 그의 이러한 제언은 '행태주의' 때문에 빛을 보지 못했는데, 행태주의란 논리적 실증주의[4]를 바탕으로 하며, 가치와 사실을 분리하는 계량적이고 과학적인 접근 방법이다.

여기서 행태주의를 간단히 살펴보면 다음과 같다. 행태주의의 연구 대상은 인간의 행태(behavior)인데, 여기서 행태란 동일한 행동이 반복되어 어떤 일정한 유형을 형성하는 것으로, 전통적 정치학에서는 제도를 주된 연구 대상으로 삼았지만 행태주의는 제도 내 인간의 행태를 중시했다. 그리고 과학적 방법을 강조했는데, 즉 경험적·객관적 현상을 대상으로 법칙을 정립하고자 하기 때문에 엄밀하고 정확한 계량화가 중시된다. 마지막으로, 행태주의는 가치 배제의 입장을 취한다. 당위(Sollen)를 경시하고 존재(Sein)를 중시하기 때문에 무엇이 옳고 그른지에 대한 판단을 회피해 가치문제를 연구 대상에서 제외시킨다. 이처럼 행태주의에서는 사회과학이 진정한 과학이 되기 위해서는 경험적 검증이 가능한 '사실(fact)' 문제만 연구 대상으로 해야 한다고 주장한다. 이러한 행태주의의 문제점은 연구 목적이 연구 대상을 결정하는 것이 아니라, 연구 방법이 연구 목적을 결정하는 주객전도(主客顚倒) 현상이 나타나는 것이다. 즉, 계량화하기 쉬운 것 같은 방법론적 요건을 잘 충족시키는 데에 치중하는 경향을 보이는 것이다.

2) 정책학의 재출발

1960년대 후반 들어 직면하게 된 흑인 폭동과 월남전 반대라는 사회적 현안들을 해

4 논리적 실증주의에서는 가치와 사실을 구별해 과학적 지식이란 모든 사실적 지식이며, 가치에 관한 형이상학적인 것은 무의미하다고 본다. 다시 말해, 어떠한 이론적 주장도 경험적 자료들이 뒷받침할 때에만 정당화될 수 있다는 것이다. 논리적 실증주의의 주요 특징을 보면 ① 사회 현상에도 법칙이 존재한다. ② 법칙을 탐구하기 위해 객관적 사실로 인식되는 현상을 최소의 분석 단위로 분해한 뒤 그것을 정교한 척도로 측정한다. ③ 측정을 통해 얻은 자료를 통계적 방법으로 분석한다 등이다.

결하는 데에 현실적합성(relevance)이 결여된 행태주의는 아무런 도움을 주지 못했다. 이에 대한 반발로 나타난 것이 행동(action)과 현실적합성을 강조한 후기행태주의(post behavioralism)이다. 이스턴(David Easton)이 주도한 후기행태주의의 주된 내용은 ① 인류의 가치를 보호하고 사회를 개혁하기 위해 사회에 개입해야 한다. ② 현존하는 사회문제 해결에 의미가 있고 적합한 연구가 이뤄져야 한다. ③ 사실뿐 아니라 가치문제도 연구 대상에 포함해야 한다. ④ 과학적 방법과 기법을 사회문제 해결에 적용해야 한다 등인데(Easton, 1969: 1051-1061), 이러한 정책 지향(policy orientation)에 힘입어 정책학은 새로운 출발을 하게 된다. 특히 그 당시 드로(Yehezkel Dror)의 『정책학의 설계(*Design for Policy Sciences*)』를 비롯한 일련의 연구는 정책학의 학문적 성장에 기여한 바 컸다. 후기행태주의의 장점은 행태주의가 정책 과정을 질서정연한 과정으로 본 것과는 달리 후기행태주의는 정책 과정을 복잡하고 혼란스러운 과정으로 인식함으로써 실체에 더 근접할 수 있다는 점이다.

3) 현재의 연구 성향: 참여적 정책분석

오늘날에 와서는 지금까지의 합리성이나 과학성에 규범성이 추가로 강조되고 있다. 즉, 정책에 대한 객관적 분석보다 참여나 논쟁을 강조하는 것인데, 그래야만이 '기술관료주의'를 피할 수 있다는 것이다. 이러한 참여적 정책학은 참여자들 간의 합리적 정책토론을 가능케 하여 좀 더 바람직한 정책결정에 기여할 것이라고 본다. 정책분석이 과학적 분석에만 의존하면 참여의 폭이 제한되어 과학적 분석도구를 활용하는 관료들의 몫이 되고, 건전한 상식을 갖춘 시민들의 토론과 합의는 효율성이 중시되는 상황에서 무시되기 때문이다. 그러나 이제는 경우에 따라서는 정책분석에서 능률성보다 민주성이 더 강조되기도 하는데, 이를테면 핵 폐기물 처리장 같은 혐오시설 입지 선정 시에 시민들의 권리 의식이 제고되어 정책 과정에 대한 참여 요구가 증대되고 있는 것과 그 맥을 같이한다.

4) 우리나라 정책학의 연구

1960년대 정책학이 도입되었으나 독립적인 학문 분과로서의 인식이나 필요성은 크게 높지 않았다. 그러다가 1970년대 후반 들어 서울대 행정대학원을 비롯한 연구단체들이 정부 용역 연구를 의뢰받으면서 정책연구가 본격화되었다. 1980년대 이후 많은 대학에서 정책학과 및 정책대학원을 설립했으며, 지금은 한국정책학회, 한국정책분석평가학회 등에 의해 전문학술지의 발간이 이뤄지고 있고, 최근에는 '정책분석평가사' 자격증 제도의 실시로 정책전문가의 저변 확대를 도모하고 있다.

그러나 외국의 정책연구를 무비판적으로 받아들이는 자세를 비판하고 우리나라 정책 현실의 특수성에 맞는 정책연구 정향을 개발하는 데 좀 더 주력해야 한다는 자기 반성의 목소리 또한 없지 않다.

5) 정책학 발전의 과제

랜드(RAND)연구소나 브루킹스연구소 등에 의해 정책학은 많은 발전을 했고, *Policy Science*, *Policy Studies Journal*, *Policy Studies Review* 등의 정책학 관련 다양한 학술지의 발간도 정책학 연구가 활성화되는 데 크게 기여했다. 여기서는 정책학이 더 나은 위상을 확보하기 위해 어떠한 방향으로 노력이 이뤄져야 할지 살펴본다(노화준, 2003: 29-32).

(1) 정책학의 현재 위치

오늘날 정책학의 세 가지 문제점을 보면, 지나치게 수단적 합리성에 의존하고 있고, 문제 맥락이 너무 복잡하며, 그리고 정책학 연구가 차츰 기술관료 지향적으로 되어가고 있는 점 등이다. 분석기법만을 지나치게 강조해 실제 정책 과정에서는 크게 활용되지 못하고 있는데, 사실 현실 문제가 분석가들이 모형을 통해 설명할 수 있는 정도를 초과할 정도로 복잡하기도 하다. 그리고 정책학에는 정책 건의를 할 때 인과 관계를 설명할 수 있는 이론적 체계가 부족하다는 점을 들 수 있다.

(2) 향후 실천 과제

첫째, 정책문제에 대한 진정한 의미의 학제 간 접근 방법을 택하자는 것이다. 현재 경제학에 치우쳐 있는 추세에서 벗어나서 그동안 무시되어 왔던 정책설계와 집행에 좀 더 광범위하고 다양한 사회과학의 스펙트럼을 조명하자는 것이다,

둘째, 후기실증주의적 지향이라고 불리는 비판이론(critical theory)이 중심적 역할을

하는 새로운 경향이다. 아울러 참여적 정책분석에 더 많은 관심을 기울여야 하는데, 직접적인 시민 참여는 정책 과정을 더욱 충실하게 하기 때문이다.

제2절 정책의 개념과 구성 요소

1. 정책의 개념

사회 변화는 바람직한 방향으로 이뤄지기도 하고 어떤 때는 바람직하지 못한 방향으로 변화되기도 하는데, 이러한 경우 정부가 사회적 상황이나 조건들을 유지 또는 변경하고자 사용하는 개입의 수단이 바로 정책(public policy)이다.

정책의 의의는 때로는 한국의 외교정책처럼 매우 넓고, 또 어떤 때는 학교 야간자율학습정책처럼 그 범위가 매우 협소해서 정책의 의의를 명확히 할 필요가 크다. 하지만 모든 사람이 동의할 수 있는 정책의 정의를 내린다는 것은 불가능하므로, 우선 몇몇 학자의 견해를 살펴보고자 한다.

라스웰(Harold D. Lasswell)과 카플란(Abraham Kaplan)은 『권력과 사회(*Power and Society*)』라는 책에서 정책을 "목적, 가치와 전략을 내포하고 있는 대규모 계획"으로 정의하고 있다(Lasswell & Kaplan, 1970: 71). 다이(Thomas Dye)는 정책을 "정부가 하기로 혹은 하지 않기로 결정한 모든 것(Public policy is what the government chooses to do or not to do)"으로 정의하고 있는데(Dye, 1978: 3), 우리는 다이가 정부만이 가치의 권위적 배분을 할 수 있고, 정부만이 하기로 혹은 하지 않기로 하는 결정을 할 수 있다고 말하고 있음을 알 수 있다.

그리고 라이플리(Randal B. Ripley)와 프랭클린(Grace A. Franklin)은 아래 세 가지 명제로 공공정책을 정의하고 있다. ① 정책이란 정부가 인식한 문제에 대해 정부가 말하고 행하는 것이다(Policy is what the government says and does about perceived problems). ② 정책결정이란 그 인식한 문제에 대해 무엇이 행해져야 할지를 정부가 결정하는 것이다(Policy making is how the government decides what will be done about perceived problems). ③ 정책결정은 정부와 비정부 간의 상호작용 과정이며, 정책은 그 상호작용의 결과물이다(Policy making is a process of interaction among government and non-government actors: policy is the outcome of that interaction)(Ripley & Franklin, 1984).

이 밖에 아이스턴(Robert Eyestone)은 독특한 견해를 제시하고 있다. 그는 공공정책을 "정부(government)와 주위 환경(environment) 간의 관계"로 파악하고, 이를 P=f(G, E)로 나타내고 있다(Eyestone, 1971: 18). 즉, 정책은 정부 자신과 환경이라는 두 개 변수의 상호작용으로 결정된다는 것이다. 한편 정정길(2000: 52)은 정책을 "바람직한 사회 상태를 이룩하려는 정책 목표와 이를 달성하기 위해 필요한 정책 수단에 대해 권위 있는 정부 기관이 공식적으로 결정한 기본 방침"으로 정의내리고 있다.

2. 정책의 구성 요소

정책의 개념에는 여러 가지 중요한 요소들이 내포되어 있다. 이들 중 정책 목표, 정책대상집단 및 정책 수단 등을 정책을 구성하는 3대 요소라 한다.

1) 정책 목표

정책 목표(policy goal)란 "정책을 통해 만들고자 하는 바람직한 미래 상태"로서, 예를 들면 보건의료정책의 목표가 국민보건 수준의 향상인 것과 같다. 따라서 정책 목표는 정책의 존재 이유가 되는 것이다.[5] 한편 정책 목표는 정책 과정에서 다음과 같은 역할을 수행한다(정정길, 1997: 58-59). 첫째, 정책 목표는 여러 가지 정책 수단 중에서 최선의 것을 선택하는 기준으로써 사용된다. 물론 최선의 정책대안을 선택하는 기준에는 능률성, 형평성, 실행 가능성 등 여러 가지 기준이 있으나, 이러한 목표 달성의 정도 역시 대안 선택의 중요한 기준이 된다.

둘째, 정책 목표는 정책이 집행되는 과정에서 지침(directives)의 역할을 수행한다. 대부분의 경우 정책의 많은 내용이 집행 과정에서 결정되는데, 이때 정책 목표가 이에 관한 길잡이 역할을 수행하는 것이다.

셋째, 정책 목표는 정책의 집행이 이뤄지고 난 후 정책을 평가하는 기준이 된다. 정

5 정책 목표와 정책 목적은 구분된다. 정책 목표는 포괄적 의미로 사용되는 반면, 정책 목적은 보다 구체적인 의도를 나타낼 때 사용된다. 따라서 정책 목표는 계량화하기 어려운 반면, 정책 목적은 계량화가 가능하다.

책평가는 정책집행 과정에서의 평가와 정책집행이 이뤄진 후 정책이 의도한 목표를 달성해 나타난 정책 효과의 발생 여부를 판단하는 평가가 있는데, 이러한 경우 모두 정책목표는 정책평가의 기준이 된다.

일반적으로 정책은 여러 개의 목표를 지니고 있는데, 이들 목표 간의 관계는 다양한 형태로 나타난다. 목표들이 상호 보완 관계에 있을 수도 있고, 혹은 경쟁 관계에 있을 수도 있다. 그뿐만 아니라 정책 목표들 간에 상·하의 관계가 형성되기도 하는데, 이러한 관계를 '목표-수단의 연쇄'라 한다.

2) 정책대상집단

정책대상집단(policy target group)이란 정책에 의해 어떠한 형태로든 영향을 받는 집단을 의미한다. 특히 정책집행에서 정책대상집단의 의미는 대단히 큰데, 사바티어(Paul A. Sabatier)와 마즈마니언(Daniel Mazmanian)이 효과적인 정책집행을 위한 다섯 가지 조건에서 정책대상집단의 행위가 정책집행의 요구에 부합하는가를 첫 번째 조건으로 한 것에서 알 수 있을 뿐 아니라(Sabatier & Mazmanian, 1979: 484-487), 그 후 그들이 정책집행 중의 인적 요소를 언급하면서 정책대상집단을 정책결정자나 집행 요원과 병렬적 위치에 놓고 있는 데서도(Sabatier & Mazmanian, 1983: 149-151), 정책집행 과정에서 정책대상집단이 차지하는 비중을 쉽게 알 수 있다. 정책대상집단은 수혜집단과 비용부담집단으로 구분할 수 있는데, 수혜집단이란 정책에 의해 서비스나 재화상의 편익을 얻게 되는 집단으로서, 예를 들어 「국민기초생활보장법」에 의해 정부의 지원을 받는 영세민이 이에 해당된다. 비용부담집단은 영세민 지원을 위한 세금을 부담해야 하는 일반시민의 경우와 같이 어떠한 형태로든 손해를 보기 때문에 집행 과정에서 이들이 불응할 가능성은 매우 크다. 정책 때문에 희생을 당하는 자들은 사회 전체의 입장에서 불가피하다고 하더라도 이에 대해 국가의 적절한 보상이 있어야 한다.

한편, 슈나이더(A. Schneider)와 인그람(H. Ingram)은 사회적 구성주의 이론에서 정책대상집단을 다음 <표 1-1>과 같이 구분하여 설명하고 있다. 사회적 구성이론의 관점에서는 정책대상집단은 사회적 또는 문화적 사회화 과정을 통해 형성된 사회적 실체이다.

여기서 사회적 형상은 정책결정자 및 국민들이 정책대상집단에 대해 갖는 긍정적 혹은 부정적 인식을 말하며, 정치적 권력은 다른 집단과의 연합형성의 용이성, 동원 가능

표 1-1 슈나이더와 인그람의 정책대상집단

사회적 형상 (Social Image) / 정치적 권력 (Political Power)	긍정적	부정적
높음	수혜집단 (Advantaged)	주장집단 (Contenders)
낮음	의존집단 (Dependents)	이탈집단 (Deviants)

한 보유자원의 양, 집단구성원들의 전문성 정도를 말한다. 아동, 어머니, 중소기업가 등은 긍정적으로 인식되고, 범죄자, 테러리스트, 대기업 노동조합 등은 부정적으로 인식된다. <표 1-1>에서 수혜집단은 부담보다는 이익을 공유하게 된다. 이 집단에 대해서는 정부의 정책이 비용보다는 편익에 집중된다. 그리고 주장집단은 실질적인 정치적 지원을 가지고 있지만 상대적으로 이기적이어서 부정적으로 인식된다. 그들은 정책에 있어 혜택을 입지만 이는 일반대중의 반발을 불러일으키지 않도록 은밀하게 이루어지는 경우가 많다. 의존집단은 국가의 혜택을 얻을 수 있을 만큼 강한 권력을 지니고 있지는 않지만 자선적인 혜택을 받는 대상이 된다. 정책결정자는 이들에게 중요한 자원을 소모하려 하지 않는다. 마지막으로, 이탈집단은 보통 테러리스트, 불법이민자 등을 포함한다. 이들은 정치적인 힘이 없을 뿐 아니라 부정적으로 인식된다. 이들은 그 비용부담이 정당할 뿐아니라 이들의 저항도 쉽게 물리칠 수 있기 때문에, 과도한 제재와 부담을 부여받는 경향이 있다(Schneider & Ingram, 1993: 334-346).

3) 정책 수단

(1) 개 념

정책 수단(policy instruments)이란 설정된 정책 목표를 달성하기 위해 정부가 사용하는 각종 실제 수단 또는 장치(actual means or devices)를 의미한다. 구체적인 예를 들면, 중소기업 기술 개발 촉진이라는 정책 목표 달성을 위한 정책 수단은 중소기업에 조세상 혜택을 부여하는 것과 금융 지원을 해주는 것이 되고, 또 토지 공개념이란 정책 목표를 달성하기 위해 시행하는 택지소유상한제, 토지초과이득세 등이 정책 수단에 해당한다.

한편 베덩(Evert Vedung)은 정책 수단을 다음과 같이 나타내고 있다. "정책 수단이란 정부가 사회 변화를 지지하거나 방지하고자 할 때 권력을 행사하게 되는데, 이때 사용되는 일단의 수단들이다(Public policy instruments are the set of techniques by which governmental authorities wield their power in attempting to ensure support and effect or prevent social change)"(Vedung, 1998: 21).

정책 수단은 국민들의 이해관계에 직접 영향을 미친다는 점에서 구성 요소 가운데 가장 중요하며, 또 정책 수단의 선택을 둘러싼 이해관계집단들 간의 갈등도 매우 치열하다. 정책 수단은 선호의 행동노선(how-to)을 말하며 실현성을 강조하게 되는데, 그러나 이것에 너무 집착하면 사회가 마땅히 지향해야 할 방향을 상실하게 된다.

(2) 정책 수단의 유형 분류

정책 수단의 종류로는 실질적 정책 수단과 보조적 정책 수단이 있다. 실질적 정책 수단은 정책의 목표-수단의 연쇄에서 상위 목표에 대해서는 수단으로, 하위 수단에 대해서는 목표로서의 역할을 하는 것으로 정책의 대상이나 유형에 따라 매우 다양하다. 이를테면 쌀값 인하를 위한 막걸리 주조(酒造)의 중단, 정부미 방출 등이 이에 해당된다. 보조적 정책 수단은 실질적 정책 수단을 실현하는 데 필요한 수단을 말한다. 예를 들어, 민간이 주도하고 있는 경우 설득하거나 세금 측면에서 유인책을 쓰거나, 강압적으로 금지시키는 것과 이들 수단을 적용하기 위해 필요한 집행담당기구, 예산, 공권력 등이 이에 해당한다(정정길, 2000: 61-63).

한편 베덩은 정책 수단의 종류로 규제(regulations), 경제적 수단(economic means)[6] 및 정보(information) 등 세 가지를 들고 있는데,[7] 규제는 정부가 사람들로 하여금 공식화된 규정이나 지침에 따르도록 영향력을 행사하는 것이고, 경제적 수단은 어떤 행위를 할 경우 경비나 시간, 세제 면에서 유리하도록 만드는 것이며, 그리고 정보는 설득이나 정보 전달로 영향을 미치려는 것으로 "양심에 호소하는 권고(moral suasion)"에 해당한다는 것이다(Vedung, 1998: 30-34).

한편 후드(Christopher Hood)는 정부자원의 특징에 따라 정보(nodality)적 도구, 권한

6 경제적 수단 정책에 대해 일부 환경보호론자들은 비판을 가하고 있는데, 미국의 상원의원 머스키(Edmund S. Muskie)는 "그럼 돈만 내면 오염을 해도 된다는 말이냐(We cannot give anyone the option of polluting for a fee)"며 비판한다(Rhoads, 1985: 51).

7 그는 이 세 가지의 특징을 상징적으로 표현해 규제를 채찍(stick), 경제적 수단을 당근(carrot), 정보를 설교(sermon)로 부른다.

(authority)적 도구, 재원(treasure)적 도구, 조직(organization)적 도구와 같은 네 가지 범주로 유형화하고 있다. 정보적 도구에는 자문, 교육 · 훈련, PR, 보고, 등록 등이 포함되고, 권한적 도구에는 규제, 사용료, 면허 등이, 재원적 도구에는 대출, 보조금, 조세지출 등이 포함되며, 마지막으로 조직적 도구에는 관료조직, 공기업 등이 포함된다. 그는 이 네 가지의 앞 글자를 따서 NATO로 부르고 있다.

그리고 살라몬(Lester M. Salamon)은 정책 수단을 직접적 수단과 간접적 수단으로 구분하고 있다(Salamon, 2002: 39). 첫째, 직접적 정책 수단에는 전통적 정부 소비, 경제적 규제, 대출, 정보 제공, 공기업 등이 있다. 둘째, 간접적 정책 수단에는 사회적 규제, 계약, 대출보증, 조세지출, 사용료, 보험, 바우처 등이 있다.

표 1-2 살라몬의 정책수단 유형

직접성 정도	정책수단
저	보조금, 지급보증, 정부지원기업, 불법행위책임, 바우처
중	조세감면, 사회규제, 라벨부착 요구, 교정조세, 부과금
고	직접시행, 공기업, 공공정보, 직접대부, 보험

(3) 정책 수단의 선택

정치학자들과 경제학자들은 정책도구를 선택할 때 서로 다른 관점을 견지하고 있다. 경제학자들은 연역적 접근 방법(deductive approach)을 취해 시장 메커니즘의 우월성을 인정하는 바탕에서 도구를 선택한다. 이에 반해 정치학자들은 귀납적 접근 방법(inductive approach)을 취하는데, 정부기관과 정책 하위 체계의 복잡성 정도에 근거해 다른 도구를 선택한다.[8] 그런데 이들 접근 방법은 경제적 요소를 지나치게 강조했거나 아니면 정치적 요소를 과다하게 강조한 것이다.

우리는 두 가지 지표로 정책도구의 선택을 할 수 있다. 하나는 국가 능력의 많고 적은 정도이다. 즉, 정부가 사회단체에 영향을 미칠 수 있는 능력이다. 다른 하나는 정책 하위 체계의 복잡성 정도(policy subsystem complexity)이다. 정부기관이 정책을 집행할

8 후드(Hood, 1983: 9)는 우리가 정책 수단을 선택할 때에 네 가지 종류의 제약을 받는다고 한다. 자원 제약, 정치적 압력, 법률적 제약 및 과거 수단 사용의 실패에서 오는 역사적 교훈 등이 그것이다. 순수하게 경제적 기준으로만 정책 수단을 선택하는 것은 갈수록 불가능해지고 있으므로, 앞에서 언급한 네 가지 요소를 반드시 고려해야 한다는 것이다.

때에는 반드시 행위자의 복잡성 정도에 직면하게 된다. 구체적으로 보면, 사회적으로 경쟁자가 많아 정부가 우열을 가리지 못할 때 정부가 사회에 대해 고도의 규제 능력만 가지고 있다면 시장도구를 택한다. 여기서의 시장도구란 경제학자들이 주장하는 정책도구들로서 시장개방을 통해 불량한 기업은 도산하게 된다. 이에 반해 하위 체계의 행위자가 많지 않을 경우 정부는 강력한 규제도구를 동원한다. 정치학자들이 말하는 정책도구들로서 정부가 소비자 보호를 위해 적극적으로 중벌과 규제 조치를 취하는 것이 이에 해당한다. 그리고 정부의 대(對)사회규제 능력이 약할 때는 자발적 도구를 선택한다. 예를 들어, 지역사회조직이나 민간의 역량으로 정책을 추진하는 것이 이에 해당한다(Linder & Peters, 1989: 35-58). 이상의 내용을 그림으로 나타내면 [그림 1-1]과 같다.

그림 1-1 정책도구의 선택

		정책 하위 체계의 복잡도	
		높음	낮음
국가 능력 정도	높음	시장도구	정책도구
	낮음	자발적 도구	혼합도구

(4) 향후 정책 수단 연구[9]

홀릿(Michael Howlett)은 정책도구의 선택은 해당 국가의 특성에 의해 영향을 받는데, 예를 들면 만약 어떤 국가가 높은 수준의 행정 역량(administrative capacity)을 갖추고 있지 못하다면 규제나 유인도구보다는 정보도구에 의존할 수밖에 없다는 것이다(Howlett, 2005). 린겔링(Arthur B. Ringeling)도 국가적 맥락의 차이를 간과하는 일반적 정책도구 분석에 기초한 정책도구의 선택은 실패할 가능성이 높다고 주장한다(Ringeling, 2005). 따라서 해당 국가의 특성과 부합하는 정책도구의 선택이 무엇보다 필요할 것이다. 이 점에 관해 피터스(B. Guy Peters)는 정책도구 자체의 특성과 해당 국가의 거버넌스 레짐(governance régime)이 갖는 특성 간의 상호 관계에 관한 지식을 구축할 필요가 있다는 것이다(Peters, 2005).

9 이 부분은 전영한(2007: 46-47)을 정리한 것임.

함께 생각할 정책 사례 2

사행산업 전자카드 도입

사행산업 전자카드 사용에 대해 찬성 입장은 우리나라의 도박 유병률이 매우 높고, 우리나라의 인터넷 인프라는 세계 최고 수준임을 강조한다. 앞으로 도박과 관련한 폐해의 매우 큰 부분은 온라인 도박에 의해 발생하고 심각해질 것이다. 다른 나라의 경우를 보면, 전자카드를 사용한 사람들의 지출이 사용하지 않은 사람들보다 회기당 지출이 상당히 감소했다는 것이다.

반대 입장은 개인의 사생활이 너무나 쉽게 노출된다는 것이다. 사감위에 따르면, 경마에 참여하기 위해서는 개인의 생체정보인 지정맥을 등록하고 전자카드를 발급받아야 한다. 이 카드에는 이용자의 구매 금액과 횟수가 일일이 기록된다. 그런 전자카드를 소지하는 것 자체가 마치 범법자로 낙인이 찍힌 듯한 심리적 거부감을 줄 수 있다. 게다가 건전한 오락으로 즐기던 소액 이용자들은 개인정보 입력을 꺼려 구매를 포기할 가능성도 높다. 그 외 한 설문조사에서 전자카드가 도입되면 불법 도박 사이트를 대신 이용하겠다는 응답자가 40%에 육박했다. 개인정보가 유출되는 전자카드보다는 접근이 쉽고 익명성이 보장되는 불법 도박의 유혹이 더욱 커질 것이다.

2016년 9월에 '경주류 자율형 전자카드제의 본격 시행·확대' 등의 내용을 담은 '사행산업 전자카드제 세부이행계획'을 확정한 데 이어, 2017년 2월에는 국무총리 소속 사행산업통합감독위원회가 '사행산업 전자카드제 시행협의체'를 발족시켰다.

2019년 5월 사행산업감독위원회는 6개 사행산업사업자가 참여하는 '사행산업용자보호협의회'를 구성하고, 2012년에 도입된 전자카드제의 활성화 방안을 논의한 바 있다. 전자카드 사용 시 이미 배팅한 구매권을 취소하는 제도를 도입하고, 무료입장권과 주차권 등의 혜택을 제공하기로 했다. 그리고 전자카드에 구매상한 설정 기능도 탑재했다.

정부의 이러한 노력에도 불구하고 불법 사행산업은 그 규모가 지속적으로 증가하고 있다. 2011년도에 비해 2019년에는 불법 카지노는 전체 금액의 11%에서 22%로, 불법 스포츠도박은 같은 기간에 2.7배가 증가했다.

현행법상 합법 사행산업은 매출총량제를 적용받는다. 사행산업의 지나친 성장을 막는다는 취지지만, '풍선효과'를 키운다는 비판도 받고 있다. 그에 따라 일각에서는 매출총량제를 완화하여 합법시장을 키워 이익을 세금으로 징수하고, 불법시장의 확산을 억제하는 방안의 모색을 주장하기도 한다.

이상과 같은 상황에서 정책 수단의 관점으로 볼 때 사행산업 전자카드제의 시행에 대한 여러분의 생각은 어떠한가? 만약 계속 시행되어야 한다면 어떤 점이 보완되어야 한다고 보는가?

제3절 정책의 유형

1. 의 의

정책을 특성에 따라 몇 개의 범주로 유형화하는 것은 정책학을 과학화하는 데 필요한 일이다. 즉, 정책을 식물학이나 동물학처럼 연구 대상을 공통된 특성에 따라 정확하게 분류할 수 있다면 정책의 모든 과정에서 어떠한 현상들이 발생할 것이라는 것을 대체적으로 예측해, 바람직한 방향으로 통제할 수 있을 것이기 때문이다(노시평 외, 1999: 8). 이전에는 정책 과정이 어떠하냐에 따라 정책이 결정되는, 즉 정책을 종속변수로 인식했으나, 1970년대부터는 정책 내용 또는 정책 유형에 따라 정책 과정이 달라진다고 본다. 로위(Theodore J. Lowi)는 정책의 유형을 알게 되면 그 정책이 어떠한 과정을 거쳐 결정될 것인가가 예측 가능하다고 보았다(Lowi, 1972: 298-310). 더 나아가 라이플리와 프랭클린은 정책 유형이 달라짐에 따라 정책결정뿐 아니라 정책집행 과정까지도 달라진다고 말하고 있다(Ripley & Franklin, 1980).

2. 정책 유형의 분류

1) 유형의 분류

가장 일반적인 분류는 정책의 실질적 내용에 따른 분류로서 보건정책, 노동정책, 정보통신정책 등 정부의 기능을 중심으로 분류한 것을 들 수 있다. 그러나 정책을 이렇게 분류하는 경우 정책에 따라서는 그 기능이 정부의 어느 부처에 속하는지 알 수 없는 것이 있을 수 있고, 처음부터 두 가지 이상의 다목적 기능을 수행하도록 의도한 정책들이 많아지고 있기 때문에 정확한 분류가 어려운 것이다(최봉기, 2004: 44). 앨먼드(Gabriel A. Almond)와 파월(G. Bingham Powell)이 정치 체제의 기능을 중심으로 추출정책,[10] 규제정책, 분배정책, 상징정책[11]의 네 가지 유형으로 분류하는 등 정책의 유형에 대해서는

10 정부가 민간 부문에서 인적·물적 자원을 추출하는 것으로, 세금을 거두고 군대에 보내거나 정부사업을 위해 강제적으로 토지를 수용하는 것 등이 이에 해당한다.

11 상징정책은 정책 체제의 정당성에 대한 일반국민들의 신뢰감 증진을 목적으로 하는 것으로, 과거 우리나

다양한 견해가 제시되었는데, 여기서는 로위와 라이플리, 프랭클린 등의 견해를 중심으로 유형을 살펴본다.

로위는 정치 과정이 정책 내용에 큰 영향을 미칠 것이라는 기본적 가정과는 달리, 정책 내용 혹은 정책 유형이 정치 행태를 결정한다고 주장했다. 즉, 정책 유형이나 정책 내용을 파악하게 되면 그 정책이 어떤 정치 과정을 거쳐 결정되고 집행될 것인가를 예측 가능하다는 것이다. 그의 정책유형론은 당시의 다원주의와 엘리트주의의 주장을 통합하려는 의도를 가지고서 주장된 것이다. 그는 규제정책의 경우 다원론자들의 주장이 옳고, 반면에 재분배정책의 경우에는 엘리트론자들의 주장이 옳다고 한다(정정길, 2000: 69). 특히 그는 정부의 정치적 특성 중 가장 현저한 것으로 강제(coerce) 능력을 들면서, 강제의 유형을 통해 정책 유형을 시도하고 있다. 강제의 가능성(likelihood of coercion)과 강제의 적용 대상(applicability of coercion)의 두 변수가 기준이 되는데, 전자는 강제가 원격적(remote)인가 근접적(immediate)인가, 후자는 강제가 개인의 행위에 적용되는가, 아니면 행동의 환경에 적용되는가를 말한다.[12] 로위는 이 두 가지 기준에 의해 <표 1-3>과 같이 정책 유형을 구분하고 있다.

여기서는 로위의 분류에 따라 정책의 유형을 분배정책, 규제정책, 재분배정책 및 구성정책으로 분류하고,[13] 거기에다가 라이플리와 프랭클린의 논의를 추가해 유형별 특징에 대해 살펴보고자 한다.

라에서 실시했던 국기 하강식 때에 국민들이 경례를 했던 것도 당시 정치 체제에 대한 일반국민의 심리적 순응을 유도했던 한 예이다.

12 행동의 환경에 적용되는 예를 들면, 중앙은행이 재할인율을 약간 변경하면 모든 사람의 투자 성향에 직접 영향을 미치는 것이 이에 해당한다. 이러한 정책에서는 정책결정자가 그 정책으로 영향을 받는 모든 개개인을 잘 알아야 할 필요는 없다(남궁근, 2017: 80-81). 서비스 제공 또는 보조금 지급 프로그램은 강제력의 요소가 일반 세입체계로 흡수되므로 간접적 행사에 해당한다.

13 로위는 1964년에 정책의 세 가지 유형으로 분배정책, 규제정책 및 재분배정책을 제시했고, 그 뒤 1972년에 구성정책을 추가해서 네 가지 정책 유형을 제시하고 있다(Lowi, 1972: 298-310). 프로혹(Fred M. Frohock)은 로위의 원래 세 가지 유형에다 자본정책과 윤리정책을 추가해 다섯 가지 유형화를 시도하고 있다. 자본정책은 사회제도의 생산 능력을 향상시키는 것으로서, 복지 프로그램의 소비적인 배분과 대조된다. 농민에게 현금을 보조해 농업을 개선하는 방안, 생산을 촉진하기 위한 조세 감면 등이 이에 해당한다. 윤리정책은 규제정책의 영역에 포함되면서 도덕적인 이슈를 다루고 있는 정책이다. 미국 연방대법원이 임신 3개월 이내에는 청구에 의한 낙태는 합법적이라는 결정을 내린 것이 이에 해당한다(남궁근, 2017: 85).

표 1-3 강제의 유형과 정책의 유형

		강제의 적용 대상	
		개인의 행위	행위의 환경
강제의 가능성	원격	분배정책 (예: 관세보조금)	구성정책 (예: 새로운 기관의 창설, 홍보)
	근접	규제정책 (예: 불공정 경쟁, 사기성 광고)	재분배정책 (예: 누진적 소득세, 사회보장)

자료: 노화준(2003: 65).

(1) 분배정책

분배정책(distributive policy)은 정부가 국민들에게 권리나 이익 또는 서비스를 분배하는 내용을 지닌 정책으로 사회간접자본의 구축이나 정부의 각종 지원에 관련된 정책이 이에 해당한다. 분배정책의 특징은 정책의 내용이 세부 단위로 쉽게 구분되고 각 단위는 다른 단위와는 별개로 처리될 수도 있다는 점이다. 정책의 내용이 쉽게 세부 단위로 분할될 수 있고, 정책비용이 국민의 세금으로 충당되므로 분배정책의 결정 및 집행 과정의 참여자들 간에는 정면 대결보다는 갈라먹기 식의 결정이 이뤄져 승자와 패자 간의 정면 대결의 필요성은 없게 된다. 분배정책에서 유일하게 논쟁이 생길 수 있는 부문은 정책의 폭 혹은 특정한 분배의 대소(大小)나 다과(多寡)에 관한 것이다(Salisbury, 1972: 70).

여기서 분배정책의 정책 과정상 특징을 보면, 먼저 의제 설정에서 수혜자들이 정책결정자에게 은밀하게 접근해 정책의제로 채택되므로 의제화가 조용히 이뤄진다. 정책결정 단계에서는 이익집단, 의회위원회 및 관료집단 등의 삼두마차가 결정적인 역할을 하며, 갈라먹기(pork-barrel) 방식이나[14] 상부상조(log-rolling)에 의해 결정된다. 다시 말해, 분배정책은 정책의 내용이 세부 단위로 쉽게 구분되고, 각 단위는 다른 단위와 별개로 처리될 수 있기 때문에 정책의 결정 및 집행 과정에는 정면 대결보다 갈라먹기 식의 결정이 이뤄지는 것이다. 정책집행에서는 수혜집단이 주요 정책대상집단이기 때문에 이데올로기 논쟁은 없으며, 집행에 대한 반대나 갈등도 거의 없다. 그리고 표준운영절차(SOP)나 상례적 절차의 확립이 용이하고 원만한 집행의 가능성이 높으며, 마지

14 구유통정치란 국민 전체에게 혜택이 돌아가는 정책보다는 자기 지역의 선거구민에게 혜택이 집중되는 정책을 선호하는 정치인들의 행태를 말한다.

막으로 정책평가 부분에서는 정부가 대(對)국민 홍보에 평가를 적극적으로 활용한다.

(2) 규제정책

규제정책(regulatory policy)이란 개인이나 집단에 대한 규제를 통해 다른 사람들을 보호하는 정책을 말한다. 대부분의 규제가 피규제자가 원하지 않는데도 규제되는 것이므로, 규제자와 피규제자 간의 갈등이 심해 양자 간에는 제로섬게임의 관계가 형성됨으로써 두 집단 사이의 갈등이 치열하다. 그리고 이익집단 사이에 이합집산을 거듭해 안정성이 매우 낮다. 수혜자는 수혜자대로 피해자는 피해자대로 지지 세력을 확보하려고 노력하는데 이렇게 됨으로써 정책결정은 다원적으로 결정된다.

라이플리와 프랭클린(Ripley & Franklin, 1980: 23-24)은 로위의 규제정책을 보호적 규제정책과 경쟁적 규제정책으로 나누고 있다. 보호적 규제정책은 다수의 국민을 보호하기 위해 개인의 행동을 통제하는 정책으로서 최저임금제도, 공정거래법, 식품위생법 등이 이에 해당한다. 이에 비해 경쟁적 규제정책은 국가가 소유하고 있는 희소한 자원에 대해 다수의 경쟁자 중에서 특정한 개인이나 집단에게 서비스나 재화를 제공할 수 있도록 허가하는 반면, 공익을 위해 서비스 제공과 관련해 규제도 가하는 정책이다. TV 방송권, 버스 노선, 항공 노선 등을 정부가 허가하는 정책이 이에 해당하는데, 경쟁적 규제정책은 분배정책과 보호적 규제정책의 성격을 함께 지니고 있다.

여기서 정책 과정상 특징을 보면, 의제 설정에서 수혜집단은 일반대중이고 비용부담집단은 일부 집단인 경우 이들의 반대로 정책의제화되기 어렵다. 또 피규제집단은 사유재산권의 침해라 주장하고 반대로 규제를 원하는 집단은 자유와 사회 정의 구현을 위해 필요하다고 주장함으로써 이념적 논쟁이 전개된다. 정책결정 단계를 보면 서로가 지지 세력을 확보하고자 정치적 연합을 하는데, 양 세력이 흥정과 타협을 통해 정책을 결정하는 다원적 결정이 이뤄진다. 정책집행은 피규제자들이 집행에 저항해 집행 추진조직과 갈등이 계속된다.[15] 집행 과정에서도 공익에 기초한 정부의 강한 규제냐, 아니면 기업활동을 위한 정부개입의 최소화냐를 놓고 갈등이 벌어진다. 따라서 표준운영절차(SOP)의 확립이 곤란하며 원만한 집행이 어렵다. 마지막으로, 평가에서 관련자들이 자료, 정보 제공을 통해 자신에게 유리한 평가를 하려고 노력하는데 수혜자는 주로 정책

15 규제정책은 본질적으로 일종의 원칙을 말하는 것으로 대상집단의 이익 범위가 명확하지 못하고, 구체적이지 못하기에 이러한 종류의 정책집행 시에 손해를 보게 되는 자들의 저항이 거세진다.

의 성공을, 반대자는 실패를 강조한다.

(3) 재분배정책

재분배정책(redistributive policy)은 누진세, 직업훈련사업, 영세민 생활보호사업, 노인·장애자 보호사업 등과 같이 고소득층으로부터 저소득층으로의 소득 이전에 관련된 정책을 말한다. 이 정책은 가진 자들한테 손실을 감수할 것을 노골적으로 요구하는 정책이므로 강력한 이해 대립을 야기한다.[16] 그 결과 재분배가 분배로, 수혜자가 특정의 불우한 계층에서 많은 사람으로 변질되고 마는데 이 사실에서 약자를 돕는 것이 현실적으로 어렵다는 것을 알 수 있다.

정책 과정별 특징을 보면, 의제 설정에서 이데올로기적인 논쟁과 정당 간의 갈등이 심하다. 정책의 수혜집단은 하위 계층이나 비용부담집단은 상위 계층이기 때문에 이들 비용부담집단의 반대로 의제화가 어렵다. 정책의제화를 위해서는 이데올로기 등 정치적 분위기의 변화, 전국적 차원에서 공중의 지지와 정치 지도자의 강력한 정책 의지가 필요하다. 정책결정에서는 대통령 주도로 정상연합(peak association)에 의해 실질적인 정책 내용이 결정되고, 이 과정에서 의회 지도자가 조정 역할을 한다. 집행 단계에서는 이데올로기 논쟁이 계속되고, 비용부담집단에 의한 복지정책의 철폐 요구가 강하다. 반대 세력의 정치적 반대와 조직적 저항이 심하므로, 표준운영절차(SOP)의 확립이 곤란하며 원만한 집행이 어렵다. 마지막 평가 부분에서는 비용부담집단이 정책의 효과를 비판하게 된다.

(4) 구성정책

구성정책(constituent policy)은 정책을 결정하게 되는 환경이나 체제 또는 제도에 관한 것으로, 좀 더 광범위하고 장기적으로 그 영향이 구체적인 정책에 미치게 되는 정책이다. 따라서 이 정책의 정치는 개인 수준에서의 '상부상조(log-rolling)'가 아니라 집단이나 국가 수준에서의 협상과 타협의 정치이며, 그 권력구조는 정치게임의 규칙에 관한 것이다(Spitzer, 1987: 678, 이해영, 1997: 97 재인용). 이는 헌정을 수행하는 데 필요한 운영규칙에 관련된 정책을 말하는데, 주로 정부기구의 조정과 관련된 정책으로 새로운 기구의 설립, 공직자 보수와 군인퇴직연금에 관한 정책 등이 해당한다. 그런데 서구 학자

16 가진 자들은 재분배정책이 복지병(welfare disease)을 만연시키고, 사람들로 하여금 '실패해도 좋다는 유인(incentive to fail)'을 제공한다는 비판을 가하고 있다(이준구·이창용, 2009: 251-252).

들은 구성정책을 중시하지 않는데 그 이유는 헌정의 기본 틀이 확립되어 있기 때문이다. 그러나 우리의 경우, 정부의 기본 구조에 관한 틀이 정착되지 않아 구성정책의 범주가 중요하고 현상 유지 세력과 변경을 원하는 세력 간의 갈등도 심각하다.

2) 정책유형론에 대한 비판

이상의 로위의 유형은 대표적인 정책 유형으로 인정받고 있지만 이 유형 역시 몇 가지 비판을 받고 있는데, 그 중의 하나로 중복적이라는 것이다.[17] 예를 들어, 농업보조금 지급이 농업 발전이라는 국민경제적 목적 달성을 의도하는 것이면 분배정책으로 분류될 수 있고, 보호대상자로서의 농민에 대한 보조로 생각하는 경우에는 재분배정책으로 분류된다(노화준, 2003: 68). 이러한 중복의 원인은 분배, 규제정책은 정부 활동이나 그 직접적인 결과를 기준으로 한 것인데 비해, 재분배정책은 이러한 활동이나 결과가 사회계층에 어떻게 분배되느냐를 기준으로 한 것이므로, 동일한 기준에 의한 분류가 아니기 때문이다(정정길, 2000: 75).

스피처(Robert J. Spitzer)는 로위의 유형에 대한 비판에서 규제정책이 주로 경제규제와 관련된 정책의 속성을 기술하고 있기 때문에 최근에 대두된 많은 사회규제정책의 속성을 다루지 못하는 결함을 지니고 있다고 주장한다. 스피처는 경제 및 사회규제정책을 구별하면서, 경제규제정책은 분배정책에 가까운 반면에 사회규제정책은 재분배정책에 가깝다고 주장한다. 왜냐하면, 경제규제정책은 주로 가격이나 시장 참여의 제한을 통해 대상집단을 규제하려고 하며 그 영향력의 범위는 국지적이다. 반면에 사회규제정책은 개인의 행동 양식을 변화시켜 의도했던 목표를 달성하려고 하며, 그 영향력의 범위도 경제규제정책에 비해 광범위하다는 것이다(오석홍 · 김영평 편, 2000: 147-148).

로위의 정책유형론에 대한 또 다른 비판은 '강제'라는 변수의 이분화와 관련되어 있다. 스피처는 그의 정책 사례 연구를 통해 강제의 차원은 '근접적 대 원격적' 혹은 '개인 대 환경'으로 이분화할 수 있는 것이 아니고, 연속적 개념으로 파악되어야 한다고 주장한다. 환언하면, 일부 특정 정책은 한 정책 유형의 속성만 가지고 있는 것이 아니라 여러 가지 정책 유형의 특징을 동시에 지닐 수 있다는 것이다.[18]

17 팔럼보(Dennis J. Palumbo)는 로위의 유형이 모든 현실 정책을 분류할 수 없을 뿐만 아니라 또 중복 분류된다는 비판을 가하고 있다(Palumbo, 1968: 10; 이해영, 1997: 109 재인용). 이러한 중복 분류는 상호 배타적으로 분류되어야 한다는 정책 유형의 기본적 가정에 반하게 된다는 것이다.

이 밖에 리처드슨(Jeremy J. Richardson)은 그 국가가 가지고 있는 속성에 따라 정책 유형에 관계없이 일정한 '정책 형태(policy style)'가 있으며, 유사한 속성을 가진 국가들의 정책 형태는 비슷한 방향으로 모아진다고 주장한다. 즉, 사회가 다원화되면 될수록 어떤 유형의 정책이든 합의적이고, 반응적인 특성을 강하게 띠게 되며, 권위주의적 특성이 강하면 강할수록 정책은 부과적(imposition)이고 국가에 의해 적극적인 특성을 띠게 된다고 주장한다(류지성, 2007: 53).

제4절 정책의 필요성

민주사회에서 사회가 바람직한 상태를 벗어날 때 정부는 이것을 바로잡기 위해 간여하게 되는데, 간여 수단 중의 하나가 바로 정책이다. 사회가 올바른 방향으로 나가지 않는 데에서 정책의 필요성이 생기게 된다.

1. 시장실패

1) 의 의

시장실패(market failure)란 시장기구에 의한 자원 배분이 비효율적인 것을 말한다. 이러한 현상은 완전경쟁시장 조건을 유지하지 못할 때 생기게 되는데, 그렇다면 우선 완전경쟁시장이란 무엇인가를 살펴본다.

완전경쟁시장이란 다음 네 가지 조건이 충족되었을 때 가능하지만, 현실에서는 존재하지 않는다(최병선, 1992: 59-60). 첫째, 독과점적인 주체가 존재하지 않아야 한다. 즉, 많은 수의 공급자와 수요자가 있어서 어느 공급자도 스스로의 공급량을 조절함으로써 가격에 영향을 줄 수 없고, 어느 수요자도 스스로의 구매량을 조절함으로써 가격에 영

18 스피츠의 정책 유형 분류는 정책 카테고리 분류의 적합도를 높이고, 정책과 정치의 관계를 더욱 타당성 있게 설명할 수 있으나 너무 복잡하다는 것이 결점이다. 그러나 그의 유형은 강제의 적용과 강제의 가능성을 불연속적인 분류 기준들이 아닌 각각 연속적인 변수들로 봄으로써 현실적인 정책 유형화의 적합성을 한층 높였다(노화준, 2003: 67).

향을 주지 않아야 한다. 둘째, 동질적인 상품이 거래되어야 한다. 이럴 때 생산되는 상품 사이에 완전한 대체성이 보장되므로, 수요자는 공급자를 굳이 가려야 할 필요가 없다. 셋째, 자원의 완전한 이동성이 보장되어야 한다. 자원의 완전한 이동성이란 어떤 시장에 대한 기업의 진입과 퇴출이 자유로워야 한다는 것이다.[19] 넷째, 공급자나 수요자가 자신의 의사결정에 필요한 정보를 완전하게 갖춰야 한다.

이러한 완전경쟁시장에서의 자원 배분을 보면, 완전경쟁시장에서는 '가격=한계비용($P=MC$)'이 되는데,[20] 이것은 이 제품의 생산에 사용된 자원이 가장 효율적으로 사용되고 있음을 의미한다. 그러나 만약 독점 시에는 가격이 한계비용보다 높은 점($P>MC$)에서 결정된다. 이처럼 가격=한계비용의 관계가 성립할 때 '파레토 최적(Pareto optimal)'

그림 1-2 단기에서의 이윤극대화

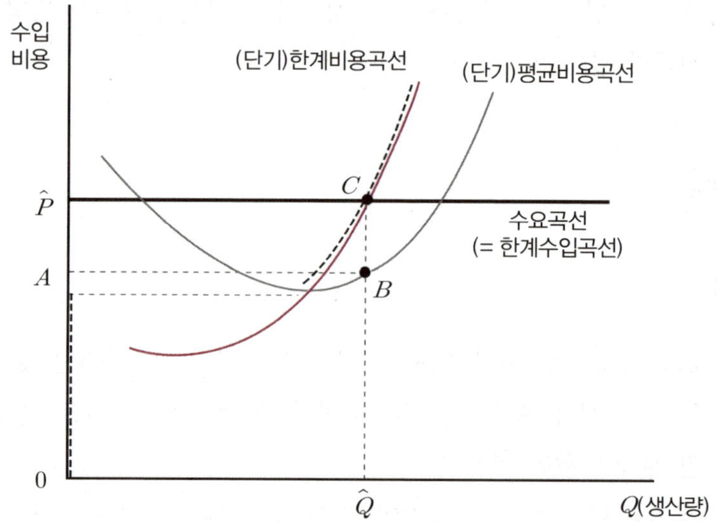

자료: 이준구 · 이창용(2009: 142).

19 자원의 이동이 완전히 자유롭다는 것은 자원이 이동하는 데 비용이 발생하지 않는다는 뜻이다.

20 완전경쟁시장에서 가격(P)의 수준에서 그은 수평선이 수요곡선이 된다. 그런데 이 수평선은 가격을 뜻하는 동시에 한계수입(MR)을 뜻하기도 한다. [그림 1-2]에서처럼 이윤극대화를 위해서는 한계수입곡선과 한계비용곡선이 교차하는 Q의 생산 수준을 선택하게 된다. 이 경우, 얻게 되는 이윤은 사각형 $PABC$의 면적과 같다. 선분 CQ의 길이가 상품 한 단위당 받을 수 있는 가격을 의미하고, 선분 BQ의 길이가 한 단위당 생산비용을 의미하므로, 상품 한 단위를 팔면 선분 CB의 길이에 해당하는 이윤을 얻는다.

그림 1-3 파레토 최적도

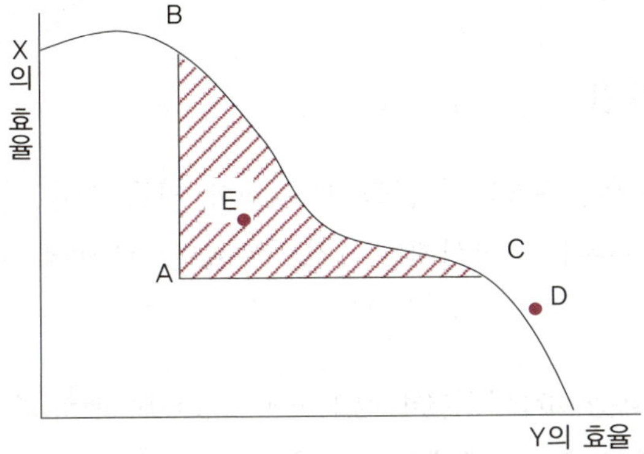

이 '보이지 않는 손(invisible hand)'[21]에 의해 달성된다. 파레토(Vilfredo Pareto, 1848~1923)가 제시한 '파레토 최적'은 "더 이상 개선이 불가능한 최적의 자원 배분 상태"를 의미한다.[22] 여기서 "더 이상 개선이 불가능한 최적의 자원 배분 상태"의 판단 기준은 "적어도 어떤 한 사람에게 손해를 입히지 않고서는 다른 사람에게 이득을 줄 수 없는 상태"이다.

위의 [그림 1-3]에서 보는 바와 같이 만약 현재 처하고 있는 상황이 A점인데, 정책 결정을 통해 상황을 호전시키고자 한다면 정책의 시행 결과 BC선으로 다가갈 수 있어야 한다. 즉, 빗금 친 부분에 있어야 파레토 최적 상황이 된다. 예를 들어, A점에서 E점으로 옮겨가면 X와 Y 모두에게 효율 면에서 상승 효과가 생기게 된다. 그러나 A점에서 D점으로는 옮겨갈 수 없는데, 그 이유는 A점에서 D점으로 옮겨가면 Y에게는 유리하지만 X에게는 불리하게 되어 파레토 최적 원칙에 부합하지 않기 때문이다.

따라서 파레토 기준에 의하면, 극히 소수의 처지를 아주 조금 악화시켰지만 대다수

21 '보이지 않는 손'이란 모든 경제 주체가 시장가격을 주어진 것으로 보고 자신의 이득에 부합되는 방향으로 행동할 때 질서가 형성되고, 이 속에서 공익이 자연스럽게 달성되는 것을 말한다(최병선, 1992: 63). 스미스(Adam Smith)는 인간의 자기 중심적 성향이 시장을 움직이는 원천적 동력이라며 "우리가 저녁 식사를 할 수 있는 것은 정육점 주인, 양조장 주인, 빵집 주인의 자비심 덕분이 아니라 그들 자신의 이익 추구 동기 때문"이라는 점을 강조했다. 즉, 시장의 '보이지 않는 손'에 의해 자기 중심적인 개인의 이익 추구가 사회 전체의 이득으로 이어진다는 것이다(김한원 · 정진영, 2006: 204).

22 파레토 이동(Pareto movement)은 어떤 정책을 집행한 결과 누구에게도 손실을 끼치지 않으면서 동시에 어떤 한 사람이라도 더 좋은 상태로 만드는 것을 말한다.

사람의 처지를 크게 개선할 가능성이 있는 정책도 비효율적인 것으로 간주되는데, 이처럼 완전경쟁시장은 능률성만 따지고 공평성의 문제는 해결해 주지 못하고 있다.

2) 시장실패의 요인

시장실패는 완전경쟁이 전제되지 않을 때 시장에 의한 자원 배분이 효율성을 가질 수 없게 되는 것을 말하는데, 시장실패를 가져오는 요인으로 아래 네 가지를 들 수 있다.

(1) 공공재

공공재(public goods)는 비배타성(非排他性, non-excludability), 즉 서비스가 한 개인이나 집단에 공급되었을 경우 그 혜택을 타인이나 다른 집단으로부터 배제시킬 수 없다는 속성을 가지며, 이로 인한 무임승차자(free rider)의 문제가 발생한다. 그것은 공공재에 대한 개인의 선호를 정확히 파악하지 못하기 때문인데, 공공재는 공급되기만 하면 누구나 이용할 수 있으니 대가 지불을 꺼리게 되고, 따라서 아무도 자발적으로 공공재를 생산해 공급하려는 경제적 동기를 갖지 않게 된다. 반면에 더러운 공기, 오염된 물과 같은 부(負)의 공공재(negative public goods)는 이의 공급을 시장기구에 맡길 경우 무한히 공급된다는 특성이 있다. 바로 이러한 무임승차자의 특성 때문에 공공재의 공급은 시장을 통해서 자체적으로 이뤄지기 어렵다.

그리고 어떤 재화가 비경합적(non-rivalry)이라면, 그 재화에 대해 조그만 효용이라도 느끼는 사람이면 누구든지 그것을 이용할 수 있도록 허용되어야 한다. 비경합적이란 어떤 재화나 용역에 대한 한 사람의 소비가 그 재화나 용역에 대한 다른 사람의 소비를 방해하지 않음을 뜻한다. 등대의 불빛은 항해자들에게는 생사가 걸린 문제이지만 해변의 휴양객들에게 등대 불빛을 즐기지 못하도록 할 수 없다. 따라서 항해자들과 휴양객들은 등대 불빛을 두고 경합하지는 않는다. 또 공기(空氣)도 그 예에 해당하는데 비경합적인 재화의 효율적 가격은 제로이다.[23] 그러한 재화는 제로의 가격으로는 시장에서 공급될 수 없기 때문에 정부에 의한 공적 공급(public provision)의 필요성이 제기된다[24](전

23 경제학적으로 보면, 비경합성이란 타인이 해당 서비스를 사용하는 데 한계비용(marginal cost)이 0이라는 것이다. 가장 효율적인 가격은 한계비용과 같으므로($P=MC$), 비경합적 재화의 경우 그 가격은 제로, 즉 무료가 된다.

24 노벨 경제학상 수상자인 새뮤얼슨(Paul A. Samuelson)은 합리적인 개인이라면 무임승차자로 행동할 것이고 다른 사람들도 모두 똑같은 행태를 보일 것이기 때문에, 분권화된 시장 메커니즘에 의해서는 사회적

상경, 2001: 19-20). 그런데 비배제성과는 달리 비경합성 하나만으로 공공 부문에서 반드시 그 재화를 공급할 필요는 없다. 완전히 비경합적인 재화라 할지라도 비용 미지불자를 배제할 수 있으면 시장에서 공급할 수 있다. 그러므로 공공재의 정의 기준으로 비경합성은 비배제성보다 취약하다(남궁근, 2008: 49).[25]

(2) 외부 효과

외부 효과(externalities)란 어떤 사람의 행동이 비의도적으로 또 그것에 대한 대가의 교환 없이 다른 사람에게 이득이나 손해를 가져다주는 것을 말한다. 공공장소에서 담배를 피우는 것, 음주운전 등이다. 외부 효과는 외부경제와 외부불경제 두 유형으로 구분할 수 있다. 먼저, 외부경제는 과수원 주인과 양봉업자 관계에서 한 예를 생각할 수 있는데, 과수원 주인이 과일나무를 심으면 인근에 있는 양봉업자는 자연히 더 많은 꿀을 딸 수 있게 되는 경우이다. 문제는 개인적인 편익이 사회적인 편익보다 적어서($PB < SB$) 이러한 행위는 사회적으로 바람직한 수준만큼 이뤄지지 않는다는 점이다. 즉, [그림 1-4]에서 $Q^* Q^{**}$만큼 과소 공급(過少供給)의 문제가 발생한다. 이와 반대로 외부불경제는 개인적인 비용이 사회적 비용보다 적어서($PC < SC$) 사회적으로 바람직한 수준보다 $Q^* Q^{**}$만큼 과다 공급(過多供給)된다. 예를 들어, 세탁 행위를 보면 개인적인 비용은 세탁제 구입비용에 불과하지만, 세탁 행위의 사회적 비용은 세탁제 구입비용

최적 수준으로 공급되지 못한다. 따라서 공공재의 공급은 정치적 과정에 의존할 수밖에 없다고 본다. 이에 반해 티부(C. M. Tiebout)는 지방공공재의 경우 다수 지방정부의 존재, 공공 서비스와 조세에 대한 완전정보와 같은 일곱 가지 전제 하에서 분권화된 시장 메커니즘에 의해서도 그 효율적 공급이 가능하다는 티부 가설을 제시했다. 주민은 자신이 가장 선호하는 '공공 서비스-세금' 패키지를 산출하는 지방정부로 이동하는 '발에 의한 투표(voting with one's feet)'를 하게 된다는 것이다(전상경, 2001: 21-22). 즉, 분권화된 시장 메커니즘에 의해서도 공공재의 효율적 공급이 가능하다. 하지만 티부 자신도 인정한 바이지만 발에 의한 투표를 통한 선택이 가장 효율적이기 위해서는 외부 효과 또는 파급 효과가 없다는 가정이 필수적이지만 지역 간에는 명백히 외부경제와 외부불경제가 존재한다는 한계가 있다.

25 이상의 논의를 바탕으로 배타성과 경합성을 기준으로 재화를 유형화하면 <표 1-4>와 같다.

표 1-4 재화의 분류

		비경합성	
		경합성	비경합성
비배제성	배제성	시장재 (private goods)	요금재 (toll goods)
	배제 불가능	공유재 (common-pool goods)	집합재 (collective goods)

자료: 이종수 외(2008: 596).

그림 1-4 외부경제

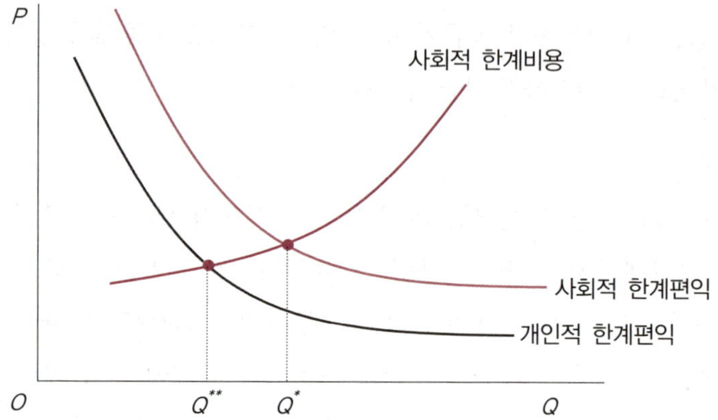

그림 1-5 외부불경제

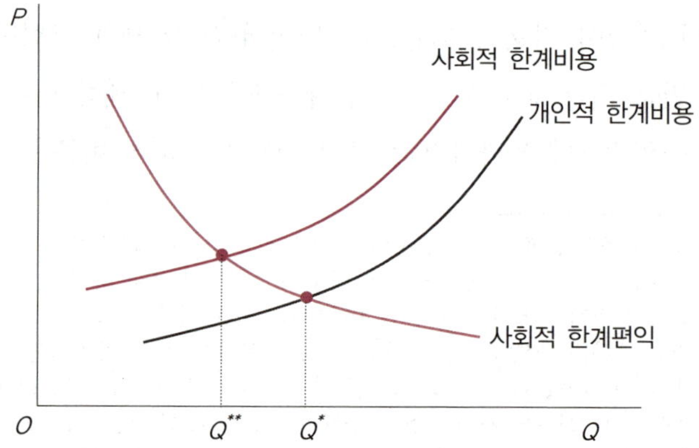

자료: 전상경(2001: 26, 27).

에다 수질 정화 비용까지 더 들게 되는 것이다.

(3) 정보의 비대칭성

현실 경제에서는 경제 주체가 완전정보 하에서 행동하고 있다고 볼 수 없다. 예를 들어, 중고차 시장을 보자.[26] 중고차 주인이 비싸게 팔려고 겉만 번듯하게 치장하면 소비

26 중고차 시장에서의 역선택 문제는 애컬로프(G. A. Akerlof)가 경험적 관찰을 통해 분석한 바 있다. 중고차

자는 이 사실을 모른다. 이럴 경우 소비자들은 재화의 완전한 정보가 있었더라면 형성되었을 시장가격보다 더 지불하게 됨으로써 소비자 잉여의 손실이 발생하게 된다. 또 중고차를 판 사람은 필요 이상으로 많이 받은 셈이 된다. 정보의 비대칭이 심할수록 자원 배분의 효율성도 크게 손상된다고 할 수 있는데, 정보의 비대칭(asymmetric information)에는 '역선택(adverse selection)'과 '도덕적 해이(moral hazard)' 두 가지 유형이 있다. 역선택은 "악화(惡貨)는 양화(良貨)를 구축한다"는 '그레셤의 법칙(Gresham's Law)'과 그 궤를 같이하는데, 이는 보험 분야에서 도입된 것으로 보험회사가 보험금 지급과 관련된 사건의 발생 확률에 영향을 미치는 보험 가입자의 특성을 알 수 없을 때 발생한다. 결과적으로 보험회사는 높은 사고 확률을 가진 사람들을 — 이들은 보험에 가입하려는 선호가 크다 — 불리하게 역으로 선택하게 된다[27](권순만·김난도, 1995: 79). 사망 시 억대 보험금을 지급하는 보험상품의 경우, 보험회사는 내심 20대 중반의 남녀가 주로 가입해 주기를 바라지만 이들은 그 보험에 가입할 이유가 별로 없고, 반면에 시한부 인생을 사는 사람이면 주저하지 않고 그 보험에 가입할 것이라는 것이 한 예이다(김한원·정진영, 2006: 265). 그리고 도덕적 해이의 경우는 자동차 보험에 가입한 운전자가 사고가 발생할 경우 보험회사에서 처리해 줄 것이라는 전제 하에 난폭 운전을 하게 되면 자동차 사고가 늘어나는 것이라든지, 또 의료보험 가입자가 보험에서 의료비를 부담하므로 필요 이상으로 지나치게 병원을 방문하는 것 등이 이에 해당한다.

(4) 불완전한 경쟁

자연독점은 특정 재화의 생산에 비교적 많은 고정비용이 드는, 예를 들어 발전소의

구입자들은 '레몬'의 평균 빈도 수를 반영하는 값만을 지불하려 하는데, 이 값은 상급품의 중고차에 대해서는 싼 가격이다. 그 결과 품질 좋은 중고차가 시장에 출하되는 빈도 수는 줄어드는 반면, 오히려 '레몬'의 빈도 수는 증가할 것이다(Akerlof, 1970: 488-500). 중고차 시장에 100대의 차량이 있고 이 가운데 50대는 좋은 차, 50대는 나쁜 차이다. 좋은 차의 가치는 240만 원, 나쁜 차의 가치는 120만 원이다. 소비자들은 겉만 봐서는 좋은 차, 나쁜 차를 구별할 수 없다. 따라서 소비자들은 확률에 기초한 '기대가격'을 구하게 될 것이다. 즉, 좋은 차 살 확률이 1/2이고 나쁜 차 살 확률도 1/2이니까 (1/2×120만 원)+(1/2×240만 원)=180만 원이 기대가격이 되며, 이 액수만큼 낼 의사가 있는 것이다. 그러나 좋은 차를 소유한 사람은 절대로 240만 원짜리 차를 180만 원에 내놓지 않을 것이다. 반면 나쁜 차를 소유한 사람은 그 가격에 얼른 매물을 내놓을 것이다. 따라서 이 중고차 시장에는 좋은 차는 점차 사라지고 나쁜 차가 판을 치게 되는 결과가 된다(홍은주, 2009: 96).

27 1997년 무려 39개의 보험에 든 사람이 중앙선 침범사고로 사망한 사건이 있었다. 보험사들은 자신의 월 수입보다 많은 월 4백만 원의 보험료를 내온 점을 들어 위장사고라며 46억 원에 이르는 보험금 지급을 거부했다. 역선택의 일례를 들면 위장사고로 보험금을 타낼 의도를 숨기고 보험에 가입하는 것이다(한국경제, 2004.5.3).

경우처럼 최초 고정비용보다 얻는 소득이 적은 경우 어떤 기업도 시장에 진입하지 않으려 할 때 발생한다. 그 결과 특정 기업이 독점권을 행사하게 된다. 이러한 독점의 경우에는 이론적으로 사회적 손실(dead weight loss)이 발생할 뿐만 아니라 또 개인이나 기업이 경영효율성을 추구하기 위한 노력이나 유인의 감소로 인해서 나태해지거나 방만해짐으로써 발생하는 비효율성인 'X-비효율성(X-inefficiency)'[28]이 발생하기도 한다. 이러한 독점에 의한 손실인 자중손실(deadweight loss)의 형성 과정을 설명하면 다음과 같다(이준구 · 이창용, 2009: 161-163).

완전경쟁시장에서는 F점에서 균형이 이뤄진다. 반면에 독점이라면 E점에서 균형이 이뤄지는데, 이윤극대화를 추구하는 기업은 $MR=MC$를 만족시키는 생산량을 선택하기 때문이다. 독점화되면 가격(E)은 한계비용(B)보다 더 크게 되며, 여기서 독점으로 인한 사회후생의 손실을 말하는 자중손실이 발생한다. 만약 생산량이 Q_m에서 Q_c로 늘어난다면 편익의 증가분은 사다리꼴 EQ_mQ_cF이고, 한계비용은 사다리꼴 BQ_mQ_cF이므

그림 1-6 경쟁시장과 독점시장

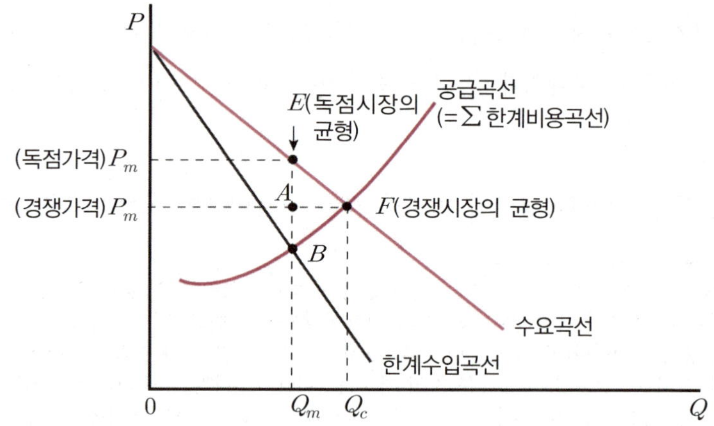

자료: 이준구 · 이창용(2009: 162).

28 완전경쟁시장에서는 기업들이 생존하기 위해 절대적으로 평균비용을 줄여 이윤을 추구하고자 한다. 자원의 절감, 기계의 자동화, 기술혁신 등은 그러한 측면에서 필요한 것이다. 그러나 자연독점시장에서는 기술적으로 비용의 절감이 가능해도 이에 수반되는 노력을 기울이지 않는다. 이처럼 경쟁이 존재하지 않는 시장에서 기업이 자체적인 비용 절감의 노력을 하지 않는 상황을 X-비효율성(X-inefficiency)이라 부른다(유영철, 2006: 75).

로 그 차이, 즉 삼각형 *EBF*가 바로 독점 체제로 바뀌면서 초래된 사회후생의 손실이 되는 것이다.

2. 정부개입

전통적인 시장실패는 보이지 않는 손에 의한 파레토 효율성이 이뤄지지 않는 상황을 말하는데, 이 경우 정부개입이 이뤄진다. 물론 정부개입이 시장보다 더 효율적이고 사회적으로 바람직한 결과를 가져왔을 때 비로소 그 정당성이 인정된다.

정부의 경제에 대한 개입 방식을 보면, 크게 직접 방식과 간접 방식으로 나눌 수 있다. 직접 방식의 예로는 국방, 치안 및 사회간접자본 등과 같은 공공재와, 무주택자에 대한 주택 제공과 결식 아동에 대한 무료 급식 등과 같은 가치재(merit goods)를 정부가 직접 제공하는 것이다.

이에 비해 간접 방식은 정부가 직접 개입하지 않고 민간 경제 주체에게 유인(incentive)을 제공해 사회적으로 바람직하고 효율적인 방향으로 이끌어 가는 형식이다(형광석 · 정승기, 2000: 175-176).

1) 공공재

공공재의 공급은 시장을 통해 자체적으로 이뤄지기 어렵다. 과소 공급의 문제가 있으므로 정부는 국민들로 하여금 강제로 세금을 내게 하고 이 돈으로 사회에 공급하게 된다. 그리고 클럽재(club goods)처럼 다른 사람의 이용으로 나의 소비에서 얻어지는 효용이 감소하는 혼잡 문제(congestion)가 초래되기도 하므로, 이를 적절한 수준으로 유지하는 것이 필요하다. 경합성이 흔히 일어나는 공원이나 도로의 경우에 정부가 입장료 또는 사용료를 징수하는 것은 물론 재원의 확보라고 하는 목적도 갖고 있지만, 지나친 경합 현상을 막기 위한 목적도 갖고 있다(최병선, 1992: 81).

그리고 순수공공재는 아니지만 어장, 목초지, 산림 등과 같은 공유재의 경우, 공유의 비극(tragedy of the commons)이 발생하게 되고, 해당 재화의 고갈을 초래하게 된다. 따라서 정부는 재화를 보호하기 위해 재화의 성격을 변화시킬 수 있다. 예를 들어, 어업자원의 경우 최대 어획량을 규정하거나, 지하수의 경우 지하수 이용부담금을 부과함으

그림 1-7 클럽재의 적정 사용자 수

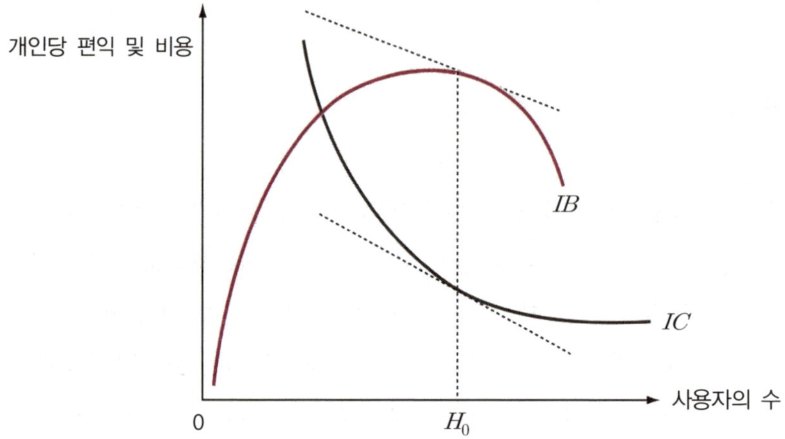

자료: 나성린 · 전영섭(2007: 76).

로써 사용을 억제하고, 산림자원의 경우 산림안식년제 등과 같은 형태로 사용을 제한한다(남궁근, 2008: 51).

2) 외부 효과

외부 효과에 따른 과소 공급과 과다 공급의 문제를 해결하기 위해 정부 간여가 불가피하다.[29] 외부 효과가 있는 경제활동에 정부가 개입해 자원 배분의 왜곡을 시정함으로써 자원 배분의 효율성을 높이게 된다.

과소 공급과 과다 공급의 문제를 해결하기 위해 개인적 비용(*PC*)과 사회적 비용(*SC*)을 일치시키거나 개인적 편익(*PB*)과 사회적 편익(*SB*)을 일치시키는 것인데, 이를 '내부화(internalization)'라고 한다. 이때 내부화는 어떤 계기로 인해 외부 효과가 원인자의 경제적 손익 계산에 충분히 고려되어 이뤄지게 된다.

29 코스(Ronald H. Coase)는 정부의 개입 없이도 효율적인 자원 배분이 가능하다고 주장한다. 코스 정리(Coase's Theorem)에 의하면, 거래 당사자들 사이의 자발적 교섭에 의해 사회적으로 바람직한 결론이 도출된다고 한다. 그러나 코스 정리는 거래 비용이 전혀 들지 않는다는 가정 하에서만 성립한다. 관련 당사자들의 숫자가 많아서 그들의 의견을 모우는 데 상당한 비용이 든다면 코스 정리는 성립하지 않는다. 결국 거래 비용이 많이 소요되는 경우에는 누군가가 양 집단의 이해관계를 집결해 줄 수 있는 역할을 해야 사회적으로 바람직한 결론이 도출된다. 정부의 역할이 여기 있다(김승욱 외, 2004: 298-300).

구체적인 방법을 보면, 외부경제의 경우에는 사회적 이익을 환원시키게 되는데 이를 위해서는 두 가지 방법이 사용된다. 하나는 활동에 대한 대가를 보상해 주는 방법으로, 예를 들어 특허에 대해 장기간 독점 사용권을 부여하는 것이다. 다른 방법은 활동의 비용을 낮춰 주는 방법인데, 예를 들어 사립학교에 대한 재정 보조가 이에 해당한다. 외부불경제의 경우에는 사회적 비용을 야기하는 개인이나 기업이 부담하도록 하는 것이다. 예를 들어, 남산터널 혼잡료 부과, 교통유발부담금, 공해배출부담금 등을 부과함으로써 그러한 활동을 억제하는 방법을 쓰게 된다. 여기서 혼잡통행료를 보면, 도로에 차량 1대가 증가함에 따라 발생하는 비용의 증가분과 편익의 증가분이 일치하는 점에서 균형통행량이 결정될 때 사회적 후생은 극대화된다는 것이다. 그런데 운전자가 인지하는 사적 비용은 평균적 비용이므로, 이를 자신의 편익과 비교해 통행 여부를 결정하는바, 그 격차를 비용으로 부담시켜 통통행을 제약함으로써 교통 혼잡으로 인한 사회적 편익의 감소분을 최소화하고 나아가 사회적 후생을 극대화한다는 것이다. 이를 나타내면 [그림 1-8]과 같다.

[그림 1-8]에서 수요(demand)는 특정 도로 구간의 수요곡선을, AC는 특정 도로구간의 평균비용곡선으로 총비용을 통행차량 수로 나눈 것이며, MC는 한계비용곡선으로 통행 차량 1대가 늘어났을 때 추가적으로 발생되는 비용이다.

그림 1-8 혼잡통행료의 개념과 사회적 손실

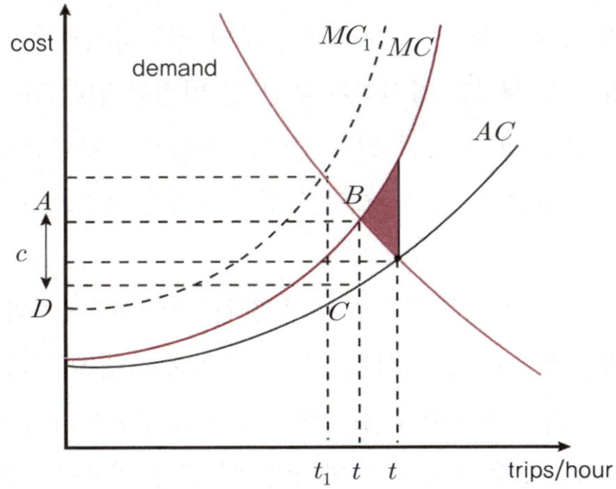

자료: 김태승 외(2004: 17).

운전자 개인의 선택에 따른 균형통행량은 AC곡선과 수요곡선이 교차하는 t_0인데, 사회적으로 최적인 균형통행량은 MC곡선과 수요곡선이 교차하는 t로서, t_0에서는 사회적 최적 통행 상태에 비해 빗금 친 삼각형의 크기만큼 사회적 손실이 발생하게 되는 것이다. 이때 혼잡통행료 부과는 운전자에게 비용을 부담하게 하여 t_0 수준에서 t 수준으로 통행을 억제함으로써 사회적으로 최적의 자원 배분 상태에 도달할 수 있게 하는 유용한 수단이 되는 것이다. 혼잡통행료는 t에서 MC와 AC의 거리(BC)만큼 부과하는 것이 바람직하다(김태승 외, 2004: 15-18).

3) 정보의 비대칭성

시장정보가 불완전할 때 인적·물적 자원의 배분이 왜곡되어 사회 전체적으로 생산성을 저하시키고 산업구조를 왜곡시키게 된다. 따라서 불완전한 정보로 인해 야기되는 문제를 해결하기 위해 정부가 적극 개입하게 되는 것이다.

역선택을 방지하는 수단으로는 '신호발송'과 '선별'이라는 두 가지가 있다. 신호발송은 정보를 가진 쪽이 자신의 사적 정보를 상대방에게 보내는 것인데, 예를 들어 자동차의 무상수리기간 보증이나 면접 때 학점정보를 제공하는 것이 이에 해당한다. 선별은 정보가 없는 쪽이 정보가 있는 쪽에 대해 사적 정보를 공개토록 유도하는 것인데, 예를 들어 신입사원을 채용하려는 회사가 취업준비생에 대해 관련 자격증 제출을 요구하는 것이 이에 해당한다.

도덕적 해이의 경우, 자동차 도난 보험에서 도난 경보장치의 설치에 따라 보험금에 차등을 두는 것도 도덕적 해이를 방지하기 위한 한 방편이 된다. 또 보험회사가 피해액을 전부 보상해 주지 않고 피해액 중 처음 얼마는 가입자의 부담으로 하고, 나머지만을 보상해 주는 기초공제(initial deduction)제도를 만들어 두는 것도 이에 해당한다(이준구·이창용, 2009: 273).

이 밖에 비대칭정보의 감소를 위한 제도적 장치로서 '제조물책임법(Product Liability: PL)'제도를 들 수 있는데, 이것은 생산제품의 결함으로 인해 야기되는 모든 책임을 그 제품의 생산자가 져야 하는 제도이다. 통상적으로는 소비자가 피해 보상을 받으려면 소비자 자신이 제조자의 과실을 입증해야 하지만, 이 법에 의하면 제조자의 과실이 없더라도 제조물의 결함만 객관적으로 입증되면 제조자가 배상 책임을 져야 한다. 이러한 제도를 통해 비대칭정보의 벽을 허물 수 있지만 피해자가 결함을 입증하기에는 현실적으로 상당한 어려움이 있었다. 이러한 점을 반영하여 2017년 3월에 「제조물책임법법」의 개정이 이루어졌다. 주된 개정 내용은 소비자의 입증책임 완화,[30] 3배 한도의 징벌적 손해배상제 도입,[31] 공급자와 판매자의 책임강화 등이다.

집단소송제도도 이에 해당한다. 이것은 다수의 피해자 중 대표당사자가 소송을 하지만, 그 판결 효력은 피해자 전체에게 미치게 하는 제도이다. 맥도날드회사를 대상으로 한 비만에 대해 책임지라는 문제나 담배회사를 상대로 낸 건강소송이 이에 해당한다. 우리나라는 증권집단소송제도를 도입했는데, 이에 따라 소액 투자자가 주가 조작이나 분식회계 등으로 피해를 입었을 때 한 사람이 소송을 제기해 승소하면 다른 투자자들은 별도의 소송 없이도 동일한 보상을 받을 수 있다.

4) 불완전한 경쟁

독점산업에 정부개입이 필요하게 되는 경우는 다음과 같다.

첫째, 독점기업에 규제를 가하는 것인데 주로 가격규제로 행해진다. 일반적인 독점산업의 경우 반독점, 경쟁 제한적 불공정 거래 등에 대한 규제를 가하고 있고, 자연독점산업의 경우에는 독점기업의 가격과 이윤을 직접 규제한다. 서비스 비용의 가격 결정이 그 예이다.

둘째, 불가피한 경우에는 그 산업을 공기업으로 전환하기도 한다. 이 경우, 후생의 극대화를 위해 한계비용 가격 책정(marginal cost pricing) 방법이 도입될 것이나, 이로 인해 발생하는 영업 손실을 보전하기 위해서는 불가피하게 재정 지원이 이뤄지지 않을 수 없고, 다른 한편으로는 공기업에 항상 따라다니는 경영의 비효율성 문제가 야기되기 쉽다(최병선, 1992: 70).

셋째, 경쟁을 촉진하는 정책을 통해 독점 문제를 해결할 수 있다. 독점화된 산업을 몇 개의 독립된 영업 분야로 나눈 다음, 그 중 일부분에서 제한적으로 경쟁을 유도하는

30 피해자가 제조물을 정상적으로 사용하는 상태에서 손해가 발생하였다는 사실을 증명하면 제조물의 결함으로 인하여 손해가 발생한 것으로 추정하도록 했다.

31 제조업자가 제조물의 결함을 알면서도 필요한 조치를 취하지 아니한 결과로, 생명 또는 신체에 중대한 손해를 입은 자가 있는 경우 제조업자에게 그 손해의 3배를 넘지 아니하는 범위에서 책임을 지도록 하는 징벌적 손해배상제도를 도입했다.

정책을 쓸 수도 있다.

3. 정부실패

1) 의 의

시장실패를 교정하기 위해 정부개입이 이뤄지지만 정부 역시 정부실패(government failure)라는 결함을 가지고 있다.[32] 크뤼거(Alan Krueger)는 정부의 활동이 자유방임 상태보다 더 나쁜 결과를 초래하는 경우를 정부실패로 정의하고 있다. 이는 원래 정부가 의도했던 정책의 목표를 달성하지 못함은 물론 아예 그 정책이 없었던 것보다 못함을 말한다(김석태, 1992: 4). 실제로 계층제에 의한 경직성, 수요 조건을 고려하지 않는 공급 의사결정 등으로 정부개입이 오히려 문제를 더 악화시키기도 한다. 정부실패는 크게 두 가지 측면에서 볼 수 있는데, 하나는 정부의 민주성 문제이고, 다른 하나는 효율성 문제이다. 여기서는 이 문제를 다루기 전에 먼저 정부개입의 수요와 공급 특성에 대해 알아보고자 한다.

정부개입의 수요 특성은 초과 수요(excess demand)로 규정할 수 있다. 이러한 초과 수요는 장차 커다란 부작용을 초래할 터인데도 눈앞의 이익을 추구하는 정치인의 단견에 기인하는 바 크다. 이처럼 경제 논리가 아닌 정치 논리에 따라 정책이 만들어짐으로써 정부 부문의 비효율성을 조장하고 있다. 좀 더 들여다보면, 정치적 선호가 중간에 위치한 유권자, 즉 중위투표자의 선호가 선거 결과에 결정적인 영향을 미친다는 것을 정치인들은 잘 알고 있다. 따라서 정치인이 내놓는 정책은 유권자의 절대 다수가 아니라 중위투표자의 니즈와 선호를 반영하는 결과로 나타나게 되어 공공재와 행정서비스 공급에 있어 비효율적인 자원 배분을 초래하게 된다. 정부개입의 수요 특성에 대해 울프(Charles Wolf)는 다섯 가지 기본조건을 말하고 있다(Wolf, 1989: 39-50). 첫째, 시장의 문제점을 인식하는 일반인들의 국가 개입에 대한 요구 증대, 둘째, 이익집단들에 의한 수요 창출의 증가, 셋째, 관료들이 집행비용을 고려하지 않고 해결책을 강구하면 보상을 받게 되므로 정부수요가 증가한다. 넷째, 정치인들의 높은 시간할인율이다. 재선을

32 일반적으로 경제학에서는 정부실패라는 차원에서 정책의 실패를 논의하고 있으나, 정치학이나 행정학에서는 정부의 정책 능력(policy capacity)의 감소에 따른 정책실패 논의가 있어 왔다.

의식한 나머지 비용과 편익을 단기적으로 본다. 다섯째, 편익과 비용의 분리로 편익 수혜집단의 로비를 통해 정부수요가 증가한다.

다음으로, 정부개입의 공급 특성을 보면, 정부 산출물은 독점으로 인해 생산물의 질을 놓고 벌이는 경쟁도 존재하지 않음을 알 수 있다. 이에 대해 울프는 네 가지 기본적 특징을 말하고 있다. 첫째, 정부 생산물은 질을 판단하기 어려워 투입이 산출의 대용물이 되는 경우가 많다. 둘째, 독점이어서 경쟁이 부재하고 이에 따라 비능률적인 공급 행태가 나타난다. 셋째, 정부 서비스를 통해 달성하고자 하는 정책 목표와 그 수단 사이의 인과 관계가 분명하지 않다. 넷째, 정부 생산물은 그 성과를 평가하는 메커니즘이 결여되어 있다(Wolf, 1989: 51-55).

(1) 민주성 차원

이는 크게 두 가지 차원에서 볼 수 있는데, 하나는 다원주의적 사회에서 '조직화된 이익집단(organized interest groups)'에 의한 정치 체제의 잠재적 과점 현상을 문제로 들 수 있다. 이들에 의해 정부가 하는 일이 좌우된다면 정부는 도대체 누구를 위해 존재하는가라는 문제를 제기하지 않을 수 없고, 이때 더 이상 주권재민(主權在民)은 이야기할 수 없을 것이다.

또 하나 현대 정부에서 벌어지고 있는 심각한 현상은 선출된 국민의 대표자에서 선출되지 않는 전문관료에게로 권력이 이전되어 정부의 대표성에 심각한 문제가 제기되고 있고, 정부 규모가 지속적으로 팽창하고 관료의 수는 증가하고 있는 점이다.

(2) 효율성 차원: 편익과 비용 간의 절연

정부의 비효율성은 정부가 독점적 공급자이기에 발생하며, 또 정부 수입이 생산과는 관계없이 조세수입으로 되는, 즉 비용과 수입 간의 연결고리가 없기 때문에(decoupling), 정부 산출물의 가치는 생산비용과 분리된다. 정부 수입이 비용과는 무관하게 보장되는 한, 정부 부문에서의 자원 배분이 왜곡될 가능성은 그만큼 높아지게 된다. 배분적 비효율성과 X-비효율성 등이 이에 해당한다. 다른 각도에서 보면, 정부가 제공하는 공공재와 행정서비스는 비용을 부담하는 대상과 수입을 얻게 되는 대상이 일치하지 않는 경우가 적지 않기 때문에 '무임승차(free riding)'를 유발하여 비효율성을 발생시키기 쉽다.

공공 서비스 공급기관을 독립채산제 형태로 운영하든지, 아니면 민영화하는 것이 필요하다는 주장은 이와 같은 비용과 수입의 분리로 인해 초래되는 비효율성을 제거하기 위한 것이다(전상경, 1999: 34).

2) 정부실패의 유형과 척도

정부실패에는 여러 가지 유형이 있다. 첫째, 우선 필요 이상의 자원을 사용하는 데 따른 가외비용의 증가를 들 수 있는데, 이는 수입이 정부 조세를 통해 충당되는 것과 경쟁이 없는 독점적 지위에서 연유하는 것이다.

둘째, 내부성(internality)이다. 공공기관이 개발하는 내부 기준을 내부성이라 부르는데, 니스카넨(W. A. Niskanen)의 예산극대화 원칙이 그 한 예이다. 시장(市場)에서는 이윤이라는 기준에 따라 그 조직의 성과가 평가된다. 그렇지만 정부 영역에서는 이와 같은 이윤을 생각할 수 없기 때문에, 그 기관의 예산 규모를 그 기관의 주요한 성과 기준으로 설정하게 된다. 그 결과 비용 절감을 위해서 노력하는 기관의 구성원들보다도 비용을 부풀리거나 그것을 정당화시키는 데 참여한 사람들이 보상을 받는다. 다시 말해, 공공기관의 관리 기준이 사회적 자원의 효율적 배분이라는 기준이 아닌 자체 내부관리 기준에 따르기 때문에 원가 의식이 부족하고, 투입 요소인 인력과 예산의 극대화를 추구하게 되는 것이다.

셋째, 시장실패를 치유하려는 정부 노력이 오히려 분배 불평등 구조를 더 악화시키는 '파생적 외부성(derived externality)'을 들 수 있다. 이것은 시장실패를 시정하려는 정부 개입이 초래하는 예기치 않은 결과를 뜻한다. 이탈리아의 아브루치라는 작은 마을에서 독사가 자주 출현해 독사를 잡아오면 상금을 주기로 하자, 자기 집 지하실에서 독사를 사육하는 사람이 등장하는 등 독사를 없애려고 한 정부의 목적은 오히려 엉뚱한 결과를 초래하게 된 것이다. 이것은 파생적 외부성의 한 가지 좋은 예이다(전상경, 2005: 53).

이 밖에 주택공급정책에서 무주택자에 대한 청약우선권을 부여한 제도도 그 예로 들 수 있다. 이 제도의 취지는 무주택자에게 우선적으로 기회를 제공하고 경제적 약자를 보호하려는 목적에서 시행되었다. 그러나 무주택자는 반드시 경제적 약자인가 하는 문제가 제기되었으며, 또 이들 중 상당수는 자발적 무주택자이다. 이처럼 가공적인 무주택자를 양산해 우발 이익을 누리게 한다. 왜냐하면, 주택을 구입할 경제력이 있는 사람일지라도 시세 차익이 예상되는 지역에서 우선분양권을 얻으려고 의도적으로 전세를 살면서 자발적 무주택자가 되기 때문이다. 이러한 파생적 외부성은 좀 늦게 나타나는 경향이 있는데, 이것은 정치인들의 좁은 시계(視界)와 높은 시간적 할인율[33] 때문에 잠재적 외부성이 쉽게 간과되기 때문이다. 일례로, 전세자 입주 계약 기간의 연장을 위한 법률이 전세 계약 기간을 1년에서 2년 단위로 연장하도록 변경되면서 전셋값이 폭등하고, 이를 비관한 자살이 곳곳에서 일어나기도 했다(오석홍 · 김영평, 2000: 34).

그런데 이러한 파생적 외부성은 정부실패 유형 중 가장 심각한데, 그 이유는 개입이 개입을 부르는 메커니즘이 작동하는 악순환이 반복되기 때문이다(김행범 · 구현우, 2020: 34). 이러한 현상은 '타르 베이비 효과(tar-baby effect)'에 비유되는데, 이것은 토끼들이 검은 칠을 한 인형을 친구로 착각하여 자꾸 모여들 듯이 잘못된 정부 규제가 또 다른 정부규제를 불러오는 현상을 말한다(최병선, 1992).

이상 설명한 유형 외에 울프는 정부실패의 유형 중 하나로 '배분적 불공평(distributional inequity)'을 들고 있다. 시장실패에 대한 정통 이론이 소득과 부와 같은 경제적 효율성의 문제에 전적으로 초점을 맞추고 있는 것과는 대조된다. 그는 시장에서 소득과 부에 있어서의 차이를 가져오지만, 비시장에서의 불공평은 권력과 특권이란 측면에서 나타난다고 지적한다(Wolf, 1989: 84).

정부실패의 척도로는 정부가 시장을 대신해 자원 배분 기능을 수행하는 과정에서 생기는 부패의 정도를 말하는 부패지수를 들 수 있다. 독일의 국제투명성기구(Transparency International: TI)는 국가별 부패지수를 발표하고 있는데, 부패 정도가 가장 낮은 국가는 10점을 부여한다. 따라서 10점 만점에 가까울수록 부패도가 낮은 깨끗한 국가를 나타낸다. 이 기구에 따르면, 우리나라의 부패인식지수(CPI)는 2013년에는 전체 177개국 중 46위였는데, 2016년에는 오히려 더 퇴보하여 52위를 기록해 아시아의 네 마리 용(龍) 중에서도 가장 부패한 것으로 나타나고 있다. 2016년 부패인식지수에서 싱가포르는 7위, 홍콩은 15위, 대만은 31위를 기록했다. OECD 회원국 35개국 중에는 29위라는 부끄러운 성적을 기록해 이에 대한 개선책이 시급히 요구되었다. 정부와 민간에서 다양한 노력을 시도했고, 그 결과 2019년에는 우리나라가 180개국 중 39위를 차지해

33 높은 시간적 할인율(high time-discount)이란 선거직과 임명직의 짧은 임기 및 재직 기간 때문에 비용과 편익을 장기적으로 보지 않고 단기적으로 보는 것을 말한다(남궁근, 2008: 63). 장관의 임기가 평균 2년도 못되는 상황에서 장관이 바뀔 때마다 정책 노선이 크게 달라지는 것도 그들이 갖는 높은 시간적 할인율에 기인한다고 할 수 있다.

우리나라 부패 수준에 대한 국제사회의 인식이 점차 개선되고 있음을 알 수 있다.

3) 정부실패의 원인

정부가 상황에 맞는 적합한 역할을 하지 못하는 이유를 아래 네 가지 측면으로 나누어 살펴보고자 한다(Weimer & Vining, 1992: 112-143).

(1) 직접민주의 문제

투표의 역설 문제이다. 다수결은 민주국가에서 정책을 결정하는 기본법칙이다. 그러나 이 법칙은 소수자의 희생을 요구하며 다수의 전제(專制)로 연결된다.

(2) 대의정부의 문제

지대추구행위가 발생한다. 국민이 선출한 대표들은 유권자를 위한다는 핑계 아래 자신들의 이익을 추구하는 지대추구행위를 행한다.

(3) 관료 공급의 문제

민주국가에서 수많은 재화와 용역은 모두 관료체계가 제공하는 것이다. 그런데 관료체계는 시장경제와 직접 대면할 필요가 없기 때문에, 그에 따라 자원낭비가 초래될 가능성이 상존한다.

(4) 분권화의 문제

분권화로 인해 각 지방정부는 다양한 형태의 행정서비스를 제공할 수 있고, 그에 따라 일반국민들은 '발에 의한 투표(vote by feet)'를 하게 된다. 요구는 적으면서 부담용의 액이 큰 주민은 각 지방정부에 의해 환영받지만, 반대 경우의 주민들은 지방정부에 의해 환영받지 못하게 된다.

4) 정부실패의 극복 방안

이윤을 내지 못하면 바로 도태되고마는 시장(市場)과는 달리 정치인들이나 관료들은 경쟁의 무풍지대에 살고 있다고 해도 크게 틀린 말은 아니다. 이들은 자신의 이해(利害)에 반하는 개혁을 거부하므로, 정부실패를 바로잡는 노력이 결코 쉬운 일이 아니다. 하지만 이론적으로 도입 가능한 대책은 다음과 같다.

(1) 제도의 개혁

행정조직 자체가 안고 있는 결함들, 예를 들면 조직의 비대화, 역할 분담의 불명확성과 중복 등 때문에 비효율성이 초래되는 경향이 있다. 이 경우에는 제도의 개혁을 통해 개선을 기대할 수 있다. 흔히 정권이 교체되는 초기에 개혁이 거론되지만 결국 흐지부지 끝나고 마는 것은 앞서 언급한 대로 개혁의 정치경제적 측면에서 기득권자들의 저항이 이를 가로막고 있기 때문이다.

(2) 인센티브의 제공

기업에서는 경영 성과가 좋으면 승진이나 보너스를 받게 된다. 그러나 정부 부문의 경우에는 성과 측정 자체가 쉽지 않아 보상제도의 운영이 용이하지 않다. 일을 열심히 잘해 보았자 별다른 보상이 없다면 이러한 유인 구조 하에서는 무사안일의 업무 행태가 전개된다.

(3) 경쟁의 도입

정부 부문은 한마디로 독점 체제로 운영되어 경쟁의 필요성을 그다지 느끼지 못한다. 이러한 데서 정부 부문의 비효율성이 생겨나는 것이다. 따라서 민간에서 볼 수 있는 다양한 형태의 경쟁 체제 도입이 절실히 요구되는 것이다.[34] 여기서는 경쟁 요소의 도입에 대해 좀 더 자세하게 살펴보고자 한다.

① 시장성 테스트

'파산의 치유력(healing power of bankrupcy)'이 결여되어 있는 공공 부문에 시장 메커니즘을 적극 도입함으로써 정부실패의 요인들을 제거하려는 시장 지향적인 대안이 '정부혁신'이나 '정부의 재창조' 또는 '민영화'나 '작고 효율적인 정부'라는 기치 아래 급속히 확산되고 있다. 특히 서구 선진국들은 정부행정 전반에 대한 소위 시장성 테스트(market testing)를 통해 경쟁을 통한 효율성 증대를 꾀하고 있다.

시장성 테스트는 1991년 영국에서 시작된 정부개혁 프로그램으로서 국민의 '지출가치(value for money)'를 극대화하려는 것이다. 이 제도는 강제경쟁입찰제도(compulsory com-

34 우리나라에서 경쟁 체제 도입이 쉽지 않다. 일례로, 생활폐기물 수거의 경우, 경쟁 체제 도입을 기존의 허가업체에 대한 기득권 박탈로 인식한다. 서울시 자치구의 분뇨 수거 민간위탁에서 환경부가 동 시장의 경쟁 강화를 위해, 1997년 3월 7일 시 · 군 · 구청장들이 분뇨처리업 허가를 제한할 수 있는 권한을 규정한 오수분뇨 및 축산폐수의 처리에 관한 법률 제35조를 삭제했음에도 불구하고 분뇨처리업 시장이 여전히 구역별 독점 체제를 유지하게 된 사례를 미뤄볼 때 알 수 있다(김재훈, 2005: 222).

petitive tendering: CCT)가 근간이 되는데, CCT는 지방정부의 공공 서비스 공급에서 지금까지 당연시되었던 지방정부의 독점적 지위를 과감하게 철폐하고서 민간과의 경쟁입찰 방식에 의해 서비스 공급 주체를 결정해야 한다. 그렇게 함으로써 주민들에게 저렴한 가격으로 양질의 서비스를 공급하게 되어 지방정부의 효율성을 제고할 수 있다는 것이다.

시장성 테스트의 주요 내용은 지금까지 정부의 당연한 업무로 간주되어 온 행정의 여러 업무에 대해 ① 그것이 반드시 필요한 업무인가? ② 정부가 반드시 그 업무를 맡아야만 하는가? ③ 정부가 맡을 경우 정부가 직접 생산해야만 하는가? ④ 정부가 수행할 경우 효율성의 증대 방안은 무엇인가? 등과 같은 몇 가지 질문으로 구성된다. 이와 같은 시장성 테스트의 결과에 따라 정부 서비스의 계약제로의 전환, 기업화 · 민영화, 구조조정 등과 같은 다양한 방식의 해결 방안이 도출된다(이계식 · 문형표, 1995: 28).

성과를 보면, 시장성 테스트 결과 민간 업체가 공급 주체가 되면 파산의 치유력이 작용해 고객 위주의 서비스가 공급되었고, 정부 부처가 공급 주체가 되면 민간 업체와의 경쟁, 계약 갱신의 불확실성 등으로 인해 공공지출의 가치가 제고된다. 중앙정부에 대한 시장성 테스트는 반강제성을 띤 반면, 지방정부는 1992년의 지방정부법(Local Government Act)에 의해 강제적으로 경쟁을 도입하고 있다. 전체적으로 이 제도로 인한 비용 절감 효과는 1992년부터 1996년까지 7억 2천만 파운드가 절감되었고, 인원 감축 효과는 50%에 달했다. 특히 안보 때문에 경쟁이 불가능하다고 인식했던 국방부 업무에도 막대한 비용 절감 효과를 거두고 있다.

문제점으로는, 먼저 행정적 절차 비용을 들 수 있다. 내부입찰팀의 구성, 내부입찰서 작성, 외부 민간 공급자의 서비스 공급 모니터링 등 일련의 과정에서 행정적 비용이 발생했다. 다음으로, 공무원들이 신분상 불안정을 느끼고 있으며, 설령 낙찰되는 경우에도 안정적인 근무 태도를 보이지 못하고 있는 것으로 평가된다.

② 책임운영기관

영국을 비롯한 선진국에서는 공공성을 유지하면서도 경쟁 원리에 따라 운영하는 것이 바람직한 사무에 대해 자율성을 부여하고 책임을 지도록 하는 행정기관을 운영했다. 각종 집행 업무를 별도의 넥스트 스텝(next steps) 사업소로 조직하고, 이들에게 재량권을 부여해 독립적인 회계 시스템을 가지도록 했다. 사업소장은 인사와 재정상의 상당한 재량권을 가지는데, 소장은 공개경쟁을 통해 민간 전문가를 영입하고 있다.

우리나라는 2000년부터 10개의 책임운영기관을 시범 운영했는데, 2018년 현재 기관의 지위에 따라 중앙책임운영기관 1개(특허청), 소속 책임운영기관 49개 등 총 50개 기관이 운영 중이다. 이 가운데 35개 기관이 일반회계로, 13개 기관이 책임운영기관특별회계기관으로, 2개 기관이 다른 법률에 따라 설치된 특별회계로 운영되고 있다.

이전에는 소속 책임운영기관을 담당 업무의 성격에 따라 특별회계로 운영되는 기업형 책임운영기관과 일반회계로 운영되는 행정형 책임운영기관으로 구분해 운영했다. 현재는 책임운영기관을 기관의 사무 성격에 따라 ① 조사연구형 책임운영기관, ② 교육훈련형 책임운영기관, ③ 문화형 책임운영기관, ④ 의료형 책임운영기관, ⑤ 시설관리형 책임운영기관, ⑥ 그 밖에 대통령령으로 정하는 유형의 책임운영기관 등으로 구분하고 있다.

책임운영기관의 정원관리를 보면, 총정원은 대통령령으로 규정하고, 종류별 · 계급별 정원은 총리령 또는 부령으로, 그리고 직급별 정원은 기관장이 기본운영규정으로 정한다. 구성원의 신분은 공무원이다.

책임운영기관은 조직 면에서 총액인건비 내 5% 인력 증원이 가능하며, 인사 면에서 기관장에게 차하위 전보권 같은 일부 인사권이 부여되고 있다(행정자치부, 2015). 2015년 7월 24일 책임운영기관법 개정안이 국회를 통과함에 따라 종전 최대 5년까지 가능했던 기관장의 임기도 성과가 탁월한 경우 최대 8년까지 연장되었다.

우리나라에서도 시장 원리의 도입, 민영화, 민간위탁 등이 추진되고 있다. 그러나 이와 같은 정책들이 예산 절감이나 효율성 증대로 반드시 이어지는 것은 아니다. 정부예산의 더 많은 지출, 국민에게 부담 전가 등이 일어날 수도 있다. 황혜신(2005: 85)은 군산, 마산, 이천지방의료원의 민간위탁에 대한 연구에서 공공성의 후퇴를 지적했다. 그리고 환자들의 진료비, 특히 입원진료비는 상당히 상승했고 민간위탁의 목적인 정부의 예산 지원 절감은 거의 이뤄지지 않았다는 것이다.

이러한 상황에서 정부의 공공 서비스 '사업'의 민간위탁이 아니라 공공 서비스 '책임'의 민간위탁이 발생해 공공성의 저하가 일어날 우려가 있다는 지적에 귀를 기울일 필요가 있을 것이다(황혜신, 2005: 86). 아울러 민영화가 정부의 역할을 선호하는 정치집단의 지지 기반을 축소하고 시장 지향적인 정치적 가치를 조장함으로써, 정치적 경합구조를 바꾸기 위한 측면에서만 접근한다면 공공 서비스 공급의 심각한 왜곡을 초래할 것이므로, 정부는 민영화정책에서 좀 더 '탈(脫)이데올로기적'이며 균형적인 시각에서 접근해야 한다(김준기, 2001: 31).

정부실패와 관련하여 우리가 주시해야 할 것은 정부에 의한 시장개입이 항상 정당화되는 것이 아니라는 것과 정부도 실수할 수는 있지만 그 피해의 정도가 일반 개인과는 차원을 달리한다는 점이다. 정부개입이 경제문제를 해결해 준다기보다 새로운 문제를 야기하는 경우도 많은 것이 사실이다.

제5절 정책을 보는 관점

더 나은 사회를 만들기 위해 개입하는 것이 정책이라고 한다면 누구의 관점에서 본 좋은 사회냐는 근본적인 질문을 던지게 된다.

그렇다면 정책연구에서 정책에 대한 시각을 살펴보는 이유는 무엇인가? 그것은 '원뿔'이 보는 사람의 위치에 따라서 원 또는 삼각형으로 보이는 이치와 같다.

이처럼 누구의 관점에서 본 좋은 사회냐 하는 것을 해석하고 결정하는 것은 정책 목적과 수단의 선택을 포함해 정책 과정 전반에 지대한 영향을 미친다.

1. 엘리트론

1) 주요 내용

엘리트론은 다원론자들의 주장처럼 권력이 분산되어 있지 않고 특정 소수의 엘리트들에 의해 정부의 정책 과정이 지배되고 있다고 본다. 이들은 모든 사회에서 인간은 통치 계급과 피통치 계급으로 나뉜다고 본다. 통치 계급은 항상 소수이나 모든 정치적 기능을 수행하며 권력을 독점하고 권력이 가져오는 이익을 향유한다. 이에 반해 피통치 계급은 다수를 점하고 있으나 항상 통치 계급에 의해 관리되며 통제된다는 것이다.

고전적 엘리트론의 주장은 다음과 같이 정리할 수 있다. 첫째, 권력(power)이 다원론자들이 주장하는 것처럼 분포되어 있지 않고 소수에게 집중되어 있다. 둘째, 일반대중은 정치에 무감각하며, 엘리트집단은 이들의 영향을 거의 받지 않으므로 일반국민의 사회문제가 무작위적으로 정치 체제로 진입할 가능성을 부인한다. 일반대중은 정책결정에 영향력을 행사하지 못하고 정책은 지배 엘리트의 선호를 반영한다. 셋째, 공공정책은 엘리트의 요구를 반영하고 있으며, 공공정책은 혁명적 변화보다는 체제 유지를 위한 점진적 변화만을 추구한다.

그 후 1950년대의 엘리트론을 보면, 전국적 차원에서 연구한 밀스(Charles Wright Mills)는 최고 정책결정 수준에서는 권력 엘리트들이 은밀하게 모든 것을 결정하고, 극히 사소한 문제만이 중간 단계의 결정기관인 의회나 주의회에서 논의될 뿐이라고 했으며, 지역사회의 권력구조를 연구한 헌터(Floyd Hunter)는 애틀랜타 시의 경우 '담배 연기 자욱한 방(smoke-filled rooms)'에서 40명의 명성가들이 결정한 정책은 조용히 일반대중에게 받아들여지고 있다는 것이다(정정길, 2000: 216).

엘리트론은 어떤 사회에서도 엘리트의 역할은 지배적이라며 자유선거, 대중의 정치참여가 활발하다 해도 그건 상징적인 것에 불과하다고 본다. 이러한 논리는 "시장구조는 항상 다수의 소비자보다는 소수의 공급자에 의해 더 크게 좌우된다"는 갤브레이스(John Kenneth Galbraith)의 논리와 맥을 같이한다(Lindblom, 1980: 115).

2) 다원론자에 의한 비판

헌터의 경우, 그의 명성적 접근법은 명성가의 선호가 구체적인 정책에 어느 정도 반영되는가에 대한 분석이 결여되어 있다. 또 시간에 초연하게 지역사회의 권력구조가 변화하지는 않을 것이라는 건 잘못이라는 것이다. 그리고 명성적 권력과 실질적 권력 행사를 같은 것으로 오인하고 있다고 비판받고 있다. 예를 들어, 엘리트론자들은 은행가가 그 명성으로 해서 은행 문제 외에도 지역사회의 제반 운영에 영향을 미칠 거라고 가정해 버리는데, 이는 과학적 판단이 아닌 사색적 판단으로 연구의 과학성을 저하시키고 있다는 것이다.

2. 다원론

1) 주요 내용

다원론자들은 도시정치가 단일 엘리트에 의해 지배된다는 엘리트론자의 주장을 반박한다(Dahl, 1961; Polsby, 1980). 대표적 다원론자인 달(Robert A. Dahl)은 1780년대부터 1950년대까지 약 170년 간 뉴헤이븐 시의 권력구조에 대한 연구에서 정치적 영향력의 불평등이 존재하지만 이슈 영역별로 권력이 흩어져 있는 분산된 불평등(dispersed inequality)의 특징을 제시했다(Dahl, 1961). 이슈 영역별로 상이한 개인과 집단들이 선출된 정치지도자와 함께 정책결정 과정에 영향력을 미친다는 것이다. 그는 주요 정책에 대한 조사를 통해 과두제적 사회(oligarchy)에서 다두제적 사회(poliarchy)로 변화했다고 주장한다.

그의 연구 결과에 따르면, 엘리트가 모든 정책 영역에서 지배적 권력을 행사하는 것은 아니다. 즉, 각 영역별로 영향력을 행사하는 엘리트가 다르다는 것이다. 이처럼 권력이 사회 내의 여러 집단에 골고루 분산되어 있기 때문에 사회의 특정 집단이 독점적·우월적 지위를 차지할 수 없다는 것이다.

다원론자들은 정치 체제를 계속적 상호 관계에 있는 무수한 집단의 거대한 네트워크로 파악해 정책이란 이 속에서 집단 간 상호작용의 균형을 통해 형성되며, 이러한 균형은 이익집단의 상대적인 영향력에 따라 결정된다고 본다. 이러한 생각의 바탕에는 개인과 집단들의 이익은 자유주의 경제 질서의 이른바 '보이지 않는 손(invisible hand)'에 의해 자동적으로 여과되고 조화를 이룸으로써, 사회 모든 구성원들의 이익이 골고루 반영된다는 낙관론에 기초하고 있다(안해균, 1997: 49).

2) 비 판

다원론자들은 사회 내의 각 계층에서 발생하는 경쟁은 '정치적 균형(political equilibrium)'을 지향하며, 그것이 공익을 산출한다고 보는, 즉 집단 간의 세력 균형을 가정하지만(Lowi, 1979: 35), 그것은 매우 비현실적이다. 신다원주의는 기업에 특권을 부여하는데, 왜냐하면 자본주의 국가에서 불황이나 인플레이션 등은 정부의 존립 기반을 위태롭게 하므로 재집권을 위해서 기업의 수익성을 보장해 줘야 하고, 이때 정부는 중립적 조정자가 아니라 기업의 이익에 더욱 반응하고 이는 불평등구조를 심화시킨다. 그리고 다원주의는 개인의 자율성을 중시하는 선진국이 아닌 권위주의적 사회에서는 적용에 한계가 있다.[35]

3. 무의사결정론

1) 의 의

다원주의에 대한 비판적 관점에서 제기된 것이 무의사결정론(non-decision making)으로 무의사결정의 개념을 도입하여 엘리트론의 관점을 정당화시키려고 하기 때문에 신엘리트론이라고 부르기도 한다.

무의사결정론의 대표적 학자들인 바크라흐(Peter Bachrach)와 바래츠(Morton Barats)는 달의 실증적 접근법은 단순히 명성에 의한 헌터의 접근법보다 우수하지만 엘리트의 권력 행사가 가지는 다른 하나의 측면을 고려하지 못했다고 비난한다(Bachrach & Barats, 1962: 947-952). 즉, 정치권력은 두 얼굴(two faces of power)을 가지고 있는데, 하나는 정책결정 과정에서 영향력 행사이고, 다른 하나는 정책결정에 선행하는 정책문제의 채택과정에서 영향력을 행사하는 것이다. 엘리트들은 이 두 번째 과정에서 자신들에게 유리한 사회적 이슈만을 논의하고, 자신들에게 불리한 사회문제는 거론조차 못하도록 사장(un-issueness)시키는데, 바로 이 부분을 달이 간과했다는 비판을 가하고 있다.

2) 발생 원인

그러면 왜 무의사결정이 발생하는가? 무의사결정은 사회의 지배적 가치에 대한 도전이 있을 때나, 어떤 의제에 일반대중의 관심이 집중되면 발생하게 될 사태를 지배 엘리트들이 우려할 때, 그리고 정치 체제 자체가 편견을 동원해 특정 부문의 문제는 해결

35 개발도상국가에서도 사회가 민주화되면서 다원주의모형으로 설명할 수 있는 정책 사례가 자주 나타난다. 우리나라의 경우, 1998년 국민연금법 개정 시 기획단의 안이 받아들여지지 않고, 일원적 소득비례제가 그대로 유지되고 연금급여율도 기획단의 40%를 훨씬 넘는 60%로 확정된 데서 알 수 있듯이 다양한 사회세력의 주장이 반영되었고, 개혁안에 대한 여론이 어느 정도 정부에 의해 수렴되었다는 점에서 다원주의적 모형으로 설명할 수 있을 것이다(박병현, 2007: 296-298).

을 촉진하고, 다른 문제의 해결은 저지하도록 구조화되어 있는 경우에 일어나게 된다.

좀 더 구체적으로 말하면, 모든 형태의 정치조직은 대규모로 잘 조직화되고 자원이 많으며, 적극적인 집단의 이익을 상대적으로 그러하지 못한 집단의 이익에 비해 더 잘 고려한다는 것이다.

3) 무의사결정을 추진하는 방법

바크라흐와 바래츠(Bachrach & Barats, 1970: 44-46)는 무의사결정을 추진하기 위한 수단을 다음 네 가지로 나눠 설명하고 있다.

첫째, 폭력은 기존 질서의 변화를 요구하는 주장이 정치적 이슈가 되지 못하도록 구타나 암살 같은 물리적 힘이나 강제력을 사용해 저지하는 것을 말하며, 무의사결정의 가장 직접적이고 극단적인 수단이다.

둘째, 권력 행사는 폭력보다 온건한 방법으로서 기득권에 도전하려는 의제를 합법적인 제재를 가하거나 가하겠다고 위협함으로써 사전에 봉쇄시키는 것을 말한다.

셋째, 편견의 동원은 정치 체제 내의 지배적 규범이나 절차를 강조함으로써 변화를 위한 주장을 꺾는 간접적 방법이다. 예를 들어, 진보 학자들의 사회개혁 주장을 사회주의자·비애국자 등의 낙인을 찍어 정통성을 부여하지 않았던 것이 이에 해당한다.

넷째, 편견의 수정·강화는 정치 체계의 규범, 질서 자체를 수정·보완해 정책의 요구를 봉쇄하는 방법이다.

이상 네 가지 방법 중 첫 번째 방법인 폭력이 가장 직접적인 수단이라 할 수 있고, 뒤로 갈수록 간접적이며 우회적인 방법이라고 볼 수 있다.

정책결정을 권력의 제1 차원이라 한다면, 무의사결정은 권력의 제2 차원이라 할 수 있다. 그런데 이러한 의견에 대해 권력의 제3 차원을 강조하는 주장이 있다. 크렌슨(M. A. Crenson)은 무의사결정론을 미국 인디애나 주의 두 개 도시, 즉 동시카고(East Chicago)와 개리(Gary) 시(市)의 공기오염 문제를 가지고 비평했다(Crenson, 1971). 동시카고 시는 적극적인 대책을 강구했지만, 개리 시는 어떠한 대처도 하지 않았다. 그 이유는 실력이 막강한 미국 철강회사(USA Steel Co.)가 있어 정치가들을 움직여 입법 과정에 들어가지 않게 조종했기 때문이다. 이처럼 막강한 재력의 기업가들이 비록 자신들은 정치권력의 핵심 밖에 있더라도 시의 경제 발전, 재정세수 및 취업 기회 등을 장악하고 있었기에 그들이 원치 않는 의제를 가로막는 능력을 가지고 있었다. 권력은 행동을 하라는 명령 능력(command action)이지만 더 나아가 권력은 행동을 하지 않게 명령하는(command inaction) 것도 된다. 권력의 제1 차원은 A가 B의 행위를 통제함으로써 B를 복종하게 만드는 것이고, 제2 차원은 A가 B 중에서 A를 반대하는 사람을 억제함으로써 반대 세력을 억압하는 것이다. 제3 차원은 C가 A에 대해 C의 결정에 불리하게 제정하지 말 것을 요구하는 것이다.

4. 조합주의이론

정부와 이익집단 간에 정책 과정상의 역할 분담에 대해 다원주의와 조합주의는 그 방식을 달리한다. 다원주의에서는 국가의 수동적 성격과 핵심 주체인 이익집단의 국가에 대한 투입 기능을 강조하는 반면, 조합주의는 정책결정 주체로서 국가의 능동적인 성격과 국가의 이익집단에 대한 통제 기능에 중점을 둔다. 조합주의에서는 국가 또한 중립적인 심판이 아니라 개입자이기 때문에 '국가·노동·자본의 3자 연합'에 의해 공공정책이 결정된다고 본다. 슈미터(Philippe C. Schmitter)는 국가의 역할이 얼마나 적극적인가에 따라 조합주의를 국가조합주의와 사회조합주의의 두 유형으로 분류하고 있다.

1) 국가조합주의

국가조합주의(state corporatism)란 국가가 통치력을 강화하기 위해 강제적으로 편성한 이익대표 체계로서 국가가 조합을 지도하고 감독하는, 즉 국가의 권위에 의해 위로부터 사회집단이 조직되며, 이들은 국가에 보조적·종속적 관계를 띤다. 이러한 형태는 개발도상국가에서 흔히 볼 수 있는 것으로, 이익집단의 상향적 투입 기능보다는 정부의 이익집단에 대한 하향적 동원과 통제의 측면이 강하다. 우리나라 개발 연대 시기의 권위주의적 정부에 의한 정책결정과 집행을 뒷받침해 주는 모형이다.

2) 사회조합주의

사회조합주의(societal corporatism)는 자본주의의 발달로 국가의 통치력이 약화되자

이를 보강하려는 정부의 의도와 사회경제 체제의 변화에 순응하려는 이익집단의 자발성이 맞물려 생성된 것이다. 정부와 이익집단 간의 합의로써 주요 결정이 이뤄지며, 이익집단은 상향적 이익 투입을 보장받는 대가로 정부와 합의된 내용의 집행을 보조하게 된다. 즉, 사회조합주의의 특징은 국가가 통제보다는 유인을 통해 이익집단의 협조를 이끌어내고, 이익집단은 자율적으로 국가에 협조하는 데 있다(Collier & Collier, 1979: 967-986).

북유럽에서 많이 볼 수 있는 사회조합주의의 정책 조정 방식으로는 정책협의제(policy concertation)를 들 수 있다.[36] 사용자단체와 노동조합의 정상조직(peak association)이 협상을 통해 주요 정책 내용을 결정하게 되고, 정부는 조정자로서의 역할을 수행하게 된다. 이 방식은 성격상 타협과 협상을 내포하는 과정이기 때문에 여건 변화에 취약점을 드러내고 있다. 스웨덴의 경우, 정책협의제는 퇴조의 기미를 보이고 있는데, 사용자단체연합(SAF)은 정책협의제 유지에서 오는 비용이 기대 편익을 능가한다고 믿어 정책협의제로부터의 이탈을 감행했다(남궁근, 2008: 329).

우리나라에서도 사회조합주의 방식이 도입되어 운영되고 있는데 그 대표적인 사례가 노사정 사회협약이다. 하지만 노사정위원회의 활동을 분석해 본 결과 노사 정상조직이 각각 구성원을 규제할 수 있는 능력이 미약하고, 의사결정의 민주적 절차를 확립하지 못하여 좌초 위기에 처해 있다고 진단한 바 있다(남궁근, 2017: 262 재인용).

5. 정책네트워크 이론

1) 등장 배경

그동안 정책 과정에는 국가와 이익집단의 역할이 중요한 것으로 인식되어 왔다. 앞에서 살펴본 다원주의와 조합주의가 이를 잘 말해준다. 그러나 오늘날의 정치행정 현실을 설명하는 데 기존의 사회중심이론이나 국가중심이론은 한계가 있다는 인식이 대두되고, 국가와 사회의 이분법적 논리에서 나타나는 이론적 한계와 현실 설명력의 한계가

36 한국의 노사정 사회협약이 이에 해당한다. 1998년 2월에 정리해고제도, 근로자 파견제도를 도입하고, 공무원 노조를 합법화하기로 하는 등 10개 의제, 105개 항목에 대한 공식협약이 체결되었다. 그러나 하위조직이 정상조직의 정책 과정에 참여하지 못하게 되면서 정상조직과 정부 사이의 협의가 지켜질 수 없었다(남궁근, 2008: 330).

나타나게 되었다. 따라서 다원주의와 조합주의[37]라는 단일한 개념을 버리고 각각의 장점을 채택하고 단점을 보완하는 접근 방법을 사용해 개개의 정책 과정에서 국가와 이익집단을 포함하는 다양한 참여자들의 관계를 설명하기 위해 정책 네트워크(policy network) 접근 방법이 제시되었다(최성락 · 이혜영, 2004: 175). 이는 공식적 참여자들만이 아니라 비공식적 장에서의 논의가 정책 과정과 산출에 영향을 미치는 것을 반영한 것이다.

2) 구 성

정책 네트워크는 일반적으로 하위정부모형, 정책공동체모형, 이슈네트워크모형으로 구분해 설명된다. 이들 세 가지를 하나의 연속된 스펙트럼에 놓으면 그 한쪽 끝에는 폐쇄적인 철의 삼각으로서 하위정부모형이 있고, 다른 한쪽 끝에는 개방적인 이슈 네트워크가 있다. 그리고 이들 중간 위치에 정책공동체가 있다고 본다.[38] 각각의 모형을 간단히 설명하면 다음과 같다(남궁근, 2008: 346-353).

(1) 하위정부모형

철의 삼각지대로 불리는 이것은 소수의 엘리트 행위자들이 특정 정책 영역에서 정책의 결정을 지배한다. 입법부, 행정기관 및 이익집단 간의 합의, 의견 일치, 협력에 의해 정책결정이 이뤄지는 형태로, 이 모형은 미국의 정책결정 구조를 나타내는 데 사용된다. 이 모형의 참여자들 간에 갈등 관계보다는 협력 관계가 이뤄지기 때문에 갈등이 표출되는 규제정책이나 재분배정책보다는 분배정책에 나타나기 쉽다. 그런데 이 모형이 점차 쇠퇴하고 있는 이유는 첫째, 이익집단의 급증 현상이다. 하위정부들은 이들 새로운 이익집단을 배제할 수 없었다. 대다수의 새로운 이익집단은 하위정부가 이들을 배제

37 조합주의와 정책 네트워크 간의 핵심적인 차이는 조합주의에서는 통치의 주체와 통치의 객체 간에 분명한 구분이 있으며, 정책 과정은 기본적으로 국가에서 사회로 힘이 작용하는 하향적, 계층적, 일방적인 특성을 갖는다. 이에 반해 정책 네트워크에서는 너와 나의 구분, 공공 부문과 민간 부문 간의 경계가 불명확하며 모두가 통치 과정의 일부가 된다. 그리고 정책은 상호의존적인 정책행위자들의 쌍방적 교호작용을 통해 형성된다(유재원, 2004: 96).

38 그런데 로드스와 마시(Rhodes & Marsh, 1992: 193-197)는 이 네트워크들이 상호 배타적이지 않다는 점을 지적한다. 예를 들어, 한 정책 분야에서 정책공동체와 이슈 네트워크가 공존할 수 있다는 것이다. 한편 정책 네트워크는 행위자들의 끊임없는 상호작용을 통해 어느 한 가지 유형에서 다른 유형으로 변화하는 속성을 가진다(권기헌, 2008: 129).

하기 어려울 정도로 각종 자원을 보유하고 있었기 때문이다. 둘째, 제도적 변화로서 의회 구조의 변화를 들 수 있다. 의회는 분권화를 지향하여 그 결과 소위원회 수가 증가하였고, 이는 다시 관할권의 중첩으로 이어졌다. 의회에서 중첩되는 소위원회의 관할권은 위원회의 의장이 더 이상 그들의 정책 영역에서 과거와 같은 분명한 권위를 행사할 수 없다는 것을 의미한다(남궁근, 2017: 277).

(2) 정책공동체모형

정책공동체모형은 폐쇄적인 하위정부모형의 한계를 인식하고, 이에 대한 비판적인 대안으로 제시된 모형이다. 그런데 정책공동체모형에서 가정하는 주요 참여자는 하위정부모형과 차이가 있다. 그것은 행정관료, 정치인, 이익집단을 주축으로 하면서 전문가 집단을 추가한 것이다. 이로 인해 전문적 지식 제공자로서 행정관료의 역할은 축소되었다. 이들은 일련의 공통된 이해와 공동체적 감정을 가지고 있으나 구성원들의 이해관계가 다르기 때문에 해결 방안을 둘러싸고 갈등이 발생할 수도 있다.

(3) 이슈네트워크모형

이슈 네트워크는 공통의 기술적 전문성을 가진 대규모의 참여자들을 함께 묶는 지식공유집단으로서 그 규모가 크다.[39] 이들 사이에서는 전문성이 매우 중시된다. 여기에서 전문성이란 고도의 지식을 의미한다. 그러므로 구성원들은 현안 쟁점에 관한 전문성의 수준에 따라 영향력의 정도가 결정되는 것으로 보고 있다. 원자력정책이나 유독성 폐기물정책 등에서 과학적 이슈에 관한 구체적 지식이 없이는 영향력을 발휘하기 어렵게 된다.

3) 주요 정책 네트워크 유형의 특징 비교

정책네트워크모형의 주요 구성 요소들을 무엇으로 볼 것이냐에 대해 일치된 견해가 있는 것이 아니다. 최성락 · 이혜영(2004)은 정책행위자, 관계 구조, 상호작용 등을 분석변수로 했다. 여기서는 정책행위자, 관계 구조, 행위자 간의 상호작용 방식, 정책 산출로

39 영국에서 이전에는 식품정책이 일련의 기술적 이슈를 취급하는 폐쇄된 정책공동체에 국한되었다. 그러나 1988년 달걀과 살모넬라 중독 간의 관계가 밝혀진 후 식품 이슈의 정치화가 가속화되었다. 즉, 과거 식품정책 이슈를 독점했던 농업 관련 행위자들뿐만 아니라 환경론자, 소비자집단, 영양학자, 정부의 소비자 부처, 판매업자, 식품제조업자, 그리고 과학자들이 이에 관심을 가진 이슈 네트워크로 전환되었다(남궁근, 2008: 353).

나눠 살펴보고자 한다. 아래에서는 이러한 구성 요소의 특징을 로드스(R. A. W. Rhodes)와 스미스(Martin J. Smith)의 견해를 중심으로 정책 네트워크의 하위 유형인 정책공동체와 이슈 네트워크를 구분하는 특징을 살펴본다(정정길 외, 2003: 244-249; 남궁근, 2008: 355-359).

(1) 정책행위자

정책네트워크모형에서의 행위자의 수 및 주도적 행위자는 하위 유형에 따라 그 특성을 달리한다. 정책공동체는 행위자의 범위가 제한되지만 안정적이고 지속적이다. 정책공동체의 주요 구성원으로는 관료, 정치인, 이익집단을 주축으로 하면서 전문가집단이 추가된다. 한편 이슈 네트워크의 경우는 다양한 행위자들이 정책 과정에 참여하며 개방적이다. 따라서 행위자는 매우 유동적이고 불안정한 가운데, 누가 주도적인 행위자인지를 분명하게 밝히는 것이 불가능한 '핵심부의 공동화(hollow cores)' 현상이 나타난다(남궁근, 2008: 357).

정책 과정 참여자로서 국가의 역할에 대해 정책네트워크모형은 자신의 정책 이해를 가지고 이를 정책 과정에서 관철시키고자 하는 하나의 행위자로 본다. 국가는 여러 행위자 가운데 하나에 불과한데, 다만 다른 참여자에 비해 좀 더 중요한 행위자임은 인정한다.

(2) 관계 구조

행위자들 간의 관계가 지속되고 반복된 행태를 보이고 일련의 패턴화된 구조를 갖게 된다. 이는 행위자들이 가지고 있는 자원들의 상호의존성에 기인한다.

행위자 간 관계의 기본적 성격을 보면, 정책공동체의 경우는 행위자들 간에 상호 협력적인 관계를 가정하고, 이슈 네트워크는 경쟁적 관계를 가정한다. 전자의 관계가 포지티브 섬(positive sum)이라면 후자는 네거티브 섬(negative sum)이다. 포지티브 섬이란 만일 한 집단이 우세한 지위를 점할 경우 정책공동체가 유지되기 위해서는 장기적으로 패자(敗者)가 없어야 한다는 것이고, 네거티브 섬이란 자원과 접근의 불평등 때문에 권력에서도 불평등이 발견되는 것을 말한다.

(3) 행위자 간 상호작용 방식

하위 유형 가운데 정책공동체의 경우 행위자 간에 매우 빈번한 상호작용이 발생하며, 상호작용은 안정적이고 협력적이다. 그러나 이는 조합주의모형처럼 경제 위기의 극복과 같은 거시적인 국가 목표를 달성하기 위한 명분이 아니라 행위자 자신의 이해를 달성하는 데 정책공동체가 유익하기 때문이다.

한편 이슈 네트워크는 행위자들 간 관계가 안정적이지 않다. 특히 국가와 특정 행위자들 간에 제도화된 관계가 형성되는 것은 아니다. 행위자들 간에 상호작용의 빈도도 높지 않으며, 행위자들이 사용하는 전략도 다원주의에서처럼 다양하다.

(4) 정책 산출

정책 산출도 정책공동체와 이슈 네트워크에 따라 특성을 달리한다. 정책공동체의 경우, 정책 산출이 처음 의도한 정책 내용과 크게 다르지 않으며, 따라서 정책 산출을 예측하기도 용이하다. 한편 이슈 네트워크의 경우는 행위자가 유동적이며 행위자들 간의 이해 공유 정도도 매우 낮다. 정책결정 과정에서 누구의 이해가 주로 반영될 것인지도 예측하기 어렵다.

4) 평 가

국가중심이론이나 사회중심이론이 정책구조를 암상자로 보아 그 내부에서 벌어지는 정치행정 메커니즘을 보지 못하는 한계를 보완해 준다. 정책행위자들 사이의 상호작용을 보기 위해서는 정치 체제의 암상자를 열어야 하는데, 이를 가능케 하는 것이 정책네트워크모형이다. 아울러 분석 수준에서 사회중심이론의 방법론적 개체주의와 국가중심이론의 방법론적 전체주의를 통합해 포괄적 분석을 가능케 한다(배응환, 2001: 276-277).

6. 신제도주의

신제도주의(new institutionalism)는 행태주의에 대한 반발로서, 그러면서도 현상학과 구별되는 구조주의적 접근법에 포함시킬 수 있는 하나의 방법론 또는 접근법이다. 신제도주의의 기본 인식은 제도가 중요하다는 점이다. 이는 행태주의에서 중시하는 개인보다 개인이 처한 환경인 사회적 맥락을 더 중요하게 본다는 의미이다. 한편 전통적인 제도 연구에서는 공식적인 사회제도 자체를 연구 대상으로 하여 주로 제도의 개념과 속성을 분석했던 데 비해, 신제도주의는 제도가 개인에 미치는 영향이나 개인의 유인 체계에 미치는 제약을 분석하고자 한다.

1) 전통적 방법: 법적 · 제도적 접근 방법

이 방법은 법이나 제도를 통해 사회 현상의 변화를 설명하는 입장으로서, 이상적인 제도를 법제화하면 안정적인 사회 질서가 유지될 것으로 믿었다. 단점으로는 법과 제도 이면에서 움직이는 동태적인 측면을 고려하지 못한다는 것을 들 수 있다.

2) 신제도주의

신제도주의는 개인의 행위에 초점을 두는 행태주의와 그 연구 방법이었던 방법론적 개체주의 문제점을 극복하기 위해 나온 것으로, 사회 현상들을 설명하는 데 제도를 사람과 동등한 위치 내지는 상위의 독립변수로 고려하는 입장이다.

이러한 신제도주의의 유형에는 역사적 제도주의, 사회학적 제도주의, 그리고 합리적 선택 제도주의가 있다.

(1) 주요 내용과 특성

① 역사적 제도주의

역사적 제도주의는 합리적 선택 신제도주의나 사회학적 신제도주의에 비해 국가, 권력, 그리고 역사라고 하는 좀 더 거시적 테마에 초점을 둔다. 역사적 제도주의는 동일한 상황에서 국가 간에 서로 다른 정책을 채택하고 정책 효과도 다르게 나타나는지에 대한 설명 변수로서 역사적으로 형성된 각국의 제도에 주목한다.

역사적 신제도주의는 분석 수준 면에서 방법론적 개인주의보다는 전체주의(holism)의 입장을 취한다. 제도가 인간 행위를 지속적으로 제약하기 때문에 개인의 합리적 선택만으로는 행위를 설명할 수 없고, 개인의 선호와 의사결정도 제도의 산물이며, 제도적 규칙과 과정이 선호와 의사결정을 왜곡시킬 수 있다고 본다. 그리고 역사적 제도주의는 정책적인 지속성을 설명하기 위해, 경로의존성(path dependency)이라는 또 다른 개념을 만들어냈다. 현재의 제도 및 구조가 정치행위자들로 하여금 이미 확립되어 있는 정책 경로를 따르도록 하기 때문에, 비점증적인 대규모 변화가 발생할 가능성이 희박하다는 논리이다. 즉, t 시점에서 당시의 기능적 요구에 부응하기 위해 성립된 제도는 사회적 변화에 따른 새로운 기능이 요구되는 $t+1$ 시점에서의 선택과 변화를 제약하게 된다는 것이다. 이렇게 되면서 제도는 t 시점에서는 종속변수이지만 $t+1$ 시점에서는 독립변수의 의미를 지니게 된다. 제도가 경로의존성을 띠는 이유에 대해 아이켄베리(John Ikenberry)는 새로운 제도적 구조가 다수의 집단이나 개인에게 혜택을 가져다준다고 하더라도 변화로 인한 비용과 미래의 불확실성이 현존 제도를 유지하려고 하는 유인을 만든다고 보고 있다(Ikenberry, 1988: 223-224; 김행범 · 구현우, 2014: 119 재인용).

경로의존성을 우리의 정책 현실에서 찾아본다면 아래 사례가 해당된다. 우리 정부는 1977년에 의료보험제도를 도입하면서 저보험료-저급여정책을 실행했는데, 당시에는 국민소득 수준도 낮았고 의료비용도 높지 않았기에 가능했다. 그런데 1989년 전국민의료보험이 달성된 이후, 국민소득도 증가하고 의료비용도 상승했음에도 저보험료-저급여정책이 계속되는 것이 이에 해당한다(김선희, 2020: 143).

② 사회학적 제도주의

사회학적 제도주의는 신제도주의에서 제도의 개념을 가장 넓게 해석하는 입장이다. 제도를 규칙이나 절차뿐만 아니라 전통과 관습, 그리고 문화를 포함해서 이해한다. 제도의 공식적 측면보다는 규범, 문화, 상징 체계, 의미 등 비공식적 측면에 초점을 맞춘다. 이 이론 체계에서 제도 변화는 유형동질화의 과정으로서 파악되는데, 이는 제도 변화의 원천을 효율성의 추구에서 찾는 것이 아니라 사회적으로 적절하고 정당하다고 인정받는 구조와 기능을 닮아가는 과정으로서 파악하는 것이다(하연섭, 2002: 343).[40] 이러한 동형화(isomorphism)에는 세 가지 종류가 있다(박계옥, 2013: 116). 첫째, 강압적 동형화이다. 이는 어떤 조직이 의존하고 있는 다른 조직과 그 조직이 소속된 사회의 문화적 기대에 의한 압력의 결과이다. 둘째, 모방적 동형화이다. 이는 환경이 불확실할 때 다른 성공적인 사례를 본받으려는 데서 일어난다. 셋째, 규범적 동형화이다. 이는 전문교육과정을 거친 전문직 종사자들에게 나타난다. 그들은 문제를 보는 시각이 비슷하고 주어진 어떤 사안에 대해 동일한 방식으로 대처하게 된다. 후술하는 합리적 선택론자들이 개인이나 조직이 자신들의 이익을 극대화하는 세계를 가정하지만, 사회학적 제도론자

40 미국 지방정부의 행정개혁 과정에서 기업형 지방정부의 도입이 이루어진 것은 치밀한 분석의 결과 해결책으로 제시된 것이 아니라, 그러한 정부 형태가 바람직하다는 사회적 인식에 따른 단순 모방이었다(하연섭, 2011: 124).

들은 개인이나 조직이 사회적 규범이나 정당성을 강조하는 방식으로 자신들의 정체성을 규정한다고 본다. 즉, 제도적 규범은 능률성(efficiency)과는 다른 사회적 정당성(legitimacy) 차원에서 형성되고 유지된다는 것이다(권기헌, 2008: 512).

나아가 사회학적 제도주의는 존재론적인 의미에서 사회구조가 행위자에 우선하는 것으로서, 개인에 의해 사회가 만들어지는 것이 아니라 사회가 개인을 창조한다는 것이다. 그리고 행위자의 이익이나 선호는 단지 주어진 것이 아니라 사회적으로 형성된 것으로 본다. 이처럼 사회학적 제도주의는 제도의 변화에서 개인의 역할을 전혀 인정하지 않는데, 바로 이 점이 합리적 선택 제도주의와 뚜렷하게 구분되는 점이다.

이 이론은 사회적 정당성 때문에 새로운 제도적 관행이 채택된다고 주장하지만, 결국 사회적 정당성의 기반 자체도 문화를 비롯한 제도이기 때문에 '순환론(tautology)'의 오류에 빠질 수 있다는 비판을 받기도 한다(김행범 · 구현우, 2014: 176).

③ 합리적 선택 제도주의

이론의 출발점은 각 개인이 일정한 선호 체계를 갖고 있으며, 각자의 효용을 극대화하기 위해 전략적으로 행동한다는 데 있다. 이 같은 시각에서 볼 때, 제도란 효용극대화를 추구하는 개인들 간의 교환 관계를 안정되게 만들고, 거래비용을 최소화함으로써 파레토 효율성이 창출되도록 하는 기능을 담당한다. 합리적 선택 제도주의에서는 제도의 기원이나 유지를 모두 개인의 효용극대화에 기초해서 설명하고 있다(이상호, 2000: 143-144).

합리적 선택 제도주의는 개인의 합리적 선택이 사회 전체적인 합리적 선택을 가져오지 못하는 사회적 딜레마가 제도의 부재 때문이라고 보며, 잘 고안된 제도적 장치에 의해 이러한 문제가 해결될 수 있다고 본다. 이러한 합리적 선택 제도주의는 합리적 선택이론을 제도 연구로 확장시킨 것이다. 합리적 선택이론은 사회 현상을 개개인의 합리적 선택의 행위가 합쳐진 결과라고 해석한다. 합리적 선택이론은 개인을 이론의 핵심으로 하고 이들에 대해 방법론적 개인주의, 합리주의 그리고 경제인을 가정한다.

순수한 합리적 선택이론은 개인에 대해서만 관심을 가지고 제도 자체는 중요한 변수로 간주하지 않는다. 그러나 제도를 포함한 합리적 행동을 제약하는 조건을 함께 고려해야 좀 더 현실 적합한 이론을 구성할 수 있게 된다. 각 개인은 합리적이며 자기 이익을 추구하지만, 각 개인의 합리성이 집단적 차원에서 결합되면 결코 합리적이지 않은 결과를 창출할 수 있다고 본다. 이러한 집합적 행동의 딜레마를 해결해 주는 역할을 하는 것이 제도이다. 개인의 행위를 제도가 구조화시킬 수 있다(하연섭, 2002: 341-342). 합리적 선택 제도주의에서 개인들은 자기 이익을 극대화하기 위해 수단적으로 행동하지만, 제도가 부하하는 제약 속에서만 합리적 선택이 가능하다(김태룡, 2007: 349). 합리적 선택이론에 제도의 역할을 접목시키고, 또 그것을 공공 부문에까지 확대 적용한 것이 공공선택론이다(유민봉, 2006: 41).

(2) 신제도주의에 대한 평가

이 접근 방법이 제도가 사회경제적 변화의 종속변수일 뿐만 아니라 독립변수이기도 하다는 점을 부각시킨 것은 긍정적으로 평가할 수 있으나, 다음과 같은 비판을 받기도 한다(김태룡, 2007: 359-361).

첫째, 사회 현상을 설명할 때 역사적 제도의 중요성에 대해 이론적 관심을 불러일으켰으나, 제도가 인과 관계의 유일한 요인이라고 주장하기는 어렵다. 제도 이외의 다른 변수에 대해 소홀히 다루고 있다. 사실 제도는 좀 더 상위 차원의 '구조'가 완벽하게 통제될 때에만 유의미한 변수가 될 수 있기 때문에, 구조가 상이하다면 제도적 변수를 통해서는 정책 패턴의 양상을 설명할 수 없기 때문이다(최정욱, 2005: 476).

둘째, 대규모 변화가 전혀 불가능하다고 주장하는 것은 아니고 '단절된 균형'[41] 등과 같은 개념을 사용해, 특정 제도가 급격한 변화에 의해 중단될 수 있는 가능성을 인정하고는 있지만, 무엇이 이러한 결정적 전환점을 재촉하는가에 대해서는 경제적 위기나 군사적 갈등 등과 같은 외적 요인 외에는 명확한 답변을 하지 못한다는 점이다.

41 안정적으로 유지되던 제도가 전쟁이나 공황 등과 같은 외생적인 사건에 의해 촉발된 '결정적 전환점'에 이르러서는 기존의 경로에서 벗어나서 급격하게 변할 수 있다는 것이다. 위기상황에서 위기에 대응하기 위하여 취한 행위가 제도를 변화시키고 재형성하는 역사적 계기가 된다는 것이다. 이 전환점을 통해 단절되었던 제도가 위기 극복 이후 다시 제도적인 균형 상태에 돌입하게 되는 '단절적 균형(punctuated equilibrium)'이 이뤄진다. 텔렌과 스타인모(Thelen & Steinmo)는 '단절적 균형론'에서 더 나아가 외부 충격에 대하여 제도 내부의 행위자의 반응을 함께 고려하는 '제도적 역동성'과 '역동적 제약'의 논리를 제시하였다. 전자는 외부적 요인에 의한 충격이 제도수준의 변화를 자극한다는 것이고, 후자는 외부적 충격이 내부 행위자의 전략을 변화시켜 궁극적으로는 제도의 변화가 일어날 수 있다는 것이다(남궁근, 2017: 177).

02 정치 체제와 정책환경

제 1 절 정치 체제와 정책

제 2 절 정책결정요인론

제 3 절 정책환경과 정책

제 4 절 정치 체제의 특성과 정책

정책학원론
Theories of Policy Sciences

제 2 장

정책학원론

정치 체제와 정책환경

정책과 환경은 상호 밀접한 관계를 가지고 영향을 주고받는 관계이기 때문에, 정책은 환경과 분리해서 생각할 수 없다. 정책환경은 정치 체제에 영향을 미치고 정치 체제로부터 나오는 산출물이 정책이다. 따라서 정치 체제와 정책환경은 정책의 내용을 결정하는 가장 중요한 변수가 되는데, 먼저 정치 체제의 특성을 간단히 언급한 뒤 정책환경이 정책에 미치는 영향을 강조한 정책결정요인론을 살펴본다. 정책결정요인론은 정책의 내용을 결정하는 변수로서 환경적 변수와 정치 체제의 특성 중 어느 것이 더 중요한가에 대한 논의가 중심을 이루고 있다. 이어서 정책결정 활동의 주체인 정치 체제의 특성이 정책에 미치는 영향에 대해 알아보고자 한다.

제1절 정치 체제와 정책

1. 정치 체제

정책이 정치 체제의 산물이므로 정치 체제의 속성에 따라 정책의 내용이 달라질 수 있다. 그렇다면 정치 체제는 무엇인가? 체제는 아래 세 가지 특성을 지닌다. 첫째, 체제를 구성하는 요소(element), 둘째, 요소와 요소들 간의 상호 관계(interrelationships), 끝으로 체제와 외부를 구분짓는 경계(boundary)이다(정정길, 2000: 89). 정치 체제도 이러한 체제의 일반적인 특성을 지니는데, 예를 들어 농림축산식품부를 보면 농림축산식품부라는 조직을 하나의 체제로 볼 수 있다. 농림축산식품부에는 농업구조정책을 다루는 농업구조정책국, 농산물의 유통을 다루는 농산물유통국 등이 요소로 있으며, 행정활동을 할 때에는 이들 간에 서로 관련되는 경우가 많고 또한 농림축산식품부는 다른 정부기관이나 비정부기관과는 구별되는 경계선을 지니고 있다.

2. 정치 체제와 환경의 일반적 관계

모든 체제는 환경과 상호작용을 한다. 환경으로부터 받아들이는 투입(input), 환경으로 내보내는 산출(output) 및 산출에 대한 환경의 반응을 점검해 체제를 환경에 적응시키는 환류(feedback) 등이 그것이다.

1) 투 입

정치 체제도 다른 체제와 마찬가지로 환경으로부터 요구(demand)와 지지(support)라는 두 가지 종류의 투입(input)을 받게 된다. 정치 체제에 대한 환경의 요구는 사회문제의 해결 요구라는 형태를 취하게 되는데, 정부한테 우리 지역에 교량을 건설해 달라, 또는 교통문제를 해결해 달라는 식의 형태를 띠게 된다.

정치 체제에 대한 환경의 지지는 크게 두 가지로 구분할 수 있는데, 하나는 체제 운영에 필요한 인적·물적 자원의 제공이다. 징병정책, 조세정책 등이 여기에 해당한다. 다른 하나는 순응확보정책이다. 공권력의 행사에 대한 순응은 여러 가지 규제정책을 수용하고 처벌이나 규제를 감수하는 행위 등이다.

2) 전 환

전환(conversion)은 정치 체제에 대한 투입을 산출물로 변화시키는 과정을 말하며, 전환은 정치 체제 내에서 일어나는 모든 활동의 핵심이 된다. 전환 과정은 소위 말하는 블랙박스 내에서 이뤄지는 것으로 이전에는 일반국민이 접근할 수 있는 과정이 아니었다. 정책결정과 집행에 관한 공식적 권한이 부여된 입법기관, 행정기관, 사법기관들 사이에서 일어나는 활동이었다. 그러나 최근에는 거버넌스가 대두되면서 비공식적 행위자의 참여도 가능하게 되었다. 그 과정에서 정보공개제도 등의 제도에 힘입어 일반국민들도 블랙박스에 접근할 수 있게 되었다.

3) 산 출

산출(output)은 정치 체제가 환경의 요구에 대응해 내보내는 것으로 정책이 바로 그것이다. 이스턴(David Easton)은 정치를 "가치의 권위적 배분(the authoritative allocation of values)"이며(Easton, 1953: 129), 정부의 이러한 역할은 정책을 통해 달성된다고 한다. 일반적으로 정책은 분배정책, 규제정책, 재분배정책, 구성정책 등으로 구성된다.

4) 환 류

정치 체제의 산출은 체제를 둘러싼 환경에 일정한 영향을 미친다. 이러한 영향에 대한 환경의 반응으로서 차기 투입에 되돌아가는 것이 환류(feedback)이다. 이 환류 과정

그림 2-1 체제론적 모형

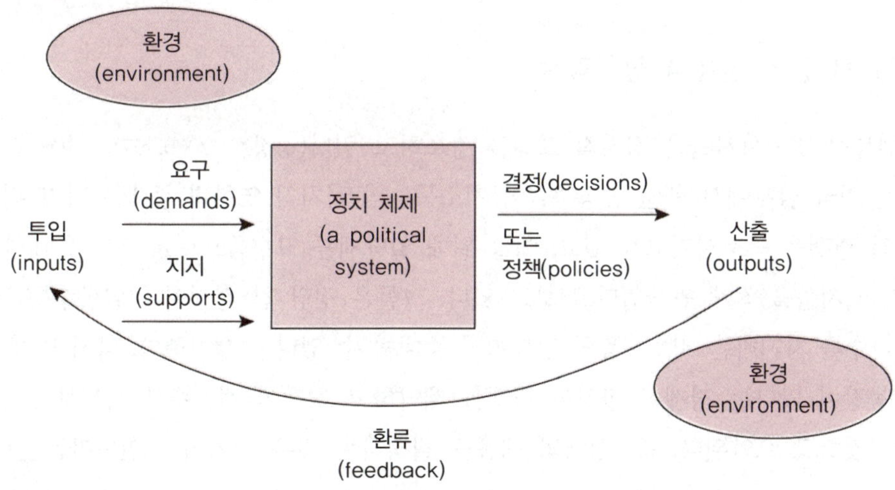

자료: 김성무 역(1983: 74).

은 정치 체제에 대한 통제 과정으로 산출에 대한 평가를 반영한다. 즉, 국민들이 정부의 정책을 평가한 결과가 차기 투입으로 나타난다. 이러한 환류 과정을 거친 후 정책담당자가 교체되고, 해당 정책이 변동 내지는 종결되기도 한다.

이스턴은 이상에서 설명한 '투입 → 정치 체제 또는 정치 과정 → 산출'의 관계를 [그림 2-1]로 나타내고 있다.

제2절 정책결정요인론

1. 전개 과정

정책결정요인론(policy determinants theory)이란 정책의 내용을 결정하는 요인이 무엇인가를 밝히는 이론으로, 정책산출 연구라고도 한다. 앞서 언급한 대로 환경으로부터 요구와 지지가 투입되고 정치 체제는 이들을 전환시켜 정책을 산출한다. 정책은 투입 내용과 정치 체제의 특성에 따라 그 내용이 달라지게 되는데, 정책결정요인론은 정책결정에서 사회·경제적 요인과 정치적 요인 중 어느 것이 더 큰 비중을 차지하는가를 설명한다.

1) 키 등의 전통적 정치학자

전통적 정치학자들은 정치적 요인을 강조하고 있다(정정길, 2000: 97). 키(V. O. Key, Jr.)는 미국 남부에서 백인 농장주들이 저소득층의 정치적 영향력 증대를 막기 위해 정당 간 경쟁을 축소시키고자 했고, 이를 위해 일당제를 고수함으로써 흑인에 대한 사회보장비 지출을 적게 만들었다고 보고 있다. 그들은 정당 간 경쟁이 치열할수록 투표자의 다수를 차지하는 저소득층의 영향력이 증대될 수 있다고 생각했다. 다시 말해, 대단위 농장이 많다는 경제적 환경이 경쟁을 제약하고 경쟁이 적을수록 사회보장 지출이 적은 것으로 요약된다. 즉, 정책의 내용을 결정하는 것은 정치적 요인이라는 것이다.

그림 2-2 참여경쟁모형

사회 · 경제적 변수 → 정치적 변수 → 정책

2) 경제학자들의 환경 연구

미국의 재정학자 패브리칸트(Solomon Fabricant)는 1인당 소득, 인구밀도, 도시화 정도의 세 가지 변수로 주 및 지방정부의 1인당 정부 총 지출액의 차이를 72% 정도 설명할 수 있음을 밝혔고, 이 중에서도 특히 1인당 소득이 가장 강한 상관관계를 가지고 있음을 발견했다(Fabricant, 1952). 브레이저(Harvey Brazer)는 1959년 2만 5천 명 이상의 인구를 가진 462개 시(市)를 대상으로 연구했는데, 사회 · 경제적 변수 중에서 지출 면에 가장 강력한 영향력을 미치는 것으로 나타난 것은 인구밀도, 가구 소득과 다른 정부기관으로부터의 보조였다(정정길 외, 2003: 94-95).

이것은 정치 체제 바깥의 외생 변수가 공공지출을 결정하는 결과가 되어, 당시 정책을 정치 체제의 산물로 보고 있던 정치행정학자들에게 커다란 충격을 안겨주었다.

3) 정치학자들의 환경 연구

충격에 휩싸인 정치학자들은 몇 가지 정치 변수를 추가해 정부지출 수준에 미치는 영향을 분석하고자 했다. 예를 들면, 다이(Thomas R. Dye)는 부(富), 산업화, 도시화 및 교육 수준 등 4개의 경제적 변수와 정당 간 경쟁, 투표율, 할당의 불공평 정도, 정당통제 등 4개의 정치적 변수, 그리고 교육, 복지, 고속도로 등 정책과의 관계를 파악했다. 분석 결과는 경제변수를 통제하면 정치적 변수는 정책 산출에 거의 영향을 미치지 못하는 것으로 나타나 경제적 변수가 정치적 변수보다 훨씬 중요하다는 것이다(남궁근, 2008: 156). 1963년에는 도슨(Richard E. Dawson)과 로빈슨(James A. Robinson)이 정당 간 경쟁이라는 정치적 변수와 복지사업 간에 강한 상관관계를 발견했으나 도시화, 산업화, 소득 등을 통제한 후에 나타나는 부분 상관관계는 유의미하지 못했다. 즉, 정치적 변수와 정책 간 관계는 허위 상관에 불과하다는 것을 의미하는 데(Dawson & Robinson, 1963), 이를 '의사모형(spurious model)'이라고도 부른다.

4) 직접모형

일부 정치학자들은 사회·경제적 변수의 상대적 우월성을 인정했으나, 정치 체제와 정책 간의 상관관계가 사회·경제적 변수의 영향에 전적으로 의지한다는 주장에는 도저히 동의할 수 없었다. 이들은 정치적 변수도 정책에 독립적인 영향을 미친다는 것을 증명하려 했고, 이러한 견해를 더욱 발전시킨 사람이 루이스벡(M. Lewis-Beck)으로, 그는 경로분석을 사용해 효과 계수를 계산해 내었다(Lewis-Beck, 1977: 47).

[그림 2-3]에서 사회·경제적 변수의 효과 계수는 .43+(.66×.41=.27)=.70으로 정치적 변수의 효과 계수 .41보다 크지만, 정치적 변수도 독립적으로 정책에 영향을 미친다는 것이다.

그림 2-3 직접모형

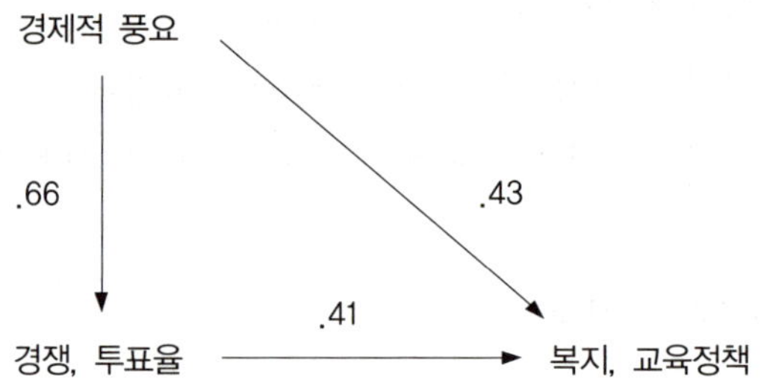

2. 정책결정요인론의 작용

정책에서 사회·경제적 환경이 차지하는 비중이 얼마나 중요한가를 부각시켰다는 점에서 의의가 크다. 물론 이전에도 환경의 중요성에 대한 강조가 있었지만, 정책결정요인론에서는 과학적 방법을 사용해 환경의 중요성을 강조한 점이 차이가 있다. 그런데 이처럼 사회·경제적 변수를 강조하게 되면서 정치학자들이나 정책학자들에게는 큰 충격으로 다가갔다. 즉, 정치적 변수가 정책에 독자적인 영향을 행사하지 못한다는 사실에서 오는 충격이고, 또 만약 국민소득 수준에 따라 사회정책비가 결정된다면 합리적인 정책결정을 위해 노력하는 일이 무의미해지는 데서 오는 충격 등이다.

3. 정책결정요인론에 대한 비판

주로 정치·행정학자들이 가한 비판의 내용은 정치적 변수의 영향은 과소평가되고, 사회·경제적 변수가 정책에 미치는 영향은 과대평가되었다는 것인데, 특히 샤칸스키(Ira Sharkansky)와 호퍼버트(Richard I. Hofferbert)는 사회·경제적 결정론은 많은 문제와 한계가 있다며, 그들의 결론을 무조건 받아들여서는 안 된다고 경고하고 있다(Sharkansky & Hofferbert, 1972: 318-323). 이러한 비판의 내용을 정리하면 다음과 같다.

1) 변수 선정과 조작적 정의의 문제

정치적 변수의 선정에서 정당 간 경쟁, 투표율 등 계량화하기 쉬운 변수를 사용했는데, 이들보다 더 중요한 변수가 있다는 것이다. 예를 들면, 행정부와 의회의 상대적 권한, 관료권의 확대 여부 등을 들 수 있다. 그리고 사회·경제적 변수에 비해 정치적 변수가 적게 선정되어 정치적 변수의 영향력이 과소평가되었다는 것이다.

2) 정책 수준상의 문제

정책 수준이 상위 수준일 때는 정책결정요인론으로 설명이 가능하다. 즉, 정부 전체의 총 재정지출액은 국민소득과 강한 상관관계가 있다. 그러나 하위정책 수준인 세부사업의 결정은 총 가용자원의 범위 내에서 선택하는 것이므로, 이때에는 어느 사업을 중시할 것이냐를 결정하는 정치적 결정이 중요해지게 된다.

3) 정치 체제의 매개경로적 역할 무시

사회·경제적 변수인 소득 상승이 있다고 해서 바로 사회복지정책의 강화가 따르는 것은 아니다. 문제 해결 요구, 자금 배당 등이 따라야 하는데, 이들 활동은 정치적 활동에 속하며 경제가 고도로 발전하면 재정 압박이 풀려 정치 영역의 폭이 넓어져 정치적 요인의 비중이 더 커지게 된다.

제3절 정책환경과 정책

정책의 내용에 영향을 미치는 환경으로부터의 투입에는 요구와 지지가 있다. 이 두 가지는 정책에 직접적인 영향을 미치는데, 이들의 내용에 따라 정책의 내용이 달라진다.

1. 요 구

사회문제의 해결에 대한 요구가 강해지면 이의 해결을 위한 정책이 추진될 가능성이 커진다. 산업화, 도시화, 세계화, 정보화 등이 사회문제를 발생시키는 주요 원인이 된다. 예를 들어, 산업화, 도시화에 따른 사회문제는 주로 도시집중화 현상에 의해 야기된다. 취업과 소득 증대를 위해 도시로 인구가 유입되면 이로부터 야기되는 문제를 해결하고자 각종 투자가 이뤄지고, 이는 다시 인구를 유입시키는 요인으로 작용한다. 이렇게 도시가 밀집되면 정부가 대응해야 할 정책문제가 등장하게 되는데 주택 부족, 범죄 증가 등이 이에 해당한다.

다음으로, 정보화를 보면, 1980년대 중반을 기점으로 정보화의 물결은 우리나라에 거세게 밀려들었다. 이러한 물결은 전자정부의 출현을 요구하게 되었는데, 현재 전자정부 운영 상황을 보면 다음과 같다. 전자정부(electronic government)란 간단히 "정보기술을 이용한 정부 운영"이라고 볼 수 있는데, 우리 정부도 전자정부 구현을 위해 1998년에 '전자정부에 대한 비전과 전략'을 내놓았다.[1] 그러나 시민과 정부기관 간, 정부와 기업 간은 물론이고 정부기관 내부에서조차 정보 공유 체제가 미흡한 실정이고, 더욱이 웹 기반의 데이터베이스는 매우 부족한 실정이다. 이는 개별 업무 시스템으로 정보 공동 활용 체제가 구축되지 못한 때문이다(최창학, 2000: 91). 그리고 전자정부를 구현하는 과정에서 정보기술을 이용한 리엔지니어링 개념과 전략이 도입되지 않고, 행정정보화와 행정개혁이 제각기 추진되고 있으며, 이를 유기적으로 연계하고 조정하는 전략이 갖춰지지 않고 있다.

---

1 이 전략의 주요 내용은 ① 초고속정보통신망의 구축, ② 전자결재화와 정책결정의 자동화, ③ 행정정보 공동 이용 센터 구축, ④ 정부 부처 내 인트라넷 구축, ⑤ 정보화 교육 강화, ⑥ 전자정부에 맞는 법과 제도 정비 등이다(행정자치부, 1998: 13-35).

여기서 우리는 여러 가지 방안을 생각할 수 있겠지만, 무엇보다 기존의 업무 처리 절차(process)에서 벗어나야 한다. 구시대적 패러다임에 기초한 업무 처리 절차와 방법을 그대로 두고 전자정부를 추진하면 그 성과를 기대하기 어렵기 때문에, 과감한 업무프로세스 재설계(business process reengineering: BPR)이 추진되어야 한다. 이것은 업무 수행 프로세스 전 과정을 완전히 재고하여 근본적으로 재설계하는 것이다. 조직과 프로세스에 대한 분석이 끝나면 프로세스 재설계에 착수한다. 불필요한 업무 중복 혹은 업무 지연의 소지가 있는 부분에 대한 과감한 재구조화 및 단순화 작업을 실시한다. 또한 신속한 업무 처리를 위한 정보시스템의 지원 가능성을 타진하고, 정보기술을 적극적으로 활용할 수 있는 방안을 모색한다. 프로세스 재설계가 이루어진 후에는 새롭게 설계된 업무 프로세스에 대한 평가과정을 거친 후 효율적인 직무과정이라고 판단되면 신프로세스를 확정한다.

2. 지 지

환경으로부터의 요구가 아무리 강해도 해결 능력이 없으면 정치 체제는 상응하는 정책을 내놓을 수 없다. 예컨대, 도시빈민들의 주거 여건 개선에 대한 강력한 요구가 있다고 하더라도 문제 해결에 필요한 방대한 자원이 없다면 관련 정책을 추진하기 불가능해진다. 문제 해결 능력은 환경으로부터의 지지에 의해 얻어지므로 환경의 지지는 정책의 제약 요소(constraints)로 불린다.

1) 인적 · 물적 자원

정치 체제가 정책을 생산하기 위해서는 정치 체제를 운영하는 인력이 있어야 하고, 여기에 투입되는 인력의 양과 질에 따라서 정책의 내용이 달라진다. 한편 조세, 수수료 등의 정부 재정수입은 환경으로부터 제공된다. 조세, 수수료 등의 재정수입이 증가하면 정부는 여러 가지 정책을 추진할 수 있지만, 반대로 재정수입이 적으면 여러 가지 사업을 포기해야 한다.

2) 정신적 지지

국민들의 정치 체제에 대한 정신적 지지는 개발도상국가로 갈수록 더 중요하다. 그러나 정치 체제가 국민들한테 무조건적인 지지와 순응을 강요한다면 자칫 비민주적인 정책이나 특정 집단을 희생시키는 정책을 산출하기가 쉽다.

제4절 정치 체제의 특성과 정책

정책의 내용에 영향을 미치는 정치 체제의 특성은 정치 체제의 담당자, 정치 체제의 분위기와 규범, 그리고 정치 체제의 구조 등 세 가지로 요약할 수 있다(정정길, 2000: 114). 여기에서는 이 틀을 근간으로 하여 설명을 전개하고자 한다.

1. 정책담당자의 특성

정책담당자의 두 가지 속성이 정책에 커다란 영향을 미치는데, 능력과 성향이 그것이다.

1) 정책담당자의 능력

정책담당자의 능력은 두 가지 면에서 정책이 질이나 내용에 영향을 미치게 되는데, 첫째는 전문적 능력으로서 문제 해결을 위한 전문적 지식을 말한다. 이것은 분석적·합리적 결정에 영향을 미친다. 둘째는 정치적 능력으로서 상호 충돌되는 이해관계를 조정하는 것으로 정책 과정에서 정치적 갈등을 해소시킬 수 있는 능력이다.

2) 정책담당자의 성향

정책담당자의 성향은 신념이나 가치관, 태도 등으로 표현된다. 현재 우리나라 공무원들이 업무에 임하는 태도는 어떠한가? 국가공무원법 제68조에 의하면, 공무원은 형

(刑)의 선고, 징계처분에 의하지 않고는 휴직, 강임 또는 해직을 당하지 아니하며, 제56조에 의하면 공무원이 무사안일과 관련해 징계를 받을 수 있는 사유는 "직무에 태만하거나 성실 의무를 위반한 경우"이다. 공무원을 징계하기 위해서는 복잡한 절차로 많은 시간과 노력이 필요하므로 기관장이 징계 의결을 요구하기가 현실적으로 어렵다.

이러한 현실 인식 위에서 정부가 최근 공직사회의 능률성 제고를 위해 성과급제를 실시하고 있지만 정책 효과는 부정적이라는 것이 일반적인 평가이다. 우선, 성과를 정확히 평가할 수 있는 객관적이고 타당성 있는 기준과 척도가 없는 어려움을 겪고 있다. 성과의 기준인 근무성적평정은 능력이나 성과와는 무관한 채 이뤄지고 있다. 즉, 현행 근무성적평정은 과학적 직무분석의 미비로 인해 승진 대상자를 미리 정해 놓고 점수를 나중에 부여하는 '연공서열에 의한 역산제'로 운영되는 경우가 대부분이다.

성과급의 종류로는 성과연봉과 성과상여금이 있다. 성과연봉제는 2017년부터 적용 대상이 4급에서 5급으로 확대되었고, 경찰 · 소방 등 특정직에도 성과연봉제가 도입되었다. 성과연봉은 매년 12월 31일을 기준으로 직무성과계약에 의한 평가 결과 등에 따라 성과급을 지급한다. 전년도 업무 성과의 평가 결과에 따라 지급되는 당해 연도 성과연봉은 당해 연도 연봉액에 합산하는 누적 방식을 적용한다. 최근의 변화 추세를 보면, 공직사회에 실적에 상응한 보상 체계를 구축하기 위해 업무 성과에 따라 차등 지급하는 '성과상여금'의 비율을 크게 늘리고 있다.

2009년에 S, A, B, C 등급에 따라 지급률이 230% 이상, 160%, 90% 이하, 0%이었다가 2015년에 와서는 <표 2-1>에서 보는 바와 같이 172.5% 이상, 125%, 85% 이하,

표 2-1 성과상여금 지급 등급 및 지급액 표

지급 등급		지급액
등 급	지급 인원	
S등급	평가 결과 상위 20% 이내에 해당되는 자	별표 2의 3의 성과상여금 지급기준액표에 따른 기준액(이하 이 표에서 "지급기준액"이라 한다)의 172.5% 이상에 해당하는 금액
A등급	평가 결과 상위 20% 초과 60% 이내에 해당하는 자	지급기준액의 125%에 해당하는 금액
B등급	평가 결과 상위 60% 초과 90% 이내에 해당하는 자	지급기준액의 85% 이하에 해당하는 금액
C등급	기타	지급하지 아니함.

0%로 바뀌었다. 2020년 현재 공무원 성과상여금 지급 기준 금액은 3급 5,388,600원, 4급 4,754,100원, 5급 4,184,500원, 6급 3,597,500원, 7급 3,058,600원, 8급 2,540,800원, 9급 2,160,400원 등이다.

상당수 지방자치단체에서는 성과급을 서류상으로만 차등 지급하고 실제로는 균등 지급하는 관행이 널리 유포되어 있어 인센티브로서의 기능이 매우 약하다. 이처럼 나눠 먹기식 행태가 가장 큰 문제이다. 하위 10%에 해당하는 C등급에도 각 부처가 상여금을 지급하는 등 사실상 파행적으로 운영되고 있다. 거기다가 목표 왜곡의 폐단도 문제이다. 공무원들은 측정되고 보상되는 업무에만 치중하고 그렇지 않은 업무는 기피하기 때문이다. 성과급제가 공무원들의 양적 복종을 조장함으로써 직무 수행의 질이 희생되고 있는 점도 같은 맥락에서 이해될 수 있다. 공직은 각자의 성과를 수치로 정확히 계량화하기가 어려운 분야가 많다. 이 때문에 피평가자의 실제 능력보다 평가자의 자의적이거나 주관적인 판단에 따라 등급 산정이 되는 경우가 적지 않다. 그렇게 되면 평정 결과에 대해 피평가자들이 자기 혁신의 계기로 삼기보다는 내가 왜 이러한 낮은 평가를 받았는지 납득할 수 없다며 불만을 제기하게 된다. 이러한 상황 속에서 공무원들의 적극적이고 창의적인 업무 수행을 기대하기는 어려운 일이다.

2. 분위기와 규범: 정치 이념과 행정문화

정책 과정을 지배하는 정치 이념으로 여러 가지를 생각할 수 있으나, 여기서는 공리주의와 사회정의론 및 신자유주의 등에 국한해서 살펴보고자 한다. 행정문화에서는 권위주의, 가족주의 및 흑백 논리에 대해 알아본다.

1) 공리주의

우리나라는 그동안 산업자본의 축적과 수출의 증대를 최대 목표로 삼았다. 이러한 경제제일주의의 이론적 토대가 되었던 것이 벤담(Jeremy Bentham)의 "최대 다수의 최대 행복"으로 표현되는 공리주의(utilitarianism)이다. 이것은 전체 효용의 극대화를 가장 중시하기 때문에 복지가 어떻게 분배되는가는 문제가 되지 않고, 각 개인의 효용을 극대화시키는 대안을 최고로 간주했다.

이러한 공리주의에 대한 비판도 적지 않은데, 공리주의에 의하면 전체 효용을 증대시킬 가능성이 있기만 하면 개인의 자유, 재산 박탈 등도 인정한다. 인간의 기본적 인권이 존재하고 이 기본적 인권의 보장은 결과나 목표에 의해 좌우될 수 없는데, 공리주의는 목적론적 입장에 서서 목표나 결과에 의해 정의의 문제를 판정하므로, 개인 인권이 희생될 수 있다는 것이다. 또 공리주의는 동등한 전체 효용을 초래할 것으로 예측되는 복수의 정책 간에 상대적 우열을 알 수 없기 때문에 공리주의는 정책 선택에 도움을 주지 못한다. 이 밖에 전체 효용은 크지만 심각한 사회적 불평등을 초래하는 정책이 선택될 수 있다는 점이다. 공리주의에 의하면, <표 2-2>에서 전체 효용이 크다는 이유로 극히 불평등한 정책 Ⅱ가 선택될 것이다.

표 2-2 효용의 분배

	정책 I	정책 II
A	10	20
B	10	1
전체 효용	20	21

2) 롤스의 사회정의론

(1) 의 의

롤스(John Rawls)는 1971년에 펴낸 『정의론(*A Theory of Justice*)』에서 '공정(公正)으로서의 정의(justice as fairness)'를 제시했다. 그에 의하면, 어떤 사회의 후생은 그 사회에서 가장 어려운 입장에 처해 있는 사람의 후생에 달려 있다고 주장하면서, 그러한 사람의 후생 증진이 없다면 다른 사람들의 후생을 아무리 증진시킨다고 하더라도 사회후생은 증진될 수 없다고 했다. 롤스의 철학적 입장은 가장 어려운 입장에 있는 사람의 효용을 극대화시키는 것이 가장 정의롭다고 생각하기 때문에 흔히 맥시민(maximin) 기준이라고 불린다(전상경, 2001: 170). 다시 말해, 롤스는 사회후생함수를 $W=U_a+U_b$가 아니라 $W=\min(U_a, U_b)$라고 본다. 전자의 경우, 사회 전체의 효용이 각 개인들의 효용의 합계와 같으므로 가난한 사람이나 부유한 사람이나 사회후생함수에서 똑같은 가중치를 갖기 때문에 형평에 대한 배려가 전혀 없다. 반면에 후자는 사회 전체의 효용이 그 구성원 중 가장 가난한 사람의 효용 수준과 같다는 것으로 극단적인 평등주의를 반영한 것이라고 할 수 있다(김경환 · 서승환, 2002: 43).

그의 생각은 '원초적 지위'와 '무지(無知)의 장막'이라는 두 개념에 달려 있다. 인간은 '무지의 장막'을 통과함으로써 모든 개인은 전체적 평등성을 갖게 되는 원초적 상태에 있게 된다. 어느 누구도 자신의 기호, 소득, 능력 등을 알지 못하고, 어느 누구도 장래의 사회에 자신이 어떤 위치를 차지하게 될지 모르는 가상적인 원초적 상태에서 사람들은 자기의 미래 상황에 대해 매우 불확실하게 느끼게 되고, 따라서 전술한 맥시민의 기준에 입각한 행동을 하게 된다는 것이다. 예를 들어, 장차 자기가 부자가 될지 아니면 가난한 사람이 될지 전혀 알지 못한다고 가정하면 그들 자신도 가난한 사람이 될 수 있다는 가능성에 매우 신경을 곤두세우며, 그 결과 가장 어려운 입장에 있는 사람의 소득 수준 향상을 사회의 가장 바람직한 목표로 정하게 된다는 것이다.

(2) 주요 내용

원초적 상태에 처한 합리적 개인은 정의의 두 원칙[2]을 채택할 것이다. 제1 원리는 평등한 자유의 원칙(principle of equal liberty)으로서, 모든 사람은 다른 이들이 향유할 수 있는 것과 같이 가장 기본적인 자유의 권리를 최대한 향유할 동등한 권리를 가지고 있다는 것이다. 제2 원리는 사회경제적 불평등은 다음 두 조건에 맞도록 조정되거나 허용될 수 있다는 것이다. 즉, 차등의 원리와 공정한 기회 균등의 원리이다. 먼저, 차등의 원리는 '최소 극대화의 원칙(maximin principle)'으로 불리는데, 사회 · 경제적 불평등은 가장 불리한 위치에 있는 자의 후생을 극대화하고 기회의 평등을 확보할 수 있도록 이뤄져야 한다는 것이다. 맥시민 기준, 즉 최소 극대화 원칙은 여러 선택 대안이 가져올 수 있는 최악의 경우를 비교해 그 중에서 가장 나은 것을 선택하는 것을 의미한다. 최소 극대화의 원칙은 이들 계층에 적극적 배려를 하지 않을 경우 다시 사회 불안은 증대된다는 것으로 그의 이론은 현실 민주정치 운영에 이론적 근거를 제시한 것으로 볼 수 있다. 공정한 기회 균등의 원리는 모든 사람에게 직위와 장소 등의 기회가 개방되어 있을 때, 사회적이고 경제적인 불평등은 정당화될 수 있다는 원칙이다.

---

2 두 원칙에서 제1 원칙과 제2 원칙의 관계는 계서적이다. 즉, 제1 원칙이 제2 원칙보다 우선성을 지니며, 제2 원칙은 제1 원칙을 위반할 수 없다. 두 원칙과 관련해 롤스는 1993년에 정치적 자유주의(political liberalism)에서는 정의론의 두 원칙의 순서에서의 변화를 주고 있다. 그러나 근본적 의미에서는 변화가 없다.

한편 롤스는 『정의론』의 개정판(1999)에서 민주적 평등 사회보다 좀 더 강력한 '소유권 인정 민주주의(a property-owning democracy)'를 제시한다. 분배의 결과가 이미 나타난 후에 적게 가진 자들에게 소득을 재분배하는 방식이 아니라, 매 시기가 시작할 때부터 평등한 시민 상호간에 공정한 협력 체계를 구축하고자 한다(김한원 · 정진영, 2006: 118-119).

(3) 비 판

롤스의 '사회정의론'을 정책철학의 기준으로 응용할 때 가장 큰 문제점은 개인의 자유와 이익을 사회 전체의 자유와 행복으로 어떻게 균형된 감각으로 조정하고 합성시킬 수 있느냐 하는 현실적인 어려움이 있다는 점이다(이해영, 2004: 237). 이 밖에 사회정의론이 받고 있는 비판의 내용은 다음과 같다(박성복 · 이종렬, 2000: 80).

표 2-3 정책대안과 복지문제

	정책 I	정책 II	정책 III
A	100	100	10
B	90	12	10
C	10	11	10
최솟값	10	11	10

첫째, 최소 극대화의 원리는 바람직하지 못한 사회 배분을 가져온다. 이 원리에 따르면, <표 2-3>에서 정책 Ⅱ가 선택된다. 그러나 B의 입장에서는 정책 Ⅰ과 정책 Ⅱ의 차이가 크므로, 오히려 정책 Ⅰ이 더 바람직하다는 판단을 하게 된다.

둘째, 최소 극대화의 원리는 가장 불우한 계층의 상태를 최대한 개선하는 것이다. 예를 들어, 갑은 치료를 받아봤자 생명을 연장시킬 뿐 결국 목숨을 잃게 되고, 을은 치료를 받으면 완쾌되지만 치료받지 않으면 평생 동안 불구가 된다. 최소 극대화 원리에 따르면 갑에게 의료 서비스가 돌아갈 것이다. 이러한 선택이 과연 정의로운 선택인가?

특히 차등의 원리에 대해서는 밀러(R. Miller)는 "더욱더 유리한 입장에 있는 사람들이 차등의 원리에 순응하는 일은 거의 찾아보기 힘든 일이다. 따라서 그는 사람들 사이에 커다란 격차가 없는 사회, 달리 말하면 조용한 계급 투쟁밖에는 보이지 않는 사회

이외에는 롤스의 주장이 받아들여지기 어렵다"고 비판하고 있다(Miller, 1975: 201-230).

3) 신자유주의

신자유주의에 입각한 기업가적 정부 운영이 광범위하게 이뤄지고 있다. 책임운영기관제도의 도입, 개방형 임용제 및 성과주의 예산제도의 시범 실시 등이 이에 해당한다. 신자유주의란 시장(市場)을 정책결정을 위한 가장 효율적인 메커니즘으로 파악하는 시장 우선의 논리로서, 신자유주의자들은 공정한 경쟁이 가능한 시장의 확대를 선호하고 정부의 확대는 바람직하지 않은 것으로 판단하고 있다. 신자유주의에 입각해 주로 경쟁의 장치를 통해 결과에 대해 인센티브의 장치를 적용하게 되는데, 연공서열식 급여 체계를 지양하고 대신 성과급을 활용하게 된다. 또 앞서 언급한 바 있지만 책임운영기관은 기관의 사무 성격에 따라 ① 조사연구형 책임운영기관, ② 교육훈련형 책임운영기관, ③ 문화형 책임운영기관, ④ 의료형 책임운영기관, ⑤ 시설관리형 책임운영기관, ⑥ 그 밖에 대통령령으로 정하는 유형의 책임운영기관 등으로 구분하여 민간기업의 관리 방식을 도입하고, 관리자에게 더 많은 신축성을 부여한 다음 그 성과에 따라 책임을 묻는 방식으로 운영되는데, 현재 우리나라의 책임운영기관의 운영 실태를 보면 기대했던 효과를 거두지 못하고 있는 실정이다. 그 주된 이유로 다음 몇 가지를 들 수 있다. 첫째, 기관장 채용에서부터 기관장추천위원회의 형식적 운영이 문제가 되며, 둘째, 상위 법령에 의해 하부조직 개편이나 직급별 인원 조정이 제한되므로 책임운영기관의 자율적 운영에 한계가 있고, 또 기업회계 예산제도의 운영이 미흡하다는 점을 들 수 있다.

이러한 실태를 놓고 볼 때 기업가적 정부 운영이 우리 실정에 맞지 않는 부분도 많다는 것을 인식해야 하는데, 부정부패가 심한 대부분의 개발도상국가에서는 득(得)보다 실(失)이 많을 수 있다. 일반적으로 많은 개발도상국가는 마치 '뉴질랜드 모델'이 그들이 취해야 할 최선의 대책으로 인식하고 있지만 이는 크게 잘못된 생각이다. 뉴질랜드 모델도 적지 않은 한계를 안고 있는데, 그 중 가장 대표적인 것은 공직자로서의 사명감과 전문성에 기초한 책임성(responsibility)이 계약 내용에 관한 책임성(accountability)에 의해 구축되는 것이다[3](김근세, 1997: 266).

3 이 점에 대해 쉬크는 다음과 같은 표현을 하고 있다. "Contractualism may weaken traditional values of public service, personal responsibility, and professionalism. It can induce managers to take a checklist approach to accountability — if it's not specified, it's not my responsibility"(Schick, 1998: 126).

베일(Malcome Bale)과 데일(Tony Dale)은 뉴질랜드 개혁의 토대를 이루는 전제 조건으로, ① 자질을 갖춘 공무원, ② 부패나 연고주의가 없는 분위기, ③ 일관성 있고 잘 시행되고 있는 법적 체계, ④ 정치 시장의 활성화, ⑤ 능력 있는 민간 부문 등을 들고 있다(Bale & Dale, 1998: 116). 이 점에 대해서는 쉬크(Allen Schick)도 아직 정해진 규칙에 따라 공공 지출을 하는 풍토가 확립되어 있지 않은 곳에서 공공관리자에게 자원에 대한 완전한 자율성을 부여하는 것은 무모한 짓이라고 지적하고 있다(Schick, 1998: 127). 뉴질랜드에서는 지난 기간 시장주의와 자율의 큰 맥락이 유지되어 왔지만 2018년 들어 행정내무위원회에 의해 행정조직 운영의 큰 틀을 바꿔보자는 움직임이 구체화되고 있다. 즉, 공공 부문 전체의 공통된 목표의 설정이나 공공 서비스가 강조되는 방향으로 변화를 시도하고 있다.

4) 행정문화

행정문화란 행정 체제를 구성하는 사람들이 공유하는 신념 체계나 가치 체계의 총체라 할 수 있다. 여기서는 우리의 행정문화 가운데 정책 과정과 관련 있는 몇 가지를 살펴본다.

첫째, 권위주의는 상·하 간의 위계질서와 지배·복종의 관계를 중요시하는 문화로서, 인간관계를 수직적인 틀 속에서 이해하려 한다. 그런데 권위주의적 인간형은 약자에게 군림적 태도, 강자에게 맹종하는 양면성을 지니고 있다. 권위주의는 위기 시에 강력한 리더십을 발휘한다는 장점도 있지만, 의사결정의 폐쇄화, 하급자의 상급자에 대한 과잉동조와 과잉충성 등과 같은 역기능을 초래한다. 따라서 권위주의는 정책 과정에서 중요한 정책결정이 소수에 의해 독점되는 것과 또는 정책 과정에 새로운 아이디어가 수혈되기 어려운 문제점을 초래한다.

둘째, 가족주의는 가족이나 친족 등 1차 집단의 이익을 2차 집단인 사회나 국가보다 우선시하는 사고방식을 말한다. 가족주의는 조직 내 가족적 분위기를 조성함으로써 조직의 응집력을 제고하는 데 도움을 줄 수 있지만, 정책 과정에서 가족주의는 부처 간 할거주의를 조장하고 공익과 사익을 구별하지 못하는 미분화된 행태를 조장한다.

셋째, 흑백 논리는 자(自)와 피(彼), 정(正)과 사(邪)를 명확하게 구별해 피와 사는 철저하게 배척하고 오직 자와 정만을 추구하려는, 즉 타협을 용납하지 않는 사고방식이다. 흑백 논리가 우리 행정문화로 자리 잡게 된 데에는 적과 아군으로 모든 현상을 바라보려는 경향이 있는 군인들의 정치적 비중이 너무 컸던 데서도 그 이유를 찾을 수 있다. 정책결정은 타협에 의해 이뤄지지 않고 강자가 약자를 힘으로 억누르는 지배적 결정을 초래한다. 따라서 흑백 논리 속에서 정책을 결정하는 과정은 정책 내용에 대해 수정이나 보완을 통한 합의의 형식보다는 전면 채택이 아니면 전면 거부라는 극단적인 행동이 나온다. 이러한 과정을 거쳐 이뤄진 정책은 그 집행 과정에서 강한 저항에 직면하게 되고, 결국 정책이 성공적으로 집행될 가능성은 그만큼 적어진다(노시평 외, 1999: 51).

3. 정치 체제의 구조

정치 체제의 권력구조는 정책과 관련해 두 가지 측면에서 검토될 수 있다. 하나는 정부 계층 간 권력구조이며, 다른 하나는 기관 간의 권력구조이다.

1) 중앙과 지방 간 권력 배분

국가 통치권이 중앙에 집중되느냐 아니면 지방정부에 분산되느냐의 여부는 정책 내용과 정책 과정 전반에 중대한 영향을 미친다.

중앙집권은 정책의 통일성 및 효율성을 확보할 수 있고, 국가적 위기에 신속히 대응할 수 있다. 분권화된 체제는 많은 제안을 내놓기는 하지만 채택되는 것이 거의 없어 비능률적인 반면, 집권화된 체제는 제안되는 것은 별로 없지만 채택되는 것이 많아 효율적이라는 결론에 이르게 되는 것이다(안병영, 1980: 205). 반면에 과도한 중앙집권은 신축성이 결여된 획일적인 정책을 가져올 수 있으며, 정책 과정에 민주적 통제가 약화될 수 있다. 래스키(Harold J. Laski)도 전국을 대상으로 한 획일적 행정으로써는 지역의 특수성을 파악할 수 없고, 주민에 의한 창조적인 지지를 이끌어낼 수 없다고 함으로써 획일적 중앙집권 행정의 한계를 지적한 바 있다(Laski, 1950: 154; 안병만, 1999: 294에서 재인용). 지방분권은 민주주의와 연결되어 논리적 정당성이 부여되고 있는데, 이는 시민참여를 강조하는 고전적 민주주의와 일반시민의 참여와 통제를 뜻하는 지방분권이 그 성격을 같이하기 때문이다. 그리고 지방분권의 경우 중앙과 지방 간 기능적 분화를 통해 행정의 효율성을 제고할 수 있다.

우리나라의 경우, 중앙정부와 지방정부 간 관계는 수평적인 대등한 관계로 인식되기보다는 수직적 상·하 관계로 인식되어 왔다. 이러한 인식은 1995년 민선 자치단체장 시대가 열린 이후에도 변하지 않았고, 급기야는 2001년 7월 7일 한국지방자치학회는 '지방분권을 위한 부산선언'을 발표하기에 이르렀다(부산일보, 2001.7.7). 이 선언은 수도권과 비수도권의 불균형 폐해가 갈수록 심화되고 있다고 지적하고 있다. 결론적으로, 우리나라의 지방분권은 단순히 행정사무의 지방 이양에 한정함으로써 형식적으로는 지방분권을 실시하는 형태를 보이고, 실질적으로는 기존의 체제를 유지하려는 의도가 있지 않았나 평가된다. 여기서 우리가 상기해야 할 대목이 있다. 헌법 제123조 제2항이다. "국가는 지역 간의 균형 있는 발전을 위하여 지역경제를 육성할 의무를 진다"이다. 이하에서는 '수도권 공장총량제'에 관한 논쟁에 대해 알아보고, 현재 우리나라 지방정부의 자율성이 어느 정도인지를 간단히 살펴보고자 한다.[4]

함께 생각할 정책 사례 3

수도권 공장총량제

이 제도는 제조업의 과도한 수도권 집중을 막기 위해 수도권정비위원회가 서울, 인천, 경기 등 3개 시·도에 매년 신축할 수 있는 공장 면적을 매년 결정, 제한하는 제도이다.[5] 이 제도가 있기 전에는 권역별·업종별로 규제해 절차가 매우 복잡했기 때문에 1994년에 총량제 규정을 두게 된다. 외환위기 때에는 공장 건축 수요가 급감했으나 외환위기를 벗어난 1999년에 경기도에서는 배정량이 부족해 건축 허가를 받지 못하는 경우가 생겨나게 되었다. 그리하여 수도권 지방자치단체와 기업들이 공장총량제 폐지를 강력하게 주장하고 나섰고, 이에 맞서서 비수도권 지방자치단체와 시민단체들은 규제 완화를 반대하면서 수도권과 비수도권의 세력 대결의 모습으로 진행되었다.

그간의 진행 사항을 보면 제17대 국회에서 한선교 의원 대표 발의로 2005년 공장총량제 폐지 내용이 입법 발의되었으나, 국회 계류 중인 상태로 있다가 제17대 국회 종료와 함께 폐기되었다. 2006년에는 제3차 수도권정비계획(안)(2006~2020)이 수도권정비위원회에서 심의·의결되었는데, 이 중 공장총량제도 등 수도권 규제는 현행 규제를 일단 유지하되, 2010년 이후 계획관리 제도를 도입해 지방자치단체별로 계획 수립 후 공장 설립을 허용하며, 공장

4 이에 대한 자세한 내용은 백승기(2001: 125-147)를 참조하기 바람.
5 수도권정비계획법 제2조 및 제18조에 의해 인구집중 유발시설인 공장의 신설, 증설, 용도 변경을 공장 총량 범위 내에서 허용하는 규제이다.

총량제도와 같은 직접규제를 계획적 관리인 간접규제로 전환한다는 내용을 담고 있다.

이어 정부는 2009년 1월 13일 수도권 내 공장총량제 적용 대상을 완화하는 내용의 '수도권정비계획법 시행령' 개정안을 심의·의결했다. 시행령 개정안은 공장총량제 적용 대상을 연면적 200m^2 이상에서 500m^2 이상 공장으로 완화하고, 경제자유구역과 반환공여구역 등에 공장을 지을 경우 공장총량제 대상에서 제외키로 하는 내용을 골자로 하고 있다.

또 2011년에는 첨단업종 수도권 입주 허용 범위를 확대하면서 지방의 첨단업종 업체들은 더 설 자리를 잃고 있다. 그 후에도 수도권에 대한 규제 완화 요구는 꾸준히 제기되고 있는데, 2020년에는 최종윤 국회의원에 의해 수도권 균형발전 규제 합리화를 위한 '수도권정비계획법 일부개정안'이 발의되기도 했다.

이상 수도권과 비수도권의 상반된 견해에 대해 여러분의 생각은 어떠한가? 이해를 돕기 위해 주요 쟁점을 간추려 보면 <표 2-4>로 정리할 수 있다.

또 여러분이 판단을 내리는 데에 도움이 되도록 현재 우리나라 지방정부의 자율성이 어느 정도 되는지 살펴보고자 한다. 여기서는 지방자치권을 자치입법권, 자치행정권, 자치조직권 및 자치재정권 등으로 구분해 설명하게 된다.

현재 지방정부에는 자율적 경영에 필요한 권한과 수단이 주어지지 않고 있다. 일례로, 중앙정부에 의해 주도되는 기존의 산업정책 패턴 하에서는 지방정부를 정책 주체로 상정하는 지역 경제정책의 제도화가 원천적으로 불가능하다. 중앙정부가 지방정부의 자율적인 지역 개발을 위해 이양할 수 있는 개발 수단 중 가장 중요한 것은 토지의 이용 및 개발 권한이다. 그것은 지방정부가 토지 이용 및 개발에 관한 권한을 이양받는다면 지역 실정에 맞는 개발사업을 선별적으로 추진할 수 있기 때문이다(오연천, 1998: 134-

표 2-4 쟁점의 주요 내용

이 슈	수도권 규제는 완화되어야 한다	수도권 규제는 완화되어서는 안 된다
쟁점 1	시장경제 원리를 적용하라.	수도권 집중은 시장실패로 정부개입이 필요하다.
쟁점 2	수도권 규제정책은 효과를 상실했다.	규제정책 수단의 비효율적 운영이 문제
쟁점 3	수도권 활성화는 지방에 파급 효과	수도권 규제로 인한 지방 파급 효과가 더 효과적
쟁점 4	수도권 문제는 해당 지방자치단체에 맡기고 다른 지역에서는 간섭 말라.	수도권 문제는 국가 전체의 문제이다.

135). 그러나 토지 관련 규제를 비롯한 경제나 산업에 관한 권한이 대부분 중앙에 집중되어 있고,[6] 단체장에 위임되어 있는 것도 기관위임사무의 형태로 되어 있어 중앙의 간섭이 심하다. 중앙정부의 관료들은 부분적인 사무와 권한의 '위임(委任)'에 동의할 뿐 핵심적인 사무와 권한의 '이양(移讓)'을 회피하려 한다.

(1) 자치입법권

자치입법권이란 지방자치단체가 스스로 법규를 제정할 수 있는 권능을 말한다. 자치입법권의 근거로 헌법 제117조 제1항에서 "지방자치단체는 …법령의 범위 안에서 자치에 관한 규정을 제정할 수 있다"고 규정하고 있다. 그런데 경범죄처벌법상의 제재 수단보다 조례 벌칙 수단이 미약한 실정이다. 조례 위반행위에 대해서는 제재 수단으로서 과태료 벌칙만 과할 수 있으나, 경범죄처벌법에서는 10만 원 이하의 벌금, 구류 또는 과료의 형으로 벌한다(제1조). 이는 자치입법권에 부수되는 자율권을 지나치게 제한한 것이라 할 수 있다.

(2) 자치행정권

주요 내용을 보면, ① 취소·정지권이다. 자치단체의 사무에 관한 장의 명령이나 처분이 위법하거나 또는 부당하여 공익을 해한다고 인정될 때에는 시·도지사에 대하여는 주무부 장관이, 시·군 및 자치구의 장에 대하여는 시·도지사가, 기간을 정하여 서면으로 시정을 명하고, 그 기간 내에 이행하지 않을 때에는 이를 취소하거나 정지할 수 있다. 다만 자치사무에 관한 명령이나 처분은 법령에 위반한 것에 한한다(지방자치법 제157조 제1항)고 했다. ② 직무이행명령권이다. 과도한 중앙통제로 인한 지방자치권의 훼손을 가져오는 대표적인 예인데, 지방자치법 제170조에 의하면, 지방자치단체의 장이 위임사무의 집행을 명백히 게을리하고 있다고 인정되면 주무부 장관이 이행을 명령할 수 있다. 직무이행명령은 자치단체장이 위임사무를 이행하지 않는데 대한 통제 수단으로 간주된다. ③ 대집행권이다. 정해진 기간 내에 직무이행명령을 이행하지 아니할 때에는 주무부 장관 또는 시·도지사는 당해 자치단체의 비용 부담으로 대집행하거나 행정·재정상 필요한 조치를 할 수 있다.

6 택지 개발을 예로 들면, 예정 지구의 지정, 사업시행자 지정, 계획승인권 등이 여전히 건설교통부 장관의 권한으로 남아 있다. 100만 평 미만의 실시계획 및 택지 공급 승인권만 시·도지사에게 위임되어 있고, 100만 평 이상의 경우 실시계획 및 택지 공급 승인권이 여전히 건설교통부 장관에게 있다(김태환 외, 2003: 107-108).

이처럼 우리나라의 자치행정권에 대한 중앙정부의 관여와 감독은 매우 강한 것으로 나타나고 있다. 즉, 지방자치법에 의하면, 주무부 장관은 지방자치단체장의 명령, 처분에 대한 취소・정지권, 위임사무 불이행에 대한 직무이행명령권 및 대집행권, 자치사무에 대한 감사권 등을 가지고 있어서 자치행정권이 근본적으로 침해되고 있다.

(3) 자치조직권

실정법상으로는 각 자치단체가 그 지방의 실정에 맞는 조직을 편성할 수 있는 자치조직권을 어느 정도 가지고 있다 할 것이다. 그러나 아래와 같은 제약을 받고 있어 자치조직권의 폭은 매우 좁다고 할 것이다.

첫째, 현행 법령으로 인해 지역 수요에 비탄력적이다. 예를 들어, 시・도의 행정기구 설치는 대통령령이 정하는 범위 안에서 조례로 정한다. 그러나 지방자치단체의 행정기구・공무원 등에 관한 사항은 법률 또는 대통령령으로 정하도록 되어 있어(지방자치법 제101조~제107조) 자치조직권의 폭은 매우 제한되어 있다.

특별시・광역시・도의 국・실 단위 이상의 기구는 법령에 의해 중앙정부가 결정하고, 과 이하의 조직과 시・군・자치구의 행정기구만 지방자치단체의 규칙으로 정하게 되어 있다. 그러나 규칙으로 정하도록 되어 있는 경우에도 행정안전부 장관의 승인을 받게 함으로써 중앙정부의 통제는 과 단위 기구에까지 미치고 있다. 현재 표준정원 내에서도 서울시는 4급 이상, 광역시와 시도는 5급 이상을 장으로 하는 조직 설치는 중앙정부의 승인을 받아야 한다.

둘째, 제도가 변경되기 전까지는 표준정원 범위 안에서 정원을 책정해야 했다.[7] 일례로 서울시의 경우, 공무원 정원 = <466.94 + (0.000985968 × 인구 수)> × 표준화 지수(0.95946)가 되는데, 이처럼 정원관리가 상급기관의 규정에 의하고 있었다.

지방공무원 정원제도의 변화를 보면, 1988년 총정원관리제도로 변화되었다가 다시 표준정원제도로 변모했다. 표준정원제도는 지방자치단체의 전체 업무 처리에 필요한 인원을 행정자치부가 산정해 그 범위 내에서 단체장이 자율적으로 인원을 조절할 수 있는 제도이다. 그러나 5년 동안 5만 6천 명을 감원하는 공무원 구조조정이 이뤄지면서 이 제도는 시행이 중단되었다. 그러나 정부는 2003년 4월부터 표준정원제를 부활시켰다.

7 표준정원 산식에서 고려된 독립변수는 인구 수, 기관 수, 일반회계 최종결산액, 면적 등이고, 비용변수로는 생보자 수, 관광객 수, 주간 인구, 해안선 연장 등을 사용하고 있으나 전국적 공통성을 갖는 변수와 지역의 특수한 행정 수요를 반영하는 변수들이 적절히 조화되어 있지 못하다는 것이다(하혜수, 2004: 19).

그 후 자치조직권 강화 차원에서 총액인건비제가 2005년부터 2006년까지의 시범 기간을 거쳐 2007년부터 전면 실시가 이뤄졌다. 총액인건비제도는 각 지방자치단체별 적정 인건비 규모만 정해놓고, 예산 범위 내에서 자치조직권의 재량을 확대하자는 것이다. 총액인건비제도의 핵심은 부처자율성이라고 할 수 있는데(남궁근 외 역, 2005: 440-444), 그 핵심적인 내용은 인사관리 부처에서는 국가공무원 총 정원 및 부처 정원의 상한만 관리하고 부처별 정원 규모 및 직급별 정원은 부처 자율로 결정한다는 것이다.[8] 그러나 총액인건비제는 지방자치단체의 총정원과 인건비 총액 한도를 이중으로 관리하였기 때문에, 지방자치단체에서 자율적으로 조직을 운영하는 데 있어서 상당한 제약이 있었다. 이러한 문제점을 해결하기 위해 2014년에 기준인건비제가 도입된다. 기준인건비제는 행정안전부에서 기준인건비를 산정하여 전년도 12월 31일까지 각 지방자치단체의 장에게 통보한다. 지방자치단체는 지방자치단체별로 정원 자율 관리가 가능한데, 자율 운영 범위는 1~3% 추가가 허용된다. 기준인건비와 자율 범위를 합한 것을 초과 시 패널티가 부여된다. 자율 허용 범위를 주는 이유는 지방자치단체가 복지, 안전 및 지역별 특수한 행정 수요에 대응할 수 있도록 하기 위해 허용되는 것이다. 허용 범위는 지방자치단체별 재정 여건에 따라 결정된다는 점에서 지방의 인력관리에 대한 자율성과 탄력성이 제고된다는 의미를 갖는다.

하지만 여전히 부단체장 수는 지방자치법으로 3급 이상 공무원이 장을 맡은 기구의

표 2-5 총액인건비제와 기준인건비제의 비교

구 분	총액인건비제	기준인건비제
개념	행정안전부에서 총정원과 인건비 총액 한도를 이중으로 관리	행정안전부에서 기준인건비만 제시하고 지방자치단체별 정원관리 자율화 자율 운영 범위 1~3% 추가 허용
페널티 부여	총액인건비 초과 시 부여 총정원 초과 시 부여	기준인건비+자율 범위 초과 시 부여
교부세 반영 여부	총액인건비는 교부세 반영	기준인건비는 교부세 반영 자율 범위의 인건비는 교부세 미반영

8 종전의 직급별 정원 규정인 "지방자치단체의 지방공무원의 직급별 정원은 합리적인 직급 체계를 이룰 수 있도록 부득이한 경우를 제외하고는 행정자치부령이 정하는 기준에 의하여야 한다"가 2008년에 들어 "지방자치단체의 지방공무원의 직급별 정원은 합리적인 직급 체계를 이룰 수 있도록 하여야 한다. 이 경우, 직급별 정원 책정 기준은 해당 지방자치단체의 조례로 정한다"로 개정되었다.

수는 대통령령인 '기구정원규정'으로 정하고 있다. 따라서 지방자치단체는 조직의 정원을 법률과 시행령으로 정하는 범위 안에서만 지방자치단체 조례로 정할 수 있다. 예를 들어, 서울특별시가 서울 관광청이나 도시재개발청을 신설하고 싶어도 불가능하게 되는 것이다.

또 행정구역 통합 문제도 지방정부의 자체적 필요성에 의해 단행할 수 없다. 부산시는 원도심 4개 구(영도 · 중구 · 서구 · 동구)의 급격한 인구 감소에 따라 행정효율성이 떨어지고, 공공 서비스 비용이 급등하자 통합을 추진하고 있다. 하지만 주민들의 통합 의사나 지방자치단체의 필요성과 상관없이 원도심 통합은 최종적으로 행정안전부의 통합 권고와 법률 개정이 뒤따라야 한다.

그리고 각 지방자치단체의 현원이 기준인건비에 적용된 기준 인력에 비하여 많은 경우 인건비 총액이 부족하게 된다. 이러한 결과에 대해 보통교부세의 인건비 패널티가 적용되어 인건비가 더욱 부족하게 되는 문제점도 있다.

한편 현재 기준인건비를 초과하여 지방공무원의 현원을 운영하고 있는 지방자치단체들은 그 원인을 분석하여 자체적인 인력 혁신 방안을 실행해야 할 것이다.

(4) 자치재정권

재정경제적 측면을 보면, 먼저 과세자주권과 관련해서 헌법 제59조는 "조세의 종목과 세율은 법률로 정한다"라고 규정하고 있는데, 여기서 조세의 범위를 국세와 지방세를 포함하는 것으로 규정하고 있다. 이러한 조세법률주의는 지방정부의 과세권에 대한 논의를 원천적으로 봉쇄하고 있다. 그리고 예산편성 체계상 예산편성지침은 지역의 특성을 무시한 획일적인 기준의 강요로 볼 수 있어 지방재정 활동의 통제 수단화되고 있다. 이 지침이 지방의 위임사무는 물론 자치사무에 이르기까지 관여함으로써, 지방의 예산 관련 공무원들은 지방예산의 편성자가 아니라 항목별 예산을 단순 배분하는 역할에 그치고 있다. 특히 예산편성 시 장 · 관 · 항은 입법 과목이므로 반드시 법률에 규정되어야 하는데도, 실질적으로는 행정적인 통제를 받고 있는 실정이다.[9] 그리고 지방세법 제5조와 제6조에서는 지방자치단체가 거두어들일 수 있는 지방세의 세율을 규정하고 있어 지방자치단체가 스스로 세목과 세율을 결정할 수 있는 권한은 없다. 판례도 조례는 법률이 아니므로 국민의 권리 의무에 관한 사항을 법률의 위임 없이 정할 수 없음

9 지금은 메뉴얼로 대체되었지만 지방자치단체는 여전히 이를 의식하지 않을 수 없다.

을 밝히고 있다. 한편 기채승인제도를 보면, 기채 수준, 상환 연도 등 구체적인 사항까지 중앙정부가 개입함으로써 재정통제의 수단이 되고 있다. 이처럼 현재 우리나라의 지방정부는 자치입법권, 자치행정권, 자지조직권 및 자치재정권 측면에서 제한된 자치권을 행사할 뿐이라고 규정할 수 있다.

이러한 상황에서 지방정부의 자치권을 확대하기 위한 방안을 간단히 설명하고자 한다.

첫째, 자치입법권 확대와 관련해서 자치법 제9조 제2항 단서 조항을 삭제해야 한다. 그리고 자치법 제15조의 '법령의 범위 안에서'를 '법령에 위배되지 않는 범위 내에서'로 개정해야 한다. 그리고 무엇보다도 중앙정부와 지방정부의 관계, 중앙정부와 지방정부의 책무 등에 관한 것이 법률의 형태로 표현되어야 한다(김순은, 2001: 19).

사무이양을 위한 정부안이 국회에 제출되었지만 국회에서 동 법률안이 국회의 입법권을 침해하는 문제를 지적하며 접수하지 않기로 결정하여 진행이 되지 못하고 있다가, 2018년 10월 26일에 와서야 국회는 「지방이양일괄법」을 정부로부터 접수받았다. 지방이양일괄법의 핵심은 19개 부처 소관, 518개 국가사무를 지방자치단체에 이양하는 것이다. 기존 개별 입법에 의한 이양 방식에서 일괄이양 방식으로 전환, 신속하고 효과적인 국가사무의 지방이양이 가능해진다. 예를 들어, 국토교통부의 물류단지 지정고시권한도 시 · 도로 이양하게 된다. 그동안 100만 제곱미터 미만만 시 · 도에서 관리했으나, 이제는 규모에 관계없이 지방자치단체에서 처리할 수 있게 된다.

둘째, 자치행정권과 관련해 주무부 장관에 일방적으로 직무이행명령과 대집행을 할 수 있도록 한 것은 감독 관청의 우월적 지위를 확보해 줌으로써 지방자치단체의 자치권을 손상하는 요인으로 작용하고 있으므로 이의 개정이 요구된다. 즉, 직무이행명령 불이행 시 바로 주무부 장관 또는 시 · 도지사에게 대집행권을 부여할 것이 아니라, 직무 이행을 구하는 소송을 제기하도록 하고 그 결과에 따라 대집행을 할 수 있도록 하는 것이 바람직하다(김종성 · 육동일 · 신희권, 2004: 45).

법원이 발해야 할 직무이행명령권을 어떻게 주무부 장관과 시 · 도지사에게 부여할 수 있는지 알 수가 없는데, 소송 절차도 거치지 않고 주무부 장관에게 직무이행명령권과 그 불이행 시의 대집행권까지 부여하고 있는 것은 자치행정권을 크게 말살하는 조치인 것이다. 자치단체장의 명령 · 처분이 위법한가의 여부는 법률상 쟁송이며, 사법작용이지 행정작용이 아니기 때문이다(강인재 외, 2005: 69-70).

셋째, 자치조직권 확대와 관련해서 지방자치단체별로 총액 인건비를 설정하고, 그 안에서 지방정부가 자율적으로 설치, 운영하게 한다. 총액인건비제도의 시행 전후를 비교해 보면, 먼저 종전에는 조직과 정원 분야의 경우 정원 1인을 증감하는 때에도 행정자치부의 승인이 필요했지만, 제도 시행 후에는 행정안전부가 정원 상한만 관리하고 총정원의 3% 내 증원은 자율로 결정할 수 있게 되었다. 총액인건비제도의 확대 실시가 요구된다.

넷째, 자치재정권 확대를 위해 과세자주권 확대가 필요하다. 중앙정부가 지방세법으로 여러 가지 세목을 정하고 그 범위 안에서 지방정부가 조례로 지역 실정에 맞는 세목을 선택하게 한다. 사실 우리는 현재 헌법 59조에 의한 조세법률주의에 의해 지방정부의 과세권이 부여되지 않아 지방정부 스스로 조세구조를 개선하기는 무리이다.

아울러 포괄보조금 비율이 확대되어야 한다. 영세보조금이 많을수록 지방자치단체는 실익이 없으면서 인력 사용 등의 면에서 활용도가 줄어든다. 또 지방채를 발행할 때 영국이 종합감사 결과 우수 평가를 받으면 중앙정부의 승인 없이 발행이 가능한 것도 검토할 필요가 있다.

여기서 이상의 현실 인식을 바탕으로 다시 앞서 언급한 공장총량제 문제로 돌아가면, 이것이 과도기적인 제도로서 현재의 우리 상황에서는 필요한 제도로 보인다. 일부에서 제기되고 있는 공장총량제의 폐지는 단기적이고 임시적인 대책으로 보이며, 이보다는 '국토의 균형 있는 발전'이라는 종합적이고 거시적인 틀 안에서 지역 개발에 관한 대책이 마련되어야 할 것이다. 아울러 기구 개편에 대한 요구도 있었다. 당시 자문기구로 되어 있던 지역발전위원회를 행정위원회로 그 성격을 전환해야 한다는 것이다. 대통령 직속 자문기구로는 구체적인 정책 추진에 한계가 있으므로, 지역발전위원회를 행정위원회로 만들어 거기다가 행정・집행 기능을 부여해 정책을 주도하게 만들 필요가 있다는 주장이 제기되었다. 2018년 3월에 기존 지역발전위원회는 국가균형발전위원회로 개편되어 대통령의 자문에 응하기 위한 대통령 소속의 자문기구의 역할을 하고 있다(국가균형발전 특별법 제22조).

2) 정부기관 간 권력구조

(1) 입법부와 행정부

행정국가화가 이뤄지면서 행정부가 정책 과정 전반을 독점하게 되었다. 정책집행과 정책평가도 물론이고 의회 본연의 임무였던 정책결정까지도 행정부가 압도하게 되었다. 정책의 발안에서부터 실질적인 결정에 이르기까지 행정부가 권력을 장악하고 의회는 통법부로 전락했다. 이러한 행정부에의 종속화 경향은 입법부의 발의 수와 행정부의 제출 수, 그리고 양자의 가결 수가 입법부와 행정부 간의 관계를 명확히 설명해 준다. 주된 내용을 보면, 행정부가 입법부보다 더 많은 법률안을 제출하며 더욱 높은 비율의 가결을 보고 있다. 한편 역대 국회의 예산안 심의 결과를 보면 예산안 삭감률이 평균 0.6%에 불과한 실정이다(박재창, 2009: 50-51).

이러한 사실은 행정국가화에 따르는 전문적인 입법의 요청에 행정부가 국회보다 훨씬 용이하게 부응할 수 있다는 데에도 그 원인이 있겠으나, 기실은 우리나라 역대 국회가 행정부와의 관계에서 줄곧 종속적인 관계에 있었다는 것을 의미한다.

(2) 행정기관 내부의 권력구조

행정부를 구성하고 있는 각 부처들 간의 권력 관계도 정책에 영향을 미친다. 일반적으로 하나의 정책 추진에는 여러 부처가 관여하게 된다. 그런데 이들 각 부처가 원래 가지고 있는 정책 지향이나 관련 고객집단이 다르기 때문에 정책의 결정과 집행 과정에서 서로 간에 마찰이 생기게 된다. 이때 부처들 간의 권력구조가 정책에 대한 영향력을 결정하는데, 예를 들어 과거 추곡 수매가 및 수매량 결정 시에 당시 재경부와 농림부 중 영향력이 더 큰 재경부의 입장이 더 많이 반영되는 것이 이에 해당된다.

또 다른 예를 들어 보면, 정보화 추진 과정에서 나타났던 정보통신부(이하 정통부)와 행정자치부(이하 행자부) 간 갈등을 들 수 있다. '실업 및 복지정보 연계 시스템 구축사업'은 기초생활보장법 시행에 차질이 없도록 복지 및 실업 관련 전산 인프라의 종합적 연계 체제를 정비하는 것이다. 각 부처 사업과 관련해 정보화전략계획(ISP) 수립을 정통부는 한국전산원(정통부의 출연기관)에서, 이에 대해 행자부는 자기 부처 소속기관인 정부전산정보관리소가 운영기관이 되어야 한다는 관할권 논쟁을 벌였다. 후에 청와대에서 행자부의 입장을 지지함으로써 실업·복지정보연계센터는 정부전산정보관리소가 운영·관리하도록 결정되었지만 이러한 결과는 예산은 정통부가, 법률적 권한은 행자부가 맡는 이원화된 형태를 보이고 있다(정명주, 2000: 59-77).

또 정통부와 행자부는 정부 인증 기반 구축을 둘러싸고서도 갈등을 보이고 있었다.[10] 김용훈(2000)은 이를 제도적 측면, 기관 측면, 그리고 조정 기능을 둘러싼 경쟁으로 구분하고 있다. 우선, 제도적 측면에서 구축에 적용되는 법령으로 정통부는 「전자서명법」을, 행자부는 「사무관리규정」을 주장한다. 정통부는 전자서명법이 정부의 인증 기반까지를 포괄하는 법률이라 주장하는 반면, 행자부는 정부 인증 기반에 적용되는 법령은 사무관리규정이며, 전자서명법은 민간 부문에 적용되는 제도라는 입장을 보이고 있다. 기관 측면의 경쟁을 보면, 정통부는 전자서명법에 의거해서 '전자서명인증관리센터'를 개설했고, 행자부는 정부전산정보관리소 내에 정부전자서명인증센터를 구축해 이를 정부 공개키 기반구조(Government PKI: GPKI)의 최상위 인증기관으로 삼으려 하고 있다.[11] 행자부는 GPKI가 별도로 구축되어 범정부적 관련 기술 표준 및 인증 정책을 다뤄야 한다는 것이다. GPKI의 총괄, 조정을 위한 추진 체계가 별도로 정비되지 않는다면 공공기관들의 독자적 추진으로 중복 투자가 우려된다는 인식이 그 배경을 이루고 있다. 그러나 정통부의 기본 시각은 정부 영역만을 다루는 별도의 공개키 기반구조가 구축될 필요가 없으며, 국가 단일의 PKI로 구축되어야 한다는 것이다. 즉, 전자서명법에서 규정하는 인증관리 체계에 GPKI도 포함되어야 한다는 것이다.

전자서명과 행정전자서명은 실제 같은 내용임에도 불구하고 NPKI와 GPKI로 이원화되어 있어 비능률적이다. 물론 이원화는 NPKI 인증기관이 대(對)국민 인증 서비스를 제공함으로써 정부 부담을 줄이고, GPKI의 독립적 운영으로 국가 기밀을 유지할 수 있는 장점은 있다. 그러나 PKI 기술의 뛰어난 보안성으로 굳이 국가 기밀의 이유로 GPKI를 따로 구축할 이유는 없다. 오히려 이원화는 행정 서비스 신청 시 인증서 발급에 따른 국민 부담을 증가시킨다. 전자정부법(제29조 제3항)에서는 양자의 상호 연계 방안을 마련하도록 규정하고 있으나, 거기서 더 나아가 두 가지 인증 체계를 일원화하는 방안을 적극 검토할 필요가 있다.[12]

이와 동시에 전자정부에 관한 중복 예산의 낭비는 시급히 제거해야 한다. 그러나 현

10 이하 설명은 김용훈(2000: 97-104)을 참조한 것임.

11 공개키 기반구조(PKI)란 공개키가 누구에게 배부되었는지를 확인하기 위해 인증서를 발급하고, 인증서의 확인과 관리를 위한 기술과 운영 기반이다. 따라서 PKI란 전자서명이 전자적 거래에서 수기 서명과 같은 법적 효력을 가질 수 있도록 기술적 메커니즘을 제공하고 인증 업무를 위해 조직과 절차를 정해둔 것이다.

12 2000년 4월부터 행정전자서명인증관리센터에서 행정기관 인증업무를 수행하고 있다.

실에서는 부처별 중복되는 사업의 추진으로 국민들의 혈세가 낭비되는 사례를 흔히 볼 수 있다. 예를 들면, 공간정보 오픈 플랫폼 사업을 들 수 있다. 국토교통부는 공간정보 오픈 플랫폼 '브이월드'를 운영했지만 별다른 성과를 거두지 못했다. 이러한 상황에서 행정자치부는 유사 플랫폼 구축을 추진해 예산 낭비가 우려되었다(전자신문, 2015.7.23). 행정자치부가 추진하는 위치 기반 행정정보 개방 플랫폼은 국토교통부가 400억 원을 들여 개발한 브이월드와 유사하다. 브이월드의 실패는 중소기업이나 스타트기업이 원하는 행정정보를 충분히 제공하지 못해 활용 수준이 낮았던 데 있다. 따라서 행정자치부가 별도의 플랫폼을 구축하기보다는 브이월드에 행정정보를 제공해 시너지를 높이는 방안이 필요하다고 본다. 브이월드 서비스에 대한 만족도는 매우 만족 61%, 만족 25%에 이르고 있으나, 개선을 필요로 하는 점도 없지 않아 오픈 API의 일일제한사용 완화, 전국 고해상도 3D 건물 제공과 주기적인 업데이트 등이 지적되고 있다.

부처 간의 마찰의 또 다른 사례로 '채용서류 반환제도'에 대한 국가인권위원회와 고용노동부 간의 갈등을 들 수 있다. 「채용절차법」은 "채용되지 않은 구직자의 요청이 있으면 제출된 서류를 반환하는 한편, 정해진 보관기간이 끝난 서류는 지체없이 파기하도록 한다"고 되어 있으나 법 시행 이후에도 국가, 지방자치단체, 공공기관에서도 "해당 서류를 반환하지 않는다"고 명시한 비율이 80.7%에 달한다. 이에 국가인권위원회는 법 개정을 권고했으나 고용노동부는 그 권고를 수용하지 않고 단지 핵심적인 제도 개선이 포함되지 않은 이행계획 제출로 대신했다.

03 정책 과정과 참여자

제 1 절　정책 과정의 단계
제 2 절　정책 과정 참여자

정책학원론
Theories of Policy Sciences

제3장

정책학원론

정책 과정과 참여자

제1절 정책 과정의 단계

1. 정책 과정의 단계

정책 과정(policy process)을 어떻게 분류하는가는 학자들에 따라 매우 다양하다. 보통은 다소의 가감은 있지만 대부분의 정책학 교재들이 정책의제 설정, 정책결정, 정책집행, 정책평가 및 정책 변동 등의 과정으로 설명하고 있다. 그렇다고 모든 정책이 이러한 과정을 거치는 것은 아니며, 그 중의 일부는 생략되기도 한다. 정책 과정은 이와 같이 각 단계가 논리적으로는 구별되고 시간적 선후가 분명하지만, 실제 운용 과정에서는 각 단계가 서로 복합적이고 동태적으로 얽혀 있다. 정책 과정에 대해 많은 학자가 의견을 내놓고 있는데, 정책 과정 연구의 기본적 틀을 제공했던 라스웰(Lasswell, 1971)은 정책 과정의 일곱 단계 모형, 즉 정보의 수집, 주장, 처방, 행동화, 적용, 종결, 평가로 구성된 과정모형을 제시하기도 했다. 그런데 앤더슨(James E. Anderson)과 존스(Charles O. Jones)의 정책 과정이 가장 많이 학계의 주목을 받고 있다고 할 수 있다. 먼저, 존스(Jones, 1977: 9-12)는 체제분석의 개념에 의거해 정책분석 과정을 아래 다섯 단계로 구분한다.

첫째, 문제 규명(problem identification): 정책문제를 정부로 귀속시키는(problem to government) 단계로서 흔히 말하는 정책의제 설정 단계이다.

둘째, 정책개발(problem development): 정부 내의 행동 단계로서 정책대안의 작성, 대안의 합법화, 그리고 필요한 예산 배정 등을 포함한다. 즉, 이 단계는 정부가 공공문제에 대해 행동을 취하는(action in government) 단계를 의미한다.

셋째, 정책집행(program implementation): 정책이 개발된 후 정부는 문제 해결을 위해 집행요원들이 각종 조치를 집행하게 된다. 이 단계는 정부가 문제를 해결하는(government to problem) 단계이다.

넷째, 정책평가(problem evaluation): 추진된 사업을 정부가 재검토해 필요한 조치를 취하는 단계이다. 이 단계는 정책이 다시 정부로 돌아가는(program to government) 단계이다.

다섯째, 정책종결(program termination): 정책평가 후 당국은 문제가 해결되었으면 정책을 종결하게 된다. 이 단계는 문제 해결 혹은 변경 단계이다.

그리고 앤더슨(Anderson, 1975: 26; 1976: 5)은 정책 과정을 아래 다섯 단계로 구분하고 있다.

첫째, 문제 형성과 정책의제 설정 단계(problem formation and agenda setting): 정책결정자는 당면한 문제가 무엇인가, 어떠한 요인이 이 문제를 공중이 주목하는 문제로 만들었는가, 이 문제는 어떠한 절차를 밟아 정부의제가 되고 다른 의제는 왜 되지 못했나 등을 분석해야 한다.

둘째, 정책대안 작성 단계(policy formulation): 어떠한 대안이 이 정책문제를 해결할 수 있으며, 이 대안들을 어떻게 만들 수 있는가를 다룬다.

셋째, 정책대안 채택 단계(policy adoption): 많은 정책대안 중 어느 대안을 채택해야 하는가를 다룬다. 정책대안이 합법화되기 위해 어떤 형식과 실질적인 요건을 갖춰야 하는가를 다룬다.

넷째, 정책집행 단계(policy implementation): 이미 결정된 정책대안을 추진하기 위해 정부와 민간은 어떠한 조치를 취해야 하는가를 다룬다.

다섯째, 정책평가 단계(policy evaluation): 정책이 해결하고자 했던 문제에 어떠한 영향을 초래했으며, 정책의 효과는 어떻게 측정하는가를 다룬다.

이 책에서는 여러 학자의 의견을 종합해 [그림 3-1]과 같이 정책 과정을 분류하고자 한다.[1]

그림 3-1 정책 과정 모형

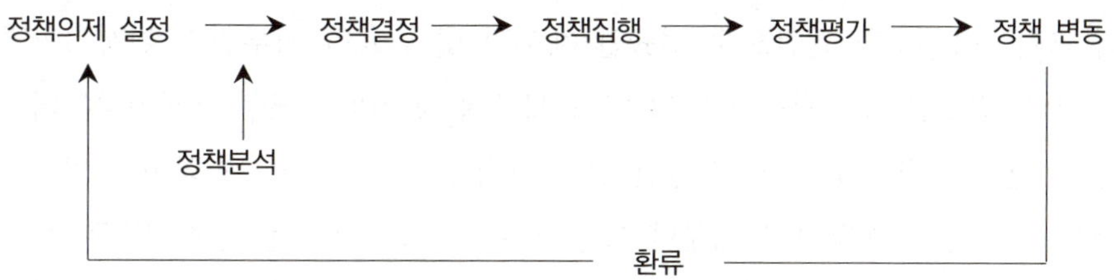

제2절 정책 과정 참여자

정책 과정에의 참여자를 공식적 권한 여부에 따라서 공식적 참여자와 비공식적 참여자로 구분하고 있다. 전자는 정책 과정에의 참여가 법적·제도적으로 보장된 자들을 말하는데, 대통령, 의회, 관료 등이 해당한다. 후자는 정책 과정에의 참여가 법적·제도적으로 보장되지는 않지만 어떠한 방식으로든 정책 과정에 참여해 영향력을 행사하는 자들을 말한다. 정당, 이익집단, NGO, 언론 등이 이에 해당한다.

1. 대통령

1) 대통령의 지위와 권한

대통령이 정책 과정에서 어떤 역할을 하게 되는가는 그 나라가 어떤 정체(政體)를 가지고 있는가에 따라 달라진다.[2] 선진국은 사회 자체가 다원적이기 때문에 권력이 대통령에게 집중되어 있지 않은데, 같은 대통령 중심제가 후진국에 적용되면 거의 대부분이 대통령 1인 독재로 변신한다. 우리나라 대통령은 국가수반과 행정수반일 뿐만 아니라 집권당의 총재를 겸직하고 있어 소속 의원에 대한 통제력이 막강하다. 공천, 정치자금,

1 이상의 단계 모형에 대해 과연 정책 과정의 단계가 서로 단절된 단계로 구분될 수 있는가라는 비판이 가해졌다. 특히 정책형성과 정책집행이 뚜렷하게 구분하기 어렵다는 점이 지적된다(남궁근, 2008: 374).

2 대통령중심제와 달리 이원집정제에서는 총리의 권한이 강화되어 대통령의 권한은 국방과 외교에 국한된다.

당직과 공직 배분 등에서 대통령의 영향력은 제왕처럼 절대적이었고, 대통령은 이를 통해 여당을 통제하고 국회를 장악할 수 있었다.

우리나라는 대통령의 권한으로 법률안 제출권 및 법률안 거부권과 행정입법권을 부여하고 있다. 법률안 제출권을 가지고 있기 때문에 정책의제 설정 단계에서부터 대통령은 막강한 권한을 행사하며, 또 복잡한 현대 사회에서 모든 사항을 의회가 법률로써 직접 규정하는 것은 부적당하기 때문에 대통령은 대통령령이라는 행정입법권[3]을 행사하게 된다. 또한 대통령은 대법원장과 대법원판사에 대한 임면권을 갖고 있기 때문에 실질적으로 사법부에 영향력을 행사하고 있다고 볼 수 있다. 그리고 행정부 수반으로서 총리를 비롯한 각급 공무원의 임명과 해임에 대한 모든 권한을 행사하기 때문에, 정책과정 전반에 걸쳐 실로 막강한 권한을 행사하게 되는 것이다. 이러한 점에서 혹자는 제왕적(帝王的) 대통령으로 부른 바 있다.[4] 참고로, 헌법에 규정된 우리나라 대통령의 권한을 살펴보면 다음과 같다.

(1) 국민투표 부의권

외교나 국방 기타 국가안위에 관한 중요한 정책을 국민투표에 붙일 수 있다.

(2) 국가긴급권

대통령은 헌법상 다음 세 가지의 국가긴급권을 가진다.

① 긴급재정·경제 처분·명령권: 중대한 재정·경제상의 위기에 있어서 국회의 집회를 기다릴 여유가 없을 때 재정·경제상의 처분을 하거나 명령을 발할 수 있다.

② 긴급명령권: 국가의 안위에 관계되는 중대한 교전 상태에 있어서 긴급한 조치가 필요하고 국회의 집회가 불가능한 때에 한하여 명령을 발할 수 있다.

③ 계엄선포권: 국가비상사태에 있어서 계엄을 선포할 수 있다. 계엄은 비상계엄과 경비계엄으로 구분한다.

---

3 행정입법은 그 효력에 따라 법규명령과 행정명령(행정규칙)으로 나뉜다. 법규명령은 행정기관이 헌법에 근거하는 대국민적 구속력을 가지는 명령이다. 이에 반해 행정명령은 훈령이나 예규처럼 행정조직의 내부에서만 효력을 가질 뿐 대외적 구속력을 갖지 않는 규칙을 말한다.

4 이에 예외적인 인물이 노무현 전 대통령인데, 그는 집권당을 장악하지 못했고, 정치자금·공천권 장악도 안 되어 제왕적 권력 행사가 곤란했고, 대신 대중 호소 전략으로 나갔다고 볼 수 있다.

2) 정책 과정상의 역할

(1) 선진국의 경우

① 정책의제 설정 단계

선진국의 경우, 과거에는 대통령의 역할이 이익집단이나 정당 등과 같은 비공식적 참여자에 비해 비교적 가볍게 취급되어 왔다. 그러나 최근에 와서는 대통령의 역할이 중요시되고 있다.

② 정책결정

라이플리(Ripley, 1983: 125-126)는 정책 형성 및 합법화 단계를 정보의 수집, 대안의 개발과 선택, 가장 많은 지지를 받는 대안의 창도 및 공식적 결정이라는 네 단계로 구분할 때, 대통령은 대안의 창도 단계와 공식적 선택 단계에서 핵심적인 영향력을 행사하는 반면, 앞의 두 단계에서는 약간의 영향력만 행사한다고 한다.

그리고 정책 유형별로는 대외 정책에 비해 국내 정책에서는 강한 영향력을 발휘하지 못한다. 그러나 소득재분배정책에서는 상류층 대표와 노조 대표로 구성되는 정상연합(頂上聯合, peak association)에 의해 실질적 내용이 결정되는데, 이때 대통령의 역할은 상당히 중요하다. 반면에 분배정책의 경우, 의회의 상임분과위원회나 행정 각 부처에서 결정되며 대통령은 별다른 영향력을 미치지 못한다.

③ 정책집행 및 평가 단계

집행 과정에서 미국의 경우 대통령은 의회에 대해서는 공식적인 영향력을 행사하지만, 관료권이 확립되어 있고 강력한 이익집단을 고객으로 지니고 있는 행정 각 부처는 대통령의 집행명령에 따르지 않는 경우가 많다(정정길, 2000: 174).

(2) 우리나라의 경우

선진국과 달리 강력한 대통령 중심제의 우리나라에서는 정책의제 설정에서 정책집행에 이르기까지 대통령은 강력한 영향력을 행사하고 있다.

① 정책의제 설정

먼저, 정책의제 설정에서 동원모형에 의한 의제 설정이 많아 대통령의 영향력은 압도적이다. 대통령의 성향, 신념 등은 정책의제 설정에 매우 중요한 영향을 미치는 요인이 되는데, 새마을가꾸기사업이 박정희 대통령에 의해 공식화되었던 것이 전형적인 예에 속한다.

② 정책결정 단계

정책결정 단계에서 대통령은 가장 강력한 힘을 발휘해 대안 선택도 관련 집단의 민주적인 참여가 결여된 채 불합리하게 이뤄질 가능성이 높다. 박정희 대통령의 경부고속도로 건설이 대표적인 예인데, 당시 토목기술과 재원 확보의 어려움 등으로 실현 가능성이 희박하다는 것이 일반적인 판단이었다.

법률 제정에서도 대통령은 준(準)입법권, 더 나아가 입법을 사실상 지배하고 있는 '제도화된 행정국가'의 핵심 인물이다. 그리고 청와대 비서실은 자신이 보유한 전문 지식을 활용해 대통령의 정책결정 과정에 영향을 미친다.

③ 정책집행

정책집행에서 의회의 개입은 최소화되고 행정부를 장악하고 있는 대통령의 역할이 매우 크다. 후진국으로 갈수록 대통령의 지원 여부가 성공적 정책집행의 결정적 요인이 된다. 이렇듯 강력한 대통령이 정책 과정을 지배하게 됨에 따라 장점으로는 일관성 있고 혁신적인 정책을 결정할 수 있고, 일단 결정된 정책은 강력하게 집행할 수 있는 것을 들 수 있으나, 반면에 정책 과정이 비민주적이고 비타협적이 되어 불합리하고 무모한 정책이 등장하기 쉬운 단점이 있다(정정길, 2000: 176).

2. 의 회

1) 의회의 지위와 권한

대통령 중심제냐 아니면 의원내각제냐 하는 정치 체제의 유형에 따라 의회의 역할에는 큰 차이가 있으나, 보편적으로 볼 때 오늘날은 '행정국가화' 현상으로 인해 막강하던 의회의 권한은 크게 약화되었다고 볼 수 있다.[5] 즉, 행정부 우위의 정부 권력의 조직화

---

5 의원내각제와 대통령 중심제의 주요 차이를 보면, 내각의 지위에 관해 전자의 경우 내각은 정책의 최종결정자이지만, 후자의 경우 그와 같은 의미의 내각이 존재하지 않는다. 의회에 대한 책임에서는 전자의 경우 내각은 연대적으로 의회에 대해 책임을 지지만, 후자의 경우는 각 각료는 대통령에게만 단독책임을 진다. 하원에 대한 해산권에서 전자는 내각이 하원을 해산시킬 수 있으나 후자의 경우 대통령은 그러한 해산권을 갖지 못한다(이극찬, 2009: 476-477).

는 입법부를 제한하고 있는 것이다.

이러한 현상은 의회민주주의가 가장 확고히 뿌리내렸다는 미국도 마찬가지이다. 미국에서도 오늘날 의회가 제 기능을 못해 매우 높은 불신의 대상으로서 심각한 위기 상황에 직면해 있다는 의견이 지배적이다. 그 이유로는 여러 가지가 있겠지만 무엇보다도 탈산업화를 들 수 있다. 탈산업화가 진척될수록 인간들이 원자화된 개인들로 존재하기 때문에 공동체 의식은 그만큼 적어지고, 그들은 제도적 권위에 대한 불신감을 갖게 되므로 제도화된 의회민주주의를 지탱하기가 어려워지는 것이다(임성호, 1998: 115).

2) 정책 과정에서 의회의 역할

(1) 의제설정 단계

다원론적 관점에서 보면 이익집단이나 정당의 영향력에 가려 의회의 역할은 과소평가되었다. 의원내각제에 비해 대통령 중심제에서는 의제 설정이 대부분 행정부 주도로 이뤄지고 의회의 역할은 상대적으로 약화되고 있다.

(2) 정책결정 단계

의회는 입법권을 통해 여러 가지 이질적인 의견과 이해관계를 조정·통합하고 법제화함으로써 최종적으로 정책결정권을 행사한다. 이를 구체적으로 보면, 법안 발의와 심의를 통해 특정 대안을 지지 혹은 반대하는 것인데, 특히 규제정책이나 재분배정책같이 대부분 법률의 형태로 정책이 추진되어야 할 경우에 일반적으로 나타난다. 또한 여러 가지 정치적 상황으로 입법권이 행정부에 의해 제한을 받는다면 의회는 예산 심의를 통해 자신들의 결정 권한 확보를 꾀한다.

그러나 정책결정 과정에서 입법부의 권한 약화는 전 세계적으로 보편적으로 나타나는 현상이다. 우리나라도 예외가 아니어서 국회가 정책결정 과정에서 제 기능을 수행하지 못하고 있는데, 집권당이 의회의 다수당을 차지하고 그 의회가 강력한 대통령 중심제 하에서 정부 제출 법률안에 대해 거수기 역할을 하므로, 법률안 제출과 심의를 통한 대안 심사 기능은 유명무실하다.

심사 과정에서 의원들이 서로 공동 발의를 해주는 '품앗이 법안', 용어 한두 개만 교체하는 손쉬운 법안 발의인 '땜질 법안', 정부가 의원을 통해 대신 발의하는 '우회 법안' 등의 맹점이 보인다. 제20대 국회 보건복지위원회의 경우, 법안 심사에 걸린 시간은 건당 평균 13.44분에 불과했는데, 이는 일명 '품앗이 법안', '쪼개기 법안'으로 쏟아져 나오는 의원입법안 홍수가 주요 원인이다. 제출된 법률안 중 의원입법안이 96.4%를 차지했고, 정부입법안은 3.6%에 불과했다. 그런데 문제는 의원입법안의 가결률이 3.5%에 그치고 있다는 사실이다. 이러한 중복발의의 병폐를 시정하기 위하여 우선 중복발의를 검증하는 제도의 도입과 아울러 제출 전 법제처의 입안사전심사제도 도입을 통해 의원입법안의 질적 제고를 모색해 볼 수 있을 것이다(HiT NEWS, 2019.7.8.).

그리고 의회는 국정감사와 국정조사권을 통해 행정부의 잘못된 부분을 감시 감독한다. 이 두 가지는 대(對)정부통제라는 점에서는 같으나 몇 가지 점에서 차이가 있다. 첫째, 국정감사가 국정 전반을 대상으로 하는 데 비해, 국정조사는 국정의 특정 사안을 대상으로 한다. 둘째, 국정감사는 매년 정기국회 다음 날부터 20일 동안 시행하지만, 국정조사는 재적 의원 1/4 이상이 국정조사요구서를 제출하면 가능해진다. 셋째, 조사위원회가 조사내용을 확인하기 위해 증인・감정인・참고인을 출석시켜 신문하고 증언을 청취하는 것이 청문회인데, 국정감사에서는 청문회가 잘 활용되지 않고, 국정조사에서는 청문회가 핵심적 요소로 자리 잡고 있다.

(3) 정책집행과 평가 단계

의회는 그 존립 목적이 정책의 결정에 있기 때문에 정책집행에 직접적으로 개입하지 않고, 간접적으로 정책의 집행에 개입하고 간섭할 수가 있다. 그 방법은 크게 두 가지로 나눌 수 있는데, 하나는 예산 심의를 통해 정책집행에 영향을 미친다. 예산을 삭감하거나 지연시키게 되면 집행활동에 커다란 영향을 받게 된다. 다른 방법은 국정감사나 조사를 통해 집행활동을 감독(oversight)하는 것이다. 의회는 이처럼 집행 과정 중의 부정을 감독함으로써 정책집행에 영향을 미치기도 한다.

3) 우리나라 의회의 개혁

(1) 입법 과정 내실화

단순히 건수를 올리기 위한 전시용 법안 발의, 법률 시행에 따른 예산 수요 등을 고려하지 않은 무책임한 발의 등 부작용도 나타나고 있다.

그리고 국회위원들이 정량평가를 지나치게 의식하는 것도 지양되어야 한다. 의정활동 평가가 정량평가에 치우치자 생겨난 것을 보면, 하나의 법안을 시차만 달리해 쪼개서 발의하거나 체계, 자구(字句)만 바꾸는 법안을 20~30개씩 발의하는 행태가 나타나고 있다.

(2) 국회의 행정부 견제 강화

국정감사와 조사는 국회의 중요한 행정통제 수단 중의 하나로, 국정감사의 경우 우리나라에만 존재하는 특수한 형태의 제도이다. 국정감사는 국정조사보다 더 강력하게 운영되는데, 그 이유는 국정조사가 여야 간의 합의가 정치적 요인으로 이뤄지지 않으면 시행이 불가능한 반면,[6] 국정감사는 헌법과 법률에 의해 매년 정기국회 중 20일 간 의무적으로 시행하도록 되어 있다. 또 국정감사의 범위도 국정 전반에 관한 모든 사항으로 국정조사보다 광범위하다.

그러나 국정감사의 문제점으로 단기간이라는 시간적 제약성과 형식적 감사, 루머의 확인 수준에 불과한 비리 적발, 폭로를 주된 내용으로 한 위법성 감사를 들 수 있다. 미국은 아예 국정감사가 없다. 국감을 대행해 주는 회계감사원(General Accounting Office: GAO)이라는 의회 직속기관의 전문성은 대단히 높아 이들은 의회감시견(The Congressional Watch Dog)으로 불린다. 또 GAO 최고책임자인 사무총장의 임기가 15년이어서 이 기구가 중립을 지킬 수 있도록 하는 데 도움을 주고 있다.

국정조사에도 적지 않은 문제가 있다. 「국정감사 및 조사에 관한 법률」 제3조에 따라 국정조사 요구 요건은 의원 4분의 1인데 반해, 조사계획서 승인은 본회의 일반 정족수 의결을 요구하고 있어 본회의 통과가 무산되는 사례가 많다.[7] 국정조사의 개선 방안으로 예비조사의 활성화를 들 수 있다. 「국정감사 및 조사에 관한 법률」 제9조의2는 국정조사 실시 전에 국회 직원 또는 전문가로 하여금 예비조사를 실시할 수 있도록 정하고 있다. 그러나 현재 예비조사는 제대로 활용되지 못하고 있는데, 미국의 경우 위원회 직원들에게 증언 청취 등 비공식적 조사권한을 부여하고 있다. 증거조사 과정에 소요되

6 「국정감사 및 조사에 관한 법률」 제3조에 의하면, 특별위원회 또는 상임위원회가 국정의 특정 사안에 관해 조사를 시행하고자 하는 경우에는 국회 재적 의원 3분의 1 이상의 지지를 얻어야만 가능하도록 되어 있었다. 이 조항이 2000년 개정 국회법에 의해 발동 요건이 재적 의원 1/3에서 1/4로 낮춰졌지만 조사계획서의 본회의 승인은 여전해 국정조사의 적실성이 상실되고 있다. 특히 국정조사권의 기본 성질 면에서 볼 때, 국정조사권의 발동은 자연히 집권당의 국정 운영 결과에 대한 조사활동을 상정하게 되는 것이므로, 사실상 소수파에 의한 그 권한의 행사가 제약되는 결과를 낳는다(임성호, 1998: 132; 함성득 · 임동욱 · 박찬표, 2001: 161).

7 프랑스는 야당 및 소수당 대표가 제안하는 국정조사 요구의 부결을 위해서는 5분의 3 이상의 찬성을 필요로 하여 의회 소수 세력의 조사 권한을 보장하고 있다(전진영 · 최정인, 2014: 3).

는 시간과 노력을 절감하여 국정조사의 전문성과 효율성을 높일 수 있다는 점에서 예비조사를 적극적으로 활용할 필요가 있다.

종전에 비해 의회의 위상이 제고되고 있는데, 이렇게 된 데에는 「국회선진화법」의 통과가 한몫을 하고 있다. 다수당의 일방적인 입법 과정 주도와 소수당의 폭력적인 저지투쟁의 가능성이 낮아져 그 결과 입법 과정에서 행정부에 대한 입법부의 우위 현상이 강화되고 있다(남궁근, 2017: 188-189). 「국회선진화법」에는 국회의장의 본회의 직권상정 요건을 천재지변이나 전시 · 사변, 국가비상사태 등으로 제한해 쟁점법안의 일방적인 직권상정을 원천 봉쇄한 바 있다.

(3) 국회예산정책처의 신설

2004년에 미국의 의회예산처(Congressional Budget Office: CBO)와 같은 역할을 하는 국회예산정책처가 신설됨으로써 국회의 예산분석 기능이 크게 강화될 것으로 기대되었다. 국회예산정책처는 국회의장 소속 하에 두며, 주요 업무로는 국가의 예산 결산 · 기금 및 재정 운용과 관련된 다음 사무를 처리한다(국회예산정책처법 제3조).

① 예산안 · 결산 · 기금 운용 계획안 및 기금 결산에 대한 연구 및 분석

② 법률안 등 의안에 대한 소요 비용의 추계

③ 국가 재정 운용 및 거시경제 동향의 분석 및 전망

④ 국가의 주요 사업에 대한 분석, 평가 및 중 · 장기 재정 소요 분석

⑤ 국회의 위원회 또는 국회의원이 요구하는 사항의 조사 및 분석

국회예산정책처의 가장 큰 권한은 자료 요청 권한이다. 「국회예산정책처법」 제10조는 "처장은 의장의 허가를 받아 국가기관, 그 밖의 기관 · 단체에 대해 직무 수행에 필요한 자료의 제공을 요청할 수 있다. 이 요청을 받은 자는 특별한 사유가 없는 한 이에 응해야 한다"고 명시되어 있다. 예산정책처가 특정 현안 또는 예산에 시비를 걸면 정치이슈로 부각되기 십상이다. 특정 부처 사업예산의 반 토막이 날 수도 있다(월간중앙, 2014.11: 24-25).

향후 과제로는 우선 조직과 인원이 지금보다 확대될 필요가 있다. 미국과 비교해 볼 때 국회예산정책처는 미국 의회의 세 전문기관, 즉 예산 심의를 책임지는 CBO, 각종 정책과 관련해 연구 · 분석하는 CRS, 행정부의 사업 및 정책을 평가하는 GAO의 역할

을 모두 합친 역할을 하는 기관이다. 미국의 경우, 이 3개 기관의 직원은 약 4,200여 명에 달하지만, 우리의 국회예산정책처는 2020년 현재 2실, 1국, 1관, 3담당관, 17과로 구성되어 있고 정원은 169명에 불과하다.[8]

3. 관료집단

1) 지위와 권한

한마디로 관료집단의 힘은 막강하다. 호소카와 모리히로(細川護熙) 일본 총리가 1993년 8월에 개혁 기치를 내걸고 등장했으나 그의 변화 요구에 반발한 관료들에 의해 결국 사임했던 예에서도 관료집단의 힘을 알 수 있다. 이러한 관료들의 권한 확대에는 사회 발전에 따른 입법활동의 기술적 복잡성을 의회가 못 따라가는 것과 법규가 모호해 관료들의 재량권 행사의 여지가 많다는 점이 작용한다. 관료집단의 경우, 이전에는 정치가들이 정책을 결정하면 관료는 그것을 집행했다. 그러나 지금은 관료들이 실제 정책을 만드는 정책결정자(policy-maker)이고, 정치가는 단지 정책수용자(policy-taker)일 뿐이다. 특히 정책결정이 골격 입법(skeleton legislation)만 할 경우, 구체적인 세부 정책결정은 행정조직에 일임하는 경향이 증대됨에 따라 행정조직의 재량권은 더 커지고 있다. 그것이 바로 위임입법으로서 일단 법률이 제정된 후에도 법률 규정의 모호성과 치밀하지 못함으로 인해, 위임입법을 통해 공무원들에게 정책결정권을 부여하게 된 것이다.

정책 과정에서 관료들의 영향력이 매우 큰 이유는 다음과 같다. 첫째, 관료들의 전문성이다. 관료들은 정치가들보다 장기간 직무에 종사하므로 자연적으로 그 분야의 전문성을 확보하게 된다. 둘째, 고객의 확보이다. 관료들은 관련 이익집단이나 의회의 상임위원회와 긴밀한 관계를 유지하므로, 정책 과정에서 상당한 영향력을 행사하게 되는 것이다.

---

8 2007년에 출범한 국회입법조사처는 국회예산정책처와 쌍벽을 이룬다. 2020년 현재 3실, 1관, 2심의관, 12개 팀, 2담당관으로 구성되고 정원은 169명이다. 입법조사처는 예산정책처와 동일하게 자료 요청 권한을 가지고 있다.

2) 정책 과정별 관료의 영향력

(1) 정책의제 설정 단계

어떤 쟁점을 정책의제로 삼을 것인가는 대통령을 비롯한 의회 지도자가 주도하지만, '실현 가능한' 대안의 검토에는 관료가 영향력을 발휘한다. 그 이유는 관료들은 같은 분야에서 장기간 업무 수행을 하기 때문에 정치가들도 이들의 경험에 힘입어야 한다. 또 그들의 전문성에 입각해 대안의 실현 가능성을 검토해야 하며, 철의 삼각지대의 일원인 이익집단의 이익을 대변해 의제 설정을 주도하기 때문이다.

(2) 정책결정 과정

정책결정의 공식적인 권한은 대통령과 의회에 있지만 정책결정의 주요 내용인 정책대안의 탐색과 분석은 행정 부처가 한다.

행정조직이 정책대안의 탐색과 분석을 통해 실질적인 영향력을 미칠 수 있는 요인으로 러크(Francis E. Rourke)는 첫째, 관료는 전문지식을 통해 공식적 정책결정자보다 대안 탐색에서 유리한 입장에 놓이게 된다. 관료집단 내에서 우열이 가려진 정책대안의 우선순위를 대통령과 의회에서 바꾸기란 쉽지 않다. 또 선례가 있는 경우, 당시 사용했던 정책대안을 약간 수정·보완하는데, 이때 정책대안의 원천은 주로 관료집단에 축적된 경험과 정보가 된다. 둘째, 정책결정자는 목표 달성을 위해 집행요원의 집행 권한을 고려해야 한다. 셋째, 재량권에 의해 세부적인 정책결정이 이뤄진다. 넷째, 행정조직이 맺고 있는 이익집단과의 연계 등을 들고 있다(Rourke, 1976: 13-76).

(3) 정책집행 과정

정책은 행정부에 의해 집행된다. 특히 정책결정이 골격 입법만 할 경우, 구체적인 세부 정책결정은 행정조직에 일임하는 경향이 증대됨에 따라 행정조직의 재량권은 더 커지고 있다. 선진국에서는 이익집단의 활동이 결정 과정에서 본격적으로 이뤄지지만, 후진국에서는 이익집단의 활동이 주로 정책집행 과정에서 본격화된다. 따라서 행정조직은 각 집단의 요구를 어느 정도 수용할 것인가에 대한 재량권을 행사하게 된다. 관료와 업계의 유착을 우리가 경험했던 안타까운 사례인 '세월호' 사건에서 볼 수 있는데(사공영호, 2017: 403-404), 선령규제의 완화 과정에서 선주협회는 여객선 연령을 10년 정도 연장하여 최대 35년까지 연장을 제안했다. 30년으로 연장할 경우, 5년 간 약 370억 원의 손실액을 절감할 수 있다는 연구보고서가 발간되는 등 논의 과정을 거쳐 2013년에 선령규제가 완화되었다. 이것은 이익집단의 요구에 의해 정부정책이 변화되어 가는 전형적인 과정으로 볼 수 있다.

(4) 정책평가 과정

어떤 평가기관이 평가를 해도 이에 필요한 정보와 자료는 행정조직에 의존한다. 따라서 정보와 자료의 선택적 제공을 통해 영향을 미칠 수 있다.

4. 사법부

1) 지위와 역할

사법기관은 단순히 민·형사재판만을 하는 곳이 아니라 실제상의 중요한 정책결정을 하는 기구이다. 미국에서도 대통령이 아무리 새로운 정책을 내놓아도 연방최고법원이 위헌이라 판정하면 실시할 수 없다. 이처럼 미연방최고법원은 단순한 사법기구가 아니라 하나의 정치기구로서 쟁론이 벌어지는 국가 정책문제에 대해 최종 결정을 내리는 정치기구이다(Irish & Prothro, 1971: 186). "법은 입법기관이 정한 것이 아니라 법원이 구체적 사례에서 결정한 것"이라는 말이 사법부의 힘을 잘 말해주고 있다(Horowitz, 1977: 3; 남궁근, 2008: 283 재인용).

우리나라도 사법부가 판결을 통해 중요한 정책결정을 행하고 있다. 사법부를 보면, 현행 헌법에서는 사법부를 구성하는 기관이 법원과 헌법재판소로 이원화되어 있다. 법원은 소송 절차에 따라 사법권을 행사하는 것을 본래의 직무로 하는 국가기관을 말하며,[9] 헌법재판소는 사법권 중 위헌법률 심판·탄핵 심판·위헌 정당 해산·권한쟁의 심판·헌법소원 심판 등을 관할하고 있다.

민주화 이전에는 실질적 3권 분립이 이뤄지지 않아 사법부의 역할은 미약했다. 그러나 민주화 이후 국민들의 권리 의식이 제고됨에 따라 법적 절차에 호소하는 경향이 증

9 대법원은 2015년 현재 상고법원 설치를 추진했었다. 주된 이유로 대법관 1인당 연 3,000건 이상의 사건처리를 들고 있다. 그러나 상고법원 설치에 대해 위헌 논란이 일었다. 헌법 제101조 제2항은 "법원은 최고법원인 대법원과 각급 법원으로 조직된다"고 명시되어 있다. 상고법원 또한 각급 법원에 속한다. 최고법원이 아닌 이상 상고법원에 최종심을 맡기는 것은 위헌 소지가 있다는 지적이 있었다. 결국 상고법원 설치 문제는 더 이상 거론되지 못하고 여론의 관심에서도 멀어졌다.

대하고 있고, 사법부 역시 외부의 간섭을 벗어난 독자적인 판단을 내림으로써 그 위상을 제고하고 있다. 이에 따라 정책 과정에서 사법부의 역할이 대폭 증대되었는데, 환경권·소비자 권리·휴식권 등 이른바 '현대형 기본권'이 발굴되는 것을 볼 수 있다. 따라서 향후 사법부의 역할 증대는 피할 수 없는 대세라 하겠다(권영성, 1999: 722-723; 정정길 외, 2003: 167-168). 특히 헌법재판소는 위헌법률심판을 통해 정부의 정책에 중요한 영향을 미친다. 헌재는 2018년 6월에 헌법불합치 결정을 통해 양심적 병역거부자에 대한 처벌 대신에 대체복무제를 도입하라고 결정을 내린 바 있는데, 2020년 10월 26일 처음으로 대체복무 요원 63명이 소집되었다. 36개월 간 교정시설에서 근무하게 되는데, 복무 이탈 시는 이탈일수의 5배에 해당하는 기간을 연장 복무하게 된다.

2) 정책 과정상의 역할

헌법재판소가 군(軍) 가산점 위헌 판결을 내려 정부정책 과정 전반에 영향을 준 바 있다. '군경력 가산점제도'란 일정 기간 군 복무를 하고 전역하는 제대 군인에게 각종 채용시험에서 일정한 가산점을 부여하는 것을 말한다. 예를 들어, 7급과 9급 공무원 임용시험의 경우 2년 이상 복부하고 전역한 경우에는 만점의 5%, 2년 미만을 복무하고 전역한 경우에는 만점의 3%를 가산해 준다. 불과 소수점 이하 점수 차로 합격 여부가 좌우되는 상황에서 제대 군인에 대하여 시험과목별로 5점, 또는 3점을 가산하는 것은 당락에 결정적 영향을 미쳤다. 결국 이 제도가 폐지되면서 그 후 진행된 공무원 시험에서 남성 지원자가 대거 탈락하는 결과를 낳았다.[10] 이처럼 사법부의 판결은 직접적이고 즉각적인 영향을 행정에 미치게 된다.

첫째, 정책의제 설정을 보면, 사법부의 결정이 정부가 기존에는 심각하게 생각하지 않았던 문제를 재인식하고 대책을 마련하도록 촉구하는 계기가 된다. 예를 들어, 헌법재판소가 1인 1표제가 헌법의 비례대표제의 정신을 반영하지 못한다는 위헌 판결을 내렸고 이에 정부는 1인 2표제를 도입하게 되었다.

둘째, 정책결정을 보면, 사법부의 판단 자체가 새로운 정책결정이 된다. 총선시민연

10 군 가산점제도의 위헌 요지는 성별에 의한 차별, 그리고 해당 공직이 요구하는 직무수행 능력과 무관한 요소를 기준으로 삼는 것은 국민의 공직취임권을 침해한다 등이다. 그러나 미국의 경우, 제대 군인들에 대한 공직 임용 시 가산점을 주고 있으며, 독일은 제대 군인 고용 의무 비율을 직급에 따라 11.6~16.7% 정도로 정하고 있다(이선우, 2004: 283-284).

대의 낙선운동에 대해 낙선운동 금지 규정의 합헌 결정을 내렸다. 2015년 7월 대법원은 형사사건의 성공 보수는 무효라는 결정을 내렸다. 대법원은 “특정한 수사 방향이나 재판의 결과를 ‘성공’으로 정해 대가로 금전을 주고받기로 하는 변호사와 의뢰인의 합의는 선량한 풍속 내지 건전한 사회 질서에 위반된다”는 점을 이번 결정의 이유로 제시했다.

셋째, 정책집행을 보면, 사법부는 행정부의 정책집행을 통제할 수 있는 직접적인 정책 수단을 보유하는 데에는 한계가 있다. 하지만 우리나라는 명령심사권과 행정재판권을 사법부가 보유하고 있으므로, 특정 정책의 집행이 법률적인 쟁송이 되어 있는 경우 사법부는 정책의 지속과 중단 등에 대한 판단을 통해 집행 과정에 개입할 수 있는 권한을 가진다. 그 대표적인 사례가 2003년 7월 서울행정법원에 의한 새만금간척사업에 대한 집행정지 결정이다.

3) 국민참여재판

2008년에 도입된 국민참여재판제도는 배심원단의 유무죄에 대한 평결 방법은 만장일치로 하며(제1차 평결), 만장일치가 되지 않을 경우 다시 평결할 수 있는데(제2차 평정), 이 경우 유죄의 평결 방식은 만장일치가 아니라 다수결에 의하여 유죄의견이 과반수에 이르렀을 때 유죄평결을 할 수 있다. 그러나 이러한 배심원단의 평결과 의견은 법원을 기속하지 아니하고 권고적 효력만이 인정된다. 이처럼 법적 구속력은 없고 판사는 배심원단 평결과 다른 판단을 할 수 있다.

이 제도의 장점은 국민이 재판에 직접 참여하여 사법부를 직접 감시할 수 있다는 것이고, 단점은 전문성 부족으로 인해 감정에 치우친 평결이 우려된다는 점이다.

4) 평 가

앞서 언급한 군 경력 가산점제도에 대한 판결은 행정부의 인사정책에 큰 영향을 미쳤다. 사회문화적 변화에 빠르게 적응하기 위한 제도적 변화를 보이지 못하는 행정부에 대한 타율적 변화라는 측면에서 사법부의 판결은 견제 기능으로서 바람직하나, 정부 정책결정의 사회적 파급 효과를 생각할 때 그 판결은 사법부의 천칭처럼 균형이 잡힐 필요는 있을 것이다(이선우, 2004: 293).

5. 이익집단

1) 의 의

이익집단(interest group)이란 "집단구성원의 공동 이익을 증진함을 목적으로 하는 집단"을 말한다. 이익집단은 사회의 다양한 이익을 정책에 반영시키는 순기능을 하는데, 즉 그들이 지지하는 정책에 정당성을 부여하고 정책의 집행을 돕는 등 체제적 기능(systemic functions)을 수행한다(Pross, 1986: 53-84). 미국에서는 상・하원에 이은 제3원(third house)으로 불릴 정도로 막강한 힘을 행사하고 있다.[11] 우리나라에서도 정치적 민주화가 진행될수록 이익집단의 영향력은 한층 더 확대될 것이다. 하지만 이익집단의 역기능도 종종 언급되고 있는데, 버지니아학파에 의하면 국가가 사회에 지대를 제공하면 이익집단의 지대추구활동이 뒤따르고, 그에 따른 사회적 낭비가 초래된다는 것이다. 지대추구활동에 대해 자세히 알아보면 다음 [그림 3-2]와 같다(전상경, 2012: 430). 완전경쟁 하에 소비자잉여는 삼각형 ACP_c가 된다. 그러나 생산자가 독점적 위치에 서면 생산량은 줄어들고 가격은 상승한다. 이 경우, 영역 Ⅰ인 사각형 P_cP_mBD는 독점이윤으로 된다. 그 결과 소비자잉여는 영역 Ⅱ인 삼각형 P_mAB로 줄어들며, 영역 Ⅲ인 삼각형 BCD는 사회의 어떤 구성원에게도 돌아가지 않는 부분으로서 자중손실(deadweight loss)이 된다. 독점기업은 독점이윤 Ⅰ을 보장해 주는 독점권의 획득을 위하여 실질자원을 투자하는 지대추구활동을 행하게 된다.

---

11 미국에서 가장 영향력이 큰 이익집단 가운데 하나로 '전국총기연합(the National Rifle Association of America: NRA)'을 들 수 있으며, 이들이 개인의 총기 소지를 규제하려는 정치인을 선거에서 낙선시키곤 한다(류지청, 2007: 100). 미국인의 민간 보유 총기는 100명 중 약 84정의 비율로 총기를 보유하고 있는 것으로 알려지고 있다. 총기 사고가 비일비재하게 일어나 한 해 평균 3만 명이 총기 사고로 죽고 10만여 명이 다치는 일이 벌어지고 있다. 그런데도 총기 규제가 이뤄지지 못하는 데는 이 단체가 영향력을 행사하는 것이 작용한다. 1994년 미 하원 선거에서 미 하원 후보 276명에게 정치자금을 제공해 211명을 당선시키는 괴력을 발휘했다. 그 이래로 정치권에서는 총기 규제 목소리가 사라졌다(홍은주, 2009: 156-157). 이 NRA의 영향력이 얼마나 큰가는 오바마 대통령이 자신의 재임 기간 중 가장 큰 좌절이 총기규제법을 통과시키지 못한 것이라고 술회한 데서도 잘 알 수 있다. 2012년 12월 미국의 한 초등학교에서 총기난사로 어린이 포함 26명이 숨지자 거센 여론에 힘입어 총기규제법이 추진되었다. 그러나 이 법안은 NRA의 강력한 로비 탓에 의회에서 부결되었다(국민일보, 2015.7.25).

그림 3-2 독점으로 인한 총 사회후생의 손실

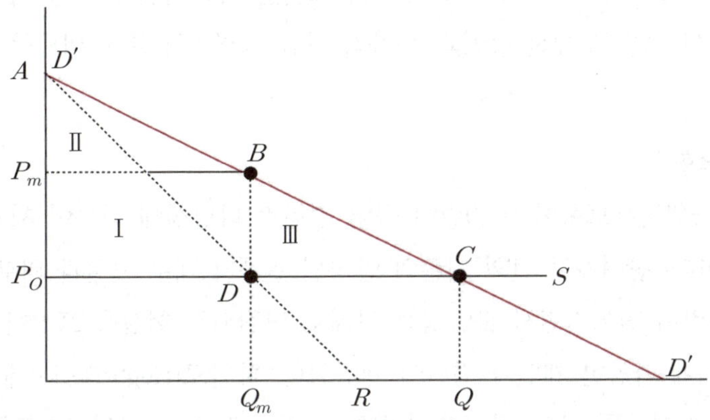

2) 정부와 이익집단 간 관계와 상호작용

이익집단이 가지는 정치적 영향력의 크기는 다원주의와 조합주의로 구분된다. 다원주의에서는 정책을 다양한 이익집단 간의 경쟁과 타협의 산물로 인식함으로써 이익집단을 정책 과정의 핵심 주체로 간주하고, 정부는 이익집단들 간의 합의를 중재하고 존중하는 수동적 존재로 인식된다. 반면 조합주의적 관점은 국가가 정책결정 과정에서 주도권을 행사하는 실체로 작용한다. 이에는 국가조합주의와 사회조합주의가 있는데, 전자는 정부와 이익집단 간의 합의로써 주요 결정이 이뤄진다. 후자는 국가가 통제보다는 유인을 통해 이익집단의 협조를 얻어내고, 이익집단은 자율적으로 국가에 협력한다. 한편 정부와 이익집단 간의 상호작용은 아래 두 가지로 대별할 수 있다.

① 하위정부모형

이 모형은 철의 삼각(iron triangle)[12] 지대로도 불리는데, 행정기관, 이익집단, 상임위원회 등의 삼자가 긴밀한 유대 관계를 구축해 다른 세력의 개입을 저지하면서 당해 영역의 정책 과정을 장악하는 현상을 말한다.

이익집단은 정책 과정에 참여해 자신들에게 유리한 정책이 채택되게 한다. 반면에 관료들은 해당 부처의 권력이나 위신을 유지하거나 확대함으로써 그들의 경력을 확보

12 철의 삼각지대에 대한 고전적인 설명을 보려면 로위(Lowi, 1979)를 참조하기 바람.

내지 발전시키고자 한다. 기관의 예산 규모와 독자적 관할 영역은 그 기관의 권력과 위신을 나타내는 대표적인 지표이다. 그래서 관료들은 국회의원과 특정 이익집단의 이익을 지지함으로써 그들의 예산 증액과 독자적 관할 영역[13]의 확대 의도를 관철시키고자 한다.

② 이슈망모형

이 모형은 하위정부모형이 1970년대 들어 경험적 타당성에 의문이 제기되면서 새롭게 등장한 것이다. 참여자들 간의 기존의 안정된 관계가 내부 균열과 외부 세력의 잦은 진입으로 결속력이 떨어지면서 불안정한 관계로 변질되는 현상을 포착한 것이다. 하위정부 구성원 외에 다양한 개인과 집단이 개입한다. 헤클로(Hugh Heclo)에 따르면, 미국의 경우 소수 참여자들 간의 폐쇄적 정치를 특징으로 하는 하위정부모형이 와해되어 이제는 특정 정책 영역에서 지배적 행위자가 누구인지 확인하기 어려운 상황에 이르렀다고 한다(Heclo, 1978; 박천오, 1999: 244 재인용).

3) 정책 과정상 역할

(1) 정책의제 설정

이익집단은 자신들에게 피해를 주는 문제를 해결해 줄 것을 정부기관에 요구하는 형태로 이익 표출(interest articulation)을 하게 되는데, 그들은 해당 문제의 정책의제화에 필요한 정치적 지지를 동원할 수 있고, 대안을 제시해야 의제 설정에 유리한데 이익집단은 연구기관 보유 등으로 그것이 가능하다.

(2) 정책결정

공식적 정책결정은 공식기관에서 한다. 그러나 이익집단은 정부에 영향력을 미치는데 정치적 지원을 미끼로 정책결정자에게 압력을 가하거나, 정책결정에 필요한 정보나 전문지식을 제공함으로써 자신들에게 유리한 정책이 결정되도록 정부기관에 영향력을 행사한다.

이익집단이 실제로 정책결정에서 어느 정도 영향력을 행사하느냐는 정치 체제의 특성에 따라 달라지는데, 미국과 같은 이익집단이 강력한 나라에서는 이익집단이 하위정

13 '독자적 관할 영역'이란 다른 행정기관들이 개입 · 간여하기 어려운 특정 행정기관의 정책 과정상의 자율적 활동 범위를 말한다(박천오, 1995: 511-523).

부의 구성체로서 실질적인 영향력을 행사하지만, 후진국에서는 정부의 동원용으로 이용되는 경우가 대부분이다.

(3) 정책집행

이익집단은 대개 정책대상집단이 되므로, 이들의 순응이 정책집행의 성공에 관건이 되는데 분배정책에서 수혜집단은 정책의 성공적 집행을 위해 관료들을 독려하고 자극하는 역할을 하는 반면, 규제정책에서는 비용부담집단은 정책을 유명무실하게 만들 목적으로 정책집행을 최대한 방해하려 한다.

(4) 정책평가

이 단계에서도 이익집단은 자신들에게 유리하도록 정책의 효과·비용에 대한 여론을 환기시키고 정보를 제공함으로써 공식적 평가에 영향을 미치려고 한다. 수혜집단은 정책의 성공에 초점을 맞추는 반면, 비용부담집단은 전문연구기관 등에 의뢰해 정책의 실패를 강조하게 된다.

4) 우리나라 이익집단의 정책 과정상 역할

이익집단은 구성원의 이익을 결집하고 표출 및 전달함으로써 정치행정 체계의 투입과정을 통해 영향력을 행사하고 있다. 예를 들어, 우리나라 노동활동의 이익집단에 관련된 사회의 구성은 ① 정부, ② 사용자집단, ③ 근로자집단으로 이뤄지고 있다. 한국노총의 이익 표출활동은 두 가지로 크게 구분되는데(김행범, 1986: 300), 첫째는 정부의 직접적인 행동을 요구하는 것으로, 예컨대 정부가 지침으로 정하고 있는 임금 가이드라인제도를 철폐할 것을 요구하는 경우이다. 둘째는 정부가 사용자 측에 대해 일정한 역할을 수행해 주기를 요구하기보다는 이 정부를 매개로 하여 사용자 측에 어떤 영향을 끼치려고 하는 것인데, 예컨대 사용자가 부당노동행위를 하지 못하도록 정부가 철저히 기업을 감독해 줄 것을 노총이 요구하는 경우이다. 그동안 우리나라의 이익집단들은 생성 배경이 정부의 필요에 따라 하향식으로 조직되었다는 태생적 한계 또는 취약한 재정력 및 응집력 등의 문제로 인해, 그동안 정책의제 설정 과정에서 영향력을 충분히 행사하지 못했다.

6. 정 당

1) 의 의

정당(political party)은 헌법상의 기관은 아니지만 각종 사회집단의 요구나 일반국민들의 요망을 수렴해 정책대안으로 전환시키는 이익결집(interest aggregation)의 기능을 수행한다는 점에서 중요한 역할을 한다. 즉, 국민들이 표출한 의사를 집약하는 것으로 이것은 선거에서 공약 사항 또는 정강정책으로 나타나게 된다.[14] 이해관계를 표출하는 집단인 이익집단과는 이 점에서 차이가 난다. 이해관계의 표출이란 이익집단이 자신들의 이해관계를 극대화하기 위해 자신들의 요구를 정부가 행동으로 옮길 것을 주장하는 것이다. 물론 정당이 이익집단으로부터 표출된 이해관계를 단순 결집하는 '중개자'는 아니며, 정당은 정책형성 과정에서 특정한 이해관계를 옹호하는 활동을 하게 된다. 이 과정에서 당연히 사적인 이해관계의 대변이 아닌 국익에 따라 정책대안을 제시해야 한다.

그리고 최근 경향은 정당은 포괄정당(catch-all party)을 지향한다. 특정한 사회계급보다는 다양한 이익집단을 접촉하는 것이 선거에 유리하기 때문이다. 포괄정당은 키르히하이머(O. Kirchheimer)에 의해 제시되었는데, 그는 제2차 세계대전 이후의 서유럽 정당의 변동으로서, 계급대립과 종파구조의 산물인 계급적 대중정당으로부터 국민적 이익의 매개장치로서의 포괄정당으로의 이행을 지적한 바 있다(이극찬, 2009: 385). 이처럼 정당들이 중위투표자의 선호에 맞춰 정강정책을 채택한 결과 정당들 간의 정책 차이가 크지 않게 되는데, 이러한 데서 포괄정당화 현상이 빚어진다고 할 수 있다.

2) 정책 과정상 역할

(1) 정책의제 설정

각종 요구를 정책대안으로 전환시키는 기능이 이익결집인데, 이에는 대안들을 지지하기 위해 정치적 자원을 동원하는 활동도 포함된다. 이러한 과정에서 지지를 얻을 수 있는 대안만이 남게 된다. 정당에 의한 이익결집은 정당이 선거 시에 제시하는 공약 사항 또는 정강정책으로 나타나게 된다. 이러한 정강의 작성 과정이 바로 이익결집의 전

14 국가사회 안에서의 투쟁에서의 권력을 가령 핵탄두(核彈頭)라고 한다면, 정당은 바로 이 탄두를 운반하는 미사일이라 할 수 있을 것이다(이극찬, 2009: 355).

형적인 예가 되는 것이다.

(2) 정책결정

정책결정은 공식적인 정부기관이 담당하는 역할이다. 그러나 실질적으로 보면 정당이 커다란 역할을 한다. 정당이 선거 시에 제시한 정책대안은 그 정당이 집권당이 되는 경우에 그대로 정책이 되기도 한다.

정책결정에서는 집권 여당의 경우 당·정 협의회를 통해 상당한 영향을 미친다. 당정협의제도는 민주화 이행 이후 집권여당과 행정부 사이에 정책조정 역할을 하게 되면서 정당정치 발전에 기여했다. 한편 여소야대의 국정 하에서는 야당의 역할도 크게 강력해진다.

(3) 정책집행 및 평가

정당은 집행 과정이나 정책평가에도 영향력을 행사한다. 집권당은 정책집행을 자신들이 원하는 방향으로 추진되도록 행정부의 정책집행 담당자들에게 영향력을 행사한다. 또한 야당은 정부의 정책집행에 대한 감시활동을 통해 집행에 영향을 미친다.

3) 평 가

정당의 기능이 제대로 확보되기 위해서는 다음 세 가지가 확보되어야 한다(정정길 외, 2003: 177). 첫째, 개별 정당들은 이익결집을 통해 구체적인 정책을 명백히 밝혀야 한다. 둘째, 국민들은 투표에서 자신들이 지지하는 정책을 제시하는 정당에 투표해야 한다. 셋째, 선거에서 이긴 정당은 자신들이 공약한 정책을 정부정책으로 결정하고 이를 충실히 집행해야 한다.

그런데 이들 조건이 모두 확보되지 않은 경우가 많은데, 그 주된 이유는 첫째, 득표에 오히려 손해가 되므로 정당들이 정책을 구체적이고 명확하게 밝히지 않는다. 둘째, 국민들이 정당을 보고 투표하지 않고 후보자 개인의 능력이나 인품, 혈연이나 지연에 의해 투표를 하는 경우가 많다. 셋째, 정당이 집권하게 되면 정강정책과 전혀 다른 정책을 결정하기도 한다(정정길 외, 2003: 178).

7. NGO

1) 정 의

NGO(non-governmental organization: 비정부단체)는 비영리단체의 일부로서 시민들의 자발적이고 능동적인 참여로 결성되고 자원주의에 입각해 공익을 추구하는 민간기구이다. 따라서 정부와 경제권의 간섭을 받지 않는 자주성을 가지고, 회원의 가입이 개방되어 있으며, 다른 비영리단체에 비해 공공성이 강하고 정부를 견제하는 역할이 크다(박상필, 2002: 87). NGO는 ① 자발성에 입각해, ② 경제적 이익 대신에 공익을 추구하고, ③ 사회운동 차원에서 활동하는, ④ 민간결사체이다.

민주화 조치 이후 상당한 변화가 전개되고 있다. 특히 환경운동연합이나 참여연대와 같은 공익단체의 참여가 엄청나게 증가하고 있는데, 이들은 시민 여론을 동원해 정책의제 설정에 영향력을 행사할 뿐만 아니라, 정책대안의 제시, 집행활동의 감시 등을 통해 정책 과정 전반에 걸쳐 상당한 영향력을 행사하고 있다.

오늘날 NGO는 '국책사업의 거부집단'으로까지 불리고 있는데, 현대 사회에서 NGO의 역할이 크게 증대되고 있는 이유는 정부 부문에 대한 불신, NGO 리더의 '정책선도자(policy entrepreneur)'적 역할 증가, 시민의 참여 의식 증진 등이다. 그 중에서도 정부에 대한 불신이 강조되는데, 이처럼 NGO의 등장은 시장실패나 정부실패와 직결된다.

2) 정책 과정상 역할

첫째, 정책의제 설정을 보면, NGO는 기존의 정책집단에서 고려하지 못한 이슈에 대한 문제 제기를 통해 공공정책에 다양한 가치를 투영하고, 정책에 대한 다양한 시민의 참여를 확대시키고 있다. NGO는 자신들이 제기한 사회문제가 정책의제로 받아들여지기 위해 두 가지 방식을 이용하고 있다(정정길 외, 2003: 198-199). 하나는 특정 이슈에 대한 정부의 관심과 시민의 지지 기반을 확보하기 위해 제도적인 방식과 비제도적인 방식을 병행해서 활동한다. 다른 하나는 NGO 간의 전략적인 연대를 통해 보유한 정치적 자원을 공유할 수 있으며, 동시에 정치적 지지 기반을 확대하고 있다.

둘째, 정책결정은 정책대안이 입법부의 다수결, 행정기관 책임자들의 합의 혹은 법

표 3-1 정책 사안과 관련된 정치 형태 분류

	감지된 비용의 분산 (if the perceived costs are distributed)	감지된 비용의 집중 (if the perceived costs are distributed)
감지된 편익의 분산 (if the perceived benefits are distributed)	대중정치 (majoritarian politics)	기업가정치 (entrepreneurial politics)
감지된 편익의 집중 (if the perceived benefits are concenturated)	고객정치 (client politics)	이익집단정치 (interest-group politics)

자료: 전영평 · 장임숙(2004: 286).

원의 결정에 의해 채택되는 과정이다. 따라서 NGO의 영향력은 직접적이기보다는 간접적이고, 제도권에 대한 접근이 공개적이라기보다는 폐쇄적이라고 볼 수 있다. 그럼에도 불구하고 NGO는 자신들이 추구하는 가치가 정책에 투영될 수 있도록 전문지식의 제공, 여론과 정보의 제공, 전화나 이메일 등에 의한 정책결정 집단에 대한 압력 등을 통해 정부기관들에 영향력을 행사한다.

이러한 설명은 윌슨(J. Q. Wilson)의 네 가지 정치 상황 중 고객정치(client politics) 상황에서 더욱 뚜렷해진다. 그는 정책 사안에 대한 정치적 상황을 감지된 비용과 감지된 이익이 분산되거나 집중되는 상황을 토대로 <표 3-1>과 같이 네 가지 정치적 상황, 즉 대중정치, 고객정치, 기업가정치, 이익집단정치를 제시했다.

고객정치 상황이란 정부 규제로 인해 발생되는 비용은 이질적인 불특정 다수에게 분산되어 그 크기는 상대적으로 작은 반면, 편익은 동질적인 소수의 특정 집단에 집중되는 상황을 말한다. 여기에서의 정부의 고객이란 곧 정책 편익의 수혜자들로서 이를테면 농산물 가격 보조를 충분히 받는 미국의 농부들을 들 수 있다. 정치가들은 이들 고객, 즉 강력한 이익집단들의 요구에 즉각적으로 반응하게 된다. 우리나라의 경우, 변호사법, 농산물 유통 및 가격안정법, 항공운송사업진흥법 등이 이에 해당한다(정용덕, 2002: 1033-1034).[15] 개개인의 비용 부담이 그다지 크지 않으므로, 이러한 정책을 반대하기

15 대중정치 상황은 비용과 편익이 이질적인 불특정 다수에게 광범위하게 분산되지만 그 크기는 상대적으로 작은 경우를 말한다. 즉, 어느 누구도 특별히 큰 이익이나 큰 손해를 보는 것이 아닌 것이다. 종교활동에 대한 규제, 신문 · 방송 · 출판물의 윤리규제 등이 그것이다. 기업가 정치 상황은 비용은 소수의 동질적 집단에게 집중되는 반면, 수혜자가 받는 편익은 광범위하게 분산되는 경우를 말한다. 식품위생법, 수질환경보전법 등이 이에 해당한다. 특히 수질환경보전법은 이익집단들의 강력하고 가시적인 반대 활동이 있었

위해 조직화되거나 정치적 행동을 취하려는 유인을 갖지 못한다. 또한 규제기관이 피규제산업에 포획될 가능성이 높기 때문에 규제기관과 피규제산업 사이에 공생관계가 형성될 수 있다. 따라서 이 경우, 특정 집단에게 매우 우호적인 방향으로 정책이 결정될 우려가 있으므로, 이를 견제하고 감시하는 역할을 NGO가 하게 된다.[16]

셋째, 정책집행 및 평가를 보면, NGO의 정책집행 과정에서의 역할은 두 가지로 구분된다. 하나는 정책집행에 대한 감시와 비판 기능을 수행하는 것이다. 결정된 정책이 집행 과정에서 상당한 문제를 야기하고 있는 것으로 판단되는 경우, 정책집행의 중단이나 정책 내용의 변경을 요구하는 활동을 통해 집행에 영향을 미친다. 그리고 시민단체들은 영향력을 행사하기 위해 이익집단이 통상적으로 사용하는 방법 이외에도 대중 동원, 시위, 그리고 소송 등 세 가지 전략을 추가적으로 구사한다(남궁근, 2008: 288). 이 중 소송은 최후의 수단인데 '호주제 폐지를 위한 시민연대'가 호주제 위헌소송을 제기해 2005년에 헌재에서 위헌으로 판결함으로써, 호적제도가 폐지되고 대신 가족관계부로 대체되기도 했다. 다른 하나는 정부의 정책집행 파트너로서 직·간접적으로 집행활동에 참여하는 것이다. 통상적으로 재원은 정부에서 지원하고[17] NGO가 서비스를 공급하는 이원화된 협조 체계 속에서 이뤄진다. 이러한 협조적인 관계는 NGO의 자율성 침해에 대한 문제를 불러오고 있다.

이상에서 정책 과정별로 NGO의 역할을 살펴보았는데, 영향력 정도를 보면 정책의제 설정 과정에서 다른 정책 과정들에서보다 영향력이 더 큰 것을 알 수 있다.[18]

음에도, 당시의 사회적 사건들에 의해 동기 부여된 정부 내 정책기업가들의 추진력에 의해 성공적으로 입법이 이뤄질 수 있었다. 이익집단정치 상황은 비용과 편익의 크기는 크며, 소수의 동질적 집단에 집중되는 경우를 말한다. 따라서 비용을 부담해야 하는 집단은 그 정책에 강력하게 반대하는데, 혜택을 보는 집단은 정책을 채택하라는 입장을 강력하게 행사할 것이다. 이러한 상황 하에서는 양 집단 간에 첨예한 갈등이 전개될 것이다(정용덕, 2002: 1034-1035; 전영평·장임숙, 2004: 286-287). 이익집단정치 상황에서는 정부는 적극적인 문제 해결보다는 관망하는 자세로 정책문제를 다루는 경향이 크다.

16 윌슨의 규제정치이론은 실제 정책 상황에서는 정책이 시장실패에 대응하는 수단이 아니라 특정 집단의 이익에 봉사하고 있음을 보여 준다.

17 2000년 4월에 「비영리단체지원법」이 제정되었다. 상시 구성원 수가 100인 이상으로 최근 1년 이상 공익 활동 실적이 있을 경우 보조 대상 단체가 되며, '공익사업선정위원회'에서 심사 및 선정한다.

18 환경 NGO의 정책 단계별 영향력 구분을 보면, 정책의제 설정 과정에서 현저히 영향력 정도가 큰 것을 알 수 있다(박상필, 2002: 166).

3) 정치 세력으로서 NGO의 문제점

부족한 재원 때문에 정부와의 관계에서 수동적 입장에 처할 가능성이 높다. 재정 취약성은 개인이나 기업의 기부금이나 지원금에 대한 의존을 높여 사업 수행에서 목적전치(目的轉置) 현상이 나타난다. 그 결과 본래 의도한 사회의 공동선(common goods)을 추구하기보다는 지원이나 기부자들의 요구에 순응하거나 단순한 단체 유지 또는 사무국 운영의 비대화나 관료화를 초래하기 쉽다(김영래 · 이정희 외, 2004: 86).

살라몬(L. Salamon)은 NGO의 한계로 다음 네 가지를 제시하고 있다. 첫째, 박애적 불충분성이다. 활동에 필요한 자원을 지속적이고 안정적으로 획득하기 어렵다는 것을 말한다. 둘째, 박애적 배타주의이다. NGO가 제공하는 서비스를 도움을 필요로 하는 모든 대상에게 전달하기 어렵다는 것을 말한다. 셋째, 박애적 온정주의이다. NGO의 활동 내용과 방식을 결정하는 것이 NGO에게 가장 많은 자원을 공급하는 개인이나 집단의 결정에 의해 좌우될 수 있다는 것을 말한다. 넷째, 박애적 아마추어리즘이다. NGO의 부족한 재원으로는 전문성을 지속적이고 충분하게 확보하기 어렵다는 것을 말한다(김행범 · 구현우, 2014: 345-346).[19]

이 밖에 NGO는 '제3섹터 실패(third sector failure)'로 알려진 한계에 직면할 수 있다. 그 주요한 원인을 헤르즐링거(Regina Herzlinger)는 주인과 대리인 간의 느슨한 연계로 인한 책임성의 부재에서 찾고 있다. 즉, NGO에서는 정부에서의 유권자나 기업에서의 주주와 대비될 만한 책임 대상이 명확하지 않다는 것이다(김준기 · 신정헌, 2003: 130 재인용). 또 다른 한계로는 원고적격의 부재를 들 수 있다. 행정법 관계에서 제기되는 분쟁 해결 방안으로서 가장 중요한 역할을 차지하는 것은 행정쟁송, 그 중에서도 취소소송이다. 취소소송을 제기하기 위해서는 여러 가지 요건을 갖춰야 하는 바, 그 중에서도 문제되는 것 중의 하나는 바로 원고적격이다. 원고적격이란 행정청이 어떠한 행정처분을 했을 때, 그 처분이 잘못된 것이라고 법원에 그 취소를 구할 수 있는 위치에 있는 사람은 과연 누구인가 하는 문제이다. 즉, 정당한 자격을 갖췄는가를 묻는 것으로 우리는 현행법과 판례에서 NGO를 비롯한 사회단체들의 원고적격을 부정하고 있다.

무엇보다 사람들은 NGO 구성원들의 도덕성을 높이 평가한다. 그러나 현실은 종종

19 "남다른 소명의식으로 시민사회운동에 뛰어든 젊은 활동가들은 적은 월급과 과중한 업무에 시달리는 데다 단체에서 그들의 의견을 존중하지도 않는 탓에 3년을 못 채우고 떠나는 경우가 비일비재하다"는 말은 한 국내 NGO단체의 장이 퇴임하면서 한 것이다(서울신문, 2015.2.2).

그렇지 않은 경우를 보이고 있는데, 자신이 비판하던 론스타(Lone Star) 측에서 8억 원을 받은 장화식 전 투기자본감시센터 대표 사례가 있다. 론스타 저격수를 자처했던 그가 먼저 론스타 측에 뒷돈을 제안했다는 사실은 시민사회에 큰 충격을 주었다.[20] 뿐만 아니라 환경운동의 대부로 불리던 최열 환경재단 대표가 2009년 부동산 업체에서 억대 금품을 받아 2013년 대법원에서 유죄 확정 판결을 받은 사례도 있다.

8. 언 론

1) 일반적 기능

언론은 현대 사회에서 정부기구 중 '제4부(the fourth branch of government)'로 불릴 만큼 중요한 역할을 담당하고 있다. 그리고 언론은 공공문제의 발견 메커니즘으로 작용할 뿐만 아니라, 샷슈나이더(E. E. Schattschneider)가 말하는 '갈등의 사회화(socialization of conflict)'를 위한 촉매제(catalysts)로 작용한다(Schattschneider, 1960: 7-8). 그리고 개인적인 문제를 공공 이슈로 전환시킴으로써 언론은 청중의 규모를 확대시켜 정책결정 과정의 역동성(dynamics)을 변화시킨다.

물론 최근 들어 언론의 역할은 다소 위축되어 공중의 관심을 사로잡지 못하고 있는 것이 사실이다. 미국 정치에서 언론의 역할을 조사한 이옌거(Shanto Iyenger)와 킨더(Donald R. Kinder)는 "정보의 홍수 시대에 사람들은 모든 것에 주의를 주지 않는다. 모든 것에 주의를 기울인다면 마비(breed paralysis)가 될 것이라고 말하고 있다(Iyenger & Kinder, 1987: 58). 이와 관련해 킹던(John W. Kingdon)은 대중매체가 공공정책에 미치는 영향은 제한적이라고 말하고 있다(Kingdon, 1984). 매체는 뉴스거리(newsworthiness)적 특성을 중시하므로, 즉각 보도, 충동성, 유명인 관련 보도 등 듣는 사람들이 흥미를 가질 만한 이슈에 치중하는 경향이 있어, 무거운 주제인 공공정책 의제에는 사람들의 이슈 주의 주기(issue attention cycle)를 기다릴 수 없다. 그리고 공공정책의 참여자들은 그들이 지지하는 혹은 반대하는 정책들에 대해 상당히 충분한 정보와 쉽게 변하지 않은 그들 나름대로의 정견을 가지고 있기 때문에 대중매체의 영향을 쉽게 받지 않는다는

20 장화식 씨는 이 8억 원을 뒷돈이 아니라 '해고보상금'이라고 주장했지만, 2015년 8월, 법원은 그에게 공소사실이 모두 유죄로 인정된다며 징역 2년과 추징금 8억 원을 선고했다.

것이다.

2) 정책 과정상 역할

(1) 정책의제 설정

언론은 외부 주도형이건 동원형이건 간에 여론 형성과 투입 기능을 통해 공중의제로 확산시킴으로써 정책의제화에 결정적인 역할을 한다. 사회에서 일어난 문제를 국민에게 알리거나 어떤 쟁점이 표출되었을 때 해설을 통해 문제의 중요성을 인식시키는 것이 전자에 해당하며, 국민이 요구하는 바를 정책결정자에게 전달함으로써 정책의제화에 결정적인 역할을 하는 것은 후자에 속한다.

맥콤(Maxwell E. McCombs)과 쇼(Donald L. Shaw)는 1968년 미국 대통령 선거 과정을 분석하면서, 신문매체가 보도하는 문제의 중요성과 일반국민들이 생각하는 문제의 중요성 간에 뚜렷한 상관관계가 있다. 즉, 신문매체가 일반국민들이 생각하는 문제의 중요성을 반영한 것이 아니라 신문매체가 다루는 문제의 중요성이 일반국민들이 가지는 문제의 중요성에 영향을 미치고 있다고 했다(McCombs & Shaw, 1972: 176-187).[21] 다시 말해, 아무리 중요한 내용도 언론이 보도하지 않거나 작게 취급하면 사람들은 별것 아닌 것으로 생각하게 되는 것이 일반적이다.

(2) 정책결정

전문지식의 한계 때문에 언론의 역할은 비교적 약하나, 정책공동체(policy communities)에서 논의되는 중요한 대안을 소개함으로써 정책결정에 간접적인 영향을 미치기도 한다.

(3) 정책집행

집행 결과상의 문제를 보도해 여론을 일으키거나, 여론화되지는 않더라도 잊기 쉬운 문제점을 노출시켜 주는 역할을 한다. 언론은 집행상의 부정과 비리를 폭로함으로써 행정에 대한 강력한 통제 기능을 수행한다. 이러한 일을 하기 때문에 언론 종사자들은 흔히 추문 폭로자(muckrakers)로 비유된다.

---

21 위버 외(Weaver, Graber, McCombs, & Eyal, 1981: 45-58)는 1976년 미국 대통령선거를 지켜보고 정책의제 설정에서 각 매스매디어의 역할이 다름에 주목했다. 그들은 신문은 의제 설정의 역할을 하고, TV는 스포트라이트를 비추는 역할(spotlighting role)을 한다는 것이다.

(4) 정책평가

언론은 정책의 집행 과정에서 발생한 비리나 예산의 낭비 등과 같은 문제를 심층적으로 파헤치는 방법에 의해 정책평가에 영향을 미친다.

9. 일반 개인

위에 적은 정책 주체들 이외에도 일반국민 개개인도 충분히 정책 주체의 역할을 할 수 있다. 수박 꼭지가 수박의 신선도나 당도와는 관련이 없다며 관련 규정을 바꿔야 한다는 제안을 한 K씨를 예로 들 수 있다. 수박 꼭지가 붙어 있어야 싱싱하다는 잘못된 통념에 기초해서 '농산물 표준규격'이 마련되었기 때문에 산지 농민들은 꼭지를 떼지 않고 출하해야만 했다. K씨의 노력으로 산지 농민들은 수박 꼭지를 유지하기 위해 추가 비용이 들어가는 것을 막을 수 있었다(매일경제, 2015.7.27).

또 다른 예로, 변호사시험 성적 비공개 법률에 대한 위헌 결정을 이끈 송명욱 변호사를 들 수 있다. 2015년 6월 25일 헌법재판소가 7 대 2의 의견으로 변호사시험법 제18조 제1항이 합격자들의 정보공개 청구권을 제한한다며 위헌 결정을 내렸다. 제18조 제1항(시험정보의 비공개)은 "시험의 성적은 시험에 응시한 사람을 포함해 누구에게도 공개하지 아니한다. 다만 불합격한 사람은 6개월 내에 본인이 성적 공개를 청구할 수 있다"고 규정하고 있다. 사실 중요한 평가지표가 될 수 있는 변호사시험 성적을 공개하지 않으면서, 기존 대학 서열이 곧 채용 서열로 이어지는 상황에서 송변호사는 청구인이자 대리인으로 헌법소원에 참여했다. 한 헌재재판관은 변호사시험를 통해 학벌을 극복하고 자신의 능력을 객관적으로 검증받고자 한 다수 변호사시험 합격자의 절규를 받아들여 변호사시험 성적을 공개한다고 했다. 그러나 성적만 공개되고 등급은 여전히 비공개로 남아 실효성에서 한계를 드러내고 있다.

최근 우리 사회에 경종을 울린 일터의 안전문제가 국민들의 안타까움 속에 큰 주목을 받았다. 태안화력발전소 근로자였던 김용균의 죽음은 28년 간 잠자고 있던 산업안전보건법의 개정안을 이끌어냈다. 이 법은 2019년 1월 8일에 공포 의결되었다. 핵심사항은 사업주가 긴급대피한 근로자에게 불이익 처우를 한 경우 형사적 제재를 할 수 있도록 하여, 근로자의 작업중지권 행사를 실효적으로 뒷받침한다. 아울러 위험의 외주화의 주범으로 지목받던 도급과 하청의 재하청을 금지하는 것이다. 외주화 금지를 위반 시 최대 10억 원의 과징금이 부여된다. 그리고 안전 조치 의무를 위반하여 근로자를 사망하게 한 경우 5년 이내에 다시 같은 죄를 범한 경우 그 형의 2분의 1까지 가중처벌을 할 수 있도록 했다.

함께 생각할 정책 사례 4

보육정책: 돌봄교실

최근 정부는 부모들이 마음 편하게 아이들을 맡길 수 있도록 보육정책을 개정한 바 있다. 2020년 3월부터 기존에 종일반, 맞춤반으로 구분되었던 것이 모든 아이들에게 공통으로 적용되는 오후 4시까지의 기본 보육시간과 개별적인 필요에 따라 오후 7시 30분까지 제공되는 연장보육 시간으로 나뉘어졌다. 오후 5시 이후에는 시간당 보육료를 별도로 지원함으로써 아이들로 인해 연장 근무하는 보육교사들에 대한 부담을 줄이고 있다.

그런데 최근 돌봄교실 업무를 학교에서 지자체로 이관하는 내용의 '온종일돌봄특별법' 추진으로 교원단체와 돌봄전담사 간에 갈등이 심화되고 있다. 본질은 교육기관인 학교가 어느 수준까지 보육의 영역을 담당할 것인가의 문제로 귀결된다(국제신문, 2020.11.5). 교원단체들은 보육의 영역을 지방자치단체가 받아야 한다고 주장하는 반면 돌봄전담사들은 돌봄교실이 지방자치단체로 이관되면 보육의 질 저하가 우려된다고 말한다.

여기서 우리는 만약 돌봄이 지방자치단체 중심으로 통합된다면 어떻게 될지 생각해봐야 한다. 2019년 기준 학교에서 이뤄지는 초등 돌봄교실은 290,358명이 이용하고 있는 데 반해, 지방자치단체의 마을 돌봄의 규모는 107,586명에 불과하다. 이러한 규모 차이에도 불구하고 학교 돌봄이 모두 지방자치단체로 이관된다면 상당 부분이 민간에게 넘어갈 수밖에 없다. 돌봄이 학교 울타리를 넘어 마을로 확장하는 것이 아니라 학교 울타리 밖으로 쫓겨나 고립될 가능성이 높아질 것이라는 일부의 지적에 귀기울여야 할 것이다.

04 정책의제 설정

제 1 절　정책의제 설정의 의의와 중요성
제 2 절　정책의제 설정의 접근 방법
제 3 절　정책의제 설정 과정
제 4 절　주도집단에 따른 정책의제 설정 과정
제 5 절　정책의제 설정을 좌우하는 요인
제 6 절　전략적 의제 설정을 위한 분석기법

정책학원론
Theories of Policy Sciences

제4장

정책학원론

정책의제 설정

제1절 정책의제 설정의 의의와 중요성

1. 의 의

어떤 사회문제가 정책화되기 위해서는 먼저 그 사회문제가 정책의제로 채택되어야 한다. 정책의제 설정(agenda setting)은 정부가 여러 가지 사회문제 중에서 정책문제로 채택하는 정치적 과정 또는 행위를 말한다. 종래 연구에서는 정책의제를 이미 정치 체제에 의해 주어진 것으로 간주함으로써 의제 설정 부분을 등한시해 온 느낌이 적지 않으나, 이 관계야말로 정치 영역과 행정 영역을 연결시켜 주는 가장 핵심적인 부분이다(최봉기, 1988: 63).

그렇다면 어떤 문제는 정부의 관심을 받아 정책화되고, 어떤 것은 방치되는가? 1960년대 미국 흑인 폭동에서 흑인들의 사회문제가 왜 정책의제화되지 못했는가에 관심이 가게 되었고, 이를 계기로 정책의제 설정은 정책학의 주요 관심 분야로 대두하게 되었다. 코브(Roger W. Cobb)와 엘더(Charles D. Elder), 아이스턴(Robert Eyestone), 그리고 존스(T. E. Jones) 등이 이 부문을 상세히 다루고 있는데, 여기서도 이들의 견해를 중심으로 살펴보고자 한다.

2. 중요성

정책의제 설정은 정책 과정의 첫 번째 단계로서 다음 세 가지 측면에서 중요한 의미를 갖는다.

첫째, 정책의제 설정은 문제 해결 및 정치적 갈등의 첫 번째 단계라는 점이다. 정책문제로 채택되면 그 문제는 해결 가능성이 높고, 반대로 사회가 반드시 해결해야 할 아무리 중요한 사회문제라 할지라도 정책의제로 채택되지 않으면 그 문제는 완전히 방치된다.

둘째, 정책의제 설정은 정책대안의 실질적 제안과 범위를 한정한다. 특정 사회문제가 사회에 주는 피해가 아무리 크다 해도 문제를 해결할 수 있는 정책대안이 존재하지도 않는 사회문제를 정치 체제가 위험을 부담하면서까지 정책의제로 채택할 가능성은 매우 적다. 따라서 대개의 경우 정책의제로 채택된 사회문제는 이미 정책의제 설정 과정에서 정책대안의 범위가 어느 정도 결정된다.

셋째, 정책의제 설정 과정에서 어느 집단이 주도했는가는 이후의 정책 과정에 커다란 영향을 미치게 된다. 의제화 단계에서 외부 주도형보다는 대통령이나 고위관료가 주도하는 동원형일 경우 정책결정이 좀 더 분석적으로 이뤄지고 집행 과정도 순조롭게 이뤄질 가능성이 크다.

제2절 정책의제 설정의 접근 방법

정책의제 설정은 그 대상인 정책문제를 구성하는 방법에 따라 다음 두 가지 접근 방법으로 나눌 수 있다(김행범 · 구현우, 2020: 388).

1. 정책문제의 객관적 구성

이것은 정책문제의 채택에 영향을 미치는 사회경제적 조건의 역할을 강조한 것으로, 이 접근 방법에서는 사회경제적 조건이 정부가 궁극적으로 대응하고자 하는 정책문제의 채택에 중요한 영향을 미친다고 가정한다. 이 접근 방법에서는 정치와 경제의 교차라는 관점에서 정책의제 설정 과정을 이해하기도 한다. '정치적 경기 순환이론'에서 보듯이, 선거에서의 승리라고 하는 정치적 동기가 정책문제의 채택과 관련해서 중요한 함의를 가진다. 선거에 임박해서 실업이나 인플레이션 등의 이슈가 정책문제로 채택되는 데에는 정치적 동기가 크게 작용한다.

2. 정책문제의 주관적 구성

정책문제는 기본적으로 주관적 성격을 띠고 있다. 문제의 정의는 대표(representation)의 문제에 직면하고, 따라서 문제 그 자체를 구성하는 객관적 사실은 없고 관심의 대상이 되는 정책문제에 대한 사회적 · 정치적 규정은 관련 행위자들의 인식, 표현, 이해관계 및 가치관과 직접적으로 연결된 '집합적 구성'의 형태로 나타날 수밖에 없다. 의제 설정의 대상인 '문제'는 어떤 사고(idea)에 의해 주관적으로 구성되는 것으로 간주한다. 따라서 정책의제 설정 과정에서는 행위자와 사고가 결정적으로 중요하다. 특히 새로운 사고는 행위자들이 문제를 인식하는 '렌즈'와 같은 역할을 하며, 정책문제를 야기하는 '이야기(story)'를 구성하는 데 결정적인 역할을 하게 된다.

제3절 정책의제 설정 과정

사회문제는 여러 단계를 거쳐 정책문제로 채택된다. 이에 대해 많은 학자가 다양한 견해를 소개하고 있으나, 여기서는 아이스턴의 견해를 중심으로 살펴보고자 한다. 그는 정책의제 설정 과정을 사회문제 → 사회적 이슈 → 공중의제 → 공식의제로 설명하고 있는데, 이를 구체적으로 살펴보면 다음과 같다(Eyestone, 1978: 69-86).

1. 사회문제의 인지

사회문제(social problem)의 인지란 어떠한 문제가 관련된 개인이나 집단에 의해 사회문제로 인식되는 것을 의미한다. 여기서 사회문제란 "개인 문제가 불특정 다수에게 장기간에 걸쳐 반복적으로 일어나는 문제"를 말한다. 이처럼 사회문제는 불특정 다수가 관련된 문제일 뿐만 아니라, 문제의 상태가 시간적으로 계속성을 가져야 한다.

2. 문제의 사회적 쟁점화

사회적 쟁점화(social issue) 단계란 그 사회문제에 대해 부정적 견해를 가지거나, 해결 방법에 대해 다른 견해를 가지는 다수의 집단이 나타나, 문제 해결에 합의점을 찾지 못하고 갈등이 야기되는 단계를 말한다. 특정 방법에 의한 문제의 해결은 특정 집단에 혜택을 주면서 다른 집단에는 피해를 주기 때문이다.

모든 사회문제가 사회적 쟁점이 되는 것은 아니며, 어떤 사회문제가 사회적 쟁점이 되기 위해서는 쟁점화시키려는 주도자(initiator)가 있어야 하고, 사람들의 주목을 끌 수 있는 사건과 같은 점화 장치(trigering event)가 있어야 한다. 점화 장치란 잠재해 있던 어떤 문제를 극적으로 부각시키는 사건으로 오래된 일이지만, 초등학생들의 집단 가출과 밀항 기도로 인해 학업 부담에 사회적 관심이 모아졌던 경우나, 또 다른 예로 축산물 가공식품 관리권을 놓고 벌인 '고름우유사건'이나 군산의 윤락업소 화재사건[1] 등이 점화 장치에 해당한다.

3. 쟁점의 공중의제화

공중의제(public agenda) 혹은 체제의제(systemic agenda)란 일반대중의 주목을 받을 가치가 있으며, 정부가 문제 해결을 하는 것이 정당한 것으로 인정되는 사회문제이다. 많은 사람의 관심이 집중되어 있으며, 정부가 그것을 해결할 수 있는 것으로 인정하는

1 또 성매매 집결지 화재 참사 사건이 있기 전까지는 성매매를 사회의 일종의 필요악으로 인식해 사회적 관용과 용인이 있어 왔다. 이러한 인식의 전환의 계기가 된 것이 군산의 두 건의 화재 참사였다. 2000년 9월 19일 전북 군산시 대명동의 속칭 '쉬파리골목'의 무허가 윤락업소에서 20대 여성 5명이 전기 누전으로 추정되는 화재로 인한 유독가스에 질식해 숨졌다. 무허가 집장촌의 감금, 윤락 강요 등이 알려지면서 사회 전체가 충격에 휩싸였다. 그러나 이 사건에도 불구하고 감금과 윤락은 여전했다. 2002년 1월 29일 군산시에서 성매매를 강요당해 온 윤락여성 12명이 또 화재로 목숨을 잃었다. 이 두 사건은 매춘여성들이 처한 인권 유린의 실상을 극적으로 보여준 것이었다.

사회문제인 것이다.

사회적 이슈에 대한 논쟁이 확산되면서 공중들이 이를 인식하고 관심을 갖게 되는데, 이러한 과정을 거치면서 공중의제는 자연스럽게 형성된다. 아이스턴은 이 과정에서 이슈 공중(issue public)의 역할을 강조한다. 여기서 이슈 공중이란 일반대중과 달리 어떤 사회적 이슈에 대해 비판하고, 그 해결책을 제시하려고 하는 적극적인 태도를 지닌 공중을 의미한다. 이들의 역할이 크면 클수록 사회적 이슈는 더욱 관심을 끌게 된다. 이처럼 공중의제화는 사회적 이슈가 공중에까지 확산됨으로써 일반대중들이 그 사회문제에 관심을 갖게 되고, 그 해결이 정부의 당연한 역할이라고 믿게 될 때 이뤄진다(Eyestone, 1978: 79-81).

한편 코브와 엘더는 사회적 이슈가 공중의제가 되려면 다음 세 가지 전제 조건의 충족이 필요하다고 했다(Cobb & Elder, 1972: 86). 쟁점의 공중의제화는 많은 사람이 그 문제에 관심을 가지고 있거나 알고 있고, 문제의 해결책이 강구되어야 한다고 공감하고 있으며, 해결책을 강구하는 것이 정부의 권한에 속한다고 생각될 때 이뤄진다는 것이다.

4. 쟁점의 공식의제화

이것은 공중의제화된 사회문제에 대해 정부가 그 해결을 위한 관심과 행동을 집중함으로써 이뤄진다. 즉, 공중의제가 정부 내부로 진입해 들어감으로써 정부의제화되는데, 공중의제가 정부의제로 변화하는 과정이 정책의제설정론의 핵심이다. 여기서 정부의제란 "정부의 공식적인 의사결정에 의해 그 해결을 위해 심각하게 고려하기로 공식적으로 밝힌 문제"로서 공식의제라고도 한다. 그런데 공중의제와 공식의제는 성격이 크게 다르다. 공중의제는 문제를 확인하는 데 그치고 문제의 극복 방안이나 대안을 담고 있지 못하는 경우가 많다. 이에 비해 공식의제는 좀 더 구체적이고 안건의 수가 공중의제의 경우보다 적다(오석홍 · 김영평, 2000: 406-412).

물론 공식의제로 채택되었다고 해서 모두가 정책결정의 대상이 되는 것은 아니다. 그러나 공식의제로 채택된 문제는 정부가 해결책을 강구할 가능성이 높은데, 그 이유는 문제에 대한 해결책이 존재하지 않을 경우 정책의제 설정자에 의해 그 의제가 공식의제로 채택되지 않았을 것이기 때문이다. 앞에서 언급한 성매매문제는 나중에 정부에 의해 해결책이 강구되었는데, 그것이 바로 성매매특별법의 제정이다. 핵심 조항은 제21조 제1항으로 "성매매를 한 사람은 1년 이하의 징역이나 300만 원 이하의 벌금·구류 또는 과료에 처한다"는 규정이다. 이 법으로 인해 집장촌이 사라지는 등 긍정적인 효과가 있었지만, 풍선 효과에 의해 성매매 행위가 주택가 등지에서 은밀하게 행해지고 있는 부작용도 있다. 대표적인 것이 음성적 성매매가 증가하게 되면 성 관련 질병이 더욱 증가하게 된 것이다. 기존에는 성병정기검진을 통해 관리했으나 이것이 음성화될수록 관리는 더욱 힘들어진다. 기존의 전업형 업소의 경우 임질은 1주일, 매독 3개월, 에이즈는 6개월에 한 번씩 정기적으로 성병검진을 실시했다. 그러나 전화방, 폰팅, 휴게텔 종사자의 경우 현재 '성병 건강진단 대상자'로 분류되어 있지 않아서 성병 감염의 우려가 높은 것으로 지적되고 있다.[2]

제4절 주도집단에 따른 정책의제 설정 과정

1. 내 용

1) 외부주도모형

외부주도모형(outside initiative model)이란 정부 외부에 있는 집단들이 주도해 정책의제 채택을 정부에 강요하는 모형이다. 즉, 주로 이익집단들에 의해 제기된 문제가 여론을 형성해 공중의제로 전환되고, 마침내 정책결정자들에 의해 공식의제로 채택되는 유형이다. 예를 들어, 1987년 6월의 민주항쟁은 온 국민의 공감대를 형성했는데, 이를 무시할 수 없었던 집권층이 급기야 노태우 선언(1987.6.29)을 발표할 수밖에 없었던 것이 이 모형에 속한다(이대희, 1991: 141). 또 다른 사례로는 군 미필자들의 공직 진출 시에 군필자들의 가산점으로 인해 피해를 보고 있다는 문제가 사회문제화되었다. 이 문제는 당시 여성단체들과 군필자 사이에 온라인에서 심각한 논쟁을 벌이다가 이화여대생과

2 우리나라는 모든 성매매를 금지하고 이를 위반하는 행위를 처벌하는 '전면적 금지주의' 모델을 취하고 있다. 특히 아동청소년 대상 성매매를 한 사람은 1년 이상 10년 이하의 징역이나 2천만 원 이상 5천만 원 이하의 벌금에 처한다.

장애인 등 6명이 헌법재판소의 판결을 요구했다. 1999년 12월 헌법재판소는 공무원 임용시험에서 군필자 가산점제도가 위헌이란 판결을 내리고, 결국 정부는 이를 폐지하게 된다(권기헌, 2008: 141).

(1) 과 정

① 주도(initiation): 외부에서 매우 포괄적이고 일반적인 용어로 고충이 표명되는 단계로서 일반적 고충의 표명 단계이다.

② 구체화(specification): 제기 단계에서 표명된 일반적 고충이 특정한 정책적 요구로 전환되는 단계를 말한다. 예를 들면, 공단의 질병(예: 온산병) 호소가 환경연구가나 의료인에 의해 구체적인 지표로 구체화되는 것이다.

③ 확장(expansion): 정부의 관심을 끌기 위해 더 많은 환경집단에 그 논제를 확산시키거나 그 논제가 기존 논제들과 밀접한 관계가 있는 것으로 인식시킴으로써, 정책결정자로 하여금 그 문제가 공중의 문제인 것으로 생각하도록 노력하는 단계이다.

④ 진입(entrance): 확산에 성공한 의제는 공중의제가 되어 많은 사람의 관심을 끌게 되고, 국민적 지지를 중시하는 정부는 이에 관심을 기울이게 된다. 즉, 공중의제가 공식의제로 전환되는 과정을 말한다.

그림 4-1 외부주도모형

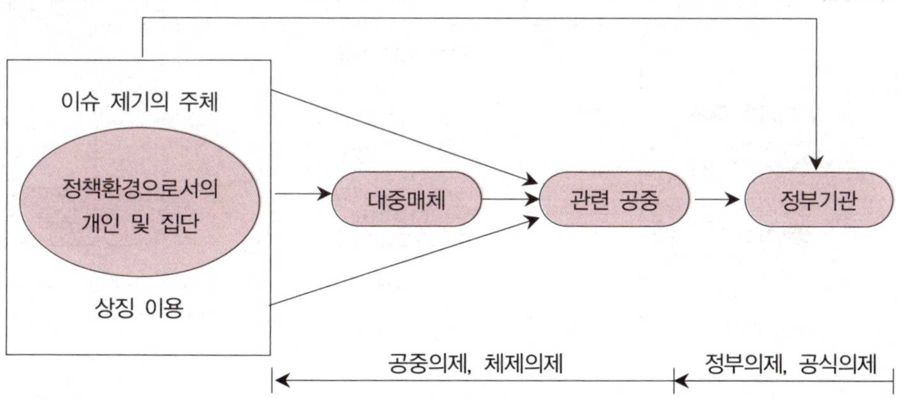

(2) 특 징

정부가 외부의 요구에 민감하게 반응하는 정치 체제, 민주화된 선진국에서 많이 볼 수 있고, 외부주도형에 따라 결정된 정책은 상호 대립되는 이해관계인들의 타협의 산물이므로 정책 내용이 상호 충돌, 모순적이며 단기적·단편적 성격을 띤다. 그리고 외부주도집단과 반대집단 간의 싸움과 타협은 정책의제 설정 과정에서뿐 아니라 결정, 집행 및 평가에도 계속되어 정책 과정 전반에서 조금씩 나아가기(muddling through)가 두드러지게 나타난다.

2) 동원모형

동원모형(mobilization model)은 이슈가 정부 내부에서 생성되어 자동적으로 정부의 정책의제가 되고, 성공적인 정책집행을 위해 공중의제로 확산시키는 과정을 설명하는 모형이다. 즉, 사회문제 → 정부의제 → 공중의제로 진행된다.

외부주도모형과 달리 정치 지도자의 지시에 따라 사회문제가 바로 정부의제로 채택되고 정책집행의 성공을 위해 필요한 일반의 지지를 얻기 위해 정부의 PR활동을 통해 공중의제로 확산시키는 것이다.

그림 4-2 동원모형

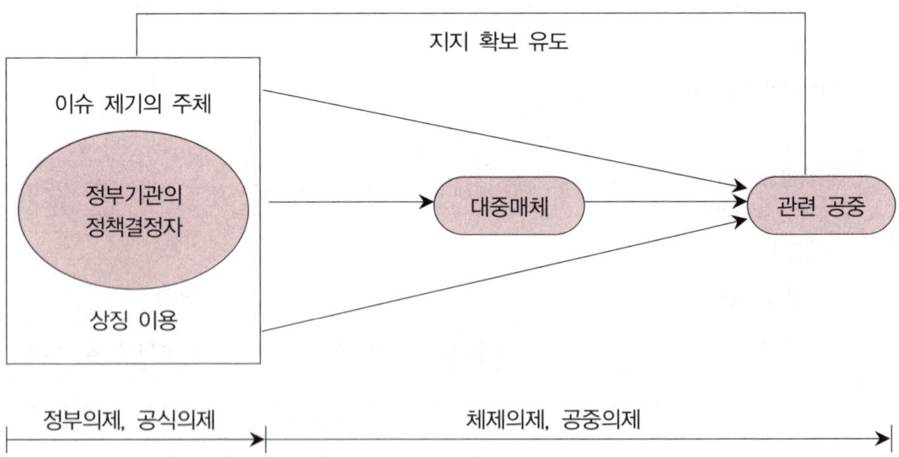

(1) 과 정

① 주도: 하나의 새로운 정책 혹은 프로그램이 정치지도자에 의해 공표되는 단계를 말한다. 정책이 지도자에 의해 공표될 때 자동적으로 공식의제가 된다. 가족계획사업이나 1970년 5월의 '새마을가꾸기사업' 등이 전형적인 예이다.

② 구체화: 공표된 정책의 세목을 정하는 단계를 의미한다. 새로운 정책이 공표될 때 세부적인 사항까지 공표되는 일은 거의 없다. 정치 지도자들은 대개 거시적 방향만 제시하고 행정관료들이 세부 사항을 구체적으로 정하는데, 이러한 구체화는 정부가 공표한 정책에 대한 국민적 지지의 기본이 된다. 구체화 과정을 통해야 만이 일반국민들이 제기된 의제의 내용을 이해할 수 있기 때문이다. 새마을운동의 경우 3대 정신인 근면, 자조, 협동으로 구체화시키자 국민들이 프로그램의 내용을 알고 정부에 협조하게 된 것이다.

③ 확장: 성공적인 집행을 위해서는 일반의 참여가 필요하다. 이를 위해 상징과 대중매체를 이용하는데, 박정희 전 대통령이 전국 벼 베기 대회에 직접 참가한 후 촌로들과 막걸리를 마시는 장면을 방송에서 반복해 내보내는 경우가 이에 해당한다.

④ 진입: 정부 주도의 확산 과정의 성공으로 정부의제가 공중의제로 전환되는 것을 의미한다. 즉, 많은 환경집단이 정부의제의 중요성과 유용성을 인식하는 단계를 말한다.

(2) 특 징

동원모형은 정부의 힘이 강하고 민간 부문이 취약한 후진국에서 자주 나타나는 유형이다. 우리나라의 경우, 과거 권위주의 정부 하에서는 동원모형에 의한 의제 설정이 많았으나, 민주화가 진행되면서 정부가 의제 설정을 하더라도 관련 집단의 반발로 당초의 정부 의도가 수정되는 경우가 자주 나타나고 있다. 이 모형에서는 정책결정이 더욱 분석적으로 이뤄지고, 그 산출인 정책도 종합적·체계적이며 장기적인 성격을 지닌다.

3) 내부접근모형

내부접근모형(inside access model)은 정부 내의 관료집단에 의해 주도되어 사회문제가 공식의제로 채택되는 형태의 모형이다. 이 모형은 일반공중의 참여를 배제하고자 시도하는 모형이다. 즉, 사회문제가 정책담당자에 의해 바로 정책의제가 되나 공중의제화 노력은 하지 않을 뿐만 아니라, 오히려 의도적으로 확장을 막으려고 노력한다. 정책결

그림 4-3 내부접근모형

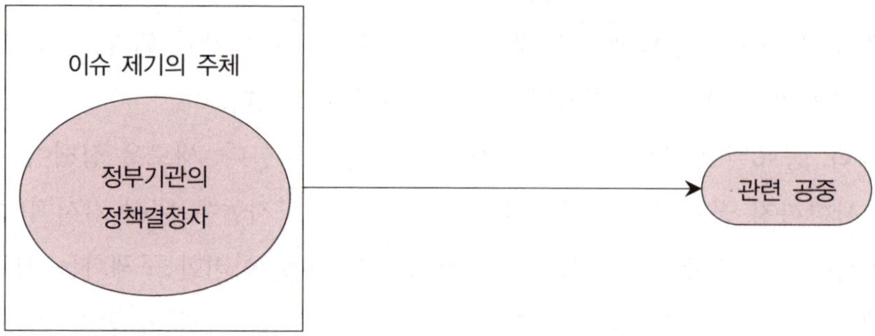

정자집단은 자신들의 의제를 공식의제로 상정되도록 압력을 행사할 수 있는 동일시집단[3]과 주의집단에게만 쟁점을 확산시킨다.

이 모형은 사회문제 → 정부의제의 성격을 나타내며, 부(富)와 지위가 소수에게 집중된 개발도상국가에서 자주 나타나지만 미국 같은 데서도 무기 구입 정책에서 나타난다. 우리나라의 경우, 민정당, 민주당, 공화당이 민주자유당으로 합쳐지는 과정에서 있었던 '내각제 합의'와 같은 것이 비밀스럽게 이뤄지는 내부접근형의 한 예이다. 또 다른 예로, 최근 이뤄진 공무원 시험 과목 변경을 들 수 있다. 이 문제는 사회의 공감대가 형성된 것도 아니고, 정책의제로 채택된 다음 그 필요성에 대한 여론 형성 과정도 없었다. 이 문제는 이명박 대통령의 고졸 채용 확대 방안 지시에 따른 것이었으며, 여론 형성은 정책의제 설정 과정에서 중요한 의미를 가지지 않았다(김행범 · 구현우, 2014: 402).

(1) 과 정

① 문제 제기: 정책결정자나 그 측근들에 의해 정책안이 제기되는 것을 말한다.

② 구체화 단계: 일반적인 정책안을 구체적 제안(concrete proposal)으로 전환시키는 단계를 말한다.

③ 확산 단계: 의제를 공중에게 확산시키는 의미의 확산 단계는 없다. 다만 정책에 대한 우호적인 반응을 얻어내는 데 필요한 동일시집단과 선택적인 주의집단에게만 확산 노력이 한정된다.

④ 진입 단계: 정부의제 성립 자체가 곧 정부에 진입한 것으로 볼 수 있으나, 이슈

3 동일시집단(identification group)이란 주도집단과 강력한 공감대를 형성하고 있는 집단이다.

자체가 정부 내부에서 생성된 것이므로 진입이란 용어를 쓰기에는 부적합하다. 따라서 이 모형에 진입 단계는 없는 것이다.

(2) 특 징

특수 이익집단이 비밀리에 정부의 혜택을 보려는 경우에 해당하며, 동원모형과의 차이는 동원모형의 주도 세력보다는 낮은 지위의 고위관료라는 점과, 동원모형은 주도집단이 공중의제화를 시도하지만, 내부모형은 공중의제화를 막는다. 그 이유는 주도집단이 정책의 내용을 그들의 뜻대로 결정하고, 가능한 이를 최소한의 수정만으로 집행하려는 의도이다. 그래서 집행에 꼭 필요한 집단에만 알리고 일반대중에게 알려지는 것은 원치 않는다. 이러한 행태는 의도적으로 국민을 무시하는 정부에서 나타난다.

2. 평 가

이상에서 코브와 엘더 등의 모형을 살펴보았는데, 의제 설정에 관한 다양한 과정에 대해 이해의 폭을 넓혔다는 긍정적 기여에도 불구하고 몇 가지 제약점을 가지고 있다. 그 중의 하나는 그들이 제시한 정부의제로 만드는 전략이 너무나 당연한 것을 이론적으로 표현한 것에 불과하다는 비판을 받고 있다(박성복 · 이종열, 2000: 200). 또 다른 지적으로는 하나의 이슈를 체제 의제화시킬 때 불법적 · 비합법적 수단의 동원은 어떤 효과를 가져올 수 있는지, 그리고 그것이 지니는 정치적 의미는 무엇인지 하는 것에 대한 언급이 빠져 있다는 것이다. 또한 그들의 이론은 정책의제 설정 문제를 미국의 정치 환경을 중심으로 배타적으로 다뤘기 때문에, 다른 나라의 정치 체제에 대해서는 설명력이 약하다는 점이다(오석홍 · 김영평 편, 2000: 413-414). 이 밖에 메이(Peter J. May)는 코브와 엘더의 모형이 정체(政體, régime)의 성격만 강조하고 있다고 비판하고, 정책의 하부시스템과 문제 자체의 성격 간의 상호작용의 관점에서 의제 설정 과정을 개념화할 필요성을 제기하고 있다(Howlett & Ramesh, 1995: 116). 좀 더 구체적으로 말하면, 정책의제 설정에서 중요한 것은 국가와 사회행위자 중 누가 과정을 주도하는가와 문제 해결에 보내는 일반대중의 지지도가 어느 정도인가라는 것이다. 그들은 <표 4-1>과 같이 상호 관계를 나타내고 있다.

표 4-1 정책 형태(policy type)에 의한 의제설정모형

주도자	공중의 지지의 성격(nature of public support)	
	높다	낮다
사회행위자(societal actors)	외부 주도(outside-initiation)	내부 접근(inside-access)
국가(state)	공고화(consolidation)	동원(mobilization)

자료: Howlett & Ramesh(1995: 116).

특히 여기서 강조하고자 하는 것은 공고화(鞏固化)이다. 공고화는 정부가 문제 해결에 착수하려고 하는데, 이미 광범위한 일반대중의 지지가 있는 경우에 일어난다. 이와 같은 경우에는 주도나 동원이 필요 없고 단지 존재하는 지지를 그대로 공고화해 의제설정을 하면 되는 것이다. 정부가 이같이 대중의 지지를 결합하고자 하는 것은 그 정책이 결정된 이후 집행이 유리하기 때문이다. 물론 공중들의 지지가 그렇게 높지 않다고 생각하면 동원에 의존할 것이다(Howlett & Ramesh, 1995: 116).

제5절 정책의제 설정을 좌우하는 요인

지금까지 살펴본 대로 정책의제설정이론의 핵심 내용은 왜 일부만 정책의제로 선정되는가와 누가 그렇게 정책의제를 선별하는가이다. 이에 대해 여러 학자의 견해가 제시되고 있는데, 체제이론에서는 체제의 과중한 부담을 회피하기 위해 체제의 문지기(gate-keeper)가 자신이 선호하는 문제만 채택하고 나머지는 버린다고 본다(Easton, 1965: 80-145). 또 무의사결정론에서는 엘리트의 주요 이해관계가 주요 요인이 되어 엘리트의 이익을 해치는 문제는 정책의제로 채택될 수 없다고 한다(Bachrach & Baratz, 1962: 948).

그러면 구체적으로 어떠한 사회문제들이 정책의제로 채택되는가? 이에 대해 이대희(1991: 143-146)는 문제의 성격, 정책 담당 체제의 특성, 문제 인지자의 역량, 정치 상황, 경제 · 사회 상황 등을 제시하고 있고, 킹던(John W. Kingdon)은 의제 설정 여부를 좌우할 요인으로 정책문제와 주도집단, 그리고 정치적 상황을 들고 있다(Kingdon, 1984: 211). 여기서는 킹던, 코브와 엘더의 이론을 중심으로 주도집단, 정치적 요인, 그리고

문제의 특성으로 구분해 설명하게 된다.

1. 주도집단

주도집단은 정책의제 설정의 주체로서 의제 설정에 많은 영향을 미친다. 이들 영향력은 두 가지 측면에서 좌우되는데, 하나는 그들이 정치 체제 내부에 있느냐 또는 외부에 있느냐이며, 다른 하나는 그들이 가지고 있는 정치적 자원이 많으냐 또는 적으냐 하는 변수이다. 이들 두 변수를 축으로 한 매트릭스를 구성하면 <표 4-2>와 같다.

표 4-2 주도집단의 영향력

		정치 체제	
		내부	외부
정치적 자원	많음	Ⅰ	Ⅱ
	적음	Ⅲ	Ⅳ

Ⅰ유형: 주도자가 정치 체제 내부에 있고 정치적 자원이 풍부한 경우로서, 최고 정책결정자가 주도집단인 경우가 이에 해당하는데, 이런 사회문제는 쉽게 정책문제로 채택된다.

Ⅱ유형: 주도집단이 외부에 있으나 정치적 자원이 많은 집단의 경우로서, 집단구성원의 수가 많거나 재정력이 풍부한 이익집단이 주도집단인 경우가 이에 해당한다. 이 경우, 비교적 쉽게 정책문제화된다.

Ⅲ유형: 내부에 있고 정치적 자원은 적은 경우, 정부의 관료집단이 주도집단인 경우가 이에 해당한다. 이 경우, 역시 비교적 쉬운 과정을 거쳐 정책문제로 채택된다.

Ⅳ유형: 외부에 있고 정치적 자원도 적은 경우로서, 집단구성원의 수도 적고 재정력도 취약한 이익집단이 주도집단인 경우가 이에 해당한다. 이 경우, 길고 어려운 과정을 거쳐 정책문제화된다.

사회문제들이 정책의제로 채택되기 위해 치열한 경쟁을 하는 것은 당연하다. 특히 주도집단이 외부에 있을 때 더욱 치열한 양상이 전개된다. <표 4-2>에서 네 번째 유형보다 두 번째 유형 주도집단의 사회문제가 공식의제로 채택될 가능성이 더 높다고 할 수 있다.

2. 정치적 요인

정치 체제의 구조가 집권적이고 권위적인 후진국에서는 동원형과 내부접근형이 대부분이나, 분권적인 선진국에서는 외부 주도형이 많다. 또 정치문화의 변화는 정책의제 설정에 영향을 미친다. 예를 들어, 1960~1980년대는 경제 성장 제일주의로 인해 환경·노동 등은 의제화되지 못했는데, 1980년대 중반 이후 사회가 다원화·민주화되면서 이들 문제도 의제화되고 있다. 정책담당자의 태도 역시 의제 설정에 영향을 미친다. 존스(Charles O. Jones)는 사회문제에 대해 정부가 취할 수 있는 태도를 다음과 같이 분류하고 있다(Jones, 1977: 37-39).

정책담당자가 특정한 사회문제 해결에 어떤 태도를 가지느냐에 따라 방관적 태도(let it happen), 후원적 태도(encourage it happen), 주도적 태도(make it happen)로 나눈다. 이 중 주도적 태도를 취할 경우 문제 정의에 정부가 적극적인 역할을 수행한다. 사회로부터 요구가 올 때까지 기다리는 것이 아니라, 정부가 사회 전체에 미치는 영향을 검토해 직접 나서서 의제를 설정한다. 이럴 때 정부의 부담이 과중하게 되는 문제가 있다. 만약 정책담당자가 주도적 입장을 취하면 의제화가 쉬워지고, 방관적 태도를 취하면 의제화가 어려워진다.

그리고 정치적 사건은 하나의 문제가 정책의제화하는 데 점화 장치의 역할을 한다. 선거와 같은 정치적 사건은 정권의 변동을 초래하고 의제 설정 주체의 변동을 가져와 의제화에 큰 영향을 미친다. 문제를 극적으로 부각시키는 초점 사건(focusing events)과 더불어 정권 교체와 같은 정치적 사건은 정치 체제의 문을 여는 두 개의 점화 장치로 볼 수 있다.

3. 문제의 특성

1) 문제의 성격

코브와 엘더(Cobb & Elder, 1972: 96-102)는 의제 설정에 영향을 미치는 문제의 성격으로 구체성, 사회적 유의성, 시간성, 복잡성, 선례 등의 요인을 제시하고 있다.

구체성은 문제가 구체적일수록 의제화의 가능성이 높다는 것이다. 대기오염 문제를 논의할 때 아황산가스 같은 산업공해 문제를 제기하는 것보다 산성비의 피해를 거론하는 것이 정책문제화되기 쉽다. 다음으로, 사회적 유의성이란 문제가 사회에 미치는 영향(impact)의 정도를 의미한다. 즉, 문제가 극히 한정된 사람에게만 적용되는 것이 아니고, 문제로 인한 피해자 수가 많고 피해의 강도가 클 때 사회적 유의성이 크다. 기간의 적실성을 보면, 문제가 좀 더 근본적이고 장기적으로 지속될 것으로 예상될 경우 쉽게 의제화가 이뤄진다. 다만 문제의 해결책이 없으면 오히려 정책의제로 채택될 가능성은 적어진다. 기술적 복잡성에서 기술적으로 쉽게 이해될 수 있는 문제가 정책의제로 채택될 가능성이 높다. 예컨대, 최저 임금 인상은 쉬운 것이고 무기 체계의 바람직한 모습 등은 어려운 문제이다. 마지막으로, 비슷한 선례가 있는 문제는 쉽게 의제로 채택되고 해결책이 강구된다.

2) 문제의 내용상의 특성

정책의제화하려는 사회문제의 내용이 어떠한가에 따라서 정책의제로의 채택 가능성과 채택 과정이 달라진다. 분배정책과 관련된 문제는 여러 개의 분산된 하위 정책들이 결집되어 하나의 정책을 형성하기 때문에, 이에 관련된 문제가 무엇인지를 정확히 파악하기 어렵다. 따라서 별다른 논쟁 없이 비교적 쉽게 정책의제로 채택된다. 그러나 규제정책은 비용부담집단의 적극적 반대로 인해 의제화되기 어렵다. 그리고 재분배정책은 계급 대립적 성격을 지니므로, 이해당사자들 사이의 갈등과 복잡한 정치 과정을 거치게 된다. 이와 관련해 편익은 전체에게 돌아가고 비용은 일부 집단만이 부담하는 환경문제, 교통문제 등과 같은 집합적 문제(collective problem)는 정책의제화되기 어렵다.

3) 극적 사건과 위기

초점 사건이 발생하면 매스미디어가 이례적으로 그 사건에 대해 대서특필하기 때문에 대중의 관심을 유발시킬 수 있다. 이렇게 대중의 큰 관심을 받는다면 정부 당국도 그 문제를 정책의제에 상정해야 할 압박을 받게 되는 것이다.

대구 지하철 참사는 2003년 우리 사회의 안전 불감증에 대한 경각심을 불러일으킨 사회적 사건으로서, 이 사건으로 인해 지하철역의 안전문제가 큰 문제로 부각되었다. 그 결과 불연재로의 교체, 스크린 도어의 설치 등 정책을 내놓게 된다. 이처럼 극적 사건은 정치적 사건과 더불어 문제를 정부의제화시키는 양대 점화 장치이다.

제6절 전략적 의제 설정을 위한 분석기법

조직은 조직 자체의 존립 목적을 위해 꾸준히 정책의제를 찾아내고 해결책을 강구해 나가야 한다. 이를 위해 대부분은 외부환경 분석과 내부환경 분석을 종합해 정책의제를 형성하게 된다. 예를 들면, 우리가 제공하는 행정 서비스의 수요는 증가할까 아니면 감소할까가 전자에 속한다면, 우리 자체의 능력은 어느 정도인가를 평가하는 것은 후자에 속한다. 민간 부문에서 개발된 기법들이 이러한 행정부의 정책의제 설정작업에 도움을 줄 수 있는데, 여기서는 갭 분석(gap analysis)과 SWOT 분석 두 가지에 대해 살펴보고자 한다(노시평 외, 1999: 117-123).

1. 갭 분석

1) 의 의

이것은 미래의 목표치와 예상치 차이에서 정책의제를 도출하는 방법이다. 그 차이가 클 경우 정책의제는 "어떤 방법으로 그 차이를 줄이느냐"가 된다.

2) 적 용

계량적 표현이 어려운 행정조직에도 갭 분석을 적용할 수 있다. 우선, 장차 행정 서비스를 제공할 때 어느 정도의 질과 양으로 할 것인지를 결정하면 현재 상태에서 행정서비스 제공에 필요한 자금이 계산되고, 다음으로 미래에 어느 정도 자금을 끌어올 수 있는가를 정밀하게 예측하게 된다. 만약 목표치와 예상치 간에 큰 차이가 있다면 그 차이를 줄일 수 있는 전략을 수립하는 방식으로 활용할 수 있다. 이를테면 지나친 서비스 제공에 대한 욕심을 줄이거나, 아니면 공공자금의 조달에 더욱 열성적으로 매달리는 방법을 택하게 된다.

갭 분석은 계량화가 명확하면 할수록 그만큼 더 유용하긴 하지만, 계량화가 쉽지 않은 곳에서도 전략적 정책의제를 확정하는 데 도움이 될 수 있다.

2. SWOT 분석

1) 의 의

이것은 많은 생각이나 아이디어를 SWOT라는 제목 아래 정렬시킴으로써 일부 생각이나 아이디어들이 손실되지 않도록 고안된 분석기법이다.

여기서 SWOT는 일정 시점에서 주요 환경 요인을 기회(opportunities)와 위협(threats)으로 분류하고, 이들을 전략적 관점에서 조직의 강점(strengths) 및 약점(weakness)과 결합시켜 효과적인 전략을 수립하는 과정이다. 즉, 이 방법은 강점・약점・기회・위협의 매트릭스를 통해 바람직한 전략을 수립하는 과정이다. 이들 기회, 위협, 강점, 약점을 어떻게 평가하는가가 관건인데, 이 분석에서는 관리자의 주관적 평가에 의존한다. 이것은 단순하지만 조직이 어떤 전략적 과제를 발견하고자 하는 상황에서 사용될 수 있는 기법이다.

이 방법을 고대(古代)의 상황에 적용해 본다면, 상대와 자신을 알면 백 번 싸워도 결코 위태롭지 않다(知彼知己 百戰不殆)는 말에서 강점과 약점은 지기(知己) 요소이고, 기회와 위협은 지피(知彼) 요소가 된다고 할 수 있다.

2) 원 리

장점과 약점은 조직 내부에 관련된 것이고, 기회와 위협은 외부 환경에 관련된 것이다. 실제로 이들을 구분하는 것은 매우 어렵지만 SWOT의 주된 목적이 생각을 빠뜨리지 않는 데 있으니 반드시 구분할 필요는 없다.

SWOT는 기본적으로 '브레인스토밍(brainstorming)' 방법을 사용한다. 최대한 많은 아이디어를 확인하는 것이 중요하므로 이를 위해 브레인스토밍이 필요하다. 절차를 보면, 개개인들에게 자기의 생각을 익명으로 종이에 적게 한 뒤 그것을 상자에 넣도록 한다. 그런 다음 SWOT의 각각 밑에 모으거나, 아니면 벽에 큰 종이로 S, W, O, T를 쓰고 난 뒤 개개인들이 자신의 생각을 적은 메모지를 각 글자의 밑에 붙인다.

이 같은 기법은 행정조직이 직면하고 있는 전략적 과제를 도출하는 데에 큰 도움이 될 수 있다.

3) SWOT 분석의 실제 적용과 평가

(1) 실제 적용

SWOT 분석의 결과 얻은 것 중 핵심적인 SWOT를 대상으로 하여 전략을 도출한다. 전략에는 네 가지 종류가 있는데, ① SO: 공격적 전략으로서 강점을 가지고 기회를 살리는 전략으로 공격이다. ② ST: 다양화 전략으로서 강점을 가지고 위협을 회피하거나 최소화하는 전략이다. ③ WO: 방향 전환 전략으로서 약점을 보완해 기회를 살리는 전략이다. ④ WT: 방어적 전략으로서 약점을 보완하면서 동시에 위협을 회피하거나 최소화하는 전략 등이다. 이상 네 가지를 비교 후 도출된 전략 중 가급적 적은 수의 것을 중점 전략으로 선정한다. 목적 달성의 중요성, 실행 가능성, 남과의 다른 차별성, 적합성 등을 고려해서 가장 적합한 것을 결정한다.

SWOT 분석을 활용해 라오스 조림투자 사업을 분석해 보자. 우선, 조림 투자환경을 간단히 살펴보면, 강점으로는 황무지가 많아 대규모 조림지의 공급 잠재력이 크다. 임지를 50년까지 국가로부터 안정적으로 임대가 가능하며, 그리고 저렴한 가격으로 노동력 확보가 가능하다. 약점을 보면, 생장량이 수익성을 보장할 만한 수준에 미달하고 있다. 내륙국가로 자국 내 수출항을 가지고 있지 않으며 베트남 항까지의 운송 거리가 길다.

기회를 보면, 라오스 정부가 해외 투자자에 대해 세금 면제, 감면 등을 제공하고 있다. 도로, 임도 등이 부족하나 전국 지방까지 도로망을 연결하는 사업이 진행되고 있다. 위협을 보면, 묻혀 있는 불발탄으로 인해 인명 피해가 우려된다. 그리고 대규모 댐 건설사업으로 인해 기존 조림지가 손실될 위험에 있다.

이상의 여건에서 선정 전략을 살펴보면 <표 4-3>과 같다.

표 4-3 선정 전략

		S(강점)	W(약점)
		1. 대규모 조림지 공급 가능 2. 저임금 노동력의 조달 용이	1. 수익을 보장할 만한 생산성 미확보 2. 베트남으로의 수출용 교통비 많이 듦.
O (기회)	1. 라오스 정부의 해외 투자자에 대한 인센티브 제공 2. 도로나 임도 등 사회간접자본의 확충 진행 중	S O 전략 1. 라오스 정부로부터 양호한 조건으로 대규모 조림지를 빌림. 2. 비용 대비 효과를 거둘 수 있는 조림지를 선택함.	W O 전략 1. 고속도로에 인접하고 베트남과 접경지역에 토지를 선정 2. 라오스 정부로부터 인센티브를 얻을 수 있는 높은 토지 생산성을 갖추고 있는 토지를 선택함.
T (위협)	1. 대규모 댐 건설로 인한 조림지 수용 가능성 2. 묻혀 있는 불발탄으로 인한 인명 피해 가능성	S T 전략 1. 댐 건설 계획에 잡혀 있지 않은 대규모 토지를 선택함. 2. 불발탄의 위협으로부터 벗어나는 비용효과적인 토지를 선택	W T 전략 1. 댐 건설을 위한 토지 수용이나 불발탄으로부터 자유로운 토지를 선택함. 2. 목재가 라오스 국내시장에서 판매될 수 있는 안전한 토지를 선택함.

자료: 차준희 · 윤여창(2007: 231) 재작성.

(2) 평 가

SWOT 분석의 가장 큰 장점은 내부와 외부환경 중 하나만을 집중하는 다른 분석과는 달리 내부와 외부의 면들을 동시에 판단할 수 있다는 점이다. 또한 이 분석은 분석 자체가 간단명료하게 정리되기 때문에 쉽게 문제점을 파악할 수 있다.

그러나 SWOT 분석을 정확하게 이해하기 위해서는 제반 사항에 관한 지식이 필요하다. 그 이유는 이 분석이 장황한 설명문 형식이 아니라 짧은 문장으로 끝이 나고 추가 설명이 들어 있지 않기에, 기초적인 지식이 없는 상태에서는 분석 자체를 이해하지 못할 수가 있으며 이해하더라도 부분적인 면에서 그릇된 해석을 할 수 있기 때문이다. 또 강점과 약점을 명확히 구분하기기 어렵다는 문제점을 안고 있다.

05 정책문제 정의와 목표 설정

제 1 절 정책분석의 의의와 절차
제 2 절 정책문제의 분석과 정의
제 3 절 정책 목표의 설정

정책학원론
Theories of Policy Sciences

제 5 장

정책학원론

정책문제 정의와 목표 설정

제1절 정책분석의 의의와 절차

1. 의 의

관련된 정책의 결정을 위해 판단의 기초를 제공해 주는 정보를 산출해 주고, 정책결정과 집행 결과에 대한 책임을 따지는 데 기초가 되는 정보를 산출해 주며, 국민 각자가 정책이 자기에게 미치는 영향을 판단해 자기의 이익을 투입하기 위한 활동을 하는 데 도움을 줄 수 있는 정보를 산출해 주는 것이 정책분석이다. 그런데 정책분석이 경험적 규칙성을 찾는 전통적 학문의 관심 영역을 넘어 가치와 바람직한 행동노선에 대한 정보를 산출하는 데까지 그 관심의 영역이 확대됨에 따라 정책분석은 정책의 가치판단과 정책의 창도까지도 포함한다(노화준, 1999: 11). 여기서는 "더 나은 정책결정을 위해 필요한 정보의 창출과 활용을 위한 분석적이고 체계적이며 종합적인 노력"으로 정의하고자 하며, 정책 과정으로 보면 정책분석은 주로 정책결정 단계에서 이뤄진다.[1]

정책분석은 관리과학과 체제분석 등으로부터 도움받은 바가 크다. 그러나 관리과학은 효과와 비용을 계량화할 수 있는 경우에만 주안점을 두어 카리스마, 모험 및 도전적

1 정책분석은 정책결정 단계에서만 행해지는 것은 아니며, 정책결정 이후 단계에서도 이뤄진다. 그러나 주로 정책결정 단계에서 이뤄진다고 할 수 있다.

인 것과 같은 비합리적인 현상을 다루기가 곤란하다. 체제분석도 경제적 능률성에만 초점을 두어 정책대안이 가져올 비용·효과의 분배적 측면에 대해서는 소홀했다. 즉, 정치사회적 영향에 대해서 관심을 보이지 않았는데(강근복, 2000: 30), 정책분석은 이러한 점을 보완하기 위해 나타난 것이다. 관리과학이나 체제분석 등에 비해 정치적 실현 가능성의 분석, 여러 정책대안에 관련된 사회적 권력 관계의 검토, 연합 형성의 요구와 정치적 합의의 분석 등 정치적 변수를 고려하는 점에서 차이가 난다(Dror, 1971: 55).

2. 정책분석의 절차

많은 정책분석 연구자들은 정책분석 절차에서 목표 설정을 중시하고 있다. 하이(Ronald John Hy)는 정책분석에서 목표 설정을 중요시해 정책분석이 목표의 식별, 설정된 목표에 의한 정책 성과의 평가, 변화에 대한 건의 등 최소한 3단계를 거쳐서 이뤄지는 것으로 보고 있다(Hy, 1978: 12-13; 노화준, 1999: 18 재인용). 이 밖에도 여러 학자의 견해가 있는데, 이를 종합해 여기서는 아래와 같은 절차로 설명을 전개하고자 한다.

첫째, 정책문제의 분석과 정의는 정책분석의 첫 번째 단계로 해결하고자 하는 정책문제가 무엇인지를 명확히 파악하는 것이다. 문제 파악이 잘못되면 그 이후의 목표 설정이나 대안 탐색 등도 잘못되어 정책결정 자체가 잘못된다는 점에 이 단계의 중요성이 있다.

둘째, 정책 목표의 설정 단계로, 정책 목표는 정책을 통해 달성하고자 하는 바람직한 미래의 상태이다. 정책 목표의 설정은 정책문제를 파악해 무엇이 정책문제의 핵심인가를 밝혀낸 다음, 이를 해결함으로써 얻게 되는 효과와 이를 해결하기 위한 비용 및 문제의 해결 가능성을 검토해 설정하게 된다.

셋째, 정책대안의 탐색과 개발 단계로, 정책대안의 탐색과 개발은 합리적·분석적 정책결정 과정에 가장 핵심적인 과정의 하나이다. 이 방법에는 점증적 방법과 새로운 방법으로 구분할 수 있다.

넷째, 정책대안의 결과 예측 단계로, 각 대안들이 집행될 경우 어떠한 결과를 가져오게 될 것인지를 예측해야 한다. 예측을 하기 위한 여러 가지 기법이 개발되고 있기는 하나 대안의 결과를 미리 예측한다는 것은 어려운 일임에 틀림없다. 비교적 바람직한 예측 방법으로는 예측모형의 작성과 활용, 정책실험 등이 있는데, 이들은 대체적으로 통계기법을 많이 활용한다.

다섯째, 정책대안의 비교·평가 및 선택 단계로, 결과 예측 후 그러한 결과들이 얼마나 바람직한가를 평가할 수 있는 기준을 적용해 대안들을 평가하게 된다. 평가 기준은 크게 소망성(desirability) 차원과 실현 가능성(feasibility) 차원의 기준으로 나눌 수 있다. 전자는 대안들의 집행 결과가 얼마나 바람직한가를 나타내는 것으로서 효과성·능률성·공평성·주민만족도 등이 있으며, 후자는 어떤 대안이 집행될 수 있는 가능성의 정도를 의미한다.

여섯째, 마지막 단계로 최선의 대안을 선택하게 된다.

제2절 정책문제의 분석과 정의

1. 의 의

바람직한 정책결정을 하고자 한다면 우선 해결하려는 문제에 대한 철저한 분석이 있어야 한다. 정책문제가 과연 무엇인지를 파악하기 위해 정책문제의 내용을 분석하고 재정리하는 등의 과학적·체계적 작업을 정책문제의 분석이라 부르며, 이를 토대로 정책문제가 무엇인지를 인지하고 그 문제의 원인과 결과, 그리고 이들 간의 인과 관계를 파악하는 것을 정책문제의 파악이라 부르며, 다시 이를 토대로 무엇이 문제인지를 규정하는 것이 정책문제의 정의이다.

2. 정책문제 분석의 유형과 의의

앞서 언급한 대로 해결해야 할 문제에 대한 치밀한 분석이 없이는 바람직한 정책결정을 기대할 수 없다. 정책문제의 분석 과정은 예비분석과 본분석으로 나눌 수 있다.

1) 예비분석: 문제의 분류와 여과

정책문제를 정밀하게 분석하기 위해서는 많은 노력과 시간이 소요된다. 따라서 문제분석의 효율성을 높이기 위해 필요 없는 것은 걸러내고 중요한 문제만을 골라내는 작업이 문제의 분류와 여과(issue filteration)이다.

문제의 여과 또는 분류 기준은 크게 아래 세 가지로 나눠 볼 수 있다.

첫째, 문제의 중요성으로, 문제가 매우 심각하고 막대한 정책비용이 투입되어야 하며, 관련된 문제가 많은 중대한 문제나 문제 상황이 매우 복잡하고 불확실한 경우에는 문제를 분석적으로 검토해야 한다.

둘째, 분석 결과의 활용 가능성으로, 문제의 분석 결과를 정책결정에 활용할 수 있는지의 여부도 당연히 문제의 분류 기준이 된다.

셋째, 분석의 실시 가능성으로, 시간 · 비용 · 능력의 부족으로 인한 기술적 제약이 있는 경우에는 문제의 분석에 한계가 따른다. 다만 정치적으로 민감한 문제에 대해서는 정치적 반대나 저항을 무릅쓰고라도 분석적 해결을 위해 노력해야 할 것이다.

그리고 문제를 여과하는 방법으로는 요소별 점검법, 의사결정나무(decision tree) 분석법 및 양자를 혼합한 방법 등이 있는데, 이들 방법을 간단히 살펴보면 다음과 같다(노시평 외, 1999: 150-156; 강근복, 2000: 68-73).[2]

① 요소별 점검법

단순한 요소별 점검법은 세로 변에 여과 기준을 나열하고 가로 변에는 문제를 나열해 문제별로 각각의 여과 기준에 비춰보아 기준에 부합되면 ○표, 그렇지 않으면 ×표를 하여 그 개수에 따라 체계적 분석 여부를 결정하는 것이다. 이 방법이 지나치게 단순하다는 약점을 보완하고자 기준의 충족도를 1에서 10까지의 수치로 평가해 합계를 내거나, 더 나아가서 각 기준의 상대적 중요도에 따라서 가중치를 매겨 기준별 합계를 내기도 한다. 이 방법은 간편하기는 하나, 가중치의 배정이 주관적이라는 단점을 가지고 있다.

② 의사결정나무 분석법

이 방법은 여과 기준을 순차적으로 적용시켜 기준에 부합되지 못하면 본분석의 대상

2 위의 세 가지 방법을 표나 그림으로 나타내면 이해에 도움을 준다. 이에 대해서는 강근복(2000: 69-73)을 참조하기 바람.

에서 제외시키고, 기준에 부합되면 계속 여과 과정을 거치게 한다. 이 방법은 몇 개의 기준만을 순차적으로 적용함으로써 시간과 비용을 절약할 수 있다는 장점이 있다. 그러나 단순히 '예', '아니오'라는 응답만을 토대로 판단하기 때문에 지나치게 엉성하다는 단점이 있다(노시평 외, 1999: 154).

③ 양자의 혼합

이 방법은 앞의 두 가지를 혼합한 방법이다. 이 방법은 의사결정나무 방법으로 여과를 진행해 나가되 이 과정에서 문제가 어떤 기준에 적합하지 않다고 해서 바로 체계적 분석이 불필요하다고 판단하는 것이 아니라, 다른 기준에의 합치 여부를 검토해 여과해 나가다가 최종적으로 우선순위 행렬표에 의해 분석의 필요성 여부를 결정하는 방법이다.

2) 본분석

예비분석 단계에서 선정된 문제들에 대해 본분석에 들어가게 된다. 본분석 단계에서는 정책문제의 원인과 결과적 측면, 이해관계집단의 파악, 정책결정자 및 관련 집단이 추구하는 가치, 정책문제의 미래 예측 등을 분석한다.

이를 좀 더 구체적으로 보면, 우선 문제를 정확히 이해하기 위해 문제의 원인을 분석해야 한다. 문제의 원인이 파악되고 나면 정책문제의 결과적 측면을 분석하는 것이 중요하다. 교통문제를 예로 들면 차량의 증가, 도로 폭의 협소 등이 문제의 원인이라면 교통 체증으로 인한 시간 낭비, 물류비용의 증가 등이 문제의 결과적 측면이라 할 수 있다(강근복, 2000: 75). 그리고 정책과 관련해 고통받고 있는 집단과 반사적 이익을 누리는 집단을 규명하는 것은 대안 마련에 필요한 작업이다. 왜냐하면 그들은 자신에게 유리한 정책문제 정의를 도모하기 때문이다. 마지막으로, 문제가 시간에 따라 어떻게 변화할 것인가, 즉 더 악화될 것인가 아니면 저절로 해결될 것인가를 예측해야 한다.

3. 정책문제의 분석기법

정책문제는 주관적인 방법과 객관적인 방법으로 나눠 분석할 수 있는데, 여기서는 던(William N. Dunn)의 주관적 분석 방법을 중심으로 살펴보고자 한다(Dunn, 1981: 124-183).

1) 경계분석

경계분석(boundary analysis)은 문제의 위치, 그 문제가 존재했던 기간, 문제를 형성해 온 역사적 사건들을 구체화하는 것이다. 다시 말해, 우리가 어떤 문제를 검토할 때 반드시 그 문제의 범위를 확정해야 그 문제를 효과적으로 처리할 수 있다. 이 방법은 미국의 서부 개척 시에 야수들로부터 자신의 경작지를 보호하기 위한 데서 연유한다. 경작인은 야수로부터 자신의 농작물과 가축을 보호하기 위해 개간을 어느 정도까지 해야 하나에 있어 반드시 안전한 범위를 확정해야 했다. 우리가 문제를 처리하는 것도 마찬가지로 문제의 범위를 명확히 확정해야 문제를 해결할 수 있는 것이다. 경계분석은 아래 세 가지 절차로 구성된다.

첫 번째 단계는 포화표본추출(saturation sampling) 방법으로 표본을 추출한다. 추출 방법은 이해관계자들에게 전화 또는 개인적 인터뷰를 통해 문제점에 관해 질문하고, 또 추가적인 이해관계자들을 추천하도록 요구함으로써 이들이 논의되고 있는 주장에 대한 동의 여부를 밝히도록 한다. 새로운 이해관계자가 없게 될 때까지 추천을 받게 된다.

두 번째 단계는 문제 표현의 도출(elicitation of problem representation)로서 다양한 견해를 가진 이해관계자들이 주장하는 문제점들을 이끌어낸다. 문제 표현을 특성화하는 데 필요한 증거는 면 대 면 면접 또는 포화표본추출 단계에서 이해관계자에게 요청한 전화 대화나 서류로부터 얻는다. 이때 이들의 주장 내용이 크게 다르다는 것을 알게 되는 경우가 대부분이다.

세 번째 단계는 경계 추정(boundary estimation)으로서 새로운 개념들에 대한 누적도수분포표를 작성해 문제의 경계를 추정한다. 누적도수분포표의 횡축에는 이해관계자들이, 그리고 종축에는 새로운 문제 요소인 이념, 관점, 변수, 가정, 목표, 그리고 정책 등의 누적 도수를 기록한다. 초기에는 경사율이 급격히 증가하지만 새로이 주장되는 내용에 대한 도수가 차차 줄어들어서 누적도수분포표가 어떤 수평선에 접근해 평평해지면, 이것은 더 이상 새로운 개념이 나타나지 않고 문제의 경계가 설정된 것을 의미한다.

이 방법은 다른 정책문제 구조화 방법과 결합해 제3종 오류의 발생을 줄이는 데 도움을 준다.

사례를 들면, 서울시 버스 민영화 문제의 분석에서, 먼저 민영화를 찬성하는 전문가나 기업경영인을 찾는다. 그들로부터 가능한 운영계획을 수집한다. 버스조합원과 같은 반대자들을 모아 반대하는 입장을 발표하도록 한다. 그러다가 일정 수 이상의 관계자 이후로는 새로운 개념이 더 이상 누적되지 않으면, 즉 정보가 수집되고 나면 이 시점이 정체점이다. 이 이후로는 문제에 관한 정보가 제공되어도 문제 정의에 아무런 도움이 안 된다.

2) 분류분석

정책문제를 정확히 이해하기 위해 추상적인 개념들을 구체적인 대상으로 나타낼 필요가 있는데, 이 경우 도움을 줄 수 있는 기법이 분류분석(classificational analysis)이다.

분류분석은 논리적 분할과 논리적 분류라는 두 가지 과정에 토대를 두고 있다. 전자는 어떤 하나의 문제 상황을 선정해 그것을 구성 부분으로 하나하나 분해해 나가는 것을 말하는데, 예를 들어 빈곤계층의 경우 정부보조금을 수령한 빈곤계층과 수령하지 않은 빈곤계층으로 구분하는 것이다. 후자는 구성 부분인 목표이나 구성원들을 좀 더 큰 집단이나 계층으로 결합시키는 과정을 말한다.

분류 체계가 논리적으로 일관성이 있기 위해서는 적어도 다음과 같은 규칙을 준수해야 한다(남궁근 외, 2005: 129-130; 강근복, 2000: 82-83). 첫째, 실체적 적실성으로, 분류의 기초가 문제시되는 상황의 실제와 일치되어야 한다. 둘째, 총망라성으로, 분류 체계에 쓰이는 범주는 총망라적이어야 한다. 위의 예에서 모든 가구는 여러 범주 중 어느 한 범주에 속해야 한다. 셋째, 상호배타성으로, 모든 범주는 서로 배타적이고 독립적이어야 한다. 넷째, 일관성으로, 각각의 범주와 하위 범주는 하나의 분류 체계에 토대를 두고 설정된 것이어야 한다. 만일 이러한 규칙을 어기면 하위 분류들이 중복될 수 있다. 예를 들어, 만약 우리가 가구를 빈곤선 이상인가 아닌가 또는 정부의 복지지출을 받고 있는가 안 받고 있는가에 따라 분류한다면 중복 분할의 오류를 범하게 된다. 다섯째, 계층적인 명확한 구분으로, 이는 분류 체계의 수준(범주들, 하위 범주들, 하하위 범주들)이 신중하게 명백히 구분될 수 있어야 한다는 것을 의미한다.

3) 계층분석

계층분석(hierachy analysis)은 문제의 원인을 발견하기 위한 기법이다. 따라서 이 분석은 문제의 근본적 원인을 파악해 줌으로써 문제의 근본적인 해결 방안을 모색케 해준다. 계층분석에서는 문제의 원인을 가능성 있는 원인, 개연성 있는 원인, 행동 가능한 원인으로 나눠 분석한다. 가능성 있는 원인(possible causes)이란 문제 상황을 야기했을 가능성이 있는 사건이나 행동, 예를 들어 근무 거부, 실업, 엘리트 간의 권력과 부(富)의 배분은 모두 빈곤의 가능성 있는 원인으로 취급될 수 있다. 개연성 있는 원인(plausible causes)은 과학적 연구와 직접적인 관찰의 결과 문제 상황에 상당한 영향을 미쳤다고 생각되는 원인이다. 앞의 예에서 근무 거부는 적어도 경험 있는 관측자 사이에는 빈곤의 개연성 있는 원인으로 간주되지는 않을 것이다. 반면 실업과 엘리트 간의 권력과 부의 배분은 개연성 있는 원인이 된다. 마지막으로, 엘리트 사이의 권력과 부의 배분은 행동 가능한 원인(actionable cause) — 정책결정자에 의해 통제 또는 조작 대상이 되는 것 — 으로 보여지지는 않을 것이다. 왜냐하면 빈곤문제 해결을 위해 의도된 어느 한 정책이나 정책의 집합은 전체 사회의 사회구조를 바꿀 수 없기 때문이다. 이 예에서 실업은 빈곤의 개연성 있는 및 행동 가능한 원인이다(남궁근 외, 2005: 133-134).

계층분석을 통해 우리는 농촌 빈곤의 원인은 농업 소득의 감소와 교육비 부담의 증

그림 5-1 '농촌 빈곤문제'의 계층분석

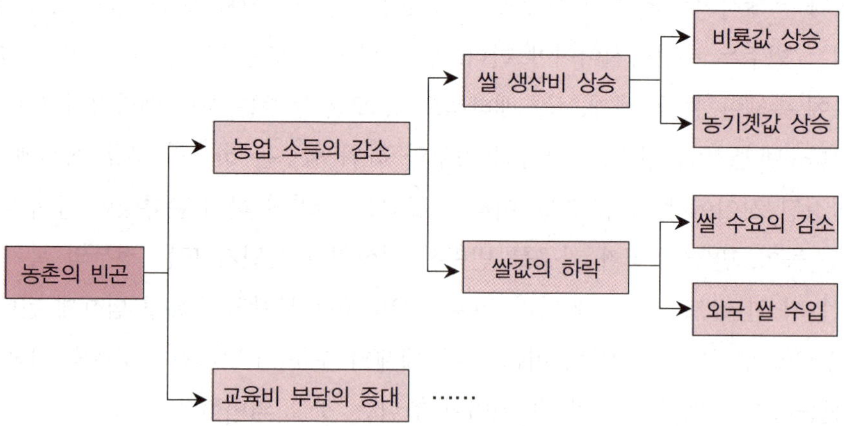

자료: 강근복(2000: 77).

대에서 오는 것이고, 농업 소득의 감소는 쌀 생산비의 상승과 쌀값의 하락에서, 또한 쌀 생산비의 상승은 비룟값과 농기곗값의 상승에서 그 원인을 찾을 수 있다. 이를 나타내면 [그림 5-1]과 같다.

계층분석과 앞서 설명한 분류분석의 중요한 차이는 분류분석은 분할과 일반적 개념의 분류와 관련되는 반면, 계층분석은 가능성 있는, 개연성 있는, 행동 가능한 원인의 특별한 개념을 구축한다는 점이다(남궁근 외, 2005: 136).

4) 가정분석

가정분석(assumption analysis)은 문제 상황의 인식을 둘러싼 여러 대립적인 가정들을 창조적으로 종합하기 위한 기법이다. 따라서 정책문제와 관련된 집단들이 문제 상황에 대해 합의를 도출하기 어려운 경우 도움을 줄 수 있는 기법이다. 가정분석은 구조화가 불량하거나 거시적 차원의 복잡한 문제를 주요 분석 대상으로 한다. 구조화가 잘 되어 있거나 미시적 차원이거나 논쟁의 여지가 없는 문제인 경우에는 기본 가정에 대해 대립 가정을 제기할 필요가 없게 된다. 따라서 복잡한 가정분석을 진행할 필요가 없는 것이다.

가정분석은 다음과 같은 절차를 밟아 진행된다(Dunn, 1981: 130-133).

첫째, 정책문제 관련 집단의 확인 단계로, 정책 관련 집단을 확인하고 그들의 영향력의 정도와 정책 과정에 의해 영향을 받는 정도에 따라 등급을 매긴다.

둘째, 가정의 표출 단계로, 정책 관련 집단들이 제안한 문제의 해결 방안에 묵시적으로 포함된 가정들을 드러냄으로써 정책문제를 명확히 하는 것이다.

셋째, 가정의 도전 단계로, 앞 단계에서 도출된 가정들을 비교・평가한다. 이것은 어떤 가정과 이에 대립되는 가정을 체계적으로 비교함으로써 행해진다. 만약 반대 가정이 개연성이 없으면 고려 대상에서 제외시키고, 반대 가정이 개연성이 있으면 그것이 전적으로 새로운 문제의 개념화와 해결 방안을 위한 기초로서 도움을 줄 수 있는지를 결정하기 위해 검토된다.

넷째, 가정의 집계 단계로, 가능한 한 많은 이해관계자가 동의할 수 있는 가정의 목록을 창출하기 위해 가정의 상대적 확실성과 각 집단에 대한 중요도에 따라 가정들 사이의 우선순위를 매긴다. 궁극적인 목적은 될 수 있는 대로 많은 이해관계자가 동의하고 받아들일 수 있는 가정의 목록을 창출하는 것이다.

다섯째, 가정의 종합 단계로, 여러 집단이 받아들일 수 있는 가정들의 복합체는 문제의 새로운 개념화에 도움을 줄 수 있다. 가정분석의 마지막 단계는 문제에 대한 복합적이고 종합적인 해결 방안을 창출하는 것이다.

5) 시넥틱스

시넥틱스(synectics) 방법은 유사한 문제에 대한 분석을 위해 만들어졌다. 이 방법은 새로운 문제라고 해도 겉만 그렇고 실제 속은 과거 문제와 같은, 즉 병만 다르고 내용물은 같은 경우가 많다면서, 유사한 과거의 문제를 분석해 보면 새로운 문제에 대한 해결 방안을 쉽게 찾을 수 있다는 가정에 토대를 두고 있다.

이 기법은 정책문제의 분석에 네 가지 형태의 유추(analogy)를 활용하는데, 분석하고자 하는 상황과 유추된 상황의 일치 정도에 따라 분석의 타당성이 달라진다.

네 가지 형태의 유추는 다음과 같다.

첫째, 개인적 유추로, 분석가가 마치 자신이 문제를 경험하고 있는 이해관계자(stakeholder)인 것처럼 상상해 봄으로써 문제를 파악하는 것이다.[3]

둘째, 직접적 유추로, 두 개 이상의 문제 상황 사이의 유사한 관계를 탐색함으로써 문제를 분석한다. 예를 들어, 마약 흡입 문제를 분석할 때 폭음 통제 경험을 유추해서 분석하는 것이다(Moore, 1976: 639-663).

셋째, 상징적 유추로, 분석하고자 하는 문제 상황과 어떤 상징적 과정 사이에 유사한 관계를 발견해 문제를 분석하는 것이다. 이스턴의 체제이론에서 투입, 산출, 전환, 환류 등으로 정치 과정을 나타낸 것이 이에 해당한다.

넷째, 가상적 유추로, 문제 상황과 어떤 가상적 상황 사이에 유사성이 있는 것으로 상상해 봄으로써 문제를 분석하는 것이다. 예를 들어, 국방정책 분석가는 핵 공격에 대한 방어의 문제를 구조화하기 위해 환상적 유추를 자주 사용하고 있다.

시네틱스는 적절한 유추를 하기 위하여 개인 분석가와 집단에 의존한다. 문제가 얼

3 정책결정자가 시내버스를 타봄으로써 출퇴근 시에 시민들이 겪고 있는 교통 혼잡을 경험하고, 버스 노선을 줄이는 데 대한 정치적 반대의 강도를 체험할 수 있다. 또는 일일교사로 하루 종일 봉사해 봄으로써 현장 경험을 통해 교사의 격무와 잡무의 심각성이나 평준화 지역에서의 학급 수업의 어려움의 본질을 이해할 수도 있다(노화준, 2003: 76).

마나 잘 개념화되었는가에 대한 평가 기준은 비교의 개연성, 즉 주어진 문제 상황이 실제로 유추로서 취해진 상황과 일치하는 정도이다(김행범 · 구현우, 2020: 446).

6) 복수 관점 분석법

복수 관점 분석법(multiple perspective analysis)은 기술적, 조직적, 그리고 개인적 관점을 문제 상황에 적용하는 방법으로서, 이미 기술평가나 기타 정책분석 영역에 널리 사용되고 있다. 이 방법은 합리적 · 기술적 접근 방법에 대한 대안으로서 등장했으며, 구조화가 불량한 문제에 사용되는데 세 가지 다른 관점을 가지고 있다.

(1) 기술적 관점(technological perspective)

최적화모형의 각도로 문제를 분석한다. 각종 확률이론, 비용편익분석, 경제학 등이 동원되는데 과학기술이 그 바탕을 이룬다. 예를 들어, 일본에 원자폭탄을 투하하는 결정을 보면, 연합군 생명의 최소 손실과 일본의 무조건 항복을 감안해서 다섯 가지 대안 중 경고 없는 핵 공격이 선택되었다(남궁근 외, 2005: 141).

(2) 조직적 관점(organizational perspective)

문제와 해결 방안을 조직의 수행 과정의 SOP나 규칙으로 본다. 조직적 관점은 앞의 기술적 관점에 대해 저항적이고, 목표 달성이나 성과 제고 등을 그다지 중시하지 않는다. 조직적 관점에서는 핵폭탄 투하의 경우에 폭탄을 사용하지 않겠다는 결정은 심각한 조직상의 두려움을 제기하는데, 그 이유는 의회의 승인 없이 20억 달러를 사용했기 때문이다. 폭탄 투하는 자금이 낭비되지 않았다는 것을 의회에 보여주었다.

(3) 개인적 관점(personal perspective)

문제와 해결 방안을 개인의 인식과 욕구나 가치관에 의해 본다. 여기서는 직관이나 카리스마, 리더십 등을 강조한다. 이러한 것이 정책과 결과에 영향을 미치는 중요한 요인이라는 것이다. 원자폭탄의 투하에서 통찰력의 존재를 말해주는데, 원폭 투하를 결정하지 않아 위약한 인물로 인식되기보다 투하 결정을 통해 대담하고 결단력 있는 지도자로 각인되기 바라는 트루먼(H. S. Truman) 대통령이 영향을 미쳤다는 것이다.

이상 세 가지 관점으로 도시고속도로의 교통혼잡 문제를 본다면 다음과 같다.

첫째, 기술적 관점에서 고속도로의 통행량이 많은 수의 여객을 수용할 수 있는가를 계산해 새 고속도로를 뚫어야 하는지 아니면 대체도로를 만들어 이 문제를 해결해야 하는지를 정한다.

둘째, 조직적 관점에서, 고속도로 톨게이트 지점을 전후해 차량이 혼잡을 빚는데 관련 부서에서 좀 더 효율적인 통행료 징수 방법을 강구하든지 아니면 특정 시간대에는 통행료 징수를 중지하든지를 고려해야 한다.

셋째, 개인적 관점에서, 정책분석가는 일반국민의 마음으로 이 문제를 들여다보아야 한다. 일반인들이 가지는 일련의 교통규제정책에 대한 견해와 그러한 규제들이 일반인들에게 가져다주는 이익과 불리를 이해할 수 있는 시스템을 마련한다.

7) 빅 데이터 분석[4]

빅 데이터 분석은 문제분석의 매우 유용한 도구이다. 빅 데이터(Big Data)란 지금까지의 관리 및 분석 체계와 기법으로는 감당하기 어려운 거대한 데이터의 집합을 의미한다. 빅 데이터는 매우 방대하고 상세한 정보를 제공해 줄 수 있기 때문에 문제분석과 정책분석 과정에서 매우 중요한 정보원이 된다. 물론 한계도 있다. 인터넷 환경에 익숙한 사람에 한정되므로 다양한 연령층의 의견 수집이 어려울 수 있다.

빅 데이터를 정책분석에 활용하기 위해서는 분석기법에 대한 이해가 필요하다. 먼저, 빅 데이터 분석의 핵심으로 평가받고 있는 문서정보추출법(text mining)을 들 수 있다. 이 기법은 방대한 양의 텍스트에서 의미 있는 정보를 추출하고, 그 추출된 정보 간의 연계성을 파악할 수 있게 해준다. 소셜 네트워크 분석(social network analysis)은 소셜미디어상에서 네트워크를 형성하고 있는 사용자 또는 문서 간의 상관관계를 분석하여 특정 이슈가 발현·전파되는 경로를 보여준다. <에픽: 숲속의 전설(2013)>이라는 애니매이션을 본 독자라면 우리는 개별적인 존재가 아니며 힘을 합치면 어려움을 이겨낼 수 있다는 영화가 주는 메시지를 받았을 수 있다. 초록세계를 이끄는 타라여왕과 부패의 제국을 만들려는 맨드레이크 사이에 소녀 엠케이가 등장한다. 나중에 엠케이는 숲속의 마법사 님갈루를 찾아간다. 이때 님갈루는 긴 두루마리를 가지고 있는데, 우리는 이것을 숲속의 모든 것을 담고 있는 숲속의 빅 데이터라고 부를 수 있다.

빅 데이터는 기존의 기술로는 처리하기 힘들 정도로 규모가 크고 생성되는 속도가

4 이하 빅 데이터 관련 내용은 강근복(2016: 139-141)을 인용한 것임.

빠른 형태의 데이터이다. 빅 데이터의 다섯 가지 구성요소는 규모(volume), 다양성(variety), 속도(velocity), 정확성(veracity), 가치(value) 등이 있다.

이제 클라우딩 컴퓨팅이 발달하면서 빅 데이터의 저장 한계마저 사라지고 있다. 여기저기서 운영되는 서버에 데이터를 저장해 놓고 필요할 때 꺼내 쓰면 그만이라 과거처럼 아주 큰 단일저장매체가 필요 없다. 그러나 빅 데이터도 나름의 문제는 안고 있다. 빅 데이터는 과거의 기록일 뿐 그 자체가 미래가 될 수는 없다. 님갈루를 찾아가 지혜를 구하는 것도 지혜만 구할 뿐이지 미래의 인생을 개척하는 것은 결국 엠케이 자신에게 달려 있다. 빅 데이터를 맹신하면 안 된다.

4. 정책문제의 정의

1) 의 의

정책문제의 분석을 통해 그 내용이 파악되면 이어서 정책문제의 정의를 내리게 된다.[5] 정책문제의 정의란 "정책문제의 구성 요소, 원인, 결과 등의 내용을 규정해 무엇이 문제인지를 밝히는 것"으로서, 그 문제에 대한 잠정적인 진단을 내리는 과정이다. 정책문제 정의의 예를 보면, 출퇴근 시 '만원 버스'의 상태를 교통문제의 핵심으로 규정하면 대중교통 수단의 확대가 정책 수단으로 추진되고, 반면에 '통행 차량에 비해 도로 폭이 좁고 도로의 부족'을 핵심적 내용으로 규정하면 도로 신설이 정책 수단으로 등장한다. 이것은 서민과 자동차 소유자 간 대립이라는 이해관계자 간의 대립을 가져온다. 이처럼 해결해야 할 정책문제를 어떻게 정의하느냐에 따라 정책 목표 및 수단이 달라지고, 이에 따라 관련 집단의 이해관계도 달라지기 때문에 정책문제의 정의는 정치적 갈등·타협의 대상이 된다.

정책문제 정의는 머리가 아프다는 환자의 원인을 규명하는 작업이다. 의사는 환자가

5 정책문제를 정의하는 방법은 정책문제의 유형에 따라 달라진다. 던(W. N. Dunn)은 정책문제의 유형을 세 가지로 분류하고 있다. 치밀한 구조의 문제, 보통 구조의 문제, 그리고 산만한 구조의 문제 등이다. 정책결정자의 수가 적고 대안의 수도 제한적인 '치밀한 구조의 문제'는 문제 자체가 가지고 있는 특성에 따라 '관습적(conventional)'으로 문제를 정의하게 된다. 반면에 정책결정에 영향을 미치는 자의 수도 많고, 또 대안의 수도 무제한인 '산만한 구조의 문제'에 대한 정의는 먼저 문제 그 자체의 특성 분석에서 시작된다(Dunn, 1981: 106).

혈압이 높아서 머리가 아픈가, 아니면 소화가 안 되어서 머리가 아픈가를 규명해야 하는 것이다. 최근 우리는 극심한 경기 침체를 겪고 있다. 경기 침체 현상을 어떻게 정의하는가는 향후 취해질 수 있는 정책 수단의 선택과 연결된다는 점에서 매우 중요한 과정이다. 다시 말해, 정책문제 정의는 일종의 무대 설치 행위(stage setting)로 생각할 수 있다. 연극이 설치된 무대 위에서만 공연되듯이 문제 정의에 의해 규정된 범위 내에서 해결 방안이 탐색되므로, 정책문제의 정의는 정책 내용의 테두리를 일차적으로 결정하는 것이다.

2) 정책문제 정의의 과정

(1) 문제의 감지

문제의 감지(problem sensing)는 문제 상황을 주목하기 시작하는 첫 단계이다. 문제는 객관적으로 존재하지만, 그 존재에 대해 문제라고 인식할 수도 있고, 문제가 아니라고 인식할 수도 있다. 따라서 문제를 인식하는 것은 문제 상황이 사회적으로 의미 있게 존재하기 시작하는 것이다.

(2) 문제의 탐색

문제의 탐색(problem search)은 여러 정책 관련자가 제시하고 발표한 많은 문제 표현(problem representation)을 발견하는 것을 의미한다. 문제의 전체를 인식하기보다는 부분적으로 인식하는 것이 보편적이다.

(3) 문제의 정의

문제의 탐색을 통해 메타문제(meta problem), 즉 다양한 이해관계자가 보유한 문제 표현의 영역이 다루기 힘들 정도로 거대하기 때문에, 구조화가 잘 되지 못한 문제들의 문제에 대해 문제 상황과 원인에 대해 문제와의 관련성을 기준으로 취사선택을 수행해야 한다. 이러한 과정에서 문제의 정의(problem definition)는 여러 문제 감지 중에서 선택하는 단계를 의미한다.

(4) 문제의 구체화

일단 실질적인 문제가 정의되면 좀 더 상세하고 구체적인 공식적 문제(formal problem)가 구성된다. 실질적인 문제에서 공식적인 문제로 옮겨지는 과정은 문제의 구체화

(problem specification)를 통해 이뤄지게 된다.

3) 바람직한 정책문제의 정의

바람직한 문제의 정의는 '무엇이 문제인지'를 올바르게 정의하는 것이다. 그렇다면 어떻게 하는 것이 바람직한 정책문제 정의인가? 바람직한 정의를 위해 우리는 아래 네 가지에 유념해야 한다.

첫째, 정부가 취급하는 문제는 좀 더 근본적 성격이어야 한다. 일시적인 문제가 아닌 인간 사회에 내재하는 좀 더 근본적인 문제라야 한다. 겉으로 드러난 표피적인 문제 해결에 그치지 말고, 그 심층에 내재하는 근본적인 갈등 해결에 초점을 맞춰야 한다. 이 말은 문제 정의를 할 때 좀 더 근본적인 문제 의식에서 출발해야 한다는 것이다.

둘째, 문제로 인해 고통을 받고 있는 사회·경제적 약자의 문제를 우선 고려하면서 사회 전체적 입장에서 문제 정의를 하는 것이 바람직하다(허범, 1982: 275-291).

셋째, 선입관이나 특정 이익의 관점에서 오는 편견을 배제해야 한다. 문제 정의가 주관적으로 이루어질 수밖에 없다는 것이 문제 정의가 전혀 객관성을 유지할 필요가 없다는 것을 의미하지는 않는다(강근복, 2016: 143). 문제 정의나 목표 설정을 잘못해 제3종 오류(Type Ⅲ Error)를 범하게 되면 진실한 문제를 방치하게 되고, 귀중한 자원의 낭비 등을 초래한다. 그러나 현실적으로 보면 정책결정자들이 너무나 빈번하게 잘못된 문제 진단을 하고, 그것에 근거해 문제를 해결하려고 하는 제3종 오류를 범하고 있는 실정이다.

넷째, 정책문제 정의에 해결 방안을 포함시켜서는 안 된다. 문제 정의에 해결 방안이 들어감으로써 다른 대안을 생각할 수 있는 여지를 미리 막는 결과를 초래할 수 있다. 예를 들어, '홈리스 가족들을 위한 보호소가 너무 적다'라는 문제 정의는 더 많은 보호소가 최선의 해결 방안임을 암시할 수도 있으며, 먼저 어떤 가족이 홈리스 가족이 되는 것을 막는 대안들을 생각할 수 있는 분석가의 사고를 막을 수 있다(노화준, 2003: 81).

제3절 정책 목표의 설정

1. 의 의

정책문제의 구성 요소 중 어떤 요소를 문제의 핵심으로 보느냐에 따라 각기 다른 목표가 설정될 수 있다. 우리 경제의 문제점으로 부진한 경제 성장을 생각하는 사람도 있고, 물가 불안을 문제의 핵심으로 보는 사람도 있을 것이다. 이처럼 어떤 요소를 문제의 핵심으로 보느냐에 따라 각기 다른 정책 목표가 설정될 수 있다.

정책문제 정의가 이뤄지면 일단 개괄적인 정책 목표가 설정된 셈이다. 따라서 올바른 정책문제 정의는 바람직한 정책 목표를 설정하기 위한 전제라고 할 수 있다.

2. 바람직한 정책 목표의 요건

바람직한 정책 목표는 내용의 타당성과 수준의 적절성, 그리고 목표 구조상의 내적 일관성을 확보해야 한다. 또한 정책 목표 구조상의 최하위 목표는 구체적 · 조작적으로 설정되는 것이 바람직하다(강근복, 2000: 89).

1) 내용의 타당성

바람직한 정책 목표는 그 실질적 내용면에서 타당성(validity)을 확보해야 한다. 정책 목표의 타당성은 여러 문제 요소 중에서 가장 중요하고 해결이 시급한 문제 요소를 해결 대상으로 삼음으로써 확보된다. 물가고의 해결이 시급한데 실업문제의 해소를 정책 목표로 설정하게 되면 이는 타당성을 잃은 목표 설정이 된다. 앞에서 본 제3종 오류처럼 잘못된 문제 정의는 적합성을 잃은 목표 설정과 직결된다.

2) 목표 수준의 적절성

정책 목표의 적절성(adequacy)은 문제로 인해 발생하는 피해를 어느 정도 완화시키거나 일정한 수준의 성과를 얻을 수 있도록, 그리고 목표 달성을 위해 지나치게 많은 희생이나 비용을 부담하지 않도록 목표를 적정 수준에서 결정함으로써 확보된다.

3) 내적 일관성

정책 목표들 사이에는 내적 일관성(consistency)이 견지되어야 한다. 종적 위계에 따라 하위 목표는 상위 목표의 수단이 되는 연쇄 관계가 정책의 내용 면에서도 유지되어야 하며, 횡적으로도 다른 목표들과 상충되지 않도록 전체적인 정책 방향에 비춰 내적 일관성이 유지되어야 한다(권기헌, 2008: 191).

일반적으로 정책 목표를 설정할 때 지켜야 할 원칙으로 다음과 같은 것을 들 수 있다(Deep, 1978: 168). 첫째, 정책 목표는 계량적이고 구체적이어야 한다. 둘째, 정책 목표는 반드시 바라는 성과를 제시해야 한다. 셋째, 정책 목표의 달성이 집행 인원과 집행기구의 권한 범위 내에 있어야 한다. 넷째, 정책 목표는 실제와 부합해야 한다. 다섯째, 정책 목표는 반드시 완성 시한을 분명히 밝혀야 한다.

3. 정책 목표들 간의 관계와 우선순위 설정

정책은 하나의 목표만 지니고 있는 경우도 있지만 대체적으로는 여러 개의 목표를 지니고 있다. 여러 가지 목표를 포괄적이고 추상적인 하나의 목표로 나타내기도 하지만, 이러한 목표는 정책 과정에서 바람직한 목표로서의 기능을 발휘할 수 없다. 따라서 추상적 목표를 목표의 구체화를 통해 재규정하게 된다.

그리고 다양한 정책 목표들 사이의 관계 중에서도 경쟁적이거나 양립이 불가능한 경우에는 우선순위를 먼저 결정해야 한다. 그런데 어떤 목표가 다른 목표보다 더 중요한가를 결정하는 것은 대단히 어려운 일이다. 그 이유는 여러 정책 목표에는 이해를 달리하는 관련 집단이 있기 때문이다. 따라서 정책 목표의 우선순위 결정은 하나의 정치적 과정이다.

이처럼 어려운 과정이라 해도 우선순위에 대한 서로 합의할 수 있는 기준 설정이 우선순위 설정의 한 방안이 될 수 있다. 일반적으로 결정 기준이 되는 것을 보면, 정책 목표가 시대적 상황이나 정치적 상황에 부합되는가를 보는 정책 목표의 적합성이 있고,

또는 정책대상집단의 정책 수요가 높은 정책에 우선순위를 부여하는 정책 수요 기준이 있다. 이 밖에 호그우드(Brian W. Hogwood)와 피터스(B. Guy Peters)는 합의할 수 있는 기준으로 고객의 수요, 문제들의 영향의 정도 및 목표 달성이 가져올 사회경제적 순편익 등을 기준으로 제시하고 있다(Hogwood & Peters, 1983: 161-162). 또 어떤 학자는 우선순위 결정 시 그 기준으로 ① 그 정책만이 추구할 수 있는 고유한 가치, ② 필요성과 수요의 충족 등을 포함한 사회 전체적인 공익의 증진, ③ 상위 목표 달성을 위한 전략적 효과성, ④ 실행 가능성 등을 제시하고 있다(노화준, 2003: 97-98).

여기서는 호그우드와 건이 말하는 정책 목표 설정에 영향을 미치는 네 가지 기준에 대해 자세히 언급한다(류지성, 2007: 233-234).

첫째, 본질적 기준(intrinsic criteria)으로, 전문적 판단은 목표를 구성하고 있는 특정 가치가 최우선 순위를 차지할 정도로 성숙되었는지가 기준이 된다. 예를 들어, 의료 개방문제에서 국내의 사회 · 경제적 여건의 성숙도가 우선순위 결정에 큰 작용을 하게 된다.

둘째, 요구(demands)로, 정책과 관련된 사회적 요구는 목표의 기준이 된다. 특히 '사용자 부담(willingness to pay)'의 원칙에 의해 운영되는 정책이나 프로그램에 대한 사용자들의 요구는 목표의 우선순위 설정에 좋은 기준이 된다.

셋째, 결핍(need)으로, 이는 사회복지 분야에서 볼 수 있는 것으로 주관성이 내포된 개념이다. 여론이나 소비자 설문조사 등에 의해 감지되며 최우선 순위를 차지하는가 여부는 그 문제가 얼마나 많은 사람의 관심을 끌어내는가에 달려 있다.

넷째, 사회 · 경제적 편익(benefit)으로, 사회 · 경제적으로 편익을 최대화할 수 있는 목표라면 최우선 순위를 점하게 된다. 어떤 목표가 사회 · 경제적 편익을 극대화할 수 있는지는 비용편익분석이나 비용효과분석을 통해 분석할 수 있다.

그 외 이러한 어려움을 극복하는 현실적 대안으로 여러 목표 중에 일부를 제약 요건으로 취급해 다른 목표의 달성을 극대화시키는 방법이 있다. 이질적인 목표들을 각각 어떤 수준으로 하는 것이 최선인지를 판단하는 것이 아니라, 몇 개의 목표를 제약 조건으로 하여 다른 목표들을 극대화시키는 방법이다. 예를 들면, 인플레이션 억제와 고용 증대라는 서로 모순 관계에 있는 목표 중에서 양자의 상대적 효용을 측정하지 않고 인플레이션을 연 10% 이하로 억제하도록 하되, 그 범위 안에서 고용 증대를 극대화하는 것이다. 반대로 고용에서 실업률을 5% 선으로 하되 이 범위 안에서 인플레이션을 최대한으로 억제하는 것도 가능하다.

4. 정책 목표의 구체화

정책 목표가 판단의 기준 기능을 하려면 구체적이고 명확해야 한다. 목표가 구체적일수록 더 쉽게 정책 수단을 찾을 수 있고, 또한 목표를 구체화시켜 감에 따라 목표들 사이에 목표-수단 연쇄 관계가 형성된다(강근복, 2000: 94).

정책집행 단계에서도 목표가 분명하지 않으면 정책집행자가 방향 감각을 잃게 되고, 평가에서도 목표가 구체적으로 표현되어야 목표의 달성도를 평가하기가 쉽다. 다시 말해, 추상적인 목표보다 계량적인 목표로 표시할 때 평가가 용이하게 된다. 예를 들면, '교통사고 사망자 수의 감소'라고 목표가 설정되었을 때보다 '교통사고 사망자 수 20% 줄이기'라고 목표가 구체적으로 설정되었을 때 목표의 달성도를 평가하기 쉽다.

그러나 정책 목표를 명확히 한다는 것은 쉬운 일이 아니다. 그것은 문제를 보는 시각이 사람들마다 다르기 때문이다. 대체로 정책 목표를 구체화하는 데 다음과 같은 제약이 따른다(노시평 외, 1999: 171-172). 첫째, 목표가 구체적이면 이해관계자의 반대에 직면한다. 둘째, 정책 목표는 정책집행 단계에서 구체적으로 결정될 수 있는 것이지, 처음부터 명확하게 설정하기에는 한계가 있다. 셋째, 정책 목표가 구체적일수록 결정 후에 수정의 필요성이 커지게 된다.

06 정책대안의 탐색, 개발 및 결과 예측

제 1 절 대안의 탐색과 개발
제 2 절 정책대안의 결과 예측

정책학원론
Theories of Policy Sciences

제6장

정책학원론

정책대안의 탐색, 개발 및 결과 예측

제1절 대안의 탐색과 개발

1. 의 의

정책 목표의 구체화가 끝나면 이 목표를 달성할 수 있는 정책대안을 폭넓게 탐색하고 개발해야 한다.[1] 바람직한 대안을 선택하기 위해서는 우선 대안을 광범위하게 개발해야 한다. 이 과정에서 중요한 대안이 제시되지 못한다면 정책문제 해결은 이뤄질 수 없다.

정책대안의 성격을 보면, 첫째, 정책대안은 상호 배척의 성격을 지녀 갑(甲) 안을 선택하면 을(乙) 안을 선택할 수 없게 된다. 둘째, 정책대안과 정책 목표는 긴밀하게 관련되어야 한다. 셋째, 정책대안은 정책문제의 해결이나 개선에 도움이 되어야 한다. 넷째, 정책대안에는 격렬한 행동에서부터 차분한 대응 나아가 아무런 행동도 취하지 않는 것까지 모두 포함된다. 이러한 정책대안을 이끌어내는 것은 결코 간단한 일이 아니어서 풍부한 창의력과 상상력을 필요로 한다. 이러한 점을 멜츠너(A. J. Meltsner)는 "대안이 없는 정책분석가는 유정(油井)이 없는 아라비아 왕자와 같다(A policy analyst without

1 정책분석가들이 직면하게 되는 정책대안은 무한대일 수 있으나, 주어진 시간 등을 고려할 때 바람직한 대안의 수는 3개에서 7개 정도가 무난하다고 할 수 있다(Miller, 1956: 81-97; 류지성, 2007: 261 재인용).

alternatives is like a sheik without oil wells)"고 비유하기도 했다(Meltsner, 1976: 132-133).

2. 정책대안의 개발 방법

정책대안을 탐색하고 개발하는 방법은 크게 두 가지로 분류할 수 있는데, 하나는 점진적 방법이고 다른 하나는 새로운 방법이다.

1) 점진적 방법

(1) 의 의

점진적 방법은 한정된 수의 대안만 탐색하게 되는데, 그것도 기존 정책에 약간의 수정만 가하는 형식으로 이뤄진다. 그렇게 할 수밖에 없는 이유에 대해 린드블롬(Charles E. Lindblom)은 다음과 같이 말하고 있다(Lindblom, 1959).

첫째, 정책결정자의 인지 능력상의 한계 때문이다. 따라서 정책결정자는 자신의 관심 분야에 대해서만 생각하게 되고 제한된 수의 대안만을 탐색하게 된다.

둘째, 새로운 대안이 있어도 이미 투입된 매몰비용(sunk cost)[2] 때문에 새로운 대안을 받아들이지 못한다. 해오던 사업이 비합리적이라 중단되면 투입비용 때문에 오히려 불합리해지는 것이다.

셋째, 정치적 실현 가능성이다. 새로운 정책대안은 기존의 이해관계를 파괴하는 것이기 때문에 기존 수혜자들의 반대에 직면할 가능성이 높다.

넷째, 정책의 안정성이다. 혁신적 정책이 사회적 가치의 근본적 재분배를 초래하는데 비해, 점진적 방법은 정책의 지속성과 안정성을 유지할 수 있다.

---

2 1969년 영국과 프랑스 정부가 공동 개발한 초음속 여객기인 '콩코드'가 첫 시험 비행을 했다. 최고 속도가 마하 2.2로 파리-뉴욕 간 비행 시간을 종전 7시간에서 3시간대로 단축시켰다. 두 나라는 천문학적인 투자를 하여 상업 비행에 성공했지만 기체 결함이나 소음 등의 문제로 비난을 받기도 했다. 그 결과, 불과 16대만 생산되었고, 2003년 끝내 그 사업을 접어야 했다. 이처럼 잘못된 결정임에도 고치지 않고 그대로 밀고 나가는 행동을 가리켜 '콩코드의 오류(concorde fallacy)'라고 한다. 중도 포기할 경우 이미 쏟아부은 투자비를 허공에 날리게 되므로 손해를 감수하고 계속 강행하는 악순환을 의미한다. 이는 매몰비용의 오류와 같은 개념이라 할 수 있다(오형규, 2010: 98).

(2) 대안의 원천

정책목록(program repertory)은 동일한 문제 또는 유사한 문제에 대해 과거에 채택했던 정책들의 집합으로 대안의 원천이 된다. 이 방법은 정책 결과를 예측할 수 있다는 장점을 가지고 있으나 과거의 상황과 앞으로 전개될 상황이 다를 경우에는 효력을 잃게 된다. 또 다른 정부의 정책이 대안의 원천이 되는데, 교통정책을 추진하기 위해 외국 선진국의 교통정책을 참고하는 것이 이에 해당한다. 유사한 문제에 대한 다른 국가나 조직들의 경험은 정책 효과에 대한 평가를 통해 대안 개발에 도움을 줄 수 있다. 그러나 이러한 방법들은 정책 상황이 매우 가변적일 때, 새로운 정책문제 해결을 위한 대안 개발에는 활용하기 어렵다는 단점을 가지고 있다.

2) 새로운 방법

앞에서 본 바와 같이 점진적 방법은 새로운 상황 변화에 대응하기에는 한계가 있다. 따라서 기존의 틀이 아닌 새로운 해결 방법이 요구되는데, 여기서는 브레인스토밍과 정책 델파이를 중심으로 살펴본다.

(1) 브레인스토밍

① 의 의

델파이와 상반된 가정에서 출발한 브레인스토밍(brainstorming)은 이름 그대로 머리에 폭풍을 일으키는 기법을 말하며, 기발하고 다양한 아이디어를 자유롭게 제안할 수 있도록 함으로써, 가능한 한 많은 아이디어를 얻기 위해 사용되는 방법이다. 이 방법은 원래 광고회사 부사장이었던 오스본(Alex F. Osborn)이 창의성 향상을 위한 수단으로 고안한 것으로, 문제 상황을 식별하고 개념화하는 데 도움을 주는 아이디어, 목표 및 전략을 창출하는 방법이다. 이 방법의 바탕에는 문제의 해결은 의외의 곳에 있으며, 이를 발견하기 위해 어떤 비판도 가하지 않고 기상천외한 의견도 허용한다는 것이 깔려 있다. 그런데 브레인스토밍은 사람들로 하여금 창의성을 발휘하는 데 중점을 두고, 판단이나 분석 능력에 대해서는 그다지 중점을 두지 않는다(Barton, 1975: 54).

이 기법의 세 가지 특성은 다음과 같다. 첫째, 연쇄반응 효과(chain reaction effect)이다. 이것은 하나의 방안이 다른 방안의 출현을 자극한다. 둘째, 라이벌 충격(rivalry impact)이다. 어떤 이가 제시하는 의견은 다른 견해의 출현을 자극하는데, 이처럼 경쟁은 참여자들로 하여금 더욱 의견 개진에 힘을 쏟게 만든다. 셋째, 긍정적 강화(positive re-inforcement)이다. 창의적인 관점을 제시하는 사람을 포상하고 비평을 최대한 억제함으로써 대안의 질을 제고한다.

② 방 법

진행 절차를 보면, 우선 다루고자 하는 문제에 정통한 전문가, 즉 주어진 상황에 특별한 지식이 있는 자, 그리고 전문가는 아니지만 상상력이 풍부하고 독창적인 사람들, 또는 당해 문제 때문에 직접적인 영향을 받는 관련자를 선정해 집단을 구성한다. 집단의 크기는 정해진 것은 없지만 일반적으로 12명 내지 20명 수준으로 이뤄지고 있다.

다음으로, 좀 더 많은 아이디어를 얻기 위해 아이디어를 제안하는 것과 제안된 아이디어에 대한 평가는 엄격히 분리해 엉뚱하거나 엉터리 같은 아이디어도 거침없이 자유분방하게 제시할 수 있도록 한다. 다시 강조하지만 아이디어의 창출(idea generation)과 아이디어의 평가(idea evaluation) 단계는 확연히 구분되어야 한다.

이를 좀 더 구체적으로 보면 여기에는 지켜야 할 네 가지 규칙이 있다. 첫째는 참가자는 다른 사람의 아이디어를 비판해서는 안 된다는 '비판 엄금의 원칙(non evaluation)'이다. 둘째는 참가자는 자유로운 분위기에서 어떠한 아이디어라도 거리낌없이 발표할 수 있어야 한다는 '자유분방의 원칙(expressiveness)'이다. 셋째는 참가자가 아이디어를 제출할 때 질적으로 훌륭한 아이디어만을 제출하도록 하면 심리적으로 위축될 수 있으므로, 더 많은 양을 낼 수 있도록 양에 치중해야 한다는 '질보다 양의 원칙(quantity breeds quality)'이다. 넷째는 다른 사람의 아이디어를 개선, 확장하거나 결합하는 것을 환영한다는 '결합 환영의 원칙(building)'이다.

이제 모든 아이디어가 제안되고 나면 이들 대안에 대해 평가하고 종합하게 된다. 그러나 브레인스토밍을 마치자마자 바로 평가를 해서는 안 된다. 먼저, 아이디어를 깨끗이 타이핑해서 아이디어 목록을 만들어 며칠 후에 평가에 참여할 사람들에게 배부하는 것이 좋다. 이 단계에서는 유사 아이디어의 통합, 전혀 실현 가능성 없는 대안의 제거 및 아이디어에 대한 서열 매김 등을 통해 몇 가지 대안을 제시함으로써 토론이 끝나게 된다.

③ 문제점 및 해결 방안

실제 현장에서 브레인스토밍의 생산성은 높지 않은데, 그 주된 이유로는 타인의 아이디어를 경청해야 하니 자신의 아이디어 산출에 방해를 받는다는 '산출 방해(production blocking)', 그리고 앞서 언급한 비판 엄금의 원칙이 있으나 다른 구성원으로부터 가해지는 부정적 평가에 대한 두려움으로 인해 훨씬 적은 아이디어만 생성하는 '평가 불안(evaluation apprehension)', 그리고 아이디어들이 집단 수준에서만 합해지므로 다른 구성원들의 노력에 단순히 무임승차(free riding)할 가능성이 매우 커지는 것 등이다(장재윤, 2000: 83-85).

이러한 부정적 현상을 극복할 수 있는 방안이 1980년대 후반부터 이용되기 시작한 전자 브레인스토밍(electronic brainstorming: EBS)이다.[3] 큰 회의실에 개인별로 모니터와 키보드가 장착된 워크스테이션, 앞에는 참가자 모두가 볼 수 있는 큰 화면의 디스플레이 장치, 그리고 워크스테이션 간을 연결하는 네트워킹 소프트웨어(예: GroupSystems, visionquest 등)로 구성된다. 또 다른 경우, 대형 디스플레이 장치가 없으면 참가자들이 동시에 한 곳에 모이지 않고 네트워킹된 컴퓨터와 모니터로 구성한다. 각각의 모니터에는 자신의 아이디어를 입력할 수 있는 창뿐 아니라 타인들의 아이디어가 제시되는 창도 있어 다른 사람의 아이디어를 보면서 자신의 아이디어를 입력할 수 있다. 이 방법을 사용하면, 병렬 입력을 통해 산출 방해를 극복할 수 있고 다른 구성원들의 아이디어를 그 출처를 모른 채 볼 수 있으므로, 익명성을 보장해 평가 불안을 감소시킨다.[4] 무엇보다 큰 장점은 서로 얼굴을 대하지 않고서도 언제 어디서나 전산망과 소프트웨어만 있으면 가능하다는 점이다(장재윤, 2000: 79-108).

물론 전자 브레인스토밍에도 한계는 있다. 타인의 아이디어를 인지해야 하는 부담이 생산성을 낮춘다는 것이 한 예이다. 또 일반적인 브레인스토밍의 경우, 집단사고의 함정에 빠질 수도 있는데, 과연 집단사고가 개인적 사고보다 더 창의적인가는 확언할 수 없다.

---

3 전자 브레인스토밍의 유용성에 대해서는 케이(Kay, 1995)를 참조하기 바람.

4 블래닝과 레이니그는 1997년 중국 반환 이후의 홍콩의 장래에 대한 세 가지 시나리오 분석에서 Group-Systems를 사용해 이 체계의 유용성을 보여주었다. 이처럼 정치적으로 민감한 사안에 대해서는 익명성을 갖춘 이러한 체계가 매우 유용하다(Blanning & Reinig, 1999).

함께 생각할 정책 사례 5

브레인스토밍 적용 사례

겨울에 항상 눈과 얼음으로 인해 곤란을 겪고 있는 작은 마을이 있었다. 겨울 폭풍우 기간 동안 얼음이 전력선에 형성되면서, 그 무게로 전력선이 끊어져 겨울 내내 암흑세계에서 살아야 하는 문제가 해마다 계속되었다. 마을의 지도자는 올해도 같은 문제가 발생하자 처음으로 문제 해결을 위한 브레인스토밍을 하기로 결정했다.

"눈을 전선에서 제거합시다. 그러나 어떻게 눈을 제거하지요?"

"전신주를 흔들어요."

"어떻게 흔들죠?"

"전신주는 얼어붙어 흔들기 어렵고, 미끄러워 올라가기도 어렵죠. 하지만 원숭이들은 나무를 잘 타므로 전신주에 올라갈 수 있을 게요."

"하지만 추운 날씨에 어떻게 원숭이들을 전신주에 올라가게 하죠?"

"각 전신주 꼭대기에 바나나를 갖다 놓도록 합시다. 그러면 원숭이가 전신주 꼭대기에 있는 바나나를 가지러 올라갈 겁니다."

"그렇지만 누가 바나나를 전신주 꼭대기에 올려놓습니까?"

"헬리콥터가 있다면, 전신주 꼭대기에 바나나를 내려놓을 수 있을 겁니다."

"그러나 어디서 헬리콥터를 구할 수 있습니까?"

"경찰은 헬리콥터를 한 대 갖고 있습니다. 그들에게 부탁하죠."

문제는 해결되었다. 마을의 지도자는 경찰에 헬리콥터를 요청했고, 헬리콥터가 마을로 들어오며 하향하는 바람으로 인해 전선 위의 눈은 모두 제거되었다. 돌아가는 날개로부터 나오는 헬기의 바람은 전선에 있는 눈을 불어 없앨 수 있었던 것이다. 브레인스토밍의 엉뚱한 발상에 의한 의사결정이 실제 문제를 해결한 것이다(정철현, 2001: 423-424).

(2) 정책 델파이

① 의 의

일반적 델파이 기법은 익명성, 반복성과 환류, 전문가의 합의 도출 등을 그 특징으로 하는데 비해, 정책 델파이(policy delphi)는 정반대의 입장에 있는 정책 관련자들의 상반되는 의견을 표출시켜 정책대안을 개발하고 대안의 결과 예측을 하는 방법이다.

② 특 징

정책 델파이의 첫 번째 특징은 선택적 익명성이다. 대안 제시에서는 누가 어떤 의견을 제시했는지 모르며, 다양한 의견이 모두 제시되어 종합되고 몇 가지 대립되는 정책대안으로 압축되면 참여자들이 대면해서 공개적 토론을 벌인다. 두 번째 특징은 정책관련자의 다양한 의견 중시이다. 참여자는 전문성뿐만 아니라 문제에 대한 관심의 정도 또는 창의력과 통찰력의 정도 등을 고려해서 선정한다. 그리고 대립되는 의견을 표출시키기 위해 여러 입장을 대표하는 관련자들을 참여시킨다. 세 번째 특징은 의도적인 갈등의 조성과 의견의 차이를 부각시키는 통계 처리이다. 불일치와 갈등을 창의적으로 활용해 정책대안을 창출하기 위해, 개인이나 집단 간의 의견에 어떤 차이가 있는지를 부각시키는 방향으로 통계 처리가 이뤄진다. 집중도, 분산, 양극화 정도 등이 이에 해당한다.

③ 실시 방법

정책 델파이는 정책문제의 잠재적인 해결 방안을 둘러싸고 일어날 수 있는 대립된 의견을 드러내고 종합함으로써 바람직한 대안을 개발하는 것이다. 방법은 설문지를 이용하거나 컴퓨터를 이용할 수 있는데, 설문지를 이용한 정책 델파이 절차는 다음과 같다.

가. 1단계: 이슈의 구체화

이 단계에서는 어떤 정책문제를 정책 델파이를 통해 논의할 것인가를 결정하게 된다. 만약 관심 분야가 공무원 부패방지 대책이라면 '부패방지법의 제정 여부'가 이슈가 될 수 있다.

나. 2단계: 집단 선정

참여자를 선정하기 위해 눈덩이(snowball) 표본을 추출한다. 일단 해당 이슈에 영향력 있는 사람을 선정하고, 그의 입장에 가장 동의하는 사람과 가장 반대하는 사람을 선정한다. 그리고 난 뒤 다시 이들 두 사람 각각한테 가장 동의하는 사람과 가장 반대하는 사람을 선정한다. 참여집단의 규모는 정책문제에 따라 다르지만 보통 10~30명으로 구성된다. 이슈가 복잡해질수록 참가자들은 더욱 이질적이 되고 표본은 다방면의 관련자들이 대표가 될 수 있도록 더욱 커져야 한다.

다. 3단계: 설문지 작성

정책 델파이는 질문을 반복해서 수행하기 때문에 질문을 수행할 때마다 질문지를 설계해야 한다. 두 번째 설문지는 첫 번째 설문지의 결과를 참고하여 만들어야 한다. 정책 델파이의 첫 번째 설문지는 보통 네 종류의 질문을 담는다.

(가) 예측 항목: 특정 사건의 발생 확률을 주관적으로 추산할 것을 요구하는 예측 항목으로 사용 척도는 확실성 척도이다. "1999년에는 마약 복용자가 1980년의 두 배가 된다고 한다. 당신은 이 추산이 얼마나 믿을 만하다고 생각하는가?" 척도는 확실히 믿을 만하다 — 믿을 만하다 — 믿기 어렵다 — 믿을 수 없다 — 모르겠다 등으로 이뤄진다.

(나) 이슈 항목: 응답자가 이슈들의 우선순위를 매기도록 요구하는 것이 이슈 항목이며, 사용 척도는 중요성 척도이다. "…의 사용 금지를 법제화[해야 한다. 하지 말아야 한다]: 하나만 0표 하라. 이 이슈는 다른 것보다 상대적으로 얼마나 중요한가." 사용 척도는 매우 중요— 중요— 조금 중요— 중요치 않다— 모르겠다 등으로 구성된다.

(다) 목표 항목: 어떤 목표를 추구하는 것이 어느 정도 바람직한가, 실현 가능성이 있는가에 대한 판단을 권유하는 목표 항목으로, 사용 척도는 소망성 척도나 실현 가능성 척도이다. "어떤 정책의 목표는 …이다. 이러한 목표가 얼마나 바람직한가?" 사용 척도는 매우 바람직하다 — 바람직하다 — 바람직하지 않다 — 매우 바람직하지 않다 — 모르겠다 등으로 구성된다.

(라) 대안 항목: 목표 달성에 공헌할 수 있는 행동대안을 식별케 하는 대안 항목으로, 사용 척도는 위의 척도를 조합한다. "어떤 정책이 …을 감소시키는 데 도움을 준다고 제안되었다. 이 정책대안은 얼마나 실현 가능한가?" 사용 척도는 확실히 실현 가능 — 아마도 실현 가능 — 아마도 실현 불가능 — 확실히 실현 불가능 — 모르겠다 등으로 구성된다. 모르겠다는 응답은 허용하고 있으나, 중립적인 대답은 허용하지 않고 있다. 이렇게 중립적인 응답을 제한하는 것은 정책 델파이의 중요한 목표인 갈등과 불일치를 분명히 끌어내려는 의도이다(나기산 외, 1994: 292-293).

라. 4단계: 1차 결과의 분석

설문지가 1차적으로 회수되면 분석가는 참여자들의 의견을 파악하게 된다. 응답을 통계적으로 집계해 집중도, 분산, 양극화 정도를 그래프로 나타낸다. 이러한 수치는 한결같이 중요하다거나 바람직하지 않다거나 실현 가능성이 없다거나 불확실하다는 응답이 나오는 항목들을 제외시키는 데 이용될 수 있고, 두 번째 설문지에 첫 번째 결과를 담아 참가자들에게 알리는 수단으로 사용될 수도 있다. 이 수치들을 다음 설문지에 제시할 때는 그래프로 표현하는 것이 더 좋다. 정책 델파이는 잠정적인 해결 방안에 대한 강력한 반대 의견의 창출을 목적으로 한다. 예를 들어, 어떤 목표에 대해 참가자들 사이에 소망성과 실현 가능성을 놓고 서로 엇갈리는 의견을 제시하는 쪽이 의견 창출의 관점에서 바람직한 것이고, 반대로 참가자들 간에 불일치의 정도가 낮은 경우는 분석 대상에서 제외된다.

마. 5단계: 후속 설문지 개발

정책 델파이는 보통 3~5회 정도의 토론 과정을 거치기 때문에 설문지는 계속 재작성 되어야 한다. 정책 델파이의 가장 중요한 점은 이러한 반복 과정에 있는 것이다.

바. 6단계: 회의 소집

앞의 절차가 끝나면 참여자들을 한 곳에 모아 대면적 토의를 한다. 그들의 다양한 입장을 뒷받침하는 이유, 가정, 논증들에 대해여 토론하도록 하는 것이다.

사. 7단계: 최종 보고서 작성

최종 보고서에는 가능한 다양한 이슈들과 대안들을 검토하고, 상반된 입장들과 그것을 뒷받침하는 논증들이 나타나게 처리한다.

제2절 정책대안의 결과 예측

1. 결과 예측의 의의

1) 대안분석과 예측

선별된 정책대안들이 나중에 정책으로 채택되어 집행되었을 경우 나타날 결과를 미리 예측해 보는 것을 정책대안의 결과 예측이라고 한다. 이 작업은 여러 가지 예측 기법을 사용해야 하므로 복잡하고 어려운 과정이라고 할 수 있다.

정책대안의 결과 예측은 미래에 대한 면밀하고도 정확한 예측을 전제로 하며, 이와 같은 예측은 정책결정자의 미래에 대한 이해뿐만 아니라 미래 변화에 대한 적절한 대응성을 제고하게 한다. 정책대안의 비교 · 평가는 대안의 미래 예측에 따라 크게 달라질 수 있기 때문에 정확하고 신뢰성 있는 미래 예측이 이뤄져야 한다.

정책 예측이 대상으로 하는 미래에는 잠재적 미래(potential future), 개연적 미래(plausible future), 규범적 미래(normative future)가 있다. 이 중 개연적 미래는 개입하지 않으면 그대로 발생하게 될 가능성이 가장 확률적으로 높은 미래를 의미하며, 규범적 미래는 미래에 전개되기를 바라는 미래이다. 개연적 미래에 대한 예측과 규범적 미래에 대한 예측 간의 괴리를 극복하려는 노력이 정책으로 구체화된다고 할 수 있다.

2) 대안 결과의 예측과 불확실성

(1) 개 념

불확실성(uncertainty)의 개념은 매우 추상적이라서 정의내리기가 쉽지 않으며, 위험(risk)과 구별 없이 사용되는 등 매우 혼란스럽다. 일반적으로 위험은 결과와 확률은 알고 있지만 실제로 어떤 결과가 발생할지는 발생한 시점에서야 아는 상황이고, 불확실성은 발생 가능한 결과들은 알고 있지만 각 결과들의 발생 확률은 모르는 경우이다. 한석태(2005: 231)는 불확실성에 대해 "정책 결과를 예측함에 있어 정책대안과 결과, 그리고 기타 가능한 영향 요인들 간의 인과적 관계의 유무와 크기에 대한 지식의 부족 상태"로 정의하고 있다.

(2) 불확실성의 발생 원인

불확실성을 발생시키는 원인에 대해서는 여러 가지로 분류할 수 있겠으나 발생 원인을 불확실하게 인지하는 대상에서 찾는다면, 그 대상이 인간의 행동인지 아니면 자연적 상태인지에 따라 구분할 수 있다. 그뿐만 아니라 불확실성의 원인이 인지 대상인 상황의 복잡성 때문인지, 아니면 급격히 변동하는 상황의 동태성 때문인지로 나눠 볼 수도 있다. 대체로 문제 상황이 복잡할수록 또 정책문제의 상황이 급격히 변화할 경우에 불확실성의 정도가 커지게 된다.

(3) 불확실성의 대처 방안

불확실성에 대처하는 방안은 크게 두 가지로 압축할 수 있다. 하나는 적극적 극복 방안이고 다른 하나는 소극적 방안이다. 전자에는 상황에 대한 정보를 획득하거나 모형을 개발해 정책대안이 가져올 결과를 확실하게 예측하는 방법과 불확실성을 발생시키는 상황 자체를 통제하는 방법이 있다.[5] 후자는 불확실성을 주어진 것으로 보고, 이를 감

---

5 가령, A 조직과 B 조직이 시장에서 내년도 시장전략을 놓고 어떤 전략적 조치가 나올지 몰라 불확실성이

안해 정책결정을 하는 것으로 이에는 다음과 같은 것들이 있다(노시평 외, 1999: 207).

첫째, 보수적인 접근 방법이다. 이것은 불확실성 하에서 전개될 최악의 상태를 전제로 정책결정을 하는 것을 말한다. 위험회피형 정책결정자들의 태도가 여기에 해당된다.

둘째, 가외성(redundancy) 확보이다. 이는 가외적 조치를 중복적으로 더 확보해 놓음으로써 불확실성에 대처하는 방법인데, 무역정책을 예로 살펴보면 쉽게 이해할 수 있다. 특정 국가에 대한 일변도 무역이 아닌 다른 여러 나라와의 교역도 병행하는 다변화 정책을 추진함으로써 불확실성에 대비하기 위한 안전장치를 마련하는 것이다. 배를 건조하거나 학교를 건축할 때 해운 분야의 수요나 교육 분야의 수요가 감소할 경우를 대비해서, 배의 내부시설이나 학교시설을 다른 용도로 전환할 수 있는 다용도시설로 설계하는 것도 한 예에 속한다. 이럴 경우 비용 증가라는 문제가 수반된다.

셋째, 민감도분석(sensitivity analysis)을 활용하는 방법이다. 민감도분석은 불완전한 정보를 가지고 있는 모형 내의 파라미터(회귀계수, 경로계수, 확률 등)에 대해 이들의 값이 달라질 때 대안의 결과가 어떻게 변화되는가를 보는 방법이다. 즉, 파라미터의 변화에 따라 대안의 결과가 얼마나 민감하게 반응하는지를 보는 것이다. 예컨대, 어떤 기업에서 생산하고 있는 제품 A에 대한 시장가격이 변함에 따라 그 기업의 수입은 어떻게 달라지는가를 분석하는 것이다.

넷째, 분기점분석이 있다. 최선의 대안 결과와 차선의 대안 결과가 나뉘는 분기점에서 발생 가능 확률과 정책의 효과를 비교한다.

다섯째, 악조건 가중분석은 최선의 대안 결과가 다른 대안의 결과보다 월등히 뛰어날 때, 최선의 대안에는 최악의 가정을 나머지 대안에는 최선의 가정을 함으로써 대안의 결과를 비교한다. 그럼에도 여전히 최초의 우수한 대안이 가장 우수하다면 이를 채택하게 된다.

한편 불확실성에 대처하는 또 다른 방안으로 불확실성의 감소(reducing), 인정(acknowledging), 진압(suppressing) 등이 있다(한석태, 2005: 235-236). 감소는 추가적인 정보 수집이나 기존 자료를 토대로 한 외삽법에 의한 추론이 이에 해당한다. 인정은 의사결정자가 불확실성의 존재를 전제하고 대처하는 경우이다. 여기에는 불확실성 요인을 고려해 정책결정을 하는 것이다. 진압은 바람직하지 않은 정보를 무시한다. "이런 불행

생긴 경우, 직접 협상이나 타협을 통해 상황 자체를 통제하는 것이다(권기헌, 2008: 211).

한 결과는 나에게 일어날 수 없어"라는 낙천적 태도는 진압전략에 해당한다. 겉으로 보기에는 불합리하다고 볼 수 있는 진압전술은 감소전술과 인정전술이 불가능할 경우에 발생할 수 있는 정책적 마비 상태를 피할 수 있도록 정책결정자를 도와주는 기능이 있다고 본다.

2. 예측 방법

결과 예측에 사용되는 근거는 경향치의 투사와 이론적 가정, 그리고 주관적 판단이 있다(강근복, 2000: 129). 경향치 투사에는 시계열분석이, 이론적 가정에는 시뮬레이션이나 회귀분석이, 그리고 주관적 판단에는 임팩트 시스템분석, 미래예측 델파이와 교차영향분석 등이 있다. 여기서는 시계열분석, 시뮬레이션, 임팩트 시스템분석, 미래예측 델파이와 교차영향분석 등을 중심으로 간단히 살펴본다.

1) 추세 연장에 의한 예측: 시계열분석

추세 연장에 의한 미래 예측 방법은 '외삽법(extrapolation)'에 의한 예측이다. 외삽법은 과거로부터 지속되어 온 역사적 경향을 투사해 미래의 사회 변화를 예측하는 방법인데, 외삽법에 의한 미래 예측은 투사를 할 때 다음 세 가지 가정에 기초한다(노시평 외, 1999: 197).

첫째, 지속성(persistence)이다. 이것은 과거에 관측된 어떤 경향이 미래에도 똑같이 계속될 것이라는 가정이다.

둘째, 규칙성(regularity)이다. 이것은 과거에 관찰된 어떤 경향이 미래에도 똑같은 규칙성을 가지고 나타나게 될 것이라는 가정이다. 예를 들어, 금융위기가 30년에서 40년의 주기로 발생했는데, 이러한 주기는 미래에도 똑같은 주기로 되풀이될 것이라는 가정이다.

셋째, 자료의 신뢰성(reliability)과 타당성(validity)이다. 이것은 어떠한 경향에 대한 측정이 신뢰성과 타당성이 있어야 한다는 가정이다. 여기서 신뢰성은 엄밀해야 한다는 의미이고, 타당성은 측정하고자 하는 내용을 정확히 측정할 수 있어야 한다는 의미이다.

2) 이론적 가정에 의한 예측: 시뮬레이션

(1) 의 의

시뮬레이션(simulation)은 정책결정을 하기 전 각 대안의 결과를 실제로 관찰하거나 경험할 수 있게 해준다. 급변한 행정환경 하에서 시뮬레이션을 사용하면 주민 요구가 변화하는 경우, 필요한 인력과 물품 등이 어떻게 달라지는가를 알 수 있어 효율적으로 정책결정을 할 수 있다(정철현, 2001: 296).

시뮬레이션은 한 번 모형화해 두면 계속적으로 사용할 수 있어 새로운 정보를 계속 기존 모형에 대입시켜 결과를 예측할 수 있다. 단점으로는 시뮬레이션은 적정 모형이 아니고 대안에 따른 결과만을 보여주기 때문에, 어떤 대안이 최선의 것인지를 말해주지 않는다.

(2) 몬테카를로 기법

① 의 의

공공 부문에서의 시뮬레이션은 주로 위험성 하에서 사용되는 기법이다. 이는 문제를 구성하는 요소의 행태가 알려져 있지 않을 경우에 시뮬레이션이 사용되기 때문이다. 이러한 경우에 통계학의 무작위 변수의 개념을 도입해 시뮬레이션에 적용한다. 즉, 무작위 변수의 확률분포를 이용해 최선의 선택을 하는 데 사용하는데, 몬테카를로 기법(Monte Carlo Technic)이 이에 해당한다.

몬테카를로 기법은 하나 혹은 여러 개의 특정한 확률분포를 근거로 하여 무작위 변수를 산출해내는 방법이다. 즉, 특정 확률분포로부터 임의의 숫자를 산출하는 표본추출 과정을 통해 특정 사건이 발생할 확률들의 근사치를 구하는 것이다. 과거에는 이러한 작업을 대형 컴퓨터에만 의존해야 했으나, 최근에는 개인용 컴퓨터의 발달과 관련 소프트웨어의 괄목할 만한 성장으로 의사결정자가 쉽게 사용할 수 있다.[6]

정철현(2001: 301-302)은 다음 사례를 예시하고, 이를 몬테카를로 기법으로 풀이하는 방법을 소개하고 있다.

---

6 엑셀과 같은 스프레드시트(spreadsheet) 프로그램이 기본적인 난수 생성 기능을 내장하고 있고, 대부분의 수량적 자료가 이러한 프로그램에 관리되기 때문에 엑셀에 부가될 수 있는 시뮬레이션 소프트웨어인 @Risk, Crystall ball, ARENA 등을 사용하면 반복적인 과정을 손쉽게 해결할 수 있다(구승모 · 김재홍, 2004: 26).

사례 — "A시는 폐지 재활용을 계획하고 있다. 이를 위해 재활용 폐지를 구입하려는 두 제지회사와 계약을 맺으려 한다. 금성사에서는 모든 폐지를 1kg당 1.5원에 매입하겠다고 했고, 동성사에서는 골판지를 제외한 모든 폐지에 대해 1kg당 2원을 제시했다. 어느 회사를 선택해야 할까?"

이 문제를 풀기 위해서는 첫째, 과거의 자료를 구해야 한다. 둘째, 난수[7]를 할당한다. 셋째, 자료의 값을 구한다. 넷째, 시뮬레이션의 값을 모두 비교해 대안을 결정한다.

여기서는 그 과정을 간단히 설명하고자 한다. 첫째, 작년 200일 동안의 종이 폐지 수거량의 변화와 골판지 폐지 수거량의 변화를 찾아낸다. 둘째, 난수를 할당한다. 난수표를 이용해 1일 종이 수거량을 정할 수 있다. 셋째, 자료의 값을 구한다. 만약 첫째 날의 폐지 수거량이 500kg이고 골판지는 전체의 15%라면 500×0.15=75kg이 되므로, 전체 폐지 500kg 중 골판지 75kg을 제외하면 500−75=425kg이 된다. 따라서 동성사를 선택하는 경우의 수익은 425×2=850원, 금성사를 선택하는 경우의 수익은 500×1.5=750원이 된다. 위와 같은 방법으로 계속해서 둘째 날의 종이 수거량에 따른 수익을 구할 수 있다. 이와 같은 방식으로 셋째 날과 넷째 날, 그리고 200번째 날까지 계산할 수 있다. 넷째, 시뮬레이션의 값을 모두 비교해 대안을 결정한다. 시뮬레이션의 값은 첫째 날부터 200일까지이므로 이를 모두 더해야 한다. 동성사를 선택하는 경우의 수익은 767,600원이고, 금성사를 선택하는 경우의 수익은 754,400원이므로, 동성사를 선택하는 것이 최선의 결정이다.[8]

3) 주관적 판단

(1) 임팩트 시스템에 의한 정책 효과의 예측[9]

정책대안이 얼마나 효과적이 될 것인가를 알기 위해서는 '미래 정책환경'에 대한 예측이 이뤄져야 한다. 정책 임팩트를 예측하는 3단계는 추세선→베이스라인 예측→베이스라인 예측 수정 등으로 이뤄진다.

7 난수(亂數)는 0과 1 사이의 값을 가지는 숫자로서 이 사이의 값들이 선택될 확률이 모두 동일하도록 만들어진 숫자이다. 따라서 하나의 난수표에 있는 난수들을 도수분포표로 그려보면 언제나 0과 1 사이에서 균등한 분포를 가지게 된다.

8 구체적인 계산 과정은 정철현(2001: 300-305)을 참조하기 바람.

9 임팩트 시스템에 의한 정책 효과의 예측 부분의 설명은 노화준(1995: 240-249)을 요약·정리한 것임.

① 추세선

정책 효과를 예측하기 위해서는 먼저 편익이나 비용 가운데 가장 핵심이 되는 것을 선택해야 한다. 그리고 제안된 정책에 의해 영향을 받을 것으로 생각되는 사회적 조건의 변화에 대한 역사적 추세선을 준비한다. 이때 가능하면 현 시점에서 가까운 최근 몇 년간 자료를 수집해 정리한다. 만일 변수가 분명한 증가 추세나 감소 추세를 보이지 않거나, 또는 하나 이상이 뚜렷이 큰 값이나 작은 값을 가진 경우에는 5년 간 평균치를 택한다.

② 베이스라인 예측

현재 제안되고 있는 정책이 집행되지 않는다면 사회적 조건이 어떻게 변화하게 될 것인지를 예측하는 것이다. 정교한 것은 회귀분석이나,[10] 이 베이스라인 예측(baseline forecast)은 간편한 방법으로 사용될 수 있다. 중형 택시를 이용할 경우 예상되는 요금을 예측하는 모형을 예로 들어보면, Y(종속변수) = 1,000 + 100X_1(단위 거리) + 100X_2(단위 시간)가 되며, 여기서 X_1, X_2가 임팩트 요인이다.

가. 임팩트 요인의 종속변수에 대한 영향력 추정

임팩트 요인이 종속변수의 값을 높이는 데에 기여하면 +1, +2, +3 등 양의 숫자를 부여하고, 낮추는 데 기여하면 −1, −2, −3 등의 숫자를 부여한다. 이때 숫자의 크기는 영향을 미치는 정도를 나타낸다.

나. 각 임팩트 요인의 자체 변화 추세 추정

즉, 각 요인들이 앞으로 어떻게 변화하리라 예상하느냐에 따라 숫자를 부여한다. 이제 왜 그러한 임팩트 값과 추셋값을 부여했느냐 그 근거를 밝혀야 한다. 그리고 각 임

---

10 회귀분석이란 독립변수가 종속변수에 미치는 영향력을 분석하기 위해 사용하는 통계기법이다. 예를 들어, 공무원 교육훈련의 만족도가 아래의 회귀분석 결과로 나왔다고 가정하자. 어떻게 해석해야 할까?

독립변수	비표준화계수b	표준화계수 Beta값	t	유의확률
강사의 자질	.147	.147	6.203	.000
교육훈련 내용	.540	.540	22.756	.000

Adjusted R^2. 606, F값 135.549**, ** p<.001

해석: 독립변수의 종속변수에 대한 전체 설명력은 60.6%로 매우 높은 편이다. F값의 유의확률이 p<.001이므로, 회귀방정식이 통계적 유의성을 가져 설명력은 매우 크다고 볼 수 있다. 개별 독립변수들의 상대적 중요도는 베타값(β)을 비교하면 된다. 공무원 교육훈련의 만족도에서 강사의 자질보다는 교육훈련 내용이 더 큰 영향력을 미친다.

팩트 요인별 임팩트와 추셋값들이 추정되고 나면 아래 절차에 따라 베이스라인 예측값을 추정한다.

① 각 요인별 임팩트 점수 계산

(요인의 임팩트)×(요인의 추세)로 계산하며 이때 임팩트는 '0'을 주어서는 안 된다. 0은 그 임팩트 요인이 예측하고자 하는 종속변수에 아무런 영향을 미치지 않는 것을 의미하기 때문이다.

② (모든 양의 임팩트 점수의 합)+1/2(추셋값이 0인 요인들의 임팩트 점수의 합)

이때 추셋값이 0인 요인의 임팩트 점수는 부호를 삭제하고 절댓값을 ( ) 안에 적는다.

③ 모든 임팩트 점수의 합을 구하는데 이때 부호와 괄호를 무시한다.

④ ②에서 구한 값/③에서 구한 값

⑤ ④에서 구한 값+0.50

⑥ ⑤에서 구한 값×(추셋값에서 구한 5년 또는 2년 평균값)

뚜렷한 증가, 감소 추세가 있으면 2년 간 자료, 없으면 5년 간 자료를 사용한다.

[예] 가상 사례

예측 변수	매 100만 차량 km당 한국의 교통사고 사망자 수	근 거
요인 1	정부의 속도 제한 요인의 임팩트 +3 요인의 추세 0	• 많은 연구 결과 차량의 속도가 빠를수록 사망률이 더 높다는 관계를 나타냄. • 정부가 차량의 속도 규정을 변경시키지 않으므로 운전 속도는 변화 없을 것임.
요인 2	속도 제한 강제 집행의 정도 요인의 임팩트 −2 요인의 추세 +2	• 정부의 더 엄격한 속도 제한 규정으로 사망률을 감소시킬 것임. • 정부의 속도 제한 규정 강화와 아울러 법의 강제적 집행은 더 증가할 것임.
요인 3	자동차의 안전장치 요인의 임팩트 −3 요인의 추세 +1	• 차량의 안전장치 수가 증가할수록 사망률은 감소할 것임. • 정부의 자동차 생산 관련 법에 따라 생산되는 자동차에 장착되는 안전장치의 수는 증가될 것임.
요인 4	젊은 층 운전자 수 요인의 임팩트 +3 요인의 추세 +3	• 젊은 층의 자동차 사고에 의한 사망률은 장년층의 그것보다 매우 높음. • 다음 5년 동안 젊은 층 운전자의 수는 크게 증가할 것으로 보임.

요인 5	안전벨트 착용자 수 요인의 임팩트 −3 요인의 추세 2	• 자료에 의하면, 만일 모든 사람이 차량 이용 시 안전벨트를 착용하면 연간 2,000명의 사망자 수가 감소할 것이라고 함. • 동일한 자료에 의하면, 안전벨트를 착용하는 사람의 수는 크게 증가하고 있다고 함.

자료: 노화준(1995: 246).

이처럼 임팩트와 추셋값이 추정되면 베이스라인 예측값을 추정한다. 실제로 위의 경우에 대한 계산을 하면 다음과 같다.

요인	임팩트	추세	임팩트 점수
요인 1	+3	0	(3)
(이때 0은 이 임팩트 요인이 앞으로 변화하지 않고 현재의 상태를 유지하리라 생각됨)			
요인 2	−2	+2	−4
요인 3	−3	+1	−3
요인 4	+3	+3	+9
요인 5	−3	+2	−6

계산 2: 9+1.5=10.5

계산 3: 3+4+3+9+6=25

계산 4: 10.5/25=0.42

계산 5: 0.42+0.50=0.92

계산 6: 0.92×2.6=2.392(이때 2.6은 과거 5년 간 추셋값의 평균)

즉, 100만km당 사망자 수는 2.392명으로 예측된다.

③ 베이스라인 예측 수정

여기서는 ① 속도 제한 규정을 더 엄격히 시행하고, ② 자동차 생산 시에 안전장치를 더 많이 장착하도록 법규를 강화하며, ③ 젊은 층 운전자들에 대한 면허 요건을 강화하고, ④ 안전벨트 착용 여부에 대한 단속을 더욱 강화하고, 벌금을 상향 조정하는 정책을 집행한다면 정책 효과는 어느 정도인가를 알아보고자 한다.

요인	임팩트	추세	임팩트 점수
요인 1	+3	0	(3)
요인 2	−2	+3	−6
요인 3	−3	+2	−6
요인 4	+2	+3	+6
요인 5	−3	+3	−9

베이스라인 수정 예측값을 앞서 언급한 방식대로 구해 보면, 제안된 정책을 집행하지 않고, 현재의 추세가 계속되는 경우에는 교통사고에 의한 100만km당 사망자 수는 2,392명으로 예측되고 있으나, 제안된 정책을 집행하는 경우에는 1.95명으로 감소됨으로써, 정책 효과는 100만km당 평균 0.442명의 사망자 수의 감소를 가져온다.

(2) 미래예측 델파이

① 의 의

미래예측 델파이(delphi technique)는 집단의사결정 방식이며, 동시에 미래예측 연구에 빈번히 활용되고 있는 조사기법으로서 무엇보다 전문가들의 집단적인 직관적 판단을 존중하고, 그것을 통해 특정 사안에 대한 의사결정 및 예측을 시도하려는 방법이다. 1948년 RAND연구소에 의해 개발된 이 방법의 특성으로는 의견 개진에 익명성이 보장되고, 설문의 반복, 라운드가 거듭하면서 현저한 의견 전환이 이뤄진다. 또 개개인의 답변 결과는 통계적으로 처리되어 확률분포로 전환된다. 이처럼 일반적인 설문지가 설문의 나열에 그치는 데 반해, 델파이 설문지는 설문뿐 아니라 참여자들이 합의한 분포와 반대 의견 등에 대한 정보까지 제공해 주는 역할을 한다.

일반적 델파이와 정책 델파이 간의 차이점은 <표 6-1>과 같다.

② 실시 방법

델파이 방법을 이용해 미래를 예측하기 위해서는 아래 몇 가지 단계를 거쳐야 한다. 여기서는 델파이 조사를 이용한 실제 연구조사 결과를 살펴본다(주성재, 1999: 29-44).

이 조사는 국토의 미래상을 전망한 연구로서 2020년 인구 · 경제활동 및 국토의 모습에 대한 전망, 2020년까지 강조될 국토정책의 방향 및 2020년까지 27개 현상이 나타날 가능성과 그 발생 가능 시기의 세 부분으로 나누고 있다.

표 6-1 고전적 델파이와 정책 델파이의 차이

구 분	고전적 델파이	정책 델파이
적용	일반 문제에 대한 예측	정책문제에 대한 예측
응답자	단일 영역의 분야 전문가를 응답자로 선정	정책전문가와 이해관계자 등 다양한 전문가 선정
익명성	철저한 격리성과 익명성 보장	선택적 익명성 (중간에 상호교차 토론 허용)
통계 처리	의견의 대푯값, 평균값(중위값) 중시	의견 차이나 갈등을 부각시키는 양극화된 통계 처리
합의	합의 도출	구조화된 갈등 유도 (극단적 · 대립된 견해도 존중, 이를 유도)
토론	없음	컴퓨터를 통한 회의 가능

자료: 권기헌(2008: 225).

이 조사는 기존의 조사 및 제4차 국토종합계획의 기본 방향을 참조해 설문 항목을 선정하고, 국토연구원 내 전문가들을 대상으로 사전조사를 실시해 의견을 취합하고 최종 설문 항목을 확정했다. 300명의 표본을 추출해 2차에 걸친 우편 설문을 실시했다.

1단계는 예측의 대상을 선정하는 단계이다. 즉, 예측에서 미래 모습을 결정할 가장 [illegible]요한 요인이 될 분야를 선정하는 것이다.

2[illegible]는 전문가를 선정하는 단계이다. 일반적으로 분야별로 약 10~30여 명이 선정된다. 보[illegible] 재정적 제약이나 전문가들의 수적 제약으로 인해 제한된 수의 전문가들이 동원되는데, [illegible] 조사에서는 300명의 표본을 추출했다. 전문가들이 의견을 제시할 때에는 익명성을 유지[illegible]도록 하여 외부 영향을 받지 않고 자유로운 의견 개진이 가능해야 한다.

3단계는 설문[illegible]를 보내고 전문가들이 회답하는 단계이다. 몇 차례에 걸친 질문과 응답을 반복함으[illegible] 일정한 합의를 유도하게 된다. 첫 번째 설문 결과를 분석해 다수가 지적한 항목을 [illegible]합한 설문서를 보내면서 이들 각각의 사태가 언제쯤 발생할 것인가를 추정하게 한[illegible] 각각의 의견을 재검토하게 하고 계속해서 자기 의견을 주장하고 싶을 때는 근[illegible] 기술하도록 요청한다. 두 번째 설문에 대한 반응, 즉 각 사태의 발생 시기에 대[illegible] 추정 자료는 1사분위수, 3사분위수 등의 수치를 산출한다. 극단적인 반응에 대[illegible]는 그 이유를 밝히도록 한다.

4단계는 의견이 접근될 때까지 반복하는데 4분편차가 점점 좁아져 의견이 접근된다.

사분편차란 3사분위수와 1사분위수 간의 차의 1/2로 정의되며, 매 분석 단계마다 점점 좁혀져 가게 된다. 사분위수를 구할 때에는 SPSS에서 데이터입력한 후 분석-기술통계량-빈도분석의 순으로 진행한다. 빈도분석 대화상자가 나오면 변수 입력, 하단에 통계량, 도표, 형식이 나오면 그 중에서 통계량을 선택하고, 상자 속 사분위수 칸에 클릭하면 된다.

5단계는 마지막으로 시나리오를 작성하는 단계이다. 우리가 알고자 하는 미래 사회에 대한 전체적인 시나리오가 작성되는 것이다.

③ 장・단점

미래예측 델파이는 먼 미래 예측에 효용이 있다. 그 이유는 먼 미래를 예측할 때 계량적으로 예측할 수 있는 정도에 한계가 있고, 이 경우에는 계량적인 방법보다는 주관적인 판단의 유효성이 크기 때문이다(강근복, 2000: 143). 먼 미래를 예측하는 데 이 방법은 다음과 같은 장점을 지닌다고 볼 수 있다.

첫째, 대면적 회의에서 나타날 수 있는 부작용을 최소화한다.

둘째, 통제된 환류의 효과를 갖는다. 두 번째 설문부터는 전회의 결과를 참고한 후 회답을 하게 됨으로써 환류의 효과를 갖게 된다. 이에 따라 다른 전문가들이 제시하는 이유들을 보고 자신의 견해를 수정할 수도 있고, 자기로서는 비중을 두지 않았던 항목에 대해서도 새로운 관심과 중요성을 발견할 수도 있다.

셋째, 참여자들 간의 대면적 접촉을 필요로 하지 않기 때문에 비용 면에서 다른 방법들에 비해 경제적이다.

미래예측 델파이는 이러한 장점이 있는 반면에 몇 가지 단점도 지닌다.

첫째, 참여 전문가들의 능력 문제이다. 특정 분야의 전문가들은 자신의 관심 영역에만 관심을 가지는 경향이 있다. 따라서 일반적인 상식, 통찰력과 창의력을 지닌 사람들도 신중히 선발해 포함시킬 필요가 있다.

둘째, 이 방법도 조사연구 방법의 한 유형이기 때문에, 표본추출이나 설문지 설계, 응답자의 신뢰성 등에서 문제를 안고 있다.

(3) 교차영향분석

① 의 의

교차영향분석(cross-impact analysis)은 다른 사건의 발생 여부에 기초해서 미래의 어떤 사건이 일어날 확률에 대해 판단을 이끌어 내는 방법이다. 이것은 전통적 델파이가 예측된 사건들 사이의 잠재적인 관계를 무시하는 것을 보완하기 위해 고안되었다(Helmer, 1983: 131). 사실 예측된 사건들은 서로 관련되는 경우가 많기 때문에, 이들 간의 잠재적인 관계를 무시하면 완전한 예측이 되기 어렵다.

교차영향분석은 연결 관계의 세 가지 측면을 강조한다.

가. 연결의 방식(mode of linkage): 한 사건이 다른 사건의 발생에 영향을 주는지를 가리키는 것으로 긍정적인 효과는 촉진형에서, 부정적인 효과는 억제형에서 볼 수 있다. 만약 휘발윳값 상승이 대체연료의 개발을 자극하면 촉진형에 속하게 된다.

나. 연결의 강도(strength): 사건들이 얼마나 강하게 연결되어 있는가를 가리킨다. 연결 관계가 약해질수록 무관형에 가까워진다.

다. 연결의 경과시간(elapsed time): 한 사건이 다른 사건에 영향을 미치는 데 걸리는 시간을 가리킨다.

② 실시 방법

교차영향분석에 쓰이는 기본적인 분석도구는 교차영향행렬(cross-impact matrix)이다. 이 행렬은 행과 열에 잠재적으로 관련된 사건들을 나열한 대칭적인 표를 말한다. 교차영향분석이 특히 적합한 유형의 예측문제는 상호 의존적인 사건들이 포함된 문제이다.

교차영향분석은 조건 확률의 원리에 따르는데 조건 확률이란 한 사건의 발생 확률이 다른 사건에 종속적이라는 것이다. 즉, 두 사건은 독립적이 아니라는 것을 말한다.

교차영향분석은 다음 네 과정을 밟는다.[11]

첫째, 미래에 발생하게 될 사건의 확인과 특정 시점에서 발생하게 될 확률을 추정한다.

둘째, 발생하리라고 예측되는 사건들 사이의 상호의존성을 평가한다.

셋째, 어떤 사건의 발생으로 인해 영향을 받게 되는 다른 사건의 발생 확률의 변화를 추정한다.

넷째, 미래 사건들이 발생하게 될 확률을 재평가한다.

③ 적용 사례

이 기법의 기본적 논리를 간단한 예를 통해 살펴볼 수 있다(나기산 외, 1994: 299-301). 전통적 델파이를 진행하기 위해 소집된 전문가집단이 네 개의 사건(E_1, E_2, E_3,

11 자세한 내용은 강근복(2000: 144-147)을 참조하기 바람.

E_4)이 장차 일어날 확률을 추정했다고 가정하자. 이 사건들은 각각 휘발윳값이 갤런당 3달러로 인상(E_1), 교외 인구의 도시집중(E_2), 범죄 건수가 두 배로 증가(E_3), 전동차의 대량 생산(E_4) 등이라고 가정하자. 각 사건의 확률은 $P_1=0.5$, $P_2=0.5$, $P_3=0.6$, $P_4=0.2$이다. 이러한 주관적 추정 하에서 이들 사건 중 어떤 사건이 일어난다면 다른 사건들의 발생 확률이 얼마나 달라질 것인가를 <표 6-2>에서 알아보자.

표 6-2 가상적인 교차영향행렬

전 \ 후	E_1	E_2	E_3	E_4
E_1		0.7	0.8	0.5
E_2	0.4		0.7	0.4
E_3	0.5	0.4		0.1
E_4	0.4	0.5	0.7	

사건	사전 확률
E_1: 휘발윳값이 갤런당 3달러로 인상	$P_1=0.5$
E_2: 교외 인구의 도시집중	$P_2=0.5$
E_3: 범죄 건수가 두 배로 증가	$P_3=0.6$
E_4: 전동차의 대량 생산	$P_4=0.2$

자료: 나기산 외(1994: 299).

휘발윳값이 갤런당 3달러가 됨에 따라 인구의 도시집중 확률은 0.5에서 0.7로, 범죄 발생 확률이 두 배가 되는 확률은 0.6에서 0.8로, 전동차 대량 생산 확률은 0.2에서 0.5로 각각 주관적 확률이 바뀌었다. 반대 경우의 예를 들어보면, 인구의 도시집중이 휘발윳값이 갤런당 3달러로 인상될 가능성을 줄인다(0.5에서 0.4로). 이것은 교외에 살던 사람들이 도시로 이주함에 따라 주행거리가 줄어들어 석유 회사들이 가격 경쟁을 더하게 될 것이라는 가정에 입각하고 있다. 마지막으로, 무관형 연결도 있다. 범죄율의 증가가 휘발윳값이 3달러로 인상되는 확률에 아무런 영향이 없고(0.5), 전동차의 대량 생산이 인구의 도시집중에 아무런 영향이 없다(0.5).

교차영향행렬의 이점은 그것이 분석가로 하여금 간과될 수도 있는 상호 관련성을 식별할 수 있도록 하는 데 있다. 교차영향분석은 또한 새로운 가정과 증거를 바탕으로 사전 확률을 계속적으로 수정할 수 있게 한다. 그리고 이것의 이점은 정책결정자가 정책을 결정하기 이전에 시뮬레이션을 통해서 그 정책의 영향을 측정해 보는 데 매우 도움이 된다(노화준, 1999: 222).

교차영향분석의 한계점으로는 첫째, 교차영향행렬을 구성하고 진행하는 것이 비용과 시간이 많이 들고 때로는 컴퓨터 프로그램이 필요하고 높은 수준의 컴퓨터 기술이 요구되기도 한다. 둘째, 교차영향분석의 적용은 전통적 델파이와 똑같은 약점을 갖는다. 즉, 전문가들의 합의를 지나치게 강조한다는 점이다(나기산 외, 1994: 301).

3. 예측 방법의 선택

정책대안의 결과 예측이 어려운 것은 사실이다. 그렇다고 해서 정책결정이 주먹구구식이거나 직관에 의한 결정에 의존해서는 안 된다. 다양한 예측 방법은 각기 활용상의 장·단점을 가지고 있다. 하나의 접근 방법이나 기법의 강점이 다른 것의 약점이 될 때가 종종 있으며, 그 반대의 경우도 성립한다. 따라서 우리는 논리적인 기초가 상호 의존적인 여러 기법을 통합 사용하는 복수 방법 예측(multimethod forecasting)[12]에 더 많은 관심을 기울여야 할 것이다(백승기, 1986: 185).

오늘날 예측을 다루는 학문은 미래연구 분야에서 상당히 중요한 위치를 점하고 있고, *Future*, *Future Research* 등의 전문학술지에 정책예측의 기술을 다룬 논문들이 속속 게재되고 있다. 현재 논의 중인 지구 기후 변화 등의 이슈에 대해서도 관련 학자들이 예측을 가미해 지구 기후의 미래를 내다보고 있다.

이러한 상황에서 예측이 좀 더 과학적인 기준에 의한 방법으로 전환해야 한다는 것은 옳은 말이다. 그렇다고 해서 예측을 지나치게 과학화하려는 시도는 신중을 기해야 할 것이다. 이 점에 대해 존스(T. E. Jones)는 "예측이 과학이 될 수 있다고 기대해서는 안 된다. …… 예측이 가지고 있는 연약함과 한계를 깨달을 때 예측은 신뢰를 얻을 수 있는 것이다"(Jones, 1980: 307)라고 말한다.

12 복수 방법 예측이란 여러 가지 형태의 논리적 추론(귀납적, 연역적, 역류적)과 다양한 기초(추세 연장, 이론, 판단)와 여러 가지 대상(새로운 정책이나 기존의 정책의 내용과 결과, 정책 관련자들의 행태)을 결합하는 것이다.

07 정책대안의 비교 · 평가 및 선택

제 1 절 비교 · 평가의 기준
제 2 절 비교 · 평가의 방법
제 3 절 최종 대안의 선택

정책학원론
Theories of Policy Sciences

제 7 장

정책학원론

정책대안의 비교 · 평가 및 선택

정책대안들의 결과가 예측되고 나면 어떤 대안이 더 바람직한가를 비교 · 평가함으로써 정책대안들 간의 우선순위를 정해야 한다.

여기에서는 비교 · 평가의 기준을 간단히 살펴보고, 비교 · 평가의 방법으로 AHP법과 비용편익분석에 대해 알아보고자 한다.

제1절 비교 · 평가의 기준

우리는 흔히 '바람직한' 정책이라는 표현을 사용한다. 그러나 바람직함이란 것은 사람들에 따라 달리 해석되는 주관적인 것이기 때문에 적절한 기준 설정이 필요하다. 정책대안의 궁극적인 평가 기준으로 공익을 들 수 있으나 너무 추상적이어서 실제 적용에는 한계가 있다. 따라서 좀 더 구체적인 기준이 필요하게 되는데, 여기에서는 공익, 소망성과 실현 가능성 등으로 구분해 살펴본다.

1. 공 익

1) 의 의

공공 부문에서 무엇이 공공가치를 실현하는 데 더 효과적인가 하는 판단 기준이 되는 것이 공익이다. 공익(公益, public interest)이란 공공의 이익으로서 행정이 지향하는 최고의 가치라고 할 수 있다.

2) 공익의 결정: 실체설과 과정설

공익이란 공공의 이익으로서 행정이 지향하는 최고의 가치라고 할 수 있다. 공익에 대한 정의는 크게 공익의 실체를 인정하는 실체설과 하나의 실체라기보다는 다수의 이익이 조정·타협되어 가는 과정이며, 그 과정을 거쳐 얻은 결과로 보는 과정설로 나뉜다.

첫째, 실체설은 공익을 이상적인 규범으로 간주하고 사익을 초월하는 절대적인 선(善)과 같은 것으로 본다. 실체설에서 공익은 사익의 단순한 총화가 아니다. 실체적이고 적극적인 공익 개념인 것이다.

둘째, 과정설은 공익을 개개인의 이익의 총합으로 본다. 공익은 다수 이해관계자의 타협의 산물이며, 민주적 조정 과정을 통해 얻어진 것이다. 과정설에서 말하는 공익은 대립되는 집단 간의 타협으로 정책이 결정될 때 집단들이 얻게 되는 이익의 합계를 의미한다.

3) 적용상의 난점

이상에서처럼 공익에 대한 관점이 서로 다르기 때문에 공익 개념을 구체적으로 규정하기는 매우 어려운 일이다. 따라서 공익은 너무 모호하고 가치함축적이어서 실제 정책대안의 평가 기준으로는 한계가 있다고 볼 수 있다. 따라서 현실적으로는 정책결정 과정에서 공익 개념 대신에 소망성과 실현 가능성 기준이 더 널리 사용되고 있다.

2. 소망성

정책대안의 평가 기준으로서 소망성(desirability)이란 정책대안이 과연 얼마나 바람직한 것이냐를 나타낸다. 소망성을 나타내는 기준은 여러 가지가 있으나, 여기에서는 효과성, 능률성과 형평성으로 구분해 살펴보고자 한다.

1) 효과성

일반적으로 효과성(effectiveness)은 정책 목표의 달성 정도를 의미한다. 따라서 목표와 수단 사이의 인과 관계가 분명한 경우 효과적인 대안이 선택되었다고 할 수 있다. 효과성을 비교 · 평가 기준으로 사용하면 목표 달성을 극대화할 수 있는 정책대안을 선택할 수 있다는 장점이 있는데, 목표 달성 그 자체가 가장 중요한 정책결정에서는 효과성이 매우 중요한 기준이 된다.

그러나 비용을 고려하지 않기 때문에 한계가 있는데, 어떤 정책대안이 아무리 목표 달성을 최대화시킨다고 하더라도 투입된 비용이 지나치게 많으면 그 대안을 바람직한 대안으로 볼 수 없다. 이에 따라 정책비용까지 고려하는 능률성 기준이 필요해지는 것이다.

2) 능률성

능률성(efficiency)은 투입과 산출의 비율을 나타내는 개념이다. 즉, 정책을 집행하는 데 투입되어야 할 비용과 이러한 정책의 집행으로 산출될 산출(output)의 비율로 정의된다. 이 기준에서는 목표가 아무리 많이 달성되었다고 해도 비용이 지나치게 많이 소요되면, 그 대안은 바람직하지 못하다고 판단하게 된다.

따라서 능률성 기준에 의해 대안을 평가하게 되면 정책 효과뿐 아니라 정책비용까지 고려해 대안을 선택할 수 있다는 장점이 있다.

그런데 능률성 기준의 하나인 파레토 기준은 어떤 경우의 소득 분배가 가장 바람직하냐에 대해서는 논의하지 않고, 주어진 소득분배 구조 하에서 사회 전체 후생의 극대화를 도모한다는 한계가 있다.

3) 형평성

형평성(equity)은 정책 효과나 정책비용이 누구에게 얼마만큼 돌아가느냐를 고려하는 기준이다.[1] 사회가 점차 민주화되면서 배분적 정의와 관련되는 이 기준의 중요성은 더욱 커지고 있다. 형평성의 의미는 여러 가지로 사용될 수 있으나 일반적으로 형평성이란 "정책 효과와 정책비용의 사회적 배분이 배분적 정의에 합치되는 정도"로 볼 수 있다(노시평 외, 1999: 221).

일반적으로 형평성 기준은 능률성 기준과 상충(trade-off) 관계인 경우가 많다. 즉, 어떤 경우는 능률적이기는 하지만, 형평성에 문제가 있거나 다소 비능률적이기는 하지만 공평하게 생각되는 경우 중 어느 것이 더 선호될 수 있는가? 이 경우, 양자를 조화시킬 수 있는 방안으로서 모든 개인이나 집단에 대해 최소한의 필요 수준을 충족(형평성) 시켜 주면서, 사회적 편익에서 사회적 비용을 뺀 차이가 가장 큰(능률성) 정책대안을 선택하는 경우를 생각해 볼 수 있다. 그러나 이 기준도 현실에 구체적으로 적용하는 데는 많은 어려움이 따른다. 이 문제는 사회적 판단을 필요로 하며, 이 사회적 판단은 사회후생함수(social welfare function)에 의해 이뤄질 수 있다. 여기서 사회후생함수란 사회구성원들 간의 효용 수준의 분배와 그러한 분배로써 얻을 수 있는 사회 전체의 만족에 대한 판단인 사회적 효용 수준 간의 관계를 나타내는 것이다.[2]

결론적으로, 형평성은 경제적 측면보다는 정치적 측면에서 더 중요한 가치를 가지는데, 정치 체제에 대한 지지를 확보하게 하여 체제의 안정을 도모할 수 있다.

---

1 형평성에는 수평적 형평성과 수직적 형평성이 있다. 전자는 '동등한 여건에 있는 사람을 동등하게 취급'하는 것으로 정의된다. 동일한 소득 수준에 있는 사람들에게 동일한 금액의 세금을 부과한다든지, 또는 일정 연령에 도달한 사람들에게 똑같이 한 표의 투표권을 부여한 것이 이에 해당한다. 후자는 '대등하지 아니한 상황 하에 있는 사람들을 서로 다르게 취급'하는 원칙으로서, 이에 의해 서로 다른 상황에 처해 있는 사람들을 좀 더 동등하게 만들 것을 목적으로 하는 것이다. 세금 부과 시에 누진율의 적용이라든지, 소득 수준이 다른 사람에게 서로 다른 금액의 의료보험료를 내게 하는 것이 해당된다(노화준, 2003: 156-157).

2 사회후생함수에 대한 자세한 설명은 전상경(1999: 142-150)을 참조하기 바람. 전상경은 사회후생함수를 공리주의적 사회후생함수, 롤스 정의론의 사회후생함수 및 중간 형태의 사회후생함수로 나눠 설명하고 있다. 이어서 그는 정책분석에서 후생함수 이용의 제약을 설명하고 있다. 특히 그는 애로(Kenneth J. Arrow)의 불가능 정리에 의해 사회후생함수의 도출이 불가능하게 되었음이 입증되었지만, 특정한 사회적 가치 기준을 전제로 한다면 거기에 상응하는 사회후생함수의 도출이 가능하다고 보고 있다.

4) 평가 기준들의 조화

실제 평가 기준으로는 이상에서 설명한 몇 가지 기준의 조합이 적용되는데, 가장 좋은 정책은 어떤 편익이나 비용이 관련되든 간에 모든 개인이나 집단, 또는 지역에 대해 최소한의 필요 수준을 충족시켜 주면서 사회적 편익에서 사회적 비용을 뺀 차이가 가장 크도록 하는 정책이라고 할 수 있을 것이다(노화준, 2003: 161).

특히 능률성과 형평성이 상충할 경우, 능률성은 정당하고 공평한 사회를 이루기 위한 수단이기에, 형평성을 지나칠 정도로 희생시키면서까지 능률성을 추구하는 것은 수단이 목표보다 중시되는 '목표의 전환' 현상을 초래할 수 있다. 이러한 맥락에서 능률성은 형평성의 제약 하에서 추구되어야 하며, 그것을 희생시켜서는 안 된다. 이러한 점은 오쿤(Arthur Okun)의 주장을 참고할 수 있다. 그는 완전한 평등을 주장한 것이 아니라 사회구성원으로서의 정상적인 생활을 훼손할 정도의 빈곤이나 박탈을 해소하는 것이 중요하다고 보았다. 그는 평등에 합리성을 부여하고 효율에 인간적인 면을 더하는 방식으로 둘의 상충적인 관계를 타협시켜야 한다고 주장한다. 그 해결책은 평등 제고로 인한 편익이 효율 감소로 인한 비용과 일치한 지점까지 평등을 제고함으로써 효용을 극대화하는 해결책에서 찾는다. 그 이상으로 평등을 추구하면 비용이 과도해지기 때문에 전체 사회의 효용이 떨어진다는 것이다(Okun, 1975).

3. 실현 가능성

어떤 정책대안이 소망성 차원에서 타당성을 가지고 있으면, 다음으로 그것이 과연 실현 가능한가를 검토해야 한다. 실현 가능성(feasibility)은 정치적 반대로 인해 대안 채택이 불가능한 경우도 있겠으나, 주로 집행 가능성에 초점을 맞추게 되는데, 즉 소망성 차원에서 아무리 바람직한 대안이라 하더라도 집행이 불가능한 대안이라면 최선의 대안으로 볼 수 없다.

정책대안의 실현 가능성으로는 정치적 실현 가능성, 재정적 실현 가능성, 행정적 실현 가능성, 법적 · 윤리적 실현 가능성 및 기술적 실현 가능성 등이 있다.

1) 정치적 실현 가능성

정치적 실현 가능성은 여타 실현 가능성을 좌우하는 가장 중요한 것으로, 정치 체제에 의해 정책대안이 채택되고 집행될 가능성, 즉 정책대안의 채택과 집행에서 정치적 지원을 받을 가능성을 의미한다.

마존(Giandomenico Majone)은 정치적 실현 가능성을 크게 정치적 자원의 제약, 분배의 제약 및 제도상 제약 등의 세 가지로 나눠 설명하고 있다.[3] 정치적 자원의 제약은 정책결정이 정치적 지지도와 같은 정치적 자원이 따르지 않으면 실현 가능성이 낮아지게 된다. 예를 들어, 대통령과 의회 다수당의 당적이 서로 다르다면 정치적 실현 가능성은 비교적 낮아지게 된다.[4]

분배의 제약은 정치가 가치의 권위적 배분이지만 지나치게 분배상의 차이가 클수록 그 정책의 정치적 실현 가능성은 떨어지게 된다. 예를 들어, 미국과 같은 다원화사회에서 여러 이익집단은 독자적인 특성과 함께 상호 의존적 성격도 지니기 때문에, 서로 간에 거래를 통해 자신들의 이익을 보장받는다. 어떠한 정책도 분배의 원칙에 부합해야만이 불이익을 당하는 이익집단의 반대를 피할 수 있고 실행 가능성을 잃지 않게 된다.

마지막으로, 제도상 제약을 보면 정책결정을 임의대로 하는 것이 아니고 제도 내에서 이뤄져야 한다는 것이다. 예를 들면, 미국은 연방주의, 권력분립, 양원제 등의 헌법상 원칙이 정책결정을 제한한다.

여기서 이러한 정치적 실현가능성을 제고하기 위한 방안을 살펴보면 다음과 같다(김행범 · 구현우, 2020: 493-494 재인용).

(1) 적응적 흡수(co-optation): 정책분석가가 정치인 및 관료들과 정치적 연합을 형성한다.

(2) 타협(compromise): 바람직한 타협 전략은 채택에 필요한 최소한의 정치적 지지를 확보하기 위해 필요한 최소한의 수정을 가하는 것이다.

(3) 헤레스세틱스(heresthetics): 사람들의 선호에 변경을 가하지 않으면서도 정치인이

---

3 필자는 마존의 이와 같은 설명은 정치적 실현 가능성을 이해하는 데 상당한 도움을 준다고 생각한다. 자세한 내용은 마존(Majone, 1977: 80-95)을 참조하기 바람.

4 존슨(Lyndon B. Johnson) 대통령이 민주당이었고 국회 다수당 역시 민주당이어서 실행 가능성이 높았던 반면, 아이젠하워(Dwight D. Eisenhower) 대통령 때는 자신은 공화당이었고 국회 다수당은 민주당이어서 실행 가능성이 비교적 낮았다.

자신들이 원하는 결과를 이끌어내기 위해 의사결정 상황을 조작하는 정치 전략을 의미한다.

(4) 수사(rhetoric): 정책분석가가 선호하는 방식으로 문제를 구조화하기 위해 설득력 있는 언어를 사용하는 것이다.

2) 재정적 실현 가능성

이것은 이용 가능한 재원으로 정책이 실현 가능한지의 여부를 의미한다. 특히 문제가 되는 것은 예산상의 제약 때문에 정책이 실현 불가능한 경우이다. 예컨대, 어떤 대안의 집행에 소요되는 비용은 20억 원인데 비해, 예산의 확보는 10억 원에 불과하다면 이 정책대안은 재정적으로 실현 불가능한 대안이다.

3) 행정적 실현 가능성

이것은 정책대안을 집행하는 데 필요한 집행조직, 집행요원 및 전문 인력 등의 이용 가능성을 의미한다. 기존의 집행기구나 집행요원으로 집행이 불가능할 때 새로운 것이 확보되지 못하면 실현 가능성은 떨어지게 된다. 그럼에도 불구하고 현실은 정책집행에 반드시 필요한 특정 행위에 대해 전혀 모르고 있는 상태에서 많은 정부정책이 받아들여지고 있다고 지적되기도 한다(Steiss & Danke, 1980: 193).

4) 법적 · 윤리적 실현 가능성

이것은 정책대안이나 정책 내용이 다른 법률의 내용과 모순되지 않아 정책대안의 실현 과정에서 법적 제약을 받지 않을 가능성을 말한다. 그리고 윤리적 실현 가능성은 정책대안이 사회윤리의 제약을 받지 않을 가능성의 정도를 의미한다.

5) 기술적 실현 가능성

이것은 정책대안이 현재 이용 가능한 기술로서 그 실현이 가능한 정도를 의미한다. 즉, 정책 수단이 기술적으로 실현 가능한가를 말하는데, 일례로 1980년대 일본의 TV

방송용 위성 발사에 대비하기 위해 우리나라에서도 TV 방송용 통신위성을 발사하는 방안을 검토했지만, 당시 우리나라의 기술 수준이 이를 따르지 못해 검토 대상에서 제외되었던 것을 들 수 있다(노화준, 2003: 138). 그런데 현대 사회에서 기술 수준의 발전은 비약적이라는 것을 감안해 가능성을 정확하게 평가해야 한다.

제2절 비교 · 평가의 방법

비교 · 평가의 방법은 여러 가지가 있으나 여기서는 AHP법(분석적 계층화 과정 방법), 비용편익분석 및 실현 가능성 평가 등을 차례로 살펴보고자 한다.

1. AHP법[5]

1) 의 의

분석적 계층화 과정 방법(analytical hierachy process: AHP)은 계량적 접근이 어려운 분야의 의사결정을 하는 경우 경험을 조직화, 구조화 및 체계화해 평가 요소의 가중치를 설정하는 방법으로, 의사결정 단계에서 수학적 모형으로 적합하도록 고안한 의사결정 기법이다.[6] 이 기법은 전체의 대안을 한 번에 평가하는 것이 아니라 각 대안들을 분석을 위한 계층구조로 분류한 후 두 대안씩 조를 만들어 상대적인 중요성을 비교하고 있다.

5 AHP법에 대한 이 부분 설명은 노화준(1999: 395-415)을 요약 정리한 것임.

6 컴퓨터 엑셀 프로그램을 가지고 AHP법 풀이를 할 수 있다. 예를 들어, 졸업 후 회사 A, B, C 중 어느 회사를 택하는 것이 가장 나은가를 알아본다고 하자. 여러분이 쉽게 접할 수 있는 엑셀 프로그램을 통해 각 대안의 종합 우선순위를 알 수 있게 되는데, 그 값이 가장 큰 대안을 선택하면 된다. 자세한 내용은 의사결정분석이나 경영분석 관련 서적을 참고하기 바란다. 다만 여기서 한 가지 강조하고자 하는 것은 프로그램의 각 셀(cell)에 수치 입력 시 한 명이 아니고, 여러 명이 답할 때는 아래 공식을 이용하면 된다는 점이다. =GEOMEAN(−, −, −, −). 여기서 GEOMEAN의 의미는 기하평균을 뜻한다. AHP법을 EXCEL로 풀이하는 방법은 박광태 · 김민철(2005: 175-180)을 참고 바람.

2) 절 차

이 방법을 사용하기 위해서는 먼저 현안 문제를 계층화 과정법을 이용할 수 있도록 계층구조로 전환해야 한다. 어떤 한 가족이 주택을 선택하는 문제를 계층으로 분해해 보면 가장 상위에 있는 제1 계층은 주택에 대한 만족이 되고 제2 계층은 주택의 크기, 버스정류장으로부터의 거리, 주택의 이웃 등이 되며, 제3 계층은 주택 A, B, C 등이 구입 대안이 된다.

(1) 문제의 구조화

문제의 구조화는 문제를 분해하는 것이며, 분석하고자 하는 문제를 계층화하는 작업이다. 최상위 계층에는 의사결정상의 최종 목적이 위치하고, 최하위 계층에는 의사결정의 대안들이 자리하며, 그 중간 단계에는 상위 단계 요소에의 영향력이나 공헌도에 의해 요소들의 구조화가 가능하다.

각 계층에는 동질적 요소들이 나열되어야 한다. 또 최하위 계층에 있는 요소들은 둘씩 짝을 지어 바로 위 계층에 있는 평가 기준들에 의해 이원 비교가 가능해야 하며, 이런 식으로 최상위까지 이원 비교가 가능하도록 구조화해야 한다.

(2) 이원 비교의 시행

제2 계층의 요소들 간의 상대적인 중요성은 제1 계층에 포함된 주택에 의한 만족이라는 목적에 의해 평가된다. 주택의 크기와 그 주택의 정류장으로부터 거리 가운데, 어느 요인이 주택에 대한 더 큰 만족을 가져올 수 있겠는가 하는 등의 질문을 계속한다. 일반적으로 어떤 한 계층에 속한 요소의 수가 n개이면 nC_2, 즉 $n(n-1)/2$쌍의 이원 비교를 수행해야 한다.

이러한 이원 비교를 체계적으로 수행하기 위해 정방형의 매트릭스를 사용한다. 매트릭스에서는 열에 나타난 요소가 기준이 되어 이 요소가 행에 나타난 요소에 비해, 어느 정도나 더 중요성을 갖는가 하는가를 주관적으로 평가한다. 상대적 중요성을 나타내는 수치는 1: 동등, 3: 약간 더 중요, 5: 강하게 더 중요, 7: 매우 강하게 더 중요, 9: 절대적으로 더 중요 등이다. 이러한 수치는 1956년 밀러(A. G. Miller)의 심리학 실험에서 인간은 7(+−2)개의 대상을 혼동 없이 동시에 비교가 가능하다는 데 토대를 두고 있다(노화준, 2003: 244).

이제 같은 방법으로 제3 계층의 대안 A, B, C도 한 단계 상위인 제2 계층의 기준으로 이원 비교를 하게 된다.

(3) 우선순위의 설정과 종합화

이제 각 계층의 요인별 우선순위를 설정하고 우선순위의 일관성을 파악하게 되는데,[7] 일관성 지표와 무작위 지표의 비율(CI/RI)을 일관성 비율(Consistency Ratio: CR)이라고 하며, 일관성 비율이 10% 이내인 경우에만 서수적 순위에 무리가 없는 신뢰할 수 있는 결과라고 인정할 수 있다. 마지막으로, 각 계층의 우선순위를 종합하게 된다.

2. 비용편익분석

1) 개 념

비용편익분석(cost-benefit analysis)은 각 정책대안의 비용과 편익을 비교·평가해 최선의 선택을 할 수 있게 도와주는 기법이다. 비용편익분석은 정책평가 기준의 두 축인 효율성과 형평성 중에서, 특히 효율성에 대한 해답을 얻는 데 유용한 방법이다. 19세기 말 프랑스 경제학자 뒤피(Jule J. Dupuit)가 소비자 잉여 개념을 등장시킨 이후, 현대적 의미의 비용편익분석은 미국에서 수자원관리를 위해 강 유역사업에 대한 타당성보고서(green book)를 작성하는 데 사용되었다.

이 방법은 정부 내의 정책결정 과정에서도 바람직한 대안 선택에 널리 사용되고 있는데, 예를 들면 교통난 해소를 위한 정책에는 대중교통을 확충하는 대안, 개인 승용차 도심 운행 규제 방안 등이 고려될 수 있고, 각 대안의 비용과 편익을 따져 최선의 정책대안을 결정하게 된다. 또 비용편익분석은 단일 정책의 비용과 편익의 비교에 이용되기도 한다. 요즈음 거론되는 '대학의 기여입학제'를 허용할 것인가? 새만금사업을 계속 추진할 것인가? 이와 같은 정책의 시행 여부를 결정하는 데 비용편익분석을 사용할 수 있다.

---

7 이 기법은 주관적 판단에 의한 이원 비교에 기초한다. 따라서 비교 시 전이적 일관성이 유지되어야 한다. 즉, A> B, B>C이면 A>C가 되어야 한다.

2) 절 차

(1) 대안의 식별과 분류

이 단계에서는 설정된 목표를 달성하기 위한 모든 대안을 식별하는 것이다.

(2) 편익과 비용의 추정

이 단계는 대단히 중요한 과정이다. 분석의 질은 비용과 편익이 얼마나 타당성 있는 방법에 의해 이뤄졌는가에 따라 달라지기 때문이다.

인건비, 자재비 등의 비용은 비교적 쉽게 파악되나 편익은 파악하기가 어려운데, 금전적 가치로 계량화하기 위해 '소비자 잉여' 개념을 이용한다. 소비자 잉여란 재화를 얻고자 소비자가 지불할 의사가 있는 최대한의 지불 용의액과 그가 실제로 지불하는 지불액과의 차이를 의미한다.

수요곡선은 *DD*이며, 재화의 시장가격은 *P*, 소비자가 느끼는 총효용은 *ODEQ*이다. 이것이 소비자가 지불할 의사가 있는 최대한의 지불 용의액이다. 그러나 소비자가 실제로 지불하는 지출액은 *OPEQ*이므로, 그 차액 *PDE*가 바로 소비자 잉여인 것이다([그림 7-1] 참조).

그림 7-1 소비자 잉여의 개념

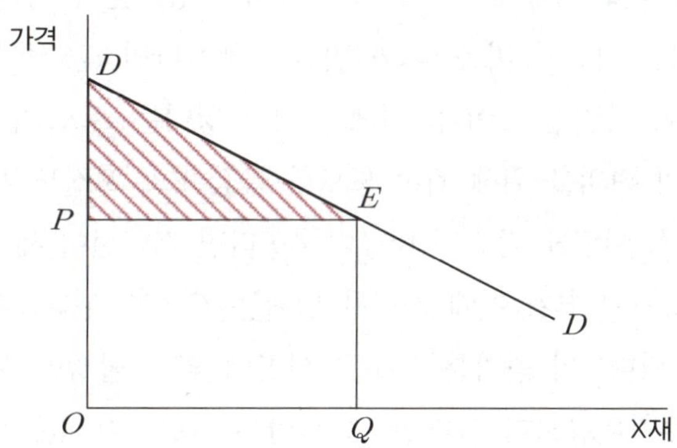

자료: 김동건(1997: 27).

공공사업에 대한 경제성 분석 시 소비자 잉여의 증가분을 사업의 총편익 개념으로 활용할 수 있는데, 소비자 잉여의 변화를 추정하려면 사업 완성 전후의 가격과 양을 알

그림 7-2 사업편익과 소비자 잉여

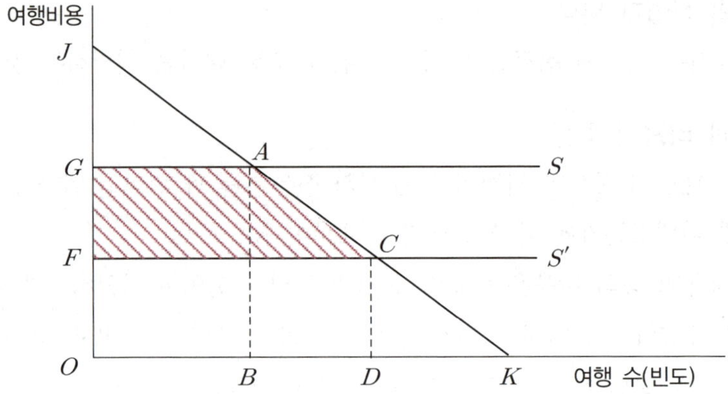

자료: 김동건(1997: 29).

아야 한다(김동건, 1997: 29-30; 노화준, 1995: 285). 도로를 예로 들어 설명해 보자([그림 7-2] 참조).

도로가 제공하는 서비스의 수요곡선(지불하고자 하는 의사)이 JK선인데, 이 서비스란 여행자의 도로 이용이다. 여기서 두 가지 경우를 생각해 보자. 하나는 만약 여행하는 데 아무런 비용이 발생하지 않는다면 여행자는 OK만큼 여행할 것이고, 이때 소비자 잉여는 OJK이다. 그러나 여행에는 비용이 반드시 발생하는데 기름값, 자동차 소모비 등이다. 만약 이와 같은 사용자 비용이 OG만큼 발생한다면 GS선이 공급곡선이 될 것이고, OB만큼 여행이 이뤄질 것이다. 이때 소비자 잉여는 GJA가 된다. 다른 하나는 이제 정부가 여행자의 편의를 위해 기존 도로를 확장하고, 포장도 새로이 한다면 여행자의 비용은 감소한다. 이렇게 감소된 비용이 OF라면 FS'선이 새로운 공급곡선이 되고 여행 수는 OD로 증가한다. 이때 소비자 잉여는 FJC가 된다. 따라서 소비자 잉여 증가치는 $FGAC$가 되며, 이 증가분이 도로 확장에 의해 발생한 사업의 총편익이 된다. 만약 총편익이 투자비용보다 크다면 그 사업은 타당성이 있는 것이다.

$$\text{소비자 잉여 증가분} = \frac{(G-F)(B+D)}{2}$$

이러한 소비자 잉여 기준 활용의 문제점으로는 돈의 상대적 효용은 사람마다 다르므로, 부(富)의 분배가 불공정한 사회에서 올바른 척도가 될 수 없다는 것이다. 만일 서로 이질적인 집단과 관련된 사업의 경우 소비자 잉여 기준과 아울러 배분의 기준 등 다목적 평가 기준에 의한 분석 방법을 도입해야 한다(노화준, 1999: 293).

여기서 불확실성과 관련해 복원 불가능한 사업을 시행하는 대안은 비용 목록에 선택적 가치(option value)라는 추가적이 항목이 부가되어 있어야 한다. 이것은 예를 들어, 정부가 개발사업을 위해 야생공원을 파괴하는 결정을 할 때, 개발하기로 결정하면 추후 관찰되는 정보는 아무런 경제적 가치가 없게 된다. 따라서 공원을 일단 보존하기로 한 결정은 정책의 유연성을 확보하는 것이며, 이 유연성의 가치가 선택적 가치라는 것이다. 즉, 복원 불가능한 결정의 상황에서는 유연성을 유지하는 것 자체가 가치가 있다는 것이다. 여기서 선택적 가치는 보존한다는 결정이 내려진 상태에서 미래정보의 기댓값으로 측정된다(김태윤 · 김상봉, 2004: 21-22).

(3) 할인율의 선택

① 중요성

공공사업의 편익과 비용은 일시에 발생하는 것이 아니라 수년에 걸쳐 발생한다. 공공사업에 대한 타당성 여부는 현재 시점에서 평가되어야 하므로, 미래에 발생하는 편익과 비용은 모두 현재 가치로 환산시켜 비교할 필요가 있다. 1년 후의 100원과 지금의 100원을 비교하면 지금의 100원이 더 가치가 높다. 미래의 편익과 비용을 현재 가치로 환산할 때 적용되는 이자율이 할인율(discount rate)이다. 즉, 할인율이란 미래의 소득에 대한 현재 자원의 교환 비율이다.[8] 할인계수는 다음 공식으로 구해진다.

$$\text{할인계수} = \frac{1}{(1+i)^n}$$

재산가치	연 수	할인계수	환산치
100	1	$1/(1+0.04)^1$	96.15
100	2	$1/(1+0.04)^2$	92.45
100	3	$1/(1+0.04)^3$	88.90

8 예를 들어, 이자율 4%인 경우 2년 후 100원의 현재 가치는 $100 \times \frac{1}{(1+0.04)^2}$ 으로서 92.45가 된다.

비용편익분석에서 할인율의 결정은 대단히 중요하다. 할인율을 얼마로 결정하는가에 따라 비용과 편익의 현재가치가 달라지게 되고, 그 결과 프로젝트의 가치가 과소평가되거나 과대평가될 수 있기 때문이다. 즉, 할인율이 높을수록 미래 금액의 현재가치는 하락하게 되고, 할인율이 낮을수록 미래 금액의 현재가치는 높아지게 된다. 따라서 편익 계산에서 할인율을 높게 정할수록 그 사업의 편익을 낮추는 것이므로 선택 가능성이 적어진다. 반대로 비용 계산에서 높은 할인율을 적용하면 현재가치를 작아지게 해 채택 가능성이 높아지게 되는 것이다.

높은 할인율은 편익이 단기간에 집약적으로 발생하는 단기 투자에 유리하고, 낮은 할인율은 장기간에 걸쳐 편익이 발생하는 장기 투자에 유리하다. 또 할인율을 너무 높게 잡으면 순현재가치가 작아져 사회적으로 필요한 사업이 불합격의 판정을 받을 수 있고, 반대로 너무 낮게 잡으면 불필요한 사업이 타당성 있는 사업으로 평가된다. 환경정책을 예로 들면, 환경문제는 상대적으로 장기간에 걸쳐 그 피해가 나타나므로 높은 할인율에서는 피해의 규모가 과소평가된다. 그 결과 현세대가 환경을 보전하기 위한 투자를 소홀하게 만들며, 이에 따른 비용 부담은 미래 세대에게 고스란히 전가된다. 이와 같이 할인율이 높아지면서 장기적으로 발생하는 환경 파괴의 영향은 상대적으로 미미한 것이 된다. 이에 따라 대응책의 중요성도 없어지게 되는데 이를 '할인의 횡포(the tyranny of discounting)'[9]라고 한다(정회성 · 변병설, 2004: 205). 이처럼 할인율의 결정은 사업의 평가에 결정적 역할을 하는데, 할인율의 선택이 잘못되면 대안에 대한 올바른 평가가 어렵게 된다.

② 할인율의 종류

그러면 적정 할인율은 어떻게 결정되어야 하는가? 이때 할인율로서의 고려 대상은 다음과 같다(김동건, 1997: 135).

가. 시장 이자율: 민간자본시장에서 형성된 시장이자율이다. 문제는 완전한 자본시장이 아닌 불완전한 자본시장에서는 다양한 금리 체계가 형성됨에 따라 어떤 시장 이자

---

9 방사성폐기물 관리에 대한 대책을 철저히 하지 못할 경우 100년 후에 10조 원의 손실을 가져올 수 있고, 또한 사고 발생 가능성은 100년에 1회라고 가정하자. 만약 할인율이 8%로 설정된다면 100년 후에 발생할 10조 원 피해의 현재가치는 10조 원$\times \frac{1}{(1.08)^{100}}$=10조 원$\times \frac{1}{2,200}$=45억 원에 불과하게 된다. 이 경우, 방사성폐기물의 처리비용이 45억 원보다 높으면 방사성폐기물에 의한 미래의 피해가 10조 원이라도 이를 방지하기 위한 조치가 타당성을 잃게 된다. 이 같은 것이 할인의 횡포이다(정회성 · 변병설, 2004: 205).

율을 할인율로 사용할 것인가를 결정해야 하는 난제가 있다.

나. 정부공채 이자율: 정부가 발행하는 국공채에 부과된 이자율로서 민간으로부터의 차입금에 지불하는 이자율을 뜻한다. 만약 정부가 국공채에 5%의 이자율을 부과하고 국민들이 이 수준의 이자율에서 국공채를 구입하는 데 만족한다면, 이것은 다른 표현으로는 정부가 공공사업을 추진해 최소한 5%의 수익을 달성한다면 국민들은 아무런 불평 없이 이에 만족할 수 있다는 의미이다(김동건, 1997: 135-136).

다. 사회적 할인율(social discount rate): 이것은 공공계획사업에 적용할 할인율로서 장래 어떤 시점에서 실현되는 편익이나 비용에 대해 전체 사회가 부여하는 가치이다. 일반적으로 말해 비용편익분석에 가장 적합한 할인율로 인식되고 있는데, 이에는 두 가지 상반되는 입장이 있다.

하나는 낮아야 한다는 입장으로 공공사업의 평가를 민간사업에 비해 더 우대함을 의미하고 있다. 공공사업이 후세의 복지에 기여하기 위해 시장 이자율보다 낮아야 한다. 너무 높은 할인율은 먼 미래에 다음 세대가 누릴 편익을 과소평가하게 된다. 환경사업은 먼 미래에 걸쳐 효과가 발생하므로, 높은 할인율을 사용하면 후세대가 누릴 편익을 과소평가하게 된다는 것이다. 다른 하나는 낮아서는 안 된다는 입장이다. 공공사업을 민간사업에 비해 무작정 우대하는 것은 자원의 효율적 이용이라는 측면에서 불합리하므로, 사회적 할인율을 공공 투자와 민간 투자 간의 자본의 기회비용으로 파악해야 한다는 견해이다. 좀 더 구체적으로 말하면, 민간기업이 통상 기대할 수 있는 전 산업의 평균 수익률(average rate of return)을 측정해 이것을 공공사업의 할인율로 사용할 수 있다는 것이다(김동건, 1997: 139-149).

(4) 대안의 비교 · 평가: 효과성 측정 방법의 선택

각 대안의 효과성을 측정할 방법으로는 순현재가치, 비용 · 편익비, 내부수익률 등의 세 가지가 있다.

① 순현재가치

순현재가치(net present value: NPV)는 편익의 총현재가치에서 비용의 총현재가치를 제외한 것으로 정의한다. 따라서 순현재가치가 0보다 클 경우 그 사업은 타당성이 있다고 판단할 수 있다. 물론 두 개 이상의 상호 배타적인 프로그램이 있을 경우에는 더 높은 NPV를 갖는 프로젝트를 선택해야 한다.

이 기준을 활용할 때 주의해야 할 점은 금전적 가치로 측정되거나 환산될 수 없는 편익, 또는 비용은 NPV의 계산에 포함될 수 없다고 하는 점이다. 그리고 NPV 기준은 대규모사업이 소규모사업에 비해 큰 순현재가치가 발생하게 되어 대규모 사업이 통상 유리하게 평가된다는 점에 유의해야 한다.

② 비용・편익비

비용・편익비(B/C ratio) 기준은 편익의 총현재가치를 비용의 총현재가치로 나눈 결과를 선택 기준으로 사용한다. 따라서 비용・편익비가 1보다 큰 사업은 경제적으로 타당성이 있다고 볼 수 있다. 물론 사업대안이 둘 이상인 경우에는 그들 가운데, 비용・편익비가 가장 큰 사업대안이 선택될 것이다.

이 기준에는 투자사업의 규모와 관련된 결점이 있다. 예를 들어, 5천만 원의 투자로 1억 원의 편익을 가져오게 되는 투자사업과 7천만 원의 투자로 1억 3천만 원의 편익을 가져오게 되는 투자사업 등 두 가지의 투자 대안을 보면, 첫 번째 대안의 비용・편익비는 2이고, 두 번째 대안의 비용・편익비는 1.86이 된다. 따라서 비용・편익비의 평가 기준에 의하면 첫 번째 대안이 더 바람직한 것으로 나타나고 있다. 그러나 만일 투자 예산으로 7천만 원이 이용 가능하다면, 비록 비용・편익비는 첫 번째 대안이 크다 할지라도 대안 2의 순편익의 규모가 더 크기 때문에, 두 번째 대안이 더 바람직한 대안이라 할 수 있다. 이와 같이 투자사업의 규모와 관련된 비용・편익비의 결점이 비용・편익비의 한계라 할 수 있다(노화준, 2003: 283).

③ 내부수익률

내부수익률(internal rate of return: IRR)이란 사업에서 발생하는 편익의 현재 가치의 총합과 비용의 현재 가치의 총합을 같게 하는 비율을 1로 만드는, 즉 B/C ratio를 1로 만드는 할인율이다. 또 NPV를 0으로 만드는 할인율이라 할 수 있는데, 쉽게 말해 투자사업이 원만히 진행되어 총비용을 회수해서 최소한 손익분기점(break-even) 상황을 유지한다고 할 때 기대되는 예상 수익률이다. 그리고 내부수익률이 사회적 할인율보다 크다면 그 투자 산업은 타당성이 있는 것으로 평가된다.

내부수익률이 높을수록 양호한 사업이 된다. 내부수익률이란 달리 표현하면 "이 투자사업은 어떤 기관이 당해 프로젝트에 투자한 원금에 대해 매년 몇 퍼센트의 이자를 되돌려주는 셈이 되느냐"하는 의미이다. 그러므로 내부수익률이 높으면 높을수록 원금에 대해 되돌려주는 이자율이 높다는 것을 의미하며, 그렇기 때문에 그 사업의 타당성은 더욱 높아진다고 할 수 있다(노화준, 2003: 284). 따라서 여러 개의 독립적인 관계를 가지고 있는 사업들 가운데, 우선순위를 결정할 때에도 내부수익률이 높은 순서대로 선택하면 된다.

정책결정자는 정치적 또는 기타 고려에 의해 바람직하다고 생각되는 최저 한계선을 미리 설정해 놓고, 내부수익률이 이 선을 넘을 경우 이 사업을 바람직한 것으로 받아들인다.

내부수익률에 대한 평가에서는 상반되는 견해가 있다. 논리적으로 말해 내부수익률 기준이 순현재가치 기준보다 우월하므로 국제부흥개발은행(IBRD) 같은 국제금융기구도 이를 선호한다. 그러나 내부수익률 사용에 대해 부정적 견해도 있는데, 다음과 같은 세 가지 이유 때문에 순현재가치를 사용하는 것이 더 바람직하다는 것이다(전상경, 1999: 184).

첫째, IRR을 도출하는 데 사용한 방정식은 몇 개의 해(解)를 가질 수 있는데, 그와 같은 경우에는 어떻게 해야 할지 아무도 모른다. 둘째, 서로 다른 수명을 가진 프로젝트를 비교할 경우에도 수학적인 모호함이 발생될 수 있다. 경우에 따라서 어떤 프로젝트는 IRR은 매우 높지만 수명이 짧고, 다른 프로젝트는 IRR은 낮지만 수명이 길 수가 있다. 셋째, 경우에 따라서 정부 의사결정자들은 1년 동안만 존속하는 투자 프로젝트를 비교할 수 있는데, 이 경우에 IRR은 계산 자체가 불가능하다.

이상에서 세 가지 기준을 살펴보았는데 그러면 이 중에서 어떠한 기준을 비교 · 평가 기준으로 선정할 것인가? 여기에 대해서는 다음과 같이 세 가지 경우로 나눠 볼 수 있다(노시평 외, 1999: 228-229).

첫째, 자금의 제약이 있는 경우로, 이 경우에는 B/C값이 큰 대안을 선정하는 것이 바람직하다. 둘째, 자금의 제약이 없는 경우로, 이 경우에는 NPV가 높은 대안을 선정하는 것이 바람직하다. 셋째, 자금 상환 능력이 중요한 경우로, 이 경우에는 IRR 기준을 활용하는 것이 바람직하다.

3) 비용편익분석 연습

다음 <표 7-1>과 같이 추정되는 가상적인 두 가지 사업대안이 있다. 할인율 10%

표 7-1 사업대안의 편익과 비용

대안 \ 연도		0	1	2	3	4	5
1	편익	0	20	40	60	80	100
	비용	90	40	30	20	10	0
2	편익	0	40	40	40	40	40
	비용	70	10	10	10	10	10

일 때 순현재가치 기준에 의해 두 대안을 비교하시오(노화준, 1999: 257).

만약 할인율 0%인 경우를 보면, $(NPV)_1 = (20+40+60+80+100)-(90+40+30+20+10)=110$이고, $(NPV)_2 = (40\times5)-(70+10\times5)=80$이므로, 대안 1이 더 낫다는 판단을 할 수 있다. 그러나 현실적으로 할인율 0%는 존재하지 않는다.

이제 할인율 10%인 경우의 순현재가치를 구해 본다. 이것을 구하기 전에 먼저 편익과 비용의 시간적 가치에 대해 간략히 설명하면, 이것에는 단일 합계 현재가치 요소, 유니폼 시리즈의 현재가치 요소 및 그레디언트 시리즈(gradient series)의 현재가치 요소 등 세 가지가 있다.

여기서 대안 1의 편익은 $A=20$인 유니폼 시리즈와 $G=20$인 그레디언트 시리즈의 합성 시리즈이다. 그러므로 편익의 현재가치는 다음과 같이 구해진다.

$$\begin{aligned}\text{편익의 현재가치} &= 20(P/A)_5^{10} + 20(P/G)_5^{10} \\ &= 20(3.7908)+20(6.8618) \\ &= 75.816+137.236 \\ &= 213.052(\text{원})\end{aligned}$$

한편 대안 1의 비용의 현재가치는 $A=40$인 유니폼 시리즈에서 $G=10$인 그레디언트 시리즈를 감해 주는 것이다. 그러므로 비용의 현재가치는 다음과 같이 구해진다.

$$\begin{aligned}\text{비용의 현재가치} &= 90+40(P/A)_5^{10} - 10(P/G)_5^{10} \\ &= 90+40(3.7908)-10(6.8618) \\ &= 173.014(\text{원})\end{aligned}$$

따라서 대안 1의 순현재가치$(NPV)_1 = 213.052 - 173.014 = 40.038$이 된다.

이제 대안 2의 경우 순현재가치는 다음과 같이 구해진다.

$$
\begin{aligned}
(NPV)_2 &= 40(P/A)_5^{10} - [70 + 10(P/A)]_5^{10} \\
&= 151.632 - 107.908 \\
&= 43.724(\text{원})
\end{aligned}
$$

따라서 순현재가치가 더 큰 대안 2가 대안 1보다 더 나은 대안으로 평가된다.

4) 평 가

비용편익분석은 정부 규제와 관련한 정책결정에서 가치 간의 상충 관계(trade-off)가 형성된다. 따라서 정부는 상호 대체적인 사회적 가치를 상호 비교하고 형량해야 하는 문제를 안고 있다. 이때 우선순위의 결정은 도덕성 기준만을 가지고 판단될 수 있는 것은 아니고, 오히려 중요한 것은 희소한 자원을 어떤 사회적 목적의 달성에 우선적으로 배분해야 하느냐의 '비극적 선택(tragic choices)'이라고 할 수 있다(최병선, 1992: 792). 비용편익분석은 이런 비극적 선택을 좀 더 합리화하기 위한 하나의 보조 수단이 될 수 있다. 그러나 비용편익분석은 한계도 있는데 앞서 언급한 바와 같이 공평성을 고려하지 못하는 점을 대표적으로 들 수 있다. 즉, 경제성 분석이 초래할 수 있는 형평성의 문제가 바로 그것인데, 켈만(Steven Kelman)은 환경정책 평가 수단으로서의 비용편익분석에 대해 환경문제에 대한 경제주의적 처방이라며 비판을 가한 바 있다. 그에 의하면, 환경오염의 물리적인 피해는 사회적 또는 경제적 약자에게 집중되는 경향이 있다. 그러나 소득 수준이 낮은 경제적인 약자인 경우 환경 개선에 대한 지불 용의는 낮을 것이기 때문에 경제적 약자 보호를 위한 환경 개선의 우선순위가 낮게 평가될 가능성이 높다(정회성 · 변병설, 2004: 207-208). 켈만은 기본적으로 공리주의에서 유래된 비용편익분석의 기본 전제가 도덕적 관점에서 부적절하다고 본다. 비용과 편익의 계산에 앞서 무엇이 옳고 그른가에 대한 판단을 강조하고, 비시장적 편익의 화폐화에 반대하고 있다(Kelman, 1981: 33-41).

이 점 외에도 비용편익분석은 다음과 같은 적용상의 한계를 가지고 있다.

첫째, 조작 비용의 과다이다. 분석에 많은 시간과 비용 및 기술의 투입을 요구하는

데, 대형사업의 경우 복잡한 모형과 다량의 자료 분석으로 인해 비용편익분석에 상당한 시간이 소요(time-consuming)된다.

둘째, 기술적 논쟁이다. 누구의 편에 서서 각종 비용과 편익을 계산하는가에 대해 논쟁이 벌어진다. 예를 들어, 산성비나 오존층 파괴, 지구온난화 등의 문제에 대한 비용편익분석은 보통 단일국가의 입장에서 분석하지만, 혹자는 그 범위를 넓혀 지역, 더 나아가 전 세계적으로 고려해야 합리적이라는 것이다.

셋째, 정치적 간섭이다. 비용편익분석은 사회적 자원의 분배에서 규범적 기준을 제시할 수 있지만, 그 실제 운영 시에 관료나 정치권의 영향에서 자유로울 수 없다. 관료나 정치가들이 어떤 역할을 맡느냐가 그들의 비용편익분석에 대한 인식과 운용을 좌우할 것이다.

5) 비용편익분석의 적용 사례

청계천 복원사업은 개발 시대를 상징했던 차량 중심의 도로 기능을 포기하고 하천을 복원하는 것이다. 이 사업은 2003년 7월에 시작되어 2005년 9월에 완공되었는데, 이 사업이 진행되던 시기에 발표된 보고서에 따르면, 사회적 비용은 우선 사업비 3,754억 원으로, 이것에는 철거 비용, 지하매설물 정비 비용, 광교·수표교 등의 역사 복원 비용이 포함된다. 그리고 사업 시행에 따른 교통 혼잡이 가져올 사회적 비용은 총 1,528억 원으로 예상되었다. 복원 후 22년 동안(복원사업에 의한 환경개선 편익은 2005년부터 22년간 발생하는 것으로 설정함) 매년 1,528억 원만큼 발생하고, 이를 할인율 7%를 적용해 현재가치로 환산하면 1조 4,535억 원으로 추정되었다. 한편 복원된 청계천의 유지관리 비용이 매년 100억 원 정도 들 것으로 예상되었다. 이를 할인율 7% 하에서 현재가치로 환산하면 약 903억 원 정도로 추정되었다. 따라서 청계천 복원사업에 따른 사회적 비용을 '사업비+교통 지체에 따른 비용+복원 이후의 유지관리비'로 설정하면 총 1조 8,458.9억 원이 된다.

다음으로, 사회적 편익은 서울 시민들이 이 사업을 위해 매년 지불할 용의가 있다는 가구당 103, 309원에 서울시 전체 가구 수를 곱하면 서울시 전체로는 이 사업에 의해 매년 총 3,562억 원의 환경편익이 발생한다고 추론되었다. 복원 후 22년 간 매년 3,562억 원만큼 발생하는 환경편익을 할인율 7% 하에서 현재가치로 구하면 3조 2,162억 원에 달한다. 여기에 청계고가도로의 유지 보수비용 절감분 1,000억 원을 합하면 복원에 따른 사회적 편익은 총 3조 3,162억 원으로 추정된다. 따라서 이 사업의 편익 · 비용비는 1.7965로 사업 추진의 가치가 있다고 평가되었다(이영성 · 황기연, 2004: 167-182).

6) 비용효과분석

비용편익분석은 공공사업의 비용과 편익을 모두 금전적으로 환산해 측정하고 비교 평가하는데, 정부사업의 경우 비용은 화폐 가치로 산출되지만 산출은 화폐 가치로 환산할 수 없는 경우가 많다. 특히 사회정책 분야에서 이러한 경우를 자주 보게 되는데, 이러한 상황에서 자주 사용되는 방법이 비용효과분석(cost-effectiveness analysis: CEA)이다.

비용효과분석의 절차는 비용편익분석의 절차와 유사하나, 할인율이 적용되는 것을 비용에 국한시키고, '적정성'이 정책대안의 추천 기준이 된다는 것이 비용편익분석과 다르다. 비용효과분석에서는 최소 비용과 최대 효과라는 두 가지가 적정성의 기준으로 가장 많이 사용된다(Dunn, 1981: 251-252). 최소비용(least cost)은 효과가 알려져 있을 때 이를 달성하는 데 가장 적은 비용이 들어가는 대안을 선택하는 것이고, 최대 효과(maximum effectiveness)는 비용의 최고 한도를 정해 놓고, 이 기준에 맞지 않는 대안들을 제외한 다음 최대의 효과를 달성할 수 있는 방법 중 하나를 택하는 것이다.

간단한 예를 들어 보면 다음과 같다 어느 동네에서 쥐잡기 사업을 하려고 한다. 두 가지 방법이 있는데, 방법 A는 전문방역 팀을 각 가정에 보내는 것으로, 가정당 비용이 100달러 소요되고 퇴치 성공률은 90%이다. 방법 B는 작업 인부를 각 가정에 보내어 쥐약을 놓게 하는 방법인데, 가정당 비용이 40달러 소요되고 퇴치 성공률은 50%이다. 시 정부의 방역예산은 10,000달러이며 방역 대상 가정은 500가정에 달한다고 한다. 위 두 가지 대안 중에서 어느 것이 바람직한가? 비용효과분석에 따르면, 비용 1달러당 효과가 극대로 되는 대안을 선택하는데, 대안 A는 매 100달러당 0.9 가정이 완치되므로, 이의 효과는 1달러당 0.009(=0.9/100) 가정이 된다. 한편 대안 B는 매 40달러당 0.5 가정이 완치되므로, 이의 효과는 1달러당 0.0125(=0.5/40) 가정이 된다(김동건, 1997: 68-70).

장점은 우선 단위를 통일할 필요 없이 대안 간의 비교가 가능하다. 또 현실에 대한 적용성이 높고, 시장가격을 매길 수 없는 집합재와 준집합재를 다룰 수 있고, 외부경제와 측정 불가능한 가치를 다룰 수 있다는 장점이 있다. 반면에 다음과 같은 제약점을 갖고 있다. 비용효과분석에 의한 정책 건의를 총체적인 사회복지와 연결짓기가 어렵다. 즉, 주어진 문제, 관리지역, 대상집단 등에 한정되고, 공동체 구성원들의 총만족을 순편익과 같은 개념을 사용해서 측정할 수가 없다(최봉기, 2004: 467). 그 밖에 비용과 효과가 서로 다른 단위로 측정되기 때문에 총효과가 총비용을 초과하는지의 여부에 대한 직접적인 증거를 제시할 수 없다는 단점이 있다.

3. 실현 가능성 평가

1) 의 의

실현 가능성 평가는 정책분석가가 여러 정책대안의 채택이나 집행을 지지하거나 반대할 때 정책 관련자들의 예상되는 영향에 관해 예측하는 것을 도와준다. 실현 가능성 평가 기법(feasibility assessment technique)은 정치적 갈등이 존재하고, 권력이나 기타 자원들의 배분이 동등하지 않은 조건 하에서 정책대안을 합법화시키려는 시도의 예상되는 결과를 가늠하는 문제에 특히 적합해 정치적 실현 가능성을 평가하기에 적합한 기법이다.

실현 가능성 평가에서 고려되는 중요한 요소는 첫째, 이슈에 대한 입장(issue position)이다. 정책 관련자들이 각 정책 대안에 대해 지지하거나 반대하거나 혹은 무관심할 확률을 추정한다. 입장에 지지(+1), 반대(−1), 무관심(0) 등으로 부호를 붙인 뒤 각 정책 관련자가 부호를 붙인 입장을 채택할 확률을 주관적으로 추정한다. 이 추정치(0부터 1까지)는 그 이슈가 각 정책 관련자에게 얼마나 중요한가를 가리킨다.

둘째, 가용한 자원(available resources)이다. 분석가는 정책 관련자들이 각 입장을 추구할 때 이용 가능한 자원들을 주관적으로 추정한다. 신망도, 예산, 참모 등이 포함된다.

셋째, 자원의 상대적 서열(relative resource rank)이다. 각 정책 관련자의 자원에 따라 그의 상대적 서열을 정한다. 만일 어떤 관련 집단의 상대적 영향력이 낮은 경우에는 그 관련 집단이 어떤 정책을 지지하기 위해 가용자원의 상당 부분을 투입하고 있음에도 불구하고, 그 정책의 채택이나 집행에 별다른 영향을 미치지 못하는 수가 있다.

이들 세 가지가 실제 작동되는 것을 보면, 영향력 정도는 0%에서 100% 사이이다. 예를 들어, A가 그 의제에 대해 0.9의 영향력을 가지고 있다고 해서 A가 절대적인 영향력이 있다고 예측하면 틀릴 수가 있다. 왜냐하면 A가 다른 업무에 너무 바빠 그 의제에 가지고 있는 전체 영향력의 10%밖에 줄 수 없다면 A의 실제 영향력은 0.9×0.1=0.09가 된다. 이에 비해 다른 이해관계자 B의 영향력은 0.4에 불과하지만 가지고 있는 전체 영향력의 80%를 투입한다면 B의 실제 영향력은 04×0.8=0.32가 된다. 오히려 A의 실제 영향력을 넘어서게 되는 것이다.

2) 적용 예

가상적인 예를 통해 실현 가능성 평가를 적용해 본다. 어떤 도시에서 재정적자를 극복하기 위한 두 가지 정책대안을 고려하고 있다. 그 중 하나는 세금을 인상하는 대안이고, 다른 하나는 예산을 삭감하는 대안이다. <표 7-2>를 보면, 입장, 확률, 가용자원 비율, 자원의 상대적 서열 등을 모두 곱한 값이 실현 가능성 점수이다. 이 점수를 모두 더해 관련자 수로 나누면 총 실현 가능성 지수를 얻는다. 총 실현 가능성 지수는 −1.0부터 +1.0까지의 값을 갖고, 이것으로 여러 정책대안의 실현 가능성을 직접 비교할 수

표 7-2 두 가지 재정정책에 대한 실현 가능성 평가

(a) 대안 1: 세금 인상

정책 관련자 (1)	부호화된 입장 (2)	확률 (3)	가용자원 비율 (4)	자원의 상대적 서열 (5)	실현 가능성 점수 (6)
시장	+1	0.2	0.2	0.4	0.016
시의회	−1	0.6	0.7	0.8	−0.336
납세자집단	−1	0.9	0.8	1.0	−0.720
공무원단체	+1	0.9	0.6	0.6	0.324
언론	+1	0.1	0.5	0.2	0.010
					$\sum F=-0.706$

총 실현 가능성 지수$(TF)=\frac{\sum F}{n}=\frac{-0.706}{5}=-0.141$

조정된 총 실현 가능성 지수$(TF_{adj})=\frac{\sum F}{2}=\frac{-0.706}{2}=-0.353$

(b) 대안 2: 예산 삭감

정책 관련자 (1)	부호화된 입장 (2)	확률 (3)	가용자원 비율 (4)	자원의 상대적 서열 (5)	실현 가능성 점수 (6)
시장	+1	0.8	0.6	0.4	0.192
시의회	+1	0.4	0.5	0.8	0.160
납세자집단	+1	0.9	0.7	1.0	0.630
공무원단체	−1	0.9	0.8	0.6	−0.432
언론	−1	0.1	0.5	0.2	−0.010
					$\sum F=0.54$

총 실현 가능성 지수(TF) $= \frac{\sum F}{n} = \frac{0.54}{5} = 0.108$

조정된 총 실현 가능성 지수(TF_{adj}) $= \frac{\sum F}{3} = \frac{0.54}{3} = 0.180$

자료: 김지원(2010: 190).

있다.[10] 또 실현 가능성 점수의 합을 같은 부호의 입장을 나타내는 관련자 수로 나눈 값을 조정된 총 실현 가능성 지수라고 한다. 대안 1의 경우, 이 값이 음수(−0.353)로 실현 가능성이 없는 것으로 나타났으며, 대안 2의 경우 이 값이 양수(0.180)로 실현 가능성이 어느 정도 있는 것으로 나타났다.

3) 평 가

이 방법은 분석가로 하여금 산만하고 독단적인 방법으로 정치적·조직적 문제를 처리하기보다는 명확한 주관적 판단을 도출할 수 있도록 도와준다. 또한 분석가가 정책대안에 따라 변하는 입장과 가용자원의 민감함을 체계적으로 고려할 수 있게 해준다. 그러나 몇 가지 단점도 있는데 첫째, 일반 델파이나 교차영향분석과 마찬가지로 실현 가능성 평가는 명확하고 체계적인 이론 가설 논증이 결여되어 있고, 여전히 주관적인 판단에 치중한다.

둘째, 이 평가는 이해관계자들이 가지고 있는 입장들이 상호 독립적이라고 보고 있으나 이는 실제와 부합하지 않는다. 이해관계를 가지는 참여자들은 때로는 연합을 형성

10 실현 가능성 평가의 자세한 방법은 나기산 외(1994: 303−404)와 김지원(2005: 153−157)을 참조하기 바람.

해 타인에 영향을 미치려고 할 것이고, 또 한 사람의 입장이 다른 사람의 입장 변화에 의해 결정될 수도 있기 때문이다.

제3절 최종 대안의 선택

1. 의 의

이제 비교 · 평가된 결과에 비춰 최선의 대안을 찾아야 한다. 최선의 정책대안 선택은 대안들의 실현 가능성을 검토한 후 이들 중에서 가장 소망스러운 대안을 선택하는 것이다. 다만 소망성의 평가 기준으로 앞서 언급한 효과성, 능률성, 공평성 중 어느 것을 중시하는가는 가치판단의 문제로서 이 경우 누구의 가치를 우선하느냐가 문제가 된다. 여기서 뉴먼(William H. Newman)과 섬머(Charles E. Summer)가 제시하는 절차를 살펴본다(Newman & Summer, 1961: 312-340; 김신복, 1999: 141-144에서 재인용).

첫째, 가치판단의 문제이다. 대안의 선택에는 개인적인 주관이나 선호, 즉 가치판단이 개재된다. 예를 들어, 우리나라에서 의보통합 정책을 놓고 의보재정적 측면에서 무리라는 보고가 있더라도 최고 결정권자가 사회적 형평성이 더 중요하다는 가치판단을 내린다면 선택의 방향은 크게 달라질 수 있고, 그 결과 경우에 따라서는 심각한 부작용을 낳을 수 있다. 따라서 이러한 폐해를 막기 위해서는 선택의 기준을 객관적으로 설정하는 일이 필요하다.

둘째, 불확실성(uncertainty)에 대한 조절이 필요하다. 미래가 어떻게 전개될지 알기 어렵고, 지금으로서는 최선의 대안이라 해도 상황 전개에 따라서는 다른 대안보다 더 못할 경우도 있게 된다. 따라서 이러한 불확실성은 통계적 확률을 이용한 방법이나 신뢰할 수 없는 자료의 배제 등의 방법을 통해 선택 과정에서 충분히 감안되어야 한다.

셋째, 선택의 검증이 필요하다. 최적 대안을 선택한 뒤 그것이 과연 합리적인 결정인지 검증하는 과정이 필요하다. 최종안의 세부 실천계획 수립을 통해 대안의 실현 가능성을 검사한다든지, 공청회를 통한 동의의 확보나 시험적 시행을 통해 타당성을 확인하는 방법 등이 이에 해당한다.

이처럼 현실에서 벌어지는 정책 현상은 다수의 참여자와 다양한 가치가 복잡하게 반영되어 나타나므로, 다양한 이해를 포함시켜 분석하는 정책논변모형은 대안 선택 시에 현실성 있는 하나의 방법이 될 수 있다.

최종 대안의 선택은 그 근거가 있어야 설득력을 갖게 되어 지지와 순응을 이끌어낼 수 있다. 정책논변모형이란 어느 정도의 불확실성을 인정하면서 정책에 대한 주장을 정당화할 수 있도록 논거를 체계적으로 전개할 수 있는 틀이다.

2. 정책 논증의 의의와 구성 요소

한국에서는 정책분석에서 기술적 문제의 해결 능력보다 정치성, 도덕성, 윤리성 등이 더욱 심각한 문제이다. 그래서 다수의 참여자가 정책 논변을 전개해 문제 해결의 올바른 정책을 채택하는 것인데, 툴민(Stephen Toulmin)의 논변모형(argument)이 그 대표적인 예이다. 그는 검사, 변호사가 자기 주장을 판사에게 설득시키는 과정에 착안해 논변모형을 만들었는데, 다수의 참여자가 정책 논변을 전개해 문제 해결을 위한 올바른 정책을 채택하는 데 목적을 두고 있다. 정책 논변의 여섯 가지 요소는 다음과 같다.

① 정책 관련 정보: 정책 논변의 출발점으로 정책 주장을 뒷받침하는 증거가 된다. 조사 결과, 연구보고서 등이 이에 해당한다.

② 정책 주장: '…해야 한다'는 당위적 표현으로 수집된 정책 관련 정보를 토대로 하여 정책 주장을 펴는 것이다. 정책 논증의 결론이다.

③ 주장 논거(warrant): 정책 주장을 정당화시키는 이유를 말한다. 역할, 과학적 지식, 사회윤리 등이다.

④ 보충 이유: 추가적 증거이다.

⑤ 반론(rebuttal): 본증, 보증에 대립되는 증거, 즉 본증이 받아들여질 수 없는 조건을 열거한다. 강한 반론이 제기될 수 있다면 본증은 신뢰성이 낮은 것으로 평가된다. 그 반대도 성립한다. 정책 논증에서 반론의 단계는 보충 논거가 제시된 후에만 이뤄지는 것은 아니며, 정책 논증이 전개되는 과정의 어느 단계에서도 이뤄질 수 있다.

⑥ 한정접속사: '반드시', '확실히', '아마도', '90% 정도의 확신을 가지고' 등과 같은

용어를 사용하는 한정접속사는 정책 주장의 확신 정도로서 0~1까지의 확률 척도를 가진다.

3. 정책 논증의 전개 과정 실습

여기서 '의료보험 통합정책'을 가지고 정책 논증의 틀을 만들어 본다. 틀을 만들기 전에 먼저 '의료보험 통합정책'에 대해 간단히 살펴보고자 한다.

함께 생각할 정책 사례 6

의료보험 통합정책

의보통합은 사회적 형평성을 제고하기 위해 추진된 정부정책이다. 이 정책에 대해 현재 두 가지 평가가 있다. 하나는 현재 다소 어려움이 있지만 근본 정신이 바람직하기 때문에 계속되어야 한다는 입장이고, 다른 하나는 지금이라도 재정 통합은 미뤄지거나 폐지되어야 한다는 주장이다. 여러분의 생각은 어떠한가? 이해를 돕기 위해 그간의 과정을 간단히 언급하고자 한다.

1. 문제 제기

의료보험 통합(이하 의보통합)은 형평성 있는 보험료 부과, 관리운영비 절감 등을 목적으로 추진되었으나, 2차 통합까지 이뤄진 지금 소기의 성과를 거두지 못하고 있다. 이를 놓고 일부에서는 2002년 1월로 예정된 양 보험의 재정 통합을 무효화하고 재정을 분리하자는 법 개정안을 제출하고 있다. 그러나 이에 대해 재정 통합을 찬성하는 사회보험노조나 당시 정책 입안자들은 의보통합은 올바른 정책이었음을 확신한다며, 의보재정이 악화된 것은 1990년대부터 나타난 수진율 급증과 급여 혜택 확대 등 구조적인 문제 때문이지 결코 정책 잘못에 기인한 것은 아니라고 주장하고 있다.

2. 의보통합정책의 추진 배경

1) 조합주의의 문제점

(1) 조합 간 재정 격차 심화

적자 조합 수가 1990년 1개에서 1997년 6월에는 183개로 늘어났다. 지역조합의 경우, 재정자립률은 서울 73.16%, 전북이 43.71%로 무려 30%에 가까운 격차를 보이고 있었으며, 직장조합의 경우 적립금 보유율에서 100% 이상이 47개인 반면, 50% 미만도 21개에 달해 조합 간 재정불균형이 심각했다.

(2) 조합 간 보험료 부과의 비일관성

직장보험의 경우, 소규모 사업장이 대규모 사업장에 비해, 생산직이 사무직에 비해 높은 보험료를 부담한다. 지역보험의 경우, 동일한 소득과 재산을 가지고 있어도 조합마다 보험료 부과 기준이 달라 보험료 차이가 발생하고, 주민의 평균 소득이 낮은 지역이 높은 지역보다 오히려 보험료를 더 많이 부담하기도 했다.

(3) 관리 운영의 비경제성

관리운영비가 1997년의 경우 공·교공단이 6.5%, 직장조합이 7.8%인 반면, 지역조합은 10.5%로 타이완(台灣)이 1996년 2.53%인 것과 비교하면 매우 높은 수준이었다.

2) 통합주의에 대한 사회적 요구 확대

1998년 1월에 '노사정위원회'가 발족하면서 의보통합이 본격적으로 논의되었다. 제1기 노사정위원회에서 통합 일원화 방안이 합의되고, 대통령직 인수위원회에서 100대 국정 과제의 하나로 의보통합 일원화 방안이 발표되자 의보통합법안을 마련하기 위해 보건복지부 장관의 자문기구로 의료보험 통합추진기획단이 설치되었다. 기획단은 12회의 전체회의와 분과회의를 통해 통합 법안을 마련했다. 여기서 노사정위원회라는 사회적 합의의 길을 선택한 것은 정부가 경제위기에서 탈출하기 위해 노동계와의 협상에서 허용할 수 있는 사안의 하나로 의보통합을 추진했다고 보는 것이 맞을 것이다.

3. 지금까지의 추진 실적

당초 정부는 통합정책으로 얻을 수 있는 효과를 다음과 같이 주장하고 있었다. 첫째, 전국에 하나의 보험자만 존재해 조합 간 재정 불균형 문제는 없어진다. 둘째, 통합으로 개별 조합의 대표이사가 없어지고 부서의 통폐합을 통해 관리운영비를 줄일 수 있다. 셋째, 동일한 부과 기준과 동일한 보험료율을 적용함으로써 소득 계층 간의 소득재분배 효과를 달성할 수 있다.

그러나 이러한 통합의 효과는 부정적인데, 조합 간 재정 격차를 보면, 지역조합의 통합이 이뤄진 1998년 이후 지역조합의 적자폭은 더욱 확대되었다. 직장조합도 1998년의 3,874억 원의 당기 적자에서 1999년에는 5,764억 원으로 적자 규모가 48.8% 증가했고, 2001년에는 보험료 인상이 이뤄지지 않을 경우 7,788억 원의 당기 적자가 발생할 전망이다. 이는 흑자 조합의 적립금을 적자 조합에 사용한 결과이다.

일관성 있는 보험료 부과도 제대로 되지 않고 있는데, 보험료 부과 기준에 대한 반발로 통합 전 97%대를 기록하던 지역조합의 징수율이 70% 수준으로 급락해 보험료 체납액이 8,684억 원에 달했다. 2000년 말 현재 지역조합의 징수율은 88.6% 수준이며, 체납 보험료는 1조 300억 원에 달한다. 이는 통합 과정에서 보험료 부과상의 형평성 문제가 널리 인식된 점이 크게 작용했다.

마지막으로, 관리운영비 절감을 보면, 통합 시 161개 사무소로 축소 통합하려던 계획과는 달리 공단은 223개 사무소를 유지하고 있고, 인력 감축 역시 1만 7천 명가량의 인력을 1만

명 이하로 축소한다는 당초 계획과는 달리 1,941명의 인원 감축만이 이뤄졌다. 이처럼 관리운영비는 전체 보험재정에서 차지하는 비중이 6~8% 내외로 극히 낮을 뿐 아니라, 관리운영비 절감이 당초 계획을 크게 밑도는 경미한 수준에 그쳐 보험재정 안정화에 거의 기여하지 못했다.

4. 의료보험 통합정책의 실패 요인

1) 정치적 계산의 산물

대통령 선거(1997년)나 국회의원 총선(2000년)을 겨냥한 정치인들이 선거구 지역 주민들의 의료보험 관련 불만을 해소함으로써, 그들의 단기적이고 협소한 정치적 이익을 극대화하고자 했다.

2) 사회적 합의 부재

정책 당사자 간에 충분한 정보 교환과 의견 절충 등 사회적 합의 도출의 절차적 합리성 확보에 불충분했다. 민주사회에서 정부가 성공적으로 정책을 추진하기 위해서는 '공개와 참여', '대화와 타협', '인내와 끈기'를 통한 사회적 합의 도출을 대원칙으로 삼아야 한다. 그러나 이번 의보통합 결정은 일단 정부가 결정하고 공표한 다음 반대 집단을 방어하는 권위주의적 의사결정 방식인 DAD(decide-announce-defend)에 의해 이뤄졌다.

3) 정책설계의 비합리성

당시 정책설계 논리로 다음 두 가지 대안이 제시되었다. 하나는 평등을 중시해 통합하자는 방안이었고, 다른 하나는 기존 조합주의 방식을 근간으로 통합 방안의 장점을 혼합해 소폭적 개혁을 하자는 절충 방안이었다. 결정 결과는 1997년 말 「국민의료보험법」 제정을 통해 완전한 통합주의를 채택하게 된다.

정책설계에는 합리적 구성주의와 점진적 진화주의가 있다. 이해집단 간의 이해 대립 때문에 모든 집단이 만족하는 정책설계는 없으므로 잠정적 대안을 추진하면서, 생기는 오차를 수정하고 더 나은 정책대안을 만들어 나가는 학습 과정을 거치는 후자가 필요하다. 그런데도 당시 정부는 정부의 통제 불능성과 정책 수단과 목표 간의 인과 관계가 불충분함에도 불구하고 '합리적 구성주의'에 의존하고 만다.

거기다가 정책 수단에서도 도시 자영업자 소득 파악 문제가 소홀히 다뤄지고 있었다. 이것은 의보통합의 핵심 사항으로 이들에 대한 파악이 제대로 이뤄지지 않으면 의보통합정책의 상위 목표와의 연결은 불가능하다. 자영업자는 신고 소득으로 보험료를 부과하는데 신고액 자체가 낮고, 국세청의 표준소득률 자체가 낮아 실제 소득에 비해 평가 절하되고 있다.

5. 현 단계에서의 정책 과제

감사원이 '건강보험 재정 부실 감사'에서 자영업자 소득 파악이 제대로 안 된 상태에서 재정 통합할 경우 직장의료보험 가입자들이 상대적으로 손해를 볼 수 있다고 보건복지부에 통보했으며, 또 한나라당 심재철 의원 등 23명은 재정 분리를 위한 법 개정안을 이미 국회에 제출한 상태였다.

이러한 상황에서 정부는 법적인 재정 통합은 2002년에 예정대로 하되 실질적으로는 5년간 재정을 분리 운영한다는 방침을 밝혔다. 이는 겉모습만 형식적으로 통합하고 사실상 재정 통합을 5년 연기하는 것이다.

이상 소개한 내용을 토대로 의료보험 통합정책에 대한 정책 논증의 틀을 작성하면 [그림 7-3]과 같다.

그림 7-3 의료보험 통합정책에 대한 정책 논증의 틀

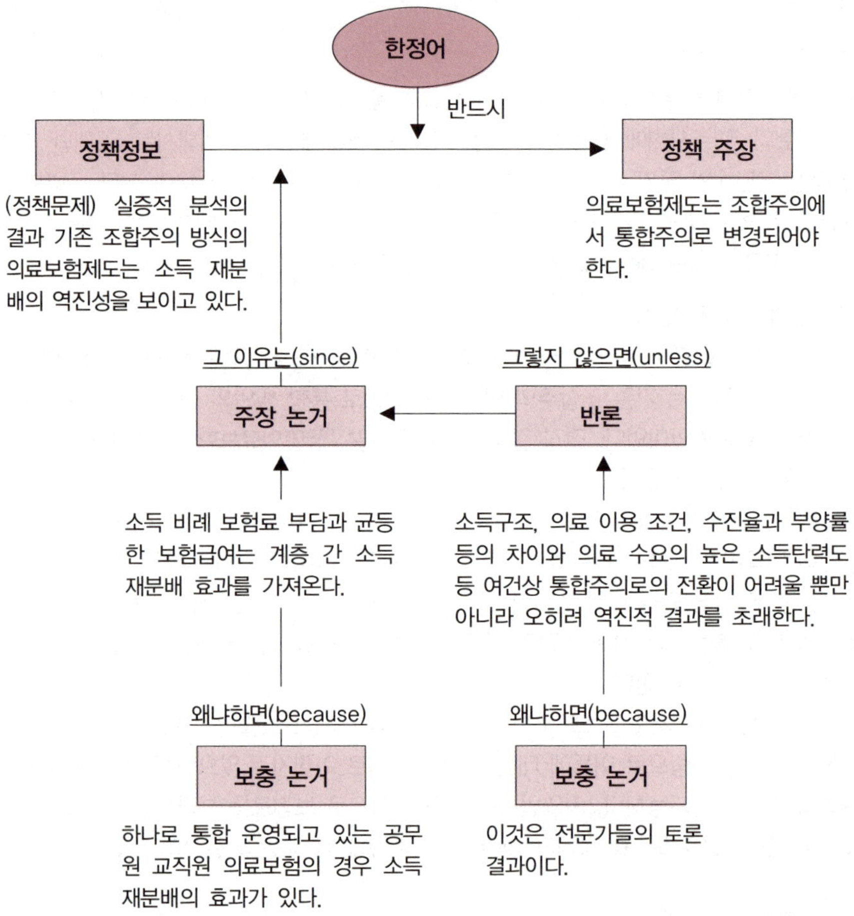

자료: 강근복(2000: 229).

08 분석적 결정의 한계와 정책결정의 실제

제 1 절 합리적 · 분석적 정책결정의 한계

제 2 절 현실에서의 정책결정 과정: 정치적 요인의 개입

제 3 절 분석적 결정을 할 수 없는 상황에서의 정책결정

제 4 절 우리나라 행정부의 정책결정 과정

정책학원론
Theories of Policy Sciences

제 8 장

정책학원론

분석적 결정의 한계와 정책결정의 실제

제1절 합리적 · 분석적 정책결정의 한계

현실에서의 정책결정은 합리적 · 분석적 정책결정 방법이나 논리를 그대로 따르지는 않는다. 합리적 · 분석적 결정의 제약 요인은 크게 ① 정책결정자의 한계, ② 조직구조상의 제약, ③ 환경적 제약, ④ 분석적 결정 논리 자체의 약점 등으로 대별할 수 있다.

1. 정책결정자의 한계

첫째, 정책결정자의 능력 부족을 들 수 있다. 합리적 · 분석적 정책결정은 고도의 전문지식과 분석적 능력을 요구한다. 특히 오늘날과 같은 정보사회에서 정책결정자는 전문지식과 아울러 정책 전반의 네트워크와 그것을 상호 연결하고 정책정보를 창조하고 관리할 수 있는 능력을 갖춰야 한다. 따라서 정책결정자의 정보 관련 지식과 경험 부족은 합리적 · 분석적 정책결정의 제약 요소가 된다. 그 밖에 미국의 윌슨(Woodrow Wilson) 대통령이나 아이젠하워(Dwight D. Eisenhower) 대통령처럼 정책결정자의 건강에 문제가 있을 때에도 정책결정 능력은 제약을 받게 된다.

둘째, 정책결정자가 잘못된 가치관이나 편견을 가지고 있을 경우에는 합리적 정책결정을 기대하기 어렵게 된다. 이러한 경우, 정책결정자는 보통 자신에게 유리한 결정을 도모하는 편견을 나타낸다.

셋째, 정책결정자의 비난 회피 동기를 들 수 있는데, 이는 정책결정자들이 호평이나 합리적 정책 실현을 극대화하기보다는 비난을 극소화하려 한다는 것이다. 즉, 정책결정자들은 '호평극대화 추구자(credit-maximizer)'가 아니라 '비난극소화 추구자(blame-minimizer)'이며, 따라서 호평이나 정책의 합리성에 대한 고려는 비난에 대한 고려에 우선하지 않는다.[1]

<표 8-1>에서 유형 Ⅰ의 경우 일방의 이해관계자에게는 편익을 배분하지만 다른 일방의 이해관계자에게는 비용을 부과하게 되므로, 정책결정자들은 대개의 경우 비난 회피 동기에 따라 정책을 결정하게 된다.[2] 그것은 이해관계자의 부정적 평가 경향 때문에 그러하다. 즉, 편익 부여에 따른 잠재적 호평(potential for credit)의 크기가 비용 부과에 따른 잠재적 비난(potential for blame)에 비교해 현저히 크지 않는 한 정책결정자에게는 비난극소화를 추구하는 것이 더 현명한 대안이 되는 것이다(오석홍 · 김영평 편, 2000: 153-154).

표 8-1 비용 및 편익의 배분에 따른 정책결정자의 동기

		이해관계자가 감지하는 정책대안의 편익	
		높음	낮음
이해관계자가 감지하는 정책대안의 비용	높음	Ⅰ 비난 회피	Ⅱ 호평 추구
	낮음	Ⅲ 호평 추구	Ⅳ 합리적 정책 또는 기타

자료: 오석홍 · 김영평 편(2000: 224).

1 사람들은 그들이 받는 편익보다 그들이 부담해야 하는 비용에 더 민감하게 반응하기 때문에, '그들을 위해서(for them)' 어떠한 조치가 있었느냐보다는 '그들에게(to them)' 어떠한 조치가 있었느냐를 더 중시하는 경향이 있다(김행범 · 구현우, 2014: 581).

2 유형 Ⅱ의 경우, 정책대안에 따른 편익이 낮고 비용이 높은 경우 정책결정자는 호평 추구 동기에 따라 정책결정을 할 수 있다. 이 경우, 정책결정자는 해당 대안을 반대함으로써 호평을 추구할 수 있다. 예를 들어, 지역구 내의 광역폐기물처리시설의 건설의 반대이다. 유형 Ⅲ의 경우, 정책대안에 따른 편익이 높고 비용이 낮은 경우에는 정책결정자는 비난에 대한 염려가 적으므로 정책결정을 통해 호평을 추구할 수 있을 것이다. 댐, 공항 건설 등이 이에 해당한다. 한편 비용과 편익의 크기가 모두 낮을 경우 정책결정자는 이해관계자의 비난 또는 호평에 대한 염려로부터 자유롭게 되고, 따라서 합리적 동기 요인에 따라 정책을 결정할 수 있게 된다.

2. 조직구조상의 제약

정책결정이 이뤄지는 의회나 관료제 조직의 구조적 특성으로 인해 합리적인 정책결정이 제약받기도 한다.

1) 의 회

의회는 서로 다른 이해관계와 선호를 지닌 개인들이 특정 집단, 또는 지역 주민의 요구에 민감하기 때문에 합리적·분석적 결정보다는 정치적으로 결정하는 경우가 많다.

2) 관료제 조직

먼저, 관료제 내의 의사결정은 표준운영절차(SOP)에 따라 이뤄지는데, 이러한 결정은 상례화된(routinized) 결정이므로 급격히 변화하는 상황에서는 합리적 결정이라고 볼 수 없다.

또 지나친 전문화와 분업화는 부처할거주의를 생성시켜 합리적·분석적 결정을 제약한다. 즉, 자신의 분야에만 집착하고 다른 분야와의 협조에는 등한시함으로써, 국지적 합리성은 이뤄질지 몰라도 전체적 차원에서의 합리적인 결정이 이뤄지지 못하게 된다. 그리고 고도로 전문화가 심화되면 상위 결정자가 전문적 성격을 제대로 이해하지 못해 하위조직이 보고한 정보에만 의존하게 되어 합리적·분석적 결정이 제약받게 된다.

아울러 관료조직의 계층제적 구조도 조직의 합리적·분석적 결정을 어렵게 만든다. 계층제 조직에서는 하위조직에서 보고한 정보를 토대로 정책을 결정하게 되는데, 보고과정에서 하급자가 자신에게 유리하도록 내용을 왜곡할 경우 합리적·분석적 결정이 어려워진다.

3. 환경적 제약

정책결정자는 혼자서 정책을 결정하는 것이 아니고 여러 외부 집단과 끊임없는 상호작용을 통해 정책을 결정하게 되는데, 이 과정에서 흥정과 타협이 이뤄지게 되므로 자연히 최선의 합리적인 결정이 이뤄질 가능성은 줄어들게 된다. 또한 아무리 바람직한 대안일지라도 강력한 정치적 반대가 있으면 정치적 실현 가능성이 제약을 받게 되어 정책으로 채택될 수 없다.

이 밖에 사회적 규범이나 관습 등의 사회·문화적 환경도 커다란 영향을 미치게 되는데, 그것은 정책결정자가 사회·문화적 요인을 무시하고 정책을 결정하기 어렵기 때문이다. 예를 들어, 우리나라의 묘지정책이 합리적인 방향으로 개선되지 못하고 있는 것은 우리 국민들의 비합리적인 관습이 주요 요인이다. 즉, 유교적인 풍습이 전통문화의 맥으로 이어져 내려왔으며, 이는 장묘문화에서도 뿌리 깊게 작용해 매장(埋葬) 위주의 관행이 정착되어 왔다. 그런데 최근 들어 화장률은 급속한 신장을 보이고 있는데, 전국 화장률은 계속 높아져 2013년에 76.9%, 2014년에 77.9%, 2017년에 84.6%, 2019년 7월 현재 87.8%를 기록했다.

4. 분석 논리적 측면

합리적·분석적 정책결정은 정책문제의 파악에서부터 대안의 선택에 이르기까지 분석 기술상 많은 문제점을 안고 있다.

첫째, 정책문제 정의의 어려움으로 인해 보는 관점에 따라 달리 정의될 수 있다. 이것은 합리적 결정을 어렵게 한다.

둘째, 정책 목표 설정에도 이해관계자들 때문에 목표가 모호하게 설정된다. 이 때문에 대안 탐색과 개발 과정에서 혼란이 발생한다.

셋째, 대안의 탐색과 개발, 결과 예측 등에는 관련 정보가 축적되어야 하나 미약한 수준에 머물고 있고, 정책 수단의 효과나 비용을 객관적으로 측정할 수 있는 척도가 마련되어 있지 못하다.

넷째, 대안에 대한 분석이 정확히 이뤄졌다고 해도 최적 대안을 선택하려고 할 경우 문제에 부딪치게 된다. 대안에 대한 분석 결과 능률성 차원과 공평성 차원이 대립할 때 객관적 해결책이 없어 선택은 개인적 가치판단에 따라 극히 주관적으로 이뤄진다.

제2절 현실에서의 정책결정 과정: 정치적 요인의 개입

1. 정치적 요인의 개입

현실에서 합리적 결정 절차를 그대로 따르기 어렵다. 실제로는 합리적 노력과 함께 정치적 활동도 복합적으로 작용해 결정이 이뤄지는데, 그 양상을 보면 다음과 같다.

첫째, 정책문제 분석과 목표 설정에서 정치적 요인이 개입한다. 체계적인 분석 후 타당한 목표 설정이 이뤄져야 하나, 실제로는 결정 참여자들이 서로 다른 가치 기준을 가지고 있어 합의를 이루기가 어려우므로 대신 타협적으로 결정된다.

둘째, 대안의 탐색과 개발 과정에서, 시간과 능력 부족으로 인해 현실에서 검토되는 대안들은 약간의 변화만 추구하는 것들이 된다. 이는 정치적 측면에서 기존 지배 세력의 반대를 극소화하기 위해 이뤄지는 경우가 많다.

셋째, 대안의 비교 · 평가 및 선택 과정에서 정치적 요인이 개입한다. 즉, 합리적 결정을 위해서는 대안 중 가장 소망스러운 대안을 선택해야 하나, 실제로는 참여자들 간의 역학 관계에 따라서 결정되는 경우가 많다.

2. 정치적 요인의 개입 사례

한 지역의 질병 예방을 위한 방역 정책의 예를 들어 정치적 요인이 작용하는 것을 살펴본다(김승욱 외, 2004: 93-94).

주민은 총 1,000가구이며 1,000만 원의 예산이 책정되었다. 방역의 방법은 A, B, C

표 8-2 방역 방법에 따른 효과

	가구당 비용	방역 확률	수혜 가구		완전 방역 가구 수 (수혜 가구 수×방역 확률)
			가구 수	비율	
A방법	50,000원	80%	200호	20%	160호
B방법	25,000원	50%	400호	40%	200호
C방법	10,000원	10%	1,000호	100%	100호

세 가지가 있는데, <표 8-2>에는 방역 방법에 따른 비용, 수혜 가구 수 및 비율, 방역 확률, 완전 방역 가구 수 등이 표시되어 있다.

<표 8-2>에 의하면, A방법 채택 시 1,000만 원의 예산으로 200가구 중 160가구(200×0.8=160)만이 방역 효과를 볼 수 있다. 반면 B방법은 400가구 중 200가구(400×0.5=200)가 방역 효과를 볼 수 있다. 이 경우 B방법이 더 많은 가구가 혜택을 받으면서 정책 효과(40%)도 크므로, 정치인이나 경제인은 별다른 이의 없이 B방법을 선택할 것이다.

그런데 가구당 1만 원이 들고 10%의 방역 효과밖에 없는 생색용 C방법이 있다고 하자. 이 방법은 지역의 모든 가구가 혜택을 받을 수 있지만 방역 효과는 100가구(1,000×0.1=100)에 불과하다. 효율성 원칙에 따라 여러 가지 정책대안을 수립해 정책 효과(policy output)를 기준으로 우선순위를 정하는 경제인은 당연히 이 방법을 가장 효과가 적은 대안으로 생각할 것이다. 그러나 정책을 결정하는 정치인은 효율성보다는 공평성을 중시하는 경향이 있다. 그런데 정치인이 염두에 두는 공평성이란 정책 실시에 따른 효과의 공평성이 아니라 분배의 공평성을 의미하는 경우가 대부분이다. 즉, 정책에 투입되는 자원이 얼마나 주민들에게 골고루 돌아가느냐가 중요한 것이지, 정책 결과로 나타나는 혜택이 공평한가는 별로 중요하지 않다. 투입을 중시하는 정치인들은 C방법의 수혜자가 1,000명으로 가장 크므로 이 방법을 선호하게 된다.

제3절 분석적 결정을 할 수 없는 상황에서의 정책결정

현대 정부는 증대하는 불확실성과 혼돈, 그리고 복잡성을 관리하면서 정책을 선택해야 하는 매우 어려운 상황에 직면해 있다. 이러한 상황에서는 합리적이고 분석적인 정책결정을 내리기가 매우 어려워진다. 이처럼 상황 자체가 분석적 결정을 적용할 수 없는 경우가 있는데, 위기 상황과 카오스가 이에 해당한다.

1. 위기 상황

1) 위기의 발생 원인

보통 위기는 돌발적으로 발생해 많은 피해를 초래하는데, 이러한 위기(crisis)의 발생 요인은 다음 세 가지로 구분할 수 있다(정정길 외, 2003: 425–426). 첫째, 전통적인 위기 요인으로서 홍수, 지진, 태풍 등과 같은 자연재해(natural hazard)로 인한 것을 들 수 있다. 둘째, 최근에는 자연재해 못지않게 이른바 기술적 재해(technical hazard)로 인한 위기도 빈번하게 발생하고 있다. 즉, 대형 교통사고, 방사능 또는 화학가스의 누출 등과 같은 것이다. 셋째, 집단 간의 대립 또는 이념 대립으로 인한 사회적 갈등, 국제적인 대립 등도 위기의 중요한 원인의 하나가 되고 있다. 어떤 요인으로 인해 발생하더라도 위기 상황의 발생은 의사결정에 큰 영향을 미치게 된다.

2) 의사결정의 양상과 제약 요인

(1) 의사결정의 양상

위기 시에는 합리적이고 분석적인 결정을 하지 못하고, 병리적이고 비정상적인 결정들이 많이 나타나는데, 대표적으로 다음의 네 가지 경우를 볼 수 있다. 첫째, 무의사결정적인 대응이 있다. 문제를 파악하고도 아무런 대응을 하지 않는 경우이다. 둘째, 돌발사건에 압도되어 아무런 조치를 취하지 않는 경우이다. 의도적으로 대응하지 않기로 결정한 것이 아니라 그냥 우물쭈물하는 경우를 말한다. 셋째, 극도의 위협과 시간적인 압박 속에서, 특히 하위 운영 수준의 위기관리자들이 공식적인 룰을 무시하고 주어진 상황에 즉흥적인 대응을 하는 경우이다. 특히 사전 준비나 훈련이 없었던 상황에서는 위기에 대한 즉흥적인 대응이 나타나게 된다. 넷째, 위기관리자들이 가능한 한 위기 상황에서 벗어나고자 전략적 회피(strategic evasion)를 시도하기도 한다. 위기 해결 능력이 없거나 위기 해결의 성공 가능성이 희박한 경우에는, 위기가 진정된 뒤 위기관리활동에 대한 평가에서 비난받을 우려가 있기 때문이다(정정길 외, 2003: 428–429).

(2) 제약 요인

이러한 비합리적 결정이 이뤄지는 원인은 무엇인가? 이를 위기 속성상의 문제와 재정적 · 정치적 제약 요인으로 나눠 볼 수 있다(박동균, 2005: 229-231).

① 위기 속성상의 제약 요인

각종 재난사고를 반복적으로 경험하면서도 위기관리에 대한 근본적이고 시스템적인 대비책이 마련되지 못한 데는 일반적으로 위기 상황이 갖는 본질적 속성으로서 다음의 몇 가지 제약 요인을 들 수 있다.

첫째, 위기 상황에서 볼 수 있는 시간적 제약성이다. 위기관리는 그 자체가 시간적 · 물적 제한 속에서 이뤄지는 일종의 비상관리이다. 위기가 발생한 직후에는 위기관리에 대한 인식과 대비 의식이 높다가 시간이 흐름에 따라 그 중요성에 대한 인식이 망각되면서 대비의 미흡으로 위기 발생의 악순환이 계속된다.

둘째, 피해 대상의 국지성에서 오는 제약 요인이다. 이는 위기 발생으로 인한 피해의 대상이 일부 지역에 국한된다는 것이다. 피해 대상이 국지성을 띠고 있을 때는 위기관리정책에 대한 국가적 · 사회적 합의 요구가 어렵고, 따라서 다른 경쟁 관계에 있는 정책에 우선순위가 밀리게 된다.

셋째, 재난 발생 예측의 불확실성에서 오는 제약 요인이다. 재난이 언제, 어디서, 어떻게 발생할 것인가를 정확하게 예측한다는 것은 어렵다. 그러므로 이와 같은 재난 예측의 불확실성은 재난 자체에 대한 방재 의식을 약화시키는 결과가 되어 위기관리를 어렵게 하는 요인으로 작용한다.

② 재정적 제약 요인

이는 위기관리에 필요한 재정의 부담 능력의 한계에서 오는 제약 요인이다. 위기관리에 투자되는 경비는 그 효과가 단기간 내에 나타나는 것이 아니므로, 정책의 우선순위에서 밀리는 경우가 많다.

③ 정치적 제약 요인

위기관리가 효과적으로 이뤄지기 위해서는 정치적인 지원이 필요하다. 재난은 지역주민의 합일된 강한 요구와 옹호가 미약해 정치적으로 위기관리를 효과적으로 수행할 수 있는 법적 · 제도적 장치가 미비했다.

3) 위기관리 정책의 내용

위기관리 정책에는 위기가 발생한 이후 이에 신속히 대응하기 위해서 취해지는 조치, 즉 응급 대응, 복구활동과 같은 사후 관리정책들뿐만 아니라 예방 및 준비와 같은 사전적인 위기관리활동도 포함된다. 이처럼 보통 위기관리 정책은 위기가 발생한 시점을 기준으로 예방, 준비, 대응, 복구 등 4단계로 구분한다. 물론 이 네 단계 과정은 독립적인 것이 아니라 서로 밀접한 관계를 가지고 있다.

(1) 위기 발생 이전 단계

예방(mitigation)활동은 위기 요소들이 인간의 생명과 재산에 영향을 미치는 장기적인 위기를 제거하거나 감소시키는 활동을 말한다. 위기 발생 가능성이 있는 요인의 사전 제한으로 사람과 재산을 보호하는 방법인 각종 건축 규제가 이에 해당한다. 그런데 주로 단기적인 이해관계를 고려하는 정책 과정의 속성상 예방활동에 대한 관심의 정도는 매우 낮은 편이다. 위기 예방을 위한 자원 배분을 불필요한 낭비로 생각하기 때문이다(정정길 외, 2003: 430-431).

준비(preparedness) 단계는 위기 발생 시 이를 피하거나 그 피해를 감소시키기 위한 대응 능력을 유지시키는 단계로서, 위기 발생 시 피해를 줄이기 위한 응급 대응계획과 훈련 과정의 개발이 이에 해당한다. 특히 이 단계에서는 대응 단계에서 일어날 수 있는 조직 간, 지역 간의 갈등을 조정하는 문제도 주의 깊게 다뤄져야 한다. 응급의료 체계에서 병원들과 위기관리기관들과의 긴밀한 협조는 재난의 인명 피해를 줄이는 데 중요한 문제이다.

(2) 위기 발생 이후 단계

대응(response)은 위기 발생 직후에 취해지는 활동으로서 생명을 구하고 재산상의 피해를 최소화시키는 활동을 말한다. 이 단계에서는 이전에 수립했던 비상계획이 실행되며, 응급의료 체계가 가동되고, 재난대책본부와 같은 비상기구가 작동된다. 구체적인 대응활동으로는 비상의료 지원이나 피해지역의 안전 확보, 긴급피난지 운영 등을 들 수 있다.

복구(recovery)는 위기가 일단 진정되고 즉각적인 구조활동이 완료된 후 사회를 위기 발생 이전의 정상 상태로 회복하고, 앞으로 동일한 위기 상황이 반복되지 않도록 하는

그림 8-1 위기관리 학습 단계

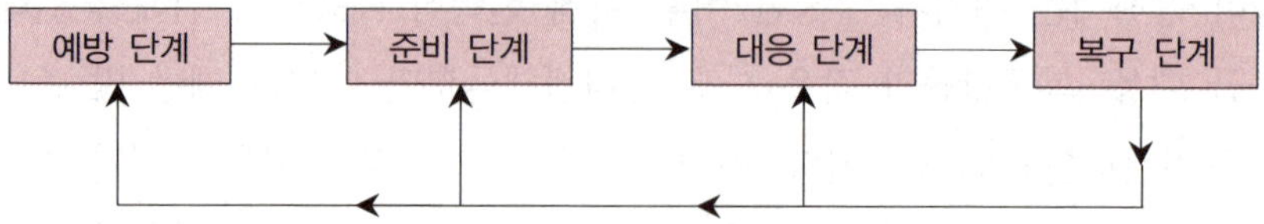

자료: 김상돈 · 안황권(2003: 277) 재작성.

데 필요한 활동이다.[3] 예컨대, 화학물질 유출로 인한 위기 상황이 발생한 후 누출된 화학물질의 영구적인 생산 금지 조치, 허가 조건의 수정 등이 이에 해당된다.

이상의 내용을 요약하면 [그림 8-1]과 같다. 각 단계가 유기적으로 연결되고 상호 보완적이어야 위기관리 정책의 효과를 제고할 수 있다.

4) 우리나라 위기관리 시스템의 현황

(1) 법 · 제도적 현황

우리나라는 2004년 「재난 및 안전관리기본법」의 제정, 소방방재청의 신설을 기점으로 큰 변화를 경험했다(정지범, 2009: 165-172). 제정 이전에는 인위재난은 재난관리법, 자연재해는 자연재해대책법으로, 민방위사태는 민방위기본법으로 위기관리가 이뤄졌다. 이러한 분산형 위기관리 체계는 종합대책이나 조정 기능의 부재로 재난의 예방 및 사고수습이 효율적으로 이뤄지지 못한다는 문제가 제기되었다.

「재난 및 안전관리기본법」이 제정됨에 따라 그동안 이원화되어 수립되던 재난 및 안전 관련 계획을 안전관리계획으로 통합 · 일원화했다. 그리고 이 법에서는 재난관리기금의 매년도 최저 적립액을 최근 3년 동안의 「지방세법」에 의한 보통세 수입결산액 평균 연액의 1.0%에 해당하는 금액으로 하고 있다.

(2) 위기관리기구의 현황

이명박 정부는 출범 직후 기존 행정자치부와 비상기획위원회를 통합해 행정안전부

3 미국 뉴올리언스의 경우, 단기적으로는 이재민들이 최소한의 생활을 영위해 나갈 수 있도록 하는 데 중점을 두어야 하며, 장기적으로는 재개발계획과 도시계획 등의 과정을 거쳐 원상을 회복시켜야 한다.

를 설립했다. 행정안전부의 설립과 더불어 중앙안전관리위원회의 간사 역할이 소방방재청장에서 행정안전부 장관으로 변경되었다. 이에 재난관리기구의 총괄 및 조정 역할을 행정안전부가 담당하고, 소방방재청은 행정안전부의 외청으로 위기관리전담기구로서 그 역할이 축소되었다.

박근혜 정부 들어 우리는 세월호 침몰이라는 크나큰 비극을 경험했다. 국민의 안전에 대해 정부가 보여준 무능의 극치였다. 국민 안전을 전담할 범정부적 재난 컨트롤 타워의 신설의 필요성을 인식하면서 2014년 11월 19일 '국민안전처'가 출범했다. 정부조직법상 국민안전처는 국무총리실에 소속된 장관급 부처이다. 장관과 차관 아래 각각 차관급이 지휘하는 '중앙소방본부'와 '해양경비안전본부'로 구성되어 있었다. 그 후 2017년 7월 25일에 국민안전처가 폐지되고, 그 기능은 행정안전부 재난안전관리본부가 맡고 있고, 해양경찰청과 소방청도 다시 출범하였다. 재난안전관리본부에는 안전정책실, 재난관리실, 재난협력실 및 비상대비정책국 등이 설치되어 있다.

2. 카오스이론

1) 주요 내용

기상 변화, 지진 활동 등과 같이 예측할 수 없는 혼란 현상을 카오스(chaos)라고 부른다. 카오스는 어떤 질서도 규칙도 없어 보이는 상태로서 설명이 불가능한 것처럼 보인다. 그러나 혼돈 속에 숨겨진 규칙성을 찾아내는 것이 혼돈이론이다.

그렇다면 카오스 현상은 왜 발생하는가? 이를 이해하려면 다음과 같은 두 가지 개념을 살펴볼 필요가 있다(정정길 외, 2003: 433).

첫째, 나비 효과이다. 카오스는 늘 변화하고 반복되지 않기 때문에 예측하기 어렵지만 카오스에 숨겨진 또 다른 성질이 예측을 더 힘들게 한다. 이것이 바로 나비 효과로서, 이는 뉴욕 공원에 있던 나비 한 마리의 날개의 펄럭임이 기상에 영향을 미쳐 1년 뒤 한국에 태풍을 몰고올 수도 있다는 데서 연유한다. 이처럼 카오스는 스스로 불규칙하게 변화할 뿐만 아니라 미세한 초기 조건의 차이가 점차 증폭되어 시간이 얼마간 지나면 완전히 서로 다른 결과를 나타낸다.[4]

둘째, 비선형적 변화이다. 종래 뉴턴적 결정주의이론은 출발점에서부터 미래를 향해서 단순회로의 해결로 나아간다는 선형 관계(linear relations)를 가정하고 있다. 그러나 날씨를 비롯해 사회의 변화 현상, 주식 가격의 변화 등 상당수의 현상들은 비선형적으로 변화한다. 비선형적이란 원인과 결과가 비례하지 않기 때문에 변화가 불규칙적으로 전개되고 결과를 예측하기 어려운 상태를 의미한다.

이와 같이 카오스는 나비 효과나 비선형적 변화로 인해서 어떤 질서도 규칙도 없는 상태를 만들기 때문에 설명이 불가능한 것처럼 보인다. 하지만 이러한 혼돈 속에도 질서와 규칙성이 숨어 있다고 보고, 이러한 규칙적인 불규칙성(regular irregularity)을 찾아내는 것이 카오스이론의 중요한 연구 대상이 되고 있다. 카오스이론에서 설명하는 혼돈 속에서 질서를 찾는 과정을 다음 두 가지 개념을 통해 살펴본다.

첫째, 자기조직화(self-organizing)이다. 이는 비선형적 변화를 일으키는 현상들이 자기 스스로 구조와 질서를 갖춰 나가는 것을 의미한다. 무작위적이고 미세한 분자운동이 대류운동이라는 구조의 질서를 갖는 것이 좋은 예이다. 카오스이론에서는 극심한 무질서와 혼돈 상태에서도 자기조직화를 거쳐서 질서와 조직화가 자생적으로 발생한다고 보고 있다. 이 개념은 지금까지 복잡한 조직 현상을 단순한 요소로 환원시켜 설계하고 조정 관리하는 것은 의도한 목적을 실현하기 어렵고,[5] 자기조직화가 원활하게 일어날 수 있도록 조건을 만들어 주는 것이 정책실패를 줄일 수 있다는 것을 의미한다(사득환, 2003: 227).

둘째, 공진화(共進化, coevolution)이다. 이것은 시스템을 구성하는 각 개체들이 끊임없이 서로에게 적응하면서 변화해 가는 과정을 의미한다. 핵심은 적자생존의 논리를 벗어나서 실제의 진화는 개체가 전체를 진화시키고, 전체가 개체를 진화시키는 상호 진화에 있다. 예를 들어, 파리가 개구리에게 잡혀 먹히지 않으려고 미끈거리는 몸을 가지게 되면, 이러한 파리의 변화는 개구리를 진화시킨다. 즉, 개구리는 혀를 아주 끈끈하게 진

---

4 미국의 기상학자 로렌츠(Edward Lorenz)가 12개로 구성된 기상 변화의 연립방정식에 여섯 자리 숫자(0.506127)를 입력해 컴퓨터로 처음 일기예보 결과를 출력했고, 검증을 위해 세 자리 숫자(0.506)를 입력한 결과 일정 기간 이후의 일기예보 결과가 전혀 달라졌다고 한다. 이것을 초기값 민감성이라고 한다(노화준, 1998: 4). 이처럼 0.000127이라는 근소한 입력치 차이가 완전히 다른 기후 패턴 결과로 나타난 것이다.

5 방법론적 개체주의로도 불리는 환원주의는 복잡한 현상은 단순한 구성 요소들로 분해함으로써, 가장 잘 이해될 수 있다는 논리를 취하고 있다. 구성 요소들을 점점 더 작은 요소들로 분해함으로써, 복잡성은 해소되어 현상의 인과 관계를 단순하고 쉽게 이해할 수 있고, 문제를 해결할 수 있는 해결책도 분명해진다는 가정을 한다(이성우, 2004: 5).

화시켜 미끈거리는 파리를 더 잘 잡아먹게 될 것이다. 결국에는 충분히 많은 개구리가 충분히 많은 파리를 잡아먹을 것이다. 비록 두 종은 맹렬하게 진화했지만 결국은 원래의 출발 상태로 되돌아가게 된 것이다. 이렇게 개구리와 파리는 공진화해 나가는데, 카오스이론에서는 공진화를 통해 계(系)가 장기적으로 일정한 균형 상태를 이룬다고 보고 있다.

2) 시사점

오늘날의 정부는 증대하는 불확실성과 혼돈, 그리고 복잡성을 관리하면서 정책을 선택해야 하는 매우 어려운 상황에 직면해 있다. 특히 최근의 의약 분업, 시화호 매립, 새만금 간척사업 등에서 보듯이 불확실성과 혼돈 상황에 대한 미숙한 대응은 엄청난 행정적·경제적 비용을 초래한다는 사실에서 이에 대한 연구는 매우 시급하지 않을 수 없다(사득환, 2003: 225).

이러한 상황에서 카오스이론은 불확실하고 혼돈스러운 세계를 이론적으로 설명함으로써, 사회의 역동적인 변화 과정에서 질서가 카오스로 전환되고, 카오스 가운데에서 질서가 발견되고 창조되는 과정을 설명하는 새로운 시각을 제공했다.[6] 카오스이론을 행정학에 적용한 대표적인 학자인 킬(L. D. Kiel)은 무질서란 정부조직을 변형시키는 데 필수적인 것으로 보고 있다. 행정학에서 기존 패러다임은 지시와 통제에 의존해 질서정연하고 안정적인 조직 운영을 바람직한 것으로 보았고, 카오스와 불안정성을 유해로운 상태로 인식했다. 그러나 카오스이론은 행정의 카오스와 복잡성을 잘 관리하면 행정학습과 개선의 기회가 되고 창의력을 촉발하는 개혁 요인이 될 수 있다고 본다. 킬은 무질서를 '파괴적 무질서'가 아닌 '창조적 무질서(creative disorder)'로 설명하고, 이를 정부조직 관리에 주입하면 조직혁신을 촉진할 수 있다고 보는데, 구체적인 전략은 다음과 같다(최성두, 2000: 601-602).

첫째, 조직문화에 무질서를 도입하는 것이다. 본질적으로 조직문화는 항상성과 균형

6 우리나라는 1997년 11월부터 1998년 2월 사이의 4개월 간 외환위기를 겪었으며, 이 기간 동안 경제사회 시스템이 질서로부터 카오스 상태로 빠져들었다가 다시 새로운 질서를 창조하는 과정을 경험했다. 이와 같이 우리나라 경제사회 시스템이 비정상 상태에 처해 있는 경우, 위기로부터 탈출할 수 있는 가이드라인에 대한 처방을 모색할 수 있도록 뉴턴적인 패러다임이 아닌 카오스적 패러다임으로의 전환이 요구되었다(노화준, 1998).

성을 띠며, 불안정과 변화의 징조들을 금지하고 조직 변화를 억제한다. 그러나 조직문화는 변화해야 하는데, 그러기 위해서는 새로운 요구에 대응할 수 있도록 한정된 불안정성을 허용해야 한다.

둘째, 조직구조에 무질서를 도입하는 것이다. 계층제의 계층 수를 줄이는 것이 해당하는데, 이는 조직효율성 개선과 분권적 의사결정 구조의 확립에 목적을 두고 있다.

셋째, 정부 업무에 시민을 참여시키는 것이다. 요동의 잠재적 증가를 가져오겠지만 반응성 있고 책임성 있는 행정을 수행해야 한다.

넷째, 조직인력의 구성에서 인구학적 속성을 다양화하자는 것이다. 다양한 인적 구성은 조직관리에서 긍정적 환류를 가져온다.

다섯째, 조직의 낡은 업무 수행 과정을 파괴하자는 것이다. 전통적 작업 방식을 파괴하고 창조적 무질서 도입을 통해 정부 업무의 전반적 생산성 향상을 도모한다.

또한 혼란과 변화가 극심해 미래 예측이 불확실할 때 정책문제 해결을 위한 합리적·분석적 접근 방법에 한계가 있음을 잘 지적하고 있다. 하지만 다른 한편으로 카오스이론을 정책연구에 활용하는 데 문제가 제기되고 있다.

우선, 카오스 상황과 비(非)카오스 상황을 사전에 구분할 수 있는 기준을 카오스이론이 제시하고 있는가 하는 점이다. 어떤 문제가 카오스 상태라는 것을 사전에 알려줄 수 있다면 카오스에 대한 적절한 대응으로 정책실패가 현저히 감소할 수 있겠지만, 불행히도 카오스이론은 사회 현상 중 어느 것이 카오스이고, 어느 것이 카오스가 아닌지에 대한 구체적인 기준을 제시해 주지 못하고 있다(정정길 외, 2003: 438).

다음으로, 카오스이론에서 제기하고 있는 정책 예측에서의 불확실성과 이를 극복하기 위한 노력 등은 이전의 정책연구에서 이미 논의하고 있는 것이다. 예를 들어, 앞서 언급한 대로 킬은 창조적 무질서 모형에서 조직혁신 대안으로 조직구조의 계층 수 감소, 정부 업무에의 시민 참여 등을 제시하고 있는데, 기존 이론에 비교해 별다른 참신성이 없다는 비판을 받고 있다(정정길 외, 2003: 439).

제4절 우리나라 행정부의 정책결정 과정

1. 정책결정의 일반적 과정: 품의제

우리나라 행정 부처의 내부 정책결정 절차에서 가장 기본이 되는 것은 품의제(稟議制)이다. 이것은 다단계 계층적 정책결정 구조에서 이뤄지는데, 담당자가 기안문서를 작성하면 이것이 부처 내의 계층제를 통해 여러 단계의 검토와 조정을 거쳐 최종 결재권자가 서명함으로써 부처 안(案)으로 결정되는 것을 말한다. 다시 말해, 이 제도는 부하가 의견을 제시하고 상관이 그 의견을 검토하되 부하와 상의해서 결정을 내리는 제도이다. 따라서 이 제도는 하의상달 제도로 매우 민주적인 제도라 할 수 있다.

그러나 그 내면을 들여다보면 실제로는 품의 절차를 밟기 전 대부분의 정책결정이 이뤄지고 품의 절차는 이를 공식화하는 과정에 불과하다. 이와 같은 측면에서 볼 때 우리나라의 정책결정 과정은 사실상 이중구조로 형성되어 있다고 볼 수 있는데, 이러한 정책결정의 이중구조는 정책 현안이 선례가 없는 비전형적 · 비구조적 문제일수록, 또 여러 부처가 한꺼번에 연계된 복합적인 문제일수록 더욱 뚜렷이 나타난다. 이러한 구조적 한계는 자연히 공무원들에게 부정적인 평가를 받고 있는데, 그들은 가장 큰 문제점으로 책임 소재의 불분명(77.5%), 부처이기주의의 가속화(76.1%), 그리고 결재 서류의 상부 집중 현상(69.7%) 등을 들고 있다(박재희, 1995: 65).

품의제는 상급자는 업무를 자세하게 파악해 통제할 수 있고, 관련 직원이 참여 의식을 가질 수 있으며, 상급자와 하급자 사이의 의견 소통을 원활히 하고 일체감을 갖게 하는 등의 장점이 있으나, 문제점 또한 없지 않다.

첫째, 품의제가 수직적 다단계 결재 방식이므로 급변하는 상황 변화에 기민하게 대처하기 어려우며, 다른 부처와의 수평적 연대가 어렵다.

둘째, 결재 사안에 대해 서명한 모든 사람이 공동으로 책임을 지는 제도로서, 정책실패에 대한 책임 소재가 불명확하다. 이로 인해 정책이 실패할 경우 부처의 최고책임자인 장관이 모든 것을 책임지고 물러나게 되어 장관의 임기를 단축시키는 요인으로 작용했다.

셋째, 서류의 상부 집중 현상이다. 이는 하위직 공무원들이 결재를 구실로 하여 자신의 존재를 드러내고자 하는 데 기인한다.

넷째, 관련자들이 전부 모여 토론으로 합의에 이르는 기회가 없다. 따라서 품의제는 정보의 자유로운 교환이 어려우며 합리성이 결여된 제도이다.

이러한 점에서 품의제에 대한 개선의 필요성이 제기되는데, 토론을 통한 집단 의결 방식의 활성화, 수직적 계층구조의 수평화, 그리고 결재 단계 수의 축소 등이 그것이다.

2. 정책결정의 선진화: 정보기술의 활용

정보기술의 도입은 공공 부문에 많은 영향을 미치고 있다. 국민들은 효율적인 정부 구현을 요구하고 있고, 이에 부응하기 위해 정보기술을 행정에 접목한 전자정부가 시도되고 있다. 그러나 전자정부를 정보통신망을 이용한 행정 서비스 향상이라고만 이해하게 된다면 전자정부로 인한 효과는 상당히 제한될 수밖에 없다. 정보통신기술(ICT)의 도입을 행정혁신에 효과적으로 연결시키는 것이야말로 전자정부 구현의 가장 핵심적인 전략이다.

1) 전자정부의 의의와 현황

미국의 경우, 전자정부를 "공통의 정보통신 기반 위에 하나로 연결된 각종 행정 서비스를 언제, 어디서나, 어떤 방법으로든 제공할 수 있는 정부"로 정의하고 있고(한국전산원, 1996: 630), 우리는 "정보기술을 활용하여 행정활동의 모든 과정을 혁신함으로써 정부의 고객인 국민과 기업에게 제공하는 각종 서비스와 정부를 손쉽게 이용할 수 있도록 하고, 행정 및 정책활동의 생산성을 향상시켜, 한반도의 지식정보화를 선도할 수 있는 정부로 재창출하는 것"이라고 정의하고 있다(행정자치부, 1998).

전자정부가 운영되고 있는 수준을 성숙도 기준에 의거해 아래와 같이 구분할 수 있다(윤상오, 2002: 258-266).

첫째, '출발' 단계는 정보기술을 활용한 민주성과 능률성 구현 수준이 모두 낮은 산업화 시대의 정부이다.

둘째, '진입' 단계는 내부 업무 처리와 대국민 서비스 측면에서 정보기술의 도입과 활용으로 부분적으로 민주성과 능률성을 실현함으로써, 지식정보화 시대의 전자정부로 이행하기 시작하는 정부를 의미한다.

셋째, '발전' 단계는 정부 외부적으로 홈페이지 등을 활용해 국민에 대한 참여의 통로를 제공하고 고객 지향적인 민원 서비스를 제공하기 시작하며, 정부 내부적으로 정보기술을 통한 업무생산성과 경쟁력을 높여감으로써, 전자정부로의 성숙이 가속화되는 정부를 의미한다.

넷째, '고도화' 단계는 전자정부의 양대 이념인 민주성과 능률성의 성숙도가 모두 높아 전자정부의 궁극적 목표를 실현하는 정부로서, 정부와 국민 간의 경계가 허물어지고, 모든 사회구성체가 협력적 관계(cooperative partnership)를 형성해 공동으로 통치하고 가치를 실현해 나가는 사이버 거버넌스 정부를 의미한다.

2) 정책정보 체계의 운영 실태

대안 개발에서 정보와 지식의 부족으로 인해 한정된 대안만 가지고 정책결정을 하는 경우가 많은데 이럴 경우 정책정보 체계는 대안의 범위를 상당히 넓혀준다. 정책정보 체계에 의한 다양한 정책 사례의 제공은 신속한 정책의 개발을 통해 적시성 있는 정책결정을 가능하도록 할 수 있다. 또한 결과 예측에서도 컴퓨터를 활용한 정책정보 체계의 구축은 예측의 불확실성을 상당한 정도로 감소시킬 수 있다. 그리고 정책분석가들의 주관적인 판단과 폐쇄적 사고가 개입될 여지가 많은데, 이것을 정보 체계의 활용으로 방지해 분석의 객관성을 유지하게 해준다.

여기에서는 의사결정 지원 체계(Decision Support System: DSS)를 이용한 활용 현황을 간단히 살펴보고자 한다. DSS는 관리자의 비정형적 의사결정을 지원하기 위해 좀 더 쉽게 의사결정모형과 자료에 접근할 수 있게 해주는 상호작용적(interactive) 시스템이다. 여기서 정부 부문의 DSS 구축 사례로 경기도의 재정 지원 시스템을 살펴본다. 재정정보 시스템의 대상은 세입과 세출, 예산과 회계의 연계, 그리고 투자적 활동까지 포괄한다. 이 시스템에서는 계획 수립, 재정분석, 예산편성, 예산 집행 등이 별개의 단위로 운영되는 것이 아니라, 하나의 틀로서 통합된다. 재정진단 시스템은 재정지표 분석 시스템, 재정 상태 분석 시스템, 재정운영 분석 시스템, 투자사업 관리, 보고서 출력 시스템, 재정정보관리 시스템, 재정통계 시스템 등으로 구성된다. 이러한 시스템의 개발을 통해 좀 더 정확한 재정 자료를 이해하고 의사결정을 지원할 수 있다(경기개발연구원,

2000: 163).

그러나 많은 한계를 드러내고 있는데, 그 중 한 가지를 살펴보면, 우선 경기도의 재정진단 시스템은 주민을 참여시키고 정보를 공개하는 프론트 오피스(front office)의 의미가 약하다는 점이다. 미국의 인디애나 지방정부의 사이트 http//www. indygov.org의 virtual mayor라는 항목에서 재정적 의사결정에 관한 주민의 의견을 수렴하는 창구를 마련하고 있는 것은 우리에게 시사하는 바 크다.

정부조직에도 IT와 IS가 생산성 향상을 위한 합리적인 수단으로 사용되고 있지만, 공공 영역에서는 다양한 이해관계자들의 입장을 고려해야 하고 정책결정 과정도 이들과의 갈등과 협상을 통해 상호 공감대를 형성하기 위해 그런대로 괜찮은 수준의 결정을 내릴 수밖에 없다. 앞서 언급한 DSS도 고도의 합리적 가정에 의한 시스템이므로, 현실과의 괴리가 클 수밖에 없다. 즉, 이런 기법의 도입이 바로 정책결정 과정의 합리화로 연결되지 않는다는 점이다. 이러한 관점에서 명승환(2001: 348)은 조직구성원 간에 공유한 일치되는 목적, 조직구성원 간의 조화 등 행정혁신이 선행될 때 지식 기반 행정을 통한 정책결정의 합리화가 가능하다고 본다.

3) 정책정보 체계 구축의 기본 방향

정책정보 체계가 제대로 운용되기 위해서는 무엇보다도 정책정보 체계의 당위성과 필요성, 그리고 정책정보를 수집하고 관리하는 목적에 대한 인식이 명확히 확립되어 있어야 한다. 다음으로, 정책정보 체계가 정부 내부적인 통합 체계로서 뿐만 아니라 민간부문과도 유기적인 연관성을 갖도록 설계되어야 한다. 물론 아직은 정부 내부적인 통합 체제가 구축되지 않고 있어 각 부처가 독자적으로 재정정보 시스템을 개발 운영하는 데서 생기는 폐단이 따른다.

구체적인 사안에 들어가면, 우선 통합전산센터와 정보공유센터가 통합되어야 한다. 그간의 진행 과정을 보면, 처음에는 통합전산센터의 주관 기관이 정보통신부로 결정되었지만, 행정자치부가 공식적으로 전자정부 주관부처로 결정되면서(2004.7.3. 정부조직법 개정) 다시 이 사업의 주관기관이 행정자치부로 변경된다. 그러다가 다시 주관 부처 기능을 정보통신부가 넘겨받게 되고, 그러자 행정자치부는 2005년 12월 행정정보공유센터를 설립한다. 정보공유센터는 통합전산센터의 발전 과정 선상에 있는 조직으로서, 효율적인 전자정부 추진을 위해 두 조직의 통합은 필수적이다(정국환 · 김희연, 2008: 360). 이러한 요구가 받아 들여져 2008년에 정보통신부의 전자정부통신망과 행정자치부의 전자정부통합망이 통합 정비되었다. 그 후 2017년 7월에는 정부통합전산센터가 국가정보자원관리원으로 기관 명칭이 변경되었다.

마지막으로, 행정정보 공동 이용을 통한 민원창구의 업무 처리의 혁신이 필요하다. ① 전자결재 시스템과 행정정보 공유 시스템의 통합: 이를 통해 공동 활용으로 조회한 내용이 전자결재 시스템에 첨부되거나 전자결재 시스템에 조회 내역이 나타나도록 하여 사용자로 하여금 이중 작업을 할 필요가 없도록 해야 한다. ② 법과 제도의 개선: 감사 상 이유로 문서 형태로 일정 기간 보관해야 하는 실정으로 대다수 기관은 보관상 어려움을 호소하고 있다. 그러나 법적으로 출생신고와 사망신고는 종이문서에 부모 또는 친척이 기입해 신고하도록 되어 있기 때문에, 호적법과 주민등록법이 개정되지 않는다면 정보의 공동 활용을 할 수 없는 실정이다.[7] 이러한 상황에서 행정자치부의 「행정정보 공유 촉진에 관한 법률」 제정은 바람직한 시도로 평가할 수 있다. ③ 전자정부 구축과 정부조직 혁신과의 연계: 그간 정부 업무에 많은 정보 시스템이 도입되었으나 정부행정의 효율성이 크게 향상되지 못했다. 그 주요 원인은 우리의 전자정부 구축 과정이 행정조직 혁신과 연계되어 추진되지 못하고 있는 것에서 찾아볼 수 있다. 향후 정부조직 설계 시 기능 재편 중심의 조직개편이 아니라 정보 기술을 활용한 행정정보 공유의 관점도 포함되어야 한다. 1980년대 생산성 역설(productivity paradox)[8] 현상이 발생한 이후 전자정부와 정부혁신의 연계는 강조되고 있다. 기존의 계층제적 관료제 조직구조는 유연한 조직 체계로 재편해야 하며, 사람 중심의 기존 행정 시스템을 '사람과 컴퓨터, 그리고 네트워크가 결합한 새로운 행정 시스템'으로 재설계해야 한다. 기존의 오프라인(off-line)에 근거한 업무 처리 방식을 과감하게 온라인(on-line) 방식으로 전환해야 하며, 이 과정에서 업무과정재설계(Business Process Reengineering: BPR)가 적극 추진되어야 한다(최창학, 2006: 52). 해머(Michael Hammer)에 의해 처음으로 소개된 BPR은

7 싱가포르와 홍콩은 이미 출생신고와 사망신고의 민원행정 서비스를 인터넷을 통해 제공하고 있다. 우리나라도 기술적으로는 G4C를 통해 이러한 민원행정 서비스를 제공할 수 있는 기반이 마련되어 있다(정충식, 2008: 75).

8 생산성 역설이란 1980년대 미국의 대기업들이 정보기술에 엄청난 재정투자를 했음에도 불구하고 생산성이 즉각 향상되지 않은 거시경제 차원의 현상을 의미하며, 그 원인을 규명하는 과정에서 재래적인 업무 방식과 프로세스를 그대로 유지한 채 새로운 정보기술을 도입하면 정보화 성과가 나타나지 않으므로, 정보기술과 업무 프로세스 혁신을 접목하는 전략을 도출하는 계기가 되었다(최창학, 2006: 43).

업무의 역할과 수행 방법에 대해 근본적으로 재검토하는 것을 의미하는 것으로, 현재의 업무 처리 과정을 근본적으로 분석하고, 여기에 새로운 방식을 도입하는 것이다(권기헌, 2008: 99). 지금 현재도 공공 서비스가 민원의 종류에 따라 행정기관별로 제각각 이루어지고 있는 실정이다. 실례를 들면, 각종 증서의 발급처도 제각각이다. 운전면허증은 운전면허시험장이나 경찰서에서, 건강보험증은 국민건강보험공단에서, 여권은 구청에서 처리한다. 국민연금 신청은 국민연금관리공단 지사로, 실업급여 · 육아휴직급여 신청은 지역 고용노동청으로 가야 한다. 온라인의 경우 '정부24' 사이트에서 어느 정도 공공 서비스 통합이 진행되고 있다. 하지만 상당수 서비스는 단순히 외부 사이트를 연계해 주는 '통로' 역할에 그치고 있다. 공공 서비스를 통합 처리하려는 노력이 필요한 시점이다. 이 밖에 하나의 사업에 여러 규제기관이 얽혀 있는 것도 문제다. 전기차 관련 사업 역시 규제기관이 환경부와 국토교통부로 나뉘어 있어 일반인은 자신의 민원을 어느 부처에서 해결해야 할지 파악하기도 쉽지 않다. 이 때문에 시청이나 구청, 주민센터를 '공공 서비스 플랫폼'으로 거점화해 모든 종류의 민원을 한꺼번에 처리 할 수 있게 하자는 의견이 힘을 얻고 있다. 호주의 '센터링크(Centrelink)[9]'에서는 복지와 고용, 창업 등 주민의 정부 지원 관련 민원을 종류에 관계없이 모두 처리하고 결과를 책임진다(서울신문, 2018.7.24). 우리의 전자정부도 근본적인 재설계인 BPR을 필요로 한다고 하겠다.

결론적으로, 우리가 세계적으로 최상위권의 전자정부를 이뤄낸 것은 사실이다. '농산물 생산조정 빅데이터 정보시스템'과 같이 2020년에 개발된 정부 부처의 각종 정보 시스템을 보면, 그동안 적지 않은 성과를 거두고 있음을 알 수 있다. 2020년에 UN은 각국의 전자정부 발전 수준에 대해 193개국을 대상으로 순위를 발표했는데, 여기서 우리나라는 2위, 일본은 14위를 차지했다. 이번 순위는 온라인 서비스, 인적 자본, 통신 인프라 등 3개 분야의 개별 지표를 바탕으로, 전자정부 발전도 지표(EGDI)를 산출해 결정했다. 하지만 우리 정부의 각 부처들이 구축한 시스템들은 오랜 기간 부처별로 독자적 서비스로 발전되어 개별 서비스 품질은 올라갔지만, 서로 연계하여 활용되기 어려운 한계를 보여 왔다는 문제를 안고 있다(최장혁, 2019: 34).

---

9 Centrelink는 호주의 중앙정부가 국민에게 제공하는 거의 모든 종류의 대민 서비스를 통합적으로 제공하는 정부기구이다. 국민이 정부 각 개별 부처가 제공하는 각각의 공공 서비스를 받기 위해 여러 관련 기관을 찾아다닐 필요 없이 단 한 곳만 찾아가면 문제를 해결할 수 있도록 하는 시스템으로 1997년에 설치되었다. 원스톱 창구(one-stop shop)에 의한 서비스의 집중화로, 고객들이 원하는 서비스를 제공받기 위해 소모하게 되는 시간을 감축시켜 준다는 것이 가장 큰 특징이다.

참고자료 농산물 생산조정 빅데이터 정보시스템

경상남도는 전국 최초로 인공지능을 기반으로 '농산물 생산조정 빅데이터 정보시스템'을 통해 가격예측 정보 등을 실시간으로 제공하고 있다. 현장 중심, 통계 중심의 시각화된 정보를 제공한다. 주요 농산물 10개 품목에 대해 전국 32개 도매시장 가격 정보와 기상청, 통계청, 농산물유통종합정보시스템(KAMIS), 한국농촌경제연구원, 농촌진흥청, 공공데이터포털, 경남형 농산물 생산실태 조사분석 모델링 용역 등의 기초자료와 연계해 인공지능 빅데이터 가격예측 정보를 실시간 제공한다. 도매시장 경락 가격을 예측한 결과 정확도는 2개 품목을 제외한 모든 품목의 정확성 확률이 80%를 상회하고 있다. 농산물 수급조절과 안정적인 농가 소득 보장에 이바지할 것으로 기대된다.

4) 미래의 전자정부: 유비쿼터스정부와 정부 3.0(Gov 3.0)

(1) 유비쿼터스 정부[10]

① 의 의

유비쿼터스는 5Any(Anytime, Anywhhere, Anydevice, Anynetwork, Anyservice, Anyservice)를 지향하고 있는데, 이는 일상생활 및 업무환경이 이전의 정보화와 다른 새로운 영역으로의 진화를 의미한다. 전자정부는 기술적으로는 인터넷을 기반으로 한 전자정부(e-government)에서 무선・모바일 환경에 기초한 전자정부(m-govenment)를 거쳐 유비쿼터스 전자정부(u-govenment)로 진화하는 한편, 내용적으로 정부의 모든 업무 과정의 전자적 혁신에 기반을 둔 전자정부(c-gov)를 거쳐, 지식의 편재에 따른 조직의 재편 및 정부의 혁신에 기초한 지식정부(k-gov)의 구축과 동시에, 누구든지 언제, 어디서나 정부의 서비스를 제공받고, 정부의 행위에 참여할 수 있는 유비쿼터스 정부(U-Gov)가 구현되는 진화 단계를 밟고 있다(정충식, 2009: 395-396). 유비쿼터스 정부(U-Gov)의 주요 특징은 ① 정보화 영역이 확대되어 생활공간 속의 사물들까지 지능화・네트워크화되어 언제 어디서나 보이지 않게 사용자가 지원한다. ② 유선 인터넷과 웹 기술을 넘어 무선 인터넷과 증강현실(augmented reality) 기술을 활용해 실감형 정보를 현실 세계에 증강한다 등이다.

10 이 부분 설명은 백승기(2015: 415-418) 참조.

② 유비쿼터스 정부의 동인

유비쿼터스 전자정부의 동인을 기술적 요인과 행정 수요적 요인으로 나눠서 살펴보면 다음과 같다(권기헌, 2008: 174-175).

가. 기술적 요인: 센서기술과 IPv6

유비쿼터스 전자정부의 기술적 요인으로 센서기술의 발달과 IPv6를 들 수 있다.

(가) 센서기술의 발달: RFID(Radio Freruency IDentification)

전파신호를 통해 비접촉식으로 사물에 부착된 얇은 평면 형태의 태그를 식별해 정보를 처리하는 시스템을 말한다. 지금까지 정보 수집은 주로 사람에 의해 이뤄져 비용이 많이 들었고, 그 결과 실시간 정보를 활용하기 어려웠다. 반면 RFID는 정부수집과 유통비용을 획기적으로 낮춤으로써 실시간 현실정보를 활용한 서비스가 가능하게 된다.[11]

(나) IPv6: 다른 기종 간의 통합가능성

IPv6는 현재 IP주소의 고갈문제를 해소할 대안으로 등장했으며, 정보가전이나 휴대단말, 자동판매기 등의 다양한 컴퓨터 칩이 내장된 단말에 인터넷 프로토콜을 이용해 유비쿼터스 네트워크를 가능하게 한다.

나. 행정 수요적 요인: 접근성과 맞춤행정

정부는 전자정부 서비스를 적극 추진하고 있지만 국민의 활용도와 만족도 면에서는 의도한 만큼의 성과를 거두지 못하고 있다. 공급자 위주의 서비스 제공 방식, 손쉽게 서비스를 활용할 수 없는 제약 조건 등 정보화 기반 여건의 취약에서 비롯된다.

유비쿼터스 전자정부는 "항상 어디서나" 존재하는 정부로서 특정 계층의 IT에 대한 거부감을 줄여 공공 서비스의 수요를 진작시킬 것이며, PC 등의 플랫폼보다 개인화된 도구로서 한 사람을 위한 맞춤행정에 적합한 전자정부의 형태로 자리 잡을 것이다.

(2) 정부 3.0(Gov 3.0)

① 배 경

스마트 시대가 도래하면서 차세대 전자정부의 등장이 앞당겨졌다. 첫째, 스마트 시대에는 데이터가 질적·양적으로 폭발적으로 성장한다. 둘째, 정보 처리 능력도 눈부신 발전을 보이고 있다. 셋째, 스마트 시대에는 사람이 아니라 조직 자체가 높은 학습 능

11 RFID 코드가 미국 EPC에 의해 주도되는 사례에서 보듯이 자체 역량을 조기에 확보하지 못하면 선도 국가들의 기술적 표준에 전적으로 의존할 수밖에 없다(양승함, 2006: 584).

력을 갖게 된다. 이렇게 스마트 사회가 빠르게 전개되는 만큼 정부도 그에 맞는 운영 체계를 만들어 가야 할 것이다.

② 정부 3.0(Gov 3.0)의 개념[12]

정부 3.0은 스마트 기술을 활용해 정부로 하여금 올바른 일을 올바른 방법으로 하도록 하는 미래 전자정부라고 정의할 수 있다. 기존의 전자정부와 비교하면 <표 8-3> 과 같다.

표 8-3 전자정부 종류별 특성

	Gov 1.0	Gov 2.0	Gov 3.0
개념	e-Government	Gov as a Platform (Open Government)	Smart Government
목표	프로세스 혁신 (how-to-do internal)	거버넌스 혁신 (how-to-do external)	정책 혁신 (what-to-do)
특징	업무자동화, 온라인화	열린 정부, 민관협력	지식조직, 과학적 정책
기술	인터넷 기술	소셜 기술(web 2.0)	스마트 기술
핵심 자원	application	web & app	data

자료: 황종성(2013: 509).

③ 정부 3.0의 특징

첫째, 정부 3.0이 갖는 가장 큰 특징은 '데이터 기반 정책결정'의 실현이다. 기존 데이터의 활용 제고를 통해 가능해진다.

둘째, 정부 3.0으로 정책의 적시성을 보장한다. 정부 3.0은 센서와 스마트 기기를 통해 실시간 대응이 가능하다.

셋째, 조직구조 측면에서 정부 3.0은 협업을 본격화한다. 정부 3.0을 구축하는 것 자체가 정부의 협업 시스템을 발전시킨다.

④ 정부 3.0에 대한 평가

박근혜 정부 들어 정부 3.0을 추진하면서 이것이 전자정부와는 전혀 무관한 것으로 거리를 두었다. 정부 3.0에 연간 3,500억 원씩을 투자하면서, 박근혜 정부는 전자정부가 아니라 정부 3.0정책을 중점적으로 추진했다고 볼 수 있다.

12 이 부분 설명은 황종성(2013: 506-514) 참조.

정부 3.0정책은 실패한 정책으로 볼 수 있는데, 이러한 부정적 평가를 내릴 수 있는 이유는 아래 세 가지로 요약할 수 있다(정충식, 2018: 572-581).

(3) 지속가능성 없는 정책

5년마다 원점에서 새로 시작하는 '정책블랙홀'이 만들어졌다. 저탄소녹색성장이나 그린 IT 정책이 정권 교체와 함께 사라진 데서 알 수 있듯이, 전자정부의 관점에서는 '잃어버린 10년'이 되었다.

(4) 이념의 부재 및 개념의 혼돈

정부 3.0은 이론적 바탕이 미약하기 때문에 일선 행정현장에서 정부 3.0의 개념에 대하여 지속적으로 의문을 제기하였다. 정부 3.0의 가장 큰 취약점은 수행할 수 있는 시스템을 갖추지 못했다는 것이다. 국민들에게 맞춤형 서비스를 제공하기 위해서는 전자적인 민원행정 서비스의 기반을 갖추어야 한다. 하지만 정부 3.0은 데이터의 개방 및 활용만을 강조하였고, 시스템 기반의 구축은 제대로 이루어지지 못하였다

(5) 추진 체계의 문제점

정부 3.0 추진을 위한 전담조직이 설치되지 못한 상황에서 일선 현장에서 정부 3.0정책은 혼선이 야기되었다. 정부 3.0이 아니라 정부 0.3 수준이라는 비판도 제기되었다. 이러한 비판 속에 2014년 상반기에 정부 3.0 추진을 위한 전담기구인 정부 3.0 추진위원회가 출범하였다. 그러나 이미 골든타임을 놓친 상태여서 추진 동력은 매우 약했다.

박근혜 정부 후반에 정부 3.0정책의 추진은 국무총리실 소속 정부 3.0 추진위원회가 중심이며, 이를 지원하는 총괄 업무를 행정자치부 창조정부조직실이 맡고 있었다. 당시 행정자치부 내의 조직을 볼 때, 창조정부조직실의 정부 3.0과 전자정보국의 전자정부가 분리되어서 따로 움직이는 모습을 보여주었다. 이 과정에서 창조정부조직실은 전자정부를 정부 3.0의 하위집행수단으로 활용하였다. 이것은 주객이 전도된 것이었다.

3. 정책결정의 법적 절차

이는 부처에서 채택된 정책안이 법률로 확정되기까지 거쳐야 하는 과정이다. 이것이 '합법화 과정(legitimation)'으로, 특정의 선택된 정책대안이 정당성 내지 권위를 갖도록

하는 과정을 의미한다. 이에 대해 존스(Charles O. Jones)는 “어떠한 정치 체제에서도 모두 두 가지 차원의 정책합법화가 있다. 첫 번째 차원의 정책합법화는 정치 체제가 통치의 정당성을 확보하는 과정(legitimacy)이고, 두 번째 차원의 정책합법화는 정책이 법적인 지위를 얻는 과정(legitimation)으로 설명하고 있다(Jones, 1977: 85). 이들 두 차원은 서로 관계가 밀접한데, 첫 번째 정책합법화는 두 번째 정책합법화의 토대가 되고, 두 번째 차원의 정책합법화는 첫 번째 정책합법화의 수단이 된다.

1) 첫 번째 차원의 정책합법화: 정치 체제 통치의 정당성

통치의 정당성은 어떠한 정치 체제에서도 상당히 중요하다. 그러면 통치의 정당성이란 무엇인가? 그리고 통치의 정당성에 영향을 미치는 요인은 무엇인가 등에 대해 알아본다.

첫째, 통치의 정당성에 대해 베버(Max Weber)는 전통적 관습, 합리성, 그리고 카리스마 성격의 지도자 등을 들고 있다(Lowenthal, 1979: 403-404). 그리고 립셋(Seymour M. Lipset)은 정치 체제 통치의 정당성 여부는 정치 체제의 가치와 구성원의 가치의 일치 여부에 달려 있다고 한다(Lipset, 1959: 86-87). 이 밖에도 여러 학자들이 의견을 제시하고 있으나, 여기서는 로웬탈(R. Lowenthal)의 주장을 중심으로 알아본다.

그는 통치의 정당성에 대해 사람들이 수긍할 수 있는 몇 가지 조건을 제시하고 있다(Lowenthal, 1979: 404-407). 구성원 개개인이 임의대로 운영하지 못하도록 정치 체제가 정책결정과 인원 충원의 순서를 규정한 명확한 정치적 운영규칙을 세워야 한다는 것과, 통치자와 피통치자 간에 폭넓은 가치 공유가 이뤄져야 하며, 그리고 기존 정치적 운영규칙이 정상적으로 엘리트들을 충원하고, 정책결정자들이 공동의 가치를 달성하기 위해 효과적인 행동을 취할 것으로 피통치자가 믿을 수 있어야 한다 등이다.

둘째, 통치의 정당성에 영향을 미치는 요인을 보는 시각은 크게 네 가지 정도로 요약할 수 있다. 우선, 메렐만(Richard M. Merelman)은 정치사회화의 관점에서 정통성의 형성을 보고 있고(Merelman, 1966: 548-561), 베이(C. Bay)는 국민들의 요구만족도로 정통성의 정도를 파악하고 있으며(Bay, 1968: 241-260), 이스턴, 밀러 등은 국민들의 지지[13]

13 이스턴(David Easton)은 지지를 세부적(specific) 지지와 확산적(diffuse) 지지로 구분한다. 전자는 정치 체제의 산물, 즉 정책에 대한 구성원들의 호의적인 태도와 경향을 의미한다. 후자는 정책이 구성원들의 이해관계에 반하지만 그들에 의해 부정되지 않고 받아들여지는 것을 뜻한다. 그들이 받아들이는 이유는

라는 관점에서 정통성의 수준을 나누고 있으며(Easton, 1965: 273-278; Miller, 1974: 951-972), 정책분석가들은 정책합법화 과정에 의해 정치 체제의 정통성을 평가하고 있다(Jones, 1979: 82-87).

2) 두 번째 차원의 정책합법화

이는 정책이 법적 지위를 얻는 과정으로, 여기서는 정책합법화 전략과 실제 과정으로 구분해 설명하고자 한다.

(1) 정책합법화 전략

어떠한 정책 방안도 관련 참여자들의 지지를 얻어 집행을 위한 합법적 지위를 얻을 수 있게 되기를 희망한다. 이때 사용되는 전략은 포용전략(inclusionary strategies), 배제전략(exclusionary strategies), 설득전략(persuasive strategies) 등 세 가지이다(Van Horn, Baumer, & Gormley, Jr., 1992: 298-305).

① 포용전략

이 전략에는 다음 세 가지가 포함된다. 첫째, 협의전략(consultation strategy)이다. 대통령과 다수 국회의원의 소속 정당이 다른 경우 이 전략은 더욱 유효하다. 물론 협의의 방식은 처한 상황에 따라 차이가 난다. 둘째, 연합구축전략(coalition building strategy)이다. 대부분의 정책 방안은 상당한 노력을 들여 연합을 만들지 않으면 통과되기 어렵다. 중요한 새 제안인 경우 연합의 형성은 더욱 필요하다. 셋째, 타협전략(compromise strategy)이다. 국내·외적으로 많은 법안이 주고받기(take and give) 과정을 거쳐 통과된다. 이러한 흥정이나 절충 의결과 쌍방으로 하여금 '비록 만족하지는 않지만 받아들일 수는 있다'고 여기게 된다.

② 배제전략

이 전략에는 다음 세 가지가 포함된다. 첫째, 우회전략(bypass strategy)이다. 중대한 장애에 직면했을 때 우회전략을 통해 피할 수 있다. 이 전략은 자신들의 방안이 비판자들에 의해 묵살되기 전에 임시적인 협의를 할 수 있도록 하는 기회를 제공한다. 둘째, 비밀전략(secrecy strategy)이다. 이 전략은 신문기자들을 정책 과정에서 배제하는 것인

정부에 대한 사회의 폭넓은 신뢰 때문이다(Jones, 1985: 112).

데, 입법이나 행정 과정에서 성사되기가 쉽지 않다. 그 이유는 공청회를 공개적으로 해야 하기 때문이다. 이 전략이 성공했던 예로는 1990~1991년 사이의 걸프만 전쟁 시 부시(George W. Bush) 대통령이 기자들에게 알리지 않고 비밀리에 병사를 파견한 경우가 해당한다. 셋째, 기만전략(deception strategy)이다. 상대를 거짓말로 속이거나 관련 정보를 은닉하는 것인데, 나중에 진실이 폭로되면 상당한 해를 가져온다. 미국의 레이건(Ronald W. Reagan) 대통령이 니카라과 반군사건에서 진실을 숨겨 나중에 국회의 조사를 받기도 했다.

③ 설득전략

이 전략에는 다음 세 가지가 포함된다. 첫째, 웅변전략(eloquence strategy)이다. 이 전략은 일반대중의 지지를 받아야 하는 상황에서 효과적이다. 그런데 지지를 얻기 위해 방안의 중요성을 흔히 과장하게 되는데, 단기적으로는 사람들의 흥미를 불러일으켜 지지자를 확보하게 해주지만 단계가 진행되면서 장기적으로는 하나의 치명상이 될 수도 있다. 그것은 방안의 중요성을 과장한 결과 지지도를 증가시킨 반면, 동시에 반대 세력도 강화하기 때문이다. 둘째, 정책분석전략(policy analysis strategy)이다. 엄격한 실증적 연구가 바탕이 되며, 어떤 경우에는 앞의 웅변전략보다 더 많은 성과를 거두기도 한다. 미국에서 1970년대에 규제 완화가 활발했던 것은 경제분석과 실증연구가 가져다 준 것이다. 셋째, 항의전략(protest strategy)이다. 어떤 의제의 경우에는 사실의 논쟁보다 가치의 논쟁이 더 중요하게 취급된다. 이 경우, 항의전략은 하나의 효과적인 방식이 된다. 하지만 경우에 따라서는 위험한 전략이 될 수 있는데, 미국인들이 반전 시위자들을 비애국자로 인식해 반발했던 것이 그 한 예이다.

(2) 실제 과정

부처에서 결정된 후 법률로 확정될 때까지를 대상으로 하며, 여기서는 법률안 제정과 예산안 심의로 나눠 살펴본다.

① 법률안 제정

각 부처의 법령안은 당정 협의와 통상 20일의 입법 예고기간을 거쳐 법제처에서 법령안 심사를 하게 된다. 형식 체계뿐 아니라 실질적인 사항에 대해서도 심사를 하게 된다. 이후 법률안은 차관회의와 국무회의의 심의를 거치게 되는데, 차관회의에서 실질적인 결정이 이뤄진다. 국무회의 규정은 2개 이상의 부처에 관련된 의안은 사전 합의를 거쳐야 하고, 국무회의에 상정할 모든 의안은 먼저 차관회의의 심의를 거치도록 규정하고 있다. 따라서 국무회의는 차관회의에서 결정된 사항에 대한 의례적인 절차를 밟는 것이라고 할 수 있다. 이처럼 실질적인 조정이 이뤄지는 차관회의는 국무조정실장과 각 부처의 차관으로 구성되며 국무조정실장이 의장이 된다. 다만 긴급한 경우에는 차관회의를 생략하고 바로 국무회의에 상정해 심의가 가능하다. 마지막으로, 대통령이 서명하고 국무총리 및 관계 국무위원이 부서(副署)한다. 법률안은 대통령의 재가가 있으면 법제처가 법률안을 지체없이 국회에 제출한다.

국회에서의 법률안 심사 과정을 보면, 발의된 정부안은 해당 상임위원회에 회부되어 본격적인 심사활동이 시작된다. 소관 상임위원회에서 의결된 법률안은 법제사법위원회로 회부되어 법률안에 대한 체계·자구(字句) 심사를 거치게 되며, 이후 상임위원회로 회송해 심사 결과 보고를 국회의장에게 보고하게 된다. 이 같은 과정을 거쳐 법안은 본회의 상정을 통해 최종적으로 가부 간의 결정을 하게 된다. 국회에서 정부로 이송되면 대통령은 15일 이내에 공포하게 된다. 다만 대통령은 국회에서 이송되어 온 법률안에 이의가 있을 때에는 이송되어 온 후 15일 이내에 이의서를 붙여 국회로 환부하고 그 재의를 요구할 수 있다. 재의 요구된 법률안은 국회에서 재의에 부친 결과 재적의원 과반수의 출석과 출석의원 3분의 2 이상의 찬성으로 전과 같은 의결을 하면 법률로 확정하고, 대통령은 확정된 법률이 정부로 이송된 후 지체 없이 공포해야 한다(헌법 제53조).

② 예산안 심의

우리나라는 재정의 건전성과 효율성을 제고하기 위해 재정당국은 2004년부터 중기적 시계의 '국가재정운용계획'을 매년 수립해 국회에 제출하고 있다. 국가재정운용계획에서는 단년도에 한정된 재정 운용을 지양하고, 중장기적 세입 및 세출 여건, 우선순위, 재정건전성의 위협 요인 등을 체계적으로 고려해 국가채무, 재정수지 등 총량 목표의 관리 목표를 구체적으로 제시해, 예산과 기금운용계획을 작성하는 틀로써 활용하게 된다. 행정부는 예산안을 회계연도 개시 120일 전까지 국회에 제출해야 한다. 이후 예산심의에 앞서서 국정감사가 실시되며, 이어서 상임위원회의 예산안 예비심사와 예산결산특별위원회의 종합심사가 진행된다. 특히 예산결산특별위원회 종합심사에서는 예산안조정소위원회가 구성되는데, 소위에서 행하는 계수조정(計數調整)은 상임위원회의 예비심사 결과와 예산결산특별위원회의 부별 심사의 결과를 토대로 진행된다. 여기서 말하는 계수조정은 부처별로 나뉘어 심사된 예산액을 다시 종합하면서 세입예산액과 일치시켜 나가는 과정이다. 의장은 예산결산특별위원회의 심사가 끝나면 본회의에 부의하게 되고, 본회의에서는 예산결산특별위원회 위원장의 심사보고에 이어 찬반 토론을 행한 다음, 예산안을 의결·확정하게 된다.

현재 우리나라 예산 심의의 문제점으로는 예산 규모나 내용의 조정 또는 수정이 매우 비합리적이란 것이다. 보통 상임위원회에서는 소관 부처의 사업에 대해 동조하는 성향이 있으므로, 소관 부처의 예산액을 증액하려는 경향을 나타낸다. 여야 의원들이 지역구 민원을 해결하기 위해 대부분의 상임위에서 익년도 세출 규모를 늘리고 있다.

또 다른 문제점으로는 예산결산특별위원회는 상임위원회와의 중복성을 피하고 중립성을 유지하기 위해 매년 재구성되도록 하고 있다. 이것은 여야 간에 정치적 갈등이 있을 경우 위원 선임을 어렵게 하고 심사 기간의 단축을 가져왔다. 이러한 심의 기간의 부족은 합리적인 예산 심의를 저해하고 예산 심의의 형식화를 초래한다. 이러한 실정을 반영해 국회법 개정을 통해 예산결산특별위원회는 상설 특별위원회 형태로 운영되고 있다.

심의의 형식화 현상은 최근까지도 별다른 개선을 보지 못하고 있는데, 대통령의 예산안 시정연설이 진행되고 나면 그로부터 한 달 남짓 기간만이 있게 되어 물리적으로 심도 있는 예산심의가 불가능하다고 할 것이다. 이에 대해 예결위원을 7번이나 역임했던 한 전직 의원은 예산 심의는 엉성하고 과정은 졸속으로 이루어지고 결과는 거수기라는 표현을 하고 있다(월간조선 TV, 2020.10.15).

3) 정책조정

(1) 필요성

우리나라 정책결정의 구조적 특성을 보면, 군사정권 하에서의 정책결정은 주로 대통령, 대통령 비서실, 그리고 관계 부처의 고위관료 간에 폐쇄적으로 이뤄졌는데, 그 예가 교육부의 실무자들도 몰랐던 1995년 5월 31일에 시행된 교육개혁이다. 국회 역시 행정부의 시녀 역할밖에 수행하지 못했던 것이 사실이다. 그러나 문민정부 등장 이후 정책결정 과정에서 관료들의 영향력은 저하되고, 시민단체를 비롯한 각종 이해단체들이 정책결정에 미치는 영향력이 증대됨에 따라 이들의 이익을 대변해야 하는 관련 부처들 간에도 상호 마찰과 갈등이 점차 심화되어 가고 있는 경향이다(박재희, 2001: 6-7).

이러한 부처 간의 갈등이 일어나는 원인으로 부처할거주의가 지적되기도 하지만 부처할거주의와 같은 집단이기주의는 그 나름의 의미도 있다. 부처할거주의는 부처에 소속된 관료들의 조직에 대한 귀속심 내지는 충성심의 발로이다. 모든 조직이 제 목소리를 내고 활발히 활동하기 위해서는 소속원들의 조직에 대한 충성심(loyalty)이 있어야 한다. 다만 지나친 할거주의가 문제가 되곤 하는데, 여기에 이러한 부처할거주의는 정책조정 기능을 통해 억제할 수 있어야 한다는 필요성이 제기된다. 문제는 이러한 집단 간의 갈등과 불신을 일관된 정책의 기본 방향 아래 조화롭게 수용하는 정부의 정책조정 기능의 부재이다.

(2) 갈등 발생 원인

부처 간 갈등 발생 원인은 여러 가지로 분류할 수 있겠으나 부처 간 정책 지향성이 다르고 정책 우선순위가 일치하지 않는다는 점, 중복 기능과 불분명한 관할권 및 대안 선택 시에 관련 부처 간 선호의 차이 등을 들 수 있다.

첫 번째 경우, 부처 간 상이한 정책 지향성과 정책 우선순위의 불일치를 들 수 있다. 개발과 환경 보존 간의 갈등은 환경부는 보존 지향적 성향과 장기적 시각을 가지는 데 비해, 건설교통부는 개발 지향적 성향, 단기적 시각을 가지는 데서 연유한다. 문태훈(2001: 6)은 목표의 환경보전 지향성에 대한 비교에서 환경부는 5점 척도(1점 전혀 그렇지 않다, 5점 대단히 그렇다)로 4.30이며, 건설교통부는 3.54라고 밝히고 있다. 새만금사업에서 농림부와 해양수산부 간 갈등이나 동강댐 건설을 둘러싼 건설교통부와 환경부 간 갈등이 이에 해당한다.

최근, 환경부가 국립공원 면적을 1.5% 확대하겠다고 발표하자 산림청이 우리의 국토 대비 국립공원 면적이 6.5%로 일본(5.4%), 미국(2.2%)보다 높다며 반대하고 나선 것에서도 부처 간 상이한 정책 지향성을 알 수 있다(서울신문, 2020.8.14).

두 번째 경우, 어느 조직이든지 자기 조직의 영역을 확장하고자 한다. 따라서 두 기관이 동일 업무를 두고 똑같이 관할권을 요구할 때 갈등이 발생하게 된다. 예를 들면, 항만공사제도(Port Authority: PA) 도입에 따른 항만관리 주도권을 놓고 생긴 중앙부처와 부산시 간 갈등, IT 산업정책을 둘러싼 산업자원부와 정보통신부의 갈등 등을 들 수 있다.

세 번째 경우, 문제 해결을 위한 최적 대안을 가려내는 기준은 각 부처가 처해 있는 입장이나 정책결정 참여자들의 가치관에 따라서 영향을 받는다.

(3) 현 조정 체계의 문제점과 개선 방안

우리나라에는 과거 다양한 형태의 정책조정기구로 부서 간 국·과장회의, 국무조정실에 의한 조정, 차관회의, 국무회의 등이 있었지만, 이것들은 갈등의 근본적인 해결책이라기보다는 이미 발생한 갈등을 사후적으로 해결하거나 축소하기 위한 제도적 장치에 불과하다는 지적을 받고 있었다(문태훈, 2001: 14). 지적된 정책조정 체계의 전반적인 문제점을 살펴보면 다음과 같다.

첫째, 부처 간 정책조정을 위한 상시적인 담당기구가 없다는 점이다. 미국은 의회 및 정부 간 업무 담당관(office of congressional and intergovernmental affairs) 제도를 가지고 있는데, 우리는 이와 같은 부처 간에 갈등을 사전에 예방할 수 있는 조정 기제가 미흡하다. 물론 한시적으로 운영되는 위원회나 실무조정협의회 같은 것이 존재하지만 부처 간 상시적 협력 체계를 구축하기에는 미흡하다고 본다.

둘째, 비효율적인 거버넌스를 들 수 있다. 앞서 언급한 부산 신항만의 경우에도 항로, 정박지 등 수역시설은 해양수산부가, 항만관리는 부산항만공사로 이원화되어 있어 거버넌스의 비효율성이 있다. 거기다가 신항만과 그 배후 부지 간의 관리 운용 권한이 다원화되어 비효율적이다. 관리권이 신항만은 부산항만공사, 그 배후 부지는 부산·진해경제자유구역청, 해양수산부, 부산항만공사 등이 담당하게 되어, 항만 운영과 배후 부지 운영의 조화가 저해되어 효율성이 저하될 우려가 크다.

셋째, 조정기구의 권한이 부족하다. 국무조정실의 총괄조정관을 비롯해 여러 조정관이 실질적인 조정력을 발휘할 수 있는 조정 수단을 갖지 못했으며, 부처 간 갈등 사항에 대한 의결권도 없어 영향력 행사에 한계가 있다.

넷째, 권력의 집중으로 정책조정이 합리적인 절차가 아닌 힘의 논리에 의해 지배된다. 아울러 시스템에 의한 국정 운영보다 인치(人治)에 의존하는데, 즉 공식적인 의결기구가 있음에도 불구하고 비공식적 조직 내지는 인사가 국가 정책결정에 과다한 영향력을 행사함으로써 실무자들의 정책조정 노력을 무력하게 한다.

정부의 정책조정 기능을 높이는 방안은 크게 두 가지로 구분된다. 첫째, 집단 간 높은 갈등의 수준을 주어진 것으로 보고, 기존의 정책조정기구의 조정 역량을 높이거나 강력한 정책조정기구를 신설하는 방안이며, 둘째, 집단 간 갈등 자체를 낮춰 정책조정

기구에 과부하가 걸리는 것을 사전에 예방하는 방안이다.

앞서 언급한 문제점들을 해결하기 위해 참여정부 들어 국무총리의 위상 강화를 통해 정책조정 기능이 강화되었다. '국정현안정책조정회의'라는 신설 기구를 통해 국무총리실이 부처 간 정책조정의 중심축이 되었었는데, 이 기구는 이명박 정부에 와서 국가정책조정회의로 변경되었고, 2017년 6월, 국가정책조정회의는 국정현안점검조정회의로 변경되었다. 그리고 정부 내 정책조정과 관련하여 '관계장관회의'를 빼놓을 수 없다. 경제관계장관회의를 비롯하여 국가안전보장회의 등이 이에 속하는데, 경제관계장관회의는 정부의 경제정책을 총괄 조정하는 기구이다.

함께 생각할 정책 사례 7

정책조정: 셧다운(shutdown)제

각종 매체에서 잇단 정책 혼선과 갈등으로 국정 지지율이 추락하고 있다고 경고를 보냈다(서울신문, 2015.1.31). 연금개혁, 주민세 · 자동차세 인상, 연말정산, 건강보험료 부과 체계 개편 등에서 문제점이 표출되었다. 정부조직법에 의하면, 국무총리는 대통령의 명을 받아 중앙행정기관의 장을 지휘 · 감독 · 조정하며, 매주 국가정책조정회의를 주재하고 국무조정실장을 통해 실무 조정 업무를 맡도록 하고 있다. 그러나 총리는 그 조정 역할을 제대로 하지 못했다.

정책조정은 관련 부처 주장의 중간에서 이뤄지는 것은 안 된다. 사회적으로 적합한 안을 선택해야지 양측 주장의 중간적인 대안을 선택하는 것은 지양되어야 한다. 밤 12시부터 오전 6시까지 만 16세 미만 청소년의 게임 이용을 강제 차단하는 내용이 골자인 셧다운제의 경우, 청소년들의 게임 중독을 우려하는 여론에 편승한 국회가 2011년 4월 이를 전격 처리했었다. 그러나 게임업계가 반발하고, 청소년과 부모들이 기본권을 침해하는 법안이라며 위헌 소송을 제기하는 등 논란이 끊이지 않았다. 관할 부처를 문화관광부로 할 것인가 여성가족부로 할 것인가에 대한 논쟁은 결국 셧다운제를 여성가족부 관할인 청소년보호법에 규정할 것인가, 아니면 문화관광부 관할인 게임산업진흥법에 규정할 것인가의 문제였다(최성락, 2011: 11). 그리고 이에 대한 논의 결과는 법률에서는 청소년보호법에서 규정하고, 실시 단계인 명령 수준에서는 게임산업진흥법에서 규정하는 것으로 협의되었다. 법률 수준과 명령 수준에서의 관할을 분리하는 방식이었다. 적용 나이에도 문화관광부는 초등학생들에도 적용하기 위해 만 14세를, 여성가족부는 청소년보호법상 청소년의 범위가 만 19세 미만이기에 만 19세 미만으로 주장했다. 결국 만 16세 미만으로 합의되었다. 적용 대상 게임 범위를 놓고도 모바일 게임 등에 대해서 적용 유예하기로 합의되었는데, 그 적용 유예 기간을 얼마로 하는가에 대해 여성가족부는 1년 유예를, 문화관광부는 3년 유예를 주장해 결국 2년 유예로 결정되었다.

정부정책이라는 것이 상인들의 거래와 같은 형태를 띠는 것은 바람직하다고 볼 수 없으며,

이러한 행태는 사회적으로 가장 타당한 정책을 시행해야 하는 정부의 책임 있는 자세가 아닐 것이다. 여론에 떠밀려 실효성 없는 법안을 냈다가 폐기한 대표적인 사례가 '셧다운제'이다. 여성가족부는 2014년 9월 선택적 해제 조치를 도입하기로 하는 등 '강제적 셧다운제'를 사실상 폐지했다.

09 정책분석 기법

제 1 절 선형계획법
제 2 절 목적계획법
제 3 절 PERT
제 4 절 게임이론

정책학원론
Theories of Policy Sciences

정책분석 기법

정책분석 기법에는 다양한 종류가 있으나, 여기에서는 이들 가운데 비교적 많이 사용되고 있는 기법인 선형계획법, 목적계획법, PERT 및 게임이론 등의 기본적인 논리를 이해하고, 나아가 컴퓨터 프로그램을 이용해 각종 사례를 풀이하는 과정까지 설명하고자 한다.

기존 교재들을 보면 사례를 제시하고 난 뒤 문제 형성과 수학적 풀이 내지는 그래프에 의한 풀이에 그침으로써 실용적으로 크게 도움이 되지 않는다는 점을 감안해, 여기서는 컴퓨터 프로그램의 사용 방법을 함께 소개하고자 한다. 최적화 분석을 도와주는 프로그램으로는 QSB+, Manager, 이상문 교수의 MS Keyware 등 여러 가지가 있으나, 여기서는 먼저 Manager 설명을 진행하고, 독자들이 손쉽게 접할 수 있는 엑셀(EXCEL) 프로그램으로 PERT의 일부 내용을 설명하고자 한다.

제1절 선형계획법

1. 의 의

선형계획법(linear programming)은 여러 가지 정책분석 기법 중에서도 가장 많이 활용되는 것 중의 하나이며, 나중에 설명할 목적계획법의 이론적 토대가 된다. 정책결정에는 여러 가지 제약이 따른다. 예를 들어, 어떤 하위직 공무원이 한 여인과 데이트를 한다고 가정하자. 이 혼기가 찬 공무원은 상대 여성을 좋은 음식, 편안한 교통 수단 등으로 대접해 호감을 사고 싶지만 호주머니 사정을 감안해 식사 종류도 결정해야 하고, 교통 수단을 택시로 할 것인지 아니면 버스로 할 것인지를 결정해야 한다. 이 경우, 어떻게 하면 이러한 제약 조건들을 잘 충족시키면서 가장 즐거운 데이트를 할 수 있는가를 도와주는 결정 기법이 선형계획법이다.

2. 절 차

선형계획법의 절차는 크게 두 단계로 구성된다. 먼저, 선형계획 문제를 형성한 뒤 최적해(最適解)를 식별하게 된다. 최적해를 구하는 방법은 세 가지가 있는데 ① 그래프에 의한 방법, ② 단체법(單體法, simplex method)에 의한 해결, ③ 컴퓨터 프로그램에 의한 방법 등이다.

여기서 그래프에 의한 방법은 한계를 가지는데, 그것은 결정 변수가 2개일 때만 가능하다는 것이다. 그것은 그래프가 2차원에서 작성되기 때문인데, 현실에서는 결정 변수가 2개 이상의 여러 개로 이뤄진 문제가 많다. 단체법에 의한 풀이는 수학적 계산 절차가 까다로워 학생들이 이를 생략하고 바로 컴퓨터 프로그램에 의한 풀이로 들어가도 무방하리라 생각한다. 다만 한 가지 강조하고자 하는 것은 첫 번째 단계인 선형계획 문제 형성 과정이 잘못되면 그 이후의 풀이 과정은 의미가 없으므로, 문제 형성에 세심한 주의가 필요하다는 점이다.

3. 선형계획법 풀이 예제

사례 1

D시에서는 시에서 수거한 쓰레기를 시 외곽 지역에 있는 쓰레기 처리장까지 가장 효율적으로 운반하는 방안을 모색하고 있다. 이때 이용할 수 있는 차종은 지게차와 트럭

두 가지 종류가 있으며, 지게차를 한 대 사용하면 하루에 3톤의 쓰레기를 실어 나를 수 있고, 트럭을 한 대 사용하면 하루에 5톤의 쓰레기를 실어 나를 수 있다고 한다. 그리고 지게차는 하루에 최대 4대까지 이용 가능하고, 트럭은 하루에 최대 6대까지 이용 가능하다고 한다. 한편 지게차 한 대를 운용하는 데는 하루에 3리터의 기름이 필요하고, 트럭 한 대를 운용하는 데에는 하루에 2리터의 기름이 필요하다고 한다. 그런데 하루에 사용할 수 있는 기름의 총량은 18리터라고 한다(노화준, 1999: 361).

선형계획 방법을 이용해서 가장 효율적인 방법으로 D시에서 쓰레기장까지 쓰레기를 운반하기 위한 방법을 찾아내기 위해서는 이 문제를 먼저 선형계획 문제로 형성하고, 그래프에 의해 문제 풀이를 해 본다.

1) 선형계획 문제의 형성

쓰레기 처리의 목적은 하루에 운반할 수 있는 쓰레기의 양을 최대로 하는 것이다. 그러므로 목적함수는 Max: $Z=3x_1+5x_2$가 된다. 여기에서 x_1은 지게차의 대수, x_2는 트럭의 대수가 된다. 다음으로, 제약 조건을 살펴보면, $x_1 \leq 4$, $x_2 \leq 6$, $3x_1+2x_2 \leq 18$이 된다. 그리고 비음(非陰, non-negative)의 조건이라는 것이 있는데, 이는 자동차의 대수가 영 또는 양이지 음수가 될 수 없다는 것이다. 이 비음의 조건은 제약 조건에 비해 상대적 중요성은 떨어진다. 이상을 요약하면 주어진 선형계획 문제는 다음과 같다.

$$
\begin{aligned}
&\text{Max: } Z=3x_1+5x_2\\
&s.t.\\
&x_1 \leq 4\\
&x_2 \leq 6\\
&3x_1+2x_2 \leq 18\\
&x_1 \geq 0,\ x_2 \geq 0
\end{aligned}
$$

2) 문제의 풀이: 그래프에 의한 방법

선형계획 문제가 형성되고 나면 다음에는 형성된 선형계획 문제를 토대로 그 해를 구해야 한다. 앞에서 언급한 두 가지 방법 중 여기서는 먼저 그래프에 의한 해법을 살펴보고자 한다.

(1) 가능 영역의 식별

구하고자 하는 최적해는 모든 제약 조건을 만족시키지 않으면 안 되므로, 최적해는 이들 제약 조건을 만족시키는 해답들 가운데서 탐색하면 될 것이다. 선형계획 문제에서 모든 제약 조건을 만족시키는 해답을 실행가능해(feasible solution)라 하고, 이들 실행가능해 가운데 목적함수의 값을 가장 크게 하는 해를 최적해라 부른다.

다음 [그림 9-1]에서 빗금 친 부분은 실행 가능 영역이 되고 빗금 친 부분들의 모든 점은 실행가능해가 된다.

그림 9-1 제약 조건과 실행 가능 영역, 최적해 식별

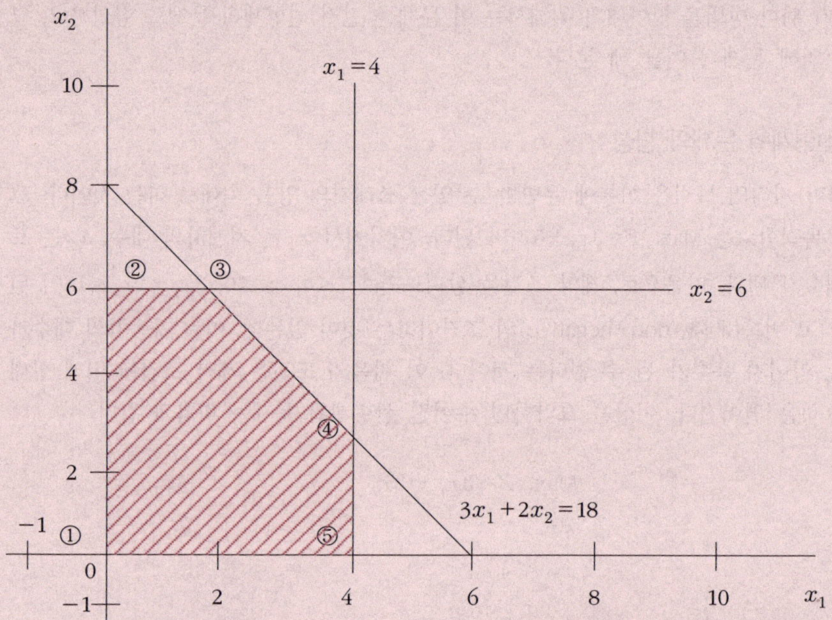

자료: 노화준(1999: 368).

(2) 극대화 문제의 최적해의 식별

다음으로, 최적해를 식별하려면, 실행가능해 가운데 어떤 해가 최적해인가를 식별해야 한다. 그래프상에서 점 ③이 좌표 (2, 6)이 되어 z값이 36으로 가장 크므로, 최적해는 $x_1=2$, $x_2=6$이 된다.

사례 2

부산시는 실업자 구제를 위해 연간 2,000만 원 예산으로 직업훈련계획을 마련했다. 시장조사를 해보니 자동차 교육과 컴퓨터 교육에 대한 수요가 있었다. 그런데 시 당국에서는 1년에 자동차는 120명까지, 컴퓨터는 80명까지 훈련시킬 수 있다. 훈련 비용은 자동차는 1인당 10만 원, 컴퓨터는 20만 원이다. 훈련을 마치고 취업이 되면 연간 수입은 자동차는 1인당 400만 원, 컴퓨터는 1인당 500만 원이다. 몇 명씩 훈련을 시켜야 이들의 연간 수입이 최대화될까? 이 문제를 위에 적은 절차에 따라 풀이하되 이번에는 그래프가 아닌 Manager 프로그램에 의한다.

1) 선형계획 문제의 형성

$$\text{Max: } Z=400x_1+500x_2$$
$$s.t.$$
$$x_1 \le 120$$
$$x_2 \le 80$$
$$10x_1+20x_2 \le 2000$$
$$x_1,\ x_2 \ge 0$$

2) 문제의 풀이: Manager 프로그램에 의한 방법

먼저, Manager 프로그램 초기 화면에서 'Linear Programming 1'을 선택한다. 그렇게 선택을 하고나면 다시 여러분의 선택을 기다리는 다른 박스가 나온다. 그 속에는 예제를 보겠느냐 아니면 기본 설명을 좀 더 듣겠느냐 하는 식의 메뉴가 보이는데, 여러분은 바로 선택 3인 'interactive input'를 누르면 된다.

다음 단계는 이제 이미 만들어진 선형계획 문제를 보면서 아래 화면에 숫자를 입력하는 것인데, 물론 아래에 보이는 양식이 한꺼번에 모니터상에 나오는 것이 아니라 여러분이 오른쪽 끝에 수치를 입력하고 enter키를 누르면 한 줄씩 나타나게 된다. 이제 위에 있는 문제를 가지고 입력하는 연습을 해보기로 하자.

program: Linear Programming

enter 1 for maximization or 2 for minimization: 1(*극대화이므로 1을 입력)

enter number of decision variables: 2(*의사결정 변수의 개수는 X_1, X_2 두 개이므로 2를 입력)

enter number of constraints: 3(*제약 조건의 수가 3개이므로 3을 입력한다. 비음의 조건은 제약 조건이 아닌 것에 유의해야 한다.)

enter number of 'less than or equal to(< =)' constraints: 3(*제약 조건의 부호를 보면 모두 같거나 작으므로 3개가 된다.)

enter number of 'equal to' (=)' constraints: 0

enter number of 'greater than or equal to (> =)' constraints: 0

type of constraint: L for < =, E for =, and G for > =

enter type of constraint 1: L(*제약 조건 3개의 부호가 모두 같거나 작으므로 L을 입력한다.)

enter type of constraint 2: L

enter type of constraint 3: L

enter coefficient of decision variable 1 in the objective function: 400(*목적함수 Max: $Z=400X_1+500X_2$에서 X_1의 계수값이 400이다.)

enter coefficient of decision variable 2 in the objective function: 500(*목적함수 Max: $Z=400X_1+500X_2$에서 X_2의 계수값이 500이다.)

enter coefficient of decision variable 1 in constraint 1: 1(*제약 조건 1에서 X_1의 계수는 1이다.)

enter coefficient of decision variable 2 in constraint 1: 0(*제약 조건 1에는 X_2가 아예 없다. 따라서 0을 입력한다.)

enter coefficient of decision variable 1 in constraint 2: 0(*제약 조건 2에서는 X_1이 아예 없다.)

enter coefficient of decision variable 2 in constraint 2: 1(*제약 조건 2에서 X_2의 계수는 1이다.)

enter coefficient of decision variable 1 in constraint 3: 10(*$10X_1$이므로 10을 입력한다.)

enter coefficient of decision variable 2 in constraint 3: 20(*$20X_2$이므로 20을 입력한다.)

enter right-hand side value (RHS) of constraint 1: 120(*오른쪽 변의 값을 입력한다.)

enter right-hand side value (RHS) of constraint 2: 80(*오른쪽 변의 값을 입력한다.)

enter right-hand side value (RHS) of constraint 3: 2,000(*오른쪽 변의 값을 입력한다.)

이상과 같이 입력이 모두 끝나면 여러분이 입력했던 내용이 화면에 나오는데, 다시 한 번 제대로 입력했는가를 확인하는 작업이 필요하다. 만약 틀리게 수치가 입력되었다면 화면 하단에 있는 F2 키(change)를 눌러 해당 부분을 수정하면 된다. 그것이 끝나면 화면 하단에 있는 F1 키를 누르면 되고, 그 다음부터는 프로그램이 자동적으로 최적의 대안을 나타내 준다.

4. 평 가

선형계획법은 아주 간단명료하고 여러 분야에 걸쳐 예측에 쓰여질 수 있다는 장점이 있다. 선형계획법은 일정한 제약 조건 아래서 가장 바람직한 해결점을 찾아낼 수 있다는 장점 외에도, 여러 가지 다양한 해결 방향에 따른 목표의 감수성을 시험하거나, 활동이나 제약 조건의 값의 변화가 종속변수의 값에 얼마나 영향을 미치는가를 알아보고자 할 때에도 사용된다. 그러나 선형계획법은 관련 단위가 단일체이거나 오직 1과 0의 값만을 갖게 될 때에는 비정수(즉, 분수)의 해결책을 내놓게 된다. 그리고 위험부담률(risk)이나 불확실성 등을 다루지 않고 있다. 왜냐하면 비용이나 편익, 제약 조건을 완전히 알고 있는 것으로 가정하고 오류가 없는 것으로 보게 되기 때문이다. 선형계획은 또한 변수 간의 관계가 비선형성을 보이게 될지도 모를 상황의 변화의 가능성을 다루고 있지 않다. 그리고 선형계획법을 정부 내의 실무에 적용하기에는 난제가 따른다. 우선, 각 개인의 선호를 평가하기가 어렵고, 정부의 서비스를 시장가격으로 계량화하기가 힘들며, 정부의 산출물을 측정하기가 어렵다. 또 구체적인 목표를 도출하기도 어렵거니와 목표함수 중의 계수를 정하기도 어렵다.

제2절 목적계획법

1. 의 의

앞에서 살펴본 선형계획법은 단일 목표만을 갖는 문제에 대한 결정 기법이다. 그러나 현대 조직들은 여러 가지 목표를 동시에 달성해야 할 경우도 많다. 특히 이 목표들이 상충하는 경우에 목적계획법(goal programming)이 효과적으로 사용된다. 예를 들어, 정부가 부산 근교에 새 비행장 건설에 대한 타당성 조사를 하고 있다고 하자. 비행장의 수용 능력, 이용자들의 비행장으로의 접근 가능성, 교통량 처리계획, 인근 주민의 소음 수준, 자연환경 보호 등 상충되는 목적들이 동시에 고려되어야 한다.

이 방법은 기수적(基數的, cardinal) 접근법이 아닌 서수적(序數的, ordinal) 접근법이다. LP같이 기수적 기준에 기초해 해를 구하는 방법은 공공의 건강문제, 납세자 복지 등 추상적 기준을 가진 문제에 대해 사용하기 어렵다. 이때 서수적 방법이 효율적이다.

LP와 GP의 차이는 전자가 목적을 최대·최소화시키는 데 비해, 후자는 목적과 달성치 간의 편차(偏差, deviation)를 최소화하려 한다. 따라서 LP가 최적대안 식별이라면 GP는 사이먼(H. A. Simon)의 만족모형에 입각한 것이다. 이처럼 목적계획법은 다수의 상충하는 목표들의 '만족스러운 해'를 구할 수 있는 해결 방안을 제시해 준다.

2. 목적계획법의 특징과 장점

목적계획법은 목적함수에 편차 변수만 포함되며, 극소화 문제에 국한된다. 또 단위가 서로 다른 변수를 가질 수 있다. 하위의 우선순위 목적은 상위의 우선순위 목적이 달성되어야 하고, 동일 순위의 목적도 다시 그 기여도에 따라 서로 다른 가중치를 가진다. 그리고 LP가 하나의 목적만을 다루는 데 비해, 목적계획법은 복수의 목적을 다룰 수 있고, 또 최적화가 아닌 만족화를 도모함으로써 실제 상황에 좀 더 일치하는 장점이 있다.

3. 풀이 절차

목적계획법의 풀이 절차는 선형계획법과 마찬가지로 목표 제약 조건의 형성, 문제의 풀이라는 두 단계를 거치게 된다.

4. 적용 사례

1) 사례 내용

성금전자는 A형과 B형 전축을 생산하고 있는데, A형의 대당 생산 소요 시간은 공정 1에서 8분, 공정 2에서 3분이 소요된다. B형은 대당 공정 1에서 4분, 공정 2에서 4분이 소요된다. 일주일당 정상 가동 시간은 공정 1이 60시간, 공정 2는 40시간이다. 성금전자는 대리점과 일주일당 400대의 A형을 공급키로 계약했으며, 시장조사에 의하면 B형은 수요가 거의 무한대이다. 그리고 대당 이익은 A형은 10만 원, B형은 6만 원이다.

한편 성금전자의 경영진은 중요도 순서에 따라 다음의 목표를 설정했다. 즉, 상위에 있는 목표일수록 중요도가 더 크다.

① 최소한 400대의 A형을 생산한다.

② 두 생산 공정에서 정상 가동 시간에 미달하는 것을 최대한 줄인다.

③ 공정 1의 초과 가동 시간이 없도록 한다.

④ 판매 이익으로 최소한 6천만 원을 달성한다.

2) 풀이 과정

(1) 목표 제약 조건의 형성

① A 생산량 달성 목표

$$x_1 + d_1^- - d_1^+ = 400$$

x_1: 주당 A대수, d_1^-: 생산 미달분, d_1^+: 초과 달성분

최소한 400대는 되어야 하므로 d_1^-를 최소화시켜야 한다.

이 부분의 우선순위는 $p_1 d_1^-$가 되고, 이것을 목적함수에 삽입한다. d_1^-를 최소화하는 것이 가장 중요한 목적으로서, Min: $Z = p_1 d_1^-$가 이 부분에 해당되는 목적함수이다.

② 생산공정 정상 가동 시간 달성

$$8x_1 + 4x_2 + d_2^- - d_2^+ = 3,600(\text{공정 1})$$

$$3x_1 + 4x_2 + d_3^- - d_3^+ = 2,400(\text{공정 2})$$

이 방정식에서 d_2^-: 공정 1의 미달분, d_2^+: 공정 1의 초과분, d_3^-: 공정 2의 미달분, d_3^+: 공정 2의 초과분이다. 정상 가동 시간에 미달하는 것을 최대한 줄이려 하므로, d_2^-, d_3^-를 최소화시켜야 한다.

이 부분의 우선순위는 $p_2d_2^- + p_2d_3^-$가 되어 목적함수에 삽입된다. 즉, Min: $Z = p_2d_2^- + p_2d_3^-$가 해당되는 부분이다.

③ 초과 작업 시간 최소화(공정 1)

d_2^+(공정 1의 초과분)를 최소화하고, 우선순위는 $p_3d_2^+$가 된다. 목적함수에서 Min: $Z = p_3d_2^+$가 해당하는 부분이 된다.

④ 판매 이익 목표

$$10x_1 + 6x_2 + d_4^- - d_4^+ = 6,000$$

d_4^-: 판매 이익의 미달분, d_4^+: 판매 이익의 초과분

이 부분의 우선순위는 $p_4d_4^-$가 된다. 목적함수에서 Min: $Z = p_4d_4^-$가 해당되는 부분이다.

이상의 내용을 정리하면 다음과 같다.

$$\text{Min: } Z = p_1d_1^- + p_2d_2^- + p_2d_3^- + p_3d_2^+ + p_4d_4^-$$

$s.t.$

$x_1 + d_1^- - d_1^+ = 400$ ——————— 제약 조건(1)

$8x_1 + 4x_2 + d_2^- - d_2^+ = 3,600$ ——————— 제약 조건(2)

$3x_1 + 4x_2 + d_3^- - d_3^+ = 2,400$ ——————— 제약 조건(3)

$10x_1 + 6x_2 + d_4^- - d_4^+ = 6,000$ ——————— 제약 조건(4)

(2) 문제의 풀이

이 문제를 Manager 프로그램에 의해 풀이해 보기로 한다.

enter number of decision variables: 2

enter number of constraints: 4

enter number of priority levels: 4

enter number of deviational variables in the objective function: 5

type of each constraints:

goal constraint type: $L(<=)$, $G(>=)$, or B

system constraint type: $L(<=)$, $G(>=)$, or E

enter type of constraint 1: B

enter type of constraint 2: B

enter type of constraint 3: B

enter type of constraint 4: B

information for the priority structure

enter 'n'(neg) or 'p'(pos), constraint number, priority, weight: n, 1, 1, 1

enter 'n'(neg) or 'p'(pos), constraint number, priority, weight: n, 2, 2, 1

enter 'n'(neg) or 'p'(pos), constraint number, priority, weight: n, 3, 2, 1

enter 'n'(neg) or 'p'(pos), constraint number, priority, weight: p, 2, 3, 1

enter 'n'(neg) or 'p'(pos), constraint number, priority, weight: n, 4, 4, 1

(*이 부분은 자세한 설명이 필요하다. 맨 위에 있는 n, 1, 1, 1이 어떻게 해서 나오게 되는지를 알아본다. 목적함수 Min: $Z=p_1d_1^- + p_2d_2^- + p_2d_3^- + p_3d_2^+ p_4d_4^-$ 에서 첫 번째 덩어리인 $p_1d_1^-$ 에서 $-$가 있으니 negative인 n이고, d_1^-가 제약 조건(1)에 있으니 constraint number가 1이며, 우선순위가 p_1이므로 1이 되며 가중치(priority)는 없으니 그냥 1이 된다. 마찬가지 방식으로 나머지 덩어리도 해결할 수 있다.)

enter coefficient of decision variable 1 in constraint 1: 1

enter coefficient of decision variable 2 in constraint 1: 0

enter coefficient of decision variable 1 in constraint 2: 8

enter coefficient of decision variable 2 in constraint 2: 4
enter coefficient of decision variable 1 in constraint 3: 3
enter coefficient of decision variable 2 in constraint 3: 4
enter coefficient of decision variable 1 in constraint 4: 10
enter coefficient of decision variable 2 in constraint 4: 6
enter right-hand side value (RHS) of constraint 1: 400
enter right-hand side value (RHS) of constraint 2: 3600
enter right-hand side value (RHS) of constraint 3: 2400
enter right-hand side value (RHS) of constraint 4: 6000

입력이 끝난 후 화면 하단에 있는 F1 키를 누르면 자동으로 최적안이 나타난다. 자세한 내용은 앞서 언급한 선형계획법 부분을 참조하기 바란다.

제3절 PERT

1. 의 의

PERT/CPM은 대규모 사업을 효과적으로 추진하기 위해 최소의 비용으로 최단 시간 내에 사업을 완성하는 계획을 수립하는 데 사용되는 기법이다. 이 기법이 개발되기 전에는 간트 도표(Gantt Chart)가 많이 사용되었는데, 이는 1918년에 간트(Henry L. Gantt)가 고안한 것으로 진도 파악에 주로 쓰였다. 그러나 각 부분 작업 간의 연계성을 나타내는 데 부적합하며, 복잡한 사업을 계획하기에는 지나치게 단순하다는 것이 약점이었다.

PERT와 CPM은 상호 유사한 분석 기법이지만 각각 독자적으로 발전되어 왔다. 대체로 PERT는 소요 시간이 불확실한 경우 사업의 순서를 정하는 데 주로 사용되고, CPM은 소요 시간이 확실한 경우에 최우선 작업과 전체 프로젝트의 최단 소요 시간을 추정하는 데 주로 사용된다. PERT가 세 가지의 시간치를 추정하는 데 비해, CPM은 세 가지 시간치의 평균값 하나만을 사용하는데, 여기서는 PERT를 중심으로 살펴본다.

2. PERT의 사용 절차

1) 활동, 단계 파악

○ 단계: 작업의 시작 또는 완료 시점을 의미한다.

→활동: 실제 작업활동을 의미한다.

2) 활동의 순서 파악과 계획공정표(network) 작성

3) 활동 시간(a, m, b)의 추정

각 활동을 수행하는 데 시간이 얼마나 걸릴 것인가를 추정한다. 시간 추정의 종류로는 a(낙관 시간), m(최빈 시간), b(비관 시간)가 있다.

4) 기대 시간(expected time)의 계산: te

$$te = \frac{a + 4m + b}{6}$$

5) 분산(σ^2)의 계산

완성 계획 일자까지의 완성 확률 계산에 사용한다.

$\sigma^2 = \left(\frac{b - a}{6}\right)^2$ 으로 구한다.

6) 각 단계에 대한 TE, TL, TS의 계산

먼저, TE(earliest expected time)의 계산은 출발점인 단계 1의 TE는 0이다. 그 이유는 단계 1 이전에는 아무런 활동이 존재하지 않으므로, 여기에 도달하는 데 시간이 걸리지 않기 때문이다. 그 다음 단계의 TE는 앞 단계의 TE에 te(즉, 그 사이 활동의 기대 시간)를 더한다. 다만, 단계 5와 6에서처럼 화살표가 모이는 지점에 대한 계산은 경합되는 값 중에서 제일 큰 값을 택한다.

다음으로, TL(latest allowable time)은 전체 프로젝트의 완료 시간을 지연시키지 않는 범위 내에서 최대로 지연될 수 있는 시간을 말한다. 출발점은 맨 마지막 단계이며, 이 단계의 TL값은 그 단계의 TE와 같게 잡는다. 여기서부터 화살표 방향을 거슬러 올라가면서, 화살표 위의 숫자(te)를 빼어 앞 단계의 TL을 계산한다. 단, 화살표가 갈라져 나오는 지점, 즉 단계 1에서의 TL은 경합하는 값 중 작은 값을 취한다. 마지막으로, TS는 TL－TE로 구한다.

7) 주공정로의 결정

주공정로(主工程路, critical path)는 여유를 말하는 slack, 즉 TS＝TL－TE가 0인 단계를 연결한 것이다. 주공정로를 파악하게 되면 주공정로 이외의 활동은 그 권한과 책임을 하위관리자에게 위임하고, 책임관리자는 주공정로에 집중해 효율성을 높인다. 주공정로에 의해 중점관리를 해야만 전체 일정을 순조롭게 이끌고 나갈 수 있고, 특히 주공정로 중에서 가장 분산이 큰 작업을 중점적으로 관리해야 하는데, 그 이유는 분산이 클수록 불확실성이 크기 때문이다.

8) 완성 확률의 추정

$$Z(\text{정규분포의 표준 변수}) = \frac{\text{TD(완성하고자 하는 일자)} - \text{TE(마지막 단계의 완료 일자)}}{\text{표준편차}^{1}}$$

로 Z값을 구한 뒤, 그것에 해당하는 정규분포상의 면적을 구하면 그것이 완성 확률이 된다.

3. PERT의 적용 사례

7개의 활동으로 구성된 소규모 프로젝트가 있다. 다음 물음에 답하라.

1 이때 표준편차는 $\sqrt{\text{분산}}$으로 구한다. 단, 이 부분에서 주의할 것은 모든 분산값을 더하는 것이 아니라 주공정로상의 분산값만 더해야 한다는 점이다.

표 9-1 활동별 추정 시간

(단위: 주)

활 동	a	m	b
1-2	1	1	7
1-3	1	4	7
1-4	2	2	8
2-5	1	1	1
3-5	2	5	14
4-6	2	5	8
5-6	3	6	15

1) 각 작업의 기대 소요 시간(te)과 분산(σ^2)을 구하고, 각 단계의 TE, TL, TS를 구하라.
2) 주공정로(critical path)를 구하라.
3) 이 작업의 완성이 20주를 초과하지 않을 확률을 구하라.

첫째, 이 문제를 풀기 위해서는 먼저, 계획공정표(network)를 작성해야 한다.

그림 9-2 계획공정표

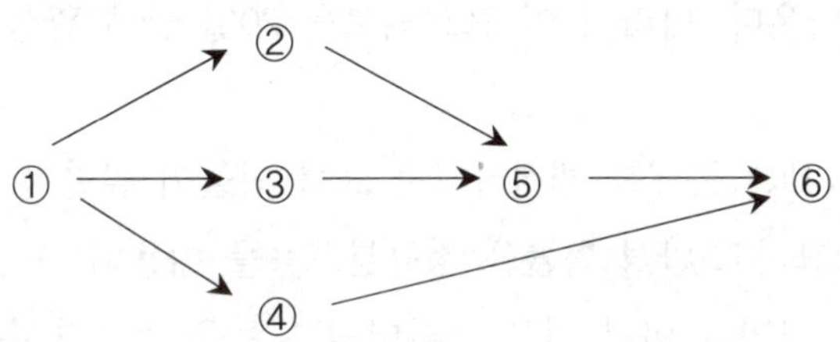

둘째, 다음과 같은 <표 9-2>를 작성한다.

표 9-2 활동별 TE, TL, TS

활 동	te	분 산	TE	TL	TS
1−2	2	1	2	9	7
1−3	4	1	4	4	0
1−4	3	1	3	12	9
2−5	1	0	10	10	0
3−5	6	4	10	10	0
4−6	5	1	17	17	0
5−6	7	4	17	17	0

셋째, 주공정로를 구하기 위해서는 TS가 0이 되는 것을 연결해야 한다. 위의 <표 9-2>에서 위에서 차례대로 내려가면서 TS가 0인 것을 찾아보면 맨 처음으로 활동 1−3이 해당한다. 이제 다시 끝 단계인 3을 받아 TS가 0인 것을 찾아보면 활동 3−5가 된다. 이 5를 받아서 다시 TS가 0인 것을 찾으면 활동 5−6이 되므로, 주공정로는 1-3-5-6이 된다.

넷째, $Z = \frac{20-17}{3} = 1.0$. 여기서 표준편차 3은 앞에서 설명한 바와 같이 주공정로상의 분산치 합계인 9(즉, 1+4+4=9)를 루트화시킨 것이다. Z가 1.0일 때 정규분포표 상면적은 .84134가 나온다. 따라서 이 프로젝트를 20일 안에 완성할 확률은 84.13%라고 할 수 있다.

우리는 이제까지 PERT 문제를 해결하고자 표를 만들어 일일이 기대 시간이나 분산, 주공정로를 찾았고, 그리고 완성 확률을 정규분포표를 이용해 그 값을 구하는 다소 복잡한 과정을 거쳤다. 그러나 이런 경우 컴퓨터의 도움을 받으면 수월하게 문제를 해결할 수 있는데, 여기서는 Manager 프로그램을 이용해 풀이하기 위한 절차를 상세하게 설명하고자 한다.

1) Manager 프로그램 활용 사례

Manager 초기 화면에서 PERT/CPM을 선택한 후 앞의 방법들과 마찬가지 과정을 거친 후 우선 아래 양식에서 선행 활동의 개수(enter number of activities): 7이라고 입력한다. 그 이유는 활동의 수가 7개라는 말이다. 그리고 위의 <표 9-2>에서 위에서 차례

대로 1부터 7까지의 번호를 부여한다. 따라서 맨 위에 있는 활동 1-2에 번호 1을 부여하고, 활동 1-3에는 번호 2를 부여하게 되며, 마지막에는 번호 7을 부여하게 된다. 이제 하나의 활동에 수치를 입력하는 연습을 해보기로 하는데, 선행 활동이 없는 경우와 있는 경우로 구분해 설명하고자 한다.

① 선행 활동이 없는 경우

네트워크상에서 활동 1-2를 보면 선행 활동(predecessor activities)이 없다. 입력하는 방법을 설명하면 다음과 같다.

for activity 1———* 활동 1-2를 나타냄.

enter starting node number and ending node number: 1, 2(*이처럼 1, 2를 입력하는 이유는 네트워크상에 시작은 단계 1이고 끝은 단계 2이기 때문이다.)

enter number of predecessor activities: 0(*네트워크를 보면 활동 1-2에는 선행 활동이 없고 바로 시작할 수 있다.)

다음으로는 <표 9-2>를 보고 추정 시간 a, m, b를 입력하면 된다.

enter optimistic time: 1, enter likely time: 1, enter pessimistic time: 7

② 선행 활동이 있는 경우

위의 경우는 선행 활동이 없는 경우이기 때문에 입력하기가 쉬운 편이다. 그러나 선행 활동이 있는 경우는 다소 복잡해진다. 한 가지 경우를 소개하면 다음과 같다. 활동 5-6의 경우, 선행 활동은 2개로 활동 2-5(번호 4부여)와 활동 3-5(번호 5부여)가 된다. 양식에서 선행 활동의 수에 2를 입력하면 enter predecessor activity number가 화면에 나타나는데 4라고 입력한 뒤 enter하면, 다시 enter predecessor activity number가 나오고 5라고 입력하면 된다.

이제 앞에서 주어진 문제를 풀기 위해 전체 수치를 입력해 본다.

PERT

enter number of activities: 7(7개의 활동으로 구성되어 있다.)

for activity 1
enter starting node number and ending node number: 1, 2
enter number of predecessor activities: 0
enter optimistic time: 1
enter likely time: 1
enter pessimistic time: 7

for activity 2
enter starting node number and ending node number: 1, 3
enter number of predecessor activities: 0
enter optimistic time: 1
enter likely time: 4
enter pessimistic time: 7

for activity 3
enter starting node number and ending node number: 1, 4
enter number of predecessor activities: 0
enter optimistic time: 2
enter likely time: 2
enter pessimistic time: 8

for activity 4
enter starting node number and ending node number: 2, 5
enter number of predecessor activities: 1
enter predecessor activity number: 1(*선행 활동이 활동 1-2인데, 부여된 번호는 1이다.)
enter optimistic time: 1
enter likely time: 1
enter pessimistic time: 1

for activity 5

enter starting node number and ending node number: 3, 5

enter number of predecessor activities: 1

enter predecessor activity number: 2(*선행 활동이 활동 1-3인데, 부여된 번호는 2이다.)

enter optimistic time: 2

enter likely time: 5

enter pessimistic time: 14

for activity 6

enter starting node number and ending node number: 4, 6

enter number of predecessor activities: 1

enter predecessor activity number: 3(*선행 활동이 활동 1-4인데, 부여된 번호는 3이다.)

enter optimistic time: 2

enter likely time: 5

enter pessimistic time: 8

for activity 7

enter starting node number and ending node number: 5, 6

enter number of predecessor activities: 2

enter predecessor activity number: 4

enter predecessor activity number: 5

(*이 부분에서 특히 유의해야 할 것은 선행 활동의 개수가 4와 5 두 개인데, 그렇다고 이를 한꺼번에 enter predecessor activity number: 4, 5라고 하면 안 되고 앞서 언급한 대로 하나씩 입력해야 한다는 점이다.)

enter optimistic time: 3

enter likely time: 6

enter pessimistic time: 15

입력이 끝나면 마찬가지로 화면 하단에 있는 F1 키를 눌러 작업을 진행한다. 주공정로가 1-3-5-6이라는 것과 $Z=1.0$이라는 것도 자동적으로 컴퓨터가 나타내 주므로, 상당히 편리하다는 것을 실감하게 될 것이다.

2) 엑셀(EXCEL) 프로그램 활용 사례

지금부터는 앞에서 언급한 대로 특정 프로그램이 아닌 손쉽게 접할 수 있는 엑셀 프로그램을 활용하여 PERT 문제를 풀이하는 절차를 설명하고자 한다. 여기서는 사업 완성 확률을 구하는 과정만 소개해 본다(강금식 · 정우석, 2007: 311-312).

(1) 필요한 자료를 시트에 입력한다

	A	B	C	D	E	F	G	H
1								
2								
3	활동	a	m	b	기대시간	분산	잠재가격	
4	A	4	5	12			1	
5	B	1	1.5	5			0	
6	C	2	3	4			0	
7	D	3	4	11			0	
8	E	2	3	4			1	
9	F	1.5	2	2.5			0	
10	G	1.5	3	4.5			0	
11	H	2.5	3.5	7.5			1	
12	I	1.5	2	2.5			1	
13	J	1	2	3			1	
14								
15								
16		완료기간		주공정분산	20주 완료 확률			
17		17						
18								

잠재가격이 1인 활동은 주공정 활동을 의미한다.

(2) 필요한 수식을 입력한다

셀 주소	수 식	비 고
E4	=(B4+4*C4+D4)/6	E13까지 복사
F4	=(D4−B4)^2/36	F13까지 복사
D17	=SUMPRODUCT(F4 : F13, G4 : G13)	
E17	=NORMDIST(20, B17, SQRT(D17), TRUE)	

(3) 결과 산출

	A	B	C	D	E	F	G	H
1								
2								
3	활동	a	m	b	기대시간	분산	잠재가격	
4	A	4	5	12	6	1.78	1	
5	B	1	1.5	5	2	0.44	0	
6	C	2	3	4	3	0.11	0	
7	D	3	4	11	5	1.78	0	
8	E	2	3	4	3	0.11	1	
9	F	1.5	2	2.5	2	0.03	0	
10	G	1.5	3	4.5	3	0.25	0	
11	H	2.5	3.5	7.5	4	0.69	1	
12	I	1.5	2	2.5	2	0.03	1	
13	J	1	2	3	2	0.11	1	
14								
15								
16		완료기간		주공정분산	20주 완료 확률			
17		17		2.72	0.9655			
18								

(4) 결과 분석

이 프로젝트를 20주 이하에 완료할 확률은 96.55%이다. 이를 앞에서 배운 표준정규분포표를 이용하여 구해보면 결과가 같음을 알 수 있다.

제4절 게임이론

1. 게임이론의 기초 개념

경쟁적 상황에서 의사결정을 하는 경우에 활용되는 게임이론은 결과가 개인의 선호에 의해서만 결정되는 것이 아니라, 결정에 참여한 다른 행위자들의 선호와 개인 선택의 서로 다른 집합의 결과에 따라 이뤄지는 집단적 선택 상황에 대한 연구이다. 달리 말하면, 합리적으로 행동하는 경쟁자 간의 경쟁 상태를 모형화시키는 수리적 접근법이다.

우리 일상생활에서도 게임이론이 널리 사용되고 있는데, 한 예를 보면 야구 감독의 전략이 상대방의 전략과 밀접히 관련되어 상대방에서 왼손 타자가 나오면 왼손 투수를 투입하는 것이 이에 해당된다.

1) 게임이론의 발전 과정

수학자 노이만(Johann Ludwig von Neumann)과 모겐슈테른(Oskar Moegenstern)이 1944년에 발간한 『게임이론과 경제적 행태(*The Theory of Games and Economic Behavior*)』로부터 시작해, 1950년대 초반 터커(A. W. Tucker)에 의한 '죄수의 딜레마게임(prisoner's dilemma game)'과 게임의 균형에 관한 내시(John Nash)의 논문이 비협동적 게임이론의 토대를 마련한 이후 지금은 사회과학 많은 분야에서 게임이론의 유용성이 널리 인정되고 있다. 우리나라에서도 게임이론적 분석틀에 의해 정부 서비스 공급을 분석하는 등 널리 사용되고 있다.[2]

2) 게임이론의 유용성

행태주의에 입각한 정책분석 기법들은 인간의 상호작용의 산물인 사회 현상을 이해하는 데 한계를 가지고 있다. 그것은 개인들의 유인구조(incentive structure)를 파악하지 못함으로써 사회 상황의 예측을 어렵게 만든다.

게임이론은 사회 상황에서 상호 의존적인 선택에 관한 이론이다. 정부의 정책결정의 경우 정부가 독점적 지위를 확보하고 있기 때문에 경쟁 상황이 거의 발생하지 않지만, 최근 민영화에 따라 공공 부문도 경쟁이 치열해졌다. 정부를 대신해 서비스를 제공하는 민간 업체와 정부와의 경쟁, 공공 서비스 제공을 위한 프로젝트 관할권에서의 시정부와 중앙정부의 경쟁 등이다. 따라서 정부 정책결정에 게임이론을 적용할 기회가 더욱 커질 것이다.

2 게임이론의 적용을 쉽게 설명하고 있는 논문으로 이명석(1996: 63)을 참조하기 바람. 그는 통근 수단 선택에 관한 간단한 게임이론 모형을 통해 게임이론이 정책분석의 기법으로 사용될 수 있는 가능성을 설명하고 있다. 그는 게임이론이 사회과학 분야에서 제한적으로만 사용되고 있다며, 폭넓게 활용하기 위해 현실 상황을 게임으로 전환시킬 수 있는 기법이나 이론의 개발이 필요하다고 말하고 있다(이명석, 1996: 56-61).

3) 게임이론의 구성 요소

구성 요소로 경기자, 전략 및 결과에 따른 보상을 들 수 있다. 경기자는 게임에 참여하는 각 의사결정자를 지칭한다. 이때 각 경기자는 자신에게 가장 바람직한 행동대안을 선택하는 합리적 인간으로 가정된다. 전략이란 게임에서 각 경기자에게 주어진 각각의 행동대안을 지칭한다. 두 사람 간의 게임에서 경기자 A가 취할 수 있는 전략들은 a_1, a_2, … a_n으로 표시하고, 경기자 B가 취할 수 있는 전략은 b_1, b_2, … b_n으로 표시한다. 마지막으로, 결과에 따른 보상(payoff)은 게임이 끝났을 때 게임에 참가한 사람들에게 돌아가는 최종적인 수익을 뜻한다.

4) 게임이론의 소개

(1) 제로섬게임

제로섬게임(zero-sum game)은 게임의 결과에 따라 나의 이익이 정확히 상대방의 손실이 되는 경우이다. 따라서 나의 이익과 경쟁자의 이익의 합이 항상 0이 된다. 따라서 두 사람은 서로 갈등적인 경쟁 관계에 서게 된다.

(2) 논제로섬게임

대부분의 시장 상황 결과가 제로섬게임적 상황은 아니다. 나의 이득이 경쟁자의 손실과 정확히 같지 않고 경쟁자의 손실보다 크거나 작을 경우이다. 논제로섬게임(non zero-sum game)에서는 나의 이득과 경쟁자의 이득이 모두 +가 될 수도 있고, 모두 -가 될 수도 있다. 따라서 경쟁에 참여하지 않은 자에게 이익과 손해가 전가되는 경우가 발생하는 것이다.

2. 게임전략

1) 제로섬게임의 전략

① 순수전략

제로섬게임에서 순수전략이란 게임 참여자가 단 하나의 최적전략을 선택하는 것을

표 9-3 A시 상업지역 건설의 게임 성과

A시 \ B시	통행료 징수 B_1	홍 보 B_2	세율 인상 B_3
업종 비율 1 (의류) A_1	11	13	15
업종 비율 2 (전자) A_2	10	11	14
업종 비율 3 (스포츠) A_3	8	11	12

말한다.[3]

A시의 입장에서 순수전략, 즉 단 하나의 최적전략은 무엇일까? A시의 순수전략을 찾기 위해서는 B시가 각 대안을 선택하는 경우에 A시에 가장 높은 성과를 보장하는 전략을 선택하면 된다.

우리는 B시가 어떤 전략을 사용하더라도 A시는 언제나 A_1전략을 사용하는 것이 최선의 전략임을 알 수 있다. 즉, A시는 어떤 상황에서도 A_1전략을 사용하는 것이 최선인 것이다. 따라서 A_1전략, 즉 업종 비율 1을 선택하는 것이 순수전략이다.

② 안장점

제로섬게임에서 게임 참여자 2인이 순수전략을 채택한 결과 한 참여자의 순수전략의 성과와 상대방의 순수전략의 손실이 같은 지점을 안장점이라고 한다. 즉, 게임 참여자 2인이 모두 순수전략을 채택하면 양자 모두 한 결과에 귀착하게 되는데, 이때는 참여자 모두 더 이상 전략을 수정할 필요가 없어지게 된다. 이처럼 순수전략을 채택하는 경우 한 결과에 귀착되는 점을 안장점[4]이라고 한다.

③ 혼합전략

순수전략이 성과표의 같은 지점에서 귀착되지 않을 때, 즉 안장점이 존재하지 않는 경우에는 맥시민과 미니맥스의 기준으로 게임이론의 최적해를 구할 수가 없다. 이처럼 안장점이 없는 경우의 논제로섬게임은 혼합전략을 사용하여 최적해를 구한다. 혼합전략의 최적해는 각 전략을 택하는 확률에 따른 기댓값을 계산해 구하는 것이다. 즉, 혼합전략은 상대방이 어떤 대안을 택하더라도 차이가 없도록 나의 대안을 선택하는 것이

3 이하 설명은 정철현(2001: 314-331)을 참조한 것임.

4 안장점(saddle point)이란 양 당사자의 결과에 따른 보상(payoffs)을 3차원의 그래프로 나타낼 때 그것이 마치 자전거나 말의 안장(鞍裝)과 비슷하다는 점에서 사용된 용어이다(전상경, 1999: 407).

다. 예를 들어, A 회사의 혼합전략의 기댓값을 구하면 0.44,[5] B 회사의 기댓값이 -0.44가 나온다면 A 회사는 시장점유율이 0.44 증가하는 반면, B 회사는 시장점유율이 0.44 감소한다.

2) 논제로섬게임의 전략

논제로섬게임의 경우에는 순수전략의 맥시민과 미니맥스 기준이나 혼합전략의 방법으로 최적해를 구할 수 없으며 협상과 담합이 최선의 방법이다. 대표적인 경우로 죄수들의 딜레마 게임을 들 수 있다

(1) 죄수의 딜레마 게임의 내용

논제로섬게임에서 정보 교환이 가능하면 담합이 이뤄진다. 이를 공조게임이라 한다. 정보 교환이 이뤄지는 경우와 이뤄지지 않는 경우의 성과를 극명하게 보여주는 것이 '죄수의 딜레마(prisoner's dilemma)'이다. 죄수의 딜레마는 1950년에 창안된 이후 터커(A. W. Tucker)에 의해 발전된 것으로, 갈등과 협력 간의 선택을 나타내는 상황이다. 그 상황은 다음과 같다. 두 용의자가 심문을 받는 과정에서 서로 의사소통을 할 수 없게 별도로 수용되어 있다. 검사가 자백을 끌어내려고 각 용의자에게 행동 여하에 따라 결과가 달라질 수 있음을 통보했다.

첫째, 한 사람은 자백하고, 다른 사람은 자백하지 않는다. 이때는 자백하는 사람은 석방되고, 자백하지 않는 용의자는 10년형을 선고받는다.

둘째, 두 사람 모두 자백하면 5년씩을 선고받는다.

표 9-4 죄수들의 딜레마 게임의 보상행렬(payoff matrix)

		용의자 B의 전략	
		b_1(자백 않음.)	b_2(자백함.)
용의자 A의 전략	a_1(자백 않음.)	(-1, -1)	(-10, 0)
	a_2(자백함.)	(0, -10)	(-5, -5)

주: 위의 표에서 0이란 숫자는 석방되는 경우를 말한다.

5 양 당사자의 시장점유율 0.44 증가율과 감소율을 구체적으로 계산하는 과정은 정철현(2001: 322-328)에 상세히 설명되어 있다.

셋째, 두 사람 모두 끝까지 자백하지 않으면 1년형을 선고받는다.

이 게임은 두 사람 모두 자백하는 전략이 지배적이다. 이것은 미니맥스(minimax) 기준에 따라 결정이 이뤄지는 것이다. 자백하지 않는다면 자신들의 형량이 5년에서 1년으로 감소될 수 있음에도 이러한 해결책은 매우 불안정하다. 상대방이 자신을 속일 수도 있을 것이라는 것을 안다면, 그도 자백하지 않을 수 없을 것이다. 결국 이러한 유인 때문에 (a_2, b_2)와 같은 내시 균형(Nash's equilibrium)을 이루게 된다(전상경, 1999: 376).

여기서 딜레마란 (a_2, b_2) 전략을 취하게 되면 두 사람이 서로를 믿고 자백하지 않는 전략을 택할 경우보다도 오히려 더 나쁜 결과를 초래한다는 사실이다. 즉, 이것은 개인적 수준에서는 합리적인 선택이 구성원 전체로 보아서는 비합리적인 선택이 되는 것을 말한다. 우리나라의 SKT, LG, KT 같은 이동통신사들이 서로 광고를 자제하면 이익이 크게 늘어날 텐데, 상대를 의식해 막대한 광고비를 쏟아붓는 것도 이러한 예에 해당한다.

이처럼 죄수의 딜레마는 각 개인들이 최악의 결과를 피하고자 상대적으로 덜 바람직한 전략을 선택하는 상황이다. 물론 그 이유는 각 용의자들이 최악의 경우가 발생할 것을 염려하기 때문이다. 이와 같이 개인적인 관점에서 합리적인 행동이 전체적인 관점에서는 비합리적인 결과를 초래하는 상황을 죄수의 딜레마 상황이라 부른다. 일반적으로 죄수의 딜레마 게임은 다음과 같은 세 가지 특성을 갖는다(전상경, 2001: 424).

첫째, 각 경기자는 상대방 경기자와 협동하는 전략과 협동을 거절하는 전략 두 가지를 갖는다.

둘째, 각 경기자는 모두 지배적 전략을 갖는데, 그것은 협동하지 않는 전략이다.

셋째, 지배적 전략에 의한 균형해는 각 경기자에게 그들이 피지배전략을 택할 때의 비균형 상황에서 얻을 수 있는 것보다 더 나쁜 결과를 가져다준다.

그리고 죄수의 딜레마 게임에서는 아래 두 가지가 전제된다. 첫째, 협조가 이뤄질 수 없는 상황이다. 두 사람 사이에 무언의 협조만 이뤄진다면 범행을 모두 부인하고 1년형을 받을 수 있지만, 두 사람이 격리되어 심문받기 때문에 협조가 이뤄질 수 없는 상황이 조성되어 있다. 둘째, 게임이 단 한 번만 이뤄진다는 점이다. 만약 게임을 여러 번 거듭한다면 상대방이 어떤 전략을 쓰는지를 지켜본 다음, 자신의 전략을 수정할 수 있기 때문이다.

(2) 죄수의 딜레마 게임의 해결 방안

여기서 죄수들이 서로에게 모두 유익한 협조적 결과를 도출할 수 있는 방안을 살펴본다(전상경, 2005: 427-436).

첫째, 게임의 반복이다. 경기가 되풀이될 경우 각 경기자들은 한 번의 속임수가 앞으로의 협조 가능성을 봉쇄할 수 있다고 믿는다. 한 번의 속임수로 얻은 가치보다 앞으로의 협조를 통해 얻을 수 있는 이익이 더 크면, 각 경기자들은 자동적으로 속임수를 쓰지 않게 된다.

둘째, 상벌의 활용이다. 자백하는 자가 석방되었을 때 자백하지 않은 자의 친구가 배반의 대가로서 신체적 위협을 가한다고 하자. 그 위협이 너무나도 극심해 8년 간의 감옥생활에 비견될 수 있다고 하면, 처벌이 고려된 게임의 보상표는 재구성될 수 있다. 재구성된 보상구조에 따라 각 경기자는 상대방이 협조하면 자신도 협조하는 것이 자신에게 가장 좋다는 것을 알게 된다.

셋째, 리더십의 발휘이다. 죄수의 딜레마가 계속될 수도 있는 상황이 리더십의 발휘를 통해 해결되는 사례는 국제정치에서나 기업에서 종종 발견될 수 있다. 이 경우, 리더의 역할은 자연스럽게 규모가 가장 크거나 지위가 확고한 경기자가 떠맡게 된다(전상경, 2005: 436).

3. 예제 풀이

성과를 찾아내는 방법은 소규모인 경우 그래프에 의해 찾아낼 수 있으나, 규모가 큰 게임에서는 컴퓨터 프로그램에 의해 풀어야 한다. 여기서는 이상문 교수의 MS Keyware를 사용한다. 이 프로그램을 사용하면 최적 의사결정을 쉽게 할 수 있는데, 노동조합의 계약 협상을 그 예로 들어 본다.

사례

혼합전략 상황의 예인데 <표 9-5>는 노동조합의 이득과 경영자의 손실을 나타내고 있다. 양측의 전략에는 안장점이 존재하지 않고 노동조합은 전략 1을 20%, 전략 4를 80%의 확률로 혼합전략 비율을 택했고, 경영자측은 전략 Y를 40%, Z를 60%의 확률로

표 9-5 노동조합의 계약 협상

		경영자의 전략			
		w	x	y	z
노동조합의 전략	1	75	105	65	45
	2	70	60	55	40
	3	80	90	35	50
	4	95	100	50	55

자료: 이상문(1993: 563).

하는 혼합전략 비율을 택했다.[6]

6 노동조합은 53의 이득을 취할 수 있는데, 자세한 계산 과정은 이상문(1993: 572-573)을 참조하기 바람.

10 정책결정의 이론모형

제 1 절 합리모형
제 2 절 만족모형
제 3 절 사이버네틱스 모형
제 4 절 점증모형
제 5 절 혼합탐사모형
제 6 절 최적모형
제 7 절 회사모형
제 8 절 쓰레기통모형
제 9 절 앨리슨모형
제10절 공공선택모형

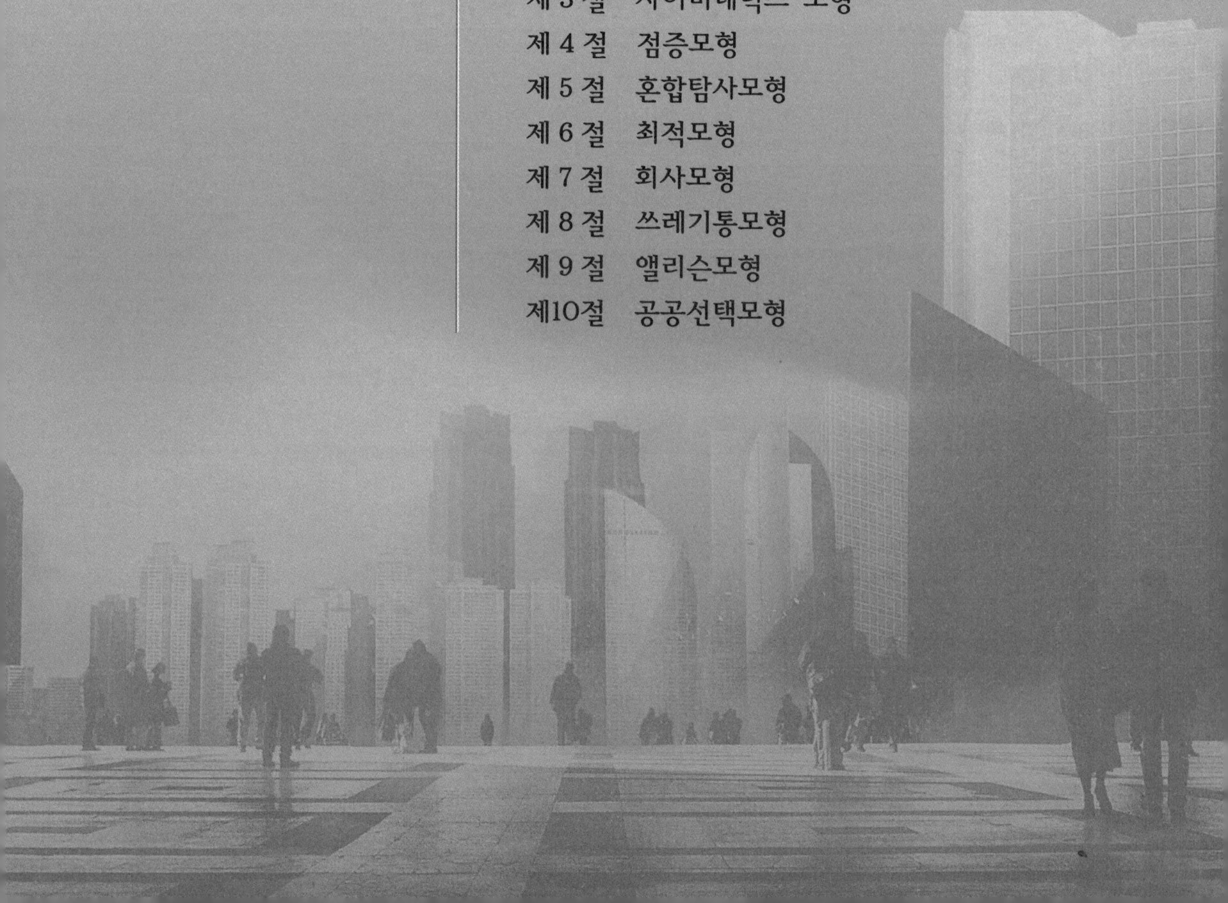

정책학원론
Theories of Policy Sciences

제 10 장

정책학원론

정책결정의 이론모형

제1절 합리모형

1. 의 의

합리모형(rational model)이란 인간은 이성과 합리성에 근거해 정책을 결정한다는 이론이다. 따라서 합리모형은 실제 상황에 적용할 수 있는 현실적 모형이 아니라 정책결정자가 합리적인 정책을 결정한다고 할 때 따라야 할 논리나 절차를 밝히는 이상적·규범적 접근 방법이다. 이 모형은 정책결정자를 전지전능한 존재로 여기고, 목표 달성의 극대화를 위한 합리적 대안을 추구한다고 본다. 즉, 합리모형은 주어진 목적 달성의 극대화를 위해 최대한의 노력을 한다는 주관적 합리성에 근거한 경제인(經濟人, homo economicus)과 같은 합리적 인간을 전제로 한 이론 모형이다(안해균, 1997: 305-306).

2. 기본 전제와 내용

합리모형에서는 정책결정자가 문제를 완전히 이해하고, 해결을 위한 모든 대안을 파악하고 있으며, 대안 선택의 기준이 명백히 존재하고 자원이 충분하며, 합리적으로 최선의 대안을 선택하는 것을 전제로 하고 있다.

이러한 전제에 입각한 합리모형의 내용은 다음과 같다. ① 정책결정자는 많은 문제에 직면하지만 완전한 정보를 가지고 상호 비교해 분리할 수 있다. ② 정책결정자가 추구하는 가치, 목적들은 중요도에 따라 분류되고 서열화된다. ③ 문제 해결을 위한 모든 대안이 탐색된다. ④ 각 대안으로부터 나타날 모든 결과(비용과 편익)가 계산된다. ⑤ 각 대안과 그 결과들이 비교된다. ⑥ 정책결정자는 목표나 가치를 극대화하는 대안을 선택한다(Anderson, 1979: 9-10).

경제학이나 정치학 등 여러 분야에 합리모형을 사용할 수 있는데, 그 구체적인 표현은 [그림 10-1]로 나타낼 수 있다.

무차별 곡선 H는 가능한 정책대안을 가리키며 사회적 효용은 모두 같고, 곡선 J는 사회적 자원으로 완성할 수 있는 정책을 나타낸다. 이 두 곡선이 만나는 지점이 합리적인 공공정책이다. 왜냐하면 이 점만이 일반대중을 만족시킬 수 있고, 사회적 자원으로 달성할 수 있기 때문이다. 합리적인 공공정책은 실제로 사회적 이익을 극대화시키는 정책을 말한다. 사회적 이익을 측정할 때에는 두 가지 기준이 적용되는데, 하나는 수입이 비용보다 더 높아야 한다는 것과 다른 하나는 수익과 비용 간 차이가 가장 큰 대안을 선택해야 한다는 것이다(Dye, 2002: 16-18).

그림 10-1 합리모형

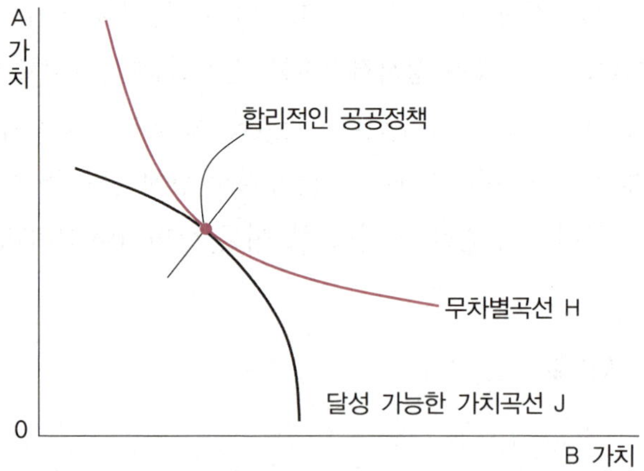

3. 평 가

합리모형은 정책결정 과정에 반드시 고려되어야 하는 점검 목록을 제공할 수 있다는 점에서 그 유용성이 주장되기도 하고(Leach, 1982: 6-23), 합리성에 대한 저해 요인을 밝혀줌으로써 정책분석에 매우 유용하다. 그리고 나중에 설명하는 최적모형도 기본적으로 합리모형에 가까우며, 앨리슨 모형의 합리모형(Model Ⅰ)도 여기서 말하는 합리모형이 근거가 되고 있다.

그러나 일단의 비평가들은 합리적 방법이란 경제학적 방법으로 그것의 사용은 단지 경제문제에 한정할 수 있다는 것이다. 만약 합리적 모형을 정치와 사회 부문에 사용한다면 그것은 경제학적 연구 틀을 모든 사회과학에 사용하려 하는 '경제학적 제국주의(economics imperialism)'라는 것이다.[1]

또 다른 합리모형에 대한 비판은 이 모형이 이상적인 준거 틀을 제시한 규범적 모형이기 때문에, 실제 정책결정이 이뤄지는 현상을 설명할 수 없다는 것이다. 이 밖에도 대안의 탐색 및 분석 과정에서 비용의 측면을 간과하고 있다는 등 합리모형에 대한 비판은 점증모형의 비판, 만족모형의 비판, 매몰비용(sunk cost)의 문제, 애로(Kenneth J. Arrow)의 불가능 정리(impossibility theorem) 등 여러 가지가 있는데, 여기서는 불가능 정리에 대해 간단히 알아보고자 한다.

노벨 경제학상 수상자인 애로는 자신의 저서 『사회적 선택과 개인의 가치(*Social Choice and Individual Values*)』에서 사회적 선택 규칙이 수용될 수 있기 위해 최소한으로 준수되어야 할 조건들로서 다섯 가지를 제시했다.

① 최소한의 합리성: 개인들이 어떠한 선호 체계에 대해서도 완전성과 이행성을 충족하는 선호의 순서 매김이 가능해야 한다. 여기서 완전성이란 모든 사회적 결과를 비교하여 순서 지을 수 있어야 한다는 것을 뜻하며, 이행성이란 대안 x, y 간의 집합적 선호가 x>y이고, 대안 y, z 간의 집합적 선호가 y>z일 경우 대안 x, z 간의 집합적 선호는 x>z이어야 한다는 것을 뜻한다.

② 무관한 대안과의 독립성: 어떠한 집합적 선택도 의사결정과 직접적으로 무관한 다른 대안에 의해 좌우되어서는 안 된다. A와 B에 대한 선호의 우열을 결정하는 데 현

1 경제학적 제국주의에 대한 자세한 내용은 보울딩(Boulding, 1969)을 참조하기 바람.

재 안건에 상정되지 않은 C는 A, B에 대한 선호 결정에 영향을 주지 않는다.

③ 파레토 원칙: 어떠한 집단적 선택 규칙에서도 개인의 선호가 왜곡된 형태로 반영되어서는 안 된다. 모든 사람이 B보다 A를 선호하면 A는 사회적 선호가 되어야 한다. 또한 그 사회 내에서 최소한 한 사람은 x를 y보다 선호하지만 그를 제외한 다른 사람은 x와 y에 무차별적일 때도 x는 y보다 사회적으로 선호되어야 한다.

④ 개인의 선호에 대한 비제약성: 보편성의 원칙이라고도 하는데, 의사결정에 참여하는 각 개인의 선호에 어떠한 제약도 주어져서는 안 된다. 따라서 어떤 특정 형태의 선호를 가진 사람들도 사회적 선택 과정에서 배제되어서는 안 된다.

⑤ 비독재성: 집합적 선호의 결정에 있어 어떤 특정인의 선호가 그를 제외한 다른 모든 사람들의 선호에는 상관없이 언제나 사회적 선호로 된다면, 그 특정 개인은 독재자라고 불린다. 민주적인 집합적 의사결정에서는 이와 같은 독재자가 존재해서는 안 된다.

그런데 이들 다섯 가지 조건을 모두 만족시켜주는 어떠한 사회적 선택 규칙도 존재하지 않는다는 것이 그의 불가능 정리이다. 불가능 정리는 한마디로 민주적 사회에서 합리적 이론의 조건을 충족시키는 것이 불가능하다는 것이다. 개인적 선호는 이행적인 반면에 집합적 선호는 순환적이기 때문에, 대안들 간의 순위를 일관성 있게 설정할 수 없다는 것이다. 이러한 이유 때문에 합리적 선택은 불가능하다고 본다.[2]

애로의 불가능 정리가 민주주의의 해석에 의미하는 바에 대해 남궁근(2008: 72)은 아래 두 가지로 정리하고 있다. 하나는 의제순서를 제어하는 사람이 사회적 선택을 조종하는 데 가장 유리하다. 즉, 그가 선호하는 최종 결과가 나오도록 할 가능성이 그만큼 크다는 것이다. 다른 하나는 바람직하지 못한 사회적 선택을 회피하기 위해 순환적 선택이 이뤄질 수 있는 새로운 대안을 전략적으로 도입할 수 있다. 투표에서 계속 패배하

2 예를 들어, 일곱 명이 식사 장소를 정한다고 하자. 이들의 선호 순위는 다음과 같다(이호동, 1997: 86). 사람 1: 한정식 > 중국식 > 서양식, 사람 2, 사람 3, 사람 4: 서양식 > 한정식 > 중국식, 사람 5, 사람 6, 사람 7: 중국식 > 서양식 > 한정식. 여기서 한정식과 중국식의 비교에서 1부터 4까지는 한정식을 선호하고, 5부터 7까지는 중국식을 선호하고 있다. 그러므로 4 대 3으로 중국식보다는 한정식이 우선시된다. 이번에는 중국식과 서양식을 비교하면, 1과 5부터 7까지는 중국식을 선호하고, 2부터 4까지는 서양식을 선호하고 있다. 따라서 4 대 3으로 서양식보다는 중국식이 우선시된다. 여기서 이행성에 따르면, 서양식보다는 중국식이, 그리고 중국식보다는 한정식이 우선시되기 때문에, 서양식보다는 한정식이 우선시되지 않으면 안 된다는 결론이 나온다. 그러나 일곱 명의 선호순위를 보면, 한정식을 서양식보다 선호하는 사람은 한 명밖에 없다. 그럼에도 불구하고 이행성에 따라 한정식이 사회적 결과가 된다.

는 집단은 지배연합을 물리칠 수 있는 기회를 제공하는 투표의 순환을 이끌어내기 위해 새로운 이슈를 도입하려고 노력할 수 있다. 이러한 인센티브가 있으므로 순환적 투표의 상황이 의도적으로 만들어질 수 있다.

그러나 뷰캐넌(J. Buchanan)은 애로의 정리가 민주적 정치 과정의 생동력에 관해 아무런 시사점을 주지 못한다고 주장했다. 다수결 투표는 민주사회에서 얼마든지 수용될 수 있는 제도이다. 경쟁적인 대안들 중에서 하나가 한시적으로 채택되어 검증을 받으며, 채택된 대안은 언제나 끊임없이 새롭게 구성되는 다수의 집단이 승인하는 새로운 타협 대안으로 대체될 수 있기 때문이다. 바로 이것이 민주적 선택 과정인 것이다(전상경, 2001: 96).

제2절 만족모형

1. 의 의

만족모형(satisficing model)은 1958년에 사이먼(Herbert A. Simon)과 마치(James G. March)가 주장한 개인적·행태론적 의사결정모형인데, 그 후 사이어트(Richard M. Cyert)와 마치에 의해 조직의 차원으로까지 발전되었다(Cyert & March, 1963). 만족모형(satisficing model)은 합리모형의 현실적 제약점을 극복하기 위해 제시되었다. 즉, 현실성에 토대를 둔 현실적 이론이다. 이 모형은 인간의 '제한된 합리성(bounded rationality)'에 의해 최선의 대안보다는 현실적으로 만족할 만한 대안을 찾으면 더 이상의 대안 탐색을 중지하고, 그 대안을 정책대안으로 선택한다는 이론이다. 사이먼은 『행정행태(*Administrative Behavior*)』라는 저서에서 의사결정이 완벽한 합리성과 비이성적 감정이라는 두 극단의 중간에서 어떻게 이뤄지는가를 보여주었다. 즉, 완벽한 합리성과 비합리성의 중간에 제한된 합리성이 있다며 '제한적 합리성'은 완벽한 합리성에 입각해 현실의 문제 해결을 외면하기보다는 실질적으로 현실의 문제에 대해 제한된 범위에서 합리성을 추구할 수 있는 방법이라는 것이다.

2. 내 용

사이먼과 마치는 정책대안을 탐색하는 것을 짚더미에서 바늘을 찾는 것에 비유했다. 즉, 항상 많은 노력과 시간 및 비용을 들여서 날이 곧고 뾰족한 가장 최적의 것을 찾을 것이 아니라, 사용할 소재와 시간과 노력을 고려해서 적당하다고 생각되는 바늘을 골라서 사용하면 된다는 것이다. 그들은 만족 수준에서 일을 결정하는 것이 다반사이고, 이를 완전한 의미의 합리성보다 제한된 합리성의 개념으로 설명하는 것이 타당하다고 했다(이해영, 1997: 250). 만족모형은 인간의 인지 능력의 한계, 시간이나 경비의 부족으로 모든 가능한 대안을 탐색할 수 없고, 그런대로 괜찮은(good enough), 즉 만족(satisfactory)하는 것과 충분(suffice)한 것을 결합해 충분히 만족할 만한(satisficing) 선택을 하게 된다는 것이다(나기산 외, 1994: 334).

사이먼은 합리모형이 가정하고 있는 의사결정자를 경제인이라고 부르고, 자신이 제시하는 합리성의 제약을 받는 의사결정자를 행정인이라고 부른다. 경제인이란 목표 달성의 극대화를 위해 모든 대안을 포괄적으로 탐색하며, 복잡한 상황을 모두 고려해 결과 예측을 시도하고, 모든 가능한 대안 중에서 최선의 대안을 선택하며, 이에 비해 행정인은 몇 개의 대안만을 무작위적이고 순차적으로 탐색하고,[3] 복잡한 상황을 단순화시켜 대안의 중요한 결과만을 예측하며, 몇 개의 대안 중에서 만족할 만한 대안을 선택한다.

3. 평 가

만족모형은 합리모형의 비현실성을 극복하고 정책결정이 실제로 이뤄질 때 일어나는 현상을 정확하게 설명해 정책결정론에 대한 경험적·실증적 연구를 창도했다는 점에서 의의가 있다. 그뿐만 아니라 만족모형은 정책결정 시에 비용의 중요성을 지적해 규범적·처방적 측면에서도 장점이 있다. 또 사이먼(H. A. Simon)은 인간은 인지 능력에 한계가 있으므로, 이를 보완하기 위해 인공지능(artificial intelligence)이나 MIS, DSS 등

3 여러 대안 중에서 맨 처음 머릿속에 떠오르는 대안을 먼저 생각하게 되고, 그것에 대해서만 자주 생각하면서 순간적으로 그 대안만 평가하게 된다. 그것이 목표 달성에 부적절한 경우에만 비로소 다른 대안을 고려한다.

을 거론하기도 했다. 그럼에도 불구하고 몇 가지 비판을 받고 있는데 그 내용은 다음과 같다.

첫째, 만족할 만한 대안을 찾은 후에는 더 이상의 대안 탐색을 중지함으로써 더 중요한 대안이 있어도 이것을 탐색하지 않고 포기해 버리도록 하는 의식과 행태를 조장할 우려가 있다. 그렇지 않아도 책임회피의식과 보수적 사고방식에 젖기 쉬운 정부공무원들에게 의사결정에서 만족모형을 적용하라고 권할 수는 없다(남궁근, 2017: 368).

둘째, 개인에 따라 만족 수준이 다르기 때문에 만족화의 객관적인 기준이 존재하지 않는다는 점이다. 다시 말해, 만족모형은 지나치게 주관적이어서, '만족할 만한'의 수준이 어느 정도인지를 분명하게 결정할 객관적인 척도가 없다는 것이다.

셋째, 일상적이고 가벼운 의사결정은 만족 수준에서 이뤄질 가능성이 높으나 중대한 의사결정에서는 분석적 결정이 이뤄질 가능성이 높으며, 만족 수준에서 대안을 선택하기 때문에 현상 유지적 · 보수적이며 창조적인 대안이나 최선의 대안 발굴을 포기해 버리기 쉽다.

넷째, 이 모형은 어디까지나 개인의 의사결정 문제를 설명하려는 의도에서 나온 것이기 때문에, 이것을 그대로 조직의 의사결정 문제에 적용시키기에는 무리가 따른다. 즉, 조직이 개인의 단순 합계가 아니라는 점에서 만족모형을 조직 차원의 정책결정의 상황에 그대로 적용하기에는 한계가 있다.

제3절 사이버네틱스 모형

1. 의 의

사이버네틱스(cybernetics) 모형은 인공두뇌학을 말하며, 그 창시자인 위너(Norbert Wiener)에 의하면 사이버네틱스는 동물과 기계에 있어서 커뮤니케이션과 제어에 관한 이론을 의미한다. 이 모형은 설정된 목표를 달성하기 위해 정보와 환류 과정을 통해 자신의 행동을 스스로 조정해 나간다고 가정한다. 분석적 합리성이 완전히 존재하지 않는 상태에서의 결정으로 합리모형과 가장 대립되는 모형이다.

2. 내 용

1) 적응적 의사결정

달성하고자 하는 목표가 먼저 존재하는 것으로 전제하는 합리모형과 달리, 사이버네틱스 모형에서는 고차원의 목표가 반드시 사전에 존재하는 것으로 전제하지 않으며, 일정한 중요 변수의 유지를 위한 끊임없는 적응에 초점을 둔다.

이 모형은 주요 변수를 일정한 범위 내에서 유지하는 데 관심을 가지는데, 일례로 자동온도 조절장치를 보면, 이 장치는 방 안의 온도를 일정한 범위 내에서 유지하는 기계라고 할 수 있다. 온도가 미리 정해진 범위보다 낮아지면 난방기구를 작동하고, 반대로 그보다 높아지면 냉방기구를 작동시킴으로써 방 안 온도를 항상 일정한 범위 내로 유지한다는 것이다.

2) 불확실성의 통제

합리모형은 새로 추가되는 정보에 따라 결과 예측을 수정해 나가며, 이에 따라 정책대안의 결과에 관한 불확실성을 감소시킨다. 그러나 사이버네틱스 모형은 어떤 대안이 어떤 결과를 가져올 것인가 하는 것은 전혀 고려하지 않고 단지 의사결정자에게 부닥친 상태가 사전에 설정된 범위를 벗어났는가 아닌가의 여부만을 판단해 그에 상응한 행동을 반응 목록에서 찾아내어 조치를 취한다.

사이버네틱 의사결정자들은 미리 정해진 일정한 변수에 대하여만 집중적으로 모니터한다. 그리하여 허용할 만한 수준(acceptable level)에 미달하는 경우가 발생하면, 일상적인 표준운영절차를 검토하여 수정하게 되고 새로운 해결방식을 모색하게 된다(남궁근, 2017: 383).

3) 집단적 의사결정

조직이란 다양한 목표를 가진 개인들의 연합이므로 개인의 의사결정 논리가 그대로 적용되지 않고, 집단적 의사결정이 필요하다고 본다.

4) 도구적 학습

합리모형처럼 결과를 미리 예측해 합리적 대안을 선택하는 인과적 학습이 아니라 시행착오적 학습에 의존한다. 즉, 어떤 대안이 좋은 효과를 보면 계속해서 그 대안을 채택하는 반면, 나쁜 효과를 보면 다른 대안을 채택해 보는 식으로 학습이 이뤄진다.

3. 평 가

사이버네틱스 모형은 적응적 의사결정을 강조하지만 학습 과정의 정보 민감성은 합리적 · 분석적 모형에서보다 낮다. 표준적 절차와 대안 레퍼토리를 바꾸는 학습은 시간이 걸리기 때문이다(오석홍, 2008: 386).

그리고 이 모형은 분석적 합리성이 완전히 존재하지 않는 상태에서의 의사결정을 설명해 줄 수 있지만, 사이버네틱스 패러다임 자체만으로는 복잡한 의사결정 문제를 분석하기에 불완전하므로, 이를 인지이론(cognitive theory)으로 보완해야 한다는 주장도 있다(정정길 외, 2003: 489-490). 복잡한 상황을 안정적인 하위시스템으로 분해할 수 없는 경우에도 의사결정자는 어떻게든 결정을 해야 하는데, 이 경우는 사람의 마음에 의해서 해결될 수밖에 없다. 이 경우, 불확실한 상황을 주관적으로 해석하여 복잡한 상황을 분해함으로써 사이버네틱스 모형을 적용할 수 있을 것이다.

제4절 점증모형

1. 의 의

린드블롬(Charles E. Lindblom)과 윌다브스키(Aaron B. Wildavsky) 등이 제시한 이론으로서, 합리모형의 비현실성을 비판하면서 "실제의 정책결정 과정은 점증적(현실적 · 실증적 모형)일 뿐만 아니라 점증적이어야 바람직하다(처방적 · 규범적 모형)"는 것이다. 최초의 명칭인 점진주의(incrementalism)에서 '조금씩 변화하고 전진하는(muddling through)'으로 바뀌었다가 재차 '분절적 점증주의(disjointed incrementalism)'로 바뀌었다. 이처럼 명칭은 서로 다르지만 의미하는 바는 하나인데, 정책을 과거 정부활동의 지속으로 보고 여기다가 점진적으로 수정을 가하는 것으로 보고 있다.

앞서 언급한 만족모형이 개인적 의사결정모형이라면, 점증주의모형은 결정자의 인지 능력상의 한계뿐만 아니라 정책결정의 상황까지 고려한 정책결정모형이라고 할 수 있다.

2. 내 용

점증모형에 의하면, 정책결정은 과거의 정책, 기존의 정책 또는 이미 시행하고 있는 시책과 비슷한 수준에서 정책이 결정된다는 것이다. 따라서 린드블롬은 합리모형이 뿌리(root) 접근 방법이라고 한다면, 점증모형은 제한적이고 가시적이며, 지엽적인 것부터 먼저 고려하는 가지(branch) 접근 방법이라는 것이다(Lindblom, 1959: 84).

점증모형은 정책결정자의 분석 능력 및 시간이 부족하고 정보도 제약되어 있는 상태에서 현재의 정책에 약간의 변화만을 대안으로 고려해 정책을 결정하고, 시간이 흐름에 따라 환류되는 정보를 보아 지속적으로 수정하는 것이 바람직한 정책결정으로 보고 있다.

린드블롬은 나중에 자신의 초기 입장을 다소 수정한 논문을 발표했는데, 그는 이 논문에서 종전의 입장을 고수하면서도 정책결정에서 합리성을 제고하는 방법으로 합리주의의 이념을 채택한 것으로 볼 수 있다. 그는 점증주의를 크게 점증적 정치(incremental politics)와 점증주의 분석(incrementalism analysis)으로 구분했으며, 그리고 정책분석 방법으로서 점증주의 분석을 단순 점증적 분석, 분절적 점증주의 및 전략적 분석의 세 단계로 구분해 체계화했다(Lindblom, 1980: 517-518).

첫째는 '단순점증모형(simple incrementalism)'으로, 정책분석 시 제기되는 여러 개의 대안 중에서 현재의 정책과 비교해 차이가 그다지 크지 않은 것을(incrementally different) 선택한다는 것으로, 현상 유지를 전제로 하여 약간 변화된 정책을 추구하는 것을 원칙으로 하기 때문에 보수적인 경향이 매우 강하다.

둘째는 '분절적 점증모형(disjointed incrementalism)'[4]으로, 정책결정자가 제한된 수의

4 분절적 점증모형은 다원적 정치사회에서 두드러지게 나타나는데, 예컨대 어떤 하나의 정책이 여러 하위정

그림 10-2 세 가지 모형 간의 관계

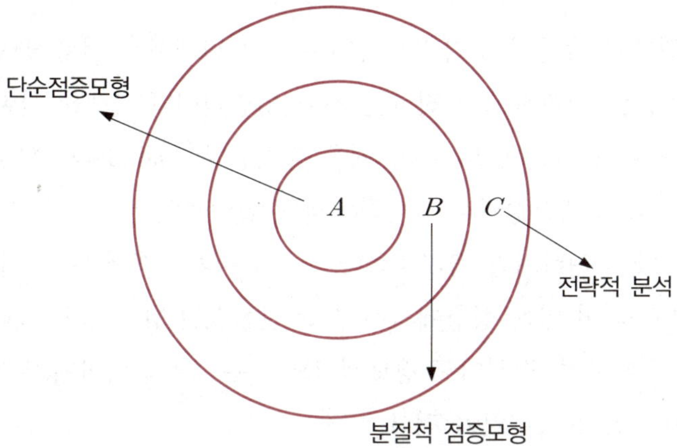

정책대안들만을 선택하게 되며, 정책대안에 대한 분석과 평가가 정책결정자 및 정책분석가뿐 아니라 사회 전체에서 발생하게 된다는 것이다.

셋째는 전략적 분석(strategic analysis)으로, 한층 더 복잡한 문제를 해결하기 위해, 신중하고 사려 깊은 전략을 통한 문제 해결 활동 단계이다. 이는 복잡한 문제를 단순화시키기 위해 신중히 선택된 대안만을 분석한다는 것이다. 이것은 결국 과거 자신이 주장했던 점증주의보다 합리모형 쪽으로 크게 이동한 것으로 볼 수 있다.

이들 간의 관계를 보면, 분절적 점증주의는 전략적 분석의 일종이며, 단순점증모형은 분절적 점증주의의 하나의 구성 요소이다. 이들 관계를 [그림 10-2]와 같이 나타낼 수 있다.

이상에서처럼 린드블롬은 완전한 수단적 합리성의 존재를 부정하며, 다원화된 사회를 전제로 하여 실제의 정책결정은 정치적인 과정을 통해 결정되며, 이때 사회 내의 다양한 세력들이 나름대로의 대안분석을 바탕으로 이 정치 과정에 참여하고 있다고 주장한다(주재현, 2008: 22).

책으로 나뉘어 있을 때 이들 부분이 각각 상이한 결정기관의 주장을 반영하는 경우가 그러하다. 이들 상호 반독립된 기관이 정책의 부분 부분을 결정하면 하나의 기관에서 무시되었던 중요한 정책 결과가 다른 기관에서 취급해 고려할 가능성이 커진다. 그러므로 하나의 정책결정에서 정책대안이 가져올 모든 중요한 결과를 고려할 필요가 없다는 것이다(정정길, 2000: 483).

3. 평 가

다양한 이해관계가 충돌하는 다원적 민주주의 사회에서는 서로 양보하고 협상(log-lolling)하면서 조금씩 변화하고 전진하는 것이 일반적이다. "가장 실현 가능성이 높은 것은 점진적인 것이다"라는 말도 이와 맥을 같이한다(Huitt, 1968: 274).

또한 현실적으로 정책결정권자의 입장에서는 합리적인 방법으로 모든 정보와 자원과 대안을 전부 다 고려하기란 불가능하다. 또 기존의 정책에 많은 비용, 즉 매몰비용(sunk cost)[5]이 투자되어 있는 상황에서는 가장 현실적인 방식이다. 그리고 기존의 정책을 바탕으로 하기 때문에, 정책이 조령모개식으로 수시로 변화하지 않아서 정책의 신뢰성에 대한 의문이 일어나는 일이 적다.

그러나 점증모형은 다음과 같은 측면에서 비판을 받고 있다. 첫째, 점증모형은 안정적인 상황 하에서는 적용이 가능하나 위기와 같은 급변하는 환경에서 적용하기에는 무리가 따른다(Nice, 1987: 145-156). 고스롭(L. C. Gawthrop)은 사회적으로 인구 팽창이나 과학기술의 발전 등과 같은 급속한 변화가 일어나기만 하면 점진적인 과정으로는 문제를 효과적으로 해결할 수 없게 된다고 말하고 있다(Gawthrop, 1971: 82-83). 그리고 드로(Y. Dror)는 점증모형이 타당성을 지니려면 현행 정책의 결과가 대체로 만족스러운 것이어야 하며, 해결해야 할 문제의 성격이 고도의 안정성을 지녀야 하고, 그리고 문제해결을 위한 수단 역시 고도의 안정성을 지녀야 한다는 전제 조건의 충족이 필요하다고 한다. 그러나 이러한 전제 조건은 사회가 안정되어있는 선진국에서는 적합하나, 변동이 극심한 개발도상국가에 적용하기에는 많은 무리가 따른다(Dror, 1964: 154-155).

둘째, 점증모형은 '목표 지향(goal orientation)'이 결여되어 있다. 포리스터(John Forester)가 지적한 대로 점증모형은 "우리가 어디로 가는지도 모르고 교차로만 건너다니게 한다"는 것이다(Forester, 1984: 23).

셋째, 점증모형은 지나치게 보수적이어서 쇄신을 저해한다. 현재의 상태(status quo)

---

5 매몰비용의 예를 들어 보자. 비합리적인 정책에 이미 투자를 했다가 이제 와서 이 정책이 비합리적이라고 중단하게 되면 그때까지의 매몰비용 때문에 정책을 변경하는 것이 오히려 불합리하게 된다. 따라서 기존의 정책을 받아들이게 되고 여기에다 조그만 수정을 가해 변경할 뿐이다. 저수지를 건설하고자 하는데 후보지 A, B 두 지역 중 건설비용이 A는 50억 원, B는 40억 원이 소요된다. 합리적으로 결정한다면 B지역으로 결정해야 할 것이다. 그러나 A지역 국회의원의 세력이 강해서 그곳으로 결정하고 15억 원 정도의 공사가 이미 진척되었다. 그 후 A지역 국회의원이 낙선해 다시 B지역으로 바꾸면 40억 원이 들지만, A지역에서는 35억 원만 더 투입하면 된다. 이 15억 원이 매몰비용에 해당한다.

를 지나치게 옹호하려는 성향이 있으므로, 이는 정치적 강자의 입장을 대변해 사회적 약자를 억압하는 이념적 무기로 악용될 우려가 있다.

넷째, 점증모형은 타성에 젖은 정책결정을 조장할 가능성이 크다. 점증모형에 대해 드로(Dror, 1964: 153-157)는 이것은 과학이 아니고 타성적(inertia)이라고 비판을 가하기도 했다. 타성에 젖게 되면 새로운 대안의 모색을 소홀히 하기 쉽다. 사실 오늘날과 같이 급변하는 정책환경에서 정책담당자는 새로운 문제에 자주 직면하게 되는데, 기존의 정책만으로는 이 문제들을 해결하기 어렵기 때문에 새로운 정책이 요구된다.

다섯째, 어느 정도의 변동이 점증적이라고 정의할 것인가 하는 측정상의 문제가 발생한다(LeLoup, 1978: 489-495). 점증주의의 기준이 모호해 사람에 따라서는 10% 이내, 10~20%, 심지어 30%의 변화까지도 점증적이라고 주장하는 사람들이 있다(Bailey & O'Connor, 1975: 64).

이 밖에 하이예스(Michael Hayes)에 따르면, 실제로 점증주의가 린드블롬이 생각했던 것만큼 널리 적용되지 않는다고 본다. 그는 정책결정 상황을 아래 네 가지로 파악한 뒤, 점증주의는 (A) 영역 하나에만 정상적으로 적용된다고 본다. 목표에 대한 합의가 이뤄지지 않았고, 수단에 관한 지식 기반도 역시 갈등 상황인 경우에는 점증주의적 결정이 불가피하다. 하지만 목표에 대한 합의가 이뤄졌고, 수단에 대한 지식도 풍부한 경우(D)에는 합리적 의사결정이 이뤄질 수 있다. 이 경우에는 비점증적인 큰 변화가 이뤄질 수 있다(남궁근, 2008: 421-422).

표 10-1 정책결정 상황의 분류

	목표의 갈등	목표의 합의
수단적 지식의 갈등	(A) 정상적 점증주의 영역	(C) 순수한 지식 기반의 문제
수단적 지식의 합의	(B) 순수한 가치갈등의 문제	(D) 합리적 의사결정의 영역

자료: 남궁근(2008: 421).

제5절 혼합탐사모형

1. 의 의

혼합탐사모형(mixed scanning)은 에치오니(Amitai Etzioni)가 제창한 것으로서, 합리모형과 점증모형을 혼합·절충한 제3의 모형이다. 즉, 합리모형은 비현실적이라는 것인데, 인간의 지적 능력의 한계로 인해 합리모형대로 정책문제를 해결할 수 없다는 이유이다. 또한 점증모형도 보수적인 관점에서 지배 계층의 이해관계를 중시하고, 나머지 계층을 무시하는 것을 정당화시키는 이론이라고 했다. 그래서 이 양자를 변증법적으로 통합하려는 것이다(Etzioni, 1967: 385-392).

에치오니는 합리모형은 결정 권한이 집중되어 있고 통제·계획 지향적인 속성을 지니는 전체주의 사회 체제에 적합하며, 점증모형은 다원적이고 합의 중심적인 민주사회에 적합한 모형이라 하고, 혼합탐사모형은 '적극적 사회(active society)'에 적합한 전략이라는 것이다. 그가 말하는 적극적 사회란 민주주의 체제보다는 합의 능력이 더 향상되고, 전체주의 체제보다는 신정보 기술과 사회과학적 분석을 통해 더 효과적인 통제 수단을 갖춘 사회를 의미한다. 이러한 적극적 사회에서는 전체주의 체제에서 추구하는 만큼 합리적이지 않으며, 민주주의 체제에서 주장하는 만큼 점증적이지 않은 혼합탐사모형의 전략이 필요하다는 것이다. 한편 에치오니는 사회적 소외에 주목하고 주요 처방으로 사회적 합의를 제시했다. 합의의 정도가 높을수록 필요로 되는 통제의 형태가 덜 불쾌하고 덜 소외적이 된다. 그는 이 합의와 통제라는 변수를 통해 사회를 <표 10-2>

표 10-2 에치오니의 사회 유형 분류

		통제: 강하다	통제: 약하다
합의	높다	적극적 사회 (예: 이스라엘)	표류 사회 (예: 미국)
	낮다	과도관리 사회 (예: 소련)	소극적 사회 (예: 파라과이)

와 같이 네 가지 유형으로 분류하고 있다(주재현, 2008: 141).

<표 10-2>에서 표류사회와 과도관리 사회는 상대적으로 높은 사회적 소외(social alienation)를 보인 반면, 적극적 사회와 소극적 사회는 낮은 소외를 보이고 있다. 소극적 사회가 현존 상태를 그대로 따르는 데 반해, 적극적 사회에서는 목표 달성을 위한 열망과 능력을 보여준다.

2. 내 용

혼합탐사모형에서 정책결정은 근본적 결정과 세부적 결정의 지속적인 교호작용에 의해 이뤄진다. 근본적 결정이란 세부적 결정이 이뤄질 테두리를 결정하는 것으로, 세세한 내용이나 구체적인 것들은 의식적으로 제외함으로써 개괄적인 검토가 가능하게 한다. 즉, 개관만 하고 세부적인 조사는 하지 않는다. 이러한 개관은 전반적이고 근본적인 방향을 올바로 설정하려는 목적을 지닌 것이다. 세부적 결정은 근본적 결정이 설정한 맥락 안에서 점증적으로 결정되는데, 성질상으로 보면 근본적 결정의 구체화 내지 집행에 해당되는 것이다.

에치오니는 기후 측정 인공위성을 예로 들어서 설명한다(Etzioni, 1967: 389). 기상 관측 시 만일 합리모형에 입각한다면 지구를 둘러싸고 있는 하늘의 모든 기상 상태를 면밀히 관찰해야 하는데, 그렇게 하는 것은 시간이나 비용 면에서 현실적으로 곤란할 것이다. 반면 점증모형에 입각해서 과거에 이상 기후가 발생했던 지역에 국한해 조사한다면, 그 지역 이외의 지역에서 발생할 이상 기후에 대해서는 전혀 검토할 수 없게 될 것이다. 따라서 이러한 양자의 문제점을 동시에 극복할 수 있는 바람직한 조사 방법으로, 광각 카메라로 지구상의 전 지역을 전체적으로 살펴보되 상세한 것은 피하고(all encompassing level: 합리모형에 입각), 그 중 이상지역이 발생되면 정밀 카메라를 가지고 그 지역에 대해 집중적으로 세밀하게 관찰하는(highly detailed level: 점증모형에 입각) 방법을 제시하고 있다. 군대에서 경계 요령에 의해 공간 전역을 전체적으로 살핀 후, 의심나는 곳을 반복해서 자세하게 관찰하는 경계활동도 이 모형의 좋은 예라고 할 수 있다(최항순, 2006: 400). 다시 말하면, 혼합탐사모형은 제한된 자원과 능력을 좀 더 중요하고 가능성이 높은 곳에 초점을 두고 정책 방안을 탐색하고 결정하는 이론이다. 이 내용을

표 10-3 혼합 탐사의 내용

	고려한 대안	예측할 대안의 결과
근본적 결정	중요한 대안을 포괄적으로 모두 고려	중요한 결과만 개괄적 예측. 미세한 세목은 무시
세부적 결정	근본적 결정의 테두리 안에서 소수의 대안만 고려	여러 가지 결과의 세밀한 분석

자료: 정정길(2000: 494).

정리하면 <표 10-3>과 같다.

이 혼합탐사모형을 실제 사례에 적용한 이는 웨이드(Larry L. Wade)이다. 그는 『공공정책의 본질(*The Elements of Public Policy*)』이라는 책에서 혼합탐사모형을 이용해 사회문제를 분석하고 있다. 그는 넓은 시야를 가진 사진기로 많은 사회 자료를 수집하고, 만약 취업률에서 문제가 발견되면 시야가 좁은 사진기로 실업자의 기술 능력 등을 자세히 살펴보고 있다(Wade, 1972: 110).

3. 평 가

혼합탐사모형은 모든 결정을 동일한 수준으로 보지 않고 근본적인 결정과 세부적인 결정, 그리고 양 극단 사이에 존재하는 많은 결정으로 구분한 것과 합리모형의 지나친 엄밀성과 점증주의의 보수성을 극복할 수 있는 전략을 제시했다는 점에서 정책결정이론의 발전에 크게 기여한 것으로 평가할 수 있다(정정길, 2000: 497). 그러나 이 모형은 새로운 것이 아니라 두 개의 대립되는 극단의 모형을 절충·혼합한 데에 불과하다는 비판도 받고 있는데, 그 이유는 현실적으로 이 이론을 적용할 때 어디에서 합리적인 접근 방법과 점증적인 방법을 사용해야 할 것인가에 관해 모호한 입장을 취하고 있기 때문이다(이해영, 1997: 250; Ham & Hill, 1984: 87-88). 이 문제를 해결하기 위해서는 정책결정자가 기본 지식의 배양이나 상상력의 제고 같은 주관적인 요소뿐 아니라 실제적인 정책결정 경험의 연마라는 객관적인 조건을 구비해야 할 것이다.

제6절 최적모형

1. 의 의

드로(Yehezkel Dror)는 점증모형을 타성을 조장하고 쇄신을 저해하는 정책결정 방법이라고 비판한 바 있다. 그에 의하면, 점증주의적 정책결정의 접근 방법은 현존의 정책이 만족스럽고, 문제의 성격상에 높은 일관성이 유지되고 있고 이 문제를 다루기 위해 이용 가능한 정책 수단들에 고도의 계속성이 유지될 수 있을 때 유용한 접근 방법이 될 수 있다는 것이다(Dror, 1983: 153). 그러나 사회적 변화가 극심한 사회에서는 이러한 조건들이 잘 들어맞지 않을 뿐만 아니라, 어떤 사회가 적극적으로 변화를 일으키고자 노력하는 경우에는 더욱이 적용하기 어려운 접근 방법이라 할 수 있다.

이러한 인식에 따라 그는 더 나은 정책결정을 위한 전략과 정책결정 체제의 개선이 중요하다는 문제의식에 입각해, 합리모형의 비현실성과 점증모형의 보수성에 비판을 가하고 현실주의와 이상주의를 통합한 최적모형(optimal model)을 제시하고 있다.

2. 내 용

1) 합리성의 제고

합리성의 제고가 중요하긴 하지만 그것은 어디까지나 '경제성을 감안한 합리성'이어야 한다는 것이다. 즉, 다음의 경우와 같이 합리적 결정의 효과가 비용보다 클 경우에만 합리모형을 적용해야 한다(정정길, 2000: 500).

합리적 결정의 효과 ≥ 합리적 결정의 비용

이때 합리적 결정의 효과는 합리모형에 따라서 분석적으로 정책을 결정할 때 그 결과로서 정책의 질이 향상되는 효과를 말하며, 합리적 결정의 비용은 결정에 소모되는 노력, 시간, 정보수집비 등의 분석 경비를 의미한다.

그리고 초합리성을 강조하는 데 선례가 없거나 매우 중요한 비정형적 결정에서는 직관 · 창의 · 판단 등과 같이 인간 의식의 저변에 존재하는 반(半)무의식적 요소인 '초합리적 요소'가 정책결정 과정에 개입해야 한다.

2) 정책 과정의 환류성

최적모형은 4단계(stages) 18개 국면(phase)으로 구성되어 있다. 이들 4단계는 메타 정책결정 단계(meta-policymaking stage), 정책결정 단계, 정책결정 이후 단계와 환류 등이다. 이들 4단계 중에서 드로가 특히 강조하는 단계는 메타 정책결정 단계이다. 메타 정책결정은 "정책결정을 어떻게 해야 할 것인가에 대한 결정"을 말한다. 각 단계의 주요 내용을 보면 다음과 같다.

첫째, 메타 정책결정 단계는 정책결정 이전에 전반적인 정책결정의 구상에 관해 결정하는 단계로서, 정책문제 및 관련된 가치의 확인, 이용 가능한 자원의 확보, 정책결정 체제의 분석 및 정책결정 전략의 수립 등을 주요 내용으로 한다.

둘째, 정책결정 단계는 합리모형을 기본으로 하고 있다. 이 단계에서는 목표의 명확화와 우선순위의 결정, 정책대안의 탐색 및 개발, 정책대안의 결과 예측, 정책대안의 비교 및 평가, 그리고 최적의 대안 선택 등을 주요 내용으로 한다.

셋째, 정책결정 이후 단계와 환류는 앞의 두 단계에서 작성된 정책을 가시화하는 단계로서 집행을 위한 동기부여, 정책의 집행, 정책평가, 의사전달과 환류의 과정으로 이뤄진다.

3) 정책결정 체제의 구조

최적의 정책을 산출하려면 18개 국면에서 필요한 활동을 담당하는 무수한 사회 단위들 간에 적절한 구조적 틀이 유지되어야 하는데, 이것이 정책결정 체제의 구조적 측면이다. 이들 사회 단위는 전체적 정책결정에 최대한으로 공헌할 수 있도록 되어야 하는데, 이를 위해 몇 가지 기본적인 구조적 요건을 제시하고 있다(정정길, 1988: 677-678).

① 전체적 정책결정에는 많은 다양한 결정기관이 참여해야 한다.

② 정책결정의 각 국면을 공식적으로 책임지고 담당할 결정기관이 있어야 한다.

③ 정책결정 체제는 중첩성(redundancy)이 있어야 한다. 특히 중요한 국면일수록 과

오의 위험을 극소화하기 위해 기관이 여러 개 있어야 한다.

④ 정책결정 체제 내의 일부 주체는 다른 주체와 분리되어야 한다. 예를 들어, 연구를 위한 조직과 집행조직은 상호 독립적이어야 한다.

⑤ 집행을 용이하게 하기 위해 집행에 영향을 미치는 주체는 정책결정 체제 내에 포함시켜야 한다.

⑥ 정책결정 구조는 정기적으로 재검토되어야 한다.

3. 평 가

최적모형은 초합리성을 강조해 합리모형을 더욱 체계화시켰으며,[6] 메타 정책결정을 정책결정의 선행 단계로 도입함으로써 정책결정의 새로운 이론 모형을 개척했고, 정책 집행 후의 평가와 피드백을 공식적 정책결정의 한 단계로 포함시킴으로써, 정책결정이론의 새로운 지평을 여는 데 크게 기여했다.

그러나 최적의 의미가 불분명하다는 지적과 함께 초합리성의 성격이 명확하지 않고 초합리성의 구체적 달성 방법이 명확치 않다는 점, 그리고 초합리성이 지나치게 강조될 경우 신비주의에 빠질 위험성이 높고, 비합리적인 권위주의적 결정을 미화시켜 비민주적인 정책결정이 이뤄질 위험성이 내포되어 있다는 비판을 받고 있다.

이외에도 최적모형은 정책결정 과정 중에 일반 민중의 여론을 소홀히 취급하고 있다는 비판을 받고 있다. 현대 정책학의 아버지로 불리기도 하는 라스웰(Harold D. Lasswell)이 여론이 정책결정에 미치는 영향을 강조했던 것과는 달리 드로는 민주사회에 있어서 여론의 역량에는 한계가 있다고 말한 바 있다.

6 직관이나 통찰력 등도 훈련에 의해 어느 정도 길러진다는 점을 생각한다면 드로는 바람직한 정책결정을 위해 브레인스토밍(brainstorming), 정책 델파이(policy delphi) 등 질적인 정책분석 기법의 중요성을 지적한 것으로 판단된다(남궁근, 2008: 441).

제7절 회사모형

1. 의 의

이 모형은 연합모형(coalition model)이라고도 불리는데, 개인적 차원의 '만족모형'을 발전시켜 조직에서의 의사결정 차원에 적용시킨 것이다. 회사모형(firm model)은 철저하게 기업조직 내부의 의사결정에 초점을 맞추고 있다. 고전적 경제학에서 기업이 합리모형에 따라 의사결정을 하는 것으로 전제하고 있는데, 회사모형은 이에 대한 비판에서 출발한다. 이 모형의 실제 적용 사례인 미연방정부의 하급 법원을 대상으로 한 실증적 조사연구에서 현실적 타당성을 인정받고 있다 (Allan, 1966: 405-413).

2. 내 용

1) 갈등의 불완전한 해결

이 모형에서는 회사조직을 유기체가 아닌 서로 다른 목표를 지닌 구성원들의 연합체(coalition)로 본다. 예를 들어, 생산부(생산 목표), 판매부(시장점유율 제고)와 같이 이들은 각자의 활동에 어느 정도 독자성이 인정되므로 서로 간의 갈등은 불가피하다. 이들 갈등은 완전 해결보다는 잠정적으로만 해결되고 갈등은 항상 잠재해 있는, 즉 갈등은 불완전 해결 상태로 머물고 만다. 불완전한 갈등 해결을 구체적으로 보면 다음과 같다.

첫째, 국지적 합리성이다. 조직은 문제를 여러 하위 문제로 분해하고 이들을 하위조직에 분담시킨다. 즉, 독립적인 단순한 문제로 전환해 이러한 작은 부분에 대해서만 합리성을 추구하려 한다. 이렇게 부분의 합리성을 도모해 전체적 합리성을 도모하고자 한다.

둘째, 조직의 여유자원 활용이다. 국지적 최적화의 총계가 전체적 최적화를 이루기 위해서는 국지적 결정들이 일관성을 지녀야 한다. 만약 단위 조직 간에 상호 모순된 결정에 의한 피해가 있으면 조직의 여유자원을 통한 보상이 있어야 한다.

셋째, 목표에 대한 순차적 관심이다. 동시에 여러 가지 목표를 고려하는 것이 아니라 한 순간에는 이 목표를, 다른 순간에는 저 목표를 달성하는 데만 관심을 가진다. 이렇게 하면 모순되는 목표가 있어도 큰 갈등 없이 해결된다. 예를 들어, 농림축산식품부에서 연초 재배 농가를 지원할 때는 '농업 보호'라는 목표만을 고려하고, 담배의 유해성에 대한 광고비를 지출할 때는 '국민 건강'이라는 목표만을 고려하는 식이다.

2) 문제 중심의 탐색

조직에 무슨 문제가 없나 항상 탐색하는 것처럼 적극적으로 문제를 발견하는 것이 아니라, 문제가 발생한 후 비로소 문제를 탐색하기 시작하고 그 문제를 해결하기 위한 대안을 탐색하게 된다. 탐색조차도 완벽하게 이뤄지는 것이 아니라 만족할 만한 수준에서 이뤄진다.

3) 불확실성의 회피

시장 변화나 소비자 요구 등 불확실성 속에서 의사결정을 해야 하므로 불확실성을 회피하고자 한다. 그러한 불확실성을 회피하기 위해 조직은 미래 예측이 어려운 장기전략보다는 어떤 문제가 발생하면 해결책을 강구하고, 그것이 해결되면 다음 문제가 등장할 때까지 기다리는 식의 즉각 환류가 이뤄질 수 있는 단기계획을 작성한다. 또 주위 환경이 자기의 활동에 적합하도록 환경을 통제하기도 하는데, 거래 관행을 수립해 상대편 기업의 불확실성을 감소시키는 것이 이에 해당한다.

4) 조직의 학습

사람과 마찬가지로 조직도 경험에 따라서 목표와 관심의 대상을 변화시키며, 탐색 절차도 수정하는 등 문제를 해결하고 갈등을 해소하는 방법을 배운다.

결정 과정이 반복되는 과정에서 결정자들은 점차 많은 경험을 쌓게 된다. 시간이 흐르고 경험이 많아짐에 따라 결정은 좀 더 세련되고 목표달성도는 높아진다.

5) 표준운영절차

표준운영절차(Standard Operating Procedure: SOP)는 조직이 계속 존속해 오는 동안

경험적으로 습득하게 된 행동규칙을 말한다. 직무 수행, 보고규칙, 정보 처리에 관한 규칙 및 계획과 기획에 관한 규칙 등과 같은 표준운영절차는 조직의 의사결정 행태를 지배하게 된다.

3. 평 가

회사모형은 조직 내 하위조직들 사이의 상이한 목표로 인한 갈등이 협상을 통해서 해결될 수 있다는 점과, 이러한 해결은 완전한 해결이 아니고 불완전한 해결 상태로 남는다는 점, 그리고 표준운영절차의 중요성을 강조한 점 등은 현실에 대한 설명력이 매우 높다고 볼 수 있다. 또 일반적으로 회사모형은 민간조직의 의사결정 과정을 설명하는 것으로 이해되지만, 공공 부문의 의사결정에도 그 유용성이 인정된다(류지성, 2007: 385).

그러나 SOP에 입각한 결정 방식은 안정된 상황을 전제하고 있다. 즉, 현상 유지적이고 보수적이어서 급격한 변동을 겪는 개발도상국가에 적용하는 데에는 한계가 있다. 그리고 이 모형은 권한의 하위조직 위임이라는 민주적 · 분권적 조직관에 입각하고 있기 때문에, 모든 결정권이 최고층에게 집중되어 있는 권위주의적 조직에는 적용하기 어렵다.

제8절 쓰레기통모형

1. 의 의

쓰레기통모형(garbage can model)은 코헨(Michael D. Cohen) 등이 창안한 개인이 아닌 집단적 의사결정 이론으로서, 조직구성원의 응집성이 아주 약한 혼란 상태인 '조직화된 무정부 상태(organized anarchies)'에 있는 조직체의 비합리적 의사결정 과정을 분석하기 위한 모형이다.

이러한 복합적이고 급격한 변화가 일어나는 혼란 상태에서는 정책결정이 합리모형에서처럼 체계적으로 이뤄지는 것이 아니라, 쓰레기통 속의 쓰레기처럼 뒤죽박죽되다가 우연히 결정된다는 극도로 불합리한 집단적 의사결정 상황을 설명하고 있다.

2. 내 용

합리성을 극도로 제약하는 세 가지 전제 조건 하에서 의사결정의 네 가지 요소가 우연히 결합되어 의사결정이 이뤄진다고 본다.

1) 세 가지 전제 조건

첫째, 선호의 불명확성(problematic preferences)으로서, 의사결정에 참여하는 구성원들 간에 무엇을 선택하는 것이 바람직한지에 대한 합의가 없으며, 참여자 개인들은 자신의 선호가 무엇인지도 모르고 의사결정에 참여함을 말한다.

둘째, 불명확한 기술(unclear technology)로서, 어떤 목표를 달성하기 위해 무엇을 수단으로 선택해야 할지 잘 모르는 경우이다. 즉, 목표와 수단 간의 인과 관계가 불분명한 것을 말한다.

셋째, 일시적 참여자(fluid participation)로서, 결정 과정에 참여하는 사람들은 그 자신의 시간적 제약 때문에 일시적으로 참여하게 되며, 개개인으로 볼 때 그는 결정 전체에 대해 극히 부분적으로만 관여하게 되는 것이다. 다시 말해, 문제에 따라 참여자가 다르며, 참여도 간헐적이고 일회적이다.

이상에서 가장 비합리적 상황을 생각할 수 있는데, 즉 자기 스스로 무슨 대안이 좋은지도 모르면서 어떤 수단을 선택해야 하는지도 모르고 회의에 참석했다가 빠지기도 하는 것이다.

2) 의사결정의 네 가지 요소

의사결정이 이뤄지려면 네 가지 요소, 즉 결정해야 할 문제, 문제의 해결책, 참여자, 그리고 의사결정의 기회가 구비되어야 하는데, 이 네 가지 요소는 아무런 관계 없이 독자적으로 움직인다.

이처럼 이 네 요소가 서로 아무런 관계없이 독자적으로 흘러가는 한 가지 예를 들어보면, 공장의 공해문제가 심각해 A공장은 큰 문제에 봉착하고 있는데, 다른 곳에서는 이미 공해 방지 시설을 발명했다. 이를 A공장이 모르고 있는 경우, 문제와 해결책이 각

각 독자적으로 움직이고 있는 것이다.

위에 적은 네 가지 요소를 구체적으로 살펴보면 다음과 같다.

첫째, 문제(problems)의 흐름이다. 합리모형에서는 문제가 있으면 바로 의사결정 기회를 만들어 정책결정을 하는 것으로 가정한다. 그러나 쓰레기통모형의 경우에 문제는 의사결정 기회와는 별도로 자체적으로 등장해 변화한다. 즉, 사회문제가 등장하지만 정책의제화에 시간이 많이 걸려 사회문제는 의사결정 기회를 만날 때까지 독자적으로 흘러가는 것이다.

둘째, 해결책(solutions)의 흐름이다. 사회문제가 심각해지면 정책공동체에서 여러 가지 정책대안이 제시되고 이에 대한 비교·평가가 이뤄진다. 그리고는 정책결정의 기회가 올 때까지 기다리는데, 그동안 해결책은 혼자 흘러간다. 뉴먼(William W. Newmann)은 흐름을 수동적 흐름과 능동적 흐름으로 나누고 있는데, 문제의 흐름과 해결책의 흐름을 수동적인 흐름(passive stream)으로 규정하고 있다(Newmann, 1998: 187-212).

셋째, 참여자(participants)의 흐름으로 참여자가 없으면 의사결정이 이뤄질 수 없다. 그런데 참여자들은 의사결정의 모든 과정을 계속해서 참여하는 것이 아니고, 정책결정의 기회가 와도 그때까지 참여자는 문제를 모르거나, 정책결정의 순간까지 해결책을 모르고 있기도 한다.

넷째, 선택기회(choice opportunity)의 흐름이다. 선택기회는 무수히 많다. 예를 들면, 대학에서는 교무회의, 각종 교내 위원회 등이 이에 해당한다. 그러나 이러한 기회가 있어도 사회문제가 정책의제화 되지 않았거나, 또는 해결책으로서의 정책대안이 마련되어 있지 않으면 문제 해결을 위한 결정을 하지 못한다.

3) 의사결정의 방식

의사결정이 이뤄지려면 네 가지 흐름이 합쳐져야 한다. 이처럼 의사결정이 이뤄지기 위해서 네 가지 요소의 흐름이 합쳐지는 경우는 다음과 같다(노시평 외, 1999: 298).

첫째, 순수한 무정부 상태(pure anarchy)이다. 구성 요소의 흐름에 아무런 규제를 가하지 않는 경우로서, 네 가지 요소의 흐름이 시간의 우연적 동시성 때문에 합쳐지게 되어 의사결정이 이뤄진다.

둘째, 완전한 통제(organized control)이다. 네 가지의 흐름이 등장하면 바로 의사결정이 이뤄지는 경우이다.

셋째, 조직화된 무정부 상태(organized anarchy)이다. 이런 상태는 쓰레기통모형이 가장 잘 어울리는 경우이다.

쓰레기통모형이 상정하는 의사결정 상황은 문제가 제기되면 해결 방안이 모색되고 선택이 이뤄지는 순차적 단계들이 진행되는 것이 아니라, 임의적이고 무작위적 성격으로 나타나고 있다. 쓰레기통모형에서 조직체의 여유자원이 부족할 때 나타나는 의사결정 방식으로, 문제 해결보다도 오히려 진빼기 작전이나 날치기 작전이 특징적이다.

첫째, 진빼기 결정(choice by flight)이다. 해결해야 할 주된 문제에 여러 가지 너무 많은 문제들이 관련된 경우에 의사결정자들이 그 문제들을 실질적으로 해결할 수 없는 상황이 된다. 그러한 경우 다른 문제들이 다른 의사결정 기회를 찾아서 떠날 때까지 기다려서 결정하는 것이다.[7]

둘째, 날치기 통과(choice by oversight)는 관련된 다른 문제들이 제기되기 전에 재빨리 주된 문제에 대한 의사결정을 하는 방식을 말한다. 즉, 해결하려는 주된 문제에 다른 문제가 결부되면 어려울 경우, 다른 문제가 결부되기 전에 즉시 이 문제를 해결하는

그림 10–3 쓰레기통모형

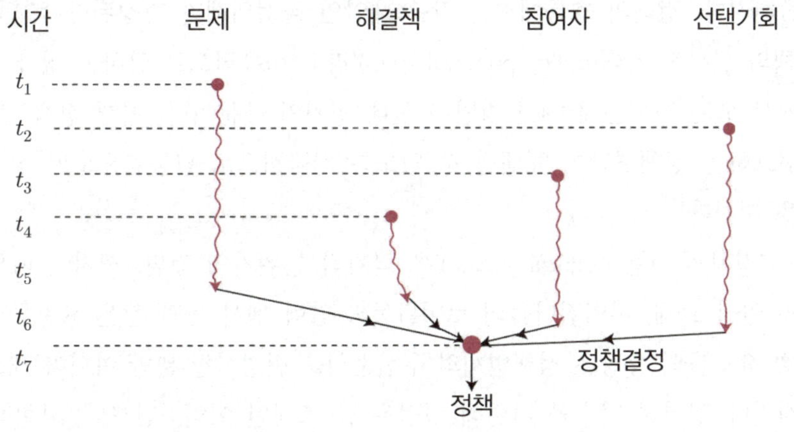

자료: 박성복 · 이종렬(2000: 301).

7 막후 실력자가 회의를 자주 휴회한다든지 하여 지쳐서 다른 곳에 가서 문제 해결을 시도하게 하는 것이 이에 해당한다.

방식이다. 예를 들면, 어떤 문제 해결을 주장하고 나온 참여자가 마침 해외 출장을 갔다든지 하는 경우에 빨리 중심 문제를 결정해 버리는 경우이다(박성복 · 이종렬, 2000: 303).

물론 이러한 의사결정이 기존의 조직문제들을 해결한 것이라고 볼 수 없으며, 단지 기존의 문제들이 새로운 선택의 국면을 맞았다고 볼 수 있다.

3. 정책흐름모형: 쓰레기통모형의 확장

킹던(John W. Kingdon)은 쓰레기통모형에 근거해서 정책흐름모형(policy stream model)을 제시했다.[8] 그는 세 가지 흐름이 서로 다른 경로로 흐르며, 어느 정도 상호 독립적인 경로를 따라 진행되다가 어떤 특정한 시점인 '정책의 창(policy window)'에 이르러 그들의 경로가 서로 교차하게 된다는 것이다. 세 가지 흐름을 보면, 먼저 '문제의 흐름(problem stream)'은 정부의 활동이 요구되는, 또 과거 정권이 해결하려고 노력했던 공중문제에 대한 인지이다. 어떤 문제가 정책결정자의 관심을 끌게 되는가는 정책결정자의 인지수단과 문제 정의 방법에 달려 있으며, 구체적으로 지표, 사건이나 위기, 환류 등이 크게 영향을 미친다(정정길 외, 2003: 858).

'정책의 흐름(policy stream)'에서는 여러 가지 가능성이 탐색되고 또 그 가능성들의 범위가 좁혀진다. 정책의 흐름에서는 각종 대안인 결정의제가 형성된다. 킹던은 이 과정을 '정책의 원시적 상태(policy primeval soup)'라고 비유적으로 말하고 있다. 왜냐하면 이 과정에서 모든 정책문제 해결 방안이 한데 엉키기 때문이다. 이때 정책선도자는 자신들이 선호하는 정책대안이 채택될 수 있도록 적극적으로 활동함으로써 정책의 흐름에 영향을 미친다.

끝으로, '정치의 흐름(political stream)'은 국가적 분위기의 전환, 선거에 따른 행정부나 의회의 인적 교체, 이익집단들의 로비활동과 압력 행사 등과 같은 요소들로 구성된다. 이러한 요소들의 등장은 정책의제의 우선순위를 변경시킬 뿐만 아니라 새로운 의제를 등장시킨다. 정치적 변수와 관련해 킹던은 잘 조직된 이익집단보다 '사회적 분위기'

8 자하리아디스(Theodore B. Zahariadis)는 영국과 프랑스의 석유, 통신, 철도산업의 민영화 과정을 분석하기 위해 킹던(Kingdon)모형을 수정한 모형을 제시했다. 그의 모형의 가장 큰 특징은 의제 설정뿐만 아니라 정책결정을 포함한 정책형성 전 과정을 포괄함으로써, 모형의 범위와 일반화 가능성을 높이고 있는 점이다(배용수 · 주선미, 2004: 4).

와 '선거'가 의제 형성에 큰 영향을 미칠 수 있다고 주장한다. 특정 사회적 쟁점에 대한 여론 형성이나 사회적 분위기의 조성은 특정 정책의제 설정에 큰 영향을 미친다(Kingdon, 1984: 21; 정정길 외, 2003: 858-859).

앞서 언급한 대로 이들 세 가지 흐름은 서로 아무런 관련이 없이 흘러다니다가 사회적 사건이나 정치적 사건 등의 발생이 점화 장치가 되어 세 개의 흐름이 결합하는 형태로 정책의 창이 열리게 된다.[9] 즉, 정책의 창은 정책 참여자들이 자신들의 이해관계가 걸린 문제에 정부의 관심을 집중시키거나 그들이 옹호하는 정책대안을 관철시키는 기회를 의미한다. 그리고 이 기회를 이용해 특정 문제를 해결하게 된다. 예를 들어, 모든 정책 전문가는 자신들이 선호하는 정책대안을 가지고 있으며, 그들이 '선호하는 해결 방법'을 사용할 수 있는 기회를 기다리게 된다. 그들이 선호하는 문제 해결 방법이 사회에서 필요하다고 인정받게 되면 그들은 자신들의 해결 방법을 사용해서 문제 해결을 하게 된다(김행범 · 구현우, 2014: 437).

여기서 이 모형을 적용한 사례로 국민기초생활보장제도에 대해 알아본다.[10]

1) 문제의 흐름

1인당 국민소득이 1996년의 11,380달러에서 1998년에는 6,742달러로 감소했다. 이러한 경제 위기는 대규모 실업을 가져왔으며, 빈곤층이 사회의 주류 계층으로부터 단절되는 현상을 가속화시켰다. 하위 20%의 소득은 1997년에 비해 17.2%의 감소율을 보였으나 상위 20%는 외환위기를 겪으면서도 소득 감소가 나타나지 않았다. 저소득 계층의 실업자 양산은 소득불평등의 확대라는 사회적 문제를 낳았지만, 정부 대책은 한시적 생활보호제도, 공공근로사업 등 단기적인 대책으로 대응함으로써 문제는 계속 존속되고 있었다.

9 정책의 창은 정치의 흐름과 문제 흐름의 변화에 의해 열리는데, 정치 흐름에 의해 열리는 경우가 가장 많다. 예를 들면, 정권 교체, 의회 내 정당 의석 분포 변화, 국민 여론의 변동 같은 정치 흐름의 변화가 정부 고위관료들에게 새로운 문제에 주의를 기울이게 하여 정책의 창이 열리게 된다. 이명박 정부가 출범하면서 인수위원회에서 영어교육 강화, 기업규제의 획기적 개선 등 수많은 정책의제를 새롭게 발굴한 바 있다(남궁근, 2008: 400).

10 이 사례는 박병현(2003: 287-292)에서 인용한 것임.

그림 10-4 킹던의 정책흐름모형

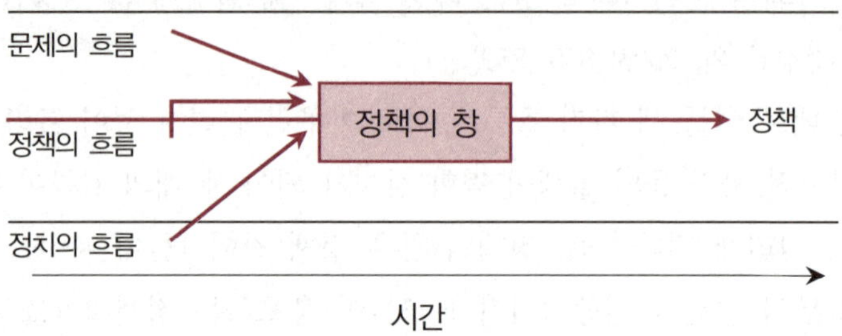

자료: 남궁근(2008: 399) 재작성.

2) 정책의 흐름

1997년 말부터 시작된 경제 위기로 실업률이 급증하고 빈곤이 심화되자 보건복지부와 민간 시민단체들이 정책대안을 개발하기 시작했다. 참여연대 사회복지위원회는 선별적 생활보호제도에서 전면적인 기초생활보장제도로의 전환의 필요성을 주장했다. 보건복지부는 1999년 대통령 업무보고에서 그동안 시행해 온 저소득층 생활안정 대책의 문제점을 지적하며 대책을 제시하고 있다. 문제점으로는 복지 욕구가 다양화되는 데 비해, 가구별 특성에 맞는 전문적 서비스 제공이 미흡함을 지적했다. 이에 대한 대책으로는 장기적으로 최저생계비 이하의 모든 가구에 대해 국가가 기초생활을 보장하는 것이었다. 그러나 보건복지부는 이러한 대안을 발표하기는 했으나 대통령의 국민기초생활보장법의 제정 발언이 있기 전까지는 법 제정에 소극적이거나 유보적이었다. 그러나 이러한 정책대안의 흐름은 정책의제화되어 정책결정의 기회가 올 때까지 기다리며 혼자 흘러가고 있었다.

3) 정치의 흐름

김대중 정부는 구조조정을 통한 경쟁력 강화 및 노동시장 유연성 확보 정책을 추진했다. 이 정책은 경제 위기를 극복하는 데에는 유효했던 것으로 평가를 받았으나, 실업자의 양산, 소득 불평등의 심화 등 부작용도 많았다. 이러한 부작용은 정부에 대한 비판으로 나타났고, 이를 해결하고자 한국적인 복지를 강조하기 시작했으며, 이에 대한 구상은 생산적 복지로 나타났다.

여기다가 김대중 정부는 옷 로비 사건, 조폐공사 파업유도사건 등으로 정치적 위기 상황에 직면하게 되었다. 이와 같은 정치의 흐름은 김대중 정부로 하여금 국면 전환의 필요성을 느끼게 했다.

4) 정책의 결정

김대중 대통령은 1999년 국민기초생활보장법을 제정하겠다고 천명하고, 삶의 질 기획단을 출범시켰다. 이러한 과정은 국민기초생활보장제도가 합리적인 의사결정 과정이나 과거의 정책을 점진적으로 수정하는 과정 중에 등장했다기보다는, IMF 관리 체계로 인한 실업자 급증, 중산층의 침화, 소득 격차의 심화 등 빈곤문제의 심화와 참여연대를 비롯한 시민단체와 사회복지학계에서 연구해 오던 정책대안들이 당시의 불안한 정치 상황과 겹치면서 이해당사자들 간의 역동적 상호작용 속에서 등장했다고 볼 수 있다.

4. 평 가

기존 이론들이 조직화된 무정부 상태를 단지 병리적인 현상으로 인식했으나 쓰레기통 모형은 이를 긍정적 측면에서 체계적으로 분석 시도했다. 또 이 모형은 조직적 혼란 상태의 결정 상황에 대한 체계적 분석을 시도하고 있는데, 조직적 혼란 상태는 오늘날 공공조직이나 교육기관 등에서 쉽게 발견할 수 있는 것인 만큼 현실의 결정 문제를 좀 더 적실성 있게 분석할 수 있다는 장점을 가진다. 이와 같이 상하 관계가 분명치 않은 대학이나 친목단체 또는 여러 부처가 관련되는 정책의 결정 등에 적용이 용이한 것은 이 모형이 다른 의사결정모형과 같이 의사결정 과정을 단계별로 설명하려는 것이 아니라, 조직이 처한 의사결정 상황을 이해함으로써 '조직화된 혼란'을 관리할 수 있는 방법을 인지하게 만들기 때문이다.

그러나 정책결정 상황을 우연으로만 설명하는 경향이 강해 결정자의 의지성을 설명하지 못하고 있다는 지적과 함께 조직적 혼란 상태는 조직의 일부에서 일시적으로 나타나는 특수한 경우이므로 설명의 한계가 있다는 비판도 받고 있다. 그리고 실질적인 정책결정 연구에서는 쓰레기통모형이 그리 많이 적용되지 않고 있는데, 이는 조직이 실질적으로 쓰레기통과 같은 기능을 한다면 어떻게 유지될 수 있으며, 조직이 유지된다 하더라도 어떻게 쓰레기통과 같은 역할을 할 수 있느냐 하는 질문들에 기인한다(Masuch & Lapotin, 1989). 이 밖에 쓰레기통 모형에서는 문제 해결 방식이 아니라 앞서 언급한 대로 주로 진빼기나 날치기 통과에 의해 결정된다고 했는데, 이 둘의 경우 결정이 실제로 이루어진 것이 아니라 사실 아무 것도 일어나지 않았다는 비판도 받고 있다(남궁근, 2017: 380).

제9절 앨리슨모형

1. 의 의

앨리슨(Graham T. Allison)은 1971년에 『의사결정의 본질(*Essence of Decision*)』이라는 저서에서 13일 간의 쿠바 미사일 위기에 따른 미국 정부의 정책결정 과정을 설명했다. 그것은 집단적 의사결정을 국가적 정책결정에 적용한 것으로 쿠바 미사일사건에서 미국이 왜 '해상 봉쇄'라는 대안을 채택했는가를 설명한다(Allison, 1971).

그는 정부의 정책결정 과정을 설명하기 위해 세 가지 모형으로서 합리모형, 조직모형 및 정치모형을 제시했다. 그의 모형은 합리모형이나 집단적 의사결정에서 한 걸음 나아간 종합적인 시각으로써 비교적 소홀하게 취급되던 '정치적 결정'을 세 번째 모형으로 보완하고 있다. 이들을 구분하는 중요한 기준의 하나가 정책결정에 참여하는 집단의 응집성이다. 합리모형에서는 정부를 잘 조정된 유기체로 보고, 조직모형에서는 정부를 반독립적인 하위조직들이 느슨하게 연결되어 있는 집합체로 간주하며, 정치모형에서는 정부를 서로 독립적인 정치적 참여자들의 집합체로 간주한다.

2. 내 용

1) 합리모형(Model Ⅰ)

합리모형의 논리를 국가 정책결정에 유추해 국익을 극대화시키는 최선의 대안을 선택하는 합리적 결정을 한다. 정부는 일관된 목표를 가지고 있고 조직구성원들은 이 목표를 서로 공유하며 합리적 결정을 위해 노력하게 된다. 따라서 정책결정에 참여하는 모든 사람은 국가 전체의 이익을 위해 행동하며 개인적인 사심(私心)은 작용하지 않는다는 것이다. 이러한 정책결정은 현실적으로 존재하기 어려우나 국가의 존립과 관련된 외교, 국방정책의 결정 과정을 설명하는 데는 설득력이 있다.

쿠바 미사일 위기를 합리모형의 관점에서 분석하면 다음과 같다. 쿠바 내에 소련의 미사일 배치를 통보받은 케네디(John F. Kennedy)는 대통령 안전보장이사회를 소집해 대안 제시를 요구했고 모두 6개 대안이 제시되었다. ① 소극적 방관(do nothing): 소련의 군사적 움직임에 대한 중요성을 과소평가했다며 기각됨. ② UN에 의한 사찰이나 흐루시초프(Nikita Khrushchyov)와의 직접 면담: 미국의 자존심이 손상된다는 이유로 기각됨. ③ 카스트로(Fidel Castro)와의 은밀한 교섭: 실질적 통제권을 소련이 가지고 있는 상황이라 실효성이 없다는 이유로 기각됨. ④ 쿠바 영내로 침공: 2만 명의 소련군과의 충돌이 우려됨. ⑤ 국지적 공습: 미 공군이 이동 가능한 미사일 기지를 완전히 파괴한다는 것이 대단히 어려워 기각됨. ⑥ 해상 봉쇄: 예상되는 손실보다 이득이 훨씬 큰 것으로 평가되었다. 가장 중도적인 성향으로 해상 봉쇄를 하면 미국은 소련에 대해 우위를 점하고 있는 재래식 무기를 사용할 위협을 계속적으로 가할 수 있다.

이처럼 대안의 비용편익을 계산하고, 외교적 판단을 거쳐 최선의 대안을 선택하게 되는 것이다.

2) 조직모형(Model Ⅱ)

정부는 하위조직들의 집합체이며 이들 하부조직의 표준운영절차(SOP)에 의해 국가정책이 결정된다. 정부 지도자는 집합체의 정상에 있으나 정책은 전문성을 가지고 있는 하위조직들의 내부 절차에 따라 결정된다.

정책결정의 참여자들은 국가적 목표보다는 자신이 속해 있는 하위조직의 목표를 우선시하는데, 예를 들어 외무부는 평화적 해결을 선호하나 국방부는 힘에 의한 해결을 선호한다. 따라서 서로 다른 목표를 가진 하위조직들이 문제 해결을 둘러싸고 발생하는 갈등을 협상을 통해 완전 해결이 아닌 준해결(quasi-resolution)하는 상태에 머물게 된다.

미사일 위기를 조직모형의 관점에서 보면 다음과 같다. CIA는 쿠바 상공에 대한 특별 비행을 지시했으나 미 공군은 비행 관할권을 두고 갈등을 벌여 특별 비행 조사도 열흘이나 지연시켰다. 케네디가 공습을 선호했으나 기각되고만 이유를 앨리슨은 조직모형의 관점에서 파악하고 있다. 미 공군은 대통령의 선호에도 불구하고 쿠바 영내에 설치된 중거리 탄두미사일을 이동식 미사일 공습으로 제거하기 어렵다는 주장을 한다. 그 결과 해상 봉쇄라는 대통령의 명령에도 불구하고, 미 해군의 집행 거부로 말미암아 소련 선박은 그대로 통과했다.

이처럼 정부기관들은 각기 목표가 다르고 저마다 독립적으로 정책결정을 하며, 같은 문제가 발생하더라도 문제 해결을 위해 각기 다른 방법으로 접근한다.

3) 정치모형(Model Ⅲ)

국가정책의 결정 주체는 단일 주체로서의 정부(합리모형)나 하위조직으로서의 부처들의 연합체(조직모형)가 아니고 참여자들 개개인이라고 본다. 즉, 결정 주체는 극도로 다원화된 참여자 개개인이다. 참여자들은 자신의 목표를 우선적으로 추구하면서 동시에 전체 조직의 목표와 하위조직의 목표가 혼재하므로, 목표의 공유 정도 및 정책결정의 일관성이 매우 약하다. 그러므로 정부의 정책이란 조직 전체가 부딪친 문제에 대한 최선의 해결책이라기보다 참여자들 간의 갈등과 타협에 의한 정치적 게임의 결과로 간주하는 것이다.

미사일 위기에서 맥나마라(Robert McNamara) 국방장관, 로버트 케네디(Robert F. Kennedy)는 공격에 따른 핵전쟁의 위험성으로 방관이나 외교적 압력이란 온건한 입장을 취했고, CIA 책임자는 강경 입장을 취했는데 케네디가 후자를 수용한 것이다.

대안 선택에서 케네디는 국지적 공습안을 지지했으나 이에 대해 맥나마라가 일본의 진주만 기습과 같은 실수로써 전면전으로 비화된다는 우려를 표명함에 따라 케네디는 이에 굴복해 '해상 봉쇄'를 취하게 된다. 이처럼 앨리슨은 쿠바 미사일 위기 문제를 해결하기 위한 대안으로서 취해졌던 해상 봉쇄라는 강공책이 바로 대통령과 고위관료, 그리고 정치가들 간의 정치적 게임에 의해 결정되었다는 것이다.

앨리슨은 '장기 게임'에 비유해 세 가지 모형을 설명하고 있다. 장기 게임을 화상 중계를 통해 관전하는 사람들은 각각의 장기 게임을 하는 사람들이 게임에서 승리하기 위한 목표를 향해 준비된 전략과 계획에 의해 그 게임을 풀어나갈 것이라고 가정하게 되는데, 이러한 가정은 '합리모형(Model Ⅰ)'으로 설명된다. 그러나 장기 게임을 수차례 관전하게 되면, '장기 게임'이 가지고 있는 유형을 읽을 수 있게 되어 그 게임은 개인의 합리적 사고에 의해 진행되는 것이 아니라, 일련의 '표준운영절차'에 따라 공격과 수비의 유형을 가지게 된다는 것을 발견하게 된다. 따라서 장기 게임을 '조직모형(Model Ⅱ)'으로 이해한다. 이와 같이 '장기 게임'을 유형화된 조직 과정으로 볼 수 있게 된다면, 장기 게임을 '정치모형(Model Ⅲ)'에 의해 이해할 수 있게 되는데, 예를 들어 다양한 게임의 주체들은 그들 나름대로 목표를 향해 게임에 임하게 되지만 '왕으로부터 졸'에 이르기까지 권력이 분산되어 있으며, 하나의 '말'을 움직인다는 것은 '전체적 협상의 결과'로 볼 수 있게 된다는 것이다. 즉, '공격' 혹은 '수비'를 하기 위해 특정 '말'은 희생될 필요가 있으며, 이것은 정치적 타협의 산물로 이해될 수 있다는 것이다(류지성, 2007: 367).

3. 평 가

조직계층의 측면에서 보면 이 모형은 각각 적용 계층이 다르다. [그림 10-5]에서 보듯이 조직체에는 공식적 권위(formal authority)와 기능적 권위(functional authority)가 있는데, 공식적 권위는 상위 계층으로 올라갈수록 강하고 의사결정상 적용 범위도 넓어지며, 하위 계층으로 내려갈수록 좁아진다. 이에 반해 전문적 지식과 경험에 의한 기능적

그림 10-5 앨리슨모형의 적용 계층

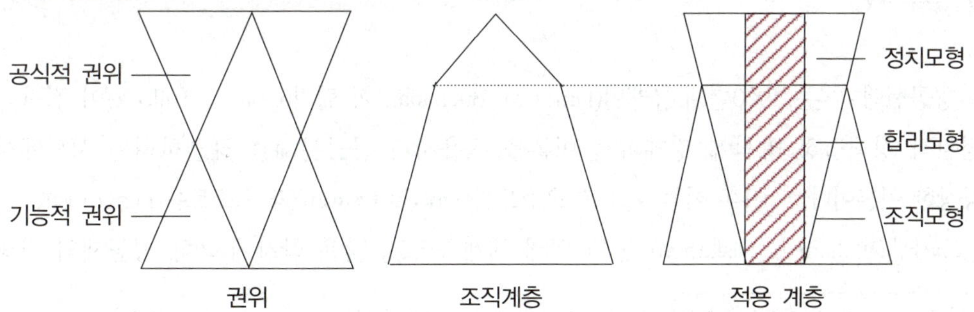

자료: 정정길 외(2003: 554).

권위는 위로 올라갈수록 약해지고, 의사결정에서의 적용 범위도 좁아지며 아래로 내려올수록 넓어진다.

앨리슨의 세 가지 모형 중에서 정치모형은 조직의 상위 계층에 적용 가능성이 높은 모형이고, 기능적 권위와 SOP로 특징지어지는 조직모형은 조직의 하위 계층에 적용 가능성이 높은 모형이다. 그리고 합리모형은 빗금 친 부분에 적용 가능하다고 가정해 볼 수 있다. 즉, 조직계층에 따라 큰 차이가 없는 것이다(정정길, 2000: 536).

그리고 이 모형은 합리모형 일변도에 입각한 이론과 실제의 괴리를 줄이고자 종합적인 시각을 강조했다. 해상 봉쇄라는 결정이 왜 내려졌는지는 합리모형으로만 설명되지 않았고, 조직모형과 정치모형으로도 설명될 수 있었다. 이렇게 하나의 정책 사례가 세 가지 모형을 모두 적용해야 해석될 수 있었음을 말해 주는데, 이는 의사결정을 위한 고도의 합리적 기법이 개발된다고 해도 의사결정의 정치적 성격을 완전히 배제할 수 없다는 점을 시사해 준다.

그러나 이 모형은 정책 유형에 따라 모형의 적용 가능성이 어떻게 달라지는가에 대해서는 설명하지 못하며, 우리나라와 같이 정책결정권이 중앙, 특히 대통령에 집중되어 있는 경우에는 적용에 한계가 있다. 그러나 1980년대 중반 이후 민주화가 진행되면서 이 모형의 적용 가능성은 점차 높아지고 있다.

제10절 공공선택모형

1. 의 의

공공선택이론은 1960년대 뷰캐넌(James M. Buchanan)과 털럭(Gordon Tullock)이 집단적 정치적 정책결정 방식에 경제학적 이론을 적용시켜 공공문제를 해결하려는 시도에서 등장한 이론이다.[11] 이후 이들 이론은 오스트롬(Vincent Ostrom)과 오스트롬(Elinor Ostrom), 니스카넨(William A. Niskanen) 등에 의해 체계화되고, 많은 학자에 의해 공공재의 적정

11 이 이론은 다원론자와 점증주의자들을 비판하는데, 그들처럼 개인이나 이익집단들을 진흙더미(muddling through)를 통하게 내버려둔다면 '소수 미국인(the other America)'들의 요구가 무시됨으로써 공익의 달성이 어렵게 된다(박성복 · 이종렬, 2000: 305).

공급을 위한 정책결정 방식과 조직 배열을 중심으로 연구되고 있다. 우리는 과거 국회의원들을 공익의 대변자로, 공무원들은 공익의 봉사자로, 국민들은 공공심을 함양한 시민으로 각각 규정하고, 기존의 정부 관련 학문 분야는 이러한 인간 관계에 바탕을 두고 공공문제에 대한 주류 이론을 형성해 왔다(박계옥, 2013: 166). 그러나 시장실패에 이은 정부개입에서 발생한 정부실패를 기존의 주류 이론으로 진단하고 규명하는 데 한계를 보임에 따라, 이에 대응해 새로운 대안으로 등장한 것이 공공선택론이다.

공공선택모형(public choice model)은 비시장적(non-market) 분야에 대해 경제학적 분석 방법을 적용한 것이다. 이 모형은 수요와 공급의 관점에서 정부정책을 검토하는데, 정부가 공공재의 공급자이고 시민들은 수요자가 된다. 시민의 편익을 극대화할 수 있는 서비스의 공급과 생산은 공공 부문의 시장경제화를 통해 가능하다는 것이다. 독점적 정부관료제는 정부실패를 가져오기 때문에 시민 개개인의 선호와 선택을 존중하고 경쟁을 통해 서비스를 생산하고 공급하게 함으로써 행정의 대응성을 높일 수 있다는 것이다. 관료 이기주의를 방지하기 위해 외부계약(contracting-out), 민영화, 정부 부처 간 경쟁 등과 같은 시장 원리를 관료제에 적용시켜야 한다는 것도 이러한 맥락에서 나오는 것이다.[12]

2. 전제 조건

1) 방법론적 개인주의(methodological individualism)

모든 사회 현상은 개인적 사실로서만 설명될 수 있다는 입장을 취한다.[13] 분석의 기본 단위로서 정책결정자로서의 개인을 가정하며, 이러한 개인은 경제적 · 합리적 존재로서 이기적이라고 본다. 개인들은 공공재를 최소의 비용으로 향유하려고 하기 때문에 공공재의 공급과 개선에 자발적으로 선호를 나타내려 하지 않는다.

---

12 공공선택론에도 여러 분파가 있는데 대표적인 것이 버지니아 학파, 로체스터 학파, 블루밍턴 학파이다. 각 학파의 특징에 대해서는 전상경(1999: 234-245)을 참조하기 바람.

13 오직 개인적 사실만이 사회 현상을 궁극적으로 설명할 수 있기 때문에, 대규모 사회 현상에 대한 법칙은 구성률(構成律, composition law)이나 일치율(一致律, correspondence rule)을 통해 개인적 사실에 관한 미시적 법칙으로 환원될 수 있는 경우에만 설명적 전제로 받아들일 수 있다(김행범 · 구현우, 2014: 189-190).

의사결정의 주체는 개인이지 집단이 아니다. 즉, 정부, 행정기관 등은 결정 주체가 아니며, 오직 개인만이 선택하고 행동할 수 있다. 집단 그 자체로써는 선택도 하지 못하고 행동도 하지 못해, 마치 집단들이 그렇게 할 수 있는 것처럼 가정해서 분석한 것은 과학적 규준에 어긋난다고 본다. 사회적 총합은 단지 개인들이 행한 선택과 행동의 결과로서만 고려될 수 있다는 것이다. 제도적 구조의 차이가 개인의 선택 행위에 영향을 줄 수도 있으나, 이 경우에도 개인의 선택 행위가 모든 분석의 출발점이 된다.

2) 경제인간(homo economicus)

각 개인은 합리성을 가진 추상적 인간이다. 즉, 자신의 선호를 극대화하는 행동 대안을 선택한다. 개인의 선호 함수에는 여러 가지가 있으나 그 중에서 경제적 동기의 극대화를 가장 중시하는데, 예를 들어 배나 사과가 모두 정(正)의 효용을 가져다주는 재화인데, 배의 가격이 사과의 가격보다 하락하면 사과보다 배를 더 많이 구입할 것이다(전상경, 1999: 232).

경제인간은 타인과의 경제적 관계에서 자신의 이익을 극대화하기 위해 행동한다. 이와 같은 경제인간의 모형에서는 경제행위와 비경제행위 사이를 명확하게 구분짓고 있지는 않다. 따라서 경제활동으로 분류될 수 없는 정치가, 관료, 법관 등의 행위도 자신의 이익을 극대화하는 경제적 인간의 맥락에서 설명될 수 있다(소병희, 1996: 272). 이처럼 공공선택이론에서는 정치인이나 관료는 재선이나 관할권의 확대 등과 같은 이기적인 동기에 의해 움직이는 합리적 경제인에 불과하다고 본다.

3) 교환으로서의 정치(politics-as-exchange)

거래당사자 외의 사람들도 직접적인 이해 득실을 본다. 예를 들어, 도로 포장이 결정되면 그 결정에 따라 주민이 세금을 더 내야 된다든지, 포장도로의 혜택을 보게 된다. 따라서 전통적 정치학에서 정부나 정치가는 공익을 추구한다고 보았다.

그러나 경제학에 기초한 공공선택론은 정부의 경제활동이 과연 순수하게 공익만을 위하느냐에 대해 의문을 가지게 되었고, 정치시장에서는 공공재를 교환함으로써 정치인이나 관료는 사익의 극대화를 추구한다고 생각하게 되었다. 즉, 관료와 정치가가 극대화하고자 하는 것은 국가 이익이 아니라 사익에 불과하다는 것이다. 니스카넨의 예산 극대화 원칙이 이를 잘 말해준다. 그는 관료들을 독점 공급자로 생각한다. 관료들은 국가 이익이나 전체 복지를 위해 일하는 것이 아니며 오히려 다른 요인들이 작용하는데, 이 요인이란 봉급, 명성, 권력 후원 등이다. 그는 예산극대화를 통해 관료들이 자신들의 효용을 극대화한다고 생각하는데 주요 내용을 간추려 보면 다음과 같다.

관료들은 자신이 획득하는 예산 수입은 생산에 소요된 실질적 비용을 초과해야 한다는 조건 하에서 예산극대화를 추구한다. 그 결과 정부 산출물은 적정 생산 수준보다 2배의 과잉 생산이 이뤄진다.

정치가는 유권자의 지지를 확보하려고 총 사회적 편익과 총비용(즉, 세금)의 차이가 극대화되는 산출량을 택하려 한다. 이는 한계편익과 한계비용이 일치되는 점 '가'에서 이뤄지는데, 그 이유는 MR=MC의 법칙(이윤극대화 산출량은 한계수익=한계비용인 점에서 이뤄진다) 때문이다. 그러나 관료들은 예산의 극대화가 목적인 경우 사무실의 크기나 비품, 스탭진 등의 증대를 통해 자신들의 위신과 체면을 높이려고 한다. 따라서 비용은 생각하지 않고 주어진 예산으로 총비용을 부담할 수만 있으면, 총편익이 극대화되는 산출량을 고집해 점 '나'가 된다.

B는 예산으로서, 그러한 산출물을 생산하는 데 써도 될 가치가 있다고 생각되는, 다시 말해 산출물의 사회적 편익의 합계를 나타낸다. 포물선으로 나타나는 예산 산출 함수는 $B=aQ-bQ^2$(여기서 Q는 산출량, a와 b는 정의 계수)이다. 또 이를 한계 개념으로 나타내기 위해 미분하면 $MR=a-2bQ$가 되는데, 이는 공공 서비스에 대한 사람들의 한계 가치를 나타낸다. 이는 사회적 재화(Q)가 한 단위 늘어날 때 예산이 얼마나 더 늘어나는가를 말한다.

이상의 니스카넨의 주장에 대해 미구에(Jean-Luc Migue)와 벨랑제(Gerard Belanger)는 관료가 예산을 모두 공공 서비스의 공급만을 위해 사용하고 있다는 것은 현실적이지 않다고 비판하고 있다. 즉, 관료들은 예산의 극대화만 추구하는 것이 아니라 효용의 극대화를 추구한다고 한다. 따라서 예산과 비용의 차액, 즉 잉여예산을 자신들의 이익을 위해 소비할 가능성이 있다. 이러한 잉여예산은 니스카넨모형에서 설명한 순편익이 있을 때 확보될 수 있다. 관료들이 효용극대화를 추구한다면 공급하는 서비스의 양은 잉여예산, 즉 재량적 예산(discretionary budgets)을 고려하는 양만큼 니스카넨의 경우보다 적게 나타난다는 것이다 (Migue & Belanger, 1974: 27-47). 이와 같이 관료들은 자기 소관

그림 10-6 정치가와 관료의 최적 예산

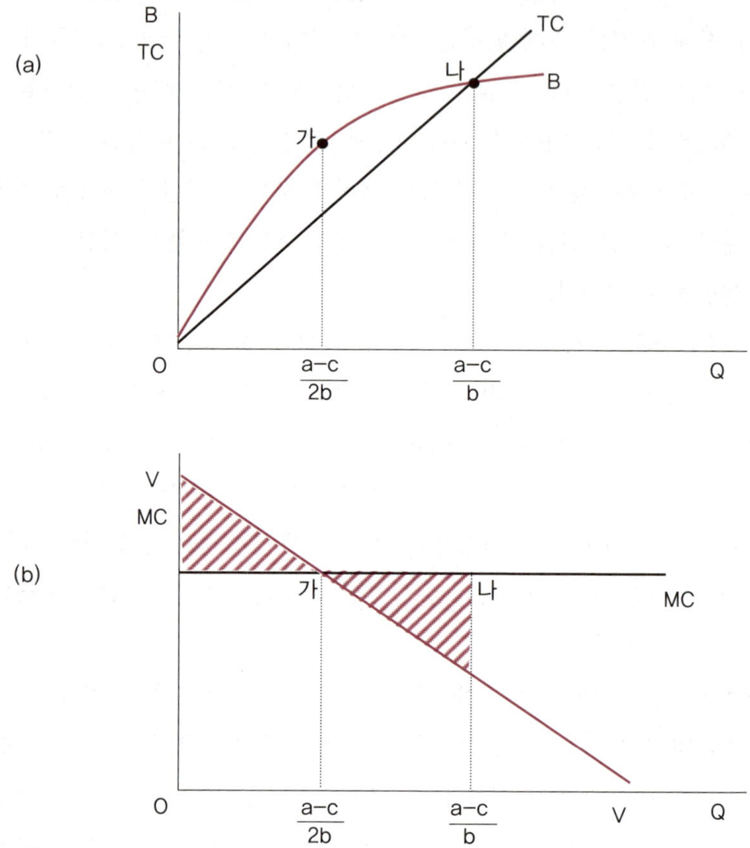

자료: 소병희(1993: 152).

하의 예산 규모의 크기에 큰 관심을 갖기보다도 오히려 그들의 재량적 예산의 극대화에 주로 관심을 갖는다는 것이다.

니스카넨의 설명으로는 증대된 예산이 구체적으로 어떤 메커니즘으로 관료의 효용 증대에 기여하는가를 직접 명시하지 않는 데 비해, 미구에와 벨란저의 모형은 관료가 적극적으로 산출량과 더불어 재량예산을 추구한다는 현실에 더욱 적합하다(김행범, 1998: 54–55).

3. 내 용

블루밍턴 학파를 대표하는 오스트롬 부부(E. & V. Ostrom)는 공공선택론의 패러다임과 공공재에 관련된 방법론적 저술들 및 행정학에 관한 논문들을 발표하고 있다. 여기서도 그들의 견해를 중심으로 공공선택론의 주요 내용을 간추려 보고자 한다.

첫째, 공공선택이론은 정치경제학적 성격이 강하다. 정책이 산출해내는 공공재와 용역을 중시하고 그 공공성을 강조함으로써, 민간 경제 부문에서의 경제 논리를 그대로 적용하는 것을 비판한다.

둘째, 공공선택이론은 집권적 · 계층제적 구조를 강조하는 전통적인 정부관료제가 시민의 요구에 민감하게 반응하지 못하며, 오히려 시민의 선택을 억압하는 제도적 장치로서 소위 '정부실패'의 원인이 되고 있다고 비판한다.

공공 서비스를 제공할 때 시민 개개인의 선호와 선택을 존중하고, 경쟁을 통해 서비스를 생산하고 공급하게 함으로써 행정의 대응성을 높이기 위해서는 다원조직적 관리방식을 강조하는 분권적 조직 형태로 변모해야 한다는 것이다(Ostrom, 1974: 55-73). ① 모든 공공 결정은 다수의 정책결정 집단에 의해 이뤄져야 하며, ② 이러한 결정들은 정치의 장(場) 속에 존재하는 다양한 연합적 조직에 바람직하고, ③ 상호 모순되는 조직의 이익은 다조직적 관리 방식을 통해 조정되며, ④ 급변하는 상황 속에서 정치적 안정을 유지하기 위해서는 분권적 · 중첩적 조직구조를 형성해야 한다는 것이다.

셋째, 정책의 확산 효과(spill-over effects)를 강조한다. 정책은 단순히 정치행정 체제 내부에만 영향을 미치는 것이 아니라 사회의 모든 부분에 직 · 간접적으로 영향을 미치는데 공공선택이론은 이러한 정책의 확산 효과를 강조한다.

4. 평 가

공공선택모형은 기존의 정부관료제의 문제점을 극복하고 시민들의 다양한 요구와 선호에 민감하게 부응할 수 있는 제도적 장치를 마련하는 데 관심을 가지고 있어 민주행정의 구현이라는 관점에서 높이 평가된다.

정책분석에서 흔히 사용하고 있는 '비용편익분석'은 어떤 정책에 대한 경제적 비용과 편익만 대상으로 하는 것이지만, 공공선택론적인 접근 방식으로 비용편익분석을 한다면 정치적 비용 및 편익과 같은 경제 외적인 비용과 편익을 추가해 좀 더 총체적인 비용과 편익을 대비하게 된다. 그뿐 아니라 정책결정자의 개인적인 사익 및 이익집단의 지대 추구와 연관된 비용과 편익을 명시적으로 고려함으로써, 정책의 채택 가능성 여부도 미리 점검해 보고 정책의 변화도 사전에 예측해 볼 수 있게 된다(소병희, 1996: 287).

그러나 공공선택모형은 아직 규범적 성격을 완전히 탈피하지 못하고 있으며, 현실에서의 정책결정 형태를 완벽하게 설명할 수 없다는 한계가 있다. 그리고 자유시장의 논리를 공공 부문에 도입하려는 이 접근 방법에는 '시장실패'라는 그 나름의 고유한 한계를 안고 있으며, 경쟁시장의 논리는 그 자체가 현상 유지와 균형이론에 집착하고 있다. 또 한 가지 간과할 수 없는 것은 효용 극대화를 위한 경제적 선택만을 중시함으로써 인간의 다양한 가치나 자유를 고려하고 있지 않고, 공공선택론자들이 제시하는 처방책도 현실적합성이 낮다. 인간 행위의 비경제적 측면에서의 동기가 모형화하기가 힘들다고 해서 존재 자체를 부정하려 해서는 안 될 것이다(소병희, 1996: 272).

공공선택론을 가장 강도 높게 비판한 학자는 던리비(Patrick Dunleavy)이다. 그의 관청형성모형(bureau-shaping model)은 공공선택론에 대한 매우 도전적인 수정이론(修正理論)이라고 할 수 있다. 그는 1980년대 영국에서 성행했던 민영화를 대상으로 공공선택모형을 적용해 본 결과 공공선택론자들이 말하는 단일 결과, 즉 기구의 확대와 예산 확충이 아니고 다원적인 결과가 도출되었다고 했다. 그는 관련 기구에는 어떨 때에는 작은 기구와 예산의 삭감도 나타난다고 한다.[14] 그는 관료기구가 실제 운영되는 양태는 공공선택론자들이 설명하는 것보다 더욱 복잡하다고 보는데, 개인적 사익을 추구하는 것이 반드시 예산이나 규모의 대소(size)에만 나타나는 것이 아니라, 더 많은 경우 기구 자체의 부처 최적화(shaping)에 나타난다는 것이다.

민영화 후 관료들은 조직이나 예산편제에 대폭적인 손질이 있을 것을 예견하고 사회각계에서 제기되는 정책 개혁 방향에 힘껏 따른다. 결코 자신들의 이익을 위해 반항하는 것은 드물다. 왜냐하면 이렇게 하는 것이 고급관료의 계급이익을 보장해 주기 때문이다. 많은 엘리트관료의 경우, 민영화, 외부계약 등은 관료기구의 새로운 모습을 만드

14 던리비는 1980년대 영국 정부 예산을 분석하면서 사회안전, 법질서, 국방, 그리고 농업 부문에서 예산증가가 뚜렷했지만 기타 부문에선 예산이 현저히 감소됨을 발견했다. 이처럼 소수의 기관에서 예산증가가 나타난 것은 이들 부문과 관련 있는 이익집단이 자신들의 이익을 확대할 수 있음에 기인한다.

는 좋은 기회로 활용하며, 이를 통해 자신들의 이익을 확대시킨다. 결코 예산이나 규모의 확대가 추구하는 목표가 아니다. 예를, 들어 최고급 행정관료들은 개인의 승진과 권력 핵심과 가까이 다가가는 것 등이 관심이다. 예산의 증가, 많은 스태프가 있는 조직을 도리어 그들은 피하고 싶어한다. 그들은 규모가 작고, 엘리트식이면서 학원식(small elite and collegial bureaus)의 기구를 가장 선호한다. 이처럼 고위관료들은 자신들의 개인적 효용에 큰 효용을 미치지 못하고, 많은 비용이 소요되는 예산극대화 행동에 소극적이다. 예산극대화 대신 소관 부서를 소규모 참모형 기관으로 재구성하여 계선적 책임에서 벗어나고자 한다. 오히려 자질이 떨어지는 관료들이 예산과 기구의 규모 확대를 바란다.

설사 행정관료들이 예산 확대의 성향을 가지고 있다 해도 그것은 어떤 종류의 예산인가에 따라 달라진다. 예산의 유형은 핵심예산, 관청예산, 사업예산, 그리고 초사업예산 등으로 구분된다. 그들과 관련 있는 보수, 복지 등 핵심예산(core budget)은 쉽게 확대되지만, 기타 다른 예산 예를 들어 계획예산이나 기구예산 등이 반드시 증가되는 것은 아니다(Dunleavy, 1991). 그리고 던리비는 관료들이 추진할 수 있는 관청형성전략의 수단으로 아래 다섯 가지를 제시하고 있다. ① 비선호직무는 다른 조직 형태로 분리한다. ② 자동화, 민간위탁으로 직무를 전환시킨다. ③ 기관의 성과가 다른 집단에 의존할 때 이들과 조합주의적 관계를 제도화하여 일상적 관리 부담을 줄여나간다. ④ 귀찮고 하찮은 직무를 다른 기관으로 이관시킨다. ⑤ 복잡한 집행 업무를 준정부기관이나 민간기업으로 이전하면서도 여전히 감독권한은 유지・행사한다.

11 정책집행 이론

제 1 절 정책집행의 기초 이론
제 2 절 정책집행론의 전개
제 3 절 정책집행의 접근 방법
제 4 절 정책집행의 단계

정책학원론
Theories of Policy Sciences

제 11 장

정책학원론

정책집행 이론

제1절 정책집행의 기초 이론

1. 정책집행의 의의

정책집행은 정책결정과 정책평가를 연결하는 고리 역할을 하는 정책의 성패가 결정되는 중요한 정책 과정이다. 우리 옛말에 "구슬이 서 말이라도 꿰어야 보배"라는 말이 있듯이 아무리 훌륭한 계획을 가지고 있더라도 실천에 옮기지 않으면 탁상공론에 지나지 않으며, 계획을 구체적인 행동으로 옮길 때 비로소 효과가 나타난다.

정책집행의 개념은 다수의 사람들에 의해 다양하게 정의되고 있다. 프레스먼(Jeffrey Pressman)과 윌다브스키(Aaron Wildavsky)는 정책집행을 단일 방향적인 것으로 해석해 "의도한 결과를 달성하기 위해 인과 연쇄에 따라 순차적으로 진행하는 능력"으로 정의하고 있다(Pressman & Wildavsky, 1973: xv). 존스(Charles O. Jones)는 정책집행을 사업계획에 효과가 발생하도록 하는 의도적 활동(those activities directed toward putting a program into effect)이며, 이러한 활동의 주요 내용은 해석, 조직화, 적용으로 본다. 여기서 해석(interpretation)은 정책의 내용을 일반인이 이해할 수 있는 용어로 설명하는 것이고, 조직화(organization)는 집행부서와 집행 방법을 세워 정책 방안을 실현하는 것이며, 적용(application)은 정부가 서비스 제공으로 정책의 내용을 실현하는 것이다(Jones, 1977: 139).

여기에서는 정책집행을 "정책의 내용을 구체적으로 실현하는 과정"으로 보고자 한다.

2. 정책집행의 중요성

1970년대 초까지만 해도 정책은 결정되기만 하면 간단히 집행된다는 것으로 인식되었다. 그러나 사실은 정책이 결정되었다고 해서 저절로 집행되는 것이 아니고, 전혀 집행되지 않을 수도 있으며 집행 과정에서 수정, 변경되기도 한다. 경우에 따라서는 집행 결과 문제가 해결되는 것이 아니라 오히려 문제를 더욱 악화시키기도 한다.

이처럼 정책이 어떻게 집행되느냐에 따라 정책의 효과가 달리 나타나게 되는데, 즉 정책의 집행이 정책 목표의 달성을 자동적으로 담보하는 것이 아니라, 성공적인 정책집행이 이뤄진 경우에만 그것이 가능하다는 전제 때문에 정책집행의 중요성이 부각되고 있다.

1) 정책 의도의 실현

정책집행이 제대로 이뤄져야만 비로소 정책을 결정한 보람이 있게 된다. 정책의 존재 이유가 되는 정책 목표가 성공적인 집행이 있어야만 결실을 얻게 되기 때문이다.

2) 정책 내용의 구체화

정책결정 과정의 정치적 성격으로 인해 결정된 내용이 불명확한 경우가 많다. 의원들은 난처한 문제는 우회적으로 접근하고 이해당사자들의 강력한 반대를 피하고자 모호한 내용의 정책을 결정하는 상징적 정치(symbolic politics)[1]를 구사한다.

3) 국민 생활과 직결되는 정부 활동

집행 단계야말로 민(民)과 관(官)의 상호 접촉 영역이라고 할 수 있다. 국민들은 집행자가 제공하는 서비스와 규제하는 행동의 내용뿐만 아니라, 정책집행의 방법과 집행자

1 상징정책은 이를 집행에 옮겨 정책 목표를 달성하기보다는 특정한 정책을 보유하고 있다는 사실 자체에 목적을 두고 있다(정정길, 2000: 543).

의 행동이나 태도에 의해서도 크게 영향을 받는다. 따라서 정책집행은 국민에게 긍정적・부정적 대정부관(對政府觀)을 심어주는 직접적 계기가 된다.

3. 정책집행의 유형

1) 결정자와 집행자의 관계에 따른 분류

무엇을 중심으로 결정자와 집행자 간의 관계를 유형짓는가는 학자들마다 다소 다르게 나타난다. 여기서는 나카무라(Robert T. Nakamura)와 스몰우드(Frank Smallwood)의 분류를 소개한다. 그들은 고전적 기술관료형에서 관료적 기업가형으로 갈수록 집행자의 재량권이 확대된다고 보고 있다(Nakamura & Smallwood, 1980: 111-144).

(1) 고전적 기술관료형

이 유형은 정책결정자가 결정한 정책 내용을 정책집행자가 충실히 집행하는 유형을 말한다. 강력한 통제력을 가진 결정자가 명확한 정책 목표를 제시하고, 집행자는 수단 선택을 위한 약간의 기술적 권한만을 가지고 있을 뿐이다. 이러한 유형의 정책집행이 성공했던 사례로는 미국 케네디(John F. Kennedy)대통령이 달 착륙 계획의 실행을 위해 미항공우주국(NASA)을 창설하고 끝내 우주인들을 달 표면에 착륙시키는 데 성공한 것을 들 수 있다.

(2) 지시적 위임자형

각종 행정적 조치를 취할 수 있는 권한을 집행자에게 위임함으로써 집행자는 더 많은 정치적 재량권을 행사하게 된다.

이 유형은 수단에 관해 결정자와 집행자 간에 의견 불일치가 일어나 실패로 끝날 가능성이 높은데, 미국 경제개발처(EDA)의 오클랜드(Oakland) 사업의 실패가 대표적인 예이다.

(3) 협상자형

결정자와 집행자가 협상하고 흥정하는 형태인데, 결정자와 집행자 사이의 협상의 최종 결과는 두 집단 간에 권력행사 수단의 상대적 배분상태에 따라 달라진다. 집행자의 힘이 상대적으로 더 큰 사례로, 유훈(2007: 161)은 우리나라 자동차 산업정책을 들고 있다. 승용차 생산을 현대자동차로 일원화한다는 정부의 정책이 현대자동차와 GM의 교섭이 여의치 않아 집행되지 못했다는 것이다. 나카무라와 스몰우드(Nakamura & Smallwood, 1980: 133)는 이러한 형태의 연계 관계가 위험스럽기는 하지만, 불확실한 분야에서는 가장 혁신적인 집행방법으로 보고 있다.

(4) 재량적 실험가형

정책결정자가 상세한 정책결정을 할 수 없어 추상적인 목표 결정만 하고, 집행자에게 구체적인 목표와 수단 결정에 필요한 광범위한 재량권을 위임한다. 이런 유형이 나타나게 되는 이유는 정책결정자의 지식 부족과 골치 아픈 문제를 정책집행자에게 떠넘기려는 것이다. 이 유형에서는 책임분산의 결과로 발생하는 집행자와 정책결정자 양측의 책임회피라는 문제가 생길 수 있다.

(5) 관료적 기업가형

이 유형은 고전적 기술관료형과 정반대적인 성격을 지닌 것으로서, 집행자가 결정권을 장악하고, 정책 과정 전반을 완전히 통제하기 때문에 집행자가 정책 목표를 결정해 결정자에게 받아들이도록 설득 · 강제한다. 그들이 그렇게 할 수 있는 것은 행정관료제의 지속성으로 인해 정책결정자는 수시로 바뀌지만 정책집행자는 계속 남아 있기 때문이다. 대표적인 사례로, 여덟 명의 대통령 밑에서 미연방경찰(FBI) 국장직을 수행한 후버(John Edgar Hoover)를 들 수 있다. 그는 무려 48년 간 국장직을 수행하면서 치안 유지 분야에서 집행자로서뿐만 아니라 결정자로서도 막강한 권한을 행사했다.

이 유형에서는 정책집행의 차질이 빚어질 가능성이 가장 크다. 정책집행자가 정책의 선제(policy preemption), 즉 정책을 미리 만드는 데 따른 차질 가능성까지 존재한다. 그러므로 집행자가 실질적 정책결정 권한을 행사할수록 정책집행이 실패할 가능성은 더욱 커지게 된다(남궁근, 2017: 424).

2) 정책의 유형에 따른 집행

라이플리(Randal B. Ripley)와 프랭클린(Grace A. Franklin)은 정책결정 과정뿐 아니라 집행 과정도 수많은 정부기관과 이해관계집단이 참여해 상호 타협, 흥정하는 정치적 과정으로 보고, 정책의 유형(types of policy)에 따라 집행을 둘러싼 집단들 간의 정치적 과정이 달라진다고 한다(Ripley & Franklin, 1986: 221-224).

첫째, 분배정책은 수혜집단이 정책의 대상집단이므로 집행을 둘러싼 이데올로기적 논쟁이나 작은 정부에 대한 요구가 거의 없다. 따라서 SOP나 상례적 절차(routine)의 확립이 용이하고 원만한(smooth) 집행 가능성이 높다.

둘째, 보호적 규제정책의 경우에는 일반대중을 보호하고자 특정 집단을 규제하는 정책으로 집행 과정상 특징은 공익에 기초한 정부의 강한 규제냐 기업활동을 위한 정부개입의 최소화냐를 중심으로 한 이데올로기적 논쟁이 지속되며, 정부의 규제를 완화하려는 운동을 주도한다.

셋째, 고소득층으로부터 저소득층으로의 소득 이전을 목적으로 하는 재분배정책의 집행상 특징은 다음과 같다. 이데올로기 논쟁이 첨예해 비용부담집단에 의한 작은 정부 또는 복지 혜택의 감소를 통해 조세를 삭감하자는 주장을 하면서 집행에 반대하기 때문에 SOP 또는 상례적 절차의 확립이 곤란하며 원만한 집행 또한 어렵다.

제2절 정책집행론의 전개

대체적으로 보아 고전적 집행론과 현대적 집행론은 1973년의 프레스먼과 윌다브스키의 『집행론(*Implementation*)』의 출간과 그를 전후한 몇몇 사례 연구들-바르다흐(Eugene Bardach)의 『집행게임(*Implementation Game*)』과 더디크(Martha Derthick)의 『도시 속의 뉴타운(*New Towns in Town*)』을 기점으로 구분된다. 즉, 1973년 이전까지를 고전적 집행론의 시기로, 1973년 이후부터를 현대적 집행론의 시기로 부를 수 있다.

1. 고전적 정책집행론

1) 의 의

고전적 집행론의 시기에는 정치적 영역에서 정책이 결정되기만 하면 집행은 정책결정자가 기대하는 대로 자동적으로 이뤄진다고 보았다. 즉, 행정인을 단순한 기계 부품으로 간주해 집행 업무를 수행하게 종용했다.

정책집행과 관련해 보면 정책의 주요 내용은 조직의 상층부에서 결정하고, 조직의 하층부에서 전문관료들이 결정된 정책의 내용을 충실히 집행하면 조직 전체가 합리적으로 운영된다는 것이다.

행정 과정을 너무나 단순화시킨 이러한 이론들은 기계적인 행정구조 아래에서는 정책이 일단 결정되면, 정책집행은 자동적으로 이뤄진다고 생각했던 것이다. 이 시기에는 정책집행을 일방적·기계적·자동적·비정치적인 것으로 보아 정책집행의 중요성을 인정하지 않았다.

2) 고전적 집행관의 특징

정책결정은 정치적 성격을 띠나 정책집행은 기술적·전문적·비정치적 성격을 가진다고 본다. 그리고 정책결정이 먼저 이뤄지고, 다음에 이것이 집행된다는 식으로 결정과 집행을 단일 방향적(unidirectional)으로 본다. 정책결정자와 정책집행자는 엄격히 분리되며 결정자가 결정한 것을 집행자는 충실히 집행한다는 것으로, 이는 앞에서 본 고전적 기술관료형의 내용과 같다.

2. 현대적 정책집행론

1) 의 의

고전적 집행론에서는 정책집행의 중요성을 인정하지 않았지만, 정책집행은 다양한 변수들이 상호작용(interaction) 및 상호 거래(transaction)하는 복잡하고 동태적인 정책 과정이다. 정책 의도가 정책집행을 거쳐 실제의 효과로 나타나기까지의 과정에는 수많은 변수가 개입하게 된다. 이 변수들의 작용에 따라 애초에 채택된 정책 의도와 실제로 달성된 성과의 사이에는 상당한 괴리가 발생하는 경우가 자주 있게 되자, 이러한 괴리에 대한 설명을 시도하는 일련의 노력들이 나타났는데, 그 예가 앞서 언급한 1973년을 전후한 몇몇 사례 연구들이다. 그 중 '오클랜드(Oakland) 사업'의 주요 내용은 다음과 같다. 오클랜드 지역의 실업률이 다른 지역보다 두 배 이상 되자 2,400만 달러의 자금을 투자해 약 3,000명의 실업자를 구제하겠다는 것이었다. 그렇지만 결과는 부정적이었는데 사업을 착수한 지 4년이 지났어도 마련된 직업은 몇 개 안 되었으며, 계획된 부두와 항공기 격납고도 건설되지 못했다(박성복 · 이종열, 2000: 345). 프레스먼과 윌다브스키(Pressman & Wildavsky, 1979: 147-160)는 『집행론』에서 오클랜드 사업이 실패한 원인을 다음과 같이 분석하고 있다.

첫째, 집행 과정의 참여자가 너무 많아 의사결정점에서 수많은 거부점(veto point)이 집행을 마비시켰다. 또 의사결정점에서 완전히 거부되지 않더라도 거부될 가능성이 언제나 있기 때문에, 의사결정점이 많을수록 성공적 집행의 가능성은 감소한다.

둘째, 중요 지위에 있는 자의 빈번한 교체도 집행에 대한 기존의 협조를 허물어뜨렸다. 이 사업의 경우, 창안자인 상무부 차관보 폴리(Eugene P. Foley)가 중도 하차하게 되어 사업을 곤경에 빠뜨렸다.

셋째, 정책 내용의 결정 시 정책 목표를 달성할 수 있는 집행 수단의 선택에 대한 고려가 없었다. 즉, 정책 수단과 목표 간에 인과 관계가 이뤄져야 하는데 그렇게 되지 않으면 수단을 실현해도 목표를 달성하지 못하게 된다. 이 사업의 경우, 인건비에 지원을 한 것이 아니라 대상 기업의 자본에 지원을 해주었기 때문에 이론적으로 잘못 설계된 것이다.

넷째, 경기 회복을 담당하는 기관인 경제개발처(EDA)가 사회복지사업을 추진하는 것은 불합리했고, 이로 인한 오클랜드 항만청과 EDA 간의 갈등은 집행을 저해했다. 구체적으로 보면, 원래 EDA는 경제적 불황에 허덕이는 지역에서 경기 회복을 주로 담당하는 기관이었기 때문에, 그때에 사용하던 정책 수단을 오클랜드에도 그대로 적용하려고 했는데, 오클랜드는 전체적으로 경기가 호황인 상태에 있었기 때문에 이 수단이 효과를 가져다 줄 수 없었다(정정길 외, 2003: 620).

2) 현대적 집행관의 특징

집행도 정치적 성격을 띠므로 정책결정과 정책집행은 그 성질 면에서 본질적인 차이가 없다.[2] 또 앞서 언급한 대로 정책집행 과정에서 정책이 결정되고 수정되는 경우도

2 이전의 행정 과정 중심에서는 집행 과정을 기술적인 행정 과정으로 너무 단순화시킨 데 비해, 현재의 정치 과정 중심에서는 집행 참여자 간의 상호작용을 있는 그대로 서술하고 설명함으로써 정치적 측면을 강조하고 있다.

많기 때문에 정책결정이 먼저 이뤄지고 난 다음에 집행이 이뤄지는 단일 방향적이 아니라, 정책결정과 집행은 서로 영향을 주고받는 순환적 과정을 이룬다. 그리고 정책결정자도 정책집행자의 능력과 태도를 고려하는 상호 적응적이다.

제3절 정책집행의 접근 방법

1. 하향적 접근 방법

1) 내 용

하향적 접근 방법(top-down approach)은 정책집행을 주어진 정책 목표의 달성을 위한 수단적 행위로 파악한다. 사바티어(Paul A. Sabatier)와 마즈마니언(Daniel Mazmanian)이 대표적인 인물로서 정책의 결정도 중앙정부가 결정하고 집행도 상부의 지시에 따라 이뤄진다는 것이다. 그들은 성공적 정책집행의 전제 조건으로 분명한 목표, 정책 내용의 합리성을 보장하는 적절한 인과이론,[3] 집행관료와 대상집단의 순응을 확보하기 위한 법적 구조화 능력, 헌신적이고 숙련된 집행 관료집단, 이해관계자 및 통치자의 지지 및 안정적 집행환경 등을 제시하고 있다(최종원, 1998: 176).

2) 평 가

하향적 접근 방법은 성공적인 집행을 위해서는 무엇보다도 정책 내용이 집행 가능성을 고려해 결정되어야 함을 밝히고 있다. 그리고 성공적인 집행을 위해 알아야 할 중요한 요인들을 체계적으로 밝히고 있는 것이 장점이다. 그들이 제시한 효과적인 집행의 다섯 가지 조건은 정책결정자들로 하여금 정책결정 단계에서 사전에 집행 과정에서 발생할 수 있는 변수들을 미리 예견할 수 있도록 해주는 유용한 체크리스트(check list)로서의 기능을 한다(정정길 외, 2003: 675).

---

3 정책 내용에 타당한 인과이론이 결핍되면 아무리 대상집단의 순응이 확보되어 충실히 정책이 집행된다 하더라도 정책이 지향하는 정책 목표가 달성될 수 없다(정정길 외, 2003: 631).

그러나 하향적 접근 방법도 몇 가지 비판을 받고 있는데, 우선 하향적 접근 방법은 분명하고 일관된 정책 목표를 성공적 집행에 필수적이라고 하지만, 다원적 민주 체제 하에서는 이해관계가 상반되는 많은 집단이 있어서 정책은 분명하지 않은 정책 목표 내지는 상충되는 정책 목표를 가질 수밖에 없다(Sabatier, 1986: 29). 이해관계가 상반되는 집단들이 결정에 참여할 경우 다수의 지지를 얻기 위해 정책 목표가 모호해질 수밖에 없으며, 법령의 내용도 대강의 요지만 제시하게 된다. 또 하향적 접근 방법은 정책 결정자의 관점에서 연구를 전개하기 때문에 중앙정부의 정책결정자만 핵심적인 행위자로 간주하고, 그 밖의 일선관료나 정책대상집단의 전략적 행동의 중요성을 과소평가하는 경향이 있다. 달리 표현하면, 하향적 접근 방법은 '숲은 보되, 나무를 보지 못하는' 문제점이 있는 것이다(정정길 외, 2003: 677).

2. 상향적 접근 방법

1) 내 용

립스키(Michael Lipsky)의 일선관료(street-level bureaucracy)의 집행 행태 연구가 이 접근법의 이론적 기초가 되었다. 상향적 접근 방법(bottom-up approach)은 집행을 다수의 참여자 사이에서 발생하는 상호작용으로 이해한다. 집행 과정에 가장 큰 영향력을 미치는 집단은 결정권자가 아니라 정책문제 해결에 필요한 전문성과 지식을 가진 집행권자이므로 집행 과정에 대한 정확한 이해는 일선 관료집단과 대상집단의 행태를 고찰해야만 가능하다고 본다.[4] 또 분명한 정책 목표의 존재 가능성을 부인하고 정책 목표 대신 집행문제 해결에 논의의 초점을 맞춘다. 그리고 실제의 정책결정은 일선 집행권자의 집행 과정에서 구체화되므로 결정과 집행 간 구분에 의문을 제기한다.

기존의 상향적 연구들보다 진전된 연구 방법을 보여주고 있는 히언(Benny Hjern)과 헐(Chris Hull)은 특정의 지배적인 정책이 없고, 서로 다른 정책들이 교차하고 있는 경우에는 분석 단위가 연역적으로 결정될 수 없고, 귀납적인 방법에 의해 결정되어야 한다고 한다.

4 상의하달 모형이 정책집행의 합리모형인 반면, 하의상달 모형은 정책집행의 점증모형이라고 할 수 있다(주재현, 2008: 51).

2) 평 가

상향적 접근 방법은 실제적인 집행 과정을 상세히 기술하고, 집행 과정의 인과 관계를 설명할 수 있다는 점에서 의의가 있다. 그리고 공식적 정책 목표의 달성에 초점을 두지 않고 집행 현장을 있는 그대로 파악하기 때문에, 집행 현장에서 발생하는 의도하지 않았던 부수 효과나 부작용을 쉽게 파악할 수 있다는 장점이 있다.

그러나 상향적 접근 방법에 대한 비판도 적지 않은데, 하향적 접근 방법이 '숲은 보되, 나무를 보지 못하는' 한계가 있는 반면, 상향적 접근 방법은 '나무는 보되, 숲은 보지 못하는' 문제점이 있다(정정길 외, 2003: 683).

3. 통합모형

1) 내 용

엘모어(Richard F. Elmore)는 통합 방법으로 하향적 접근 방법에 의해 정책 목표를 명확히 설정하고, 목표 달성에 필요한 수단을 강구하고, 각 집행 단계에서의 실적을 평가할 수 있는 기준을 제시한다. 그리고 상향적 접근 방법에 의해 일선 집행관료와 대상집단의 바람직한 행태와 그러한 행동을 유도할 수 있는 조직 운용 절차를 발견하고, 그러한 발견 과정을 조직계층을 따라 상향적으로 계속해 정책결정 계층에서 가장 집행 가능성이 높은 정책 수단을 선택하게 함으로써, 양 접근 방법의 통합을 모색하고 있다(Elmore, 1985: 33-70). 엘모어는 반전의 로직(reversible logic) 개념을 응용해 정책참여자가 어떻게 정책집행에 필요한 정보를 교환하는가를 설명하고 있는데, 반전의 로직은 후방향적 연구(backward mapping)를 보충하는 작용을 한다.

사바티어의 통합모형은 정책옹호연합모형(advocacy coalition framework)으로 불리며, 하향과 상향 두 접근 방법의 특성을 결합해 하나의 분석틀을 구성하려는 시도이다. 기본적인 방법은 상향적 접근 방법의 분석 단위를 채택하고, 여기에 영향을 미치는 요인으로 하향적 접근 방법의 여러 가지 변수와 사회·경제적 상황과 법적 수단들을 결합하는 것이다. 그런데 그의 모형은 정책 과정 전반을 대상으로 한 정책 변화의 성격이 강하므로, 자세한 내용은 정책 변동 부문에서 상술하고자 한다.

또 하나의 통합모형으로 하센펠드(Y. Hasenfeld)와 브로크(T. Brock)의 정치경제적 접근 방법을 들 수 있다. 그들의 모형은 다른 모형을 토대로 하고 있으나 기술적, 경제적, 그리고 정치적 추진력을 통합하는 차원을 추가했다는 점에서 집행모형의 영역을 확대하는 데 공헌했다고 할 수 있다(Hasenfeld & Brock, 1991: 451-479). 이 모형은 최선의 대안을 제공하기 위해 집행기구와 이해관계자들 사이에서 권력을 집중해 주어야 한다고 본다. 권력 집중은 계층제적 권위, 자원통제 및 네트워크의 집중(centrality) 간의 조합을 통해 가능하다고 본다[5](Hasenfeld & Brock, 1991: 471).

이들의 모형에 대해 라이언(N. Ryan)은 단순한 집행구조에서는 사바티어의 모형이 적합하고, 다양한 행위자와 영향이 포함된 다소 복잡한 분석에는 하센펠드와 브로크의 모형이 적합하다고 본다. 아울러 권력이 협동이나 연합 혹은 순응(compliance)에 의해 집중될 수 있는 상황에서는 하센펠드와 브로크의 모형이 가장 적합하다는 것이다(Ryan, 1996: 40).

또 하나 우리가 주목할 만한 모형이 고긴(M. L. Goggin)과 동료들의 통합모형이다(Goggin et al., 1990: 32). 그들은 제3세대 정책집행 연구의 모델을 제시했는데, 그들에 의하면 제1세대 정책집행 연구는 연역적 방법을 사용했고, 제2세대 정책집행 연구는 귀납적 특성을 가진다고 보았다. 그들은 정책집행이 극히 복잡한 과정으로서 시간적·공간적 배경이 다른 상황 하에서 정부 정책결정 과정 중에 발생하며 많은 정치·행정적 요소를 내포하고 있다는 것이다. 만약 단지 연역이나 귀납적 방법만 사용해서는 지나치게 간단하고 또한 설득력이 결여된다고 보았다. 따라서 그들은 혼합적 방법을 사용해 복잡하고 다차원적인 집행을 연구했다. 그들은 상향식과 하향식을 통합한 의사소통모형(communications model)에서 조직구조의 문제는 최소한 다음 세 가지의 문제를 고려하여야 한다고 주장하였다(노시평 외, 2006: 363-365 재인용).

첫째, 집행 유형을 고려해야 한다. 프로그램의 집행구조에 복잡성을 동반할 수밖에 없는 경우에도 주도기관에 통합을 강요할 수 있는 권위를 부여하면 집행 과정이 단순화될 수 있다.

둘째, 집행 성공의 평가 기준을 고려해야 한다. 평가 기준이 능률성인 경우에는 통합된 조직구조가 집행 성공에 기여할 수 있다. 그러나 기술적으로 변화하는 조건에 적응

5 이 모형의 자세한 내용에 대해서는 라이언(Ryan, 1996: 38-40)을 참조하기 바람.

해야 할 필요가 있는 정책의 경우에는 복잡하고 다채로운 집행구조가 더욱 성공적일 수 있다.

셋째, 집행조직의 목표를 고려해야 한다. 집행될 프로그램의 목표와 집행조직의 목표가 일치할 수도 있고, 일치하지 않을 수도 있다. 조직적 특성들이 조직이 어떤 일을 수행할 수 있는 능력에 영향을 미친다.

고긴(M. L. Goggin)과 동료들은 미국 중앙정부에서 결정된 정책이 주정부와 지방정부 차원에서 어떻게 집행되는가에 초점을 맞추고 있으며, 결정자와 집행자 간 의사소통을 중시한 자신들의 모형을 [그림 11-1]로 제시하고 있다.

그림 11-1 고긴과 동료들의 정부 간 정책집행의 의사소통 모형

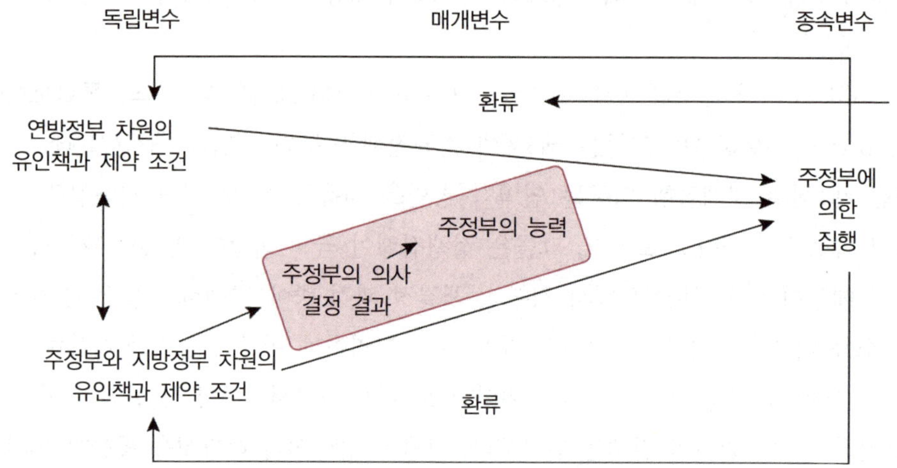

자료: 남궁근(2008: 503).

우선 독립변수로 연방정부와 주정부의 유인책과 제약 요인이 정책집행에 큰 영향을 미치게 된다. 한편 정책집행에 영향을 미치는 매개변수로 다음 세 개 범주를 들고 있다. 첫째, 집행 담당 조직의 능력(organizational capacity)이다. 조직의 전문성, 집행에 필요한 충분한 시간, 자원의 조달 등이다.

둘째, 주정부와 지방정부의 생태적 능력(ecological capacity)이다. 이는 지방정부가 처해 있는 정치, 사회, 경제적 조건 등이 된다. 재정 능력, 진보·보수 성향의 정도 등이 해당한다.

셋째, 환류와 정책재설계(policy redesign)이다. 여러 정보는 환류를 통해 정책을 재설계하는 데 활용된다. 집행될 정책에 대한 이해관계자의 반응은 환류를 통해 정책재설계에 이용된다.

한편, 고긴과 동료들의 모형은 미국과 같은 연방국가를 염두에 두고 개발된 것으로, 단일국가에서는 얼마나 적용 가능성이 있는지 의문이 제기되기도 하였다(Hill & Hupe, 2002: 68; 남궁근, 2017: 455에서 재인용).

이 밖에 메틀랜드(R. E. Matland)는 모호성과 갈등의 수준을 두 차원으로 나눠 관리적 집행, 정치적 집행, 실험적 집행, 상징적 집행 등 네 가지 집행 상황을 설정하고, 각 접근 방법이 어떤 조건에서 더 잘 적용되는지, 그리고 중요한 집행변수가 무엇인지를 탐색했다.

표 11-1 메틀랜드의 통합모형

구 분		갈 등	
		낮음	높음
정책 목표의 모호성	낮음	관리적 집행	정치적 집행
	높음	실험적 집행	상징적 집행

<표 11-1>에서 정치적 집행을 보면, 갈등은 매수나 담합 등과 같은 방식으로 해결되기도 하고, 순응을 확보하기 위해서는 강압적 또는 보상적 수단이 중요해진다. 그리고 정책집행 과정은 대립적 이해관계를 가진 집행조직 외부의 행위자에 의해 영향을 많이 받는다. 상징적 집행은 정책 목표가 명확하지 않기 때문에 집행 과정은 목표의 해석 과정으로 이해될 수 있다.

2) 비 판

엘모어의 통합모형은 정책결정자에게 집행관료와 대상집단의 반응을 미리 예견해 정책설계를 할 것을 요구하고 있다. 그러나 이는 정책결정자에게 지나친 요구가 되어 현실적으로 그 실현 가능성이 희박하다. 집행 과정에서 나타나는 모든 문제점을 미리 예측해 그를 극복할 수 있는 정책 수단을 채택하라고 요구하는 것은 현실적으로 매우 무리한 일이다(정정길, 2003: 698).

사바티어의 모형은 상·하향적 접근 방법의 변수들이 각기 다른 범주 속에서 나열되어 있을 뿐 양 변수들 간에 유기적 연계성을 발견하기 힘들다는 문제가 있다. 그러나 좀 더 근본적인 문제는 양 접근 방법은 적절한 통합의 대상이 되기 어려운 매우 상이한 이론적 근거를 가진 모형이므로 통합에는 이론적 무리가 따른다. 하향적 접근 방법에서 정책결정자는 효과적인 집행 수단의 선택에 초점을 맞추지만, 상향적 접근 방법에서는 정책 목표의 달성 대신 특정 집행 문제의 해결이 중요한 관건이 된다. 이와 같은 차이는 각기 상이한 유형의 합리성 개념을 근거로 이론 구성이 이뤄졌기 때문이다(최종원, 1998: 182). 구체적으로 말하면, 하향적 접근 방법은 도구적 합리성을 근거로 이론 구성이 이뤄졌고, 이에 비해 상향적 접근 방법에서는 정책결정자의 제한적 합리성에 근거해서 이뤄졌기 때문에 통합에 무리가 따른다는 것이다.

캘리스타(Donald J. Calista)는 민주다원화 사회에서 정책집행은 결코 위에서 아래로나 또 아래에서 위로가 아니며, 오히려 중간으로부터(middle-out)가 더 가능하다고 본다. 이것은 기관 간에 이뤄지는 정책집행 상황에서 서로 다른 집행환경에 있는 참여자들이 전체 정책 체제를 심도 있게 이해하게 해준다. 우리가 만약 위에서 아래, 아래에서 위로의 양분법적인 구분을 버린다면 더욱 풍부한 정책집행이론을 얻어낼 수 있을 것이라는 말이 흥미롭게 들린다(Calista, 1994: 132-137).

제4절 정책집행의 단계

정책집행은 보통 아래 네 단계를 밟는다. 정책지침 작성, 자원의 동원과 배분, 실현활동, 그리고 감독의 4단계이다. 이들의 관계는 [그림 11-2]와 같다.

1. 정책지침 작성

정책지침은 집행자가 따라야 할 것으로서 정책의 집행에 필요한 사항들에 대해서 규정한 것을 의미한다.

그림 11-2 정책집행 단계

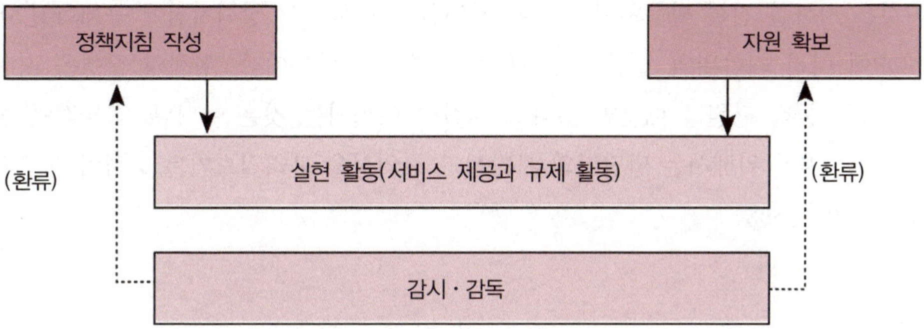

자료: 정정길 외(2003: 603).

지침 작성에서는 표준운영절차(SOP)를 개발 · 작성해야 한다. SOP를 활용하게 되면 여러 가지 장점이 있다. 첫째, 중앙에 의한 SOP의 개발은 하위 집행자들의 시간을 크게 절약한다. 둘째, 전국적으로 동일한 기준을 적용함으로써 정책대상집단에 대한 공평성을 확보할 수 있다. 셋째, 복잡한 상황에서 발생하는 불확실성을 극복할 수 있게 해준다. 그러나 문제점 또한 없지 않은데, 획일성을 강조해 개별적 특수성을 무시하거나 과거의 SOP를 새로운 정책집행에 적용하려고 할 때, 그것이 타성으로 변해서 커다란 장애가 되기도 한다.

2. 자원의 동원과 배분

정책을 집행하기 위해서는 필요한 자원이 마련되어야 한다. 자원은 인적 · 물적 자원은 물론이고 정보나 기술, 정치적 지지 등을 의미한다. 재원의 동원 방법은 대내적인 민간 저축과 정부 저축, 그리고 대외적인 외국의 원조나 외국으로부터의 차입 등이 있을 수 있다.

한편 정책집행에는 필요한 예산이 필요한 시기에 자금이 지원되어야 하는데, 이들 동원된 자원을 배분하는 방법으로는 그 기준이 통제 위주냐 능률 위주냐, 아니면 발전 위주냐 등에 따라 품목별 예산, 성과주의 예산, 계획예산 등이 있다.

3. 실현 활동

이것은 지하철 건설 활동처럼 확보된 자원을 이용하면서 정책지침에 구체화된 내용을 SOP에 따라 최하위의 일선 집행관료들이 행하는 활동이다. 정책의 집행은 지침에 따라 인적·물적 자원을 배분만 한다고 저절로 이뤄지는 것은 아니다. 적극적인 정책집행이 이뤄지기 위해서는 담당자의 자발성과 창의성을 불러일으키는 노력이 요구된다(최봉기, 2004: 338).

4. 감 독

정책집행이 언제나 바람직한 방향으로 이뤄지는 것은 아니다. 그것은 정책은 결정 당시의 상황이 집행 당시에 와서 변화될 수 있기 때문에, 또 정책집행의 주체가 기계가 아닌 인간이기 때문이다. 따라서 그 정책이 처음 의도한 바를 달성할 수 있도록 많은 영향 요인을 통제하고, 진행 상황을 평가함으로써 집행의 효율성을 높여야 한다. 그리하여 집행활동에 잘못을 발견하는 즉시 이를 바로잡아야 하며, 저항이나 방해 요소들을 발견하면 이를 제거해야 한다.

12 성공적 정책집행을 좌우하는 요인

제 1 절 정책집행의 성공과 실패
제 2 절 성공적 정책집행을 좌우하는 요인
제 3 절 정책집행상의 순응과 불응
제 4 절 일선 집행관료의 재량

정책학원론
Theories of Policy Sciences

제 12 장

정책학원론

성공적 정책집행을 좌우하는 요인

제1절 정책집행의 성공과 실패

성공적 정책집행이 무엇을 의미하는지에 대해 명확한 개념 정립이 되지 않고 있다. 무엇이 성공이고 실패냐는 것은 각각의 개념이 상당히 주관적이고 개인의 가치판단이 개입된 '평가하기 어려운 개념(slippery concept)'이기 때문에 정책집행의 성공과 실패에 대한 명확한 개념 정립이 어려운 것이다. 이 밖에도 정책집행 측정 수단의 미개발 및 정책평가 기준의 다양성 등으로 인해 정책집행의 성공과 실패를 구별하기가 어렵다.

그렇다면 정책집행의 성공과 실패의 개념이 어떠한 의미로 사용되었는가를 여러 집행론자들의 논의를 중심으로 살펴본다. 일반적으로 정책의 실패는 집행 과정에서 원래 의도한 정책 목표가 달성되지 못한 상태를 의미한다. 호그우드(Brian W. Hogwood)와 건(Lewis A. Gunn)은 정책집행의 실패를 집행 과정 중에 일이 잘못되어 가는 것으로 규정하고, 완전한 집행은 다원주의 사회에서 일어날 수 없으며, '완전한'의 의미를 이상적 형태가 아니라 분석적 개념으로 파악해야 한다는 것이다. 즉, 그는 정책집행의 실패를 집행 과정 중에 발생하는 문제로 규정하고, 실패의 유형을 '부집행(不執行, non-implementation)'과 '성공적이지 못한 집행(unsuccessful implementation)'으로 구분했다. 전자는 집행에 개입한 사람들이 비협조적이거나 집행 참여자들이 최선을 다해 집행을 시도했으나, 그들 능력 밖의 어떤 장애물 때문에 정책이 의도한 효력을 발생시키지 못한 경우이고, 후자는 이와 반대로 정책은 충분히 집행되었고 외적 환경이 괜찮았음에도 불구하고, 정책이 의도한 성과를 얻는 데 실패한 경우를 말한다(Hogwood & Gunn, 1984: 198-199).

그리고 고긴(M. L. Goggin)은 성공적 집행이 프로그램의 성공을 보장해 주는 것은 아니라며, 정책집행의 성공 및 실패를 네 가지로 유형화했다. 즉, 그는 정책집행의 결과를 성공과 실패로 구분하지 않고, 성공의 정도에 따라 부집행, 탁상집행, 적응적 집행 및 조정된 집행 등으로 구분해 이들 중 가장 성공적인 집행을 조정된 집행으로, 가장 성공적이지 못한 집행을 부집행으로 보고, 이 중 부집행과 탁상집행을 정책집행상의 실패라고 규정했다(Goggin, 1986: 330-331).

한편 이들과는 달리 레빈(M. A. Levin)과 퍼먼(B. Ferman)은 미국에서 성공적으로 집행된 아홉 가지의 정책 사례를 중심으로 효과적 정책집행의 조건을 제시하기 위한 연구에서 정책의 성공과 실패의 기준으로서, ① 목표 달성의 심각한 부작용(side-effect), ② 달성 시기(timing)의 지연, ③ 과도한 재정(budget) 투입 등을 실패 기준으로 제시했다(Levin & Ferman, 1986: 146; 권기헌, 2008: 296 재인용).

이러한 관점에서 정책이 의도한 본래의 목표를 달성하지 못한 상태는 물론이고, 정책의 집행 과정에서 중대한 결함이 발생하는 것도 정책집행의 실패로 볼 수 있다.

제2절 성공적 정책집행을 좌우하는 요인

성공적 정책집행을 좌우하는 요인이 무엇인가에 대해서도 학자들 간에 의견이 다양하다. 안해균은 정책집행 체제 내부 요인, 정책집행 체제 외부 요인으로 나눠 설명하고 있으며(안해균, 1997: 424-438), 노시평 외는 정책결정자 및 정책 관련 집단의 지지, 프로그램 설계(program design), 집행 체제의 능력 및 정책 대상 집단으로 설정하고 있다(노시평 외, 1999: 336-362). 이 밖에 사바티어와 마즈마니언은 효과적인 정책집행에 영향을 미치는 요인들을 문제 취급의 용이성 정도(tractability of problem), 법규가 집행 과정을 응집력 있게 구조화한 정도 및 집행에 영향을 미치는 비법규적 변수 등의 세 가지로 범주화해서 독립변수로 제시했다.[1]

또 래리(Gerston Larry)는 정책집행을 촉진시키는 요인으로 자금, 엄격한 규정, 한정된 집행기구 수, 관료에 대한 정치적 통제 등을 제시하고 있다. 자금이 없다면 어떤 계획이나 협조도 효과를 볼 수 없고, 엄격한 규정은 정책집행을 매우 정교하게 만든다고 했다. 그는 한정된 집행기구의 수가 정책집행을 성공으로 만든 예로 미국의 주간(州間) 도로 건설을 들었다. 그는 이 계획이 단일한 집행기구인 교통부(Department of Transportation)가 주관하고, 연방정부는 90%의 비용을 지원했다. 각 주의 도로담당 부서는 교통부의 계획에 따라 시행했었다. 그리고 만약 관료에 대한 정치적 통제가 결여된다면 그들이 의도했던 정책을 집행한 것이 원래의 정책 목표에서 벗어날 수 있다(Larry, 2004).

여기서는 정책집행에 영향을 미치는 요인으로 정책 자체 요인, 집행 체제 요인, 환경적 요인으로 구분해 설명하고자 한다.

1. 정책 자체 요인

정책집행은 정책 내용을 실현하는 활동이기 때문에 정책 내용의 성질에 따라 집행의 성공 여부도 크게 달라진다.

1) 정책 내용

먼저, 소망성 측면에서 보면, 정책이 바람직하면 집행 성공의 가능성이 커진다. 여기서 바람직하다는 것은 적절한 정책 목표와 능률적인 정책 수단이 선택되고, 모든 이해관계자가 참여하는 민주적인 과정을 거쳐 정책이 결정됨을 의미한다.

또한 정책 내용은 명확해야 하는데 이는 정책 목표와 수단이 구체적이고 정확하게 제시되어야 함을 말한다.[2] 정책대상집단이 정책 내용을 분명히 알아야 정책에 순응하게

---

1 이에 대한 자세한 내용은 사바티어와 마즈마니언(Sabatier and Mazmanian, 1980: 538-560)을 참조하기 바람.

2 헬페린(Horton Halperin)은 대통령의 외교정책을 연구하면서 세 가지 집행 실패의 원인을 찾아냈다(Halperin, 1976: 212-222). 그 중의 하나로 집행요원들은 상급자들이 자신들한테 무엇을 하기를 요구하는지 알 수 없었고, 더 나아가 집행요원들이 받게 되는 모호한 지침이 오해를 불러일으켜 집행 실패를 가져왔다는 것이다. 우리나라의 경우에 중소기업 지원제도의 종류는 많지만 정작 많은 중소기업들이 이러한 제도의 혜택을 받지 못하고 도산하게 되는 것은 지원정책의 내용이 명확하지 않아 집행이 실패로 끝나고마는 것을 말해주고 있다.

되는 만큼 정책 내용이 정책 관련 집단에 명확히 전달되어야 한다.

2) 정책집행 수단

정책집행에는 상당한 정도의 자원이 투입되어야 이미 설정되어 있는 정책 목표를 달성할 수 있다. 즉, 집행 수단이나 자원은 자동차의 연료와 같은 것으로 이것이 확보되어 있을 때 집행의 성공 가능성이 커진다.

(1) 자원의 확보

정책의 집행에서 자원의 투입은 마치 활력(viability)을 불어넣는 것과 같다. 예를 들어, 정책집행 요원들의 양이나 질이 떨어지게 되면 정책집행은 활력을 잃게 되고, 이미 설정된 요구를 충족시키지 못하게 된다. 정책집행에 투입되는 자원이 무엇인가에 대해서는 여러 의견이 있을 수 있는데, 여기서는 예산, 인원, 정보, 권위 등 네 가지 측면에 초점을 맞춰 설명하고자 한다.

첫째, 예산은 정책집행의 동력으로서 충분한 예산이 확보되지 않으면 정책집행이 제대로 되지 않는다.

둘째, 정책집행에는 인원을 필요로 한다. 인원의 투입이 일정한 요구 수준에 어느 정도 부합하는가는 양, 질, 집행 태도 및 의사소통 및 협조 등의 요소로 파악할 수 있다.

셋째, 정책집행은 상당한 정도의 정보를 필요로 한다. 정보는 조직이 당면하게 되는 불안정 정도를 낮춰준다.

넷째, 정책집행에는 상당한 권위가 필요하다. 집행요원에게 상당한 권위가 없으면 정책집행에 어려움을 겪는다. 권위의 표현 방식으로 장려와 처벌을 들 수 있다.

(2) 순응 확보 수단

정책대상집단의 순응을 확보하기 위해 정책집행자에게 설득, 유인과 강압의 방법을 행사할 수 있는 권한이 부여되어야 한다. 예를 들어, 폐수정화시설 가동정책에서 설득은 강 유역 공장주를 설득하는 것이고, 유인은 보조금이나 세제 혜택을 주는 것이며, 강압은 형사 처벌 등의 방법을 써서 폐수 정화시설을 갖추게 하는 것이다. 강압적인 방법을 사용할 수 있는 권한이 있을 때 정책집행의 성공 가능성이 커질 것은 명백하다(정정길, 2000: 623).

2. 집행 체제 요인

집행을 담당하고 있는 집행 주체의 의욕과 능력, 집행조직의 구조 등은 정책집행의 성패에 큰 영향을 미친다.

1) 집행자의 능력과 태도

정책의 집행 주체가 의욕을 가지고 노력하면 집행상의 어려움을 어느 정도 극복할 수 있다. 부족한 자원이나 외부 환경으로부터 지지의 부족 등 집행을 저해하는 요소가 있더라도 집행자의 노력에 따라서는 상당 정도 완화할 수 있다. 그리고 집행자의 전문적 능력도 성공적 집행에 중요한 요인으로 작용한다. 환경오염 방지정책의 경우, 오염의 성질을 판단, 측정할 수 있는 전문지식을 갖춘 집행요원이 없으면 집행은 성공할 수 없다.

2) 집행조직의 구조

정책의 성공적 집행을 위해 어떤 조직구조가 필요한가에 대한 문제는 그동안 많은 논의의 대상이 되어 왔다. 기존 입장은 분산되어 있는 것이 아닌 계층적으로 통합된 조직구조가 단순화해서 집행 과정을 능률화한다고 본다. 이에 해당하는 학자들인 호그우드와 건(Hogwood & Gunn, 1984: 202) 등은 완전한 집행을 위해 다른 기관에 의존하지 않는 단일의 집행기관이 필요하다고 했다.

또 조직 간 집행이 조직 내의 집행보다 더 많은 집행의 지연과 실패를 좌우하게 된다면서, 단순한 조직구조가 정책의 성공적 집행을 도와준다는 입장을 취하기도 한다(O'Toole & Montjoy, 1984: 491-503). 이는 오클랜드 사업의 실패에서 다수의 참여자와 거부점이라는 '공동행위의 복잡성'을 집행 실패의 원인으로 보는 것과 그 궤를 같이한다.

이러한 하향론에 대한 반발도 만만치 않은데, 상향론자들은 환경오염 규제정책의 집행에서 복잡한 다단위 구조가 정책의 성공적 집행을 가져온다고 주장한다. 또 많은 사회정책 분야에서는 다수의 비영리 민간기관이 관여하며 이들의 협력이 없으면 집행이 어렵다는 점을 강조한다.

3. 환경적 요인

1) 사회경제적 · 정치적 상황

사회경제적 · 정치적 여건이 정책집행에 영향을 미치는 경우는 다음의 두 가지로 나눠 볼 수 있다.

첫째, 환경 보전이나 소비자 보호와 같은 규제정책은 정책대상집단의 경제적 능력과 그들이 국민 경제에서 차지하는 비중에 따라서 집행의 효율성이 달라진다. 즉, 한 나라의 국민 경제가 고도화되고 정책 대상 지반의 경제적 능력이 높아질수록 규제정책과 같이 비생산적인 비용이 수반되는 정책집행이 용이해질 수 있다는 것이다.

둘째, 정치적 상황의 변화가 정책집행 전략의 변화를 요구하는 것이다. 즉, 권위적 · 집권적 정치 체제 하에서는 중앙통제적 집행 전략이 지배적이나, 민주적 · 분권적 정치 체제 하에서는 집행 과정에서 관련 집단의 요구를 충족시키고, 지역적 특수성에 부합할 수 있는 현지 적응적 집행 전략으로 방향을 수정해야 한다.

여기서는 로위(Theodore J. Lowi)가 말하는 이익집단자유주의(interest group liberalism)에 대한 우려를 들 수 있다. 즉, 규제정책에서 폐수 방류 금지정책을 집행하는 현지 요원들이 공장주들의 압력과 회유 때문에 지방의 경제 발전을 위한다는 명목으로 이들에게 유리한 규정 해석을 하는 것을 말한다.

2) 대중 및 매스컴의 반응

성공적인 집행을 위해서는 지속적인 대중의 지지나 여론의 반응이 중요하다. 특히 사회경제적 여건의 변화와 그에 대한 일반대중 및 정치 엘리트의 인지를 연결시켜주는 매개변수적 역할을 하는 매스컴은 정책의 목표나 그 중요성을 부각시킴으로써 일반대중의 지지를 얻어내는 반면에, 집행 과정상의 문제점을 지적함으로써 대중들의 비판적인 여론을 조성하고 집행담당자로 하여금 집행 과정상의 장애를 조기에 극복하도록 노력하게 한다.

3) 정책결정자의 지지 및 태도

대통령, 장·차관, 국회의원 등 정책결정자는 집행에 필요한 인력, 예산 및 권한 등을 지원해 줄 수 있는 지배기관(sovereigns)으로서, 집행담당자들을 감독·통제할 수 있기 때문에 집행에 강력한 영향력을 행사한다. 특히 우리의 경우, 대통령 중심제 하에서 대통령의 관심과 지지는 정책집행의 성공에 결정적인 영향을 미친다고 할 수 있다.

4) 정책대상집단의 태도

정책의 영향을 받는 정책대상집단은 정책의 혜택을 보는 수혜집단과 희생을 감수해야 하는 비용부담집단으로 나뉘는데, 성공적인 정책집행을 위해서는 수혜집단의 강력한 지지가 있어야 하고 희생집단의 저항이 약해야 한다. 정책에 대한 정책대상집단의 순응 여부는 성공적 정책집행에 결정적인 영향을 미친다.

함께 생각할 정책 사례 8

행복주택

국토교통부는 2015년 7월 행복주택 모집공고를 냈다. 행복주택정책은 신혼부부, 대학생, 사회 초년생 등 젊은 계층의 주거비 부담 경감을 위해 직주 근접과 임대료가 저렴한 행복주택을 2017년까지 14만 호 공급하는 것이다. 이 정책을 추진하기 위해 2014년도에는 4,294억 원의 예산이 소요되었으며, 2013년에서 2020년까지의 총 소요예산의 경우 7조 5,894억 원으로 책정되었다.

이 사업의 집행상 문제점은 다음과 같다.

첫째, 입주 기준이다. 해당 자치구 소재 대학에 재학 중인 대학생, 해당 자치구 회사에 입사한 지 5년 이내 회사원, 해당 자치구에 거주하는 신혼부부만 해당하고, 고교나 대학을 졸업한 뒤 취직을 준비 중인 취업 준비생은 자격이 되지 않는다.

둘째, 임대료가 너무 비싸다. 대학생 기준으로 보면, 1m^2 면적당 행복주택은 1만 2,400원, SH희망하우징은 8,400원으로 행복주택이 33% 더 비싸다.

셋째, 정책대안의 논리적 연계성에서 보면, 주거 취약계층의 주거문제 해결을 위해 도심의 유수지나 철도 부지를 활용해 임대주택을 공급하는 것으로, 양적으로는 의미가 있겠으나 질적인 측면을 고려하면 문제의 소지를 가지고 있다.

넷째, 주민들의 반발로 사업의 효과성이 의문시된다. 2013년 지정된 7개 시범지구 중 두

군데만이 정상적으로 사업이 추진되고 있고, 나머지 5개 지구는 행정소송이 진행 중임을 볼 때 정부의 14만 호 건설 목표는 달성되기 어려울 것으로 보인다. 국토교통부는 2015년 7월 22일, 서울 목동 행복주택 시범지구 지정을 해제한다고 밝혔다. 이에 따라 다른 지역도 지구 지정 취소가 불가피할 것으로 전망된다. 이렇게 될 경우, 유수지에 짓기로 했던 행복주택이 모두 철회됨으로써 행복주택 시범지구 사업 규모는 절반 이하(4,702가구 → 2,052가구)로 축소된다(경향신문, 2015.7.23).

여기서 절차상의 비형평성이 지적될 수 있다. 서울시 노원구 공릉동과 목동 주민들은 행복주택지구 지정 해제를 위한 소송을 진행했고, 똑같이 고등법원까지 패소했다. 정부는 그럼에도 목동지구만 지정 해제를 해줘 공릉동 주민들의 반발을 초래하고 있다. 이유는 목동과의 형평성 때문이다.

박근혜 정부 때의 행복주택은 계획과 집행 속도가 매우 빠르다. 이러할 경우, 절차적 합리성을 충족시키지 못할 가능성이 커진다. 절차적 합리성 충족에는 절대적인 시간이 필요하기 때문이다(김태은, 2016: 165-166). 시범사업에서의 강한 갈등은 이후 정부의 조치를 통해 많은 부분이 해결되었다. 사업 발굴과 선정이 주요 행위자들이 함께 하는 협의 체제로 전환됨으로써 절차적 합리성을 강화할 수 있었다(김태은, 2016: 170).

제3절 정책집행상의 순응과 불응

1. 의 의

일반적으로 정책집행에서 순응(順應, compliance)이란 정책결정자의 의도나 정책 내용에 포함된 행동 규정에 대해 정책집행자나 대상집단이 일치된 행동을 하는 것을 말하며, 반대로 불응이란 그러한 정책 의도나 규정과 일치하지 않는 행동을 하는 것을 의미한다.

공공정책의 수립 목적은 사람들의 행위에 영향을 주거나 통제하자는 것이다. 즉, 정책은 사회문제의 해결을 목표로 하는데, 이를 위해서는 그 문제의 해결과 관련되는 정책대상집단의 행태 변화가 필수적이다. 만약 국민들이 정부가 제정하는 정책에 대해 순응을 거절한다면 사람들의 행위에 아무런 영향을 미치지 못하고, 정책집행은 실패로 끝나게 된다.[3] 따라서 정부정책에 대해 사람들이 순응하도록 유도하는 것은 매우 중요하다. 이러한 의미에서 정책집행에서 참여자의 순응은 정책 효과가 나타나기 위한 '충분 조건(sufficient condition)'은 아니지만, 효과가 나타나기 위해 꼭 있어야 하는 '필요 조건(necessary condition)'은 된다고 할 수 있다(남궁근, 2008: 511).

2. 순응의 주체와 유형

순응의 주체는 두 가지이다. 하나는 집행담당자이고 다른 하나는 정책대상집단이다. 전자의 경우, 이들의 순응이 없으면 정책집행의 성공은 어려워진다. 후자의 경우, 이들의 순응은 성공적 집행을 위해서 무엇보다 중요한데, 특히 규제정책의 경우 더욱 그러하다.

순응의 유형으로는 첫째, 강제적 순응으로 순응이 처벌과 같은 강제성에 의존하는 순응을 말한다. 불응의 편익을 감소시키고 비용을 증대시킴으로써 순응을 확보하는 것이며, 확보전략으로는 체벌, 벌금, 자격 정지, 면허 박탈, 직위 해제 등의 제재를 들 수 있다.

둘째, 타산적 순응으로 사람들이 순응하는 것이 불응하는 것보다 더 이익이 된다고 믿는 경우의 순응이다. 이때 개인의 순응을 확보하기 위해 제공되는 이익이 유인(inducement)이다.

셋째, 규범적 순응으로 법이나 정책의 정당성, 타당성에 대한 존경 또는 정책에의 동의나 의무감으로 인해 정책에 순응하는 것이다.

넷째, 상황적 순응으로 사회적 존재로서 인간은 다른 행위자들인 사회나 집단의 평가나 압력에 의해 순응을 보인다(남기범, 2009: 341-342).

3. 불응의 발생 원인과 대책

불응(不應, non-compliance)이 왜 발생하는가는 여러 각도에서 관찰할 수 있으나, 여

3 1988년 1월부터 시행된 국민연금제도는 30여 년이 지난 현 시점에서 볼 때 아직도 많은 가입 대상자가 이에 불응하고 있는 실정이다. 국민연금정책에 불응한다는 의미는 국민연금의 당연적용 대상자가 소득신고를 하지 않음으로써, 국민연금에 가입하지 않거나 가입하더라도 자신의 소득을 하향해 신고하거나, 그리고 비합법적인 방법으로 납부 예외 대상자로 분류되는 등이다.

기서는 쿰스(Fred S. Coombs)와 앤더슨(James E. Anderson) 등의 견해를 중심으로 살펴보고자 한다(Coombs, 1981: 45-60; Anderson, 1979: 115).

1) 불분명한 의사전달에 기인한 불응

정책의 내용이 정책대상집단에게 분명하게 전달되지 못할 때 불응이 발생한다. 정책결정자로부터 정책대상집단에 대한 의사전달 과정에서 차질이 발생할 가능성은 ① 발신자의 왜곡된 전달, ② 수신자의 잘못된 이해, ③ 전달 체계의 붕괴나 과다한 정보량 등의 세 가지로 나눠 생각할 수 있다.

2) 부족한 자원에 기인한 불응

정책대상집단이 정책의 요구 사항을 분명하게 전달받은 경우에도 순응에 필요한 자금, 능력, 시간 또는 에너지 등 자원이 부족해 불응이 발생하는 경우도 있다. 가령 필요한 자원의 조달 능력을 고려하지 않고 대상집단에 의무를 부과시키는 정책을 입안할 때 이러한 문제가 발생한다.[4] 이 경우의 자원이란 재정적 자원뿐만 아니라, 기술이나 정신적 능력까지를 포함하는 넓은 개념으로 이해해야 한다.

함께 생각할 정책 사례 9

탄소 규제: 제조업의 비명

정부 당국의 온실가스 규제 후폭풍이 대한민국 제조업을 강타하고 있다. 한국은 2015년 1월 1일부터 전국 단위의 강제적 탄소 배출권 거래제를 본격 시행했다. 그러나 기업별 탄소 배출권이 턱없이 부족한 등 산업계의 현실이 반영되지 않아 부작용이 나타나고 있다. 정부 규제에 따라 525개 업체가 2017년까지 탄소 배출량을 20% 줄여야 한다. 전국경제인연합회 발표에 따르면, 2017년까지 27조 5,000억 원의 추가 비용이 발생한다고 보고 있다. 특히 중소기업에 대한 제약이 큰데, 그들은 탄소배출권을 살 돈은 물론이고 감축 기술도 부족하다.

4 환경부는 미세먼지 총량규제를 추진하고 나섰다. 이것은 황산화물, 질산화물, 미세먼지를 3대 오염물질로 꼽고 이의 배출총량을 줄이겠다는 데에서 나왔다. 기업은 비현실적인 규제 때문에 기업활동이 위축된다고 반발하고, 자금력이 취약한 중소기업들은 먼지 배출구마다 대당 1억 원에 가까운 굴뚝 자동측정장치를 설치할 엄두를 못 내고 있다(중앙일보, 2008.1.24).

매그나칩 반도체는 최근 충북 청주 공장의 생산량 감축을 심각하게 고민하고 있다. SK하이닉스에서 분사한 이 회사의 주력 제품은 TV · 휴대전화용 IC 반도체이다. 이 제품으로 매출 7,000억 원대를 올리고 직원 3,200명의 생계까지 책임진다. 하지만 올해 시행된 '탄소(온실가스) 배출권 거래제'에 발목이 잡혔다. 당초 회사 공장에서 나오던 온실가스는 연간 90만t이었다. 하지만 정부는 68만t을 허용했다. 다른 기업에서 배출권을 사오면 된다지만 '거래 시장'은 개점 휴업 상태다. 회사 관계자는 "초과 배출량에 과징금을 물리면 60억 원이 추가로 들어간다"며, "반도체는 가격경쟁력이 생명인데 고통스럽다"고 토로했다(중앙일보, 2015.5.21). 이처럼 탄소배출권 거래시장이 만들어졌지만 개점휴업 상태를 면치 못하고 있다. 거래량은 '0'이고 매매가도 100일가량 변동이 없다. 2015년 7월 29일 한국거래소 자료를 보면 KRX 배출권 시장의 할당배출권 거래 종가는 1톤당 1만 300원으로 지난 4월 23일 이후 98일째 같다. 그 이유는 무엇일까? 정부는 2014년 탄소시장을 도입하면서 배출권 기준 가격을 1만 원으로 정했고, 이러한 정부의 가격 통제로 인해 판매자들이 배출권 판매를 꺼리고 있다고 지적한다(경향신문, 2015.7.29).

결국 정부는 지나친 온실가스 감축 규제가 기업들의 생산성을 떨어뜨려 경제 전체에 부담이 된다는 판단을 하고, 2020년 감축 목표치를 현재의 30%에서 20% 수준으로 낮출 가능성이 크다(한국경제, 2015.6.4).

발전 5개사와 민간 업체까지 포함하면 3년 간(2018~2020) 배출권 구매에 2조 5,000억 원이 들 것으로 추산된다. 2015년 1월 탄소배출권이 처음 거래될 당시 가격은 톤당 8,640원이었으나, 2018년 11월 12일 기준 톤당 2만 3,300원까지 올랐다. 이러한 막대한 금액은 소비자에게 전가될 수도 있다. 현재 정부는 감축 목표만 설정하고 기업에서 이를 따라오도록 하고 있는데, 근본적으로는 기업이 온실가스를 대량으로 감축할 수 있는 기술 도입을 할 수 있도록 하고, 이에 드는 큰 비용은 정부 지원이 따라야 할 것이다.

3) 부적절한 정책에 기인한 불응

정책대상집단이 정책에 대해 의혹이 있어 불응하는 경우를 말한다. 이는 다시 목표로 인한 불응과 신념으로 인한 불응으로 구별할 수 있다. 첫째, 목표로 인한 불응이란 대상집단이 정책의 목표 자체에 반대하는 경우나 또는 정책 목표에 우선순위를 낮게 부여하는 경우에 발생한다. 둘째, 신념으로 인한 불응이란 목표 자체에는 동의하지만 목표 달성을 위해 채택된 수단이 그와 같은 목표를 달성하리라고 생각하지 않는 경우에 발생한다.

4) 순응에 수반되는 부담에 기인한 불응

대상집단이 정책 목표에 찬동할 뿐만 아니라 정책 수단에 대해서도 찬성하지만, 단지 정책이 요구하는 행동이 부담이 되어 불응이 발생한다. 즉, 대부분의 정책에 순응하기 위해서는 경제적 비용 또는 심리적 부담이 뒤따르게 되는데, 이 같은 부담 때문에 정책지침에 따르지 않는 경우가 이에 해당한다.

대상집단은 순응과 불응을 놓고 순응이 불응보다 받게 되는 손실이 더 크게 되면 불응하게 되고, 반대로 불응할 때 받게 되는 처벌이 클 때에 순응하게 된다(Anderson, 1979: 115).

이와 같은 유형의 불응에 대한 대책으로는 순응에 대한 유인이 필요하다. 즉, 순응할 경우 조세상 또는 금융상의 혜택과 같은 지원을 약속하거나, 불응의 경우 벌금을 부과하거나 신체적 제재 조치를 가하겠다는 등의 위협을 통해 순응을 확보하는 것이다.

5) 권위에 대한 불신에 기인한 불응

정책이 합법적인 과정을 밟아 제정되면 정책대상집단은 순응하게 된다. 그러나 정책을 집행하는 기관의 정통성이 결여되어 있거나[5] 또는 정책으로부터 부당한 이득을 취하고 있다고 정책대상집단이 생각하는 경우에 불응이 발생한다.

제4절 일선 집행관료의 재량

1. 의 의

업무 수행 과정에서 시민들과 직접적으로 접촉하면서 업무 수행 시에 상당한 재량권을 행사하는 공무원을 일선관료라고 부른다.[6] 종래 정책집행 연구는 하향적 집행에 초

5 과거 제5공화국 시대에 정통성이 약한 전두환 대통령 정부가 시행한 교육개혁정책에 대해 정책대상집단인 교사와 학생들이 집단적으로 저항해 불응 사태를 초래한 바 있다(노화준, 2003: 435).

6 립스키는 일선관료가 일반관료와 다른 점을 분명히 하고 있다. 대부분의 관료제의 업무가 문서주의의 병폐를 지적할 정도로 서면 위주라 한다면, 일선관료제의 업무는 사람의 면전에서 처리되므로 정책대상집단과 상호작용에 의한 활동에 초점을 두면서 고객과의 관계를 형성하고 있다(정원식, 2003: 149).

점을 맞췄으나 최근에는 상향적 집행 연구가 활기를 띠면서 집행관료들의 재량(discretion)에 관심이 모아지고 있다.

재량권을 연구한 대표적 인물로 립스키(M. Lipsky)와 버크(J. P. Burke)를 들 수 있는데, 여기서는 주로 상황에 따른 재량권 행사를 설명하고 있는 버크의 설명을 중심으로 살펴본다. 그는 집행 과정에서 관료의 재량권 행사와 그에 수반되는 책임성의 확보에 따라 공식적·법적 집행 상황, 전문적 집행 상황, 분할된 집행 상황 및 개인적·도덕적 집행 상황으로 나눠 재량의 성격을 설명하고 있다(Burke, 1987).

첫째, 공식적·법적 집행 상황에서 재량의 근거는 위임과 명령에 둔다. 집행 업무의 성격이 단순하고 재량의 범위가 상당히 제한되는 이러한 상황에서 행사되는 재량은 형식적 재량이다.

둘째, 전문적 집행 상황에서 행사되는 재량의 성격은 전문가적 재량이다. 전문지식에 재량의 근거를 두고 개인의 내면화된 규범에 크게 의존한다.

셋째, 분할된 통제는 재량 행사를 위한 합리적 이유도 없고 집행자의 행위에 대한 강력한 외부적 통제도 이뤄질 수 없을 때 가능하다. 그러므로 재량의 행사가 가장 취약한 토대를 이루고 있다.

넷째, 개인적·도덕적 통제 상황은 개인의 내면화된 규범에 전적으로 의존하므로 규범적 통제가 가장 약하다. 이 유형은 집행자 개인의 선호와 도덕적 신념에 크게 의존한다. 그러므로 이 유형의 재량권 행사는 위험한 재량권 행사가 될 수 있다.

이상 내용을 종합해 통제의 원천과 통제의 능력 측면을 혼합해 나타내면 <표 12-1>과 같다.

표 12-1 재량의 유형

<table>
<tr><th colspan="2" rowspan="2">responsibility/
accountability</th><th colspan="2">관료 개인적 통제 근원</th></tr>
<tr><th>외부 근원</th><th>내부 규범</th></tr>
<tr><td rowspan="2">재량행위에 대한
조직적 통제</td><td>강</td><td>공식적·법적 통제
(형식적·기술적 재량)</td><td>직업적 통제
(전문가적 재량)</td></tr>
<tr><td>약</td><td>분할된 통제
(문제 있는 재량)</td><td>개인적·도덕적 통제
(위험한 통제)</td></tr>
</table>

자료: 백현관(1999: 13).

<표 12-1>에 따르면, 이전의 '생활보호 대상자 선정'은 생활보호 조사지침에 의해 세부 사항이 규정되어 있으므로, 버크의 분류에 따라 형식적·기술적 재량이 행사되고 공식적·법적 통제 유형이라 할 수 있다. 그러나 실제 집행 현장을 보면 보호 대상자가 생활보호 대상자로서 모든 선정 기준을 충족한 경우도 없고, 그렇다고 모든 선정 기준을 갖추지 못한 경우도 없는 정책의 사각지대에서 사회복지 전문요원이 행사하는 재량은 형식적·기술적 재량이라기보다 위험하고 문제 있는 재량권 행사의 측면이 강했다고 볼 수 있다. 사회복지 전문요원이 정책의 사각지대에서 주관적 판단에 따라서 이러한 재량권을 행사할 수 있는 근거는 외적 통제가 개별적인 방문조사를 통해 구체적인 타당성 여부를 확인하지 않고 서류심사 중심으로 이뤄지기 때문에, 법적 기준을 실제적으로 충족하고 있는지 알 수 없기 때문이다(백현관, 1999: 109-110).

2. 재량권 부여의 필요성

성공적 집행을 위해 중앙의 통제 대신 일선 집행관료들에게 폭넓은 재량권을 인정해야 하는 이유는 다음과 같다.

1) 집행 현장에의 적응

일선관료들이 처한 업무 상황을 일률적으로 정형화시키기에는 너무 다양하고 복잡하다. 그리고 집행 과정에서 일선관료들의 업무가 기계적이기보다는 인간적인 차원에서 대응해야 할 상황이 많다. 즉, 정책집행 현장은 정치적 과정이고 정책문제가 끊임없이 변화해 가는 현장이기 때문에, 집행 현장의 불확실하고 예외적인 상황에 일선관료가 적응하면서 집행을 할 수 있도록 일선관료에게 재량을 인정해야 한다.

2) 정책 내용의 구체화

여러 가지 요인, 특히 정치적 요인으로 인해 정책 내용이 추상적이고 불명확하게 결정되는 경우가 많다. 이러한 경우에는 일선관료가 집행을 하는 과정에서 정책 내용을 구체화해야 하는데, 이를 위해 집행관료에게 광범위한 재량권이 인정되어야 한다.

3) 집행 관련자들의 협조 확보

집행을 위한 연합 형성을 위해 정책 내용을 어느 정도 희생하는 흥정 · 타협이 필요하다. 그런데 이러한 흥정과 타협을 하려면 일선 집행담당자의 광범위한 재량권이 필요하다(정정길, 2000: 681).

3. 상황론적 집행

두 가지 전략 중 어느 것이 좀 더 성공적인 집행을 보장할 수 있는가? 그것에 대한 대답은 상황에 따라 다르다는 것이다. 일반적으로 보면, 구조적 상황인 경우 중앙통제적 집행전략이, 비구조적 상황의 경우 현지 적응적 집행전략이 좀 더 성공적인 집행을 보장하는 것이다.

그러나 송병주(1993: 265, 316)는 구조적 상황에서도 적응적 집행전략이 적용되었을 경우에는, 전략과 상황 간의 적합성에 어긋남에도 불구하고 의도된 결과를 성취함을 지적하고 있다. 이는 구조적 상황인 경우에는 집행전략과의 적합성과 관련 없이 의도된 결과를 초래할 수 있다는 점을 시사하고 있다. 이는 나아가 적어도 이 경우에는 '집행전략'보다 '상황(contingency approach)'이 더 근본적 요소라는 것까지 함축한다(김행범, 1995: 1451).

함께 생각할 정책 사례 10 **성공 사례와 실패 사례**

성공 사례: 쓰레기 종량제

1. 추진 과정

쓰레기의 발생 자체를 억제하기 위한 수단으로 '쓰레기 종량제'가 1994년의 시범 실시를 거쳐 1995년 1월부터 전국적으로 시행되었다. 이로써 한국은 스위스, 독일, 일본에 이어 세계 네 번째로 쓰레기 종량제를 도입한 국가가 되었다. 1994년 말까지 시행된 쓰레기 수거료 정액제는 일반주택은 건물분 재산세액에 따라, 공동주택은 건물 면적 기준 8등급으로 책정되었다. 큰 집에서 작은 집보다 많은 쓰레기가 나오고, 건물분 재산세를 많이 납부하는 사람이 적게 내는 사람보다 부유하기 때문에 쓰레기 양과 관련이 전혀 없는 것은 아니지만, 이 방식은 쓰레기 발생량과 쓰레기 요금과의 직접적인 상관관계를 가지고 있다고 보기에는 무리가 따랐다. 이에 따라 쓰레기 배출량에 따라 처리 비용을 배출자에게 부담하도록 하는 쓰레기 종량제 도입을 검토하게 된 것이다.

2. 쓰레기 종량제의 성과

쓰레기 종량제는 2007년 경제위기 상황과 맞물려 수입원자재의 가격 폭등은 일시에 재활용이 가능한 쓰레기의 경제적 가치를 상승시키게 되었다. 이러한 시장 여건의 변화는 이 제도가 단기간 내에 성과를 거둘 수 있게 만들었다[7](김정훈, 2007: 140). 쓰레기 종량제의 성과는 첫째, 쓰레기 배출량의 감소에서 1992년에서 1994년까지의 평균 감량화율 11.3%를 감안하면 1995년 종량제 시행으로 인한 순수 감량 효과는 6.5%로 산정된다. 둘째, 재활용품 증가를 보면 재활용품 수거량이 1994년을 기준으로 1995년에는 26.6% 증가했고, 1998년에는 무려 74.3%가 증가했다. 이러한 성과는 재활용품 배출 시는 종량제 봉투에 담지 않아도 되는 데 따른 것으로 보인다. 셋째, 생활쓰레기 관리비용 지출액 중 수수료 수입이 차지하는 비중, 즉 청소재정자립도는 1991~1994년 동안 평균 16~21% 수준이나 종량제 시행 첫해인 1995년은 36%로 크게 증가했다(박재성, 2000: 47).

경제적인 측면을 보면, 1995년부터 4년 간 2조 8천 600억 원의 경제적 효과를 거뒀다. 환경부 산하 국립환경연구원에 의하면, 1995년 쓰레기 발생 감소량이 464만 톤에서 1998년 736만 톤으로 증가함에 따라 처리비용 절감액이 2조 원에 달하며, 이 기간 중 재활용품도 8천 600억 원이 발생했고, 이 밖에도 쓰레기 감량 배출로 인한 매립지 수명 연장의 효과, 매립지 조성 비용의 절감 효과까지 감안하면 더 많은 경제적 효과를 거둔 것으로 분석된다.

물론 비판이 없는 것은 아니다. 쓰레기 감소가 재활용의 증가에 의해서가 아니라 일부는 농어촌지역에서 특히 심한 불법 투기나 소각에 의해 발생하기도 한다는 것이다(홍성훈, 2001: 203-221). 또 쓰레기 감소 효과 중 종량제가 아닌 다른 정책 수단에 의한 것도 있다고 볼 수 있다.

결론적으로, 쓰레기 종량제를 시행한 후 십여 년이 경과했는데, 이 정책의 효과에 대한 평가는 일부 부정적인 의견도 있지만 대체적으로 긍정적인 평가가 주를 이루고 있다. 이 제도가 시행된 지 20년이 지난 2015년 현재 여전히 재활용할 수 있는 쓰레기를 일반쓰레기 봉투에 담아 버리는 사람들이 많고, 재활용 처리 비중은 전체의 59.1%로 2011년 이후 3년째 제자리걸음을 하고 있는 것은 사실이다. 하지만 김미화 자원순환사회연대 사무총장은 "쓰레기 종량제를 시작할 때는 쓰레기를 줄이자는 목적으로 단순하게 시작했지만, 20년이 지난 결과 매립지 신설로 인해 발생할 사회적 갈등을 줄이는 등 사회적으로 큰 성과를 거뒀다"고 평가하고 있다(경향신문, 2015.2.27).[8]

7 김정훈은 한국의 쓰레기 종량제 정책이 중앙정부 차원의 일원화된 정책집행으로 인해 각 지역의 특성을 잘 반영하지 못하는 한계점을 가지고 있음을 지적한다(김정훈, 2007: 140).

8 이 제도 시행 직후인 1996년 생활폐기물 가운데 매립처리는 1,260만 9,290톤이었던 데 비해, 2013년에는 매립 처리가 277만 8,745톤으로 현저하게 줄어든 것을 알 수 있다(경향신문, 2015.2.27).

3. 성공적 집행에 미친 요인

1) 정책 내용과 관련된 요인

(1) 정책의 소망성과 일관성

정책집행이 잘 되려면 정책결정이 합리적으로 결정되어야 한다. 정책집행에 영향을 미치는 것 중 정책 내용과 관련된 것으로 정책의 소망성, 명료성 및 일관성, 실현 가능성 등을 들 수 있다. 우선, 소망성과 관련해 소망성 여부는 대상집단의 입장에 서서 판단해야 불응을 피할 수 있는데 쓰레기 종량제의 경우 폐기물의 감량화 → 재활용 → 안전 처리라는 명확한 정책 방향이 설정되어 있었다.

(2) 집행 수단의 적절성

폐기물관리법에 근거해 「폐기물 관련 과태료 부과 징수 조례」를 제정해 시 · 도지사가 부과, 징수하고 있다. 또 음식물 쓰레기 분리 배출을 100세대 이상의 공동주택은 의무화함으로써 대상이 600만 가구로 확대되었다. 거기다가 불법 환경오염 행위 신고보상제 등 다양한 제재 수단을 사용하고 있는데, 무엇보다도 쓰레기봉투 가격이 '조금 부담되는' 수준으로 정해져 주민들의 순응을 유발하고 있다.

2) 정책 집행조직과 관련된 측면

(1) 집행기관 지원

1990년에 환경청이 환경처로 승격된 이래 1994년에는 환경처가 환경부로 승격되었다. 대통령의 '환경대통령' 선언이나 지방자치단체들의 청소 관련 업무부서 통합도 긍정적으로 작용했다.

(2) 집행 절차의 개선

환류를 통해 집행 과정상의 불완전성을 교정하고, 주민들의 불평들을 약화시킴으로써 정책집행의 효율성을 제고할 수 있다. 쓰레기 종량제 정책도 시행 과정에서 드러났던 문제점 등을 지속적으로 개선한 것이 성공적인 집행의 한 요인이라고 볼 수 있다. 대표적인 예로, 쓰레기봉투의 종류를 4종에서 7종으로 확대하고 대형 폐기물 처리 절차를 간소화한 것을 들 수 있다(이홍균, 1996: 74).

(3) 예산 지원

1995년도 정부 예산을 전면 동결 또는 삭감했음에도 불구하고 환경부 예산을 대폭 증액한 것은 정부의 환경 개선 의지를 반영하는 것이다. 환경부 세입예산은 기존의 일반회계, 환경오염 방지기금, 폐기물 관리기금 등을 환경개선특별회계로 통합 편성, 전년 대비 42.7%의 증가된 예산편성을 했다.

3) 집행환경과 관련된 측면

민간자율감시반을 운영해 아파트마다 입주민들에 의한 자율감시 체제가 가동되고 있다. 정책대상집단들의 의식이 쓰레기 종량제가 쓰레기 감량에 효과가 있다고 믿고 있으며(87.9%), 그 결과 봉투 사용률이 99.3%에 달하고 있다.

4. 문제점 및 개선 방안

1) 봉투 방식에 의한 배출 방법의 부적절

대다수 자치단체는 일반 PE 재질을 쓰고 있다. 하나의 봉투에 가연성 쓰레기와 불연성 쓰레기를 혼합해서 담아 배출함으로써 적정 처리를 어렵게 하고, 음식물 쓰레기도 일반 봉투에 담아 배출함으로써 침출수나 부패로 인한 악취 문제 등을 야기하고 있고, 특히 음식물 쓰레기는 다른 비닐 봉투에 2중, 3중으로 담아 다시 종량제 봉투에 담기 때문에 매립 시 봉투가 잘 터뜨려지지 않아 분리가 잘 되지 않는 문제가 있고, 연간 평균 3만 톤의 비닐 배출량이 증가해 환경오염을 가중시키고 있다(환경부, 1997: 4). 봉투의 강도와 재질이 가장 시급한 문제로서 다른 재질 또는 방식의 모색이 필요하다.

2) 청소 재정자립도 저하

청소 재정자립도가 시행 초기에 비해서 점차 저하되고 있다. 이러한 상황에서는 쓰레기 수수료의 적정 수준을 결정하는 것은 중요하다. 현행 방식은 모두 동일하게 비용을 부담하게 되어 있어 역진제적 성격을 내포하는 문제를 안고 있다.

3) 불법 투기와 위조 쓰레기봉투의 증가

최근 들어 생활쓰레기의 불법 투기가 늘어가고 있는데 이러한 현상은 규격봉투의 가격 현실화도 한 요인으로 작용했다.[9] 수원시는 일반적으로 비용 부담이 높게 되면 비용 억제를 위한 쓰레기 감량화를 주민 스스로 선택하게 된다는 판단 아래 2000년 10월 1일부터 평균 117%의 봉투 가격 인상을 단행했다(박미옥, 2000: 328).

그러나 여기서 우리가 생각해야 할 것은 쓰레기봉투 가격, 즉 합법적 쓰레기 배출 가격의 상승은 대체 관계에 있는 불법 투기 수요를 상승시킨다는 점이다. 또한 재활용품에 대한 보상의 증가는 재활용품의 가격을 낮춰, 대체 관계에 있는 불법 투기 수요를 감소시킨다는 점이다. 봉투 가격이 1% 상승하면 불법 투기는 약 0.5% 상승하고, 재활용품 보상 가격이 1% 상승하면 불법 투기는 약 5.7% 하락하는 것으로 분석되고 있다.[10]

9 지방자치단체 간 쓰레기봉투 가격이 크게 차이 나고 있는 점도 시정되어야 한다. 물론 도시에 따라 고지대가 많다든지 도시 정비 상태가 좋지 못해 수거 효율이 떨어져 비용이 많이 드는 점도 어느 정도 인정할 수 있지만, 일반쓰레기 봉투의 경우 부산지역의 경우 10리터 기준 430~470원으로 서울 강남구(140원)보다 3배가량 비쌌다. 음식물 쓰레기 수거용 봉투 가격도 부산이 5리터들이 봉투 가격은 전국 평균(153원)보다 배가량 높은 200~300원으로 조사되었다(국제신문, 2007.12.22).

10 서재호 · 정광호(2007: 165)는 봉투가격이 1원 상승함에 따라 1인당 1일 재활용 배출량이 0.000085kg 증가하는 것으로 파악하고 있는데, 이는 봉투 가격이 100원 인상된다면 재활용량은 0.0085kg 증가하고, 이를 연간으로 환산하면 1인당 연 3.1025kg의 폐기물을 더 많이 재활용하게 되는 것으로 추정할 수 있다.

이러한 맥락에서 보면, 봉투 가격 인상을 통한 쓰레기 감량의 한계 효과는 미미할 뿐만 아니라 오히려 불법 투기를 조장해 결과적으로 사회적인 순손실을 낼 수도 있다. 더욱이 쓰레기 감량과는 상관없이 단순히 쓰레기 수거 재정의 보충을 위한 봉투 가격의 인상은 지양되어야 할 것이다. 사회적으로 좀 더 바람직한 쓰레기 배출 정책의 방향은 단순한 쓰레기봉투 가격의 인상보다는 재활용품에 대한 보상을 통해 쓰레기 배출의 관리가 이뤄져야 할 것이다(김금수·D. Kelleher, 2004: 115).

또한 위조 쓰레기봉투의 관리도 허점을 드러내고 있다. 위조범들은 구청장 명의를 도용해 위조 동판을 불법 제작해 주로 소용량인 10~50리터의 쓰레기봉투를 승용차에 싣고 다니며 수퍼마켓이나 편의점 등 지정 판매소들에 낮은 가격으로 은밀히 판매하고 있다. 2003년 10월 한 달 간 쓰레기 종량제 봉투 판매율이 사하구 9.9%, 부산진구 6.7% 등 각 구별로 5% 내외로 급격히 감소한 원인이 이 같은 불법 쓰레기봉투 유통에 있는 것으로 판단된다(부산일보, 2003.11.26). 지정판매소에 대한 관리 강화 및 전산화 시스템의 구축[11] 등 위조 봉투의 추적 관리에 좀 더 체계적이고 지속적인 관리가 요구된다고 할 것이다.

5. 음식물 쓰레기 종량제의 보완

음식물 쓰레기 종량제의 경우, 쓰레기 수거 방식인 일반수거 방식, 칩 방식 및 RFID 방식이 있는데, RFID 방식에서 가장 높은 음식물 저감률을 나타내었다. 부산시의 경우, 2012년부터 2013년까지 1년 간 RFID 방식을 도입한 결과 음식물 쓰레기 배출량이 일평균 598.7그램에서 483.2그램으로 19%가량 줄었다(부산일보, 2015.7.24). 주민들의 만족도 역시 RFID 방식이 가장 높았다. 다만 기기 당 월 15만~18만 원의 운영비가 드는 것은 문제로 남아 있다. 춘천시의 경우도 RFID 방식 음식물쓰레기 종량제사업으로 공동주택의 쓰레기 배출량이 크게 줄어든 것으로 나타났다. 2018년 기준 1년 이상 사업에 참여한 21개 아파트를 대상으로 음식물쓰레기 배출량을 조사한 결과 2017년에 비해 평균 43%가 줄어든 것으로 나타났다. 이 배출 방식은 음식물쓰레기 전용 용기내부의 계량기가 배출량을 측정하고, 배출량만큼 부과된 수수료는 충전식 선불카드를 이용하여 납부하는 것이다. 현재까지 총 61개 아파트에 종량기기 476대가 운영 중이다(강원경제신문, 2019.1.11).

그러나 RFID 방식도 한계가 있다. 초기에 계량기기를 설치 시 기기 구입 및 운영비용의 부담이 칩이나 스티커 방식 및 봉투 방식에 비해 크고, 설비의 지속적인 유지 관리가 필요한 점 등을 들 수 있다(최근호 · 엄태호, 2017: 84).

현재 시행상의 문제점으로는 음식물 쓰레기 재활용 제품의 품질 문제이다. 수거된 음식물 쓰레기 내에 비닐 등 많은 이물질이 섞여 있는 점이다. 약 7%의 이물질이 있는 것으로 파악되어 품질 저하를 낳고 있다. 이러한 문제점은 구체적이지 못한 음식물 쓰레기 분리 배출 기준과 배출 수단으로 비닐봉투를 허용하고 있는데서 일정 부분 기인한다고 볼 수 있다.

이 밖에 재활용업체 선정 시의 문제이다. 환경부 지침에 의해 업체 선정 기준을 지방자치단

---

11 부산 해운대 구청은 쓰레기봉투마다 제조일자와 고유번호를 넣은 바코드를 찍어 유통 과정을 투명화하고

체에 제시하고 있으나 법률상 근거가 없어 일부 지방자치단체의 경우 지침을 적용하지 않고 지방계약법상 일반용역 심사 기준을 사용하거나 임의로 평가 기준 내 배점을 축소 조정하고 있다. 또한 선정 기준 자체가 가격경쟁력에 치중하는 것도 문제이다.

이의 개선을 위해 첫째, 전용 비닐봉투 배출을 금지하고 전용 용기 등 환경 부담이 적은 방식으로 전환을 시도해야 할 것이다. 아울러 환경부 지침을 법령에 근거 규정을 마련해야 할 것이다(최창원 외, 2013: 277-280).

실패 사례 I : 농어촌구조개선사업

이 사업은 전형적인 정책집행 실패 사례로 볼 수 있다. 구체적인 내용을 보면, 첫째, 정책 자체 요인에서 이 사업은 ① 정치인들의 정치 논리가 예산부처의 경제 논리를 압도했던 강한 정치성, ② 정치적 목적을 위해 42조 원이라는 총량 규모를 먼저 정해놓고 투입 대상을 찾는 사업의 급박성, ③ 입안부터 집행까지 매우 짧은 시간이 소요된 사업의 고정성과 관성 등을 들 수 있다.

둘째, 집행 체제 요인에서, 본래 1992년부터 2001년까지 10년 사업을 3년 단축한 조치는 단시간 내에 정부재원의 투자를 집중시킴으로써 이 사업이 시행 과정에서 부실화와 과잉 투자가 나타나게 된 중요한 요인이 되었다. 단기 성과와 생색내기 정책 의도 구현은 물량 위주의 시설 확장 우선 정책이 될 수밖에 없는 동인이었다.

집행담당기관의 산재도 문제점으로 지적될 수 있다. '유리온실사업'을 예로 들어 보면, 관련 기관이 14개에 이를 정도로 책임 소재가 불분명한데, 이는 바르다흐(Eugene Bardach)의 설명에서 볼 수 있는 '악대차 효과'[12]가 생길 수 있음을 말해준다.[13]

예산 운용 측면에서, 사업자 선정은 시·도에서 구성한 농어촌발전심의회를 거쳐 정부에서 판단했는데, 이 심의회조차 나눠먹기식의 분배 행태를 벗어나지 못했다. 이처럼 모든 농가가 골고루 혜택을 받는 타협적 배분 방식으로 분산 지원되어 효과가 극대화되지 못했다. 농업 인프라 구축과 생산기초 기반 조성에 집중되어야 하는데, 백화점식 예산 배정이 되어 예산집행이 비효율적으로 이뤄진 것이다.

위조 봉투의 유통을 막고 있다(국제신문, 2005.3.16).

12 악대차 효과(band-wagon effect)란 의사결정을 요하는 문제에 대해 다양한 의제가 중구난방으로 제기되어 실질적인 결정과 집행에 도움이 되지 못하는 경우를 말한다. 다른 사람이 제기하니까 나도 제기하고, 내가 제기하니까 다른 사람도 따라 하는 현상을 말한다. 어느 마을에 서커스단이 들어오면 나팔 불고 북 치는 사람들이 탄 악대차가 서고, 그 뒤에 줄타기, 차력사, 그리고 동물들이 선두에 선 악대차를 따라다니는 것에 비유한다(이준구·이창용, 2009: 98-99).

13 농공단지조성사업의 경우에도, 집행 체제에서 문제점을 안고 있었다. 초기에는 경제기획원이 담당했으나 전문성 결여로 인해 농림수산부로 이관되었다. 그러다가 1990년대 들어 농공단지의 운영 부실이 문제화되면서 총괄부서가 상공부로 바뀌게 된다. 이처럼 주무기관이 계속 변경되어 정책의 일관성을 유지하기 어려웠다.

셋째, 환경적 요인에서, 정책대상집단의 태도를 보면, 부적격자의 선정이나 지원금의 오남용이 상당히 심각한 수준이었다. 정부의 모든 지원정책에는 정보 비대칭이 발생하며, 지원자를 선정할 때는 이로 인한 부적격자 선정 또는 역선택의 문제가 발생한다. 혜택을 받고자 하는 측은 수혜 조건과 관련해 유리한 점만 내세우려 하고, 불리한 점은 감추려 하기 때문인데, 부실한 영농조합법인 운영이 그 예라고 하겠다.

또한 외부 요인을 보면, 일반 여론도 이 사업에 대해 그다지 우호적이지 못했다. 몇몇 간판격 사업의 부실과 각종 비리가 불거지면서[14] 전체 사업의 이미지를 흐렸는데, 이는 '구멍 뚫린 42조 원 사업'이라는 냉소적 표현이 잘 나타내주고 있다.

실패 사례 Ⅱ: 도로명 주소사업

공공기관 모든 업무에서 도로명 주소를 사용하고 있지만, 아직 우편 분야 활용도는 68.9%에 그치는 등 국민 실생활에서의 체감도는 낮은 상태이다. 특히 택배 분야에서 도로명 주소 활용률은 18.9%를 기록하는 등 아주 낮았다(서울신문, 2015.2.3). 한 구청 민원실 관계자에 따르면, 새 주소를 몰라 옛 지번 주소를 쓰는 시민들이 대부분이라며, 옛 주소를 그대로 써도 직원들이 어차피 문서엔 새 주소로 바꿔준다며 도로명 주소를 몰라도 불편함이 없어 국민들이 굳이 새 주소를 알려고 하지 않는다고 지적하고 있다.

1996년 이후 18년 동안 4,000억 원에 달하는 예산을 투입했음에도 도로명 주소를 정착시키지 못한 정부의 정책 실패를 질타하는 목소리가 크다. 실패의 원인은 무엇일까? 권아영(2011)은 아래 몇 가지 요인을 들고 있다.

첫째, 강력한 사업 추진 체계의 부재 때문이다. 사업 주관 부서인 행정자치부에서도 임시조직에서 관련 업무를 담당해 왔다.

둘째, 공공기관과 민간 부문과의 공조 결여이다. 공공기관 외에 위치정보를 이용하는 민간 부문의 각종 전산 시스템까지 고려하면 변경 대상은 더 많아진다. 그러나 관계 기관의 적극적 홍보가 부족해 기한 내 차질 없는 주소 전환이 어려울 것으로 예상된다.

셋째, 홍보 부족이다. 도입이 결정된 지 10년이 지나도록 중앙정부 차원에서의 국민들이 체감할 수 있는 홍보는 미흡했다.

이 밖에도 법적 검토의 미흡, 불합리한 도로명 부여로 인한 주소 체계의 효용 감소 등을 원인으로 제시하고 있다.

한 연구 결과에서는 도로명 주소 전환에 따라 연간 3.3조 원의 사회적 순편익이 발생할 수 있을 것으로 추정하고 있지만(한국행정연구원, 2011), 대상자들의 적극적인 협조 없이는 원

---

14 유리온실사업만 해도 12억 원 사업비 중 절반인 6억 원은 보조금으로 지원되고, 연리 5%의 저리자금이 3억 6,000만 원이 나오는 파격적인 지원 조건 때문에 이 사업을 따내는 것은 상당한 이권으로 인식되었다. 또 사업자 선정의 대가로 사업비의 10~20%가 관련 공무원에게 건네지는 것은 하나의 관행으로 밝혀졌다(오덕화, 2007: 151).

활하게 이뤄질 수 없다. 이러한 상황에서 고려할 수 있는 대책으로 다음 몇 가지가 제시되고 있다.

첫째, 도로명의 지속적인 정비: 지역적 특성과 맞지 않는 도로명의 지속적인 수정과 보완작업이 요구된다.

둘째, 민간기관의 주소 전환 독려: 공공기관에 비해 민간의 도로명 주소 사용률은 상대적으로 낮다. 앞으로 금융기관, 이동통신사, 포털사이트, 온라인 쇼핑몰 등 주소를 다량으로 보유한 민간기관이 도로명 주소로 완전 전환할 경우 한시적 인센티브 제공 방안도 검토해 볼 필요가 있다.

셋째, 공감대 형성: 국민과의 의사소통이 일방적인 홍보에 머물러서는 집행순응을 이끌어낼 수 없다. 따라서 좀 더 체계적인 전략으로 국민들의 공감대를 형성할 수 있는 방안을 모색해야 한다.

13 정책평가의 의의와 논리

제 1 절　정책평가의 의의와 유형
제 2 절　정책평가의 절차와 평가성 검토
제 3 절　정책평가의 논리

정책학원론
Theories of Policy Sciences

제 13 장

정책학원론

정책평가의 의의와 논리

제1절 정책평가의 의의와 유형

1. 정책평가의 의의

1) 의 의

정책평가(policy evaluation)만이 정책이 설정했던 목표를 달성했는가? 또 새로운 정책의 결과가 어느 정도 만족스럽고 혹은 불만족스러운가에 대한 대답을 해 줄 수 있다. 정책평가란 간단히 말해서 "원래 가지고 있던 의도와 결과를 정책이 얼마나 효과적으로 달성했는가를 측정하는 활동(Policy evaluation assesses the effectiveness of a public policy in terms of its perceived intentions and results)"으로 정의할 수 있다(Gerston, 1997: 120). 예를 들어, 정부가 그동안 실시했던 실업자 구제 관련 여러 정책이 기대한 바의 고용 창출 효과를 가져왔는지, 그리고 실업대책을 위한 예산 집행은 실효성이 있었는지 등 정부의 정책 운용이 제대로 되고 있는지를 파악할 수 있는 것이 정책평가이다.

한편 폴란드(Orvill F. Poland)는 행정 과정에서 평가의 중요성을 강조한 바 있는데, 그는 귤릭(Luther H. Gulick)의 POSDCoRB에 평가 단어인 Evaluation의 첫 글자인 E를 포함시켜 POSDECoRB로 만들 것을 주창한 바 있다(Poland, 1971: 201-202; 남궁근, 2008: 528 재인용).

2) 평가연구의 기원

이러한 정책평가 활동이 급속도로 활발하게 전개된 이유는 크게 세 가지이다. 첫째, 흑인 폭동에 충격을 받아 존슨(Lyndon B. Johnson) 행정부에서 추진한 1960년대 중반의 '위대한 사회(the Great Society)'의 실패 분위기 속에서 나온 충격적인 사업평가 보고서의 발표가 발단이 되었다. 흑인의 가난은 지적 능력의 부족 때문이고, 이것은 3~4세 유아 시절에 제대로 교육을 받지 못한 데서 온다는 판단에 따라 미연방정부는 엄청난 돈을 들여 '국립무료유아원사업(Head Start Program)'을 추진했다. 그러나 이 사업은 의도했던 효과를 내지 못했는데, 즉 이 사업이 어린이들의 지능 개발에 별다른 영향을 주지 못했다는 결론이었다. 이러한 부정적 결과가 나오자 보수주의자들은 정부가 추진하는 사업에 대한 평가를 강력히 요구하게 되었다.

둘째, 1960년대 후반에 시도했던 '계획예산제도(PPBS)'의 실패이다. 이것은 전체적 입장에서 본 해당 사업의 필요성을 계획의 틀 속에서 밝히고, 여기에 따라 예산을 배정하는 것이다. 그러나 계획예산제도는 10년여도 존속하지 못하고 공식적으로 폐기되었는데, 그 이유는 비용편익분석에서 모든 관련 변수를 의미 있게 계량화할 수 없었던 것과 사업이 발생시킨 효과에 대한 총괄평가가 부족했기 때문이다.

셋째, 제도적으로 1970년에 미의회가 '의회조직개편법'을 제정함에 따라 그 직속기관인 회계검사원(GAO)이 정부활동을 심사하도록 한 것도 정책평가 활동을 활성화시켰다.

3) 정책평가이론의 변천

구바(E. G. Guba)와 링컨(Y. S. Lincoln)은 『4세대 평가(*Fourth Generation Evaluation*)』라는 책에서 평가연구의 진행 과정을 아래와 같이 4개 세대(generation)로 구분하고 있는데, 각 세대의 주요 내용을 살펴보면 다음과 같다(Guba & Lincoln, 1989).

(1) 제1세대(1910년~제2차 세계대전 기간)

주요 활동은 측정(measurement)의 강조였고, 정책평가를 실험실에서 하는 실험으로 인식했다. 이 시기의 평가 연구는 모두 실험실 내에서 이뤄졌다. 그러나 실험실 평가연구인 관계로 현실 생활에 적용 가능한지 의문이 제기되었다.

(2) 제2세대(제2차 세계대전~1963년)

주요 활동은 기술(記述, description)의 강조이며, 측정은 평가 수단의 하나에 불과하고 평가자는 기술 역할을 맡아야 한다고 인식한다. 그러나 평가의 기술 기능을 지나치게 강조한 점은 문제로 지적된다.

(3) 제3세대(1963~1975년)

주요 활동은 판단(judgement)의 강조이며, 기술 위주의 제2세대 연구에서 가치판단을 강조하는 제3세대 연구로 전환되었다. 측정이나 기술 기능 외에 제3세대 평가연구는 사회적 형평성에 중점을 두었다. 여기에서는 평가자가 판단자임을 강조한다.

(4) 제4세대(1975년부터 지금까지)

주요 활동은 대응성(the responsive constructive evaluation)에 맞춰 있다. 제4세대와 제3세대 간의 최대 차이는 제4세대는 과거 평가연구가 실제 세계를 지나치게 단순화시켰다고 본다. 또 기존 평가가 조사연구 중 지나치게 기술과 판단 기능을 중시한 결과 복잡하고 다원적인 사회문제를 해결할 수 없었다고 보고, 제4세대 평가연구자들은 이해관계자들의 요구나 관심, 이슈 등 반응적 관점의 표현을 중시한다.

2. 정책평가의 유형

정책평가의 유형은 평가자의 소속에 따라, 효과의 구분에 따라 또는 평가 대상에 따라 분류할 수 있는데, 여기서는 가장 일반적인 분류 유형인 평가 대상에 따라 총괄평가와 과정평가로 나눠 살펴보고자 한다.

1) 총괄평가

총괄평가(summative evaluation)는 정책이 집행되고 난 후에 정책이 사회에 미친 영향을 추정하는 활동을 말하며, 정책영향평가라고도 불린다. 일반적으로 정책평가라고 하면 바로 이 총괄평가를 말할 정도로 널리 활용되고 있는 방법이다.

총괄평가에서는 무엇보다도 정책이 아닌 다른 요인 때문에 일어난 변화를 정책 효과로 판단하지 않도록 정책이 아닌 다른 요인에 의한 효과를 제외한 순수한 정책 효과를 파악하는 것이 중요하다.

총괄평가의 종류에는 진실험적 설계에 의한 평가, 준실험적 설계에 의한 평가, 그리고 비실험적 설계에 의한 평가가 있는데, 이에 대한 자세한 설명은 제14장에서 다루고자 한다. 다른 각도에서 총괄평가는 그 평가 대상과 목적에 따라 다시 효과성 평가, 능률성 평가, 공평성 평가 등으로 나눌 수 있다(이진주 외, 1996: 73).

2) 과정평가

과정평가(process evaluation)는 집행이 이뤄지는 과정을 평가 대상으로 한다. 이는 정책집행이 끝난 후에 집행 과정상에서 나타난 집행계획, 집행 절차, 투입 자원, 집행활동 등을 검토해 여러 가지 문제점을 해결하고 바람직한 집행전략을 수립하는 데 도움을 주고자 하는 활동이다.[1] 과정평가가 중시되는 이유를 보면, 앞서 언급한 총괄평가에는 사전에 충족시켜야 할 세 가지 전제 조건[2]이 있는데, 이를 무시하고 체계적인 검증도 거치지 않고 총괄평가가 이뤄지는 경우가 적지 않은 실정이다. 다시 말해, 기존의 총괄평가는 집행 과정에 대한 분석이 결여되어 있다는 것이다.

과정평가는 프로그램 투입이 어떻게 결과에 영향을 주고, 왜 그러한 결과를 초래했는지를 분석한다. 이러한 인과경로(因果經路)나 인과 관계에 대한 정보는 집행 절차를 개선케 하여 정책의 효과를 높일 수 있게 한다.

이상의 유형 구분 외에 던(William N. Dunn)은 평가 목표와 가설 토대가 다름에 근거해 평가연구를 유사평가, 공식적 평가 및 결정이론적 평가로 구분하고 있다(남궁근 외 역, 2005: 458-468).

1 예를 들어, 과거에 진행되었던 행정자치부의 공공근로사업에 대한 과정평가를 해보자. 우선, 임금이 제때에 지급되었는가 하는, 즉 자원이 제대로 투입되었는가를 평가한다. 다음으로, 공공근로사업으로 선정된 사업들이 실제로 이뤄졌는가가 평가된다. 마지막으로, 이 사업이 원래 의도한 정책대상집단에 실시되었는가를 평가한다. 이상의 것들을 평가해 다음 단계의 사업을 실시할 때 개선에 필요한 정보로 활용할 수 있다(노시평 외, 1999: 382-383).

2 세 가지 전제 조건은 첫째, 정책의 목표가 명백하고 측정 가능해야 하며, 하위 목적들도 전부 달성되어야 한다. 둘째, 제안된 정책이 처음에 기대했던 방향과 정도로 완전히 집행되어야 하며, 셋째, 설정된 정책 목적과 실시된 정책 수단 사이에 직접적인 인과 관계가 성립해야 한다.

제2절 정책평가의 절차와 평가성 검토

1. 정책평가의 목적과 일반적 절차

1) 정책평가의 목적

정책평가를 하고자 할 때 가장 중요한 것은 정책평가의 목적을 확인하는 일이다. 왜냐하면 평가의 목적에 따라 무엇을 어떻게 평가할 것인지가 결정되기 때문이다.

정책평가의 목적은 정책결정이나 집행에 필요한 정보를 제공하고, 정책 책임자의 책임을 확보하며, 변수들 간의 인과 관계를 검증해 이론 형성에 기여하는 등으로 설명할 수 있으나, 때로는 정책평가가 부정적인 측면에서 이용되기도 한다. 몇 가지 예를 들면, 정책결정을 위한 시간 벌기를 위해 정책평가가 사용된다는 것이다. 이 점은 서크먼(Edward A. Suchman)의 "연구로 활동을 대신한다"는 말이 잘 묘사하고 있다(Suchman, 1972: 81).

2) 정책평가의 일반적 절차

정책평가는 결과의 활용 목적, 평가 방법 등에 따라 평가절차가 달라질 수 있는데, 정책평가의 일반적 절차는 다음과 같다.

첫째, 정책평가의 목적을 확인 · 결정한다. 둘째, 정책 목표 · 수단 및 정책구조를 파악하고 평가의 대상을 구체적으로 확정한다. 셋째, 평가 방법을 결정한다. 넷째, 자료의 수집과 분석을 한다.[3] 다섯째, 평가 결과를 제시한다.

3 정책평가에서 사용되는 분석 방법에는 회귀분석, 분산분석, T-Test 등 여러 가지가 있으나, 이들 중 어떤 분석 방법을 사용할지는 평가문제의 성격, 연구설계 등을 종합적으로 고려해서 결정해야 한다.

2. 평가성 검토

1) 의 의

평가성 검토(evaluability assessment)는 본격적인 평가를 시작하기 전에 실시하는 개략적 검토이자 일종의 예비평가(pre-evaluation)이다. 소망성 평가와 가능성 평가를 통해 바람직하면서 실시 가능한 평가 대상이 밝혀지게 된다. 평가성 검토를 통해 실시 가능한 평가 대상이 정해지면 한정된 예산과 인력을 유용하게 사용할 수 있는데, 이것은 본격적인 평가 이전에 평가 불가능한 사업들을 대상에서 제외할 수 있기 때문이다. 또 평가성 검토에서 밝혀진 내용이 앞으로의 평가에 길잡이 역할을 하게 된다는 이점이 있다.

2) 내용과 절차

평가성 검토는 대개 세 가지 단계에 따라 진행된다(정정길, 2000: 726). 사업의 정의와 사업모형의 파악, 평가 가능 모형의 작성, 그리고 평가성 검토 결과와 활용 방안 제시이다.

3. 평가 방법의 결정과 자료의 수집 · 분석

1) 종 류

평가 방법은 평가의 유형에 따라 많이 달라진다. 특히 총괄평가는 양적 방법에 의존하고 과정평가는 주로 질적 방법에 많이 의존한다. 물론 대부분의 정책평가는 양적 평가에 의해 이뤄지고 있지만, 질적 방법에 의한 연구의 중요성도 점차 강조되고 있다. 양적 방법에 대해서는 다음 장에서 다룰 것이므로, 여기서는 질적 방법에 초점을 맞춰 설명을 진행하고자 한다.

질적 방법이란 집행된 정책이 의도한 목표를 달성하는 데 효과적이었거나 비효과적이었다고 판단된 경우, 왜 그런 결과가 초래되었는지에 관해 주로 질적 자료에 의존해 평가하는 평가 방법이다. 질적 자료를 수집하는 방법으로는 심층면담이나 참여자 관찰

등이 있으며, 양적 · 질적 방법을 적절히 혼합해야 종합적인 평가를 할 수 있다.

2) 질적 방법의 사용례

양적인 연구는 사회과학 분야에서 활발히 사용되고 있으나, 비계량적인 연구는 객관성, 신뢰성, 타당성 등에 대한 입증의 어려움 때문에 도외시되어 왔다. 그러나 사회 현상을 모두 계량적인 척도로만 파악할 수 없다. 비계량적 조사설계 절차로 연구 질문 만들기, 연구 방법의 선택, 연구 대상 표본의 선택, 연구자의 역할 관리 및 자료 수집 방법의 선택 등을 들 수 있다(이선우, 2000: 80-116).

한편 이태근(2000: 118)은 질적 면접 기법을 이용해 행정정보 시스템을 평가했다. 그는 정보 시스템의 성공 기준을 제시할 수 있는 연구 방법을 소개한 뒤, 이러한 질적 연구 방법을 설문지 작성 시에 그대로 이용함으로써 양적 분석의 모태가 되어 양적 분석 방법이 가진 근본적인 한계인 내적 타당성, 즉 구성 개념 타당성과 가설적인 관계의 타당성을 보완함으로써 양과 질적 방법을 조화시키는 삼각망(triangulation)[4]의 연구가 가능하게 된다고 한다. 즉, 내적 타당성도 가지면서 일반화도 확보할 수 있게 되는 연구 방법을 제시한 것이다.

제3절 정책평가의 논리

1. 정책평가와 인과 관계

1) 인과 관계의 의의

과학의 역사 자체가 원인과 결과 간의 관계를 규명하는 활동의 역사로 설명되므로, 이러한 인과 관계(causation)의 추론은 중요하다는 것을 짐작 가능케 한다.

정책평가에서도 핵심은 인과 관계의 파악이다. 인과 관계는 원인과 결과 간의 관계

4 삼각망 혹은 삼각 검증이란 연구자의 주장, 수집된 증빙 자료들, 분석 결과가 한 치의 오차도 없이 상호 지원이 이뤄져야 하는 것을 뜻한다.

로서, 정책평가에서는 어떤 정책이나 사업이 어떤 정책 효과를 낳았는가에 초점이 모아진다.

그렇다면 인과 관계란 무엇인가? 우리가 흔히 말하는 "가는 말이 고와야 오는 말이 곱다"나 "콩 심은 데 콩 나고 팥 심은 데 팥 난다"는 것들이 인과 관계를 경구적으로 표현한 것이다. 인과 관계라는 단어는 우리 일상생활에서도 쉽게 볼 수 있는데, 최근 폐암 환자들이 담배회사를 상대로 한 손해배상 소송에서 대법원은 흡연과 폐암과의 인과 관계를 부인한 것으로 보인다. 이에 반해 석면으로 인한 폐질환의 경우 인과 관계를 폭넓게 인정하는 석면피해구제법이 이미 시행 중이다(시사IN, 2015.5.30).

2) 중요성

그러면 왜 과학에서 인과 관계가 중요한가? 그것은 인과 관계가 이론의 발전에 크게 기여하기 때문이다. 즉, 이론이 변수들 간의 관계를 밝히는 것인 만큼 이들 변수 간의 관계가 과학적인 인과 관계를 근거로 했을 때 이론의 가치가 있다.

그런데 인과 관계를 파악하는 방법에 따라 이론 형성을 위한 접근 방법이 달라진다. 귀납법은 인과 관계를 경험적으로 증명해야 하는 것이고, 연역법은 비록 인과 관계가 경험적으로 증명되지는 않더라도 논리적으로 추론될 수 있다는 것이다. 인과 관계에 대한 추론이란 가설적인 원인인 독립변수가 종속변수에 어떻게 영향을 미쳤으며, 그 강도는 얼마나 되는가를 밝히는 것이다. 그러면 왜 추론이라 하는가? 사회과학에서 인과 관계가 있다고 할 때 결정적(deterministic)인 문장을 사용하지 않고, 확률적인 표현을 사용한다. 즉, "x라는 원인이 y라는 결과를 야기시킨다"가 아니라 "x라는 원인이 y라는 결과를 발생시킬 수 있다"라는 방식으로 인과 관계를 표현하는데, 그 이유는 특정한 현상에 영향을 미치는 변수가 너무 많고 특정한 독립변수 이외에 기타 변수들의 영향을 완벽하게 통제할 수 없으므로 인과 관계가 있을 것이라는 추론을 할 수밖에 없기 때문이다.

3) 인과 관계의 조건

정책평가에서 인과 관계를 입증하려면 다음 세 가지 조건을 만족시켜야 한다.

첫째, 시간적 순서이다. 단순히 한 변수가 변화할 때 다른 변수의 변화가 관찰되었다고 하여 두 변수 간에 관계가 있다고 말할 수는 없다. 인과 관계가 있으려면 특정 독립변수의 변화가 종속변수의 변화보다 시간적으로 앞서야 한다. "날씨가 더워지면 아이스크림이 잘 팔린다"는 맞지만 "아이스크림이 잘 팔리니 날씨가 더워진다"는 표현은 틀리게 된다. 또 흡연이 폐암에 걸리는 것과 관련이 있으려면 흡연이 폐암에 걸리는 상황보다 앞서서 존재해야 한다.

둘째, 공변성 혹은 공동 변화라고도 표현하는데 원인변수와 결과변수가 같이 변화해야 한다는 것이다. 원인인 독립변수에 의해 결과인 종속변수가 발생되는 것을 경험적으로 검증할 수 있어야 인과 관계가 성립한다. 예를 들어, 비행(非行) 청소년 상담을 위해 상담을 실시할 경우, 상담 시간의 증가에 따라 비행을 저지르는 횟수가 감소하는 것이 관찰되어야 한다.

셋째, 비허위성으로 변수 x와 y 간의 관련성은 다른 공통적인 원인으로부터 나타나는 것이 아니어야 한다. 즉, 제3의 변수인 허위변수와 혼란변수로 인한 영향을 배제해야 한다.

2. 허위변수와 혼란변수

1) 허위변수

허위변수(spurious variable)란 원인변수와 결과변수 사이에 전혀 관계가 없는데도, 두 변수 간에 인과 관계가 있는 것처럼 나타나도록 만드는, 두 변수의 뒤에 숨어 작용하는 제3의 변수를 말한다. [그림 13-1]에서 보면, 영어 특별교육은 전혀 영어 실력 향상에 도움을 주지 못하고, 성적이 좋아진 이유는 특별반 학생들의 의욕이 높기 때문이라면 이 경우 높은 의욕이 허위변수가 된다. 이렇게 되면 특별반 교육이라는 정책의 효과가 정확하게 파악되지 못한다.

2) 혼란변수

독립변수가 종속변수에 부분적으로 영향을 미치고, 또 뒤에 숨어 있는 변수가 독립

그림 13-1 허위변수와 혼란변수

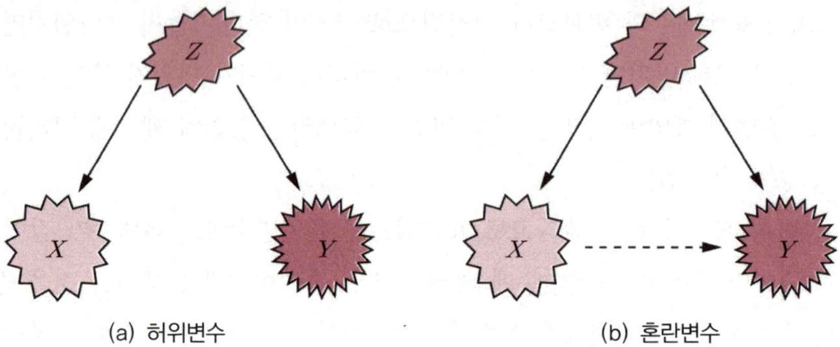

자료: 권기헌(2008: 349).

변수와 종속변수에 영향을 미칠 때, 이런 제3의 변수를 혼란변수(confounding variable)라고 한다. 혼란변수는 원인변수와 결과변수 간의 인과 관계의 관련성 정도를 파악하는 데 혼란을 가져오게 한다. 혼란변수가 존재한 경우에는 원인변수의 결과변수에 대한 영향을 과대 추정하거나 과소 추정할 수 있다.

[그림 13-1]에서 예를 들어, 영어 성적 10점이 향상된 것은 특별교육 때문에 2점이 향상되었고, 나머지 8점은 의욕이 커서 평소에 공부를 많이 했기 때문에 향상된 것이라면, 이때 10점 모두를 특별반 때문이라고 하는 것은 정책 효과를 과대평가하는 것이 된다.

3. 타당성

1) 타당성의 의미와 유형

우리가 정책평가를 연구하는 목적은 정책의 효과에 대해 정확하고 타당성이 높은 정보를 산출해 앞으로의 정책에 반영하는 것이다. 타당성(validity)이란 얼마나 정확하게 측정하고자 하는 변수의 내용을 측정할 수 있도록 조작되었나를 뜻하며 일명 정확성이라고도 한다. 예를 들어, 대학생의 급진 성향에 대한 조사에서 대학생이 아닌 사람, 즉 대학을 이미 졸업한 사람이나 대학생이 아닌 사람을 대상으로 하면 타당성이 없다. 또 급진 성향을 측정하려면 정치적인 급진 성향을 측정해야 하는데, 심리적 불안 상태 등을 측정하는 수단을 마련한다면 타당성이 없다(이해영, 1999: 177).

그런데 이를 만족시키기가 쉽지 않다. 예를 들어, '급진 성향'과 같은 사회과학의 변수를 수학의 공식처럼 정의하기란 불가능하다. 따라서 연구자의 전문가적 판단 기준이 작용해 변수를 정의하지 않을 수 없다. 그래서 간주관주의의 연구 방법을 적용할 수 있는 범위 내에서 변수를 조작하고 이의 타당성 정도를 평가해야 한다.

(1) 내용 타당성

측정하고자 하는 변수의 내용을 얼마나 정확하게 측정할 수 있도록 조작되어 있는가, 즉 측정 도구가 측정 대상이 가지고 있는 속성을 대표성 있게 포함하고 있는가를 말한다. 내용 타당성을 결여하면 제3종 오류(meta error)를 범하게 되어 그렇게 되면 서울로 가면서 부산행 고속버스를 타는 것과 같다. 다시 말해, 『전국책(戰國策)』에 나오는 '북원적초(北轅適楚: 수레의 방향을 북쪽으로 하면서 남쪽의 초나라로 가려고 하는 어리석음을 나타내는 말로, 수레를 끄는 말들이 아무리 우수해도 북쪽으로 가서는 남쪽에 위치한 초나라로 갈 수 없다)'의 경우에 해당하는 우(愚)를 범하게 된다.

(2) 기준 타당성

내용 타당성이 있다는 전제 하에 경험적인 근거를 통해 타당도를 확인하는 방법이다. 이는 시험성적과 본래 시험에서 예측하고자 했던 기준 간의 상관관계 정도를 말한다. 동일한 개념을 2회 이상 반복 측정해 그 결과가 동일하다면 측정 수단이 타당하다고 평가한다. 운전면허 시험문제를 계속 사용할 수 있는 것은 그 측정 수단이 타당성이 있기 때문인데 계속 사용할 수 있다고 해서 '실용 타당성'으로도 부른다.

어떤 측정 도구를 사용해 측정한 결과를 외부 변수에 의한 측정 결과와 비교해 양자 간에 높은 상관관계가 있으면 타당성이 있다. 또 이것이 기준이 되어 새로운 측정 수단이 개발될 수 있다는 의미에서 기준(criterion) 타당성으로 부르는데, 예로 공무원 채용 시험의 타당성을 평가하기 위해 시험성적을 채용 후 근무성적과 비교해 볼 수 있다. 양자 간 상관관계가 높다면 채용시험은 근무성적이라는 기준에 비춰볼 때 타당성이 높은 것이다.

기준 타당성에는 동시 타당성과 예측 타당성이 있다. 동시 타당성은 신입사원의 선발에 적용하려는 선발도구를 현직 종업원에게 실시하여 현직 종업원이 획득한 시험점수와 그들의 인사평가점수 간의 상관관계를 조사하는 방법이다. 이 방법은 현직 종업원의 시험성적이 현재까지의 직무경험이나 노력과 같은 주관적 요소에 영향을 받을 수 있다는 한계가 있다. 그리고 예측 타당성은 선발시험 후 합격자의 시험성적과 입사 후 어느 정도의 기간이 지난 후, 그들이 달성한 직무성과를 비교하여 그 상관관계를 조사하는 방법이다. 이 방법은 상관관계 조사를 통해 타당도를 조사하기 때문에, 통계적으로 의미 있기 위해서는 표본수가 상당히 커야 하는 한계가 있다.

(3) 구성 타당성

타당도의 핵심으로 측정하고자 하는 것이 측정 도구에 의해 제대로 측정된 정도를 말한다. 구성타당도는 이론적 측면에 관한 것이므로 이를 이론적 타당도라고도 한다. 사회과학의 연구 내용은 현실 사회에서 경험주의에 맞게 완벽한 자료를 수집할 수 없으므로 변수를 현실 사회에서 측정 가능하도록 조작한다.

예를 들어, '정보화사회의 정도'라는 변수를 측정하기 위해 세 가지 지수, 즉 정보설비 지수, 정보 이용 지수, 정보 투자 지수로 나눈다. 만약 이 지수들이 정보사회를 가장 잘 파악하는 측정 수단이 된다고 평가되면, 이때 사용된 정보화 지수는 구성 타당성이 있는 측정 방법이라고 평가할 수 있다. 다시 말해, 구성 타당성은 이론적 구성 요소들이 성공적으로 조작화된 정도를 의미한다고 할 수 있다.

구성 타당성은 다시 수렴적 타당성과 차별적 타당성으로 구분된다. 수렴적 타당성은 동일한 개념을 측정하는 둘 이상의 서로 다른 지표나 척도들이 비슷한 결과를 보이는 정도를 말한다. 즉, 같은 속성을 측정하는 경우 측정 방법이나 도구가 다르더라도 측정 결과는 비슷하게 수렴해야 한다는 것이다. 차별적 타당성은 측정된 개념 구성이 다른 개념 구성들과 구별될 수 있는 정도를 말한다. 즉, 측정 도구와 관계없이 서로 다른 속성들은 서로 다른 측정 결과를 나타내야 한다는 것이다. 예를 들어, 소외 개념이 무기력감, 무규범성, 무의미성, 고립, 자아소외라는 다섯 가지 차원으로 구성되어 있다고 할 때, 수렴적 타당성이 있다는 것은 무기력감이라는 동일한 속성을 측정하는 둘 이상의 척도를 사용하는 점수 간에는 높은 상관관계가 나타나며, 차별적 타당성이 있다는 것은 다섯 가지 차원이 서로 다른 차원이라면, 각 차원의 측정치 간에는 서로 낮은 상관관계를 보인다는 것이다(최창현, 2017: 119-120).

그러나 심리적인 문제는 간단하지 않다. 예를 들어, 행복을 측정하는 지수를 아무리 잘 개발했다고 하더라도 100% 감성이나 가치변수를 대표할 측정 수단의 개발은 어려운데, 이것이 구성 타당성의 한계이다.

2) 내적 타당성과 저해 요인

정책 수단의 실현과 정책 효과 사이의 인과 관계가 있으면 내적 타당성이 있는 것이다. 즉, 내적 타당성이란 인과 관계의 적합성의 정도를 의미한다. 정책평가, 특히 총괄평가의 초점은 정책이 집행된 후에 정책 효과가 있었는지 여부를 판단하는 데 있으므로, 내적 타당성은 정책평가가 갖춰야 할 첫 번째 요소라 하겠다.

내적 타당성을 저해하는 요인에는 여러 가지가 있으나, 여기서는 선정 요인, 회귀인공 요인, 성숙 요인, 검사 요인, 역사 요인 등을 중심으로 살펴본다.

첫째, 선정(selection) 요인은 실험집단과 통제집단을 구성할 때 구성원들의 성격이 다르면 정책 효과가 정책으로 인한 것인지를 구별하기 어렵다. 예를 들어, 영어회화 특강의 효과를 측정할 때 수강자들의 높은 성취 동기가 문제가 된다. 특히 실험집단이 지원자들로 구성된 경우에 선정 요인이 유력한 경쟁가설로 등장할 수 있는데, 이를 자기선정 요인(self-selection)이라고 부르기도 한다(김행범 · 구현우, 2020: 580).

둘째, 회귀인공(regression) 요인은 '평균으로의 회귀'와 관련된다. 극단적인 사전 측정치는 나중에 다시 측정하면 평균값으로 회귀하려는 경향이 있다. 이러한 회귀 현상 때문에 극단값을 가지는 구성원으로 실험집단을 구성하면 실제로는 정책 효과가 없어도 효과가 있는 것으로 나타나게 되어, 정책 효과를 과대 혹은 과소 추정하게 된다.

셋째, 성숙(maturation) 요인은 시간이 경과함에 따라 대상집단의 특성이 변화하는 것을 말한다. 한 예로, 1년 간 초등학교 학생을 대상으로 한 우유 급식 효과로 평균 체중이 5kg 늘었다면 이것에는 자연 발육에 의한 성장이 포함된 것이다.

넷째, 검사(testing) 요인은 정책 및 프로그램의 실시 전과 실시 후에 유사한 검사를 반복하는 경우에 프로그램 참여자들이 시험에 친숙도가 높아져서 측정값에 영향을 미치는 현상을 의미한다.

다섯째, 역사 요인이다. 역사 요인은 조사기간 중에 연구자의 의도와는 관계없이 일어난 사건으로 결과변수에 영향을 미칠 수 있는 사건을 말한다.

3) 외적 타당성과 저해 요인

외적 타당성(external validity)은 실험 결과를 어떤 다른 상황에서도 적용할 수 있는가 하는 일반화를 의미한다. 정책평가에서 외적 타당성은 사회 현실 문제의 해결 가능성과 관련되어 중요하다.

외적 타당성을 저해하는 요인으로는 다음과 같은 요인들이 있다.

첫째, 실험 상황이다. 사전 측정을 받아본 대상자에게서 얻은 결론을 사전 측정을 받아보지 못한 모집단에 일반화시킬 때의 문제점이다.

둘째, 실험의 맥락이다. 고도로 통제된 실험실 연구에서의 대상자의 반응은 평소와는 달라지게 된다. 실험 대상이 자신이 실험받고 있다는 사실을 알게 되면 평소와 다른 행동을 하는 것을 가리키는 '호손 효과(Hawthorne effects)'가 대표적인 경우이다.

셋째, 통제 방안이다. 특정 시기에 집행된 정책의 효과를 가지고, 이를 다른 시기에 실시해도 유사한 결과를 얻을 수 있는가, 연령이나 사회계급 같은 특정 대상집단에 실시된 정책을 다른 집단에도 일반화할 수 있는가 등의 문제가 있다(남궁근, 1994: 179-180).

외적 타당성을 높이는 방안으로 다음 세 가지가 있다(김행범 · 구현우, 581-582).

첫째, 표본의 대표성을 높이기 위한 무작위추출 방법의 사용이다. 이것은 모든 구성요소가 표본으로 추출될 확률이 영(zero) 이상이고, 동일하게 표본을 추출하는 방법이다.

둘째, 표본추출에서 계획적으로 이질적인 요소를 포함시키는 방법이다. 이 방법은 가장 실현가능성이 높은 것으로 평가되고 있다.

셋째, 대표적 사례만을 표본으로 선정하여 조사하는 방법이다. 선정된 사례는 각 계층을 가장 잘 대표할 수 있는 특성을 갖추고 있어야 한다.

내적 타당성을 높이기 위해 엄격한 실험 조건만 강조한다면 이는 현실과 유리되어 일반화에 어려움을 겪게 된다. 따라서 내적 타당성과 외적 타당성은 상충된 측면을 가지고 있다. 정책과 효과 간 인과 관계를 입증하기 위해서는 우선 내적 타당성이 높아야 하겠지만, 실제로 정책을 통해 현실 문제를 해결하기 위해서는 외적 타당성이 중요하다. 따라서 내적 타당성과 외적 타당성이 균형을 유지할 수 있도록 해야 한다.

4. 신뢰성

1) 의 의

신뢰성은 동일한 대상에 대해 유사한 측정 도구를 사용해서 반복 측정할 경우 유사한 결과를 얻을 수 있는 정도를 뜻하는데, 예를 들어 어떤 측정기구가 온도 변화에 민감해서 아침에 철판 두께를 재면 0.05mm이고 한낮에는 0.08mm이면 이 측정 기구의 신뢰성은 낮다고 할 수 있다(한승준, 2000: 148).

2) 신뢰성 평가 방법

신뢰성을 측정하는 평가 방법으로는 재검사법, 복수양식법, 반분법 등이 있다(Nachmias, 1979: 104-106).

(1) 재검사법

재검사법(test-retest)은 어떤 대상을 일차로 측정한 다음 일정 기간이 지난 후 같은 측정 방법으로 같은 대상을 다시 측정해 결과를 비교하는 방법이다. 즉, 동일 측정 대상자에게 동일한 측정 수단을 사용해 자료를 수집한 결과가 동일하다면 신뢰성이 있는 것이다.

그러나 두 측정 사이의 간격이 너무 짧으면 검사 효과가 나타나 응답자가 지난번에 응답한 답을 기억해 그대로 응답할 수 있으므로, 검사 효과를 제거하기 위해 보통 2주 간격을 두고 측정한다. 문제는 이 2주라는 측정 간격(measurement interval) 동안에 변화가 생기게 되면 측정 수단의 진정한 신뢰성을 저해하게 된다는 점이다(Nachmias, 1979: 105).

(2) 복수양식법

복수양식법(parallel forms techniques)은 재검사법의 한계를 극복하기 위한 방법이다. 동일한 측정 대상에게 동일한 내용을 측정하는 유사한 형태의 두 가지 측정 수단을 동시에 실시해 그 측정값이 동일하다면 측정 수단은 신뢰성이 있다고 평가하는 방법이다. 같은 내용이지만 표현 수단을 달리해 측정 대상이 두 번 연속해 같은 질문에 대답하고 있다는 사실을 알지 못하도록 한다.

그러나 현실적으로 표현 방법을 변화시키면서 측정의 내용을 조금도 손상시키지 않는(in fact parallel) 측정 수단을 여러 개 만들기에는 어려움이 크다. 이와 같은 어려움이 있지만 복수양식법은 재검사법보다 우수한 방법으로 대입 수능고사, 토익, 토플 등이 그에 해당한다.

(3) 반분법

반분법(半分法, split-half method)은 측정 수단을 복수로 구성해야 하는 복수양식법의 어려움을 극복하기 위한 방법이다. 하나의 측정 수단에 동일한 내용을 측정할 수 있도록 문항을 두 개로 구성하는 방법으로 조사 항목의 반을 가지고 조사하고, 항목의 다른 반을 동일한 대상에 적용해 결과를 비교한다. 예를 들어, 토익 40문제를 출제해 이를 20개 항목으로 나눠 동일 집단에 실시하는 것이나, 앞면의 내용을 뒷면에 동시에 사용해 앞뒷면의 응답 내용이 상관관계가 있으면 신뢰성이 있다고 간주하는 것이다. 문제는 반분된 두 개의 측정 문항을 완전히 동등하게 만들기가 어렵다는 것이다.

(4) 내적 일관성에 의한 신뢰성

이 방법은 동일한 개념을 여러 문항으로 질문함으로써 이 항목들이 유사한 값을 갖는지를 측정하는 것이다. 보통 크론바흐 알파(Cronbach's alpha) 계수를 이용해 측정하는데, 보통 0.6 이상이면 신뢰도가 높다고 할 수 있다.

3) 신뢰도 저해 요인

신뢰도의 저해 요인으로는 코딩(coding)이나 기계적 오류도 비체계적인 경우 신뢰도를 떨어뜨린다.[5] 또 낮은 수준의 측정 도구는 신뢰도를 낮출 수 있는데, 예를 들어 면접에서 서툰 질문은 신뢰도를 저해할 수 있다. 그 밖에 정책 대상자의 일시적 상태에 따라 정책에 관한 그들의 행태에 영향을 미쳐 오차가 발생하기도 한다.

5 측정상 두 가지 오류가 있는데, 하나는 체계적 오차로 측정할 때마다 일정한 방향으로 발생하는 오류이고, 다른 하나는 비체계적 오차로 측정할 때마다 방향이 일정하지 않은 오차로 무작위적으로 발생하며 신뢰성과 관련이 있다.

5. 타당성과 신뢰성의 관계

타당성은 얼마나 정확하게, 신뢰성은 얼마나 일관성 있게 측정 수단이 측정할 수 있는가를 따지는 것이다. 타당성의 관점에서는 측정 대상이 조금이라도 변화하면 그 내용을 놓치지 않고 측정할 수 있어야 한다. 그러나 신뢰성은 일관성이므로 측정 대상의 변동보다는 측정 수단이 변화되지 않아야 측정 대상을 측정할 수 있다는 개념이다.

그런데 신뢰성이 크다고 해서 반드시 타당성이 큰 것은 아니다. 그러나 타당성이 높아지면 신뢰도는 높아진다. 두 가지를 모두 충족시키는 측정 수단을 만들기 어렵다. 일반적으로 양자 중 타당도를 더 중시한다.

함께 생각할 정책 사례 11

노인장기요양보험제도

이것은 일상생활을 혼자서 수행하기 어려운 노인들에게 신체활동 또는 가사활동을 지원하는 제도로서, 2008년부터 시작했다. 2014년부터는 법령 개정을 통해 등급 체계 개편 및 5등급 신설을 통해 서비스 이용자의 범위를 확장해 가고 있다. 2013년 7월 이후 3등급 인정 기준 점수를 51점으로 인하한 후 2014년 2월 현재 65세 이상 노인인구 626만 명 중 69만 2천여 명이 장기요양 신청을 했고, 그 중 요양 등급 인정자 수는 438만 2천여 명(6.1%)이 등급 내 인정(1~3급)을 받았다.

노인장기요양보험법에서는 3등급까지만 제도 대상자로 규정하고 있다. 요양 인정 점수가 1등급은 95점 이상, 2등급은 75점 이상 95점 미만, 3등급은 55점 이상 75점 미만이다.[6] 급여에는 재가 · 시설급여 및 특별현금급여가 있다. 재가급여에는 방문요양 · 목욕 · 간호, 주 · 야간보호, 단기보호, 기타 재가급여 등 여섯 가지 서비스가 있으며, 등급별 서비스 급여 한도액은 2021년 기준 1등급 월 1,520,700원, 2등급 월 1,351,700원, 3등급 월 1,295,400원, 4등급 월 1,189,800원, 5등급 월 1,021,300원으로 설정되어 있다.

재정은 2013년 11월 현재 4조 1,509억 원이며, 이 중 국고지원금은 5,033억 원이다. 2008년 이후로 누적 총액은 13조 9,811억 원이며, 연평균 예산 규모는 2조 7,962억 원이다. 시행 후 평가는 비교적 긍정적이지만 개선해야 할 점도 있다. 소득 구간별 본인 부담 조정이 필요한데, 우리나라의 경우, 일반계층의 본인 부담이 시설 20%, 재가 15%, 차상위계층 10%로 일본에 비해 여전히 본인 부담률이 높다. 단, 기초생활수급자는 본인부담이 면제된다.

6 45점 이상 55점 미만은 등급 외 A형, 40점 이상 45점 미만은 등급 외 B, C형으로 이들 등급외자는 돌봄서비스 대상이 될 수 있다.

노인장기요양보험제도에 대해 고려대 정부학연구소(2015)는 아래와 같은 정책평가를 내리고 있다. 5점 척도로 구성되어 있다.

첫째, 정책 목표에 대한 명확성: 전문가 3.9, 일반인 3.4로 꽤 높은 편으로 나타났다.

둘째, 정책대안의 논리적 연계성: 정책이 제시된 목표를 효과적으로 달성할 수 있는 최선의 방안인가에 대해 전문가들이 3.6, 일반인들이 3.2로 대체로 높은 평가를 내렸다.

셋째, 정책의 실현 가능성: 실현 가능한지에 대해 전문가들은 3.7, 그리고 일반국민은 3.1로 일관적으로 긍정적인 평가를 내렸다.

넷째, 정책의 형평성: 혜택을 받는 대상을 종합적으로 고려할 때 이 정책이 형평성이 있는가에 대해 전문가들은 3.7로 비교적 높게 평가했다. 일반인들은 3.1로 평가했다.

다섯째, 정책의 효과성: 정책이 기대하는 효과를 내고 있는가에 대해 전문가는 3.4, 일반인들은 2.9로 평가했다. 이 수치는 사회복지 분야 10개 정책들에 비해 상대적으로 효과성을 높게 평가한 것이다.

여섯째, 정책의 만족도: 정책만족도에 대한 질문에서 전문가 3.3, 일반인은 3.3으로 만족도가 높게 나왔다.

이상에서처럼 노인장기요양보험제도는 비교적 성공한 정책으로 평가되고 있다. 그러나 최근 적자전환에 따른 우려가 없지 않다. 국회 예산정책처는 2021년도 예산안 총괄분석보고서에서 정부 또는 공공 부문에서 운용 중인 8대 사회적 연금・보험 중에서 건강보험과 노인장기요양보험은 정부가 아닌 국민건강보험공단의 회계로 귀속되고 있다고 했다. 재정이 투입되고 있음에도 불구하고 정부재정에서 누락되어 재정 규모를 정확히 파악하기 어려운 측면이 있다. 국가기금이 아니기 때문에 국회 차원의 통제가 어려운 실정이라며 노인장기요양보험을 국가기금으로 전환하는 방안을 조속히 논의할 필요가 있다고 주장하고 있다.

14 정책평가의 방법

제 1 절 정책평가와 실험
제 2 절 비실험적 방법
제 3 절 진실험
제 4 절 준실험

정책학원론
Theories of Policy Sciences

제 14 장

정책학원론

정책평가의 방법

제1절 정책평가와 실험

객관적이고 타당성 있는 정책평가를 위해 사회실험을 한다. 사회실험을 하는 이유는 허위변수나 혼란변수 같은 제3의 변수의 통제를 통해 정책평가의 타당성을 높이는 데 있다. 사실 정책대상집단은 여러 정책으로부터 영향을 받게 되는데, 관심을 가지고 있는 정책으로부터 얼마만큼의 영향을 받았는가를 평가하기란 쉬운 일이 아니다. 사회실험을 통해 인과 관계의 입증 조건을 충족시키고, 정책 효과 판단의 타당성을 높일 수 있다.

사회실험의 기본 개념은 일정한 처리를 가하는 실험집단, 처리를 가하지 않는 통제집단으로 실험 대상을 구분해, 일정 시간이 지난 후 양 집단에 나타나는 결과변수상의 차이를 측정한 후 이 차이를 처리의 효과라고 판단한다.

타당성 있는 정책평가를 하는 방법에는 실험적 방법과 비실험적 방법이 있다. 전자는 진실험(眞實驗)과 준실험(準實驗)으로 구분되는데, 양 집단의 동질성을 확보하고 실시하는 실험을 진실험이라 하고, 동질성을 확보하지 못한 실험을 준실험이라 한다.

여기에서는 실험집단과 통제집단에 대한 이해를 돕기 위해 재미있는 사례를 소개하고자 한다. 등 푸른 생선인 참치, 방어, 고등어, 꽁치 등에 있는 DHA가 두뇌를 좋게 하는지를 알아보기 위한 실험을 실시했다. 실험 내용은 실험용 쥐를 미로에 넣은 뒤 구석에 놓여 있는 물을 찾게 했다. 이 경우, 생선을 한 달 동안 먹은 실험용 쥐들이 실험집단이 되고, 먹지 않은 쥐들이 통제집단이 된다. 실험 결과는 실험집단은 물을 찾는 데 36초 1이 걸렸고, 통제집단은 180초가 걸렸으므로 DHA가 판단력 증진에 도움을 준다는 결론을 내리고 있다(MBC 9시 뉴스, 1991.5.19).

제2절 비실험적 방법

1. 기본 논리

비실험적 방법은 정책 효과의 존재 여부를 판단하고자 정책대상집단과 다른 집단을 정책집행 후에 사후적으로 찾아내어 비교하는 방법이다. 비실험적 방법에서 사용하는 비교집단은 엄밀한 의미의 통제집단이나 비교집단이 아니고 단지 의사(擬似, pseudo) 비교집단에 불과하다. 그리고 비실험적 방법은 실행 가능성이라는 측면에서는 진실험이나 준실험적 평가 방법에 비해 매우 강한 평가 방법이지만, 내적 타당성이라는 점에서는 매우 약한 평가 방법이다.

2. 설계 방법

비실험적 방법에는 두 가지 종류가 있는데, 하나는 정책 실시 전후 비교 방법이고, 다른 하나는 의사 비교집단 설정에 의한 비교 방법이다.

1) 정책 실시 전후 비교 방법

하나의 정책대상집단에 대해 정책을 실시하기 전의 상태와 정책을 실시한 후의 상태를 단순하게 비교해 정책 효과를 판단하는 방법을 말한다.

예를 들어, 초등학생 100명을 대상으로 5학년 초에서 시작해 6학년 초까지 우유 급식을 실시한 뒤, 이것이 체중 증가에 얼마만큼 도움을 주었나를 파악하고자 한다(정정

그림 14-1 정책 실시 전후 비교 방법

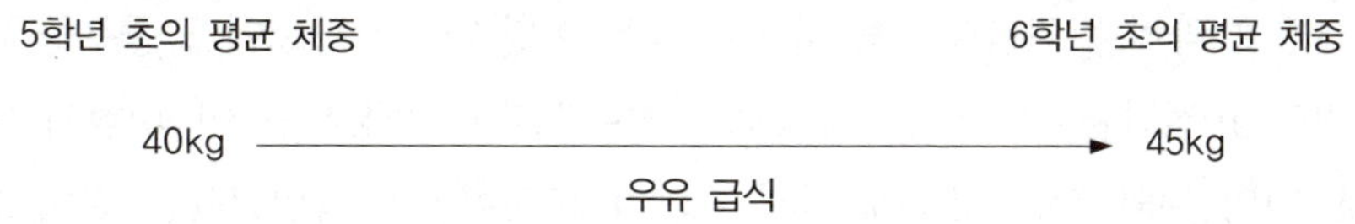

길, 2000: 751).

정책 실시 전후 비교 방법에 의하면, 평균 체중에서 5kg의 증가가 있었으므로 우유 급식의 효과는 5kg의 체중 증가라고 결론을 내린다.

그러나 정책 실시 전후 비교 방법은 학생들이 우유를 먹지 않아도 자연 성장하는 성숙 효과(maturation effect)를 고려하지 못하는 단점이 있다. 또 이 방법은 사건 효과를 고려하지 않는데, 예를 들면 폐수 정화시설을 갖추게 했더니 생물학적 산소요구량 BOD가 1ppm 낮아졌다면 이것이 정책의 효과라고 판단하기 쉽다. 그러나 이 결과가 정책의 효과라기보다 지난해에는 비가 많이 와서 또는 불황으로 공장 가동률이 줄어들어 오염도가 낮아졌다면, 앞에 말한 정책 효과는 부정확한 것이 되고 만다.

2) 의사 비교집단 설정에 의한 비교 방법

앞의 정책 실시 전후 비교 방법의 약점을 보완하기 위해 의사 비교집단을 설정해 효과를 비교하는 방법이다.

의사 비교집단은 진실험이나 준실험처럼 비교집단이 정책을 실시하기 전에 의도적으로 선정된 것이 아니고, 단지 정책이 실시되고 난 후 임의로 집단을 선정하는 것이다. 예를 들어, 영어 특별 지도를 희망하는 고등학생 100명에게 특별반을 만들어 공부시키고 나중에 성적을 알아보니 평균 80점을 받았다고 하자. 같은 학교의 다른 학급 학생들을 비교집단으로 이용해 성적을 보았더니 이 학급은 평균 70점을 받았다. 이런 경우, 특별교육 때문에 10점만큼 영어 실력이 향상된 것으로 판단한다.

의사 비교집단 설정에 의한 비교 방법의 특징은 ① 엄밀한 의미에서의 비교집단은 아니지만 정책 실시 전후 비교 방법과는 달리 정책을 실시한 후에 비교집단을 설정해 비교한다. ② 정책을 실시하기 전의 측정치와 실시한 후의 측정치를 비교하는 것이 아니라, 정책 실시 후의 결과치만 가지고 정책의 효과를 판단하는 것을 들 수 있다.

그러나 이 방법은 내적 타당성이 가장 문제되는데, 이는 변수 차이 때문에 나타나는 현상인 선정 효과에 기인한다. 즉, 의욕이 많은 희망자라서 평소에도 공부를 많이 해서 영어 실력이 10점만큼이나 다른 학생보다 좋아졌다고 가정하면 이 10점이 바로 선정 효과이다. 만약 위와 같은 경우에 선정 효과가 10점이라면 특별교육은 전혀 효과가 없게 된다(정정길, 2000: 749-750).

3. 비실험의 평가

정책평가는 정책 효과를 정확하게 파악하는 데 목적이 있으며, 이를 위해 허위변수와 혼란변수의 영향을 제거해야 한다. 그러나 비실험설계는 고도의 통계분석 기법을 적용한다고 하더라도 허위변수와 혼란변수를 정확하게 가려내기가 어렵다.

제3절 진실험

1. 기본 논리

진실험(true experiment)은 실험집단과 통제집단의 동질성을 확보해 행하는 실험이다.[1] 양 집단을 서로 동질적인 것으로 구성하기 위해서는 실험 대상을 무작위로 두 집단에 배정해야 한다. 무작위 배정은 잠재적인 허위변수와 혼란변수들을 일종의 외재적 변수로 전환시킴으로써, 허위변수와 혼란변수의 영향을 통제할 수 있게 해준다(노시평 외, 1999: 444). 무작위 배정 방법은 추첨, 난수표, 컴퓨터 방법 이용 등이 있다.

1 두 집단의 동질성은 다음 세 가지 조건을 충족시켜야 한다. 첫째, 동일한 구성: 양 집단은 유사한 대상이나 단위들로 구성되어야 한다. 둘째, 동일한 경험: 양 집단은 관찰기간 동안에 시간과 관련된 동일한 과정을 경험해야 한다. 셋째, 동일한 성향: 양 집단의 프로그램에 대한 태도가 동일해야 한다(노화준, 2001: 239-240).

2. 설계 방법

진실험적 방법은 실험집단과 통제집단을 무작위로 배정함으로써 제3의 변수의 영향을 통제하게 되는데, 진실험의 설계 방법으로 솔로몬 4집단 설계와 통제집단 사전・사후 설계가 있다.

1) 솔로몬 4집단 설계

이 설계는 가장 강력한 실험설계 유형으로, 고전적 진실험설계에서 나타날 수 있는 사전 측정에 의한 영향, 즉 검사 효과를 통제하기 위해 솔로몬(R. L. Solomon)이 제안한 것이다. 여기서는 두 개의 실험집단과 두 개의 통제집단으로 4개 집단을 구성한 후, 하나의 실험집단과 통제집단에 대해서는 사전 측정을 하고, 또 다른 실험집단과 통제집단에 대해서는 사전 측정을 하지 않은 채 실험을 하여 각 집단들 간의 결과변수 값의 차이를 비교하기 때문에 검사 효과까지도 통제할 수 있다. 이처럼 통제집단 사전・사후 설계와 통제집단 사후 설계의 장점을 결합하고 있는 이 설계는 고전적 진실험설계와 마찬가지로 선정・성숙・역사 효과 등의 분리가 가능할 뿐만 아니라, 고전적 진실험설계의 약점인 검사 효과까지 통제할 수 있어 사회과학의 가장 이상적인 설계 유형으로서 각광을 받고 있다.

그러나 현실적으로 이 설계는 두 가지의 다른 실험을 동시적으로 수행해야 한다는 점과 동일한 종류의 더 많은 연구 대상들을 확보해야 한다는 점 및 비용이 많이 들어 비경제적이라는 등의 몇 가지 단점으로 인해 실제 사용에는 한계를 나타내고 있다.

그림 14-2 솔로몬의 네 집단 설계

O1	X	O2	d1=O2−O1
O3		O4	d2=O4−O3
	X	O5	d3=O5−O6
		O6	D=d1−d2−d3

자료: 김경동・이온죽(1986: 289).

2) 통제집단 사전 · 사후 설계

그림 14-3 통제집단 사전 · 사후 설계

5학년 초 체중 → 6학년 초 체중

실험집단 40kg → 45kg

우유 급식

통제집단 40kg → 43kg

이 경우, 우유 급식의 효과는 (45－40)－(43－40)＝2kg이 된다.

3. 진실험의 한계

1) 내적 타당성

일단 내적 타당성 면에서 진실험은 매우 우수하지만 진실험으로도 극복하지 못하는 몇 가지 문제가 있는데, 모방 효과, 정책 내용의 누출 및 체제의 변화 등이 그것이다.

모방 효과(imitation effect)는 정책 효과로 실험집단의 사람들이 태도 변화가 있을 경우 통제집단 구성원들이 실험집단 구성원의 태도나 행동 등을 모방하게 되는 현상을 말한다. 이렇게 되면 정책 효과가 정확히 파악되지 않는다.

그리고 실험집단에게만 제공하기로 되어 있는 정책 내용이 통제집단에게도 제공되는 누출 효과가 있다면 정확한 정책 효과를 측정할 수 없게 된다. 예를 들어, 우유 급식을 실험집단에 포함된 어린이에게 하기로 했는데 잘못해서 통제집단의 어린이에게도 우유 급식을 했다면, 이는 정책 수단의 내용인 우유 급식이 통제집단에게도 누출되는 경우이다.

마지막으로, 체제의 변화란 한 체제 내에 존재하는 대상들이 공유하고 있는 것으로서 결과변수에 영향을 미치는 요소를 말한다. 예를 들어, 경찰 순찰이 범죄 예방에 어떤 영향을 주는가를 알기 위해서 캔자스 시의 구역을 몇 개 구역으로 나눠 실험구역에는 순찰을 계속하고 통제구역에서는 순찰을 중지한 실험이 있었다. 이때는 잠재적인 범죄자가 한정적인 체제 요소가 된다. 이 경우, 범죄자는 통제구역으로 몰렸을 가능성이 다분히 있고, 이렇게 되면 순찰의 효과를 정확히 측정하기 어렵다(노화준 · 정정길 · 김지원, 2000: 124).

2) 외적 타당성

외적 타당성은 특정한 상황에서 추진된 정책이 일정한 효과를 냈을 때 이 효과가 다른 상황에서 동일한 정책을 추진했을 때도 그대로 나타나는 정도를 말한다. 그러면 외적 타당성이 높은 것이 된다. 그러나 호손 효과(Hawthorne effect) 때문에 다르게 나타나기도 하는데, 호손 효과란 실험 대상자들이 자신들이 관찰되고 있다는 사실을 알게 되어 평소와는 다른 행동을 함으로써 발생하는 효과를 말한다.[2]

1924년 테일러(F. W. Taylor)의 과학적 관리를 입증하기 위해(시간 및 동작 연구) 시카고 근처에 있는 웨스턴 전기회사의 호손공장에서 실험을 행했는데, 물리적 작업환경 변화에 따른 종업원 개인의 생산성의 변화(종속변수)를 측정하는 것이었다. 1차로 작업장의 조명도, 습도, 온도를 변화시킬 때의 변화를 실험집단과 통제집단으로 나눠 조사했지만 그 차이는 없었다. 2차로 수면 시간, 휴식 시간 등의 작업환경을 변화시켰으나 아무 관계가 없었다. 이것이 속도광(speed king)이라는 조롱을 받을까 우려하는 상호작용 효과이다.

3) 실행 가능성 문제

사회라는 상황에서 실험적 처리가 과연 실행 가능한가의 문제이다. 정책의 내용이 대상자들에게 혜택을 주는 경우에 통제집단에 의한 요구를 거절하기 어렵다. 예를 들어, 우유급식사업에서 실험집단에 뽑힌 학생만 1년 동안 우유를 무료로 급식하게 하면 통제집단에 뽑힌 어린이들의 좌절감과 부모들의 항의 때문에, 이러한 실험을 계속하기가 도의적으로나 정치적으로 어려워진다(정정길 외, 2003: 817-818). 또 새로이 개발된

---

2 예를 들어, 불량 청소년에 대한 상담교육을 계획하고 있는데, 이 정책이 효과를 낼 수 있는지를 알고자 한다. 어느 고등학교에서 선도 대상 학생을 뽑아서 실험집단으로 한다. 이 경우, 정부 관계자와 매스컴의 관심이 집중되고 실험 대상 청소년들도 평소와는 달리 아주 선량하게 행동할 것이다. 이 결과를 보고 이 사업이 전국적으로 확대 실시되면 그저 하나의 일상적인 사업으로 간주되고, 사람들의 관심에서 벗어나면서 대상 학생들의 행동도 완전히 달라질 것이다(정정길 외, 2003: 816-817).

암 치료제의 효능을 알아보려고 암 환자들을 단순무작위에 의해 두 집단으로 나누는 것이 도덕적인 측면에서 어려운 일이다. 이 모든 것은 진실험이 동질성을 확보하기 위해 무작위 배정의 방법을 사용하기 때문에, 실험집단과 통제집단의 배정을 은밀하게 진행할 수 없는 데에 기인한다.

4. 진실험의 보완책

1) 내적 타당성의 보완책

누출과 모방 효과를 합쳐서 흔히 오염 현상(contamination)이라고 부르는데, 이러한 현상이 발생하는 근본 원인은 실험집단과 통제집단의 동질성을 확보하기 위해 같은 지역이나 생활환경 속에 있는 실험 대상자를 무작위로 나누는 데서 발생한다. 같은 지역이나 생활환경을 가지고 있는 사람들은 상호 접촉이 많으므로, 이들이 무작위로 실험집단이나 통제집단으로 구분되더라도 계속 서로 접촉하게 되므로 오염 현상 등이 발생하게 되는 것이다. 이를 해결하기 위한 방법으로는 자연적 봉쇄와 인위적 봉쇄, 집단 수준의 무작위 추출 및 비동질적 통제집단의 이용 등이 있다.

2) 외적 타당성의 보완책

실험이라는 특수한 상황에서는 효과가 있다고 평가된 정책이 일상적인 상황 하에서는 효과가 나타나지 않는 것은 호손 효과 때문이다. 이는 앞서 언급한 대로 실험 대상자들이 자신이 실험 대상으로 관찰되고 있다는 사실을 알게 되어, 평소와는 다른 행동을 함으로써 발생되는 효과이다. 호손 효과를 극복하기 위해서는 사회실험을 가능한 한 조용하게 추진해 자기가 주목 대상이 됨을 모르게 해야 하는데, 현실에서는 이렇게 하는 것이 쉽지 않다. 면접보다 관찰을 이용하는 것이 모르게 할 수 있는 한 가지 방안이 될 수 있을 것이다.

3) 실행 가능성의 보완책

실험 대상자를 무작위로 실험집단과 통제집단으로 나눠 실험집단에게만 정책을 집행하고, 통제집단에게는 정책을 집행하지 않는다는 것이 정치적·사회적·윤리적으로 불가능한 경우가 많다. 이를 극복하기 위해 실험 대상자로 하여금 각자 원하는 대로 실험집단이나 통제집단 중 어느 것을 선택하도록 하는 방법이 있다. 또한 심각한 도의적 문제를 일으키지 않는 경우에 설득이나 호소를 통해 정치적 반대자를 이해시키는 방법이 있다(Campbell, 1973).

제4절 준실험

1. 기본 논리

준실험은 실험집단과 통제집단이 무작위 배정에 의한 완전한 동등성을 확보할 수 없거나, 통제가 진실험설계와 같이 완전하게 이뤄지지 못하는 경우에 적절히 사용하는 방법이다. 준실험적 방법은 동질성을 확보하기 위한 무작위 배정에 의한 방법을 사용하지 않지만 가능한 한 실험집단과 유사한 비교집단을 구성하려고 노력한다.

2. 설계 방법

준실험에서는 통제집단이 실험집단과 동질적이 아니므로 비교집단으로 불린다. 실험집단과 비교집단은 실험 전 측정치가 서로 다르다. 준실험설계의 대표적인 예로, 비동

그림 14-4 준실험설계

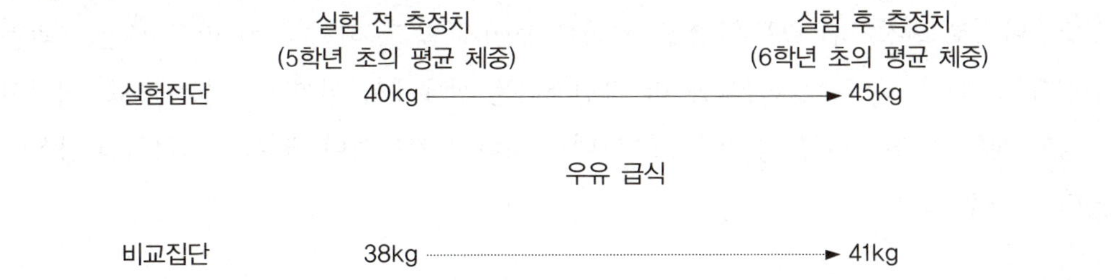

질적 통제집단 설계를 보자. [그림 14-4]에서 우유 급식의 효과를 추정하고자 한다.

[그림 14-4]에서 정책 효과를 알아보자. 준실험에서는 두 집단의 성숙 효과를 같은 것으로 간주한다. 그래서 실험집단의 체중 증가 5kg에서 비교집단의 성숙 효과 3kg을 제외한 2kg이 진정한 우유 급식의 효과로 추정된다.

3. 준실험의 장점

1) 실행 가능성의 제고

진실험은 하나의 집단에게만 정책을 집행하는 것이 정치적·도의적으로 불가능할 때가 많다. 예로, 암 특효약이 개발되었다고 하자. 이때 죽어가는 암 환자가 추첨을 통해 통제집단에 뽑혔다는 이유로 그에게 약을 복용할 수 없다고 거절할 수 있는가? 이처럼 정책이 혜택을 주는 경우에는 통제집단의 반발이 심하다.

그러나 준실험에서는 이것이 크게 문제가 안 된다. 준실험에서는 실험 대상자로 하여금 자기가 원하는 대로 실험집단이나 통제집단 중 어느 것이든 선택할 수 있는데, 그것은 준실험은 양 집단을 동질적으로 구성할 필요가 없기 때문이다.

2) 외적 타당성의 장점

특정한 상황에서 추진된 정책이 일정한 효과를 냈을 때 이 효과가 다른 상황에서 동일한 정책을 추진했을 때도 그대로 나타난다면 외적 타당성이 높은 것이다. 진실험에서는 불량 청소년 상담, 정신교육 등은 호손 효과로 인해 정확한 정책 효과를 파악하기 어려웠다. 그러나 이를 준실험 논리로 하면 실험집단을 무작위로 추출하는 것이 아니라 시내 어느 고교 교장 선생님이 일상적으로 선도 학생을 모아 훈시할 때, 이 학생들을 실험집단으로 선정하면 그들은 호손 효과를 보이지 않고, 따라서 좀 더 근사한 효과를 추정할 수 있다. 즉, 준실험은 좀 더 자연스러운 상태에서 실험을 진행하므로, 여기서 추정된 정책 효과는 다른 상황에서도 그대로 나타날 가능성이 크다. 즉, 외적 타당성이 높다고 하겠다.

3) 내적 타당성의 장점

정책이 집행된 후에 효과가 발생하면 그 변화가 정책 때문에 발생했는가를 따지게 된다. 진실험은 양 집단의 동질성을 확보하기 위해 같은 지역이나 생활환경 속에 있는 실험 대상을 무작위로 나누기에 문제가 발생한다. 누출 효과와 모방 효과가 바로 그것이다. 이렇게 되어 통제집단에까지 실험의 영향이 미친다면 통제집단과 실험집단의 차이를 정책 효과로 보기 어렵다.

이 문제의 근본적인 해결 방법은 양 집단의 사람들이 서로 접촉하지 않도록 두 집단을 구성하는 것인데, 이 방법은 준실험 설계와 같다. 접촉이 일어나기 힘들 정도로 격리된 두 집단을 이용하는 것인데, 서울의 초등학교 학생들에게는 우유 급식을 하고 낙도 초등학교 학생들을 통제집단으로 이용하면 누출 효과는 발생하지 않을 것이다.

4. 준실험의 약점

1) 선정과 성숙의 상호작용

성숙 효과를 정책 효과로부터 분리시키는 논리는 양 집단의 성숙 효과가 동일한 경우에만 타당하다. 만약 양 집단의 성숙 효과가 다르게 되면 준실험의 정책 효과 추정 논리는 맞지 않게 된다. 특히 자원자들이 실험집단을 구성할 때, 즉 자기선택(self-selection)에 의한 배정일 때, 자원자로 구성된 실험집단과 비자원자로 구성된 비교집단 사이에는 성숙 효과가 달라질 가능성이 크다(정정길 외, 2003: 809). 우리는 위에서 실험집단의 성숙 효과를 통제집단의 것과 3kg로 같게 잡았지만 서로 성숙 효과가 다르면 위의 논리는 맞지 않게 된다. 양 집단에 선정된 사람들이 최초에 다르고 그들 두 집단의 성숙의 비율도 달라 이것이 정책 효과를 왜곡시킨다. 이처럼 양 집단 간의 성숙 효과에 차이가 나는 현상을 '선정과 성숙의 상호작용'이라 부른다.

결론적으로, 준실험은 비동질적 양 집단이어서 두 집단의 성숙 효과가 다르게 나타나는데도 불구하고, 두 집단의 성숙 효과를 같은 것으로 전제하고 정책 효과를 추정하기 때문에 내적 타당성에서 큰 약점을 가지고 있다.

2) 집단 특유의 사건

양 집단 중 어느 하나에 특유한 사건이 발생하는 경우이다. 실험집단은 도시 지역의 초등학교 학생들이고 통제집단은 낙도의 초등학생들인 경우, 낙도의 학생들은 태풍으로 말미암아 고기잡이가 차질을 빚게 되어 그 결과 제대로 먹지 못해 3kg밖에 체중이 늘지 않았는데, 아무 관계도 없는 실험집단도 똑같이 3kg으로 보면 문제가 된다. 이처럼 준실험은 한쪽에만 미친 영향을 파악하지 못한다.

이와 같이 준실험의 경우에는 내적 타당성을 저해하는 요소가 개입될 가능성이 크고, 이러한 내적 타당성이 결여된 평가 결과를 가지고 일반화시키는 경우에도 문제가 발생한다. 이러한 외적 타당성의 문제 가운데 가장 전형적인 것이 '크리밍 효과(creaming effect)'이다. 원래 우유의 위에 떠 있는 크림의 좋은 부분만을 퍼내는 것을 의미하는데, 결과가 좋은 집단을 실험집단으로 선정하고 그렇지 못한 집단을 비교집단으로 선정해 기대한 효과를 얻었다고 해서 동일한 정책 수단을 일반적 상황에 적용할 경우 과연 그 효과가 나타날 것인가의 문제이다(정정길 외, 2003: 811).

5. 보완 방법

준실험의 약점을 극복하는 것으로 여러 가지 종류가 있으나, 여기서는 아래 세 가지를 중심으로 살펴본다.

1) 비교집단의 합리적 선택

가급적 실험집단과 통제집단이 동질적이 되도록 구성하는 것이 기본 원칙이다. 예를 들어, 실험집단이 도시 지역 초등학생들이면 통제집단도 도시 지역의 초등학생들로 구성하는 것이다. 그렇게 하면 실험 전 측정치가 비슷해지고 우리는 실험집단과 비교집단을 일단 동질적인 것으로 간주할 수 있고, 두 지역의 사건 효과도 같다고 간주할 수 있다.

그러나 동질성 확보를 위해 무리하게 인위적인 조작을 가하는 경우 오히려 실험 결과를 왜곡시킬 수 있다(노화준 · 정정길 · 김지원, 2000: 170-71). 대표적인 것이 회귀인공의 발생이다. 정책집행 전의 1회 측정에서 극단적인 점수를 얻은 것을 기초로 개인들을 선발하게 되면, 다음의 측정에서 그들의 평균 점수는 덜 극단적인 방향으로 이동하게 된다. 즉, 집행 전의 측정 점수가 최하위에 속하는 사람들을 선발해 이들을 대상으로 정책을 집행한 후에 다시 측정하면 실제 정책의 효과가 없다 할지라도 그 집단의 평균 점수는 향상된 것같이 나타나게 된다.

2) 회귀불연속 설계

회귀불연속 설계는 정책 효과의 평가를 위한 실험집단과 비교집단을 설정할 때 명확한 기준을 사용하는 방법이다. 예로, 장학금 지급이 성적 향상에 도움을 주는지를 알아본다고 하자. 일정 성적 이상은 실험집단에, 그 이하는 비교집단에 속하게 된다. 즉, '장학금 지급 전의 성적'이라는 명백한 기준에 의해 실험집단과 비교집단을 구분할 수 있다. 이러한 경우에 회귀불연속 설계에 의한 정책평가를 할 수 있다. 이때 배정 기준이 되는 점수를 구분점(cutting point)이라 한다.

구체적인 예로, 장학금이 학생들의 성적에 어떤 영향을 미치는가를 평가하고자 한다. 80점 이상을 실험집단, 80점 미만을 통제집단으로 구성하고 실험집단에게 장학금을 준 다음 1년 후에 성적을 비교한다. 만약 80점 이상인 학생들한테 장학금 지급이 없었다면 구분점 이상에서도 회귀직선은 점선처럼 나타났을 것이다. [그림 14-5]에서처럼 장학금 지급을 받지 않은 학생의 성적은 a선 그대로 나타났는데, 장학금을 지급받은 학생들은 b선으로 향상되었다면, 회귀 직선의 불연속의 크기를 실험 처리의 효과로 볼 수 있다. 이와 같이 구분점에서의 회귀 직선의 불연속적인 단절을 이용하므로 회귀불연속 설계라고 부른다.

사회실험에서 실험집단과 비교집단으로 구분해 어느 한쪽에만 실험을 실시하는 것이 경우에 따라서는 제대로 시행되지 못하는 경우가 있는데, 이에 비해 회귀불연속 설계는 명백한 기준만 있으면 되므로 적용 가능한 경우가 많다. 그리고 회귀불연속 설계는 어떤 희소자원의 분배에 관련된 사회실험의 결과를 점검하는 데 매우 유용한 기법이다.

그림 14-5 회귀불연속 설계

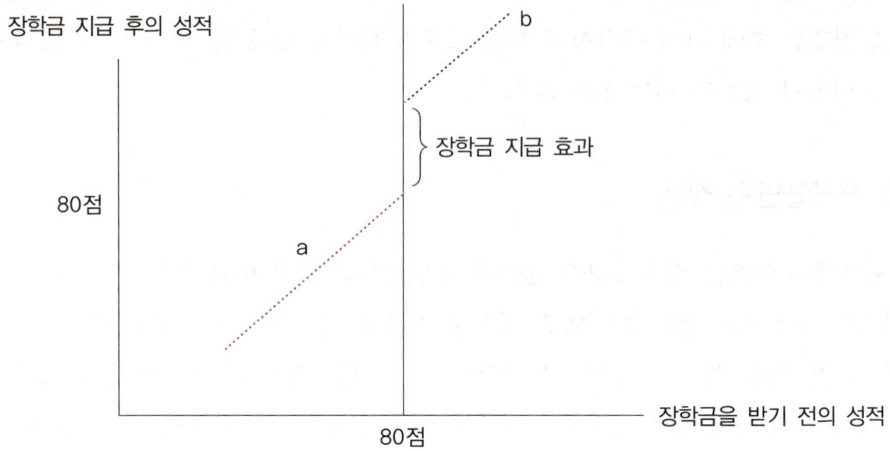

자료: 노시평 외(2006: 501).

3) 단절적 시계열 분석

정책 결과변수의 시계열 곡선의 단절을 이용해 정책의 효과를 측정하는 것이다. 즉, 단절이 일어난 시점을 기준으로 하여 그 전후의 많은 시계열 측정치를 비교해 정책 효과를 판단하는 방법이다. 좀 더 구체적으로 말하면, 정책을 실시했는데도 실시하기 전의 일반적 추세가 지속된다면 이는 정책 효과가 없는 것으로 판단한다. 단절적 시계열 분석에는 두 가지 유형이 있는데, 하나는 단절적 시계열 단순설계이고, 다른 하나는 단절적 시계열 비교집단설계이다.

(1) 단절적 시계열 단순설계

모든 정책 대상이 실험집단에 속해 비교집단을 구성할 수 없을 때, 정책의 시행 전과 후의 결과변수에 대한 시계열 자료를 이용할 수밖에 없다. 교통안전 캠페인이 자동차 사고 사망자 수에 미치는 영향을 알려고 할 때, 정책이 실시되기 시작한 시점에서 분명한 구분선이 존재하게 된다.

이 설계의 구체적인 사례로는 1956년 미국 코네티컷 주의 '차량 속도 규제 프로그램' 효과에서 볼 수 있다. 당시 주지사는 단속 실시 전년도인 1955년도의 사망자 수가 324명이던 것이 단속 실시 후인 1956년도 사망자 수가 284명이었으므로, 따라서 40명의

그림 14-6 코네티컷 주와 통제 주의 교통사고 사망률

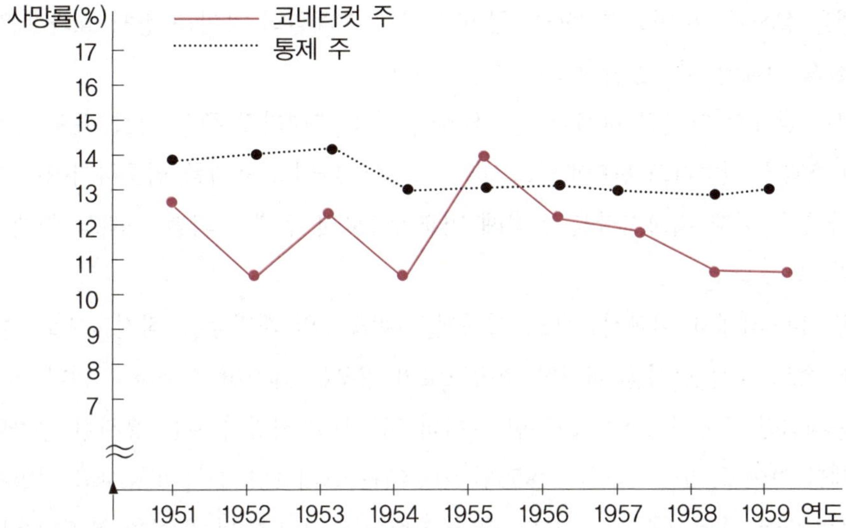

자료: 박성복·이종렬(2004: 418).

생명을 구했으며 교통사고로 인한 사망자를 12.3%나 줄일 수 있었다고 주장했다.

그러나 이러한 결과에 대해서는 또 다른 해석이 가능하다. 이를테면 1956년은 눈이 오는 날이 예년에 비해 현저히 적었기 때문에 교통사고에 의한 사망자가 적었을 것이라고 주장할 수도 있다. 이 경우, 사망자 감소가 자동차 속도 규제 정책의 효과라고 판단한 교통 당국의 해석은 타당성이 높지 못하게 된다. 그러므로 자동차 속도 규제 정책의 효과에 대한 해석의 정확성을 높이기 위해 관찰 횟수를 시간적으로 늘린 시계열적 설계를 사용할 수가 있다. 즉, 속도 규제 정책이 시행된 이래 자동차 사고에 의한 사망자 수가 뚜렷하게 감소하기 시작해 그 효과가 나타났다는 것이다.

이상에서 고찰한 바와 같이 단절적 시계열 단순설계는 비교집단이 없는 경우, 정책효과의 평가에서 정책 실시 이전과 이후에 단 1회만의 측정으로 야기되는 불합리성을 제거해 줄 수가 있다.

(2) 단절적 시계열 비교집단설계

단절적 시계열 비교집단설계는 앞에서 본 단절적 시계열 단순설계에 하나 또는 그

이상의 통제집단을 첨가한 것으로, 단절적 시계열 단순설계보다 정확성과 신뢰성을 기할 수 있다.

정책을 실시한 후 비교집단과 실험집단 간의 시계열의 차이를 정책 효과로 보는 것이 단절적 시계열 비교집단설계의 기본 논리이다.

우리는 앞에서 단절적 시계열 단순설계에 의해 코네티컷 주의 차량 속도 규제 프로그램이 효과가 있었다고 판단했다. 그러나 그것만 가지고 효과를 입증하기에는 다소 무리가 따랐다. 이제 비교집단을 설정해 비교함으로써 정책 효과를 신뢰성 있게 평가할 수 있다.

[그림 14-6]에서 비교집단으로 설정된 고속도로의 사망률은 점진적으로 줄어들고 있으나, 속도 규제 정책을 실시한 고속도로의 경우는 급격히 감소하고 있다. 코네티컷 주와 통제집단 주에서 1952~1955년 사이의 교통사고 사망자 수는 유사한 증가와 감소의 추세를 보이고 있다. 그러나 1955년 이후에는 코네티컷 주의 교통사고 사망자 수가 통제되는 다른 주의 사망자 수보다 더 급속히 감소하고 있다는 것을 분명히 나타내므로, 이와 같이 정책 효과를 명확히 측정할 수 있다.

이 같은 장점이 있지만 이 설계는 실험집단과 비교집단에 관한 시계열 자료가 구비되어야 사용할 수 있다는 단점도 가지고 있다.

15 우리나라의 정책평가제도

제 1 절　정책평가제도의 변천
제 2 절　심사평가제도의 내용
제 3 절　기관평가제도
제 4 절　평가기본법의 제정
제 5 절　정부업무평가기본법의 시행

정책학원론
Theories of Policy Sciences

제 15 장

정책학원론

우리나라의 정책평가제도

제1절 정책평가제도의 변천

우리나라 정부의 현행 중앙정책 평가기구로는 국무총리 국무조정실을 들 수 있고, 중앙정부 각 부처 내의 정책평가 담당기구로는 기획관리실을 들 수 있다. 정책평가제도의 변천 과정을 보면 우리 정부의 심사평가제도는 4단계로 구분할 수 있다.

1. 1단계(1962 ~ 1981년)

태동기로서, 1962년에 정부는 기본운영계획제도를 도입하고, 이에 대한 심사분석 업무를 국무총리 기획조정실에서 담당했다. 운영 절차를 보면, 각 부처는 기본운영계획을 수립하고 그 계획에 명시된 모든 사업에 대해 자체심사분석을 실시한 뒤, 기획조정실에 심사분석보고서를 제출했다. 제출된 심사분석 결과는 기획조정실에서 종합해 분기별로 국무회의를 거쳐 대통령에게 보고했다.

당시 심사분석제도는 각 부처의 무관심, 특히 소관 업무에 관한 문제점의 노출 기피 현상으로 형식적인 운영에 그치게 되어, 심사분석 본래의 기능을 원활히 수행하지 못했다. 이러한 상황에서 기획관리실의 주된 역할은 국·과의 진도 분석을 종합 정리하는 데 불과했다. 그리고 심사분석에 대한 법적 뒷받침이 미비했는데, 1972년에 「정부의 기획 및 심사분석에 관한 규정」이라는 대통령령만으로 추진하게 됨으로써 합법성을 추구하는 관료들이 경시하게 되었다. 그러나 무엇보다 큰 문제는 담당기구의 이원화라고 할 수 있다. 초기에는 각 부처들도 기본운영계획을 예산 확보 수단으로 적극 활용했기 때문에 심사분석제도가 상당히 활성화되었으나, 점차 국무총리 기획조정실은 각 부처가 제출하는 기본운영계획 초안을 단순 취합하는 형식적 수준을 벗어나지 못했으며, 일단 완료된 심사분석의 결과도 차기 5개년계획이나 예산편성에 환류되지 못하는 경우가 많았다. 심사분석 및 기본운영계획은 기획조정실에서 관장한 반면에, 중장기 계획 및 예산 편성은 경제기획원의 기획국과 예산국에서 관장했기 때문이다(문영세, 2001: 2).

2. 2단계(1982~1994년)

정착기로서, 심사분석 기능의 내실화를 기하기 위해 국무총리 기획조정실이 폐지되고 그 기능이 경제기획원에 이관되었으며, 국무총리 행정조정실에 중점 정부 시책에 대한 평가 조정 기능이 추가되었다. 이를 좀 더 구체적으로 보면, 1981년 11월의 기구 개편에서 국무총리 기획조정실이 폐지됨에 따라 심사분석 업무는 경제기획원으로 이관되어 신설된 심사분석국에서 주관했다. 심사분석국에서는 형식화된 기본운영계획제도를 폐지하는 대신에 주요 업무계획제도를 도입했고, 심사분석지침을 작성해 각 부처에 시달했다. 당시의 심사분석 운영 체계를 보면, 부처 업무에 대한 심사분석은 부처로 하여금 스스로 수행케 하고, 경제기획원은 각 부처 심사분석 결과를 취합해 조정하는 데 주력했다. 그리고 심사분석은 크게 집행관리와 성과분석으로 구분되었다. 전자는 연초에 수립된 분기별 추진 계획과 추진 실적을 비교한 후 미달 사업에 대해서는 부진 사유를 분석하고 대책을 수립하는 것으로, 주요 업무 시행계획의 심사분석이 이에 해당한다. 후자는 특정 사업의 추진 실적을 분석해 향후 사업 추진 효율성의 제고 방안을 수립하는 것이다(문영세, 2001: 3).

심사분석은 사업의 진도 파악이나 단기적 실적 분석에의 치중, 심사분석 대상 선정 및 평가 기준의 합리성 결여 등으로 인해 실질적 효과는 다소 부정적이었다. 1단계와 마찬가지로 심사분석은 절차와 내용이 법률에 규정되지 않고, 정부조직법에 의한 직제와 대통령령에 의거해 수행되었다. 따라서 법률적 사항에 비해 심사분석을 경시하게 되었다(문영세, 1995: 285). 이러한 상황에서 1990년 4월에 총리실에 정책평가제도를 도입했는데, 이는 주요 국정 현안에 대해 총리의 내각 총괄 기능을 강화하려는 데 있었다.

3. 3단계(1995~2001년)

1994년 12월의 정부조직 개편에 따라 경제기획원과 재무부를 통합해 재정경제원을 발족시키면서 경제기획원의 심사분석 기능이 국무총리 행정조정실로 이관되고, 1990년부터 총리실이 가지고 있던 정책평가 기능을 통합해 심사평가 업무를 국무총리 행정조정실에서 담당하도록 했다. 즉, 이원화되어 있던 것을 일원화시킨 것으로 국무총리 행정조정실의 조정 기능을 강화한 조치이다. 심사평가를 위해 「정부업무의 심사평가 및 조정에 관한 규정」을 새롭게 마련했다. 그러나 과거의 심사분석 방식을 좀 더 개선해 평가의 외형적 틀을 만드는 데 중점이 두어졌을 뿐이다. 또한 내용상으로도 프로그램 평가의 리뷰 수준을 벗어나지 못했다. 그러다가 1998년 김대중 정부는 기관평가제도를 도입하게 되지만, 이 또한 정책평가로서보다는 오히려 관리평가제도에 더욱 기울어지고 바람직하지 않은 정치화가 가중되는 결과를 초래할 가능성이 높은 것으로 판단된다(구광모, 2003: 159-160).

4. 4단계(2001년~)

「정부업무 등의 평가에 관한 기본법」은 2001년 1월 8일에 공포되어 2001년 5월 1일부터 시행에 들어갔다. 이 법은 평가 관련 법령이 다기화되어 있어 평가의 기본 원칙 정립과 효율적인 평가 체제 구축을 위한 법 제정의 필요성이 대두되었고, 평가 결과의 활용을 법률적으로 제도화해 평가의 실효성을 확보하고, 지방자치단체에 대한 평가에 필요한 법적 근거 확보가 제정의 취지였다. 2006년에는 통합적 정부업무평가제도 및 성과관리제도 도입을 목적으로 「정부업무평가기본법」이 도입되었다.

제2절 심사평가제도의 내용

1. 의 의

「정부업무의 심사평가 및 조정에 관한 규정」을 새롭게 개정했는데, 주된 내용은 심사평가 담당기관이 경제기획원 심사평가국에서 국무총리 행정조정실로 이관된 것과 기존의 심사분석이라는 용어 대신에 심사평가라는 용어로 대체된 점이다.

심사평가의 대상은 모든 정부활동을 대상이 아니라 실제로는 '주요 업무'에 한했는데, 여기서 주요 업무는 중앙행정기관이 매년 계획을 수립, 추진하는 시책 및 사업 중 당해 연도의 심사평가 대상으로 선정된 주요 시책 및 사업이다.

2. 운영 체계

제4행정조정실 내의 심사평가 1심의관실과 2심의관실에서 담당하며, 1실은 주로 경제 분야에 대한 심사평가를, 2실은 비경제 분야를 담당한다. 중앙행정기관의 자체 심사평가는 각 부처 내 기획관리실장(기획관리관)의 실무 주관 하에 행정관리담당관 또는 기획예산담당관에 의해 실시된다. 심사평가 자문위원과 심사평가작업반은 별도로 구성된다.

3. 심사평가의 유형

정기심사평가와 수시심사평가로 나뉘는데, 정기심사평가는 당해 연도 심사평가 대상으로 선정된 주요 시책 및 사업에 대해 해당 중앙행정기관과 국무총리가 정기적으로 실시한다. 대상 과제의 선정은 매년도 국무총리가 시달하는 '주요 업무 선정 기준'을 바탕으로 중앙행정기관에서 심사평가 주요 과제를 선정, 총리실에 통보한 후 총리실과 협의해 확정한다. 정기심사평가는 자체심사평가(중앙행정기관)와 종합심사평가(총리실)로 구분되고, 매 분기 종료 후 30일 이전에 총리실에 보고하며, 총리실은 현지 실태조사, 여론조사 등을 통해 수집된 자료로 종합적 심사평가를 한다. 심사평가 과제 중 중요도가 높은 사업이나 문제가 예상되는 사업은 '중점 관리 과제'로 별도 선정해 총리실이 관리하며, 나머지 과제는 각 부처가 자체평가하고 심사평가 결과만 총리실에 보고한다.

수시심사평가는 국무총리가 국정 운영과 관련해 필요하다고 인정하면 수시로 실시된다. 정기심사평가와는 달리 총리실이 직접 심사평가 대상 과제의 선정 및 실시를 한다.

4. 평가 결과의 사후관리

중앙행정기관의 장은 자체 심사평가의 실시 결과를 매 분기 종료 후 30일 이내에 국무총리에 보고한다. 다만 내실 있는 심사평가를 위해 1/4분기, 3/4분기에는 부진, 문제가 있다고 판단되는 문제에 한정한다.

제3절 기관평가제도

1. 의 의

기관평가란 "중앙행정기관의 주요 업무와 특정 과제의 추진 상황 및 집행 성과와 이를 추진하는 행정 체제의 추진 역량 등을 종합적으로 점검 · 분석 · 평가하는 것"[1]을 말한다.

기존의 심사평가에 대한 부정적 시각에서 벗어나고자,[2] 1998년도부터 도입된 이 제도는 처음에는 17개부를 중심으로 평가하다가 이듬해에는 기획예산처와 법제처, 그리고 3위원회, 16청을 포함시켰으며, 2000년도에는 16개 광역지방자치단체도 포함시켰다. 근거 법령인 「정부업무의 심사평가 및 조정에 관한 규정」에 의하면, "중앙행정기관의 주요 업무와 특정 과제의 추진 상황 및 집행 성과와 이를 추진하는 행정 체제의 추진 역량 등을 종합적으로 점검 · 분석 · 평가"하는 것으로 정의한다.

이처럼 기존의 심사평가는 개별 정책을 평가하는 데 비해, 기관평가는 개별 정책이

1 정부업무의 심사평가 및 조정에 관한 규정 제2조.
2 과거 제3공화국 시절에는 심사분석(평가)에 대한 보고회의를 대통령이 직접 주재하는 등 긍정적으로 평가되지만, 제5공화국 이후 평가 담당기관의 지위 격하 등 평가 기능이 약화되었다.

나 업무의 성과만을 측정하는 것이 아니라, 주요 업무를 추진하기 위한 기본적 역량, 주요 시책의 성과, 그리고 시책의 추진 결과에 대한 주민들의 만족도를 종합적으로 평가하는 것이다.

2. 운 영

평가 주체는 국무조정실이지만 실질적인 평가 주체는 정책평가위원회이다. 1995년부터 1997년까지는 평가자문단이 단순 자문 기능을 맡았지만 지금은 정책평가위원회가 심의 기구로서 실질적인 평가 주체 역할을 하고 있다.

이를 위해 민간 전문가 등 30명으로 구성된 정책평가위원회가 국무총리 산하에 만들어지고, 중앙행정기관에는 민간 위원 10~25명으로 자체 평가위원회가 운영된다.

다음으로, 평가 영역을 보면, 종전에는 각 부처의 주요 정책 과제만을 평가했으나, 기관평가제도에서는 정책 추진 주체의 역량을 추가했고, 국민 만족도 조사를 기관평가의 한 영역으로 함으로써 종합적인 평가가 가능해졌다. 즉, 기관평가는 ① 주요 정책 과제 평가, ② 정책 추진 역량 평가, ③ 국민 만족도 조사 등을 대상 영역으로 삼고 있다.

평가 대상기관은 종전 40개 중앙행정기관(22개 부처, 16개 외청, 2개 위원회)에서 중앙인사위원회와 국민고충처리위원회, 청소년보호위원회를 포함시켜 43곳으로 늘어났으며, 국가위임사무 및 국고보조사무, 국정 통합이 요구되는 주요 국가사무를 맡고 있는 모든 지방자치단체가 해당된다.

또한 평가지침에 따라 중앙행정기관은 연 2회, 자치단체는 1회 이상의 자체평가를 의무적으로 실시하고, 이를 반드시 공개하도록 했다. 평가 결과에 따라 해당 기관에 대해서는 시정 조처 또는 감사 요구, 예산상의 조처 등이 취해진다.

3. 평가 방법과 결과 처리

주요 정책 과제의 평가는 각 부처별로 1~3개 과제를 부처와 국무조정실이 협의 선정하고 선정된 과제에 대해서는 각 부처별로 시행계획을 수립・제출케 하는 한편, 정책평가위원회 위원 중 평가 주관 위원 책임 하에 상・하반기 2회에 걸쳐 평가를 실시하고 있다. 또한 주요 정책 과제에 대한 만족도 평가는 정책평가위원회에서 계획을 수립·검토한 후 민간 용역기관에 의뢰하게 된다. 정책 추진 역량 평가는 평가 대상의 선정과 이에 대한 1차 평가를 각 부처가 하도록 하고 있고, 정책평가위원회에서 상위평가를 실시하고 있다. 그리고 민원행정 서비스에 대한 고객만족도 평가는 국무조정실이 주관하되 실제 조사는 외부 전문 조사기관에 의뢰해 하반기 중 실시하고 있다(김병호, 2000: 34-35).

심사평가 결과는 상·하반기 2회에 걸쳐 대통령이 주재하는 '정부업무 심사평가 보고회'를 개최해 보고하도록 하고 있다.[3]

4. 성과와 한계

성과를 보면, 우리나라 정책평가 수준을 한 단계 상승시켰고, 이전의 사후평가에서 사업의 추진 과정에서 효율성을 높이는 집행 과정 평가와 고객 우선주의에 입각한 국민 만족도 조사에 의한 평가를 성과 부분으로 크게 역점을 둠에 따라, 민원행정 서비스 만족도 향상은 연차적으로 크게 향상되었다. 종합 만족도 향상 추이를 보면, 1997년 50.9점, 1998년 54.9점, 1999년 61.0점으로 크게 나아지고 있다(차의환, 2000: 12). 그리고 부처별 자체평가 수준이 초보적인 단계에 머무르고 있었으나 기관평가제 도입 이후 평가 조직이 구축되고, 평가 방법이 체계화되는 등 전반적 평가 수준 향상이 이뤄지고 있다.

그러나 한계도 없지 않은데, 정책 추진 주체의 역량 평가는 경영평가의 측면에서 그 취지는 좋으나 구체적으로 수행하는 데에는 두 가지의 어려움이 따른다. 하나는 추진 주체의 역량을 기관장의 리더십, 개혁 의지 등 주관적 측면을 강조하게 되는데, 이를 객관적으로 평가할 수 있느냐 하는 점이고, 다른 하나는 조직 체계·인력·재원 등 투입 요소의 평가를 배제한 평가가 과연 의미가 있겠느냐 하는 점이다(김병호, 2000: 58).

아울러 평가 담당 공무원의 전문성 확보는 평가 결과의 신뢰도 향상을 가져와 피평가기관의 수용성을 높여준다. 그러나 현재 국무조정실 평가담당 공무원의 평가 업무 담

3 그러나 1998년과 1999년의 경우 대통령 주재 보고회는 총리 주재 보고회(1998), 또는 서면보고(1999)로 대체되었다.

당 평균 기간은 1년 8개월이고, 평가 관련 직무교육으로 1주일 이상을 이수한 자는 2명에 불과하다. 또한 각 부처로부터 파견된 공무원이 12명이나 된다. 다행히 1999년도에 중앙공무원교육원과 국가전문행정연수원에 평가 관련 교육 과정이 1주일 과정으로 개설되었으나, 교과 내용 대부분이 정책평가제도에 대한 이해와 관련된 과목으로 구성되고, 평가 기법에 대한 내용은 극히 일부(총 34~35시간 중 3시간)에 지나지 않는다(김병호, 2000: 70).

또 하나의 문제점으로 평가의 중복과 법적 근거의 미흡을 들 수 있다. 각종 평가가 개별적으로 수행됨에 따라 평가의 중복이 생겨, 피평가기관의 부담을 가중시키고 있다.[4] 그리고 정부업무 평가에 관한 기본적 규정인 「정부업무의 심사평가 및 조정에 관한 규정」이 대통령령으로 되어 있어 평가제도 개선 필요 사항을 제도화하는 데 한계가 있었다. 따라서 산발적인 평가를 막고 평가의 기본 방향을 유도해 나가기 위한 평가기본법의 제정이 시급히 요구되는 실정이었다.

제4절 평가기본법의 제정

1. 제정 취지

「정부업무 등의 평가에 관한 기본법」은 2001년 1월 8일에 공포되어 2001년 5월 1일부터 시행에 들어갔다. 이 법은 평가 관련 법령이 다기화되어 있어 평가의 기본 원칙 정립과 효율적인 평가 체제 구축을 위한 법 제정의 필요성이 대두되었고, 평가 결과의 활용을 법률적으로 제도화해 평가의 실효성을 확보하고, 지방자치단체에 대한 평가에 필요한 법적 근거 확보가 제정의 취지였다.

4 감사원의 감사 실시로 대형 국책사업은 기관평가에서 제외되고 있다. 또 기획예산처의 대규모 투자사업 평가 역시 기관평가 활동의 범위를 제약하고 있다. 그러나 주요 사업의 전형이 대형 국책사업인 것을 감안하면 평가 본령에 대한 포기로 비칠 우려가 있다. 대형 국책사업이 1년 단위 평가 대상으로 다소 부적절한 면이 있을 지라도 이는 마땅히 평가 방법 · 순기 등을 조정하더라도 평가 대상에 포함되어야 한다(김병호, 2000: 89).

2. 주요 내용

이 법의 제3조(적용 범위)에 "평가에 관하여 다른 법률에 특별한 규정이 있는 경우를 제외하고는 이 법이 정하는 바에 의한다"고 규정함으로써 정부 부처에서 이뤄지고 있는 모든 평가에 관련된 업무를 이 법이 총괄하고 있음을 알 수 있다. 이 법의 주요 내용은 다음과 같다.

첫째, 심사평가의 법률적 근거를 마련했다. 기존에는 직제나 대통령령에 근거하고 있으나 이를 법률로 규정했다. 또한 평가 결과의 예산·감사 등에의 활용을 법률적으로 제도화해 평가의 실효성을 확보하려 하며, 지방자치단체에 대한 평가의 법률적 근거를 구비했다. 둘째, 기관평가를 새로운 심사평가의 종류로 추가했다. 셋째, 평가 환류의 강화로서, 국회에 대한 보고를 규정했고, 평가 결과의 공개를 명문화했다(법 제19조).[5] 넷째, 국무총리의 역할이 크게 강화되었다(법 제15조와 제16조).

3. 평가기본법에 대한 평가

평가기본법에서는 평가기관의 평가 부담을 최소화하면서도 평가 업무를 효율적으로 추진하기 위해 다양한 배려를 하고 있다. 첫째, 평가 관련 기관 간 업무 협의와 조정을 위한 '정부업무평가운영협의회'를 두도록 했다. 둘째, 평가 부담을 줄이기 위해 지방자치단체의 경우 기본적으로 자체평가를 근간으로 하여 평가 역량을 키워나가도록 하고 있으며, 셋째, 중앙행정기관의 지방자치단체평가에 대해서는 평가 대상을 국가위임사무, 국고보조사업 등으로 한정하고, 평가를 실시할 경우 국무총리에게 그 목적 및 필요성 등을 보고하도록 하고 있으며, 평가 방법도 합동평가를 제도화하고 있다(최봉기, 2004: 449-450).

이 법에 의해 정부 업무 평가가 매우 강력하게 추진될 수 있지만, 평가 체계에 문제가 있는데, 즉 중앙행정기관 평가, 지방자치단체 평가, 특정 정책 대상 과제 평가, 자체

5 평가기본법에는 평가 결과를 공개한다는 선언적 내용만 포함되어 있고, 평가기본법 시행령에서는 이에 대한 언급이 전혀 없다. 「정부투자기관관리기본법」이 경영 공시의 내용을 매우 구체적으로 규정하고 있는데 반해 2001년도 평가지침에는 "평가 결과를 인터넷 등을 활용하여 공개한다"고만 되어 있어 추상적이다(문영세, 2001: 21).

평가, 소속기관의 평가 등 5개 평가 상호간에 조화가 이뤄지지 않고 있다. 5개 평가 간의 종합적인 체계가 구축되지 않아 중앙행정기관의 경우 자체평가와 중앙행정기관평가를 별도로 하게 되는 등 낭비를 가져올 수 있으며, 이 밖에 각 중앙행정기관과 지방자치단체의 기획 업무와 예산 업무의 구체적인 관계가 제시되지 않아 평가 효과가 예산편성에 반영되기에는 어려움이 있다(박병식, 2001: 164-165). 그리고 평가기본법에 근거를 두고 시행 중인 현재의 기관평가제도는 1년 단위의 연례평가로서 모든 평가 대상 과제가 매년도 1월 1일 시작과 12월 31일 사업 종료를 전제로 평가되고 있다. 그러나 실제 평가 대상 과제가 2년 이상의 다년도 사업이므로, 무리하게 1년의 틀 속에서 평가하고 있다는 문제를 안고 있다(공병천, 2005: 90).

제5절 정부업무평가기본법의 시행

1. 기존 제도의 문제점

현재는 업무평가제도가 평가가 아닌 산출을 서술하는 수준에 그치고 있다. 평가 대상이 되는 대부분의 사업이 단기간 사업에 한정되어 있고 중장기적 사업들에 대한 평가가 소외되어 있다. 또 현행 평가 체계의 구조는 중앙행정기관 위주의 기관평가가 중심이 되고 있다. 그리고 평가가 통제를 가하기 위한 수단으로 이용되어 왔다. 즉, 평가 결과에 대한 활용적 측면보다는 결과에 대한 책임 추궁에 집중했다. 지방정부에 대한 합동평가[6]도 통제 지향적 성격이 강하게 나타나는데, 평가 대상 시책에 행정력이 집중됨으로써 결과적으로는 지방행정이 중앙행정에 포획되는 현상을 보이고 있다(이윤식·김지희, 2004: 204-206). 마지막으로, 평가 결과의 활용이 미흡한 점을 들 수 있다. 현재는 국무총리에 의해 평가 결과에 대한 시정 요구와 해당 부처의 시정 조치 보고로만 종결되는 수준에 지나지 않으므로, 평가 결과가 제대로 활용되지 못하는 것이다. 아울러 평가기본법에서는 평가 결과에 따라 국무총리가 예산 조치를 할 수 있게 되어 있지만,

6 합동평가란 국가의 위임사무나 국가의 주요 시책에 대해 지방에서 제대로 시행되고 있는지 평가하는 것을 말한다.

아직까지 평가 결과가 기획이나 예산과의 연계가 소원할 뿐 아니라 감사에 활용되는 것도 미흡한 실정이다(이윤식 · 김지희, 2004: 207).

2. 개선 방향

현재의 중앙집권적 평가 체계를 자율적이고 분권적인 평가 체계로 전환하기 위해서는 무엇보다 평가기본법에 제정하고 있는 자체평가제도의 활성화가 요구된다. 자체평가는 사업을 가장 잘 알고 있는 주체가 시행하므로 사업 파악이 분명하고 스스로 평가하는 과정에서 자체 업무의 개선이 이뤄지게 된다. 그리고 결과에 대한 책무성을 높이는 대신 수행 과정에 대한 제약과 통제를 완화하는 것이 필요하다. 기초자치단체에는 평가를 전담하는 부서가 거의 부재한 실정인데, 더구나 순환보직으로 1년만 근무함으로써 전문성이 확보되지 못했다.

평가 시점의 다양화도 필요한데, 자체평가는 평가의 주기가 1년 단위로 실시하고 있다. 장기적으로 추진하는 업무가 많은데도 1년 단위로 평가하는 것은 시정되어야 한다.

또한 평가의 결과가 예산에 적극 활용되어야 한다. 성과가 낮게 평가된 기관에 대해서는 예산상의 조치를 취해야 하고, 이와 함께 성과를 증진시키기 위한 인센티브제도의 적극적인 활용도 요구된다. 이에 대해서는 기본법에서 평가 결과를 예산 및 인사 등과 연계하도록 규정하고 있다(제28조). 또 기본법 제30조에 따라 평가 결과에 따라 우수 사례로 인정되는 소속 부서 · 기관 또는 공무원에게 포상, 성과급 지급, 인사상 우대 등을 할 수 있도록 규정하고 있다.

3. 정부업무평가기본법의 시행

2006년에는 통합적 정부업무평가제도 및 성과관리제도 도입을 목적으로 「정부업무평가기본법」(2006)이 도입되었다. 현재 그동안 시행해 오던 「정부업무 등의 평가에 관한 기본법」을 폐지하고, 2007년 1월부터 「정부업무평가기본법」을 시행하고 있다. 법에 따라 중앙행정기관의 장은 성과관리 전략계획을 수립해 최소 3년 주기로 수정 · 보완하게 된다. 그리고 이에 기초한 1년 단위의 성과관리 시행계획을 수립 · 시행해야 하는데, 여기에는 기관의 임무, 목표, 재정 등 과거 3년 간의 성과 결과가 포함되어야 한다. 정부업무평가기본법의 주요 내용은 다음과 같다(최병선 · 최종원, 2008: 629-636; 이윤식, 2014: 201-207).

1) 주관기관

정부업무평가기본법(이하 기본법)에서는 중앙행정기관 또는 지방자치단체가 스스로 평가하는 것이 원칙이며 정부업무평가위원회[7]에서는 자체평가 결과만을 확인하며 문제가 있을 경우에만 재평가를 실시하게 된다. 이처럼 이전에 비해 각 부처의 자체평가를 강화하고 국무총리실의 평가는 사후적이고 한정적인 것으로 축소했다.

2) 평가의 종류 및 절차

중앙행정기관을 대상으로 자체평가 및 특정평가가 실시된다. 우선, 자체평가를 보면, 위원장 1인을 포함해 10~30인 이내로 구성된 각 부처의 자체평가위원회가 평가를 실시한다. 각 부처가 제출한 자체평가 결과는 정부업무평가위원회의 위임을 받은 실무위원회가 확인하고, 문제가 있을 때 재평가를 실시할 수 있다. 2020년도 자체평가 기준은 정부조직 · 인력의 효율적 운영(30점), 효율적인 정부 인사 운영(35점), 유능한 디지털 정부 구현(20점), 사이버 인전수준 강화(15점) 등으로 이루어진다.

그리고 국정을 통합적으로 관리하기 위해 필요한 정책은 국무총리실에서 특정평가를 실시한다. 특정평가는 관리대상 업무, 특정 시책 평가, 고객만족도 조사 등으로 구분된다. 자체평가는 중앙행정기관 스스로 성과관리 시행계획의 주요 정책, 예산이 투입되는 재정사업의 성과달성도, 행정관리 역량 등을 평가하게 된다. 이러한 자체평가 결과는 전자통합평가 시스템(e-IPSES) 및 홈페이지 등을 통해 공개해야 한다. 특정평가는 국무총리가 국정의 통합적 관리를 위해 기관별 핵심 과제의 성과, 국정관리 등을 평가하게 된다. 특정 과제 평가는 상반기에는 중간 점검하고, 하반기에는 평가 결과를 종합해 연 2회 평가가 실시된다.

2015년 경우, 평가 등급은 평가 부문별로 대상기관에 3단계 등급(우수, 보통, 미흡)을

7 종전의 국무조정실 산하의 정책평가위원회를 국무총리실 산하의 정부업무평가위원회로 개편했다.

부여한다.

다음으로, 지방자치단체 평가를 보면, 중앙행정기관에 의한 평가와 지방자치단체의 자체평가가 있다.

(1) 중앙행정기관에 의한 평가

① 합동평가

주요 시책, 국가위임사무, 국고보조사업 중 반드시 평가가 필요한 최소한의 시책을 행정안전부 장관은 중앙행정기관의 장과 협의해 선정해 정부업무평가위원회의 심의 · 의결을 거쳐 중앙행정기관이 합동으로 평가를 실시하게 된다. 평가는 합동평가단을 구성해 운영하며, 평가 결과를 정부업무평가위원회에 보고해야 된다.

② 개별평가

합동평가가 어려울 경우 중앙행정기관은 정부업무평가위원회와 협의해 예외적으로 개별평가 대상 시책을 선정해 시행한다.

개별평가는 해당 중앙행정기관에서 실시하며, 평가 결과는 종료 후 평가보고서 및 요약보고서를 정부업무평가위원회에 제출하도록 되어 있다.

(2) 지방자치단체의 자체평가

① 자체평가제도의 도입 배경

평가기본법은 지방자치단체 평가제도의 법적 근거를 마련해 지방자치단체 성과관리의 단초를 마련했다. 현재 평가기본법에 의하면, 지방자치단체의 경우 중앙행정기관에 의한 평가, 자체평가 등으로 분류되고 있다. 지방자치단체장은 평가 기본 방향, 평가 대상 및 방법 등에 관한 사항에 대해 자율적으로 자체평가 계획을 수립해 시행하며, 행정자치부 장관은 평가지표 및 평가 방법 등에 관한 사항을 지원하는 식으로 운영된다.

② 심사분석과 자체평가의 비교분석

1995년부터 2001년까지는 심사분석이 행해졌고, 2002년부터는 자체평가가 시행되었다.

가. 심사분석

심사분석에서 가장 많이 사용하는 평가기법은 사업진척도 분석이었는데, 주로 단순공정표에 의한 평가가 진행되고 있다.

나. 자체평가

자체평가위원회 운영이 정상화되지 못하고 있다. 자체평가의 환류 체계 및 사후조치 등이 확립되지 못했고 평가 결과의 활용도 상당히 미흡한 것으로 판단된다.

③ 향후 개선 방안

기초자치단체에는 평가를 전담하는 부서가 거의 부재한 실정이다. 담당 인력의 확충이 시급하다. 그리고 평가 시점의 다양화가 필요하다. 자체평가는 평가의 주기가 1년 단위로 실시하고 있다. 장기적으로 추진하는 업무가 많은데도 1년 단위로 평가하는 것은 시정되어야 한다.

3) 평가 결과 활용

기본법은 이전의 법에 비해 평가 결과의 적극적인 활용을 강조하고 있다. 평가 결과는 공개되며 예산 및 인사 등과 연계하도록 되어 있다(제28조). 그리고 평가 결과를 개인의 보상과도 반드시 연계하도록 되어 있다(제30조).[8] 즉, 평가 결과에 따라 우수 사례로 인정되는 소속 부서·기관 또는 공무원에게 포상, 성과급 지급, 인사상 우대 등을 할 수 있도록 규정하고 있다.

한편 2008년 2월 정부조직법 개편에 따라 국무조정실이 국무총리실로 통합·이전됨으로써, 기존의 국무조정실의 심사평가조정관실의 정부 업무평가에 관한 총괄 기능을 국무총리실의 정책분석평가실에서 지원을 담당한다.

8 이러한 연계는 평가의 실효성을 확보하기 위한 조치라고 생각할 수 있으나 외부평가가 위축되고 자신의 업무를 자신이 평가하고, 그 결과를 활용해 자신의 성과급을 결정하는 현재의 구조는 평가의 내실화를 기하는 데 부정적으로 작용할 수 있고, 관대화 경향을 유도할 가능성이 크다는 지적도 있다(이근주, 2007: 89, 100).

16 정책 변동

제 1 절　정책 변동의 의의
제 2 절　정책 변동의 원인
제 3 절　합리적 정책 변동에 대한 저항과 극복 전략
제 4 절　정책변동모형: ACF 모형

정책학원론
Theories of Policy Sciences

제 16 장

정책학원론

정책 변동

정책환경이 급속히 변하고 있으며, 이러한 환경 변화에 따른 정책 변동은 자연스러운 현상이다. 이 장에서는 먼저 정책 변동의 의의와 유형을 살펴보고, 정책 변동의 대표적 유형인 정책승계와 정책종결을 알아본다. 다음으로, 정책 변동을 일으키는 원인이 무엇인가를 살펴보고, 합리적 변동에 대한 저항의 원인과 극복 전략을 모색해 본다.

제1절 정책 변동의 의의

1970년대 중반 이후 석유 위기, 중동 사태 등 국내·외적 상황에 직면해 기존 정책을 축소하거나 폐지하려는 연구가 시작되었다. 감축관리(cutback management)나 정책종결(poicy termination)이라는 이름의 연구들이 그것이다. 최근에는 정책종결이라는 용어보다 정책 변동이라는 더 광범위한 용어를 사용해 정책의 전 과정에서 발생하는 모든 변화에 관심을 나타내고 있다.

앞서 언급한 대로 정책 과정은 순환적이고 동태적인 과정이다. 각 단계에서 일어나는 정책활동은 다양한 정보를 산출하고, 이러한 정보는 다른 단계의 정책 활동에 영향을 미친다. 예를 들어, 정책평가를 통해 얻은 정보를 토대로 집행전략이 달라지게 되는 것을 들 수 있는데, 이러한 정책활동의 변화를 통해 정책은 변동하게 되는 것이다. 이처럼 정책 과정의 단계에서 산출된 정보들은 이전 단계로 환류되어 정책활동의 변화를 야기하는데, 이러한 과정을 통해 정책은 변동하게 된다. 정책 변동은 정책 과정 전반에 걸쳐 발생하는 여러 가지 변화의 양태를 말하는데, 정책 내용뿐만 아니라 정책집행 방법의 변화를 포괄한다.

1. 유 형

정책 변동(policy change)의 대표적인 유형으로 정책혁신, 정책유지, 정책승계 및 정책종결 등 네 가지를 들 수 있다(Hogwood & Peters, 1983: 26-29).

1) 정책혁신

정책혁신(policy innovation)이란 문민정부 시절의 금융실명제 실시처럼 정부가 관여하지 않던 분야에 개입할 목적으로 새로운 정책을 결정하는 것을 말한다. 즉, 사회문제가 처음으로 정책문제로 전환되어 이를 해결하고자 정부가 정책을 결정하는 것이다. 다시 말해, 현재 활동이 전혀 없고, 이를 담당할 조직이나 예산이 없는 상태에서 정부가 '새로운' 정책문제에 직면해 '새로운' 정책을 결정하는 것을 말한다.

2) 정책유지

정책유지(policy maintenance)란 현재의 정책을 새로운 정책으로 대체하는 것이 아니라 본래의 정책 목표 달성을 위해 정책의 기본 골격은 유지하되 상황의 변화에 따라 적응하는 것을 말한다. 이 형태에서는 정책의 기본적 특성이 변경되지 않고 정책 수단의 부분적인 변화만 이뤄진다. 기존의 고객에게 추가적인 혜택이나 규제를 전달하는 것이나 기존의 수혜를 받을 수 있는 고객의 범위를 확장하는 것 등이 이에 해당한다. 이처럼 각 국가에서 기존의 정책이 유지되는 경향을 나타내고 있는데, 그 주된 이유는 대부분의 정책결정이 경로의존성(path dependency)을 따르기 때문이다.

정책유지는 정책 원형과 정책 변형 두 가지로 분류한다. 정책의 기본 성격, 수단, 예산액과 과목이 원형대로 유지되는 경우는 '정책 원형'으로 보고, 반대 세력의 저항에 의한 비합리적 정책 변동은 '정책 변형'으로 본다.

3) 정책승계

정책승계(policy succession)는 현존하는 정책의 기본적 성격을 바꾸는 것으로 실제 정책 과정에서 가장 많이 나타난다. 즉, 정책승계는 정책의 기본 목표는 그대로 유지하면서 정책을 근본적으로 수정하는 경우나, 또는 기존의 정책을 없애고 새로이 대체하는 경우 등을 포함한다. 어느 경우이거나 기본 정책 목표가 변하지 않는다는 점에서 정책종결과 다르고, 사업이나 예산 항목 등에서 중대한 변화가 일어난다는 점에서 정책유지와 다르다.

정책승계의 형태로는 기존의 사업을 완전히 종결하고, 종전과 동일한 정책 목표를 달성하기 위해 새로운 사업 계획을 수립하는 것을 의미하는 '선형적 승계(linear succession)'[1]와 두 개 이상의 정책이 완전히 또는 부분적으로 종결되고, 유사한 정책 목표를 추구하기 위해 새로운 단일의 정책이 제도화되는 것을 의미하는 '정책통합(policy consolidation)'이 있다. 예를 들면, 보건정책과 복지정책이 보건복지정책으로 통합되는 경우나 이명박 정부 들어 교육인적자원부와 과학기술부가 통합되어 교육과학기술부가 된 것 등이 이에 해당되는데, 이 경우에는 기관 통합에 따른 많은 문제를 내포하고 있어 실제 운영상에는 어려움이 많다.

그리고 정책통합과 반대로 기존 정책이 두 개 또는 그 이상의 정책으로 나뉘는 것을 의미하는 정책분할(policy splitting)이 있는데, 문화공보부가 문화부와 공보처로 분리된 것이 이에 해당한다. 그런데 정책담당기관이 분리되면 정책의 성격에도 커다란 변화가 일어날 수 있다. 예를 들면, 과거 재정경제원에 있던 공정거래위원회가 분리되면서 공정거래에 관련된 독과점 규제, 경쟁촉진정책이 강화되는 사례를 들 수 있다(남궁근, 2008: 557). 그 외 부분 종결, 비선형적 승계, 우발적 승계 및 복합적 승계 등이 있다.

---

1 선형적 승계를 정책대체(policy replacement)라고도 하는데, 예를 들면, 쌀값 안정을 위해 중간 상인의 매점매석 금지정책을 똑같은 목표 하에 정부의 정부미 방출정책으로 대체하는 것이 이에 해당한다(안해균, 1997: 448). 또 다른 예를 들면, 전철요금이나 고속도로 통행요금을 현금으로 받다가 스마트카드 기능이 내장된 카드로 대체해 결과적으로 인력을 감축하는 것을 들 수 있다(남궁근, 2008: 556). 공공 부문에서 직접 수행하였던 청소 업무 또는 경비 업무를 민간위탁으로 전환할 경우도 선형적 승계에 해당한다.

4) 정책종결

정책종결(policy termination)이란 현존하는 정책을 완전히 소멸시키는 것이다. 정책수단이 되는 사업들을 지원하는 예산이 완전히 소멸되고, 이들을 대체할 다른 정책도 결정하지 않는 경우이다. 따라서 그 분야에 대한 정부의 개입을 완전히 중단하는 것이다. 정책종결은 정책, 사업, 그리고 담당 조직을 폐지하고 이를 전혀 대체하지 않는 것을 의미하는, 즉 정부의 개입을 완전히 중단하는 것이다. 중학교 입학시험 폐지, 야간통행금지 폐지 등이 이에 해당한다.

정책종결의 유형으로는 소요 시간을 기준으로 하여 폭발형, 점감형 및 혼합형으로 나누고 있다(Bardach, 1976: 124-126). 폭발형은 특정한 정책이 일시에 종식되는 유형으로, 이 유형의 정책종결은 결정이 내려지기까지 일반적으로 장기간에 걸친 정치적 투쟁이 선행된다. 1960년대 말에 격렬한 논쟁 끝에 중학교 입시제도가 폐지된 것을 예로 들 수 있다. 다음으로, 점감형은 서서히 정책이 소멸되는 과정을 거쳐 결국 없어지는 것인데, 자원의 계속적인 감소에 의하는 경우가 많다. 미국의 베트남전 종결이나 일부 주립 정신병원의 폐쇄 등을 들 수 있다. 마지막으로, 혼합형은 폭발형과 점감형의 성격을 모두 나타내는 경우로, 정책을 의도적으로 종결시키고자 할 때 사용할 수 있는 전략이다. 미국 항공우주국(NASA)의 대학연구지원사업의 종결이 대표적인 예이다. 이 지원사업은 3년 간에 걸쳐 단계적으로 종결되었다(노시평 외, 1999: 478).

2. 유형들 간의 상호 관계

[그림 16-1]이 나타내는 바는 처음으로 정책이 만들어지면 환경에 변화가 있어도 정책 내용을 변화에 적응시켜 수정・보완함으로써, 정책유지의 형태로 그 기본 골격을 유지한다. 정책유지에는 앞에서 본 대로 정책 원형과 정책 변형 두 종류가 있다. 그러다가 변화가 더욱 누적되면 정책승계로서 정책의 대폭적 수정・변경을 하거나, 그것으로 부족하면 정책을 새로운 것으로 대체하게 된다. 이렇게 승계된 정책은 다시 변화에 적응하면서 유지되어 나간다. 한편 환경의 변화에 따라 필요 없는 정책으로 판단되면 정책은 폐지되어 종결된다(정정길, 2000: 790).

그림 16-1 정책 변동 유형 간의 관계

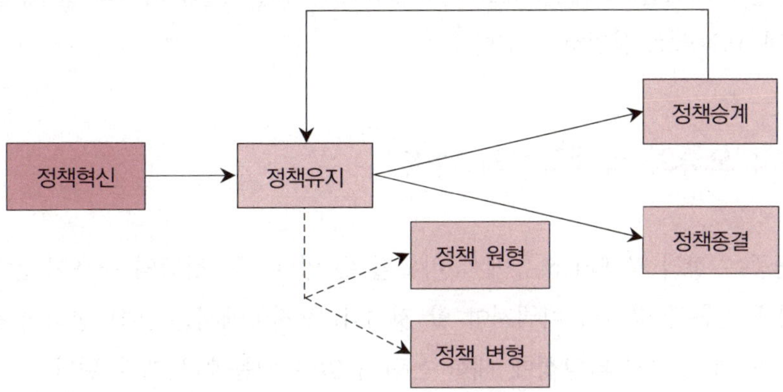

자료: 김종근(2000: 16).

제2절 정책 변동의 원인

정책 변동의 원인에 대해 학자들마다 다소 다르게 지적하고 있으나 근본적으로는 정책환경의 변화에 있다고 할 수 있다. 문제의 변화와 자원의 변화를 중심으로 한 정책환경이 변화하면 요구와 지지 변화를 통한 정치 체제에 대한 투입이 변화해 전환 과정을 거쳐, 이해당사자들의 투쟁과 갈등이 어떤 형태로 진행되느냐에 따라 정책 변동의 내용이 달라지게 된다.

1. 정책환경의 변화에 의한 투입의 변화

정책문제의 해결을 목표로 하는 경우 문제가 변화하면 정책 내용이 달라질 것을 관련 집단은 요구하게 된다. 문제의 변화는 환경의 변화에 의하거나 정책에 의한다. 경제 사정이 좋아져서 조세 납부가 증가하면 새로운 정책 추진이 가능하게 되나, 만약 경제 사정이 악화되어 조세 납부가 감소되면 정부 예산의 축소가 있어야 하고, 이 때문에 일부 정책의 축소 또는 폐지가 불가피해진다. 이것이 '환경적 엔트로피(environmental entropy)'의 감소인데, 환경이 공공조직의 기존 활동을 현 수준에서 지원할 능력이 없을 때 정책종결이 이뤄진다. 레빈(Charles H. Levine)은 이를 조직 외부적 요인, 주로 경제적 · 기술적 요인으로 설명하고 있다.[2]

2. 정책의 오류와 집행조직의 약점

정책 변동은 정책 자체의 오류에서 비롯될 수 있다. 즉, 정책의 내용이 잘못 결정되었다면 정책 변동은 당연히 이뤄져야 할 것이다. 후진국에서는 흔히 정책이 정치적 목적과 결부될 때 정책의 타당성에 대한 논란이 있기 때문에 문제가 된다.

정책 자체의 오류와 정치적 목적 개입을 설명하기 위해 '농어촌구조 개선사업'의 인력정책을 예로 들어 보면, 이농 현상에 따른 농업 인력의 고령농화와 영세농화에 대응하고자 초기 인력정책은 인력의 진입 측면에 초점을 맞춘 대책이었고, 나중 영농 규모상 문제라는 정책상의 오류를 인정하고 이를 시정하고자 인력의 퇴출관리에 초점을 모았으나 여러 가지 요인으로 인해 정책 변동이 지연된 사례이다.

지연된 이유로는 재정적 한계 외에도 정치인들의 '농업 보호' 의식도 지연 요인으로 작용했다. 정치인들이 농민들의 표를 의식해 농가의 퇴출 관련 사업보다는 진입에 관련된 사업에 치중한 것이다(이준수 · 최흥석, 2003: 247-248).

한편 담당조직의 약점이 그 조직이 추진하는 정책의 변동 원인이 되기도 한다. 여기에는 두 가지가 포함되는데(정정길 외, 2003: 846), 첫째는 집행조직의 집행 능력인 정치적 자원 확보 능력이나 관련 기관과의 조정 능력 등이 축소되거나 약화되는 것(노시평 외, 1999: 483)과 조직지도층의 리더십 약화나 내부적 갈등 같은 정치적 취약성(political vulnerability)이 정책의 종결과 축소에 큰 영향을 미친다. 둘째는 조직이 외부로부터의 정보를 분석해 효과적으로 문제를 해결하는 등의 능력을 갖추지 못하기 때문에 변화에 대한 적응이 어려워지고, 이로 인해 조직의 위축(organizational atrophy)이 일어난다는 것이다.

---

2 경제 기반의 쇠퇴로 재정적으로 어려움에 처한 지방정부가 대민 서비스를 축소 내지는 중단시키는 데서 이러한 현상을 볼 수 있다(Levine, 1978: 318-319).

3. 정책 관련 집단 요인

정책 변동 과정은 정책 관련 집단들 간의 정치적 협상 과정이다. 예를 들어, 앞에서 언급한 대로, 돌봄교실의 경우 돌봄전담사와 교원단체 간의 갈등이 심각하다. 돌봄전담사들은 이미 1차 파업을 단행하고 추이를 지켜보다가 다시 12월 6일 총파업에 들어가겠다는 공지를 하고 있다. 돌봄전담사들은 8시간 전일제을 위한 예산 확보도 요구하고 있다. 학부모들도 공적 돌봄을 교사들이 함께 분담하지 않으려 한다면 교육자가 아니라며 비판을 가하고 있다.

제3절 합리적 정책 변동에 대한 저항과 극복 전략

1. 정책 변동의 합리적 관리의 필요성

정책환경의 변화에 따른 정책 변동은 필요하다. 사실 현실적으로 일단 시작된 정책은 제도와 여기에 인간적 요소가 가미되어 이것을 소멸하기가 쉽지 않다. 관련 조직도 반발할 것이고 사람들도 자신의 생계에 관련되니 그 일의 성공 여부에 관계없이 쉽사리 그것을 폐지하려고 하지 아니한다. 우리 속담에 "오뉴월에 쬐던 불도 그만두면 서운하다"는 것이 이를 잘 말해주고 있다.

그러나 이미 끝난 사업이나 또는 더 이상 필요 없는 경우, 잘못 결정되고 시행된 사업, 시행상의 문제가 큰 사업, 도저히 불가능한 정책 등을 영원히 계속시킨다는 것은 큰 낭비이다(이해영, 1997: 267). 이것이 정책 변동, 특히 정책종결이 합리적으로 관리되어야 할 이유이다.

2. 합리적 정책 변동에 대한 저항

정책은 환경 변화에 따라 계속 변화해야 한다. 그러나 현실적으로는 저항으로 인해 정책 변동이 완전하게 이뤄지지 못하는 경우가 많다. 특히 정책종결에 대한 저항이 가장 강력하다. 왜냐하면 정책과 사업, 예산, 그리고 이를 담당하는 조직을 모두 없애는 경우가 바로 정책종결이기 때문이다. 여기서는 정책종결의 저해 요인을 중심으로 살펴본다(DeLeon, 1978: 285-293).

1) 담당조직의 저항

정책이 종결되면 정책을 담당하는 하위조직과 그 예산, 사업이 모두 삭감됨은 자명한 일이다. 따라서 종결되는 정책을 담당하는 조직은 정책종결에 강력히 저항한다. 조직의 책임자는 조직이 폐쇄될 경우, 이를 자신의 실패로 간주하기 때문에 이에 저항하게 될 것이다.

2) 정책 수혜집단의 저항과 정치적 연합

수혜집단과 원래 정책을 지지했던 정치인들이 정치적 연합을 형성해서 강력하게 투쟁하는데, 이들이 사용하는 수단으로 집단적 청원, 동원, 호소 및 조직적 시위 등을 들 수 있다. 군사기지를 폐쇄하려고 할 때 담당 군사조직이 그 지역의 관련 기업, 노동조합, 국회의원 등을 모두 동원해 기지 폐쇄 반대운동을 벌이는 것과 같다(정정길, 2000: 805).

3) 정치적 부담

정책종결이 정책담당자의 정책 실패로 비칠 가능성이 크기 때문에, 정책담당자들은 정책종결에 소극적이다. 또 정책종결은 현재 수혜자들에게 제공되는 혜택을 박탈하는 것이기 때문에, 이들의 정치적 저항이 정치인이나 정책담당자들에게 큰 부담이 된다. 그래서 정치 지도자들도 정책종결에 협조하지 않는데, 이에 해당하는 정책사례로 '새만금사업'을 들 수 있다.

정부는 호남 지역을 배려한다는 정치적 의도를 실현하기 위해 간척사업이 생태계에 미치는 영향은 물론이고, 경제적 가치조차도 심각하게 따져보지 않고 사업을 추진함으로써, 지금에 와서 다시 원점에서 논의한다는 자체가 큰 정치적 부담으로 작용하고 있다. 이와 같은 사업의 추진과 중단, 그리고 계속 여부에 대한 판단은 사업 자체의 타당

성에 의해 좌우되어야지 정치적 고려에 의해 결정되어서는 안 된다.[3]

4) 정책 변동의 합리성 결여

정책 변동 자체가 지니고 있는 약점 때문에 정책 변동의 추진이 어려워지는 경우가 많다. 이처럼 정책종결에서 관련된 개인들이 납득할 만한 충분한 합리성이 없거나,[4] 그에 따른 정책이나 조직 간에 형평성을 상실할 경우 관련자들은 반발하게 된다.

5) 법적 제약

정책의 종결이 법적 제약으로 인해 저해를 받는 경우가 있다. 정책은 대부분 법적 근거를 지니고 있기 때문에, 정책종결을 위해 법률이나 규정의 수정이나 대폭적인 변경이 필요하다. 그러나 법률이나 규정의 개폐는 그 과정이 복잡하고 어렵다.

3. 합리적 정책 변동에 대한 저항의 극복 전략

정책 변동, 특히 정책종결에 대한 저항을 극복하고, 합리적인 정책 변동을 위해서는 두 가지 측면에서의 전략이 필요하다. 하나는 앞에서 제시한 저항의 원인을 제거하는 것이고, 다른 하나는 저항 세력에 대항할 정책 변동 또는 정책종결에 대한 지지 세력을 확보하는 방법이다. 이러한 두 가지 측면을 중심으로 합리적인 정책 변동을 위한 동태적 전략과 제도적 전략으로 나눠 고찰하기로 한다.

1) 동태적 전략

정책 변동의 동태적 전략으로는 아래와 같은 몇 가지 방안을 생각해 볼 수 있는데,

---

3 우리는 그동안 여러 차례 대대적인 정책종결 내지 기구 축소의 경험이 있다. 문제는 이러한 종결이 정권교체와 시기적으로 밀접한 관련이 있다는 사실이다. 따라서 성과에 대한 면밀한 분석에 의해 정책종결이 이뤄지는 것이 아니라, 정치적인 필요성에 의해 이뤄지고 있다는 사실을 부인할 수 없다.

4 정책의 종결을 통해 문제가 개선될 것인지에 대해 확실성이 없으면서, 또는 훌륭한 대안도 없으면서, 이미 막대하게 투입된 사회적 비용(sunk cost)을 그대로 버리는 것은 사회적 손실이 될 가능성이 크다(정정길 외, 2003: 865).

이러한 방안들은 상황에 따라 융통성 있게 활용해야 한다.

첫째는 대가의 지불이다. 이는 정책종결에 따라 피해를 감수해야 할 집단에게 피해를 보전해 주는 것이다. 즉, 정책의 종결로 피해를 입는 공무원이나 수익자를 완전히 무마한다는 것은 불가능하나 일부의 피해자는 퇴직금이나 직장 알선 등으로 어느 정도 무마시킬 수 있을 것이다.

둘째는 정책 변동의 필요성을 홍보해 특정 정책의 종결에 동조하는 세력을 확대하는 것이 필요하다. 특별한 경우를 제외하고는 일반대중이 특정한 정책의 종결에 관심을 가지기는 어려우며, 정책의 종결 여부는 그 정책과 관련이 있는 사람들에 의해 결정되는 것이 보통이다. 따라서 정책의 종결에 반대하는 세력에 저항하기 위해서는 정책종결의 동조 세력을 확대하는 것이 필요하다(최봉기, 2004: 515-516).

셋째는 정치적 지지 세력의 확대인데, 정책종결에 반대하는 세력에 대항하기 위해서는 정책종결에 대한 지지 세력의 확보가 필요하다. 예로, 입법부의 유력한 지도자로부터 비공식적인 승인을 유도해 내어야 한다. 정책종결은 속성상 행정부가 주도권을 가지고 추진해 나갈 수밖에 없는데, 입법부로부터 얻어낼 수 있는 최선의 지원은 입법부의 유력한 지도자로부터 비공식적인 승인을 얻어내는 것이다.

넷째는 부분적 정책종결이다. 전면적인 정책종결은 반대 세력의 적극적인 저항을 야기할 수 있으므로, 반대 세력의 저항을 극소화시키기 위해 가능한 한 정책의 변동을 필요한 부분에 한정시키는 것도 하나의 방안이 될 수 있다(노시평 외, 1999: 485-486).

2) 제도적 전략

이것은 정책종결을 할 수 있는 제도적 장치를 마련하는 것으로, 제도적 장치에는 영기준 예산과 일몰법이 있다.

(1) 영기준 예산

작년 기준에다 금년 예상 물가 인상 등만 보태어 예산을 요구하는 전년도 답습주의 예산제도를 탈피해, 즉 전년도 예산에 구애됨이 없이 어떠한 사업이든지 그 사업의 타당성을 먼저 검토한 후에 예산을 배정하는 제도이다. 사업의 타당성을 예산 심사 때마다 다시 검토해 타당성이 인정되지 못한 사업은 종결시킨다.

영기준 예산(zero-base budgeting: ZBB)은 우선순위가 낮은 사업을 융통성 있게 폐지·삭감할 수 있는 장점이 있으나, 모든 사업을 대상으로 매년도 정밀한 분석·평가가 어렵다는 현실적인 한계가 있다.

(2) 일몰법

① 의 의

일몰법(sunset laws)은 해를 띄우면서 어느 때에 해가 질 것인지(sun-set)를 미리 결정하는 제도로서 정부의 조직, 법규, 사업, 예산 등에 대해 폐지 기한을 정해 주기적으로 평가해, 재승인 절차를 통과하지 못할 경우, 자동적으로 해당 사업이나 제도, 심지어 조직 자체까지 종결시키는 제도를 의미한다. 일몰법은 1976년 미국 연방의회 의원인 머스키(Edmund Muskie)에 의해 발의된 법안으로, 일명 '머스키법안'이라고도 하며, 이 법의 목적은 예산이 점증적으로 증가하는 것을 방지하기 위한 제도적 장치이다(류지성, 2007: 576).

일반적으로 일몰법은 입법부의 행정에 대한 평가 체제 기능을 촉진·강화시켜 줌으로써 행정의 비대화 또는 현상 유지 경향을 자동적으로 견제할 수 있는 제도적 장치로 간주된다(박연호, 1984: 641).

② 운영 실제

일몰제도 적용에서 무엇보다 중요한 것은 객관적인 심사 기준의 정착이다. 객관적인 심사 기준이 정치적 또는 주관적인 요인에 의해 왜곡 적용되는 상황에서 일몰 심사에 의한 행정개혁은 실효성을 거두기 어려울 것이다. 그리고 일몰법이 프로그램의 종결보다 새로운 프로그램의 창출에 기여할 수 있다는 점에 유의해야 한다. '코먼 코즈(Common Cause: 국민의 요구에 따른 행정개혁을 목적으로 결성된 시민단체)'의 보고서에 따르면, 미국 플로리다 주는 1978년부터 일몰법에 의해 총 90개의 기관을 폐쇄했지만 104개의 새로운 기관이 창출되었다는 것이다(류지성, 2007: 578).[5]

5 일몰법과 영기준예산의 차이점은 일몰법이 3년 내지 7년의 중장기적인 계획인데 비해, 영기준예산제도는 단기적인 계획과 관련된 예산이다.

제4절 정책변동모형: ACF 모형

1. 개 요

사바티어(Paul A. Sabatier)는 1986년에 정책옹호연합모형(advocacy coalition framework)으로 불리는 모형을 제시했다. 이 모형의 기본적인 시각은 다양한 집행 관련자들을 분석 단위로 한 상향적 접근 방법을 채택하고, 여기에 사회경제적 조건과 법적 수단이 어떻게 참여자들의 행태를 제한하는지를 살피는 하향적 접근 방법의 관점을 결합하는 것이다. 특히 그는 정부가 아닌 정책 하위 체제 내의 지지연합 간 갈등과 타협 과정을 강조한다. 정책 하위 체제 내의 행위자 간에 집단별로 동일한 신념 체계를 가지는 수개

그림 16-2 정책옹호연합모형

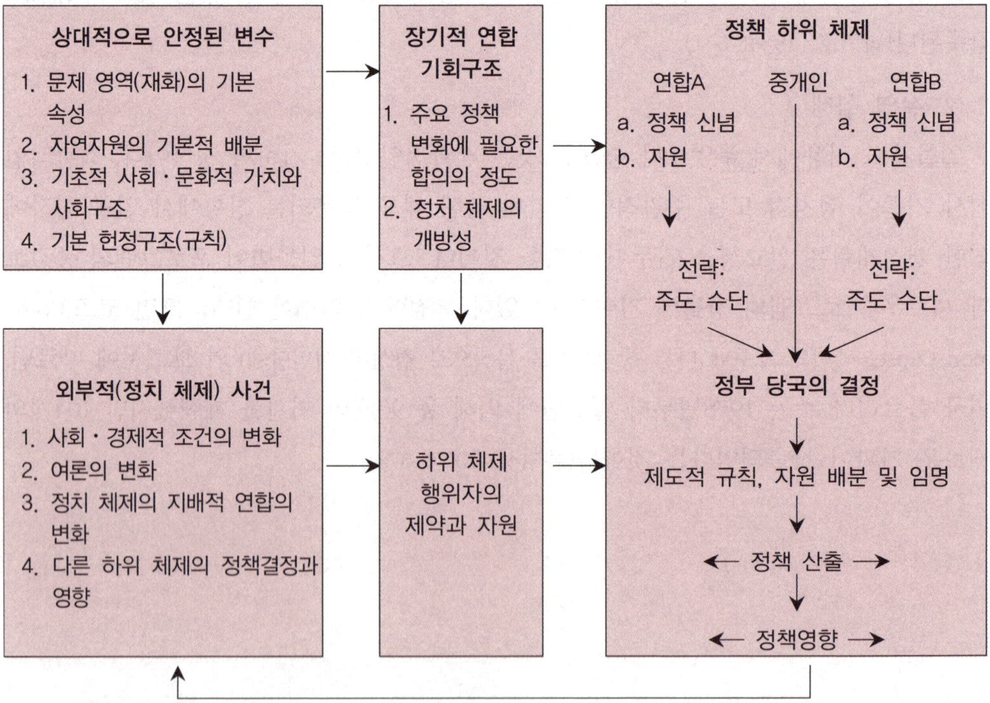

자료: Weible & Sabatier(2007: 202).

의 지지연합을 형성함으로써, 정부활동 프로그램에 대한 전략을 수립해 정책집행에 참여하는데, 만일의 경우 지지연합 간에 갈등이 생기면 정책중개자(broker)가 나서서 중재한다. 이러한 과정을 거쳐 법령 등의 형태로 정부의 정책이 결정되면 정책집행이 따르게 되고, 이는 다시 정책결정 과정으로 환류된다.

네 개의 비교적 안정적 변수들과 세 개의 하위 체제 외부의 사건들이 정책 하위 체제 참여자들의 활동에 영향을 미치게 된다. 그는 2005년에 새로 수정된 모형을 제시하고 있다([그림 16-2] 참조).

2. ACF 모형의 구조

1) 외적 조건

ACF 모형에는 옹호연합의 형성과 활동에 제약을 가하거나 기회를 제공하는 두 가지 외적 변수가 있는데, 하나는 다소 안정적인 변수들(relatively stable parameters)로 대략 10년 이상의 긴 시간 동안 안정적인데, 이러한 변수에는 문제의 기본적인 속성,[6] 기본적인 자연자원의 분포, 근본적인 사회구조 및 사회·문화적 가치, 그리고 기본적인 법적 구조 등이 포함된다. 그런데 이들 변수들은 변화에 대해 저항하는 성격을 지니기 때문에 정책 참여자들은 전략적으로 다소 안정적 변수들을 목표로 선택하지 않는다(Weible & Sabatier, 2007: 125-126). 다른 하나인 역동적인 외부 사건들(extrernal events)은 정책 하위 체제에 직접적인 영향을 주는데, 사회·경제적 조건의 변화, 여론의 변화, 지배집단의 변화, 그리고 다른 하위 체제로부터의 정책결정 등이 포함된다.

2) 연합기회구조

초기 ACF 모형과 달리 새로운 모형에서는 안정적 변수와 하위 체제 사이를 중재하기 위해 변수들의 새로운 범주인 연합기회구조(coalition opportunity structures)를 제기하

6 기본적인 속성의 예를 보면, 의료영리화에서 두 가지 상이한 시각이 존재했다. 하나는 기존의 민영적 성격의 연장선으로 보는 시각이고, 다른 하나는 새로운 성격의 민영화로 보는 것이다. 전자는 보건의료산업이 경제 성장의 주도적 역할을 할 수 있게 도모해야 한다는 것이고, 후자는 의료영리화가 결국 의료를 사고파는 일종의 상품으로 귀결될 것으로 본다(김희선, 2020: 394).

고 있다. 연합기회구조는 유럽의 '정치기회구조(political opportunity structures)'에서 아이디어를 빌려 왔으며, 여기서 기회구조란 하위 체제 내 행위자의 자원과 제약 조건(constraints)에 영향을 미치는 한 정체(政體, polity)의 지속적인 특징을 말한다.

연합기회구조와 관련해 옹호연합의 행태와 자원에 영향을 미치는 두 가지 요인을 제시하고 있는데, 이는 주요 정책 변화를 위한 동의의 정도와 정치 시스템의 개방 정도를 의미한다. 첫째, 요구되는 동의의 정도(degree of consensus)가 높으면 높을수록 좀 더 보상적인(incentive) 연합이 포함되어야 한다. 그렇게 함으로써 반대자와 타협도 할 수 있고 정보도 공유할 수 있기 때문이다. 둘째, 정치 시스템의 개방 정도(openness of political system)는 두 가지 변수, 즉 어떠한 주요 정책 제의도 거쳐야 할 의사결정 수단(venue)의 숫자와 각 수단에의 접근성(accessibility)의 기능을 말한다.

3) 옹호연합의 형성과 계층적 신념 체계

정책 참여자의 성공 여부는 그들의 정책 핵심 신념(policy core beliefs)을 실질적 정책으로 전환하는 능력에 달려 있다. 성공 기회를 높이기 위해 정책 참여자는 그들이 가지고 있는 신념과 유사한 정책 핵심 신념을 가지고 있는 동맹을 찾아 이들과 행동을 조정한다. 이들 신념 체계는 세 가지 계층적 수준의 형태로 구별된다. 첫째, 규범적 기저 핵심(normative deep core) 신념은 옹호연합을 형성하게 되는 가장 근본적인 시각으로, 신념 체계 중 가장 최상위의 수준이며 가장 넓은 범위를 가지고 있다. 둘째, 정책 핵심(policy core) 신념은 특정 하위 체제에서 실제 운용되는 정책과 밀접히 연관되어, 정책의 특정 목표가 어떤 것인지 혹은 목표 달성의 필수 조건들이 어떠한 것인지에 관한 인과적 인식을 말한다(장지호, 2004: 173). 셋째, 도구적 측면(instrumental aspects)은 주로 정책 핵심 신념을 집행하는 데 필요한 행정상 또는 입법상의 정책 수단과 관련되는 것이다.

4) 옹호연합의 활동과 정책중개자

옹호연합은 그들의 신념 체계가 정부의 정책과 프로그램으로 관철되도록 자신들이 동원할 수 있는 자원을 최대한 이용해 다양한 전략을 구사하게 된다. 자원(resources)이 있기 때문에 정책에 영향을 미치기 위한 전략을 개발하는 것이 가능하게 되는데, 이러한 자원에는 ① 결정을 위한 공식적인 법적 권위, ② 일반 여론, ③ 정보, ④ 동원할 수 있는 인적 자원, ⑤ 재정 자원, ⑥ 기술적인 리더십 등이 있다(Weible & Sabatier, 2007: 129).

서로 경쟁적인 정책 하위 체제에서 옹호연합 사이에서 정책 불일치(policy disagreements)는 흔히 심각한 정치적 갈등으로 가속화된다. 이는 양 옹호연합이 상충하는 때로는 도저히 양립할 수 없는 목표와 전략을 추구하고 있기 때문인데, 이러한 갈등은 정책 중개자(policy brokers)에 의해 조정(mediate)된다.

5) 정책학습과 정책 산출

옹호연합의 구성원들의 행동은 공유된 신념을 정책으로 전환시키도록 설계되어 있다. 정책 지향적 학습(policy-oriented learning)의 중요성이 부각되고 있는 것은 바로 그러한 맥락에서다. 옹호연합들 간에는 물론 옹호연합 내의 행위자들 간에도 동일한 내용을 상이하게 해석할 수 있다. 그리고 옹호연합들은 정책 지향 학습을 통해 자신들의 정책 방향이나 전략을 수정하기도 하는데, 여기서 정책 지향 학습은 옹호연합들이 자신의 신념 체계를 강화하거나 수정하는 과정을 의미한다. 이러한 신념 체계의 수정은 주로 도구적 측면에 집중되며, 학습을 통해 기저 핵심 신념을 변화시키기는 어렵다.

그리고 정책 변동의 방법에서 기존 ACF 모형은 정책 지향 학습과 외부 충격을 들고 있으나, 새로운 ACF 모형에서는 이들 외에 내부 충격과 협상에 의한 합의를 추가하고 있다(Sabatier & Weible, 2006: 22-28; Weible & Sabatier, 2007: 130). 내부 충격은 정책 하위 체제 내부의 정치적 자원의 재분배를 가져오고, 소수 옹호연합의 결속력을 강화시키게 된다.[7] 협상에 의한 합의에서는 그럴 수밖에 없는 상태인 '교착 상태(a hurting stalemate)'에서의 협상이 강조된다.[8]

---

7 우리나라의 에너지 정책 하위 체제에서 OPEC의 급격한 산유량 감축 결정은 외부적인 사건이다. 반면에 태안 수송선 기름유출사건은 내부적인 충격으로 볼 수 있다. 내부적 충격은 하위 체제 구성원의 신념에 직접 영향을 미친다.

8 ACF 모형의 적용 사례로 백승기(2008)를 참조하기 바람.

부 록

1. 각종 기출 문제
2. 불연속복리표
3. 누적표준화 정규분포표

정책학원론
Theories of Policy Sciences

1. 각종 기출 문제

제1장 관련 문제

1. 규제정책 (85 행정고시)
2. 정책 목표 (89 행정고시)
3. 정책 과정에 관한 다원론과 엘리트이론을 비교하고, 한국에서의 적실성을 논하시오. (97 행정고시)
4. Kaldo-Hicks 준거와 파레토 최적 양자 간의 관계를 규명하고, 이 준거에 바탕을 둔 정책결정 기준에 대하여 논하시오. (2000 행정고시)
5. 공공정책은 사회문제를 해결하기 위한 목적으로 시장실패를 극복하기 위한 정부개입의 정당성 논거를 제공한다는 명제에 근거하여 바람직한 정부개입의 정의를 논하시오. (2000 행정고시)
6. 최근 정부의 교육정책들이 잇달아 실패하고 있다는 여론이 비등하고 있다. 교육 서비스의 특성을 시장실패 이론의 관점에서 논의하여 정부개입의 정당성을 확인한 후, 좀 더 나은 교육 서비스를 공급하기 위한 적절한 방안을 거버넌스 이론을 활용하여 제시하시오. (2002 행정고시)
7. 행정학을 포함한 현대 사회과학에서 새로운 연구 방법으로 자리매김하고 있는 신제도주의이론에는 강조점이 서로 상이한 세 가지 접근 방법(합리적 선택 신제도주의, 역사적 신제도주의, 사회학적 신제도주의) (2009 5급 행정 공채시험)
   1) 신제도주의가 등장하게 된 이론적 배경을 기술하시오. (10점)
   2) 신제도의론이 세 가지 접근 방법을 제도의 개념, 주요 특징, 이론적 한계 등을 중심으로 상호 비교하시오. (20점)
   3) 아래 제시된 정부조직개편 사례의 원인과 대책을 신제도주의의 세 가지 접근 방법으로 설명하시오. (20점)

> 정부는 1990년대 후반 내무부와 총무처를 통합하였고, 부총리 · 정무장관 · 공보처 · 민주평화통일자문회의 사무처를 폐지하는 등 대대적인 조직 통 · 폐합을 단행하였으며, 14만 명의 공무원을 감축하였다. 그러나 정부는 2001년 이후 경제부총리와 교육부총리, 여성부를 부활 또는 신설하였고, 감축하였던 공무원을 다시 증원하기 시작하였다.

8. 정부정책을 성질별로 분류하면 규제정책, 조장정책, 중재정책으로 분류할 수 있는데, 규제정책은 다른 유형과 비교하여 독특한 특징을 갖는다. 다음 물음에 답하시오. (총 30점)
   1) 규제정책의 특징을 조장정책 및 중재정책과 비교하여 설명하시오. (10점)
   2) 정책대상집단 요인이 규제정책 집행에 미치는 영향을 보호적 규제정책과 경쟁적 규제정책으로 구분하여 논의하시오. (20점) (2013. 5급 행정 공채시험)
9. 일반적으로 정보비대칭은 시장실패의 한 요인으로 인식되어 민간 부문에 대한 정부 개입을 정당화하는 근거를 제공하고 있다. 또한 정보비대칭은 정부실패의 요인으로 인식되기도 한다. 다음 물음에 답하시오.
   1) 정보비대칭으로 인한 시장실패와 이에 대한 정부의 정책 수단을 설명하시오
   2) 정보비대칭으로 인한 정부실패의 원인과 개선 방안을 설명하시오. (2013 5급 공채시험)
10. 다음은 한 일간지 사설의 일부이다. (2014 5급 행정 공채시험)

> 정부는 의약품의 오남용 방지와 약제비 지출 억제 등 의약분업 제도가 갖는 장점에 주목하며 정책도입을 시도하였다. 그러나 이와 관련된 의사협회와 약사회 등 다양한 이해관계자들의 대립과 갈등으로 인하여 정책결정이 상당기간 지연되었다. 결국 극심한 진통 끝에 2000년 7월에 이르러서야 의약분업정책이 시행되었다.

이러한 상황에서 정책결정이 이루어지는 과정을 설명하는 대표적인 권력모형으로 다원주의론과 엘리트론이 있다. 위 사례에 대하여 다음 물음에 답하시오. (총 25점)

   1) 다원주의론 입장에서 정책결정 과정을 설명하시오. (10점)
   2) 엘리트론 입장에서 정책결정 과정을 설명하시오. (10점)
   3) 두 이론 중에서 본인의 입장을 선택하고, 그 근거를 제시하시오. (5점)

제2장 관련 문제

정책결정 변수(Relevant Variables)를 논하라. (90 행정고시)

제3장 관련 문제

1. 정책형성 과정에서 직업공무원의 역할을 논하라. (84 행정고시)
2. 정책결정의 참여자 (85 행정고시)

3. 정책결정 과정에 있어서의 이익집단의 역할을 논하라. (88 행정고시)
4. 정책결정 시 민주적 절차와 행정관료의 역할을 논하라. (92 행정고시)
5. 정책 과정에 있어서의 행정관료의 권한과 책임에 대하여 논하라. (93 행정고시)
6. 정책결정 과정에서 전문가집단의 역할 (94 행정고시)
7. 정책 과정상에 있어서 집권당의 역할을 논하라. (90 입법고시)
8. 국회 정책결정의 참여 경로 (92 입법고시)
9. 다원주의의 정책결정 과정에서 이익단체, 정당, 선거, 정치인 및 일반국민의 역할 (95 입법고시)
10. 정책 과정에 있어 의회의 역할 (95 입법고시)
11. 정책 과정에서 이익집단의 역할과 문제점 (96 입법고시)
12. 정책 과정에서 행정관료의 영향력의 근원 (95 지방고시)
13. 최근 동강댐 건설, 국민연금, 의약 분업 등 각종 정책에 대해 시민단체들의 참여가 정책집행에 많은 영향을 끼치고 있다. 이와 같은 시민단체들의 정책 과정에의 참여는 정책집행이나 정책평가에서뿐만 아니라 정책결정 과정에서도 증대될 전망이다. 다음 논점들을 고려하여 정책 과정에서 시민단체들의 정책 참여에 대하여 논술하시오.
    - 시민단체들의 정책 참여가 증대되는 이유
    - 시민단체들의 정책 참여가 민주성과 효율성이라는 정책가치에 미치는 영향
    - 정책담당자의 입장에서 시민단체들의 바람직한 정책 참여를 활용하는 방안의 설계 (99 행정고시)
14. 최근의 각종 정책 사례를 볼 때, 정책 과정에서 이익집단들의 참여가 매우 활발하게 나타나고 있다. 정책 과정에서 이익집단의 참여에 대한 순기능과 역기능을 기술하고, 역기능을 완화할 수 있는 방안을 제시하시오. (2003 행정고시)
15. 사회적 약자의 이익이 정책에 제대로 반영되지 않는 이유를 설명하고, 이를 극복할 수 있는 방안을 제시하시오. (2008 행정고시)

제4장 관련 문제

1. 정책의제 형성의 의의 (88 행정고시)
2. 정책 과정에서 다원주의론과 엘리트이론을 비교하고, 한국에서의 적실성을 논하시오. (97 행정고시)

3. 금융실명제가 오랫동안 정책의제화되지 못했던 것과 같이 정책의제 설정은 주로 상류 계층 혹은 권력집단들의 이해관계가 지배적으로 반영된다는 견해가 있다. 이러한 현상을 설명하는 이론을 제시하시오. (98 행정고시)
4. 정책의제 설정에 영향을 미치는 요인을 설명하라. (88 입법고시)
5. 많은 사회문제 중에서 어떤 특정한 문제만이 정책의제로 선택되는 이유를 설명하시오. (96 입법고시)
6. 무의사결정에 대해서 설명하시오. (96 행정고시)
7. 정책 과정에서 정책의제의 중요성을 설명하고, 다양한 정책의제 설정의 유형들이 사회적 환경 변화에 따라 어떠한 양상으로 전개되는지 설명하시오. (15점) (2012 5급 행정 공채시험)
8. 인간이 사는 세상에는 수 많은 사회문제들이 쏟아진다. 다음 사례를 참고하여 아래 물음에 답하시오. (총 15점) (2014 5급 행정 공채시험)

> 2012년 전력대란으로 인하여 국민의 불편과 불만이 급격히 고조되자, 정부가 전력수급 기본계획을 비롯한 에너지정책을 전면 재검토하였다.

1) 특정한 사회문제가 정책문제로 선정되는 과정에 작용하는 주요 요인들을 설명하시오. (8점)
2) 위의 사례가 어떤 경로로 정부의제화되었는지를 설명하고, 그 근거를 제시하시오. (7점)

제5장 관련 문제

1. 정책 목표의 구체화 (97 행정고시)
2. 정부정책은 사회 실정에 적합해야 한다. 정책분석의 가장 중요한 목적 중의 하나는 정책의 사회적 적합성을 확보하는 것이다. 이와 같은 목적을 달성하기 위한 정책분석의 요건과 기본 구조를 논하라. (96 행정고시)
3. 정책결정과 정책분석과의 상호 관계를 논하시오. (92 입법고시)
4. 사회문제는 보는 이의 관점에 따라 크게 다르고, 문제 해결 방법에도 큰 차이가 있을 수 있다. 따라서 정책문제를 해결해야 하는 정부의 입장에서는 문제를 어떻게 정의할 것인지가 매우 중요하다. 이와 관련하여 바람직한 정책문제의 정의 방법을 논하시오. (2003 행정고시)

5. Ⅲ종 오류의 개념, 원인 및 예방대책을 사례와 함께 설명하시오. (2013 5급 공채시험)

제6장 관련 문제

1. 정책 델파이 기법 (84 행정고시)
2. 미래 예측을 위한 델파이 기법 (95 행정고시)
3. 정책대안의 탐색과 개발 방법 (96 입법고시)
4. 최근 내외적인 정책 여건의 변화는 정책 상황의 불확실성을 증대시키고 있다. 정책 결정에서 자주 나타나는 불확실성을 유형별로 특성을 살펴보고 대응 방안에 관하여 토론하여 보라. (95 행정고시)
5. 여러 가지 정책대안 중에서 최선의 대안을 선택하는 분석 논리를 설명하라. (91 행정고시)
6. 오늘날과 같이 복잡하고 가변적인 시대에 발생하는 정책문제들을 해결하기 위해서는 여러 가지 대안에 대한 탐색과 개발뿐만 아니라 대안의 미래예측는 이루어져야 한다. 정책대안의 미래예측은 이론적 가정과 모형을 통하거나 해당 분야 전문가의 지적 판단을 통해 이루어지기도 한다. 정책대안의 미래예측 방법으로 제시할 수 있는 대표적인 이론적 예측기법과 주관적 판단기법을 각각 설명하시오. (10점) (2019 5급 행정 공채시험)

제7장 관련 문제

1. 정책분석 기준으로의 능률성과 형평성 (87 행정고시)
2. 여러 가지 정책대안 중에서 최선의 대안책을 선택하는 분석 논리를 설명하라. (91 행정고시)
3. 정책분석 시 정치적 실현 가능성의 의의를 약술하라. (92 행정고시)
4. 비용편익분석의 한계를 설명하라. (93 행정고시)
5. 정책대안 평가 기준으로서 공평성(형평성) (95 행정고시)
6. 대안 설정의 소망적인 평가 기준을 설명하라. (88 입법고시)
7. 정책결정에서는 비용편익분석이 이용된다. 이때 효율성과 공평성이 서로 상충되는데, 이에 대해 구체적인 사례를 들어 해결할 수 있는 방안에 대해 논하시오. (96 지방고시)
8. 현재 상황을 개선시킬 가능성이 있는 세금은 대안이 정책으로 채택되지 않는 경우

가 있다. 이를 다음의 측면에서 설명하시오. (99 행정고시)

1) 조직인으로서 정책담당자의 저항과 반발

2) 개인적 의사결정자로서의 합리적 선택의 한계

9. 공공사업의 비용편익분석에 있어 정책대안 간의 우선순위를 결정하는 다음의 기법들에 대하여 설명하시오. (99 행정고시)

1) 현재가치법

2) 내부수익률법

3) 비용편익비율법

4) 회수 기간(payback period)법

10. 정책대안의 평가 기준으로서 능률성과 형평성의 관계에 대해서 설명하시오. (2004 행정고시)

11. 정책분석에 사용되는 비용편익분석과 비용효과분석의 개념을 설명하고, 적용상의 차이점을 논하시오. (10점) (2009 행정고시)

12. 다음 글을 읽고 물음에 답하시오. (총 20점) (2018 5급 행정 공채시험)

> 취약계층의 주거안정을 위한 정책수단으로 크게 공공임대주택을 건설하여 공급하는 방안과 주거급여를 지원하는 방안이 있다. 공공임대주택 공급은 안정적인 주택제공이라는 장점이 있지만, 건설기간이 길고 예산이 많이 소요되면서도 실질적인 수혜자가 적다는 단점이 있다. 반면 지방도시처럼 주택공급률이 높은 곳에서는 공공임대주택 건설보다 주거급여 지원이 더 효과적이라는 연구도 있다.

1) 위 사례에서 복수의 정책대안을 비교·평가하는 기준에 대하여 설명하시오. (5점)

2) 위 사례에서 정책대안의 가치평가 방법 중 비용효과분석과 비용편익분석의 타당성을 비교·평가하시오. (7점)

3) 2)의 비교·평가를 통해 선택한 방법의 구체적인 적용절차에 대하여 설명하시오. (8점)

제8장 관련 문제

1. 정치 권력이 정책결정에 미치는 영향을 분석하고 정책형성의 합리성을 제고할 수 있는 방안을 논술하라. (86 행정고시)

2. 정책결정에 있어서 관련 변수를 논하라. (90 행정고시)
3. 정부 부처 간 정책갈등의 해소 방안 (92 행정고시)
4. 정부정책의 조정 (96 행정고시)
5. 지방자치단체장 선거 실시 이후 지방자치단체의 정책 과정상의 변화에 대해서 설명하고 그 문제점 및 극복 방안을 논하시오. (97 지방고시)
6. 정책대안의 분석에 있어 현실적으로 고려해야 할 요소들을 제시하라. (94 입법고시)
7. 정책갈등의 원인과 극복 방안을 정책의제 형성 및 결정의 관점에서 사례를 들어 논하시오. (2004 행정고시)
8. 한국의 정책형성 과정은 얼마나 분석적 · 합리적 또는 점증적 · 정치적인지 대표적인 사례들을 들어 단계별(정책문제 정의－대안 탐색－대안 선택)로 논하시오. (2009 행정고시)
9. 최근 사회적 이슈를 둘러싼 정책갈등이 빈번해지면서 공공갈등관리가 시급한 사회적 과제로 대두되고 있다. (총 50점)
   1) 공공정책으로 인해 발생할 수 있는 정책갈등의 원인을 구체적 사례를 들어 정책의제 설정 단계, 정책결정 단계, 정책집행 단계별로 설명하시오. (30점)
   2) 정책갈등을 해소할 수 있는 방안을 다양한 정책행위자(policy actors)들의 정책참여 양태와 관련하여 제시하시오.(20점) (2010 행정고등고시)

제10장 관련 문제

1. 합리적 정책결정을 제약하는 요인에 관해 논하라. (85 행정고시)
2. 혼합주사모형 (86 행정고시)
3. 다음 지문을 읽고 물음에 답하시오. (총 20점) (2020 5급 행정 공채시험)

> 4대강 사업이나 새만금 사업과 같이 환경과 관련된 국책사업에 대해서는 찬반이 극명하게 엇갈리고 있다. 이러한 사업추진을 찬성하는 대표적인 논리 중 하나는 이미 투입된 예산에 대한 소위 매몰비용의 문제이다. 만약 사업을 중단한다면 그때까지 투입된 예산이 모두 낭비가 되기 때문이다. 이처럼 사업을 계속 진행할 것인가 중단할 것인가를 판단하기 위하여 사용할 수 있는 정책결정 이론모형으로 합리모형과 점증모형이 있다.

   1) 합리모형과 점증모형에 대하여 설명하시오. (4점)
   2) 두 모형을 위 사례에 적용했을 경우 예상되는 정책결정 결과의 차이를 기술하시

오. (8점)

3) 위 사례에 어느 모형을 적용하는 것이 더 나은 결과를 얻을 수 있는지 설명하시오. (8점)

제11장 관련 문제

1. 정책을 집행할 때에는 정책결정 시에 고려하지 못했던 여러 가지 상황이 발생한다. 이 경우 정책집행자는 다음과 같은 세 가지 방안 중에 하나를 선택할 수 있다.

> 1) 결정된 정책을 그대로 집행한다.
> 2) 정책집행자가 임의로 상황에 맞게 집행한다.
> 3) 결정된 정책을 변경하면서 동시에 집행자의 집행방법도 변화시켜 집행한다.

이 세 가지 방안을 이론적으로 파악하면 각각 하향적, 상향적, 통합적 접근모형에 기인한 것이라고 볼 수 있다. 이들 정책집행모형들의 나름대로 타당할 수 있음을 현실의 정책 사례를 각각 예시하여 설명하시오. (15점) (2010 행정고시)

2. 다음 제시문을 읽고 물음에 답하시오. (총 10점) (2020 5급 행정 공채시험)

> 정책집행연구의 일차적 목적은 성공적인 정책집행을 위한 최선의 전략을 수립하는 데 필요한 지식이나 논리를 제공하는 것이다. 따라서 정책집행 연구의 중요한 관심 중 하나는 정책집행이 성공하였는지 또는 실패 하였는지에 대한 판단을 내리는 것이다.

1) 성공적인 정책집행의 판단 기준에 대하여 설명하시오. (5점)
2) 하향적 접근 방법과 상향적 접근 방법에서 정책이 성공적으로 집행되기 위한 조건을 기술하시오. (5점)

제12장 관련 문제

1. 정책집행 과정에서의 순응 (88 행정고시)
2. 성공적 정책집행의 판단 기준을 논하라. (89 행정고시)
3. 정책집행의 실패 요인 (90 행정고시)
4. 정책집행 과정에서 일선집행기관의 재량권 (91 행정고시)
5. 정책집행 과정에서의 대상집단의 불응 (94 행정고시)
6. 개혁적 정책이 성공하기 어려운 이유를 정책 과정 전반에 걸쳐서 구체적 사례를 들

어 설명하시오. (95 행정고시)

7. 경부고속철도사업은 정책집행의 실패 사례로 인식되고 있다. 집행실패로 판단되는 근거를 제시하고, 정책실패 요인들을 논하시오. (98 행정고시)
8. 정책실패 요인 (90 행정고시)
9. 각 지방자치단체가 소각장 같은 혐오시설을 설치하고자 할 때 주민의 반발과 저항이 심해서 집행 단계에서 곤란을 겪고 있다. 이러한 집행 상황을 고려하여 정책결정의 질을 높일 수 있는 방안을 논하시오. (95 지방고시)
10. 선택적 불응에 대해서 설명하시오. (96 지방고시)
11. 성공적인 정책집행을 위한 요건 (2002 행정고시)
12. 일반적으로 정책은 성공하기보다 실패할 가능성이 더 크다고 한다.
    1) 정책실패(policy failure)의 의미를 기술하고, 실패의 주요 원인이 무엇인지 우리나라에서 추진되었던 구체적인 정책 사례를 들어 정책 과정별로 설명하시오. 단, 정책 사례는 정책 과정별로 다른 사례를 사용해도 무방하다.
    2) 정책실패를 줄일 수 있는 방안을 제시하시오. (2008 행정고시)
13. 정책집행의 성패가 정책순응에 의해 좌우된다고 할 때, 정책순응에 영향을 미치는 요인을 설명하시오. (10점) (2012 5급 행정 공채시험)

제13장 관련 문제

1. 정책평가의 경험적(외적) 타당성(타당도) (90 행정고시)
2. 정책평가에 있어서 내적 타당성 (90 입법고시)
3. 총괄평가(또는 종말평가)와 형성평가(또는 과정평가)와의 비교 (91 행정고시)
4. 정책평가의 타당도 (95 지방고시)
5. 최근 논란이 되고 있는 국민연금 정책을 사례로 이용하여 정책의 평가 기준과 평가 결과 활용의 제약 요인을 검토하고 활용도 제고 방안을 논하시오 (2000 행정고시)
6. 정책평가의 결과가 제대로 활용되지 못하고 있다는 지적이 있다. 정책평가 활용의 유형, 영향 요인, 그리고 활용 제고 방안을 설명하시오 (2004 행정고시)
7. 본격적인 정책평가에 앞서 예비평가로서 평가서 사정(또는 평가성 검토, evaluability assessment)을 실시할 수 있다. 평가성 사정의 내용과 절차를 설명하시오. (2008 행정고시)

제14장 관련 문제

1. 정책평가에 있어 준실험 (87 행정고시)
2. 정책평가를 위한 사회실험의 논리와 유형 (94 행정고시)
3. 정책집행이 완료된 후에 정책 효과를 제대로 평가하기 위해서는 과학적이고 체계적인 평가 방법을 사용해야 한다. 정책평가 방법에는 비실험적 방법과 실험적 방법이 있으며, 실험적 방법의 하나로 진실험이 있다. 진실험의 논리와 설계 방법, 그리고 약점과 보완 방법을 각각 설명하시오. (2011 5급 공채시험)
4. 정부는 과학기술인력의 보강, 특정한 연구프로젝트 수행의 유도 등 중소기업에 대한 R&D 지원을 통하여 중소기업의 혁신역량을 제고하려는 다양한 R&D 정책들을 시행하고 있다. 상당한 재정투입이 수반되고 다양한 속성의 중소기업이 존재하고 있기 때문에 이러한 정책의 효과평가는 중요한 사안이다. (총 20점) (2015 5급 행정 공채시험)
   1) 위 정책의 정책가설을 입증할 준실험적 방법을 설계하시오. (7점)
   2) 비실험적 방법의 하나인 회귀모형을 독립변수, 통제변수 및 종속변수를 포함하여 설계하시오. (7점)
   3) 위에서 적용된 회귀모형의 한계점을 본 사례의 맥락에서 논의하시오. (6점)

제15장 관련 문제

1. 정책평가의 의의와 문제점 (86 행정고시)
2. 총괄평가(종말평가)와 형성평가(과정평가)의 비교 (91 행정고시)
3. 정책분석과 정책평가의 유기적 관계를 논하시오. (94 행정고시)
4. 정책평가의 목표 (97 행정고시)
5. 정책집행이 완료된 새마을사업의 효과에 관하여 논란이 제기되고 있다. 이 사업의 본격적 평가에 앞서 예비적인 평가를 실시하고자 한다. 그 필요성과 절차를 기술하시오. (98 행정고시)
6. 관청의 관점에서 본 정책 효과와 국민의 관점에서 본 정책 효과 (95 입법고시)
7. 정책평가의 타당도 (95 지방고시)
8. 정책평가에 있어서 평가성 사정을 약술하시오. (97 지방고시)
9. 정책평가에 있어서 타당성의 저해 요인과 극복 방안 (2002 행정고시)

제16장 관련 문제

1. 정책종결의 의의와 전략 (84 행정고시)
2. 정책 변동의 제약 요인을 설명하라. (93 행정고시)
3. 정책 변동의 의의와 유형 (96 행정고시)
4. 정책종결의 저항 요인과 극복 방안을 약술하시오. (97 행정고시)
5. 정책종결에는 현실적으로 상당한 어려움이 수반되는 경우가 많다. 이와 관련하여 정책종결의 장애 요인을 기술하고 이의 극복 방안을 제시하시오. (2003 행정고시)

2. 불연속 복리표: $i = 10\%$

n	Single Payment		Uniform series				Gradient series	
	Compound amount factor	Present worth factor	Compound amount factor	Sinking fund factor	Present worth factor	Capital recovery factor	Uniform series factor	Present worth factor
	To find F given P $F/Pi,\ n$	To find P given F $F/Fi,\ n$	To find F given A $F/Ai,\ n$	To find A given F $A/Fi,\ n$	To find P given A $P/Ai,\ n$	To find A given P $A/Pi,\ n$	To find A given G $A/Gi,\ n$	To find P given G $P/Gi,\ n$
1	1.1000	0.9091	1.0000	1.0000	0.9091	1.1000	0.0000	0.0000
2	1.2100	0.8264	2.1000	0.4762	1.7355	0.5762	0.4762	0.8264
3	1.3310	0.7513	3.3100	0.3021	2.4869	0.4021	0.9366	2.3291
4	1.4641	0.6830	4.6410	0.2155	3.1699	0.3155	1.3812	4.3781
5	1.6105	0.6209	6.1051	0.1638	3.7908	0.2638	1.8101	6.8618
6	1.7716	0.5646	7.7156	0.1296	4.3553	0.2296	2.2236	9.6842
7	1.9487	0.5132	9.4872	0.1054	4.8684	0.2054	2.6216	12.7631
8	2.1436	0.4665	11.4359	0.0874	5.3349	0.1874	3.0045	16.0287
9	2.3579	0.4241	13.5795	0.0736	5.7590	0.1736	3.3724	19.4215
10	2.5937	0.3855	15.9374	0.0627	6.1446	0.1627	3.7255	22.8913
11	2.8531	0.3505	18.5312	0.0540	6.4951	0.1540	4.0641	26.3963
12	3.1384	0.3186	21.3843	0.0468	6.8137	0.1468	4.3884	29.9012
13	3.4523	0.2897	24.5227	0.0408	7.1034	0.1408	4.6988	33.3772
14	3.7975	0.2633	27.9750	0.0357	7.3667	0.1357	4.9955	36.8005
15	4.1772	0.2394	31.7725	0.0315	7.6061	0.1315	5.2789	40.1520
16	4.5950	0.2176	35.9497	0.0278	7.8237	0.1278	5.5493	43.4164
17	5.0545	0.1978	40.5447	0.0247	8.0216	0.1247	5.8071	46.5819
18	5.5599	0.1799	45.5992	0.0219	8.2014	0.1219	6.0526	49.6395
19	6.1159	0.1635	51.1591	0.0195	8.3649	0.1195	6.2861	52.5827
20	6.7275	0.1486	57.2750	0.0175	8.5136	0.1175	6.5081	55.4069
21	7.4002	0.1351	64.0025	0.0156	8.6487	0.1156	6.7189	58.1095
22	8.1403	0.1228	71.4027	0.0140	8.7715	0.1140	6.9189	60.6893
23	8.9543	0.1117	79.5430	0.0126	8.8832	0.1126	7.1085	63.1462
24	9.8497	0.1015	88.4973	0.0113	8.9847	0.1113	7.2881	65.4813
25	10.8347	0.0923	98.3471	0.0102	9.0770	0.1102	7.4580	67.6964
26	11.9182	0.0839	109.1818	0.0092	9.16.9	0.1092	7.6186	69.7940
27	13.1100	0.0763	121.0999	0.0083	2.2372	0.1083	7.7704	71.7773
28	14.4210	0.0693	134.2099	0.0075	9.3066	0.1075	7.9137	73.6495
29	15.8631	0.0630	148.6309	0.0067	9.3696	0.1067	8.0489	75.4146
30	17.4491	0.0573	164.4940	0.0061	9.4269	0.1061	8.1762	77.0766
31	19.1943	0.0521	181.9434	0.0055	9.4790	0.1055	8.2962	78.6395
32	21.1138	0.0474	201.1378	0.0050	9.5264	0.1050	8.4091	80.1078
33	23.2252	0.0431	222.2515	0.0045	9.5694	0.1045	8.5152	81.4856
34	25.5477	0.0391	245.4767	0.0041	9.6086	0.1041	8.6149	82.7773
35	28.1024	0.0356	271.0244	0.0037	9.6442	0.1037	8.7086	83.9872
40	42.2593	0.0221	442.5926	0.0023	9.7791	0.1023	9.0962	88.9525
45	72.8905	0.0137	718.9048	0.0014	9.8628	0.1014	9.3740	92.4544
50	117.3909	0.0085	1163.9085	0.0009	9.9143	0.1009	9.5704	94.8889
55	189.0591	0.0053	1880.5914	0.0005	9.9471	0.1005	9.7075	96.5619
60	304.4816	0.0033	3034.8164	0.0003	9.9672	0.1003	9.8023	97.7010
65	490.3707	0.0020	4893.7073	0.0002	9.9796	0.1002	9.8672	98.4705
70	789.7470	0.0013	7887.4696	0.0001	9.9873	0.1001	9.9113	98.9870
75	1271.8954	0.0008	12708.9537	0.0001	9.9921	0.1001	9.9410	99.3317
80	2048.4002	0.0005	20474.0021	0.0000	9.9951	0.1000	9.9609	99.5606
85	3298.9690	0.0003	32979.6903	0.0000	9.9970	0.1000	9.9742	99.7120
90	5313.0226	0.0002	53120.2261	0.0000	9.9981	0.1000	9.9831	99.8118
95	8556.6760	0.0001	8556.7605	0.0000	9.9988	0.1000	9.9889	99.8773
100	17780.6123	0.0001	137796.1234	0.0000	9.9993	0.1000	9.9927	99.9202

3. 누적표준화 정규분포표

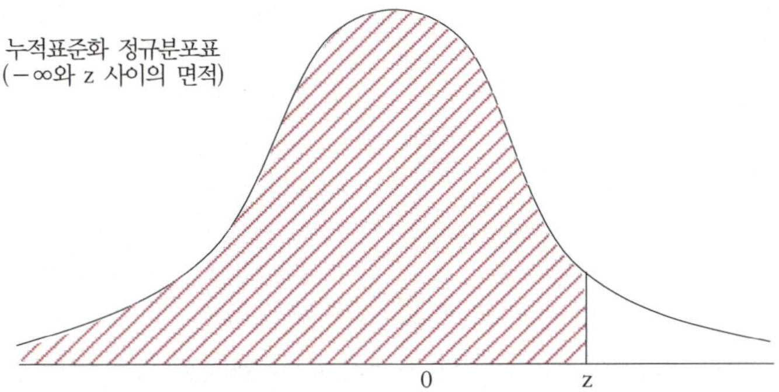

z	.00	.01	.02	.03	.04	.05	.06	.07	.08	.09
0.0	.5000	.5040	.5080	.5120	.5160	.5199	.5239	.5279	.5319	.5359
0.1	.5398	.5438	.5478	.5517	.5557	.5596	.5636	.5675	.5714	.5753
0.2	.5793	.5832	.5871	.5910	.5948	.5987	.6026	.6064	.6103	.6141
0.3	.6179	.6217	.6255	.6293	.6331	.6368	.6406	.6443	.6480	.6517
0.4	.6554	.6591	.6628	.6664	.6700	.6736	.6772	.6808	.6844	.6879
0.5	.6915	.6950	.6985	.7019	.7054	.7088	.7123	.7157	.7190	.7224
0.6	.7257	.7291	.7324	.7357	.7389	.7422	.7454	.7486	.7517	.7549
0.7	.7580	.7611	.7642	.7673	.7704	.7734	.7764	.7794	.7823	.7852
0.8	.7881	.7910	.7939	.7967	.7992	.8023	.8051	.8078	.8106	.8133
0.9	.8159	.8186	.8212	.8238	.8264	.8289	.8315	.8340	.8365	.8389
1.0	.8413	.8438	.8461	.8485	.8508	.8531	.8554	.8577	.8599	.8621
1.1	.8643	.8665	.8686	.8708	.8729	.8749	.8770	.8790	.8810	.8830
1.2	.8849	.8869	.8888	.8907	.8925	.8944	.8962	.8980	.8997	.9015
1.3	.9032	.9049	.9066	.9082	.9099	.9115	.9131	.9147	.9162	.9177
1.4	.9192	.9207	.9222	.9236	.9251	.9265	.9279	.9292	.9303	.9319
1.5	.9332	.9345	.9357	.9370	.9382	.9394	.9406	.9418	.9429	.9441
1.6	.9452	.9463	.9494	.9484	.9495	.9505	.9515	.9525	.9535	.9545
1.7	.9554	.9564	.9573	.9582	.9591	.9599	.9608	.9616	.9625	.9633
1.8	.9641	.9649	.9656	.9664	.9671	.9678	.9686	.9693	.9699	.9706
1.9	.9713	.9719	.9726	.9732	.9738	.9744	.9750	.9756	.9761	.9767
2.0	.9772	.9778	.9783	.9788	.9793	.9798	.9803	.9808	.9812	.9817
2.1	.9821	.9826	.9830	.9834	.9838	.9842	.9846	.9850	.9854	.9857
2.2	.9861	.9864	.9868	.9871	.9875	.9878	.9881	.9884	.9887	.9890
2.3	.9893	.9896	.9898	.9901	.9904	.9906	.9906	.9911	.9913	.9916
2.4	.9918	.9920	.9922	.9925	.9927	.9929	.9931	.9932	.9934	.9936
2.5	.9938	.9940	.9941	.9943	.9945	.9946	.9948	.9949	.9951	.9952
2.6	.9953	.9955	.9956	.9957	.9959	.9960	.9961	.9962	.9963	.9964
2.7	.9965	.9966	.9967	.9968	.9969	.9970	.9971	.9972	.9973	.9974
2.8	.9974	.9975	.9976	.9977	.9977	.9978	.9979	.9979	.9980	.9981
2.9	.9981	.9982	.9982	.9983	.9984	.9984	.9985	.9985	.9986	.9986
3.0	.9987	.9987	.9987	.9988	.9988	.9989	.9989	.9989	.9990	.9990
3.1	.9990	.9991	.9991	.9991	.9991	.9992	.9992	.9992	.9993	.9993
3.2	.9993	.9993	.9994	.9994	.9994	.9994	.9994	.9994	.9995	.9995
3.3	.9995	.9995	.9995	.9996	.9996	.9996	.9996	.9996	.9996	.9997
3.4	.9997	.9997	.9997	.9997	.9997	.9997	.9997	.9997	.9997	.9998

참고문헌

정책학원론
Theories of Policy Sciences

[국내 문헌]

강근복(2016). 『정책분석론』(전정 제3판). 서울: 대영문화사.
______(2000). 『정책분석론』(개정판). 서울: 대영문화사.
강금식 · 정우석(2007). 『EXCEL 경영과학』. 서울: 박영사.
강동석 · 오강탁(2005). 참여정부 전자정부 추진 현황과 향후 추진전략. 한국경영정보학회 춘계학술대회.
강신택(1993). 『재무행정론』. 서울: 박영사.
강윤호(2005). 지방정부 간 공유재 갈등의 원인과 해결 방안: 거래비용이론을 통한 부산신항만 관할권 분쟁 사례분석을 중심으로. 『한국행정학보』 39(2).
강인재 외(2005). 『지방행정론』. 서울: 대영문화사.
경기개발연구원(1998). 『광역자치단체 평가시스템 개발에 관한 연구』.
______(2000). 『경기도 전자정부 구축에 관한 연구: 행정정보화를 중심으로』.
고려대 정부학연구소(2015). 『2014 대한민국 정책평가 보고서』. 서울: 동아E&D.
공병천(2005). 상위평가에 관한 비판적 소고. 『한국행정연구』 14(1).
구광모(2003). 정책평가와 프로그램평가의 비교. 『중앙행정논집』 17(2).
구승모 · 김재홍(2004). 불확실성을 고려한 농업투자사업의 경제성 분석: 몬테칼로 시뮬레이션 기법의 적용 사례. 『농업경영 · 정책연구』 31(1).
국민건강보험공단(2000). 『직장재정보험료 조정 심의자료』. 2000.11.28.
국회사무처 예산정책국(2000). 『예산 부수법안의 법안 비용 추계에 관한 연구』.
권기헌(2008). 『정책학』. 서울: 박영사.
권순만 · 김난도 (1995). 행정의 조직경제학적 접근: 대리인 이론의 행정학적 함의를 중심으로. 『한국행정학보』 29(1).
권아영(2011). 도로명주소 정착을 위한 과제. 『이슈와 논점』 제247호.
권영성(1999). 『헌법학원론』. 서울: 법문사.
김경동 · 이온죽(1986). 『사회조사연구방법: 사회연구의 논리와 기법』. 서울: 박영사.
김근세(1997). 권위에서 시장으로: 뉴질랜드 정부조직 개편의 본질과 한계. 『한국정책학회보』 6(2).
김금수 · D. Kelleher(2004). 생활계 폐기물종량제와 불법 투기. 『재정논집』 18(2).
김길수(1997). 핵폐기물 처분장의 입지 선정에 있어서 주민 저항의 원인. 『한국정책학회보』 6(1).
김대기(2014). 『덫에 걸린 한국경제』. 서울: 김영사.
김동건(1997). 『비용 · 편익분석』. 서울: 박영사.
김동건 · 김재형(1998). 경부고속철도사업의 타당성 재검토에 대한 소고. 『행정논총』 36(2). 서울대 행정대학원.
김문성(2004). 『행정학. net』. 서울: 박영사.
김민전(1999). 민주주의 공고화를 위한 국회개혁. 『사상』 제41호.
김민주(2010). 저출산 유인 요소와 대응정책에 관한 분석. 『한국정책학회보』 19(2).
김병호(2000). 국무조정실 주관 기관평가제도의 실효성 평가. 성균관대 행정대학원 석사학위 논문.

김상구 · 최병대(2003). 지방정부 정책과정에서의 NGO 참여와 역할에 관한 연구: 부산광역시 명지대교 건설 사례를 중심으로. 『지방정부연구』 7(3).
김상돈 · 안황권(2003). 인위 재난의 위기관리학습에 관한 연구: 2 · 18 대구지하철화재사고를 중심으로. 『한국지방자치학회보』 15(3).
김상헌(1998). 예산편성상 정보의 비대칭성에 대한 미시경제적 분석. 『한국행정학보』 32(1).
김석준(1993). Peter DeLeon의 정책종결이론. 오석홍 외. 『정책학의 주요 이론』. 서울: 경세원.
김석태(1992). 정부실패. 『대구경북행정학회보』 4.
김선경 · 염일열(2004). 서울시 전자정부 서비스의 발전 단계와 제약 요인에 관한 탐색적 연구. 『한국지방자치학회보』 16(2).
김선희(2020). 『신제도주의와 정책분석: 이론과 실제』. 서울: 윤성사.
김성무 역, David Easton 저(1983). 『과도기의 정치학』. 서울: 고려원.
김성철 · 장석영 · 강여진(2000). 국회 예산심의의 결정 요인에 관한 실증분석. 『한국행정학보』 34(2).
김성태(2000). 광역자치단체의 전자정부 추진 실태 분석: 정보화 지표와 지표 간 관계를 중심으로. 『한국행정학보』 34(4).
김수현 · 이현주 · 손병돈(2016). 『한국의 가난: 새로운 빈곤, 오래된 과제』. 한울엠플러스(주).
김순은(2001). 21세기 지방분권과 디지털 경제. 제1회 동의대 · 와세다대 공동국제학술대회. 동의대.
김승욱 · 김재익 · 조용래 · 유원근(2004). 『시장인가? 정부인가?』. 서울: 도서출판 부키.
김시윤 외(2000). 『정부와 기업』. 서울: 대영문화사.
김신복(1999). 『발전기획론』. 서울: 박영사.
김영래 · 이정희 외(2004). 『NGO와 한국정치』. 서울: 아르케.
김영삼(2001). 전자적 행정서비스의 발전과 한국 지방정부의 대응 방안. 『2001년도 춘계학술대회 발표논문집』. 한국지방정부학회.
김용훈(2000). 정부 인증기반 구축을 둘러싼 부처간 경쟁에 관한 연구. 『한국행정학보』 34(3).
김의섭(2007). 공공선택론적 재정관. 『재정정책논집』 9(1).
김재훈(2005). 민간위탁의 계약 유형에 관한 비교 연구. 『한국행정학보』 39(3).
김정훈(2007). 쓰레기종량제정책과 PAYT정책의 비교분석연구: 한국과 미국의 GAGC Method 개발 사례를 중심으로. 『한국정책과학학회보』 11(2).
김종근(2000). 정책변동에 관한 연구. 서울대 행정대학원 행정학 석사학위 논문.
김종성 · 육동일 · 신희권(2004). 지방자치법상 지방자치단체에 대한 국가감독제도의 개선 방안. 『행정논총』 42(3).
김준기(2001). 한국에서의 '제3자적 정부'에 대한 논의. 『행정논총』 39(2).
김준기 · 신정헌(2003). NGO의 내부 의사결정구조에 관한 연구. 『행정논총』 41(4).
김지원(2005). 『정책분석론』. 서울: 한국방송통신대학교출판부.
김찬동 · 김대건(2005). 거버넌스 효율성을 위한 정치행정시스템. 한국행정학회 춘계학술대회.
김창수(2004). 해양환경보전정책 집행영향 요인의 분석: 마산만 수질개선 사례를 중심으로. 『한국사회와 행정연구』 14(4).
김태룡(2007). 『행정이론』. 서울: 대영문화사.

김태승 · 한상용 · 권태형 · 김건영(2004). 『혼잡통행료제도 확대 시행의 효과분석』. 교통개발연구원 연구총서.
김태윤 · 김상봉(2004). 『비용 · 편익분석의 이론과 실제: 공공사업평가와 규제영향분석』. 서울: 박영사.
김태은(2016). 행복주택건설 사례: 공공성과 사익의 충돌과 조정. 공공부문 정책사례. 서울: 대영문화사.
김태환 외(2003). 『지역 발전을 위한 지방분권 실태와 지역화 방안 연구』. 서울: 국토연구원.
김한원 · 정진영(2006). 『자유주의: 시장과 정치』. 서울: 도서출판 부키.
김행범(1995). 실증적 정책집행에 관한 연구. 『한국행정학보』 29(4).
______(1998). 예산 지출 관료의 행동모형에 관한 공공선택론적 연구. 『한국행정학보』 32(1).
김행범 · 구현우(2014). 『정책학: 이론과 사례의 통합』. 부산: 부산대학교출판부.
______(2020). 『정책학: 이론과 사례의 통합』(제3판). 부산: 부산대학교출판부.
김형렬(1990). 『정책학』. 서울: 법문사.
나기산 외(1994). 『정책분석론』. 서울: 법문사.
나성린 · 전영섭(2007). 『공공경제학』. 서울: 박영사.
남궁근(1994). 『행정조사방법론』. 서울: 법문사.
______(2008). 『정책학: 이론과 경험적 연구』. 서울: 법문사.
______(2017). 『정책학』. 서울: 법문사.
남궁근 외 역, W. N. Dunn 저(2005). 『정책분석론』(제3판). 서울: 법문사.
남기범(2009). 『현대정책학개론』. 서울: 조명문화사.
노시평(1998). 입법부의 자율성과 행정통제 기능. 강인재 · 이달곤 외. 『한국행정론』. 서울: 대영문화사.
노시평 외(1999). 『정책학』. 서울: 학현사.
노화준(1995). 『정책학원론』. 서울: 박영사.
______(1998). 카오스이론이 정책연구에 주는 시사점 분석. 『행정논총』 30(1).
______(1999). 『기획과 결정을 위한 정책분석론』. 서울: 박영사.
______(2003). 『정책분석론』(제2전정판). 서울: 박영사.
노화준 · 정정길 · 김지원(2000). 『정책평가론』. 서울: 한국방송대학교출판부.
농업기반공사(2000). 『농업인과의 대화』. 경기: 농업기반공사.
대한국토 · 도시계획학회 편(2002). 『도시개발론』. 서울: 보성각.
대한민국국회(2015). 『국회보』 1월호.
동아출판사(1991). 『동아새국어사전』.
류지성(2007). 『정책학』. 서울: 대영문화사.
명승환(2001). 지방정부 정책결정과정 합리화를 위한 지식기반 행정모형. 『2001년도 하계학술대화 발표논문집』. 한국행정학회.
문영세(1995). 중기개발계획과 예산의 연계성에 관한 연구. 서울대 행정대학원 박사학위 논문.
______(2001). 정책평가의 이론적 고찰: 문제점을 중심으로. 『2001년도 춘계학술회 발표논문집』. 한국정책분석평가학회.
문태훈(2001). 보전과 개발을 둘러싼 중앙부서 간의 환경갈등 원인 및 저감 방안에 관한 연구.

『한국행정학보』 35(1).
박계옥(2013). 『정책동학의 이해』. 서울: 미래의 창.
박광태 · 김민철(2005). 『EXCEL 활용 의사결정』. 서울: 박영사.
박동균(2005). 양양 산불사고의 대응사례를 통해 본 한국 위기관리행정의 문제점. 『한국공안행정학회보』 20.
박미옥(2000). 폐기물 종량제 정책의 평가: 수원시 사례분석을 중심으로. 『한국정책학회보』 9(3).
박병식(2001). 정부업무 평가의 효율적 운영 방안. 『2001년도 춘계학술회 발표논문집』. 한국정책분석평가학회.
박병식 · 이준호(2005). 국회의 국정평가 기능 제고를 위한 국회예산정책처의 역할 정립 방안: 위임자-대리인이론을 중심으로. 『한국사회와 행정연구』 15(4).
박병현(2003). 『사회복지정책론: 이론과 분석』. 서울: 학현사.
______(2007). 『사회복지정책론: 이론과 분석』(개정2판). 서울: 학현사.
박상필(2002). 『NGO와 정부 그리고 정책』. 서울: 아르케.
박성복 · 이종열(2000). 『정책학강의』. 서울: 대영문화사.
박연호(1984). 『행정학신론』. 서울: 박영사.
박재성(2000). 쓰레기 종량제의 평가와 개선 방안에 관한 연구. 경희대 석사학위 논문.
박재창(2009). 국회와 정부의 관계. 『의정연구』 27.
박재희(1995). 『중앙행정부처의 정책결정 역량 제고 방안』. 한국행정연구원.
______(2000). 『정책결정시스템과 정책조정』. 한국행정연구원.
______(2001). 부처간 갈등과 정책조정력 강화 방안. 『한국행정연구』 9(4).
박진우 역, F. W. Taylor 저(1997). 『과학적 관리의 원칙』. 서울: 박영사.
박천오(1995). 한국 · 미국 환경 전담 행정기관의 비교 연구: 외적 정치권력 기반을 중심으로. 『한국정치학회보』 29(1).
______(1999). 한국 이익집단의 정책과정상의 영향력과 활동 패턴: 정부관료제와의 관계를 중심으로. 『한국행정학보』 33(1).
박천오 외(2000). 『인사행정의 이해』. 서울: 법문사.
배용수 · 주선미(2004). 민영화정책의 결정과정 분석: Zahariadis모형의 KT 적용을 중심으로. 『한국정책학회보』 13(1).
배응환(2001). 정책네트워크모형의 행정학연구에 적용 탐색. 『한국행정연구』 10(3).
배정훈(1997). 국민의 정부 청와대 비서실 운영 원칙과 비서실장의 역할(요건) 및 발탁 사항에 관한 연구. 『한국행정학보』 31(4).
배철효 · 박은미(1999). 정책결정과정에 있어서 참여자의 역할: 의료보험제도를 중심으로. 『복지행정논총』 9.
백승기(1986). 정책대안의 예측에 관한 연구: 이론과 실례, 『동의법정』 2. 동의대.
______(2001). 중앙-지방 관계로 본 한국과 중국 지방정부의 자율성에 대한 국가간 비교 연구. 『지방정부연구』 4(2).
______(2006). 지역축제 방문객의 만족도와 그 영향 요인에 관한 연구: 가락문화제를 중심으로. 『지방정부연구』 10(2).
______(2008). ACF(Advocacy Coalition Framework) 모형에 의한 정책변동 사례 연구: 출자총액

제한제도를 중심으로. 『한국행정학보』 42(3).

______(2009). 『행정학원론』. 서울: 도서출판 대명.

______(2015). 『행정학원론』(제3판). 경기고양: 피앤씨미디어.

백승호(2000). 의료보험 통합 일원화 정책결정 과정 분석: 민주노총의 역할을 중심으로. 서울대 석사학위 논문.

백현관(1999). 일선관료의 재량과 표준운영절차에 관한 연구. 서울대 행정대학원 행정학 석사학위 논문.

사공영호(2002). 재량권, 지대 그리고 부패: 토지 · 건축 분야를 중심으로. 『한국정책학회보』 11(4).

______(2017). 『정부와 정책』. 서울: 대영문화사.

사득환(2003). 불확실성, 혼돈 그리고 환경정책. 『한국정책학회보』 12(1).

서재호 · 정광호(2007). 가격 유인을 활용한 폐기물 감량화 정책효과 분석: 쓰레기 종량제를 중심으로. 『한국정책학회보』 16(4).

소병희(1993). 『공공선택의 정치경제학』. 서울: 박영사.

______(1996). 공공선택론의 이해와 정책학 분야에서의 응용. 『한국정책학회보』 5(2).

송병주(1993). 지방택지개발사업의 집행에 영향을 미치는 요인에 관한 연구: 서울 목동 및 경남지역의 택지공영개발을 중심으로. 서울대 박사학위 논문.

송하중 외(2005). 『정책 · 행정서비스의 업그레이드』. 서울: 나남출판.

신열(2002). 지방공기업 경영평가제도의 전략적 발전 방안. 『한국정책학회보』 11(4).

심재무(2001). 유전자분석과 낙태의 정당화 사유. 『비교형사법연구』 3(2). 한국비교형사법학회.

안문석(1993). 『계량행정론』. 서울: 박영사.

안병만(1999). 『한국정부론』(제4판). 서울: 다산출판사.

안병영(1980). 집권 · 분권의 문제: 이데올로기적 조직이론적 접근. 『정경문화』 4월.

안병철(2003). 정책선택의 다층적 차원. 『한국사회와 행정연구』 14(1).

안해균(1997). 『정책학원론』. 서울: 다산출판사.

양귀만(2004). 묘지문제 어떻게 풀 것인가. 『대한부동산학회지』 165.

양승함(2006). 『노무현 정부의 국가관리 중간평가와 전망』. 연세대학교 국가관리연구원.

예산감시위원회(2004). 『16대 국회 생산성 보고서』. 서울: 함께하는 시민행동.

오덕화(2007). 『뒤집어 읽는 농세상』. 서울: 로렐라이.

오석홍(2008). 『행정학』(제4판). 서울: 박영사.

오석홍 · 김영평 편(2000). 『정책학의 주요 이론』(제2판). 서울: 법문사.

오연천(1998). 지방정부 개혁의 논리와 정부 간 관계의 재구축. 『행정논총』 36(1). 서울대 행정대학원.

오형규(2010). 『자장면 경제학』. 서울: 좋은 책 만들기.

유금록(1991). 정치적 경기순환론에 의한 불균형예산의 결정 요인. 서울대 행정대학원 박사학위 논문.

유민봉(2006). 『한국행정학』(보정판). 서울: 박영사.

유영철(2006). 『정부와 기업』. 서울: 삼영사.

유재원(2004). 정책과정에서 비정부기구(NGO)의 역할 변화. 『행정논총』 42(4). 서울대 한국행정연구소.

유정호 외(2020). 유치원 3법의 정책변동과정 연구. 『한국정책학회보』 29(3). 한국정책학회.
유훈(2007). 『정책집행론』. 서울: 대영문화사.
윤상오(2002). 전자정부 성숙도 평가모형의 개발과 적용에 관한 연구. 『한국정책학회보』 11(4).
윤영진 · 김태룡 외(2001). 『지방정부 개혁』. 서울: 대영문화사.
윤종행(2003). 낙태 방지를 위한 입법론. 『법학연구』 13(1). 연세대 법학연구소.
이계식 · 문형표(1995). 『정부혁신: 선진국의 전략과 교훈』. 서울: 한국개발연구원.
이광철 · 전용욱(2003). 한국 이동통신서비스산업의 글로벌전략 방향: SWOT분석의 활용. 『국제통상연구』 8(2).
이극찬(2009). 『정치학』(제6전정판). 서울: 법문사.
이근주(2007). 정책평가제도 간 비교를 통한 정부업무평가기본법의 개선 방안 모색. 『국정관리연구』 2(1).
이대희(1991). 『정책가치론』. 서울: 대영문화사.
이동우(2005). 수도권정책의 추진 현황과 향후 과제. 『국토』 46.
이명석(1996). 정책분석에서의 게임이론의 활용. 『한국행정학보』 30(2).
이상문(1993). 『경영과학론』. 서울: 법문사.
이상호(2000). 지방자치단체의 건설공사 입찰 · 계약제도. 『한국지방정부학회 춘계학술대회 발표논문집』.
이선우(2000). 행정학 분야의 비계량적 연구에 대한 소고. 『정부학연구』 6(1).
______(2004). 사법부의 판결이 정부 인사정책 및 행정행태에 미치는 영향 분석. 『한국정책학회보』 13(1).
이성우(2004). 정책분석의 패러다임과 연구방법에 대한 메타적 접근. 『정책분석평가학회보』 14(3).
이영성 · 황기연(2004). 환경복원정책의 비용과 편익: 청계천 복원정책을 중심으로. 『한국행정학보』 38(2).
이윤식(2014). 『정책평가론』(제2판). 서울: 대영문화사.
이윤식 · 김지희(2004). 참여정부의 정부업무평가 체계 구축 방향에 관한 연구. 『한국정책학회보』 13(1).
이종수 외(2008). 『새행정학』(5정판). 서울: 대영문화사.
이준구 · 이창용(2009). 『경제학 들어가기』(제2판). 서울: 법문사.
이준수 · 최흥석(2003). 정책변동의 지연과 한계에 관한 연구: 농어촌 구조개선사업을 중심으로. 『한국정책학회보』 12(4).
이진주 외(1996). 『정책평가를 위한 새로운 모형』. 서울: 나남출판.
이태근(2000). 질적 면접기법을 이용한 행정정보시스템의 평가와 분석. 『2000년도 하계학술대회 발표논문집』. 서울행정학회 · 한국지방정부학회.
이해영(1997). 『정책학신론』. 서울: 학현사.
______(1999). 『사회과학 연구방법론』. 서울: 학현사.
이혜훈(2000). 의료보험재정 안정화를 위한 정책과제. 『재정 운용의 현안 과제와 개선 방향』. 서울: 비봉출판사.
이홍균(1996). 정책집행의 영향 요인에 관한 연구. 서울대 행정대학원 석사학위 논문.
이훈기(2003). 런던 혼잡통행료의 교훈. 『국토』 266호. 국토연구원.

이희선(1993). 한국 복지정책 수행의 결정 요인. 노화준 · 남궁근 편. 『공공정책의 결정요인분석』. 서울: 법문사.
임동욱 · 함성득(2000). 『국회 생산성 높이기』. 서울: 박영사.
임성호(1998). 한국 의회민주주의와 국회제도 개혁 방안. 『의정연구』 4(2).
임재주 외(2019). 『국회의 이해』. 파주: 한울아카데미.
장연수(2000). 대통령의 정책 의지와 부처예산 형성에 관한 연구. 『한국행정학보』 34(4).
장재윤(2000). 전자 브레인스토밍: 집단 창의성 기법으로서의 허와 실. 『한국심리학회지』 14(3).
장지호(2004). 출자총액제한제도의 변동 연구: 공정거래위원회와 재정경제부의 상반된 신념 체계를 중심으로. 『한국정책학회보』 13(3).
전상경(1999a). 『정책분석의 정치경제』. 서울: 박영사.
______(1999b). 공공선택론의 고전들. 『정부학연구』 5(1). 고려대학교 정부학연구소.
______(2001). 『정책분석의 정치경제』(개정판). 서울: 박영사.
______(2005). 『정책분석의 정치경제』(제3판). 서울: 박영사.
______(2012). 『정책분석의 정치경제』(제4판). 서울: 박영사.
전영평 · 장임숙(2004). 규제거버넌스와 NGO의 정책참여: 기여와 한계. 『한국행정학보』 38(3).
전영한(2007). 정책도구의 의의와 과제. 『정부학연구』 13(2).
전진영 · 최정인(2014). 국정조사제도의 운영 현황과 개선 방안. 『이슈와 논점』 제898호. 국회입법조사처.
정명주(2000). 정보화 추진 과정에 나나난 부처간 갈등 양상 분석. 『2000년 하계학술대회 발표논문집』. 한국지방정부학회.
정부혁신지방분권위원회(2007). 『제도 변화로 본 한국의 정부혁신』.
정연철(1998). 『법과 의료기법』. 부산: 세종출판사.
정용덕(2002). 『현대국가의 행정학』. 서울: 법문사.
정원식(2003). 『공공행정과 정치』. 서울: 형설출판사.
정재호 · 박순찬(2007). WTO/DDA 협상과 관세율 체계 변화 연구. 『재정포럼』 5월호. 서울: 한국조세연구원.
정정길(2000). 『정책학원론』(개정판). 서울: 대명출판사.
정정길 외(2003). 『정책학원론』(개정판). 서울: 대명출판사.
정준금(1992). 환경정책의 집행과정에 관한 연구. 서울대 대학원 박사학위 논문.
정지범(2009). 『국가종합위기관리』. 서울: 법문사.
정철현(2001). 『행정의사결정론』. 서울: 다산출판사.
______(2004). 『최신행정학』. 서울: 다산출판사.
정충식(2009). 행정정보 공동 이용을 통한 민원 창구의 업무 처리 혁신 사례 분석. *Journal of Information Technology* 7(1).
______(2018). 『2018 전자정부론』. 서울: 서울경제경영.
정회성 · 변병설(2004). 『환경정책의 이해』. 서울: 박영사.
주성재(1999). 델파이조사를 통해 본 국토 미래상 전망. 『국토연구』 28.
주재복 · 홍성만(2003). 수자원 개발의 이해 갈등과 정책조정 기제의 변화. 『지방행정연구』 17(1).
주재현(2008). 『정책과정론』. 서울: 대영문화사.

차상붕(2006). 자치권의 규범력 제고. 『공법학연구』 7(1).
차의환(2000). 정부정책 심사평가의 반성과 앞으로의 과제. 『2000년도 추계학술대회 발표논문집』. 한국정책학회.
차준희 · 윤여창(2007). SWOT분석을 통한 라오스 조림투자 타당성 분석. 『한국국제농업개발학회지』 19(4).
초의수(2000). 수도권 집중화에 따른 지역격차 문제와 해소 방안. 『지방정부연구』 4(1).
최병대 · 김상구(2004). 정책과정에서의 NGO 역할에 관한 실증적 연구: 관련 집단의 인식을 중심으로. 『한국정책학회보』 13(1).
최병선(1992). 『정부규제론』. 서울: 법문사.
최병선 · 최종원(2008). 『국가운영시스템: 과제와 전략』. 파주: 나남.
최봉기(1988). 『정책의제형성론』. 서울: 일신사.
______(2004). 『정책학』. 서울: 박영사.
최성두(2000a). 의보통합정책이 설계 논리와 실현가능성 평가. 『한국정책학회보』 9(1).
______(2000b). 카오스 행정론의 유용성 평가. 『한국행정논집』 12(4).
______(2001). 의약분업정책과 갈등 조정. 『한국행정연구』 9(4).
최성락(2011). 행정사례연구: 셧다운제 정책 과정. 『한국행정학회 추계논문집』.
최성락 · 이혜영(2004). IMT 2000 사업자 선정 정책 변동에 대한 정책네트워크 접근의 타당성 검토. 『행정논총』 42(2).
최영훈 외(2006). 『전자정부론』. 서울: 대영문화사.
최우용(2002). 수도권정비계획법상의 공장총량제와 지방분권. 『공법학연구』 3(2).
최장혁(2019). 4차 산업혁명, 차세대 지능형 전자정부가 답이다. 『행정포커스』 제142호. 한국행정연구원.
최정욱(2005). 비교정치경제에서의 사회구조적 분석과 역사적 제도주의 간의 논쟁. 『한국정치학회보』 39(2).
최종원(1998). 정책집행연구의 이론적 틀에 대한 비판적 고찰. 『한국정책학회보』 7(1).
최창원 외(2013). 음식물쓰레기 재활용정책의 분석과 과제. 『국가정책연구』 27(2).
최창학(2000). 한국의 e-government: 현황과 과제. 『2000년도 하계학술대회 발표 논문집』. 서울행정학회 · 한국지방정부학회.
최창현 외(2005). 『정책분석론』. 서울: 시대고시기획.
하연섭(2002). 신제도주의의 최근 경향: 이론적 자기 혁신과 수렴. 『한국행정학보』 36(4).
______(2011). 『제도분석』(제2판). 서울: 다산출판사.
하혜수(1999). 미국의 일몰제도 성과: 행정개혁 수단으로서의 평가. 『한국정책학회보』 8(2).
______(2000). 경기도 일몰제도의 성과평가. 윤영진 · 김태룡 외. 『지방정부개혁』. 서울: 대영문화사.
하혜영(2014). 국가사무의 지방일괄이양 논의와 향후 과제. 『이슈와 논점』. 제856호. 국회입법조사처.
한국은행 부산지점(2000). 『부산지역경제통계』.
한국행정연구원(2011). 『정책환경 변화에 따른 도로명 주소사업 경제성 분석』.
한석태(2005). 정책결과 예측의 불확실성과 대응 방법의 유형화에 관한 소고. 『한국사회와 행정연구』 15(4).
한승준(2000). 『사회조사방법론』. 서울: 대영문화사.
함성득 · 임동욱 · 박찬표(2001). 국회법 개정에 따른 제16대 국회의 과제. 『행정논총』 39(1). 서울대 행정대학원.
행정자치부(1998). 『전자정부의 비전과 전략: 21세기 전자정부로 가는 길』.
______(2001). 『2001년도 지방자치단체 예산편성기본지침』.
______(2007). 『책임운영기관 설치 · 운영 현황 및 확대계획』.
______(2015). 『책임운영기관제도 설명자료』.
허범(1982). 가치 인식과 정책학. 성균관대학 사회과학연구소 편. 『현대 사회과학의 이해』. 서울: 대왕사.
형광석 · 정승기(2000). 『컴퓨터 활용 경제학』. 서울: 청목출판사.
홍성훈(2001). 도시생활쓰레기 저감을 위한 가격 요인: 쓰레기 종량제의 효과. 『경제학연구』 49(1).
홍은주(2009). 『경제를 보는 눈』. 서울: 개마고원.
환경부(1997). 『쓰레기 종량제 시행 2년, 실적분석평가 및 개선대책』.
황성원(2003). 공공조직의 성과급제에 관한 소고. 『한국행정연구』 12(4).
황성종(2013). Gov3.0: 미래 전자정부 개념 정립과 추진전략 모색. 『한국정책학회 춘계학술대회 발표논문집』.
황혜신(2005). 공공의료서비스 민간위탁의 성과에 관한 연구. 『한국행정학보』 39(1).

경향신문, 2015.7.29, 매일경제, 2015.5.23, 머니투데이, 2015.3.27; 2015.5.15, 시사IN, 2015.5.30, 월간조선, 1995년 2월호, 파이낸셜뉴스, 2015.3.26, 월간중앙, 2014: 24-25, 월간중앙, 2015.2: 165, 매일경제, 2015.5.23, 월간조선, 2014년 6월호, 서울신문, 2015.1.31, 월간조선, 2014년 6월호, 국민일보, 2015.7.25, 머니투데이, 2015.3.27, 매일경제, 2015.5.23, 부산일보, 2015.7.24, 조선일보, 2001.6.12; 7.9, 부산일보, 2001.5.4; 6.7; 6.11; 7.7; 7.18., 국제신문, 2020.11.5, 월간조선 TV, 2020.10.15, HiT NEWS, 2019.7.8, 서울신문, 2020.8.14.

[국외 문헌]

Allan, Harry T.(1966). “An Empirical Test of Choice and Decision Postulates in the Cyert-March Behavioral Theory of the Firm.” *Administrative Science Quarterly* 11(3).
Allison, Graham T.(1971). *Essence of Decision*. Boston: Little, Brown and Co.
Almond, Gabriel A. & Powell, G. B.(1978). *Comparative Politics: System Process, and Policy*. Boston, Mass.: Little, Brown & Co.
Anderson, James E.(1975). *Public Policy-Making*. New York: Praeger.
______(1976). *Cases in Public Policy-Making*. New York: Praeger Publishers.
______(1979). *Public Policy-Making*(2nd ed.). New York: Holt, Rineharts and Winston.
Anthony, Robert N.(1965). *Planning and Control Systems: A Framework for Analysis*. Boston: Harvard University Graduate School of Business Administration.

Akerlof, G. A.(1970). "The Market for 'Lemon': Qualitative Uncertainty and the Market Mechanism." *Quarterly Journal of Economics* 84.

Arrow, Kenneth J.(1963). *Social Choice and Individual Values.* New York: Wiley.

Bachrach, Peter & Baratz, Morton(1962). "Two Faces of Power." *APSR* 56.

______(1970). *Power and Poverty: Theory and Practice.* New York: Oxford University.

Bailey, J. J. & O'Connor, R. J.(1975). "Operationalizing Incrementalism, Measuring Muddles." *PAR* 35(1).

Bale, Malcolm & Dale, Tony(1998). "Public Sector Reform in New Zealand and its Relevance to Developing Countries." *The World Bank Research Observer* 13(1).

Bardach, Eugene(1976). "Policy Termination as a Political Process." *Policy Science* 7.

Barton, Philip E.(1975). "Brainstorming." *Management Review* 64(11).

Bay, C.(1968). "Needs, Wants and Political Legitimacy." *Canadian Journal of Political Science* 1(3).

Blanning, R. W. & Reinig, B. A.(1999). "Electronic Meeting Systems in Scenario Analysis: An Application to the Future of Hong Kong." *International Journal of Management* 16.

Boulding, Kenneth E.(1969). *Conflict and Defense.* New York. Sage.

Burke, J. P.(1987). "A Prescriptive View of the Implementation Process: When Should Bureaucrats Exercise Discretion?" *Policy Studies Review* 7(1).

Calista, Donald J.(1994). "Policy Implementation." In Stuart S. Nagel ed. *Encyclopedia of Policy Studies.* Marcel Dekker, Inc.

Campbell, Donald T.(1973). "Reform as Experiments." In J. A. Capraso & L. L. Roos, Jr., *Quasi-Experimental Approaches: Testing Theory and Evaluating Policy.* Evanston: Northwestern University Press.

Chelimsky, Eleanor & Shadish, W. R.(1997). *Evaluation for the 21st Century: A Handbook.* Thousand Oaks Calif.: Sage Publications.

Cobb, Roger W. & Elder, C. D.(1972). *Participation in American Politics: The Dynamics of Agenda-Building.* Boston: Ally and Bacon Inc.

Collier, Ruth Bernis & Collier, David(1979). "Inducement Versus Constraints: Didaggregating 'Corporatism.'" *American Political Science Review* 37(4).

Coombs, Fred. S.(1981). "The Bases of Noncompliance with a Policy." In J. G. Grumm & S. L. Wasby(eds.). *The Analysis of Policy Impact.* Lexington: Health.

Crenson, M. A.(1971). *The Impolitics of Air Pollution.* Baltimore: The John Hopkins Press.

Cyert, Richard M. & March, James G.(1963). *A Behavioral Theory of the Firm.* Englewood Cliffs, New Jersey: Prentice-Hall.

Dahl, Robert A.(1961). *Who Governs?* New Haven: Yale University Press.

Dawson, Richard E. & Robinson, James A.(1963). "Inter-Party Competition, Economic Variables, and Welfare Policies in the American States." *Journal of Politics* 25.

Deep, S.(1978). *Human Relations in Management.* Encino: Glencoe Publishing Co. Inc.

DeLeon, Peter(1978). "A Theory of Policy Termination." In J. U. May & Aaron B. Wildavsky (eds.). *The Policy Cycle*. Beverly Hills: Sage, Publication.

______(1988). *Advice And Consent: The Development of The Policy Science*. New York: Russell Sage Foundation.

______(1994). "Reinventing the Policy Sciences. Three Steps Back to the Future." *Policy Sciences* 27.

Dror, Yehezkel(1964). "Muddling through-science or inertia?" *PAR* 24(3).

______(1971). *Ventures in Policy Sciences*. New York: American Elsevier Publishing Company, Inc.

Dunleavy, Patrick(1991). *Democracy, Bureaucracy and Public Choice: Economic Explanations in Political Science*. Harvester Wheatsheaf, Hemel Hempstead, Herts.

Dunn, William N.(1981). *An Introduction to Public Policy Analysis*. Englewood Cliffs: Prentice-Hall.

Dye, Thomas R.(1978). *Understanding Public Policy*. Englewood Cliffs. New Jersey: Prentice-Hall.

Easton, David(1953). *The Political System*. New York: Alfred A. Knopf.

______(1965). *A Systems Analysis of Political Life*. New York: John Wiley and Sons.

______(1969). "The New Revolution in Political Science." *APSR* LXIII.

Elmore, Richard F.(1979-1980). "Backward Mapping: Implementation Research and Policy Decision." *Political Science Quarterly* 94(4).

______(1985). "Forward and Backward Mapping: Reversible Logic in the Analysis of Public Policy." In Kenneth Hanf & Theo A. J. Toonen(eds.). *Policy Implementation in Federal and Unitary System*. Dordrecht, Netherland: Matinus Nijhoff Publishers.

Etzioni, Amitai(1967). "Mixed Scanning: A Third Approach to Decision Making." *PAR* 27(5).

______(1968). *The Active Society*. New York: The Free Press.

Eyeston, Robert(1971). *The Threads of Public Policy: A Study in Policy Leadership*. Indianapolis: Bobbs-Merril.

______(1978). *From Social Issues to Public Policy*. New York: John Wiley & Sons.

Fabricant, S.(1952). *The Trend of Government Activity in the US since 1900*. New York: National Bureau of Economic Research Inc.

Forester, John(1984). "Bounded Rationality and the Politics of Muddling Through." *PAR* 44(1).

Gawthrop, L.(1971). *Administrative Politics and Social Change*. New York: St. Martin's Press.

Gerbner, G. & Gross, L. M.(1975), "Living with Television." *Journal of Communication* 26.

Gerston, Larry N.(1997). *Public Policy Making: Process and Principles*. New York: M. E. Sharpe, Inc.

Goggin, M. L.(1986). "The Too Few Cases/Too Many Variables Problem in Implementation Research." *Western Political Quarterly* 39.

Goggin, M. L. et al.(1990). *Implemenntation Thoery and Practice Toward A Third Generation*. III.: Scott, Foresman and Company.

Guba, E. G. & Lincoln, Y. S.(1989). *Fourth Generation Evaluation*. Newbury Park, CA.: Sage

Publications.

Guess, George M. & Farnham, P. G.(1989). *Cases in Public Policy Analysis.* New York: Pitman Publishing Inc.

Held, D.(1989). *Political Theory and the Modern State.* Stanford University Press.

Halperin, Morton H.(1976). "Implementing Presidential Foreign Policy Decisions: Limitations and Resistance." In James E. Anderson(ed.). *Cases in Public Policy-Making.* New York: Praeger Publishers.

Ham, C. & Hill, M.(1984). *The Policy Process in the Modern Capitalist State.* New York: St. Martin's Press.

Hasenfeld, Y. & Brock, T.(1991). "Implementation of Social Policy Revisited." *Administration and Society* 44(4).

Heclo, Hugh(1978). "Issue Networks and the Executive Establishment." In A. King(ed.). *The New American Political System.* Washington DC: American Enterprise Institute.

Helmer, Olaf(1983). *Looking Forward: A Guide for Futures Research.* Beverly Hills: Sage Publications.

Hogwood, Brian W. & Gunn, Lewis A.(1984). *Policy Analysis for the Real World.* New York: Oxford University Press.

Hogwood, Brian W. & Peters, B. Guy(1983). *Policy Dynamics.* New York: St. Martin's Press.

Hood, Christopher(1983). *The Tools of Government.* London: Macmillian.

Howlett, M.(2005). "What Is a Policy Instrument?" In P. Eliadis, M. Hill, & M. Howlett(ed.). *Designing Governmmet: From Instruments to Governance.* Montreal, Canada: McGill-Queen's University Press.

Howlett, Michael & Ramesh, M.(1995). *Studying Public Policy: Policy Cycles and Policy Subsystem.* Oxford University Press.

Huitte, Ralph K.(1968). "Political Feasibility." In Austin Ranney(ed.). *Political Science and Public Policy.* Chicago: Markham.

Hy, Ronald J.(1978). "An Overview of Policy Analysis Concepts." In W. D. Coplin(ed.). *Teaching Policy Studies.* Lexington, Mass.: D. C. Heath and Company.

Ingram, Helen M. & Mann, D. E.(1980). "Policy Failure: An Issue Deserving Analysis." In H. M. Ingram & D. E. Mann(eds.). *Why Policies Succeed or Fail.* Beverly Hills: Sage.

Irish, M. D. & Prothro, J. W.(1971). *The Politics of American Democracy*(4th ed.). Englewood Cliffs: Prentice-Hall.

Iyenger, Shanto & Kinder, Donald R.(1987). *News That Matters.* Chicago: University of Chicago Press.

Jones, Charles O.(1977). *An Introduction to the Study of Public Policy.* North Scituate Mass.: Duxbury Press.

Jones, T. E.(1980). *Options For The Future: A Comparative Analysis of Policy-Oriented Forecasts.* New York: Praeger Publishers.

Kay, G.(1995). "Effective Meetings through Electronic Brainstorming." *Journal of Managrment*

Development 14(6).

Kelman, Steven(1981). "Cost-Benefit Analysis: an Ethical Critique." *Regulation*(Jan./Feb.)

Kingdon, John W.(1984). *Agendas Alternatives and Public Policies*. Boston: Little Brown and Company

Koenig, Louis W.(1986). *An Introduction to Public Policy*. Englewood, Cliffs, New Jersey: Prentice-Hall.

Lane, R. E.(1953). "Why Business Men Violate the Law." In *Journal of Criminal Law, Criminology and Policy Science* 44.

Larry, Gerston(2004). *Public Policy Making: Process and Principles*. Armonk, New York: M. E. Sharpe.

Larson, James S.(1980). *Why Government Programs Fail*. New York: Praeger Publishers.

Laski, Harold(1950). *A Grammar of Politics*. London: Allen & Unwin.

Lasswell, Harold D.(1951). "The Policy Orientation." In Daniel Lerner & Harold D. Lasswell (eds). *The Policy Sciences: Recent Development in Scope and Methods*. Stanford: Stanford University Press.

______(1971). *A Pre-View of Policy Sciences*. New York: American Elsevier Publishing Company, Inc.

Lasswell, Harold D. & Kaplan, Abraham(1970). *Power and Society*. New Haven: Yale University Press.

Leach, Steve(1982). "In Defence of Rational Model." In Steve Leach & John Stewart(eds.). *Approaches in Public Policy*. London, UK.: George Allen & Unwin.

LeLoup, Lance T.(1978). "The Myth of Incrementalism: An Analytical Choice in Budgetary Theory." *Polity* 10.

Levin, M. A., & Perman, B.(1986). "The Political Hand: Condition for Effective Implementation." In S. S. Nagel(eds.). *Regearch in Public Policy analysis and Management* 3.

Levine, Charles H.(1978). "Organizational Decline and Cutback Management." *PAR* 38(4).

Lewis-Beck, M.(1977). "Government Growth in the United States." *Journal of Politics*.

Lindblom, Charles E.(1959). "The Science of Muddling Through." *PAR* 19(1).

______(1980). *The Policy-Making Process*(2nd ed.). Englewood Cliffs, New Jersey: Prentice-Hall.

Linder, Stephen & Peters, B. Guy(1989). "Instruments of government: perceptions and contexts." *Journal of Public Policy* 9(1).

Lipset, Seymour M.(1959). "Some Social Requisites of Democracy: Economic Development and Political Legitimacy." *American Political Science Review* 53.

Lowenthal, R.(1979). "Political Legitimacy and Cultural Change in West and East." *Social Research* 46(3).

Lowi, Theodore J.(1972). "Four Systems of Policy, Politics, and Choices." *World Politics* 14.

______(1979). *The End of Liberalism*(2nd ed.). New York: W. W. Norton.

Majone, Giandomenico(1977). "On the Notion of Political Feasibility." In Stuart S. Nagel(ed.).

Policy Studies Review Annual 1.

Masuch, M. & Lapotin, P.(1989). "Beyond Garbage Cans: A Model of Organizational Choice." *ASQ* 34.

May, Peter J.(1992). "Policy Learning and Failure." *Journal of Public Policy* 12(4).

Meltsner, A. J.(1976). *Policy Analysts in the Bureaucracy.* Berkeley, CA: University of California Press.

Merelman, Richard M.(1966). "Learning and Legitimacy." *American Political Science Review* 60.

McCombs, Maxwell E. & Shaw, Donald L.(1972). "The Agenda-Setting Function of Mass Media." *Public Opinion Quarterly* 36.

Migue, Jean-Luc & Belanger, Gerard(1974). "Toward a General Theory of Managerial Discretion." *Public Choice* 17.

Miller, A. H.(1974). "Political Issues and Trust in Government." *American Political Science Review* 68.

Miller, R. M.(1975). "Rawls and Marxism." In Norman Daniels. *Reading Rawls: Critical Studies of A Theory of Justice.* New York: Basic Books, Inc.

Moore, Mark H.(1976). "Anatomy of The Heroin Problem: An Exercise in Problem Definition." *Policy Analysis* 2(4).

Nachmias, David(1979). *Public Policy Evaluation: Approaches and Methods.* New York: St. Martin's Press.

Nakamura, Robert T. & Smallwood, Frank(1980). *The Politics of Policy Implementation.* New York: St. Martin's Press.

Newmann, William W.(1998). "Foreign Policy Decision Making, Garbage Cans, and Policy Shifts." *American Review of Public Administration* 28(2).

Newman, William H. & Summer, Charles E.(1961). *The Process of Management: Concepts, Behavior and Practice.* Englewood Cliffs, New Jersey: Prentice-Hall.

Nice, D. C.(1987). "Incremental and Nonincremental Policy Responses: The States and the Railroads." *Polity* 20.

Okun, Arthur(1975). *Equality and Efficiency: the Big Tradeoff.* Washington D.C.: The Brookings Institution.

O'Toole, Laurence, J. Jr. & Montjoy, Robert S.(1984). "Interorganizational Policy Implementation: A Theoretical Perspective." *PAR* 39(5).

Osborn, Alex F.(1957). *Applied Imagination*(2nd ed.). New York; Scribner.

______(1963). *Applied Imagination*(3rd ed.). New York; Scribner.

Ostrom, Vincent(1974). *The Intellectual Crisis in American Public Administration.* Alabama: University of Alabama Press.

Peters, B. Guy(2005). "The Future of Instruments Research." In P. Eliadis, M. Hill & M. Howlett(ed.). *Designing Government: From Instruments to Governance.* Montreal, Canada: McGill-Queen's University Press.

Polsby, Nelson W.(1980). *Community Power and Political Theory.* New Haven: Yale University

Press.

Pressman, Jeffrey & Wildavsky, Aaron(1979). *Implementation*. Berkeley: University of California Press.

Pross, Paul A.(1986). *Group Politics and Public Policy*. Toronto: Oxford Press.

Rhoads, E. S.(1985). *The Economist's View of The World-Government, Markets, and Public Policy*. New York: Cambridge University Press.

Rhodes, R. A. W. & Marsh, D.(1992). "New Direction in the Study of Policy Networks." *European Journal of Political Renearch*.

Richardson, Jeremy J.(1982). *Policy Styles in Western Europe*. London: George Allen & Unwin Press.

Ringeling, Arthur B.(2005). "Instruments In Four: The Elements of Policy Design." In P. Eliadis, M. Hill & M. Howlett(ed.). *Designing Government: From Instruments to Governance*. Montreal, Canada: McGill-Quee's University Press.

Ripley, Randal B.(1983). *Congress, Process and Policy*(3rd ed.). New York: Norton.

Ripley, Randal B. & Franklin, Grace A.(1980). *Congress, the Bureaucracy, and Public Policy*(2nd ed.). Homewood, III.: The Dorsey Press.

______(1984). *Congress, the Bureaucracy, and Public Policy*(3rd ed.). Homewood, III.: The Dorsey Press.

______(1986). *Policy Implementation and Bureaucracy*. Chicago: Dorsey.

Rossi, Peter H. & Freeman, H. E.(1982). *Evaluation: A Systematic Approach*(2nd ed.). Beverly Hills, Calif.: Sage.

Rourke, Francis E.(1976). *Bureaucracy, Politics and Public Policy*. Boston: Little, Brown and Company.

Ryan, N.(1996). "A Comparison of Three Approaches to Programme Implementation." *International Journal of Public Sector Management* 9(4).

Sabatier, Paul A.(1986). "Top-Down And Bottom-Up Approaches To Implementation Research: A Critical Analysis And Suggested Synthesis." *Journal of Public Policy* 6(1).

Sabatier, Paul A. & Mazmanian, Daniel(1979). "The Conditions of Effective Implementation: A Guide to Accomplishing Policy Objectives." *Policy Analysis* 5(5).

______(1983). "Policy Implementation." In S. S. Nagel(ed.). *Encyclopedia of Policy Studies*. New York: Harcl Dekker.

Sabatier, Paul A. & Weible, Christpher M.(2006). "The Advocacy Coalition Framework: Innovation and Clarifications." In Paul Sabatier(ed.). *Theories of Policy Process*(2nd ed.). Boulder, Co: Westview Press.

Schattschneider, E. E.(1960). *The Semi-Sovereign People*. New York: Holt, Rinehart and Winston.

Schenider, A. & H. Ingram(1993). *Policy Design for Democracy*. Lawrence. Kansas University Press.

Schick, Allen(1998). "Why Most Developing Countries Should Not Try New Zealand's Reforms."

The World Bank Research Observer 13(1).

Sharkansky, Ira(1972). *Public Administration: Policy-Making in Government Agencies*. Chicago: Markham.

Sharkansky, Ira & Hofferbert, Richard I.(1972). "Dimensions of State Policy." In Herbert Jacob & K. N. Vines(eds.). *Politics in The American States*(2nd ed.). Boston: Little, Brown.

Smith, M. J.(1993). "From Policy Community to Issue Networ: Salmonella in Eggs and the New Politics of Food." *Public Administration* 69(2).

Smith, W. R.(1993). "International Economy and State Strategies: Recent Work in Comparative Political Economy." *Comparative Politics* 25.

Smith, Z. A.(2000). *The Environmental Paradox*(3rd ed.). Upper Saddle River, New Jersey: Prentice Hall.

Soroka, S. N.(2002). "Issue Attributes and Agenda-Setting by Media, the Public, and Policy Makers in Canada." *Internal Journal of Public Opinion Research* 4(3).

Spitzer, Robert J.(1987). "Promoting Policy Theory: Revising the Arenas of Power." *Policy Studies Journal* 15(4).

Stainland, M.(1985). *What is Political Economy?: A Study of Social Theory and Underdevelopment*. New Haven: Yale University Press.

Steiss, A. W. & Danke, G. A.(1980). *Performance Administration*, Lexington, M. A.: D. C. Heeth.

Suchman, Edward. A.(1972). "Action for What? A Critique of Evaluative Research." In C. H. Weiss(ed.). *Evaluating Action Programs*. Boston: Allyn and Bacon.

Van Horn, C. E., Baumer, Donald C., & Gormley, William T. Jr.(1992). *Politics and Public Policy*, Washington, D.C.: Congressional Quarterly, Inc.

Vedung, Evert(1998). "Policy Instruments: Typologies and Theories." In Marie-Louise Bemelmans-Videc, Ray C. Rist, Evert Vedung. *Carrots, Sticks & Sermons: Policy Instruments & Their Evaluation*. Transaction Publishers: New Brunswick, New Jersey.

Wade, Larry L.(1972). *The Elements of Public Policy*. Columbus, Ohio: Merrill.

Weaver, Maxwell E., Weaver, David H., Graber, Doris A., & Eyal, Chaim H.(1981). *Media Agenda Setting in a Presidential Election: Issues, Images, and Interest*. New York: Praeger.

Weible, Christpher M. & Sabatier, Paul A.(2007). "A Guide to the Advocacy Coalition Framework." In *Handbook of Public Policy Analysis: Theory, Politics, And Methods*. ed by Frank Fischer, Gerald J. Miller, & Mara S. Sidney: CRC Press.

Weimer, David L. & Vining, Aidan R.(1992). *Policy Analysis: Concepts and Practice*. Englewood, Cliffs, New Jersey: Prentice-Hall. Inc.

______(1999). *Policy Analysis: Concepts and Practice*(3d ed.). Upper Saddle River, New Jersey: Prentice-Hall. Inc.

Weiss, Carol H.(1972). *Evaluation Research: Methods of Assessing Program Effectiveness*. Englewood Cliffs: Prentice-Hall Inc.

찾아보기

정책학원론
Theories of Policy Sciences

인명 색인

간트(Henry L. Gantt) 292
갤브레이스(John Kenneth Galbraith) 63
고긴(M. L. Goggin) 365
나카무라(Robert T. Nakamura) 357
내시(John Nash) 302
니스카넨(W. A. Niskanen) 56, 344
다이(Thomas R. Dye) 27, 83
달(Robert A. Dahl) 64
던리비(Patrick Dunleavy) 350
드레온(Peter DeLeon) 21
드로(Yehezkel Dror) 25, 327
라스웰(Harold D. Lasswell) 20, 27, 329
라이플리(Randal B. Ripley) 27, 358
로위(Theodore J. Lowi) 35, 378
롤스(John Rawls) 91
루이스벡(M. Lewis-Beck) 84
린드블롬(Charles E. Lindblom) 188, 319
마존(Giandomenico Majone) 218
마즈마니언(Daniel Mazmanian) 29, 362
마치(James G. March) 315
메이(Peter J. May) 153
메틀랜드(R. E. Matland) 367
미구에(Jean-Luc Migue) 347
베덩(Evert Vedung) 31
베버(Max Weber) 269
벨랑제(Gerard Belanger) 347
뷰캐넌(James M. Buchanan) 315, 344
사바티어(Paul A. Sabatier) 29, 362, 462
사이먼(H. A. Simon) 288, 315
살라몬(L. M. Salamon) 32, 135
솔로몬(R. L. Solomon) 421
슈나이더(A. Schneider) 29
스몰우드(Frank Smallwood) 357
스피처(Robert J. Spitzer) 40
아이스턴(Robert Eyestone) 28
애로(Kenneth J. Arrow) 313
앨리슨(Graham T. Allison) 340
에치오니(Amitai Etzioni) 324
오스본(Alex F. Osborn) 189
오쿤(Arthur Okun) 217
위너(Norbert Wiener) 317
윌다브스키(Aaron B. Wildavsky) 319
윌슨(J. Q. Wilson) 133
이스턴(David Easton) 25
인그람(H. Ingram) 29
정약용(丁若鏞) 24
존스(Charles O. Jones) 269
존스(T. E. Jones) 209
캘리스타(Donald J. Calista) 368
코스(Ronald H. Coase) 50
코헨(Michael D. Cohen) 332
킬(L. D. Kiel) 257
킹던(John W. Kingdon) 336
털럭(Gordon Tullock) 344
테일러(F. W. Taylor) 423
트루먼(H. S. Truman) 대통령 175
폴란드(Orvill F. Poland) 397
프랭클린(Grace A. Franklin) 27, 358
하이예스(Michael Hayes) 323
헌터(Floyd Hunter) 63
호소카와 모리히로(細川護熙) 121
훌릿(Michael Howlett) 33
후드(Christopher Hood) 31

사항 색인

ㄱ

가능성 있는 원인 172
가외성 197
가정분석 173
가치의 권위적 배분 81
갈라먹기 37
감축관리 451
강압적 동형화 74
강점 159
강제경쟁입찰제도 59
강제의 가능성 36
강제의 적용 대상 36
개구리 256
개연성 있는 원인 172
갭 분석 158
거래비용 75
거버넌스 레짐(governance régime) 33
거수기 117
검사(testing) 요인 409
검사 효과 421
게임이론 301
결합 환영의 원칙 190
경계분석 170
경로의존성 73
경마 34
경범죄처벌법 99
경세유표(經世遺表) 24
경쟁적 규제정책 38
경제규제정책 40
경제성을 감안한 합리성 327
경제인 311
경제학적 제국주의 313
계수조정(計數調整) 272
계층분석 172
계획공정표 293, 295
계획예산제도(PPBS) 398
고객정치 133
고객정치(client politics) 상황 133
고전적 기술관료형 357
골격 입법 121
공고화 154
공공선택모형 350
공공선택이론 344
공공재 44
공리주의 90
공무원 시험 과목 변경 152
공식의제 147
공식적 권위 343
공익 214
공장총량제 104
공정거래위원회 453
공정한 기회 균등의 원리 92
공진화 256
과두제적 사회 64
과수원 주인 45
과정설 214
과정평가 400
관료적 기업가형 358
관청형성모형 350
교차영향분석 206, 207
교차영향행렬 207
교통유발부담금 51
구분점 429
구성정책 39
구성 타당성 408

국가공무원법 88
국가균형발전위원회 104
국가 능력 32
국가인권위원회 107
국가정보자원관리원 263
국가조합주의 67, 127
국립공원 274
국립무료유아원사업 398
국무조정실 440
국무조정실장 272
국무총리 439
국무회의 271
국민기초생활보장법 29
국민기초생활보장제도 337
국민안전처 255
국민참여재판제도 125
국민투표 부의권 114
국정감사 118
국정감사 및 조사에 관한 법률 119
국정조사권 118
국정현안점검조정회의 276
국정현안정책조정회의 276
국제투명성기구(TI) 57
국지적 합리성 330
국책사업의 거부집단 132
국회선진화법 120
국회예산정책처 120
국회입법조사처 121
군경력 가산점제도 124
군산의 윤락업소 화재사건 146
귀납적 접근 방법 32
규범적 동형화 74
규범적 연구 22
규제정책 38
균형통행량 51
그런대로 괜찮은 316
그레디언트 시리즈 230
그레셤의 법칙 47
근면 151
근무성적평정 89
긍정적 강화 190
기관평가 439
기관평가제도 437
기능적 권위 343
기본 보육시간 139
기본운영계획제도 435
기수적 288
기술관료주의 25
기업가정치 133
기준 타당성 407
기초공제 52
기회 159
기후 측정 인공위성 325
긴급명령권 114
김대중 정부 437
김용균의 죽음 138

ㄴ

나무는 보되, 숲은 보지 못하는 364
나비 효과 255
낙선운동 125
난방기구 318
날치기 통과 335, 340
남산터널 혼잡료 51
내부성 56
내부수익률(IRR) 228
내부접근모형 151
내시 균형 306
내적 일관성 181, 412
내적 타당성 409, 418
냉방기구 318
네거티브 섬(negative sum) 71
네트워킹 소프트웨어 191

넥스트 스텝(next steps) 60
노사정위원회 68, 240
노인장기요양보험제도 413
노태우 선언 148
논변모형 238
논제로섬게임(non zero-sum game) 303
농산물 생산조정 빅데이터 정보시스템 265
농어촌구조 개선사업 392, 456
농어촌발전심의회 392
누적도수분포표 170
누출 효과 422, 427
뉴질랜드 모델 94
뉴헤이븐 시 64
능률성 215

ㄷ

다두제적 사회 64
단절된 균형 76
단절적 시계열 단순설계 430
단절적 시계열 분석 430
단절적 시계열 비교집단설계 431
당위(Sollen) 24
대구 지하철 참사 158
대중정치 133
대집행권 99
대체복무제 124
대통령 113
대통령 중심제 113
데이터 기반 정책결정 267
데이터베이스 86
도급 139
도덕적 해이 47
도로명 주소사업 393
독립변수 404
독립채산제 55
독점기업 126
돌봄교실 139, 457
동시 타당성 407
동원모형 150
동원형 144
동일시집단 152
등 푸른 생선 417

ㄹ

라오스 조림투자 사업 160
라이벌 충격 189
레몬 47
론스타(Lone Star) 136

ㅁ

만족모형 315
매몰비용 188, 313, 322
매장(埋葬) 248
매출총량제 34
맥도날드회사 53
맥시민(maximin) 91, 304
메타 정책결정 329
모방적 동형화 74
모방 효과 422, 427
목적계획법 288
목표-수단 연쇄 관계 183
목표-수단의 연쇄 29, 31
몬테카를로 기법 199
무대 설치 행위 178
무의사결정론 65
무임승차 55
무임승차자 44
무작위 배정 방법 420
무작위추출 방법 410
무주택자 56
무지(無知)의 장막 92

무차별 곡선 312
문서정보추출법 176
문제의 흐름 334, 336
문지기 154
미니맥스 304
미래예측 델파이 204
미연방최고법원 123
미항공우주국(NASA) 357
민감도분석 197
민영화 55, 62
민주주의 정책학 24

ㅂ

박근혜 정부 380
박애적 배타주의 135
박애적 불충분성 135
박애적 아마추어리즘 135
박애적 온정주의 135
반론 238
반분법 412
발에 의한 투표 45, 58
방관적 태도 156
방법론적 개인주의 345
버지니아학파 126
법률안 제정 271
법률안 제출권 114
법원 123
법제사법위원회 272
베이스라인 예측 201
변증법 324
변호사시험 138
보상 303
보육정책 139
보이지 않는 손 43, 64
보통교부세 102
보호적 규제정책 38, 359
복수 관점 분석법 175
복수 방법 예측 209
복수양식법 411
본분석 167
부(負)의 공공재 44
부당노동행위 129
부집행 373
부처이기주의 259
부처 최적화 350
부처할거주의 274
부패인식지수(CPI) 57
북원적초(北轅適楚) 407
분기점분석 197
분류분석 171
분배정책 37
분석적 계층화 과정 방법(AHP) 220
분절적 점증주의 320
불가능 정리 313
불명확한 기술 333
불법 도박 사이트 34
불응 381
불확실성 196
불확실성의 통제 318
브레인스토밍(brainstorming) 160, 189
브이월드 107
비난극소화 추구자 246
비난 회피 동기 246
비선형적 변화 255
비용부담집단 29, 39
비용편익분석 222
비용 · 편익비 228
비용효과분석 233
비판 엄금의 원칙 190
비판이론 26
빅 데이터 분석 176
빅 데이터의 다섯 가지 구성요소 177
빈도분석 206

ㅅ

사이버네틱스(cybernetics) 317
사행산업 전자카드 34
사행산업감독위원회 34
사회규제정책 40
사회적 구성주의 이론 29
사회적 비용 232
사회적 정당성 75
사회적 편익 232
사회적 할인율 227
사회조합주의 67, 127
사회학적 제도주의 74
사회후생함수 216
산성비 157
상부상조 37
상향적 접근 방법 363
상호배타성 171
새마을가꾸기사업 115, 151
새만금간척사업 125
새만금사업 458
생산성 역설 263
서수적 288
서울시 버스 민영화 171
석면피해구제법 404
선령규제 122
선별 52
선정(selection) 요인 409
선정과 성숙의 상호작용 427
선주협회 122
선택기회(choice opportunity)의 흐름 334
선택적 익명성 193
선행 활동 297
선형계획법 281, 282
선형적 승계 453
선호의 불명확성 333
성과급제 89
성과상여금 89
성과연봉 89
성매매특별법 148
성병정기검진 148
성숙 효과 427
성숙(maturation) 요인 409
세월호 122, 255
셧다운(shutdown)제 276
소방방재청 254
소비자 잉여 126, 222, 223
소셜 네트워크 분석 176
소유권 인정 민주주의 93
손익분기점 228
수도권 공장총량제 97
수도권정비계획법 시행령 98
수렴적 타당성 408
수박 꼭지 138
수혜집단 29
순응 380
순현재가치(NPV) 227, 231
숲은 보되, 나무를 보지 못하는 363
쉬파리골목 146
스마트 기술 267
시간적 할인율 57
시계열분석 198
시넥틱스(synectics) 174
시뮬레이션(simulation) 199
시장도구 33
시장성 테스트 59
시장실패 41, 350
시장 이자율 226
시행착오적 학습 319
시화호 19
신다원주의 64
신뢰성 411
신비주의 329
신엘리트론 65

신자유주의 94
신제도주의 73
신호발송 52
실용 타당성 407
실체설 214
실험의 맥락 410
실험집단 418, 421
실현 가능성 평가 235
심사분석 435, 436
심사평가제도 435
쓰레기 종량제 387
쓰레기통모형 332

ㅇ

악대차 효과 392
악조건 가중분석 197
안장점 304
애틀랜타 시 63
약점 159
양봉업자 45
양심적 병역거부자 124
양양공항 19
엄마 없는 아이 21
업무과정재설계 263
업무프로세스 재설계(BPR) 87
에픽: 숲속의 전설 176
엑셀(EXCEL) 281
엘리트론 62
역사 요인 409
역사적 제도주의 73
역선택 47
연결의 강도 207
연결의 경과시간 207
연결의 방식 207
연명의료결정법 23
연쇄반응 효과 189
연역적 접근 방법 32
연장보육 시간 139
연합구축전략 270
연합기획구조 463
영기준 예산(ZBB) 460
예비분석 167
예비조사 119, 120
예비평가 402
예산결산특별위원회 272
예산극대화 원칙 56
예산안조정소위원회 272
예측 타당성 407
오뉴월에 쬐던 불도 그만두면 서운하다 457
오염 현상 424
오클랜드(Oakland) 사업 357, 360
온실가스 383
온종일돌봄특별법 139
옷 로비 사건 339
완전경쟁시장 41, 42
외부경제 45
외부불경제 45
외부주도모형 148
외부 효과 45, 50
외적 타당성 410
외환위기 97
요구 80
요소별 점검법 168
우선순위 181
우선순위 행렬표 169
우유 급식 418
우회 법안 117
우회전략 270
원고적격 135
원초적 지위 92
웨스턴 전기회사 423
위대한 사회 398
위협 159

유니폼 시리즈 230
유리온실사업 392
유비쿼터스 정부 265
유형동질화 74
의료보험 통합정책 239
의사결정 지원 체계(DSS) 261
의사결정나무 분석법 168
의사모형 83
의약분업 21
의원내각제 116
의회조직개편법 398
이론적 타당도 408
이명박 정부 254
이슈네트워크모형 69, 70
이원 비교 221
이윤극대화 48
이익결집 130
이익집단 126
이익집단자유주의 378
이익집단정치 133
이익 표출 128
인공지능 316
인공호흡기 23
인과 관계 400, 403
인과적 학습 319
인지이론 319
일관성 비율(CR) 222
일몰법 461
일시적 참여자 333
잃어버린 10년 268
임대주택 379
임팩트 시스템에 의한 정책 효과의 예측 200
입법 과목 102
입안사전심사제도 118

ㅈ

자기선정 요인 409
자기조직화 256
자발적 도구 33
자연독점 47
자유분방의 원칙 190
자율 허용 범위 101
자조 151
자중손실 48, 126
자체평가 446
자치입법권 99
자치조직권 100
자치행정권 99
잠재적 호평 246
재가급여 413
재검사법 411
재난 및 안전관리기본법 254
재량적 실험가형 358
재량적 예산 347
재분배정책 39
재화의 분류 45
저보험료-저급여정책 74
적극적 사회 324
전국책(戰國策) 407
전자정부 86
전체주의 73
전환 80
절차적 합리성 380
점진적 진화주의 241
점화 장치 146
정규분포표 296
정당 130
정량평가 118
정보의 비대칭성 46
정보통신기술(ICT) 260
정부개입 54

정부 3.0 265, 267
정부 3.0 추진위원회 268
정부24 264
정부공채 이자율 227
정부실패 54
정부업무평가기본법 437, 445
정부업무평가운영협의회 443
정상연합 39, 115
정의론 91
정책결정요인론 79, 82
정책공동체모형 69, 70
정책논변모형 238
정책대상집단 29
정책 델파이 192
정책문제 정의 177, 178
정책 변동 452
정책 수단 30
정책 실시 전후 비교 방법 418
정책실패 256
정책영향평가 399
정책옹호연합모형 364, 462
정책유지 452
정책의제 설정 143
정책의 흐름 336
정책종결 451, 454
정책중개자 463, 465
정책지향 20
정책 지향적 학습 465
정책평가 397
정책평가위원회 440
정책 하위 체계의 복잡성 정도 32
정책 핵심 신념 464
정책혁신 452
정책협의제 68
정책흐름모형 336
정치기회구조 464
정치모형 340
정치의 흐름 336
정치적 경기 순환이론 145
정치적 실현 가능성 188
제3섹터 실패 135
제3의 모형 324
제3종 오류 170, 179, 407
제로섬게임(zero-sum game) 38, 303
제왕적(帝王的) 대통령 114
제조물책임법 52
제한된 합리성 315
조금씩 나아가기 150
조세법률주의 102
조직모형 340
조직화된 무정부 상태 332
조직화된 이익집단 55
조폐공사 파업유도사건 339
존엄사 23
존재(Sein) 24
종속변수 404
죄수의 딜레마 305, 306
주고받기(take and give) 과정 270
주공정로 294, 296
주권재민(主權在民) 55
주의집단 152
주장 논거 238
준실험 417, 425
준해결 341
중고차 시장 46
중앙소방본부 255
중앙집권 96
중앙통제적 집행전략 387
중앙행정기관 440
중위투표자 54
쥐잡기 사업 233
증강현실 265
지구지정 취소 380
지방분권 96

지방이양일괄법 103
지방정부 98
지시적 위임자형 357
지역발전위원회 104
지지 80
知彼知己 百戰不殆 159
직무이행명령권 99
진빼기 340
진빼기 결정 335
진실험 417, 420
질보다 양의 원칙 190
집단사고 191
집단소송제도 53
집장촌 148
징벌적 손해배상제 53

ㅊ

차관회의 271
차등의 원리 92
차량 속도 규제 프로그램 430
차별적 타당성 408
참여자(participants)의 흐름 334
창조적 무질서 257
채용서류 반환제도 107
채용절차법 107
책임운영기관 60
처방적 연구 22
철의 삼각 127
철의 삼각지대 122
청계천 복원사업 232
청문회 118
청주신공항 19
초과 수요 54
초합리성 329
총괄평가 398, 399
총망라성 171
총 실현 가능성 지수 236
총액인건비제 101
총정원관리제도 100
최대 다수의 최대 행복 90
최소 극대화의 원칙 92
최저생계비 338
최적모형 327
추문 폭로자 137
춘추전국 23
충전식 선불카드 391
취소 · 정지권 99

ㅋ

카오스 250, 255
코먼 코즈(Common Cause) 461
콩 심은 데 콩 나고 팥 심은 데 팥 난다 404
쿠바 미사일 위기 340, 341
크론바흐 알파(Cronbach's alpha) 412
크리밍 효과 428
클라우딩 컴퓨팅 177
클럽재 49

ㅌ

타당성 406
타르 베이비 효과 57
타이완(台灣) 240
탄소 규제 382
탄소배출권 382
태안화력발전소 138
통제집단 418, 421
특정평가 446

ㅍ

파레토 기준 215

파레토 최적 42, 43
파리 256
파산의 치유력 59
파생적 외부성 56
편익 223
편차 288
평가성 검토 402
평등한 자유의 원칙 92
폐수정화시설 376
포괄정당 130
포용전략 270
포지티브 섬(positive sum) 71
포화표본추출 170
표준운영절차(SOP) 247
표준정원제도 100
품앗이 법안 117
품의제 259
풍선효과 34
프론트 오피스(front office) 262
플랫폼 사업 107

ㅎ

하위정부모형 69, 127
하의상달 제도 259
하향적 접근 방법 362, 363
한국노총 129
한정접속사 238
할인계수 225
할인율 225
할인의 횡포 226
합동평가 443
합리모형 340
합리적 구성주의 241
합리적 선택 제도주의 75
해결책(solutions)의 흐름 334
해상 봉쇄 340, 342
해양경비안전본부 255
핵심부의 공동화 71
핵심예산 351
행동 가능한 원인 172
행복주택 379
행정국가화 116
행정내무위원회 95
행정문화 95
행정안전부 255
행정인 316
행정입법권 114
행태주의 24
허위변수 405
허위 상관 83
헌법재판소 124, 138, 149
헤레스세틱스(heresthetics) 218
현지 적응적 집행전략 387
혐오시설 25
협동 151
형평성 216
호손 효과 423, 426
호주의 센터링크 264
호주제 위헌소송 134
혼란변수 405
혼잡통행료 52
혼합탐사모형 324
화장률 248
환경오염 방지정책 377
환경적 엔트로피 455
회계감사원 119
회계검사원(GAO) 398
회귀불연속 설계 429
회귀인공 428
회귀인공(regression) 요인 409
회사모형 330
효과성 215
후기행태주의 25

흑백 논리 95
흑인 폭동 24
흡연과 폐암 404

기타

1사분위수 205
3사분위수 205
4분편차 205
5Any 265
GPKI 106
IPv6 266
NATO 32
NGO 132
NPKI 106
PERT 281
PERT/CPM 292
POSDECoRB 397
RFID 266
RFID 방식 391
SPSS 206
SWOT 분석 158
X－비효율성 48

저자 소개

백승기

[학력 및 경력]

서울대 졸업, 臺灣國立政治大 대학원 정치학과(政治研究所) 졸업(법학박사 학위논문: 中韓兩國農村發展政策之比較研究)

미국 U. C. Berkeley IGS Visiting Scholar(1998~1999)

행정고시위원 역임

한국연구재단 학술지평가심사위원(좌장)

(현) 동의대학교 행정정책학과 명예교수

E-mail: skpaik@deu.ac.kr

[주요 연구 결과]

『정책분석론』(공저). 시대고시기획. 2003.

『정책평가론』(공저). 시대고시기획. 2003.

『행정학원론』(제4판). 피앤씨미디어. 2019.

『행정학의 정석』. 대영문화사. 2019.

중국 도시주택개혁정책의 실시 성과에 관한 연구: '住房分配貨幣化政策'을 중심으로. 『주택연구』 13(3). 2005.

지역축제 방문객의 만족도와 그 영향 요인에 관한 연구: 가락문화제를 중심으로. 『지방정부연구』 10(2). 2006.

ACF(Advocacy Coalition Framework) 모형에 의한 정책변동 사례 연구: 출자총액제한제도를 중심으로. 『한국행정학보』 42(3). 2008.

농림정책. 『한국행정60년』. 법문사. 2008.

옹호연합모형에 의한 의료보험 통합정책에 관한 비교 연구: 한국과 대만의 사례를 중심으로. 『한국행정학보』 44(4). 2010.

중국의 보장성 주택정책에 있어서 중앙정부와 지방정부의 대립에 관한 연구. 『지방정부연구』 18(4). 2014.

중국 지방정부 토지재정의뢰행위(土地財政依賴行爲)의 분석. 『지방정부연구』 19(2). 2015.

제5판

정책학원론

펴낸날	제1판 제1쇄 2001년 9월 20일
	제2판 제1쇄 2005년 1월 5일
	제3판 제1쇄 2010년 1월 7일
	제4판 제1쇄 2016년 1월 5일
	제5판 제1쇄 2021년 2월 10일
	제5판 제2쇄 2024년 1월 8일

지은이 백승기

펴낸이 임춘환

펴낸곳 도서출판 **대영문화사**

주소 (본사) 사무실: 경기도 고양시 일산서구 주화로 70
우신프라자 307호 (㊐ 10387)
(본사) 물류센터: 경기도 고양시 일산서구 덕산로
107번길 68-50 (㊐ 10205)

등록 1975년 12월 26일 제3-16호

전화 (031) 913-3062, (031) 914-3884~5

팩스 (031) 913-3839

홈페이지 http://www.dymbook.co.kr

ISBN 978-89-7644-775-3

값 33,000원